삼가

은사 청랑(淸浪) 정필모(鄭駜謨) 박사님의

산수(傘壽)를 맞이하여

존경의 마음으로 헌정(獻呈)드립니다.

도서관 서비스의 평가와 측정

Joseph R. Matthews 저

오 동 근 역

The Evaluation and Measurement of Library Services

By Joseph R. Matthews
and
Translated by Dong-Geun Oh

Translated from the English Language edition of *The Evaluation and Measurement of Library Services* by Joseph R. Matthews, originally published by Libraries Unlimited, an imprint of Greenwood Publishing Group, Inc., Westport, CT, USA. http://lu.com/index.cfm Copyright 2007 by the author(s). Translated into and published in the Korean language by arrangement with Greenwood Publishing Group, Inc. All rights reserved.

역자서문

Michael Hammer와 James Champy는 조직의 리엔지니어링과 관련하여, 고객(customers)과 경쟁(competition), 변화(change)에 대해 주목하였다. 이른바 "3C"라고도 일컬어지는 이 세 개 단어는 현대 사회의 흐름을 보여주는 주요한 키워드들이다. 도서관 및 정보 센터를 포함한 오늘날의 모든 조직은 급속하게 변화하고 있는 환경 속에서 제한된 고객을 확보하기 위해 다른 조직이나 집단과 경쟁하지 않을 수 없게 되었다.

도서관과 정보 센터는 이제 비영리 조직이라는 보호막 뒤에서 스스로 알아서 찾아오는 이용자만을 수동적으로 받아들이는 여유를 보이기에는 형편이 그다지 좋아 보이지 않는다. 도서관과 정보 센터의 상위 기관이나 지역 사회는 재정 지원을 포함한 각종 지원에 대한 명확한 이유와 근거, 타당성을 설명해주기를 바라면서, 그와 같은 지원이 고객을 통해 어떤 형태의 성과나 결과로 나타나는지를 확인하려고 하는 것 같다. 어떤 사람들은 도서관과 정보 센터의 사명과 목적, 목표는 다소 추상적일 수밖에 없고 그 성과를 입증하기가 어렵다는 사실을 지적하고 있다. 상황을 더 어렵게 하는 것은 그와 같은 사명과 목적, 목표에서 유사한 역할과 기능을 표방하면서 도서관과 정보 센터를 대체해줄 수 있는 그리고 대체하고자 하는 잠재적 경쟁자들의 등장이 속출하고 있다는 사실이다. 이런 점에서 보면, 도서관과 정보 센터는 이중 삼중의 어려운 처지에 놓여 있다고도 할 수 있을 것이다.

이러한 시각은 일견 도서관과 정보 센터가 처한 거시 환경에 대한 지극히 부정적인 시각처럼 보일는지도 모른다. 그러나 바꾸어 생각해보면 이것은 우리에 대한 관심이 점점 더 적극적으로 표현되고 있다는 사실에 대한 지적이면서 동시에 무한한 발전 가능성이 있음을 암시하고 있다고 할 수도 있을 것이다. 이러한 관심을 사랑과 애정으로 바꾸어 발전의 원동력으로 삼는 것은 전적으로 그 구성원에게 달려 있는 것은 아닐까?

오늘날의 경쟁 사회에서 평가는 대부분 불가피한 것으로 받아들여지고 있는 것 같다. 외부에 대한 타당성 설명은 물론 자체적인 피드백을 위한 정보를 확보하기 위한 활동으로서의 평가의 가치와 중요성에 대한 인식은 이제 일반화되고 있는 듯하다. 그러나 정작 도서관이나 정보 센터에서 평가를 시행하고자 할 때는 무엇부터 시작해야 하고 무엇을 해야 할는지를 몰라 여전히 어려움을 겪고 있는 것이 사실이다.

이 책은 도서관 서비스의 평가와 측정에 관련된 제반 토픽들을 다양한 시각에서 비교적 상세히 다루고 있어, 모든 관종의 도서관장을 포함한 도서관 관리자는 물론 연구자, 학생들에게 도움이 될 수 있으리라 본다. 특히 제1부에서 다루고 있는 평가의 개념과 주요 모델, 프로세스, 제2부에서 다루고 있는 여러 방법론의 장단점과 특성은 평가의 제반 특성에 대한 폭넓은 이해에 도움이 될 것이다. 구체적인 도서관 서비스의 평가를 다루고 있는 제3부는 평가를 위한 자료로서뿐만 아니라 현장과 관련된 연구를 위한 주요 자료로도 활용할 수 있으리라고 본다. 제4부는 도서관이 가지고 있는 경제적 및 사회적 영향이나 파급 효과 등에 대해 다루고 있어, 우리의 상황과 관련하여 특히 도움이 될 수 있을 것이다.

이 책은 역자 본인이 계명대학교 문헌정보학과에 몸담은 지 18년째를 맞이하면서 얻은 연구년을 서귀포에서 보내면서 무리함을 무릅쓰고 욕심을 내어 계획했던 4권의 번역서 중 마지막 권에 해당하는 책이다. 본인의 인생에 새로운 전기를 마련해준 계명대학교에 고마운 마음을 담고 싶다. 특히 올해는 본인을 문헌정보학 연구의 길로 인도해주시고 삶의 지표를 제시해주신 은사 정필모 선생님께서 팔순을 맞으시는 해이다. 더욱 건강하시길 기원 드린다. 늘 주위에서 도와주시는 계명대학교 문헌정보학과의 교수님들과 항상 믿고 따르면서 삶의 활력을 불어넣어주는 사랑하는 제자들, 특히 이 책의 작업에 도움을 준 윤수진 교수, 조화순 양, 이정규 양, 이윤혜 양과 우리 가족에게도 고마움을 전하고 싶다. 본인의 일을 몰아치는 나쁜 스타일의 습관을 감내하시고 예쁜 책으로 만들어주신 태일사 김선태 사장님과 직원 여러분에게도 감사드린다.

또 하나의 졸역서를 송구한 마음으로 상재하게 됨에 대해 독자 여러분의 너그러운 이해를 바라며, 애정어린 조언과 비판을 기대해본다.

2010. 2.

역자 드림

서 문

Columbia University의 정보 서비스 담당 부의장 겸 대학도서관장인 James G. Neal은 대학 도서관에서는 "일상적으로 의사 결정들이 훌륭하게 설계된 조사의 증거로부터 뒷받침을 받지 못하고 있으며" 아울러 "이 영역의 리서치는 부실하게 전달되고, 이해되고, 적용되고 있다"고 추정하고 있다. 그는 이어서 "대학 도서관 사서들과 고등 교육 도서관들은 체계적인 연구 개발 프로그램을 개발하고 수행해야 한다"고 결론짓고 있다. 그의 추측은 전 세계의 많은 다른 관종(館種)의 도서관에 적용할 수 있을 가능성이 크다. 상황을 더욱 복잡하게 만드는 것은 특히 미국의 많은 문헌정보학과 대학원 프로그램들이 학생들에게 리서치 방법 및 평가에 관한 강의를 필수적으로 듣도록 요구하지 않고 있다는 사실이다. 그와 같은 프로그램의 졸업생들은 아마도 해당 토픽을 선택 과목으로조차 듣지 않았을 것이다.

결과적으로, 그들은 체계적인 탐구 과정 — 기존 프로그램과 서비스의 품질과 유효성을 증거로 입증하기 위한 유용한 데이터를 수집하는 것과, 서비스를 개선하거나, 모범 사례들(best practices)을 보여주거나, 책무성(accountability)의 증거를 제공하기 위해 그 정보를 사용하는 것을 목적으로 하는 과정 — 으로서의 평가관(評價觀)에 기반한 정보를 바탕으로 이루어지는 판단을 내리도록 하는 충분한 준비를 갖추지 못하고 있는 것이다. 평가는 리서치 프로세스의 일부이다. 즉 증거를 수집하고 해석하며 그 결과들을 기관이나 조직의 사명(missions)에 효과적이고 효율적으로 부응하기 위해 사용하는 것이다.

오늘날과 미래의 도서관들에서는, 리더십과 공동의 비전(shared vision) — 도서관들을 변모시켜 주는 비전 — 의 달성에 더 많은 초점을 맞추게 될 것이다. 도서관의 역할과 가치, 비전의 변모를 목표로 하는 성공적인 변화 관리는 변화를 뒷받침하고 그에 대한 보상을 제공해주는 조직 문화(organizational culture)를 만들어내는 것을 포함한다. 조직의 문화는 유효성을 변화시키고 유지하는 조직의 역량을 결정하는 가장 중요한 요인들 중의 하나이다. 평가 리서치는 그러한 문화의 정규 부분 이상이 되어야만 할 것이다.

분명한 것처럼, 평가(evaluation)는 그 자체로서 하나의 궁극적인 목적이 아니며 어세스먼트(assessment)와 결합할 수도 있을 것이다. 평가도 어세스먼트도 없어지지 않을 것이다. 그보다는 오히려 그것들은 개방 시스템 환경의 피드백 고리에 삽입된다. 제공되는 판단들은 어느 것이든 기획 프로세스 및 도서관이 서비스를 제공하는 지역 사회 그리고 도서관장이 보고하는 사람과 도서관의 관계, 모체 기관에 대한 도서관의 가치, 이해관계자들의 기대에 영향을 미친다. 평가는 또한 조직의 내부적인 효율성과도 관련이 있다.

Joe Matthews는 평가와 측정에 관한 훌륭한 개론을 제시하여, 도서관 장서와 서비스에 관한 판단력을 제공해주는 데이터를 수집하는 방법에 대한 평가 리서치에 익숙하지 않은 사람들에게 안내를 제공하고 있다. 이 책은 리서치 프로세스와 신뢰도 및 타당도를 갖는 데이터의 수집 방법에 관한 사전 지식을 필요로 하지 않는다. 그는 몇몇의 아주 훌륭한 저작들을 참조하면서, 여러 개념들과 평가 리서치 프로세스에 대해 분명하고 간결하게 소개하고 있다.

리서치 프로세스에 익숙하지 못한 사서들은 개인적 판단에 따라 그러한 결정을 내리기 위한 데이터를 수집하면서, 이『도서관 서비스의 평가와 측정』을 계속 진행중인 프로그램과 서비스에 관한 판단력을 제공하는 데 유용한 데이터를 만들어내는 동안 외부의 철저한 검토를 견뎌낼 수 있는 연구를 실행하는 프로세스와 방법에 관해 더 잘 가르쳐주는 하나의 지침으로 간주할 수도 있을 것이다.

Peter Hernon
교 수, Simmons College, Boston

서 론

도서관 서비스들의 평가와 측정은 어느 도서관에나 경영의 중요한 부분이다. 개념적으로, 평가는 아주 간단하다. 가능한 최상의 세계에서는, 평가 프로젝트는 결과적으로 가장 적합한 평가 도구들의 선정을 가져오게 될 명확하고 구체적인 목표들과 함께 시작될 것이다. 그렇지만, 많은 경우에, 평가는 어떤 실제의 명확한 목표들도 없이 어떤 것을 조사할 필요가 있다는 계속되는 불편한 느낌만으로 시작된다. John Tukey는 이 후자의 프로세스를 조사 작업의 한 형식인 탐색적 데이터 분석(explanatory data analysis)이라고 명명한 바 있다.[1)] 다양한 성과 측도들(performance measures)을 필적할만한 도서관들의 그룹과 비교하면 더 상세하게 검토할만한 가치가 있는 몇몇 이상 현상들을 밝혀줄 수도 있을 것이다. 이러한 탐구를 Bob Molyneux는 "숫자들 속에서 시험삼아 해보기"라고 명명하고 있다.

평가에 관련된 개인이나 팀은 다음과 같은 것들을 결정한다.

- 선정된 기간 동안 성과의 변화가 있었는지의 여부
- 변화가 선호하는 방향으로 이루어지고 있는지의 여부
- 변화의 정도

평가는 도서관이 얼마나 훌륭하게 업무를 수행하고 있는지에 관한 피드백 고리(feedback loop)의 일부이다. 평가가 특히 의미 있도록 하기 위해, 프로세스에서는 기준으로서 목표들을 필요로 하게 된다.

대부분의 사서들은 고객들에게 여러 서비스들을 제공하기 위해 도서관들이 전통적으로 수행해오고 있는 것을 기꺼이 계속한다. 때로는 도서관이 새로

---

1) John W. Tukey. *Exploratory Data Analysis.* Reading, MA: Addison-Wesley, 1970.

운 서비스를 도입하기도 한다. 그러나 도서관이 평가를 일상적인 활동들의 일부로서 사용하는 개념을 받아들이는 경우는 거의 없다. 역사적으로 볼 때 도서관들에서 수집하고 사용한 거의 대부분의 성과 측도들과 통계들은 투입(inputs)과 산출(outputs)에 초점을 맞추고 있다. 그러나 이러한 측도들과 통계들은 도서관이 그 고객들의 삶에 미치는 영향을 거의 밝혀주지 못한다.

이 책에서 의도하고 있는 독자는 하나 이상의 도서관 서비스들을 평가하는 데 관심을 가지고 있는 모든 관종(館種)의 도서관들의 도서관장들과 경영자들이다. 이 책은 또한 문헌정보학과 학생들을 위한 의도를 가지고 있는데, 그들이 사서직의 멋진 경력을 준비할 때 많은 과정(課程)에서 그 내용이 그들에게 가치 있는 것으로 나타나기를 바란다.

이 책의 목적은 몇 년 전에 Don Revill이 도서관학의 리서치에 관해 확인한 바 있는 우려들을 극복할 수 있다고 제안하기 위한 것이다. 그 우려들은 다음과 같은 것이었다.

1. 여러분은 도서관학의 리서치를 수행할 수 없다.
2. 그리고 만일 여러분이 할 수 있다고 하더라도,
   a. 그것은 리서치라고 칭해서는 안 된다.
   b. 그것은 다른 어떤 도서관이나 상황에도 일반화할 수 없다.
3. 그러나 만일 리서치가 수행될 수 있다면, 어느 누구도 그 리서치를 이해할 수 없기 때문에 그렇게 하지 않는다.
4. 그리고 만일 누군가가 그 리서치를 이해한다고 하더라도, 그것을 수용하지 않을 것이다.
5. 그리고 누군가가 수용한다고 하더라도, 그 리서치는 유효하지 않을 것이므로, 착각에 빠지게 될 것이다.[2)]

이 책의 의도는 이 책에서 다루고 있든 다루지 않고 있든, 어떤 도서관이 특정 도서관 서비스를 평가하는 데 도움을 주게 될 일단의 도구들을 제공하

2) Don Revill. You Can't Do Research in Librarianship. *Library Management News*,11, February 1980, 10-25.

기 위한 것이다. 그 목적은 많은 사서들이 자신들의 도서관에서 평가를 수행하는 가치를 알게 되도록 평가의 프로세스를 둘러싼 몇 가지 미스터리들을 제거하는 것이다.

이 책은 4부로 구분되어 있다. 제1부에서는 평가의 개념을 소개하고, 사용할 수 있는 다수의 평가 모델들을 살펴보고, 평가의 프로세스를 둘러싼 여러 이슈들에 대해 논하고 있다.

제2부는 방법론적인 이슈들과 관련이 있다. 사서가 어떤 특정 도구나 방법론의 강점들과 제한점들에 관해 더 많은 것들을 알도록 다수의 서로 다른 도구들에 대해 논하고 있다. 각 도구에 대해서는 특정 평가 도구에서 사용할 수 있도록 설명하고 있다.

제3부는 구체적인 도서관 서비스의 평가에 초점을 맞추고 있는 다수의 장들로 이루어져 있다. 각 장에는 해당 서비스의 정의와, 어떤 서비스를 평가하기 위해 사용할 수 있거나 사용하고 있는 가능한 방법들에 관한 논의, 특정 토픽에 관련된 활용 가능한 리서치의 개요가 포함되어 있다.

도서관 서비스들의 몇 가지 분명한 영역들은 상당한 논의가 필요할 것이기 때문에 의도적으로 배제하였다. 이들 중 몇 가지 토픽들로는 정보 검색 프로세스의 평가, 자동화 시스템들의 평가(부분적으로는 오늘날의 시스템들에 대한 아주 높은 신뢰성 때문에), 목록 이용 연구, 도서관 건물들에 대한 평가 등이 있다.

제4부에서는 도서관의 모든 서비스들과 기능들의 가치를 결정할 수 있는 모델들에 관한 개관을 제시하고 있다. 개인의 실적들은 물론 도서관의 경제적 및 사회적 영향들에 관련된 여러 장들이 포함되어 있다. 도서관 전반에 걸친 평가를 위해 사용되고 있는 프레임워크들은 도서관의 자금을 지원하는 이해관계자들과 커뮤니케이션을 할 때 특히 도움이 될 수 있다.

|차 례|

제1부 평 가 : 프로세스와 모델

제2부 방법론

| 차 례 |

제3부 도서관 서비스의 평가

09 전자 자원의 평가 _ 231

10 참고 서비스의 평가 _ 253

|차 례|

제4부 도서관의 평가

제 I 부

평 가: 프로세스와 모델

제1장

평가의 이슈

01

평가의 역할은 입증하는 것이 아니라 개선하는 것이라는 사실에 대한 인식이 점차 늘어나고 있다고 생각한다.

— *Amy Owen* *

평가를 구별짓는 것은 기획이나 방법론, 주제가 아니라, 의도(intent), 즉 그것을 수행하는 목적이다. 엄격한 방법론과 출판에 관심을 가지고 있는 리서치와는 달리, 평가는 평가를 위해 표준적인 리서치 방법을 사용한다. Thomas Childers와 Nancy Van House는 다음과 같이 지적하고 있다.

> 평가는 선(善: goodness)에 대한 어세스먼트(assessment)이다. 그것은 조직의 현재 성과를 어떤 표준이나 일단의 기대들에 비추어 비교하는 것이다. 평가는 조직의 성과에 관한 . . . 정보의 수집과 일단의 어떤 기준들에 대한 이 정보의 비교라는 두 부분들로 이루어진다. 정보의 수집은 그 자체가 평가는 아니다. 평가의 중요한 구성 요소는 조직이 처한 현실에 기준들을 적용하는 판단력의 발휘인 것이다.[1)]

분명히 도서관 전문직은 "선"에 대한 훌륭한 정의와 씨름을 해오고 있지만 아직 이를 찾아내지 못하고 있다. 그렇다면 도서관에 대해 "선"은 어떻게 정의되고 있는가? 도서관을 이상(理想)이나 일단의 표준들과 비교할 수 있는가? 이것은 평가 연구의 준비에 참여하고 있는 사람에게는 누구에게나 중

---

* Amy Owen. So Go Figure: Measuring Library Effectiveness. *Public Libraries*, 26, Spring 1987, 23.
1) Thomas A. Childers and Nancy A. Van House. *What's Good? Describing Your Public Library's Effectiveness*. Chicago: American Library Association, 1993.

요한 이슈들이다.

평가는 몇몇의 서로 다른 시각에서 특징지을 수 있는데, 그 중 몇 가지를 살펴보면 다음과 같다.

- 대부분의 경우, 평가는 서비스나 프로그램의 품질이나 비용, 유효성과 같은, 서비스에서 파생된 질문들과 관련되어 있다. 일반적으로 평가 연구는 관리상의 관심과 프로그램에 따른 관심의 문제들을 표현한다.
- 평가는 "무엇인가"를 "무엇이어야 하는가(무엇이 될 수 있는가)"와 비교한다. 암묵적이든 명시적이든 그러한 기준들에 비추어 이루어지는 **판단**이라는 요소는 모든 평가의 기본이 된다.
- 평가 연구가 그 자체의 생명력을 가질 수 있다는 사실을 인정하지만, 서비스나 프로그램은 도서관의 고객인 사람들을 대상으로 **서비스한다**는 사실을 명심하는 것이 중요하다.
- 평가의 초점은 **개선**(improvement)이다. 그러나 평가 연구의 보고서들의 상당수는 서류철 속에서 잠자고 있다. 어떤 경우에는, 도서관이 평가 연구 보고서를 그 웹사이트에 올릴 수도 있지만, 프로젝트에 관련된 사람들은 저널 논문을 생산하기 위한 다음 조치를 취하지 않게 될 것이다. 반면에 대부분의 리서치의 기본적인 관심은 결과들의 출판과 유포이다.
- 평가는 그것을 현실 세계에 직접적으로 적용하기 때문에 "액션 리서치"(action research)라고 일컬어지고 있는 반면, 기본적인 리서치는 설명이나 예측에 초점을 맞춘다.
- 평가는 **갈등**을 유발할 수도 있을 것이다. 전문직들은 자신들이 제공하고 있는 프로그램이나 서비스를 강력하게 믿고 있으며, 따라서 평가의 필요성을 거의 느끼지 않는 경우가 많다. 어느 의미에서 그들은 평가 프로젝트를 "심문을 받고 있는" 것으로 간주할 수도 있을 것이다. 평가 활동에 관여하는 사람들은 자주 커뮤니케이션을 하면서 평가의 초점은 프로세스나 프로그램, 서비스에 관한 것이지 사람에 관한 것이 아니라는 메시지를 공유해야 한다.
- 어떤 평가 프로젝트는 도서 벤더나 연속 간행물 구독 서비스와 같은 상업적인 벤더에게 피드백을 제공하고 그러한 벤더를 평가하기 위해 설계할 수도 있을 것이다.
- 평가 결과들을 커뮤니케이션하는 것은 **피드백** 고리를 마무리하고 도서관 직원

과 관심을 가지고 있는 이해관계자들에게 도서관이 그 서비스들을 개선하고 있다는 사실을 보여주게 된다.

- 어떤 평가 프로젝트는 도서관 서비스의 가시성(可視性)을 증진시키고, 그 영향을 기술하며, 이해관계자들 사이에서 도서관의 정치적 입장을 강화하기 위해 설계할 수도 있을 것이다.
- 학술적인 환경에서는, 평가를 흔히 **어세스먼트**(assessment)라고 한다.[2)]

평가는 어느 경영자에게나 필수적인 도구가 되어야 한다. Richard Orr는 경영자는 다음과 같은 네 가지 주요 책임들을 가지고 있다고 말한 바 있다.

- 조직의 목적들을 정의하는 책임
- 이러한 목적들에 도달하기 위해 필요한 자원들을 확보하는 책임
- 그러한 목적들을 달성하기 위해 필요한 프로그램들과 서비스들을 확인하고, 이러한 프로그램들과 서비스들 사이에서 이루어지는 자원의 배분을 최적화하는 책임
- 특정의 활동을 위한 자원 배분이 현명하게 활용되는지(비용 효율성)를 살펴보는 책임[3)]

분명히 뒤에 제시된 두 가지 책임들은 평가 방법들의 사용을 암시하고 있다. 세 번째 책임은 프로그램이나 서비스의 최종 성과들(outcomes)을 평가하는 데 초점을 맞추고 있다. 이것을 때로는 유효성(effectiveness)이라고 한다. 네 번째 책임은 필연적으로 도서관 프로그램이나 서비스가 얼마나 효율적인지에 초점을 맞추어야 한다.

Jose-Marie Griffiths와 Donald King은 훌륭한 평가 리서치의 몇 가지 원칙들을 다음과 같이 확인한 바 있다.

---

2) Joseph R. Matthews. *Library Assessment in Higher Education*. Westport, CT: Libraries Unlimited, 2007.

3) Richard H. Orr. Measuring the Goodness of Library Services: A General Framework for Considering Quantitative Measures. *Journal of Documentation*, 29, 1973, 315-32.

- 평가는 그 자체가 목적이 되기보다는 어떤 의도를 가지고 있어야 한다.
- 어떤 행동의 가능성이 없으면 평가할 필요가 없다.
- 평가는 기술(記述)의 범위를 넘어서서 업무상의 성과와 이용자, 조직 사이의 관계들을 이해해야 한다.
- 평가는 직원과 이용자들 사이의 커뮤니케이션을 위한 도구가 될 수 있다.
- 평가는 산발적으로 이루어지기보다는 계속적으로 진행되어야 한다.
- 계속 진행중인 평가는 모니터링과 진단, 개선을 위한 수단을 제공해준다.
- 평가는 새로운 지식과 환경의 변화들을 반영하는, 다이내믹한 것이어야 한다.[4)]

1.1. 누가 결정하는가?

관여하는 개인들의 유형은 평가 노력의 초점에 좌우된다. 〈표 1-1〉에서 볼 수 있는 것처럼, 평가는 내부 지향성(도서관 중심적 견해)을 갖거나, 외부 지향성(고객 중심적 견해)을 갖거나, 둘의 결합형이 될 수 있다. 이러한 각 시각들은 서로 다른 "하우"(how) 질문에 대한 답변을 제공해준다.

표 1-1 "하우"(how) 질문에 대한 답변

도서관 중심적 견해	결합형의 견해	고객 중심적 견해
얼마나 많은 양인가?	얼마나 신뢰할 수 있는가?	얼마나 잘 하고 있는가?
얼마나 많은 수인가?	얼마나 정확한가?	얼마나 정중한가?
얼마나 경제적인가?	얼마나 가치 있는가?	얼마나 잘 응답하고 있는가?
얼마나 신속한가?		얼마나 만족하고 있는가?

4) Jose-Marie Griffiths and Donald W. King. *A Manual on the Evaluation of Information Centers and Services.* New York: American Institute of Aeronautics and Astronautics Technical Information. Service, 1991.

도서관 중심적 견해는 내부적이거나 업무적인 관점을 갖는다. 평가 활동들은 프로세스와, 기능, 서비스에 초점을 맞추고 있다. 이 유형의 평가에서 측정하는 것들은 일반적으로 트랜잭션(transactions), 맥락(context), 도서관의 성과이다. 비교를 제공하기 위해, "필적할만한" 도서관들의 그룹을 선정한다. 도서관이 제대로 업무를 수행하지 못하고 있음을 보여주는 숨길 수 없는 사인들로는 실수와, 필적할만한 도서관들보다 더 높은 비용, 지연, 고객의 불평, 다른 직원 구성원들이나 다른 부서의 활동들(또는 활동 부재)에 관한 직원의 불평들이 있다.

도서관의 내부 업무들을 평가하기 위해서는 관여하는 사람들이 다음과 같은 몇 가지 중요한 질문들에 대한 답변을 해야 한다.

- 우리의 비용들을 우리의 필적할만한 상대들과 어떻게 비교하는가?
- 우리의 서비스 제공 시간들을 우리의 필적할만한 상대들과 어떻게 비교하는가? 고객의 기대들에 대해서는?
- 별도의 자원 믹스가 더 나은 결과들을 가져올 것인가? 우리는 어떤 프로세스의 아웃소싱(outsourcing)을 고려해야 할 것인가?
- 도서관은 필요로 하는 자원들을 가지고 있는가?
- 도서관의 스탭은 필요한 기술들의 믹스를 가지고 있는가?
- "필적할만한" 도서관들을 선정하기 위해 어떤 기준들을 사용하게 될 것인가? 미국의 경우, 주(州) 외부의 도서관들도 필적할만한 도서관들의 집합을 만들어낼 때 포함시켜야 하는가? 도서관들의 그룹을 고려할 때, 얼마나 많은 수가 그룹에 존재해야 하는가?

결합형의 견해는 도서관과 고객 양측 모두에게 서비스 품질 질문들에 대한 답변을 요구한다. 여기에서는 고객들의 기대가 어세스먼트 프로세스의 중요한 부분이다(서비스의 갭들(gaps)을 확인하고 수량화할 수도 있다). 평가는 고객의 기대들과 실제로 제공되는 서비스의 품질 사이에 존재할 수도 있는 차이점들을 상세히 검토한다. 그리고 인정되는 유일한 표준은 고객의 표준이다. 부실한 서비스가 제공되면, 고객은 실망할 것이고, 자신의 "나쁜"

경험들에 관해 다른 사람들에게 이야기할 뿐만 아니라, 도서관으로 되돌아올 가능성도 없을 것이다.

이러한 견해는 전통적인 도서관 **산출** 측도들(output measures) — 연간 대출 및 참고 트랜잭션의 수와 같은 성과 측도들을 포함한다 — 에는 의존하지 않게 될 것이라는 사실에 유의하라. 그보다는 오히려 그것은 도서관이 "얼마나 가치가 있는가"라는 질문에 대답하기 위해 **최종 성과** 측도들(outcome measures)의 사용을 검토하기 시작하도록 도서관에 요구할 수도 있을 것이다. **최종 성과**(outcome)는 태도나 행태, 지식, 기술, 상태, 조건의 변화라고 정의된다. 따라서 최종 성과를 기반으로 하는 평가는 어떤 프로그램이나 서비스가 의도한 결과들을 달성하고 있는 정도를 가늠하는 체계적인 방식이다. 다루어야 할 핵심적인 질문들로는 다음과 같은 것들이 있다.

- 서비스를 이용하는 사람들에 대한 영향이나 결과는 무엇인가?
- 의도에 대한 미사여구가 아닌 실제 결과들은 무엇인가?
- 이 프로그램이나 서비스는 얼마나 차별화되어 있는가?
- 이해관계자들은 이 서비스나 프로그램이 어떤 것을 가져다줄 것으로 기대하고 있는가?
- 어떤 최종 성과 측도들을 이용하여 영향들을 측정해야 하는가?
- 도서관은 서비스나 프로그램과 의도한 최종 성과 사이의 인과 관계를 개발할 수 있는가?

고객 중심적 견해는 의미 있고 가치 있는 결과들을 만들어내게 될 평가를 준비하기 위한 어떤 노력을 필요로 한다. 고객들은 서점이나 비디오 대여점, 중고 서점, 음반 가게와 같은 다른 경쟁 환경들에서 겪은 자신들의 경험들을 바탕으로 기대들을 형성하게 된다. 그리고 이러한 기대들은 물리적 및 가상(假想)(웹사이트)의 가게들에 대한 고객의 이전 방문들을 바탕으로 생겨나게 된다. 도서관들은 점차 고객 서베이에 의존하여 도서관이 고객의 기대들에 부응하거나 부응하지 못하고 있는 정도를 결정하고 있다.

도서관들은 그 고객들의 니즈(needs)에 부응하기 위해 광범위한 장서들과 서비스들을 개발해오고 있다. 전문 도서관들은 일반적으로 병원 조직이나 의료 조직, 법률 조직, 비즈니스 조직, 기술 조직들과 같이, 서비스해야 할 구체적인 초점과 제한된 일단의 고객들을 가지고 있다. 학교도서관들은 고등학교까지 내내 어린이들과 그 교사들에게 서비스한다. 칼리지나 대학교의 일부를 이루는 학술도서관들은 교수와 학습, 리서치에 종사하는 학생들과 교원, 연구자들에게 서비스한다. 공공도서관들은 대개 하나 이상의 장소들에서 그 지역 사회에 서비스한다. 평가는 어느 것이든 도서관이 서비스하는 사람들의 니즈에 대한 명확한 이해와 함께 시작해야 한다.

어느 경우에는, 평가가 기금의 자금 지원을 받기 위한 요건이 될 수도 있을 것이다. Peter Hernon과 Ellen Altman은 더 광범위한 "하우"(how) 질문들의 리스트를 개발하였다(〈표 1-2〉를 보라).[5]

"하우"(how) 질문의 구성 요소 표 1-2

도서관은 통제한다				도서관과 고객들은 결정한다			고객들은 결정한다			
얼마나 많은 양인가?	얼마나 많은 수인가?	얼마나 경제적인가?	얼마나 신속한가?	얼마나 가치 있는가?	얼마나 신뢰할 수 있는가?	얼마나 정확한가?	얼마나 잘 하고 있는가?	얼마나 정중한가?	얼마나 잘 대응하고 있는가?	얼마나 만족하고 있는가?
규 모 작년의 변화율 전반적인 변화율 비 용	규 모 변 화	이용된 자원들 처리된 단위들	사이클 타임들 소요 시간 예상 시간	확대된 노력 비 용 얻어진 혜택	의존 가능성 접 근 정확성	완전성 포괄성 최신성	정확성 신속성 정중함 전문지식	배 려 환 대	예 상 유용함 공 감	기대부응 입수자료 개인적 상호 작용 사용의 용이성 사용 장비 환 경 안락함 자발적 재방문

5) Peter Hernon and Ellen Altman. *Assessing Service Quality: Satisfying the Expectation of library Customers.* Chicago: American Library Association, 1998, 56.

도서관이 그 고객이 원한다고 생각하는 것이
도서관이 자신이 제공해야 한다고 생각하는 것과
반드시 동일한 것은 아니며,
고객이 도서관 서비스를 어떻게 경험하는가와
반드시 동일한 것은 아니며,
고객이 진정으로 원하는 것과
반드시 동일한 것은 아니다.

1.2. 평가 액션 플랜

평가를 준비하는 데는 다음과 같은 것들을 포함한 많은 별개의 활동들이 따른다.

- 문제점의 확인
- 분석 범위의 결정
- 해답이 이미 존재하는지 여부의 결정
- 수행해야 할 분석의 종류의 결정
- 어떤 데이터가 필요할는지의 결정
- 분석의 실행과 보고서의 준비
- 서비스 개선을 위한 결과들의 이용: 피드백 고리

1.2.1. 문제점의 확인

평가 후보로서 어떤 토픽이나 영역을 선정하는 것은 대부분의 경우에는 간단하다. 도서관은 다음과 같은 것들에 유의해야 한다.

- **생산의 애로**. 밀린 일들이 있는가? 애로들(bottlenecks)은 인력 부족(staffing shortages)이나 부실한 감독, 번거로운 절차, 부적합한 교육 훈련을 보여주는 징후일 수도 있을 것이다. 애로들은 거의 직원의 잘못이 아니라는 사실에 유의하는 것이 중요하다.

- **빈번하게 수행되는 과업**. 어떤 과업이 빈번하게 수행되면 될수록, 그것이 평가 후보가 되기는 더 좋다. 몇 가지 분명한 후보들로는 대출과 참고 서비스, 도서관 상호 대차, 기술 서비스들이 있다.
- **빈번한 이동을 필요로 하는 활동**. 이동은 사람들과 서식, 장비, 북 트럭 등이 될 수도 있을 것이다. 짧은 거리의 빈번한 이동조차도 높은 비용으로 바뀔 수 있다. 이 영역의 평가는 최적의 물리적 배치들을 고려하고 확인해야 할 것이다.
- **축소되는 예산**. 모든 도서관은 조만간 이러한 도전에 직면하게 될 것이다. 예산의 상당 부분이 들어가는 활동들이나 서비스들을 고려하라. 평가는 동일한 과업들을 수행하기 위한 어떤 대안들이 존재하는지를 각 대안의 관련 비용들과 함께, 확인해야 할 것이다.

평가 프로젝트에 대한 간략한 명세서나 문제점 명세서(problem statement)를 준비해야 한다. 이 명세서는 어떤 해결책들을 제시하거나 문제점의 원인들을 확인하려고 해서는 안 된다. 그것은 다음과 같은 것들에 대한 해답을 제시해야 한다.

- 문제점 또는 인식된 문제점은 무엇인가? 평가하도록 제안된 프로세스나 활동(알려져 있거나 계량화할 수 있는 경우)의 현재 성과는 어떠한가?
- 문제점을 지적해주는 징후들은 어떤 것들인가?
- 이러한 성과에 관해 문제가 있거나 수용할 수 없는 것은 무엇인가?
- 언제 그리고 어디에서 문제점들이 발생하는가?
- 우리 고객들의 시각에서 볼 때 문제점의 영향은 무엇인가?

다음은 문제점 명세서 또는 제안된 평가의 예들이다.

수서 예산이 감축될 가능성이 있다. 우리는 우리 사서들과 고객들이 우리의 아주 광범위한 인쇄 참고 장서들을 이용하는 양에 대해 확신하지 못하고 있다. 우리는 특히 전자 데이터베이스의 라이선스를 얻기 위한 아주 대규모의 지출들을 고려하여, 실제 이용의 정도와 유형을 밝혀내야 한다. 우리는 서비스의 질을 양보하지 않고서도 참고용 인쇄 자료들에 대한 지출을 줄일 수도 있을 것이다.

왜 도서관 상호 대차(ILL: interlibrary loan)가 우리 고객들이 기대하는 것보다 더 오래 걸리는지 밝혀내라. 현재 도서관 상호 대차 도서들을 빌리기 위한 우리의 소요 시간은 우리 트랜잭션의 80퍼센트의 경우에 평균 X일이다. 최근의 도서관 상호 대차 고객 서베이를 바탕으로 하면, 우리 고객들은 자료들을 Y일 이내로 요청하고 있다. 우리는 고객들의 손에 요청한 자료들을 전해주기 위해 걸리는 시간에 관한 데이터를 수집해야 한다. 우리는 시간을 줄일 수 있을 것인가?

1.2.2. 분석 범위의 결정

어떤 것을 평가할 것인지 평가하지 않을 것인지를 결정하는 것이 중요하다. 평가가 도서관 업무들에 초점을 맞추는 내부적인 관점(internal perspective)을 택할 것인가, 아니면 외부의 초점이 포함되고 고객들이 어떤 방식으로든 관여하게 될 것인가? 아마도 두 시각들 모두 평가에 포함될 수도 있을 것이다.

다음과 같은 많은 다른 중요한 이슈들은 평가를 기획할 때 다루어야 한다.

- 관심을 갖는 이유가 현재의 이용 패턴들 때문인가? 서비스의 수요가 줄어들고 있는가? 수요가 갑자기 최고조에 달하고 있는가?
- 비용들을 확정해야 할 것인가? 만일 그렇다면, 예산이 해당 서비스를 제공하기 위한 모든 비용 구성 요소들을 확인하는 데 충분한 세부 사항들을 제공하고 있는가?
- 도서관의 고객들이 참여할 것인가? 만일 그렇다면, 그들의 참여 방식은 어떤 것이 될 것인가?
- 어떤 평가 방법론과 설계를 사용할 것인가? 데이터는 어떻게 수집할 것인가? 서베이를 사용할 예정이면, 다른 도서관들에서 사용하는 것을 사용할 수 있는가?
- 평가를 실시하는 목적은 무엇인가? 도서관이 업무의 효율성을 증진시키기 위해 시도하고 있는가(내부적인 초점), 아니면 도서관 서비스의 유효성에 대한 이해를 높이기 위해 연구가 이루어지고 있는가(외향적인 초점)?

1.2.3. 해답이 이미 존재하는지 여부의 결정

실제로 데이터 수집을 시작하기에 앞서, 여러분의 동료들이 무엇을 해당 영역에서 수행하고 있는가에 대해 학습하는 것이 중요하다. 여러분은 유사한 관종의 도서관에 근무하는 동료나 유사한 평가 프로젝트를 이미 완료한 것으로 여러분이 알고 있는 어떤 사람과 대화를 하거나 이메일을 보낼 수도 있을 것이다. 그 밖의 자원들도 활용할 수 있는데, 여기에는 문헌정보학과 교수나 컨설턴트에게 문의하거나 리스트서브에 질의를 올리는 것도 포함된다. 다른 사람들의 경험들을 알게 되면 도서관은 다른 사람들이 고생을 하면서 시행착오를 통해 부딪혀온 일부의 함정들을 피하는 데 도움을 얻게 된다.

가장 중요한 활동들 중의 하나는 문헌 검토(literature review)이다. 문헌, 특히 최근에 발행된 논문들의 탐색을 실행하는 것은 도서관으로 하여금 평가 연구의 외형을 더 잘 갖추도록 하고 최종적으로는 프로젝트의 결과들을 개선하는 데 도움을 줄 것이다. 내용 분석에 의하면, 평가에 관한 리서치는 연도에 따라, 발행되는 문헌의 15 내지 57퍼센트에 이르는 것으로 나타나고 있다.[6)]

문헌 검토를 준비할 때는, 문헌이 혼동되거나 모순되는 양상을 보여주는 경우가 많기 때문에, 심각한 도전이 발생한다. 그러므로 문헌의 결과들과 다양한 논문들과 책들에서 논의된 연구 결과들을 평가하고 우선순위를 정해야 한다. 특정 주제 영역의 리서치를 요약해주는 체계적인 리뷰 논문들이 준비되어 있는지의 여부를 확인하는 것이 특히 중요하다. 체계적인 리뷰들은 있을 수도 있는 편견을 최소화하기 위해, 일반적으로 두 명 이상의 전문가에 의해 작성되며, 정연하고 명확한 방법들을 사용하여 관련된 리서치를 확인하고, 선정하여, 평가한다. 그와 같은 논문은 분석에 포함시키기 위한 구체적인 기준들에 부응하는 다수의 선행 연구들을 요약하게 될 것이다. 일단 리뷰 논문이 초안 형태로 준비되면, 그것은 해당 영역에 대한 지식을 갖추고 있는 사람들이 참여하는 엄격한 동료들에 의한 검토(peer review) 프로세스

---

6) Denise Koufogiannakis and Ellen Crumley. Research in Librarianship: Issues to Consider. *Library Hi Tech,* 24 (3), 2006, 324-40.

를 거치게 된다. 체계적인 리뷰 논문의 부산물의 하나는 그것이 "모범 사례들" (best practices)을 확인해줄 것이라는 사실이다.

체계적인 리뷰들은 다음과 같은 몇 가지 이유 때문에 유용하다.

- **너무 많은 정보를 입수할 수 있는데**, 리뷰를 통해 생산되는 개요는 리서치와 읽기를 더 적게 해도 된다는 사실을 의미한다.
- 어떤 토픽들의 경우에는 **입수할 수 있는 정보가 너무 적다**.
- **체계적인 리뷰들은 불일치들을 해결하고** 뜨거운 논쟁이 이루어지고 있는 이슈의 여러 이슈들을 더 명확하게 정의하는 데 도움을 줄 수 있을 것이다.
- **새로운 리서치를 위한 계획을 세우기 위해**, 생산적인 방법들을 확인해주는 체계적인 리뷰를 작성할 수도 있을 것이다.
- **체계적인 리뷰들은 교수 자료나 교육 훈련 자료를 제공해준다**. 왜냐하면 리뷰는 상당히 깊이 있는 분석을 제공해주기 때문이다.[7)]

최근에는 근거 중심 평가(evidence based evaluation)의 관행이 도서관계 내에서 등장하고 있다. 근거 중심 도서관학은 근거 중심 의학(EBM: evidence based medicine)의 전통과 역사를 기반으로 하여, 느낌이나 경험보다는 견실한 리서치를 바탕으로 하는 일단의 권고안들을 결정하기 위해, 문헌에서 보고하고 있는 다양한 리서치와 평가 연구들을 범주화하거나 평가하기 위한 방법을 제공해준다. 여러 가지 점에서, 이것은 "어세스먼트 문화"의 개발에 대한 요구를 반영하는 것이다.[8)]

둘 모두 증거 중심 도서관학의 개발에 관여하고 있는 Andrew Booth와 Anne Brice는 방법론적 관점에서 더 철저한 리서치 스터디들의 연구 결과들에 더 많은 무게를 두어야 한다고 제안하고 있다.[9)] 그들은 리서치에 대해 다음과 같은 방식(최선에서 최악의 순서)으로 우선순위를 부여할 것을 제안하고 있다.

---

7) K. Ann McKibbon. Systematic Reviews and Librarians. *Library Trends*, 55 (1), Summer 2006, 202-15.

8) Amos Lakos. Opinion Piece. The Missing Ingredient—Culture of Assessment in Libraries. *Performance Measurement and Metrics,* August 1999, Sample Issue, 3-7; Amos Lakos and Shlley Phipps. Creating a Culture of Assessment: A catalyst for Organizational Change. *Portal: Libraries and the Academy,* 4 (3), July 2004, 345-61.

• **Ⅰ. 무작위 대조군 시험들을 사용하는 실험적 연구**. 임상 의학(clinical medicine)에서, 무작위 대조군 시험들(RCTs: randomized controlled trials)은 치료의 유효성을 평가하기 위한 "황금 표준"(gold standard)으로 간주되고 있다. 왜냐하면 이 시험은 시술의 유효성에 대한 (또는 그에 반하는) 가장 강력한 증거를 제공할 수 있기 때문이다. 도서관 환경에서는 아주 극소수의 무작위 대조군 시험들이 실시되고 있다.

• **Ⅱ. 무작위화 없이 이루어지는 실험적 연구**. 여기에는 코호트 연구들(cohort studies)과 환자-대조군 연구들(case-control studies)이 포함된다. 의료 환경에서는, 조사중인 질병이 등장하기 이전에 코호트들이 확인된다. 그와 같이 정의된 연구 그룹들은 그들 사이에서 질병의 빈도를 알아보기 위해 일정 기간 동안 관찰된다. 또한 도서관 환경에서는, 아직 어떤 코호트 연구들도 실행된 적이 없다.

환자-대조군 연구들은 연구자들이 최종 성과나 효과(예를 들면 폐암이나 심장병, 장수 등)와 다수의 가능성이 있는 원인이 되는 요인들을 확인하는 것과 함께 시작된다. 조사중인 최종 성과를 보여주는 환자들의 그룹이 선정된다. 그러고 나서 조사중인 최종 성과나 효과를 보여주지 않는 다수의 대조군 피험자들(또는 대조군들)이 선정된다. 환자 피험자 당 한 명 이상이 존재할 수도 있을 것이다. 이러한 대조군들은 리스크가 없는 변인들(nonrisk variables)에 대해 환자들과 가능한 한 밀접하게 매치해야 한다. 이렇게 함으로써 제안된 리스크가 없는 변인들을 분석에서 무시할 수 있게 된다. 그런 다음 환자와 대조군 그룹들을 제안된 원인이 되는 요인들에 비추어 비교하게 된다. 또한 각 요인이 갖는 연구된 최종 성과와의 연관성의 강도를 추정하기 위해 통계적인 분석을 이용한다. 도서관 환경에서는, 소수만 환자-대조군 방법론을 이용하여 연구를 실행하고 있다.

• **Ⅲ. 대조군 없이 이루어지는 관찰 연구**(observational study). 여기에는 횡단적 연구들(cross-sectional studies)과 전후 비교 연구 설계들(before-and-after study designs), 사례 연구들(case studies)이 포함된다. 사례 연구 방법은 대규모의 표본들을 사용하고 제한된 수의 변인들을 상세하게 검토하기 위해 엄격한 프로토콜을 따르기보다는, 하나의 단일 실례나 사건, 즉 사례에

9) Andrew Booth and Anne Brice. *Evidence-Based Practice for Information Professionals: A Handbook.* London: Facet, 2004. 새로운 인터넷 기반 저널인 *Evidence Based Library and Information Practice*를 이용할 수 있다. 전체 자료들에 이용하기 위해서는 〈http://ejournals.library.ualberta.ca/index.php/FBLIP/issue/current〉를 방문하라.

대해 심층적으로 검토한다. 이러한 것들은 사건들을 살펴보고, 데이터를 수집하고, 정보를 분석하고, 결과들을 보고하는 체계적인 방법을 제공해준다. 결과적으로 연구자는 왜 발생했던 것과 같은 실례가 발생했는지 그리고 미래의 리서치에서 어떤 것을 더 광범위하게 살펴보는 것이 중요하게 될 것인지에 대해 예리하게 이해할 수도 있을 것이다.

- Ⅳ. **증례 보고**. 의학에서, 증례 보고(case report)는 개별 환자에 대한 진단과 치료, 후속 조치에 대한 상세한 보고서이다. 증례 보고들은 환자의 인구 통계적 프로필을 포함하고 있을 수도 있지만, 대개는 특이하거나 새로운 발생에 대해 기술한다. 도서관 분야의 문헌은 증례 보고들, 또는 "우리 도서관에서 그것을 얼마나 훌륭하게 수행했는가?"에 대한 것들로 가득하다.

  이 범주는 또한 아이디어들과 사설들, 의견들도 포함하고 있다. 이 범주는 아직까지 어떤 데이터나 리서치의 뒷받침을 받지 못하고 있고 따라서 리서치와 평가 연구들에 의해 뒷받침되는 결론에 도달하고자 할 때는 거의 또는 전혀 가치가 없는 아이디어들을 위한 것이다.

대부분의 도서관 리서치는 사례 연구들이나 환자-대조군 연구들을 사용한다. 아울러 문헌정보학 영역에 널리 퍼져 있는 질적 연구(qualitative research)는 이상에서 열거한 리서치의 범주들에서는 다루고 있지 않다는 사실에 유의해야 한다. 미래의 도서관 리서치와 평가 연구들은 특히 도서관 자원과 서비스 이용의 최종 성과들을 측정하고자 할 때는, 코호트 연구들과 대조군 시험들의 이용이나 적어도 대조군 그룹의 이용을 통해 상당히 개선될 것이다. 실험 설계의 이용 증가도 도움이 될 것이다.

문헌 검토의 결과는 일반적으로 평가 보고서나 평가 프로젝트의 결과들을 기록하는 논문의 한 섹션이 된다. 문헌 검토는 또한 추가의 연구를 필요로 하지 않는 행동 방침을 제시해주게 될 "모범 사례들"을 밝혀줄 수도 있다는 사실에 유의해야 한다.

1.2.4. 수행해야 할 분석의 종류의 결정

도서관 리서치는 대부분 실용주의적인 지향성을 가지고 있지만, 전문적으로 수용할 수 있는 해결책들에 너무 밀접하게 연결되어 있어서 기존 질서에 확연한 대변동을 가져다줄 수 있는 대체안들을 거의 생각하지 않는 것 같다.

— *P. Wasserman and M. Bundy* *

일반적으로, 도서관 서비스에 관한 정보를 수집하기 위해 사용할 수 있는 두 개의 광범위한 방법론, 즉 양적 방법론과 질적 방법론이 있다. 각 방법에 대해서는 이 책의 이후의 장들에서 다소 상세하게 살펴보고자 한다.

양적 방법(quantitative methods)은 다양한 기법들을 이용하여 데이터를 수집한다. 그 결과로 얻어지는 데이터는 간단한 기술 통계로부터 더 복잡한 통계 분석에 이르는, 데이터 분석이 이루어질 수 있게 된다.

질적 방법(qualitative methods)은 성격상 숫자로 나타나지 않는 도서관 서비스에 관한 정보를 수집한다. 질적 방법의 목적은 통찰력이다. 통찰력은 개략적으로 보면 연관성이나 패턴의 인식이다. 전형적인 질적 방법들로는 관찰(observations), 심층 면접(in-depth interviews), 포커스 그룹(focus groups)이 있다. 통찰력 연구들은 양적 연구는 확인할 수 없는 연구 결과 이면의 이유들을 지적해주는 경우가 많다.

문헌 검토를 통해 평가 연구를 실행하기 위해 다른 도서관들이 사용해온 몇 가지 방법들을 확인하게 될 것이다. 이러한 방법들은 분명히 도서관이 따라야 할 첫 번째 후보들이다. 왜냐하면 새로운 방법을 개척하는 것보다는 다른 곳에서 이루어진 연구를 따라하는 것(그리고 결과들을 비교하고 대조하는 것)이 더 용이하기 때문이다.

평가 프로젝트에서 사용하게 될 구체적인 절차들을 결정하고 문서로 기록해야 한다. 몇몇 직원 구성원들이 데이터 수집 프로세스를 지원할 수 있도

* P. Wasserman and M. Bundy. *Reader in Research Methods in Librarianship*. NCR Microcard Editions, 1970, 257.

록 교육 훈련을 받을 필요가 있을 수도 있을 것이다. 데이터의 수집과 분석에 대한 책임을 갖게 될 개인은 프로젝트 계획에 명시해야 한다. 아울러 프로젝트 계획은 프로젝트를 완료하기 위한 타임 프레임과 중간의 중요한 단계들을 포함해야 한다.

절차들에 대한 검토를 통해 프로젝트에 어떤 자원들을 배정할 필요성이나 몇몇 자원봉사자들을 모집하여 훈련시킬 필요성이 나타날 수도 있을 것이다.

1.2.5. 어떤 데이터가 필요할는지의 결정

평가 방법을 선택하게 되면 어떤 데이터가 필요하게 될 것인지가 대부분 결정될 것이다. 평가 목표들에 대한 명확한 그림을 갖는 것은 불필요한 데이터가 수집되지 않도록 해주고, 훨씬 더 중요한 것으로, 필요한 데이터가 실제로 수집되도록 해줄 것이다.

서베이를 배포하고 있으면, 응답들을 수집하여 분석해야 할 것이다. 기획된 데이터 분석의 복잡성에 따라, 데이터 분석 소프트웨어 패키지로 불러올 수 있는 포맷으로 정보를 가지고 있어야 할 수도 있을 것이다.

한 가지 제안은 한정된 양의 데이터의 수집과 분석을 포함하여, 연구의 원형(prototype)을 작동시키는 것이다. 이 "시운전"을 통해 도서관이 훨씬 더 큰 규모의 데이터 수집 노력을 들여 시간과 비용을 발생시키기 이전에 해결할 수도 있는 몇 가지 예상치 못한 문제점들이 드러나는 경우가 많을 것이다.

그러나 다음과 같은 사실에 유의하는 것이 중요하다.

> 완벽한 데이터는 입수가 불가능하다. 거의 완벽한 데이터는 입수하는 데 너무나 오랜 시간이 걸릴 수 있기 때문에 기회가 여러분을 스쳐지나가 버리거나 문제점이 여러분을 둘러싸게 될 것이다. 일을 마무리하기에 충분할 정도로 양호한 데이터에 만족하라.[10)]

10) Denise Troll Covey. Using Data to Persuade: State Your Case and Prove It. *Library Administration & Management,* 19 (2), Spring 2005, 84.

학문적 상황에 있는 개인들로부터 데이터를 수집하고자 하는 경우에는, 사람들의 프라이버시와 권리들을 보호하기 위해 존재하는 캠퍼스 임상 시험 심사 위원회(IRB: Institutional Review Board)의 가장 가능성이 높은 허가를 받아야 할 것이다. 일반적으로는 이 위원회의 승인을 얻기 위해 도서관이 따라야 할 구체적이고 상세한 프로세스가 있다.

1.2.6. 분석의 실행과 보고서의 준비

양적인 데이터 수집 프로세스나 질적인 정보 수집 프로세스가 완료된 뒤에는, 그 결과로 얻어진 정보를 분석해야 한다. 어쨌든 분석의 목적은 통찰력이다. 도서관이 평가를 준비하고 실행하기 위해 상당한 노력을 기울여왔기 때문에 이것은 특히 중요하다.

평가 보고서의 기능은 평가의 목적과 초점, 프로젝트의 실행 방법, 양적 데이터나 질적 정보가 말해주는 것, 마련되고 있는 결과들과 권고안들을 문서로 뒷받침하는 것이다.

보고서의 오디언스(audience)는 학술도서관의 경우처럼, 도서관의 최고 경영팀이나 도서관의 자금 지원 의사 결정자들, 프로그램 검토에 관여하는 사람들이 될 수도 있을 것이다. 후자의 오디언스의 경우에는, 도서관 전문 용어를 사용하지 않는 것이 중요하다 — 어떤 전문 용어를 사용하게 되면, 그것은 반드시 의사 결정자들의 전문 용어가 되도록 하라. 그리고 이 오디언스는 일반적으로 아주 바쁘기 때문에, 보고서는 평가 프로젝트에 대한 한 두 페이지의 총괄 요약문(executive summary)을 포함하도록 해야 한다.

1.2.7. 서비스 개선을 위한 결과들의 이용: 피드백 고리

알려진 평가 결과들을 가지고, 도서관은 평가 연구의 권고안들을 실행하기 위해 프로세스나 절차의 변경을 실시하게 될 가능성이 높을 것이다. 평가 중에 프로젝트와 그 발견 결과들에 관해 직원과 커뮤니케이션을 하게 되면 변화들이 원만하게 이루어지도록 하기 위해 필요한 상호 협력과 열정을 얻어내는 데 도움이 될 것이다.

1.3. 평가의 걸림돌

도서관 경영에 대한 상식적이고 직관적인 접근법들은 오늘날 도서관은 어느 도서관이든 더 복합적이며 도서관의 고품질 서비스 제공을 저해하는 많은 변인들을 포함하고 있다는 현실을 무시하고 있다. 평가에서 제공하는 서비스에 관한 객관적인 정보가 없으면, 도서관은 만사가 좋다는 믿음을 확신하면서, 단순히 계속하여 되는대로 해나가게 될 것이다.

평가가 오용될 수도 있다는 사실을 인정하는 것도 중요하다. 예를 들면, 평가는 다음과 같은 것들이 될 수도 있을 것이다.

- 숨겨져 있는 정치적 의제(agenda)를 가질 수도 있을 것이다(서비스의 품질과 이용에도 불구하고, 그것은 종료하기로 예정되어 있을 수도 있다.)
- 전체 프로그램은 살펴보지 않은 채, 긍정적인 결과들을 만들어내는 프로그램의 구성 요소들만을 상세히 검토할 수도 있을 것이다.
- 프로그램의 실패들이나 제한된 이용을 은폐할 수도 있을 것이다.
- 단기적인 조치를 취하는 것을 지연시키기 위해 이용할 수도 있을 것이다(평가 프로젝트는 연구를 설계하고, 데이터를 수집하고 분석하며, 보고서를 준비하기 위한 시간을 필요로 할 것이다.).
- 규정된 방식으로 데이터를 수집하는 것을 거부하고, 따라서 결과를 왜곡하는, 직원의 고의적인 방해를 받을 수도 있을 것이다.
- 평가가 자원들이 낭비되고 있거나 잘못 활용되고 있음을 보여줄 것으로 우려하고 있는 경영층에게 두려움을 느끼게 할 수도 있을 것이다.
- 평가 프로젝트에 참여하는 사람들이 프로젝트에 필요한 과업들을 올바르게 완수하기 위한 교육 훈련을 받지 못하였기 때문에 결함을 가질 수도 있을 것이다.

Peter Hernon과 Ellen Altman이 관찰하고 있는 것처럼, "평가는 결국 기획과 자기 개선, 그리고 그 가치(worth)와 값어치(value)를 보여주는 데 진정으로 관심을 가지고 있는 개방 조직에서 가장 생산적이다."[11]

11) Peter Hernon and Ellen Altman. *Service Quality in Academic Libraries*. Norwood, NJ: Ablex, 1996, 18.

1.4. 평가의 윤리

JCSEE(Joint Committee on Standards for Educational Evaluation)는 평가자들을 안내하는 데 도움을 주기 위해 다음과 같은 네 개 영역의 기준들을 작성한 바 있다.

- **실용성**(utility). 평가의 목적은 의도하고 있는 이용자들의 정보 니즈에 부응하도록 보장하는 것이다. 여기에는 이해관계자의 확인, 평가의 범위와 선별, 보고의 명확성과 적시성, 배포가 포함될 수도 있을 것이다.
- **실행 가능성**(feasibility). 초점은 평가가 현실적이 되도록 하고, 수용한 연구방법들을 따르며, 너무 많은 비용이 소요되지 않도록 보장하는 것이다.
- **적합성**(propriety). 평가는 합법적으로, 윤리적으로, 그리고 평가에 관련되는 사람들의 복지를 적절히 고려하여 실행해야 한다. 여기에는 인간 피험자들(human subjects)의 권리, 발견 결과들의 공개, 완전하고 확고한 어세스먼트가 포함될 수도 있을 것이다.
- **정확성**(accuracy). 평가는 평가되고 있는 프로그램들이나 서비스들에 관한 정확한 정보를 밝혀야 한다. 따라서 데이터의 소스와 데이터의 수집 방법, 데이터의 분석을 평가 보고서에 포함시켜야 한다.[12)]

---

12) Joint Committee on Standards for Educational Evaluation. *The Program Evaluation Standards*. 2nd ed. Thousand Oaks, CA: Sage, 1994.

제2장

평가 모델

02

평가는 어떤 것의 가치나 장점, 값어치를 결정하는 프로세스이다. 그것은 "무엇인가"와 "무엇이 되어야 하는가"를 비교하는 것으로 이루어진다. 비교라는 말 속에는 비교를 위한 근거로 사용하기 위해 흔히 성과 측도(performance measures)라 불리는 하나 이상의 측도들을 선정해야 할 필요성이 내포되어 있는 것이다. 측정은 시스템이나 서비스, 프로세스를 완전하게 이해하기 위한 평가의 선행물(先行物)이다. 측정은 서비스나 프로세스의 수량화를 수반하거나 또는 서비스나 프로세스의 질적 어세스먼트가 된다.

평가는 다음과 같은 네 개의 광범위한 분석 레벨들을 사용하여 이루어질 수 있다.

- **개인 레벨.** 개개 도서관 고객의 경험은 평가의 기반이 될 수 있을 것이다. 그러나 단일의 관찰이나 상호 작용을 바탕으로 일반화하기는 어려울 것이다. 따라서 대부분의 평가들은 더 높은 레벨에서 이루어진다. 도서관 직원 구성원의 평가는 대개 개인적 평가라고 부르는데, 이 책에서는 이 토픽은 다루지 않고 있다.
- **서비스 레벨.** 프로그램이나 서비스는 대다수의 도서관 평가 프로젝트들의 초점이 되고 있다. 이 경우에는, 어떤 결론들을 도출하기 위해 도서관 고객 그룹의 경험을 평가한다.
- **조직 레벨.** 또 하나의 선택안은 모든 도서관 서비스들을 평가하는 것이다. 그러나 그 시각은 내부에 초점을 맞추고 있다. 즉 평가는 어느 한 도서관을 필적할만한 도서관들의 그룹과 비교하게 될 것이다.

- **사회 레벨.** 분석의 최종 레벨은 도서관이 지역 사회에 미치는 영향을 상세히 검토한다(지역 사회는 공공도서관의 경우는 시나 카운티를 의미하고, 대학의 상황에서는 학생들과 교원, 연구자들을 의미하며, 전문도서관의 모체 조직이나 학교도서관의 학생들과 교사들을 의미할 것이다).

도서관이 수행하게 될 분석의 레벨에 대해 명확하게 이해하는 것이 중요하다. 왜냐하면 그것은 어떤 방법론을 사용하게 될 것인지와 그 결과로 얻어지는 데이터를 분석하기 위해 사용할 수 있는 도구들에 영향을 미치게 될 것이기 때문이다.

2.1. 평가 모델

평가 모델들은 도서관이 제공하는 기능들과 서비스들에 대한 우리의 이해를 도와주기 위해 사용된다. 많은 모델들이 개발되고 있는데, 여기에서는 몇 가지에 대해 살펴보고자 한다. 특정 모델의 사용은 상위 조직의 특성들에 따라 특정 도서관에 유용할 수도 있을 것이다.

몇몇 모델들은 서로 다른 유형들의 평가 연구들을 전달하기 위한 노력으로 행렬(matrix)을 이용하고 있다. Blaise Cronin은 광범위하고 포괄적인 평가 모델을 제시하고 있다.[1] 그는 〈그림 2-1〉에 제시되어 있는 평가 행렬을 개발하고 도서관은 그 평가 노력의 초점을 비용과 편익(benefits), 유효성에 맞출 수 있을 것이라고 제안하는 한편, 세 개의 서로 다른 시각들이 준비되는 평가의 유형에 영향을 줄 것이라는 사실을 인정하였다. 특정 시각의 선택은 도서관 이해관계자들의 기대는 물론 도서관 직원 구성원들의 기대에 영향을 미치게 될 것이다. 전형적으로 보면, 평가는 행렬 내의 어느 한 칸에 초점을 두게 될 것이다.

1) Blaise Cronin. Taking the Measure of Service. *ASLIB Proceedings*, 34 (6/7), 1982, 273-94.

Cronin의 평가 행렬 표 2-1

	이용자	경영층	후원자
비 용			
유효성			
편 익			

Jose-Marie Griffiths와 Donald King은 유사한 평가 행렬을 개발하였는데, 이것은 〈표 2-2〉에서 볼 수 있는 것처럼, 무엇을 평가할 수 있는지 뿐만 아니라 다섯 개의 평가 관점들(도서관, 이용자, 도서관이 속해 있는 조직, 산업, 사회 전반)이 가능하다는 사실을 제시하고 있다.[2] 이 특정 모델은 기업 환경에 가장 자주 적용되고 있다.

Griffith와 King의 평가 행렬 표 2-2

	도서관	이용자	조 직	산 업	사 회
전체 도서관					
기 능					
서비스 / 제품					
활 동					
자 원					

Scot Nicholson은 〈그림 2-1〉에서 볼 수 있는 약간 더 단순화된 평가 행렬을 제시하고 있다.[3] Nicholson은 내부 포커스(도서관) 또는 외부 포커스(고객) 관점을 사용하고 있다. 마찬가지로, 평가 활동은 도서관이나 그 이용

2) Jose-Marie Griffiths and Donald King. *Special Libraries: Increasing the Information Edge*. Washington, DC: SLA, 1993.

3) Scot Nicholson. A Conceptual Framework for the Holistic Measurement and Cumulative Evaluation of Library Services. *Journal of Documentation*, 60 (2), 2004, 164-82.

을 살펴볼 수 있을 것이다. 도서관의 효율성을 그 편익들과 비교하는 것이 비용-편익 분석(cost-benefit analysis)을 준비하는 방식이다. 마찬가지로, 고객의 관점에서 품질과 유효성을 상세히 검토하는 것이 도서관의 적합성(relevance)을 결정하는 방식이다.

그림 2-1 Nicholson의 평가 행렬

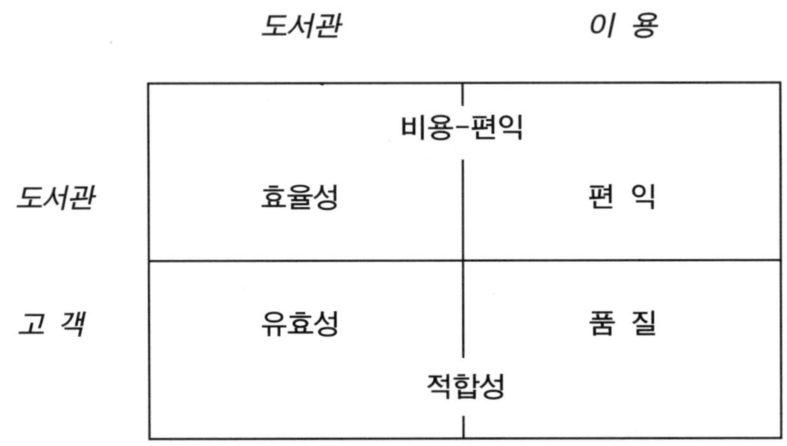

Alexander Astin은 학술 환경에서 상당 기간 동안 사용하고 있는 한 모델을 개발하였다(〈그림 2-2〉를 보라).[4] 이것은 투입들로부터 대학의 환경적 상황, 대학에서 만들어내는 최종 성과들로 옮겨가는 진행을 제시해주는 아주 간단한 모델이다. 모델의 각 구성 요소들을 이루고 있는 요인들의 예들은 그림에 나타나 있다.

1973년에 Richard Orr가 개발한 모델은 도서관 분야 문헌에서 가장 오래되고 분명히 가장 자주 인용되는 평가 모델의 하나이다. 〈그림 2-3〉에 제시되어 있는 그의 투입—프로세스—산출—최종 성과 모델은 그 구조가 도서관 상황에 분명하게 적용할 수 있기 때문에 가치를 가지고 있다.[5] Astin의 투입—환경—최종 성과 모델은 Orr의 모델과 아주 유사하며 평가의 프로세스 지향성을 반영하고 있다.

4) Alexander Astin. *What Matters in College?* San Francisco: Jossey-Bass, 1993.
5) Richard Orr. Measuring the Goodness of Library Services. *Journal of Documentation*, 29 (3), 1973, 315-52.

Astin의 학술 평가 모델 그림 2-2

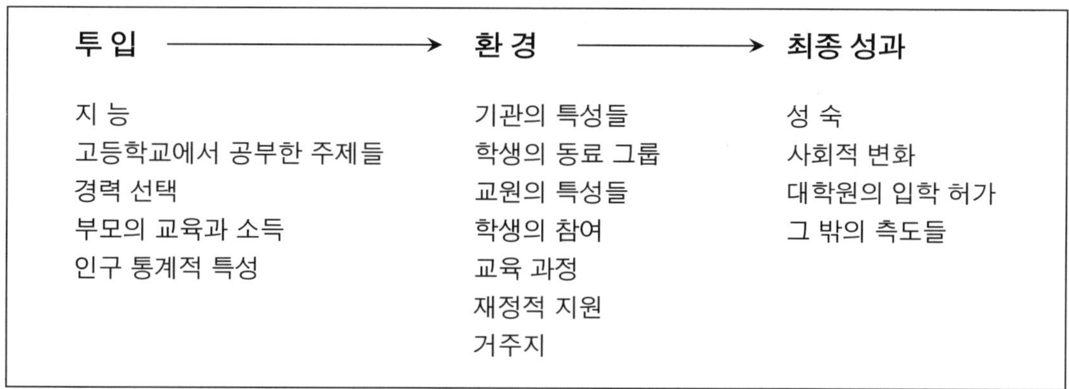

Orr의 평가 모델 그림 2-3

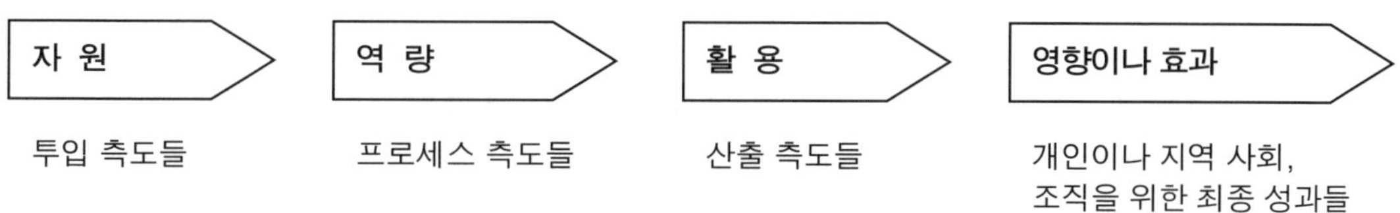

도서관이 설립될 때 그것은 일단의 **자원들**과 함께 제공된다. 그러한 자원들은 일단의 서비스들로 바꾸고 그 서비스들을 제공할 수 있는 **역량**을 갖추도록 조직되고 안내된다. 그러고 나서 이러한 역량들이 **활용**된다. 일단 이용되면, 제공되고 있는 정보와 서비스는 지역 사회나 조직에 긍정적이고 유익한 **영향**이나 **효과**를 미칠 가능성이 있다.

투입 측도(input measures)는 수량화하고 수집하기가 가장 용이하며 오랫동안 사서들이 이용해오고 있다. 일반적으로 투입 측도들은 예산, 직원, 장서, 시설, 테크놀로지라는 다섯 개의 광범위한 범주들로 그룹화된다. 투입 측도들은 대개 수나 수치이다.

프로세스 측도(process measures) 또는 **생산성 측도**(productivity measures)는 자원들을 도서관이 제공하는 서비스로 바꾸어주는 활동들에 초점을 맞추고 있으며 따라서 내부 지향적이다. 프로세스 측도들은 특정 과업이나 활동을 수행하는 비용이나 시간을 수량화하게 될 분석에 반영된다. 프로세스 측도들은 궁극적으로는 효율성에 관한 것이며 따라서 "우리가 **일을 제대로** 하고 있는가?"라는 질문에 대한 해답을 제공해준다. 일반적으로 도서관은 도서관이 얼마나 효율적인가에 대한 어세스먼트를 하기 위해 그 프로세스 측도들을 필적할만한 도서관들의 그룹과 비교하게 될 것이다.

산출 측도(output measures)는 도서관과 그 서비스들이 활용되고 있는 정도를 나타내기 위해 이용된다. 대개 산출 측도들은 활동의 양을 나타내는 수치들이다. 역사적으로, 산출 측도들의 이용은 선(goodness)의 측도로 간주되고 있다 — 즉 도서관의 장서(물리적 및 전자적)와 그 서비스들은 너무나도 집중적으로 이용되는 경우가 많았다. 따라서 도서관은 "잘" 하고 있었던 것이다. 서비스들의 이용, 장서(물리적 및 전자적)의 이용, 시설들의 이용(게이트 카운트(gate count), 프로그램 참석자 수), 도서관 웹사이트의 방문 등을 나타내주는 다양한 측도들이 존재한다.

넓게 말하면, **최종 성과**(outcomes)는 서비스들에 대한 이러한 노출(exposure)이 고객에게 미치는 효과를 나타낸다. 또한 최종 성과들은 기획될 수도 있고(때로는 목적이라고 부른다) 아니면 의도하지 않을 수도 있으며, 실제 최종 성과들은 의도했던 것보다 적을 수도 있고, 동일할 수도 있고, 더 클 수도 있다는 사실에 유의하는 것이 중요하다. 최종 성과들은 처음에는 개인에게서 발견되고 그러고 나서 더 큰 맥락, 즉 조직이나 지역 사회에서 발견된다. 최종 성과들은 도서관으로 하여금 그 유효성을 평가하고 "우리는 **올바른 일**을 하고 있는가?"라는 아주 중요한 질문에 대해 대답할 수 있도록 해준다.

최종 성과들의 어세스먼트는 때로는 영향 분석(impact analysis) 또는 영향 평가(impact evaluation)라고도 하는데, 이것은 일반적으로 경험이나 성숙과 같은 자연의 힘들의 결과로 어떤 성과 변화들이 일어나고 프로그램이나 서비스가 제공하는 개입들의 결과로 어떤 변화들이 일어나는지를 밝혀내기 위해 이루어진다. 어느 경우에는, 서비스나 프로그램의 이러한 긍정적인 최종 성과들을 편익(benefits)이라고도 한다.

Orr 모델을 확장한 것이 〈그림 2-4〉에서 볼 수 있는 것처럼, "어떻게, 누가, 무엇을, 왜"라는 질문들에 대한 대답을 제공해준다.

성과 스펙트럼 6) 그림 2-4

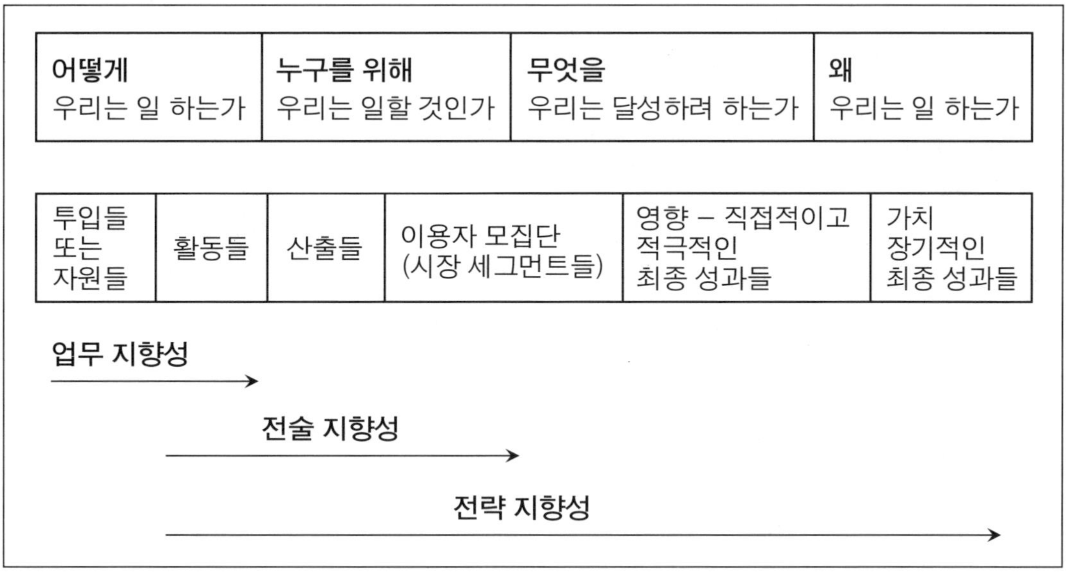

어떻게 우리는 일 하는가	누구를 위해 우리는 일할 것인가	무엇을 우리는 달성하려 하는가	왜 우리는 일 하는가

투입들 또는 자원들	활동들	산출들	이용자 모집단 (시장 세그먼트들)	영향 – 직접적이고 적극적인 최종 성과들	가치 장기적인 최종 성과들

업무 지향성 →

전술 지향성 →

전략 지향성 →

업무들에 대한 초점은 투입과 프로세스 성과 측도들의 이용에 반영된다. 전술 지향성은 프로세스와 산출 측도들을 이용하는 도서관을 발견하게 될 것이다. 전략 지향성은 최종 성과 측도들의 이용은 물론 도서관의 이용(내재된 가치)을 설명해주는 산출 측도들의 이용을 필요로 한다.

개인에게 나타날 수 있는 최종 성과들은 다음과 같은 것들의 변화들을 포함한다.

- 태 도
- 기 술
- 지 식
- 행 태
- 지위나 상태

6) 다음 자료의 일부 수정: Jennifer Cram and Valerie Shine. *Performance Measurement as Promotion: Demonstrating Benefit to Your Significant Others*. Paper presented at the School Library Association of Queensland Biennial Conference, 29 June-l July 2004, Gold Coast, Queensland. Available at http://www.alia.org.au/~jcram/PMasPromotion.pdf.

표 2-3 포괄적인 최종 성과 *

지식과 이해	· 어떤 것에 관해 아는 것 · 사실/정보에 대한 학습 · 어떤 것에 대한 이해 · 도서관의 운영 방법에 대한 학습 · 구체적인 정보의 제공 — 사물들이나 사람, 장소들에 대한 · 명칭 부여 · 사물들 간의 링크와 관계의 설정 · 사전 지식의 새로운 방식으로의 이용
기 술	· 어떤 것의 수행 방법에 대해 아는 것 · 새로운 일들을 할 수 있는 것 · 지적인 기술들 — 독서, 비판적 및 분석적 사고, 판단 · 핵심적인 기술들 — 숫자와 통계, 리터라시, IT의 이용, · 학습 방법의 학습 · 정보 관리 기술들 — 검색과 평가, 이용 · 사회적 기술들 · 커뮤니케이션 기술들
태도와 가치	· 느낌들 · 인식들 · 우리 자신들에 관한 견해들, 예를 들면 자존심 · 다른 사람들에 대한 견해들이나 태도들 · 아량의 제고 · 공 감 · 동기 증진 · 도서관에 대한 태도들 · 경험에 관련된 긍정적 태도들과 부정적 태도들
즐거움과 영감, 독창성	· 즐기기 · 놀라기 · 혁신적 사고들 · 독창성 · 탐구와 실험 · 영감 얻기
활동과 행 태, 진 보	· 사람들이 하는 것 · 사람들이 하고자 하는 것(행동 의도) · 사람들이 이미 한 것 · 사람들이 자신의 시간을 관리하는 방법의 변화 · 보고되거나 관찰된 행동들

* 다음 자료의 일부 수정: Jennifer Cram and Valerie Shine. *Performance Measurement as Promotion: Demonstrating Benefit to Your Significant Others*. Paper presented at the School Library Association of Queensland Biennial Conference, 29 June-l July 2004, Gold Coast, Queensland. Available at http://www.alia.org.au/~jcram/PMasPromotion.pdf.

〈표 2-3〉은 도서관이 그 이용자들의 삶에서 갖게 되는 가치를 설명하기 위한 평가 계획의 일부로서 사용할 것을 도서관이 고려할 수 있는 다수의 포괄적인 성과들을 제시하고 있다.

또한 Rhea Rubin은 최종 성과들에 초점을 맞추는 것은 다음과 같은 것들을 포함한 많은 이유들 때문에 유익하다고 밝히고 있다.

- 가정들이 명확하다.
- 이용자들 및 이해관계자들과의 협력에 좋다.
- 도서관이 중간의 최종 성과들과 장기적인 최종 성과들을 선정하기 때문에 이정표들을 확인할 수 있다.
- 직원과 이해관계자들을 초점을 프로그램과 서비스의 목적들에 맞춰준다.
- 최종 성과들에 대한 상세한 검토로부터 개선과 혁신이 이루어질 수 있다.
- 어떤 프로그램이나 서비스를 어떤 사람들이 이용하고 어떤 사람들이 이용하지 않는 방법과 이유에 대한 통찰력을 제공해준다.
- 최종 성과들은 도서관이 그 이용자들의 삶에 미치는 공헌을 밝혀내기 위한 수단이 된다.[7]

Peter Hernon과 Robert Duggan은 산출(output)은 기관이나 조직에 기반을 두는 반면, 학생의 학습 성과들과 같은 어떤 최종 성과들은 개인 안에서 발생하다는 사실에 주목한 바 있다. 나아가 산출에서 최종 성과로 이어지는 진전이 어느 경우에는 나타날 수 있지만, 그러한 진전이 꼭 필요한 것은 아니다.[8] 산출들은 측정 가능하며 일반적으로 편집되거나, 수치화되거나, 수집되는 반면, 최종 성과들이나 영향들은 그렇게 용이하게 측정할 수 없는 경우가 많다.

최종 성과들이나 영향들은 의도했던 것이거나 뜻밖의 것일 수도 있고, 긍정적이거나 부정적일 수도 있으며, 단기적이거나 장기적일 수도 있고, 의

---

7) Rhea Joyce Rubin. *Demonstrating Results: Using Outcome Measurement in Your Library*. Chicago: American Library Association, 2006.

8) Peter Hernon and Robert E. Duggan. Continued Development of Assorted Measures, in *Outcomes Assessment in Higher Education: Views and Perspectives*. Westport, CT: Libraries Unlimited, 2004, 309-18.

미 있는 것이거나 사소한 것일 수도 있을 것이다. 의미 있는 것으로 간주되려면, 최종 성과는 변화와 개입에 민감한 것으로 확인되어야 한다.

앞서 살펴본 Griffiths와 King의 모델을 Orr의 투입—프로세스—산출—

그림 2-5 도서관 메트릭스를 위한 개념적 프레임워크 *

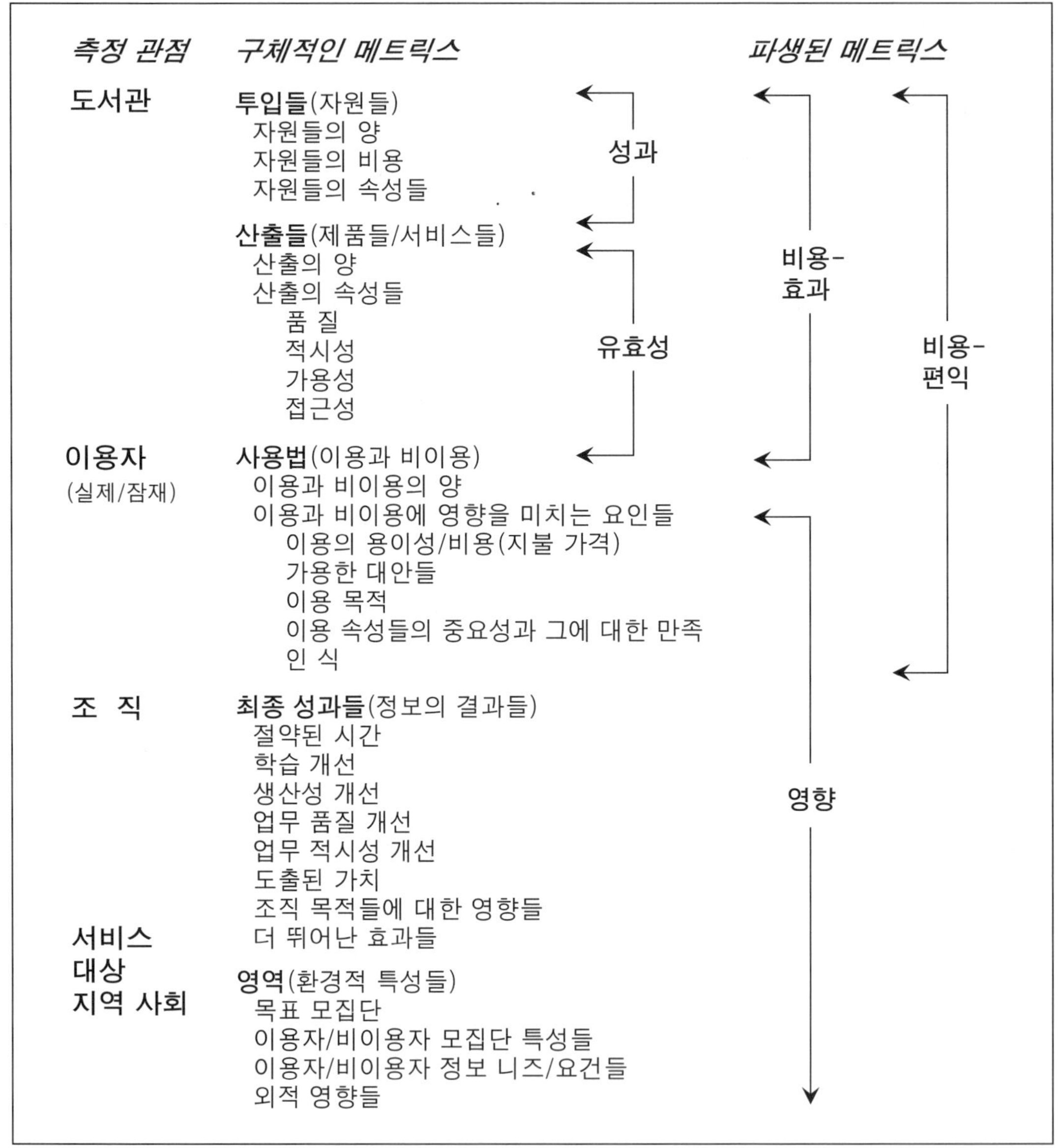

* 다음 자료의 일부 수정: Donald W. King and Peter B. Boyce. Library Economic Metrics: Examples of the Comparison of Electronic and Print Journal Collections and Collection Services. *Library Trends*, 51(3), Winter 2003, 379.

최종 성과 모델과 결합시킨 결과 〈그림 2-5〉에서 볼 수 있는 것과 같은, 도서관 메트릭스(metrics)를 위한 개념적 프레임워크를 만들어냈다.

Peter Brophy는 〈표 2-4〉에 나타나 있는 것과 같은 영향 모델의 레벨의 최종 성과들의 규모를 고려하는 것도 유용할 수 있다고 밝힌 바 있다.

영향 모델의 레벨 * 표 2-4

−2	적대감	이용자가 서비스에 실망하여 그것은 완전히 돈을 낭비하는 것이라고 결정할 수도 있을 것이다. 그 결과는 아마도 시의회 의원이나 고위 경영자와 같은 영향력 있는 제3자에게 비난 편지를 보낼 수도 있을 것이다.
−1	무 시	이용자가 적대적이지는 않지만, 단순히 서비스가 가치가 없다고 느끼고 있다. 서비스를 손상시키는 어떤 시도도 이루어지지 않는다고 하더라도, 말려드는 것은 개인적인 노력의 낭비이다. 미래 관계에 장벽이 존재한다.
0	없 음	이용자는 서비스에 관한 긍정적인 느낌도 부정적인 느낌도 갖고 있지 않으며 어떤 견해도 없다. 그것은 마치 서비스가 거의 존재하지 않는 것과 같다.
1	인식 증진	서비스가 긍정적인 효과를 갖고 있으나 이용자는 이전에 알지 못했던 어떤 것에 대해 인식하고 있다. 이용자는 서비스가 존재한다는 사실을 알고 있고, 그것을 바로 부정하지 않으며, 미래에 필요성을 느끼게 되면 그것에 의존할 수도 있을 것이다. 이용자는 또한 그것을 친구들과 동료들에게 언급하거나 나아가서는 추천할 수도 있을 것이다.
2	정보 향상	서비스에 접촉하게 된 결과로, 이용자는 이전보다 더 나은 정보를 갖게 된다.
3	지식 개선	입수한 정보를 고려하게 되며, 이용자는 이제 주제에 관해 더 많은 것을 알게 된다.
4	인식 및 능력 변화	얻어진 지식의 결과로 이용자가 주제를 대하는 방식이 변하게 된다. 진정한 학습이 이루어지고 새로운 기술을 습득하게 된다.
5	세계관 변화	이용자가 서비스에 의해 변화된다. 이용자의 세계관이 상당히 변화하며, 건설적인 학습이 이루어지게 되는데, 그것은 장기적인 효과들을 갖게 될 것이다. 전이가 가능한 기술들을 습득하게 된다.
6	행동 변화	새로운 세계관 덕택에 이용자는 이전에는 하지 않았던 방식으로 행동하게 된다. 학습은 행동으로 바뀌며, 따라서 서비스와의 만남은 그 이용자를 변화시킬 뿐만 아니라 어느 점에서는 더 넓은 세계를 변화시키고 있다.

* 다음 자료의 일부 수정: Peter Brophy. The Development of a Model for Assessing the Level of Impact of Information and Library Service. *Library & Information Research*, 29(93), Winter 2005, 43-49.

도서관이 그 고객들의 삶에 미치는 최종 성과들이나 영향들을 확인하고자 시도할 때 제기될 수 있는 추가의 문제점들로는 다음과 같은 것들이 있다.

- 도서관 서비스는 서로 다른 이용자 그룹들에 대해 서로 다른 가치와 최종 성과를 가질 수 있다.
- 영향을 설명하기 위해 적합할 수도 있는 데이터를 개인들의 프라이버시 보호에 대한 배려 때문에 입수하지 못할 수도 있다(또는 상당한 노력을 기울여야만 입수할 수 있다).
- 영향을 확인하기 위해 서로 다른 도서관들에서 다양한 방법들을 사용하고 있기 때문에, 결과들은 비교하고 통합하기가 어렵다.
- 장기적인 효과들은 테스트나 서베이를 실시하기 위해 도서관 고객을 확보할 수 없으면 평가할 수 없다.
- 도서관의 기여를 다른 것들 — 친구들, 교사들, 가족, 인터넷 등 — 의 기여들로부터 분리시키기가 어렵다.
- 도서관의 장서나 서비스와의 한 번의 만남의 결과는 거의 영향을 미치지 못하며, 이 때문에 개인의 삶의 영향을 밝히고자 시도하는 것이 훨씬 더 도전적이 된다.[9]

미국의 경우, 의회가 정부성과결과법(GPRA: Government Performance Results Act)을 통과시켰기 때문에, 연방 정부 기관들에 대해서는 최종 성과 기반 평가를 수용하도록 권장하고 있다. 최종 성과 기반 평가(OBE: outcome-based evaluation)는 어떤 서비스나 프로그램이 그 목적들을 달성한 정도를 평가하는 체계적인 방법이다. 최종 성과 기반 평가는 다음과 같은 두 가지 핵심적인 질문들에 대한 대답을 하기 위해 설계되었다.

(1) 이 프로그램이나 서비스는 얼마나 영향을 미치고 있는가?
(2) 그 프로그램이나 서비스를 제공받는 사람들의 삶은 얼마나 더 나아지고 있는가?

---

9) Roswitha Poll and Phillip Payne. Impact Measures for Libraries and Information Services. *Library HiTech*, 24 (4), 2006, 547-62.

프로그램이나 서비스는 사람들의 니즈(needs)에 관한 가정들의 결과로 개발된다. 따라서 최종 성과 기반 평가는 다음과 같은 것들에 초점을 맞춘다.

- **니즈**. 개인들의 그룹에 공통되는 조건이나 바램, 부족한 것
- **해결책**(solutions). 태도나 기술, 지식, 행태, 지위, 조건을 변화시켜 줄 프로그램이나 서비스
- **요망되는 결과**(desired results). 기대되는 변화나 개선

최종 성과 기반 평가는 도서관과 같은 조직이 다음과 같은 중요한 질문에 대한 답변을 얻도록 하기 위해 설계된다.

우리는 **무엇을**, **누구를** 위해,
어떤 **최종 성과**나 **편익**을 위해 수행하는가?

〈그림 2-6〉은 품질과 가치 간의 관계와 도서관(조직 또는 지역 사회)이 그 외부 환경의 영향과 제약을 받는다는 사실을 나타내기 위해, Orr의 모델(〈그림 2-3〉을 보라)에 나타나 있는 동일한 정보를 약간 다른 시각에서 제시하고 있다. 그와 같은 외부 환경 요인들로는 그 서비스 모집단의 특성들, 재원과 그 밖의 자원들을 얻기 위한 외부 조직에 대한 의존 등이 있다.

Orr의 평가 모델의 이형(異形) 그림 2-6

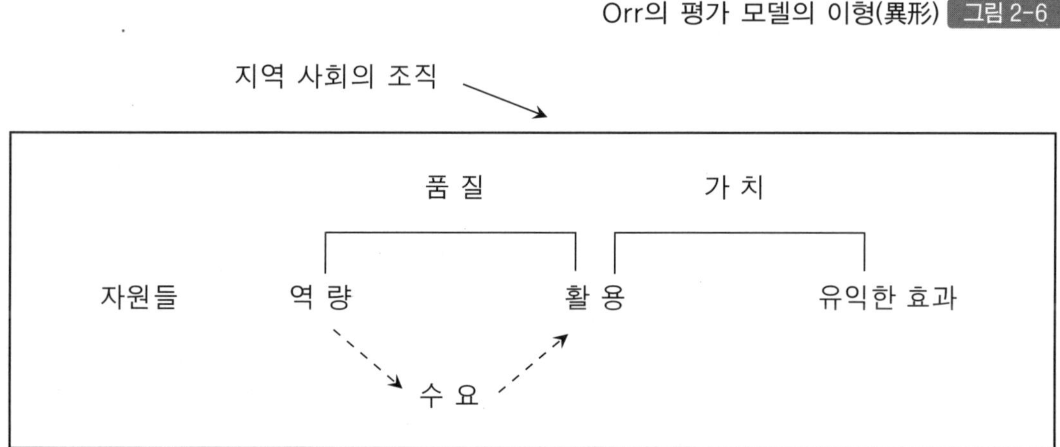

품질 평가는 도서관과 그 직원 구성원들의 역량과 도서관의 고객들에 의한 장서와 도서관 서비스들의 이용 사이에서 이루어진다는 사실에 유의하라. 고객의 지각은 제공되고 있는 서비스의 품질에 대한 어떤 객관적인 측도보다도 훨씬 더 중요하다. 즉 도서관이 고품질의 서비스를 제공하고 있으나 고객들이 그 서비스를 그저 그런 것으로 간주한다면, 그 서비스는 가장 중요한 이해관계자들인 도서관 고객들의 눈으로 볼 때는 그저 그런 것이다. 도서관 서비스들의 가치는 서비스나 제품을 고객이 이용하고 그 가치를 고객이 확인하고 난 뒤에 결정할 수 있는 것이다.

2.2. 제한점

도서관 전문직의 실망스러운 점의 하나는 도서관 서비스에 대한 예측 모델(predictive model)을 개발할 수 없었다는 사실이다. 즉 투입과 산출, 최종 성과 사이의 인과 관계들을 이해하지 못하고 있는 것이다. 예를 들어, 다음과 같은 사실을 고려해보라.

- 서로 다른 지역 사회의 두 개 공공도서관들은 유사한 규모와 사회 경제적 특성을 가지고 있다. 그러나 각 도서관에 대한 예산 지원은 흔히 상당히 다양하다. 그리고 각 도서관의 이용도 자료들의 관내 이용과 연간 대출 건수, 프로그램의 참여자 수, 참고 서비스의 이용 등이 입증하고 있는 것처럼, 다양할 것이다.
- 유사한 규모의 교원과 학생들을 대상으로 서비스하는 두 개 학술도서관은 도서관 건물들의 규모와 장서들의 규모, 도서관 자원들의 이용이 상당히 다를 것이다.
- 흔히 동일 학군에 속해 있는 두 개 학교도서관들은 다른 교사들과 교장으로부터 받는 예산들과 지원이 다를 것이다.
- 예를 들면 로펌들의 경우와 같은 두 개 전문도서관들은 예산과 직원 수가 다를 것이다. 어느 한 로펌에서는 로펌이 그 의뢰인들에 대한 고품질의 서비스를 제공하고 순이익(bottom line)에 기여하는 목표에 부응하도록 도서관이 도움을 주는 것으로 간주하고 있다. 다른 로펌에서는, 도서관이 순이익을 끌어내리는 행정상의 간접 관리비(administrative overhead)로 간주되고 있다.

2.3. 프로세스 모델

제품을 생산하거나 서비스를 제공하기 위해 사용되는 프로세스들의 품질을 개선하기 위해 많은 조직들이 사용해오고 있는 중요한 모델의 하나로 PDCA(Plan-Do-Check-Action) 모델이 있다(〈그림 2-7〉을 보라). PDCA 모델은 Bell Labs에서 근무하던 엔지니어, Walter Shewhart에 의해 개발되었는데, 그는 통계적 품질 관리의 창안자로 일컬어지고 있다. PDCA는 현대 품질 관리의 아버지인 W. Edwards Deming을 기리기 위해, 때로는 Deming 사이클 또는 Deming 휠이라고 일컬어지기도 한다. PDCA는 지속적인 개선의 환경으로 옮겨가기 위해서는, 가능한 한 신속하게 반복적으로 실행되어야 한다.[10)]

PDCA 모델 그림 2-7

Deming의 개념이 갖는 파워는 그 단순성에 있다. 그것은 이해하기 쉬운 반면, 안일(安逸) 주의, 산만함, 초점 상실, 헌신 부족, 우선순위 변경, 자원 부족 등의 이유 때문에 계속적으로 달성하기 어려운 경우가 많다. PDCA를 이용하여 현실적인 편익들을 이끌어내기 위해, 조직은 그것이 제2의 천성이 될 때까지 직원에게 그 이용을 주입시켜야 한다. PDCA는 하나의 프로젝트

10) Masaaki Imai. *Kaizen: The Key to Japan's Competitive Success*. New York: Random House, 1986, 60-65. 다음 자료도 보라. Daniel Seymour. *On Q, Causing Quality in Higher Education*. Phoenix: Oryx Press, 1992, 77-78.

를 위해 이용하고 나서 버려버리는 어떤 것이 아니다.

식스시그마(Six Sigma)는 결함들의 원인이 되는 프로세스 변동들(process variations)을 관리하고 그러한 결함들을 제거하기 위한 변동들의 관리를 지향하여 체계적으로 노력하는 방법론이다. 결함들은 평균이나 표적(target)으로부터의 수용 불가능한 편차들로 정의된다. 식스 시그마의 목표는 높은 성과와 신뢰성, 가치를 최종 고객에게 제공하는 것이다. 백만 번의 기회 당 3.4회의 결함 이하로 결함 레벨을 줄이기 위한 프로세스, 또는 센터라인으로부터 ±6 시그마(표준 편차)의 포인트로 프로세스를 통제하는 방법론이 설계된다.

핵심적인 방법론은 DMAIC(Define, Measure, Analyze, Improve, Control)라 한다. 방법론은 다음과 같은 다섯 단계로 이루어진다.

- **정의**(define). 고객 수요 및 사업 전략과 일관성을 갖는 설계 활동의 목표를 공식적으로 정의하라.
- **측정**(measure). 서비스 역량들, 생산 프로세스 역량, 리스크 평가(risk assessment) 등을 확인하라.
- **분석**(analyze). 대체안들을 개발하여 설계하고, 높은 수준의 설계를 만들어 내고, 최선의 설계를 선정하는 설계 역량을 평가하라.
- **설계**(design). 상세한 설계를 개발하고, 설계를 최적화하며, 설계 검증을 위한 계획을 세워라.
- **검증**(verify). 설계하고, 파일럿 운영을 설정하며, 생산 프로세스를 실행하고, 그것을 프로세스 소유자들에게 건네주어라.

University of Arizona의 한 팀이 식스시그마 프로세스를 이용하여 비용들을 줄이면서도 도서관 상호 대차 서비스의 적시성을 상당히 개선시킨 바 있다.[11)]

11) Jeanne Voyles and Ellen Knight. You Want Your ILL When? Right Now? Presentation at the Living the Future '06 Conference held 6-8 April 2006 in Tucson, Arizona. 파워포인트 프레젠테이션은 다음 주소에서 입수할 수 있다: http://www.library.arizona.edulconferences/ltf/2006/proceedings.html.

평가는 선(善: goodness)에 대한 어세스먼트(assessment)이다. 그것은 조직의 현재 성과를 어떤 표준이나 일단의 기대들에 비추어 비교하는 것이다. 평가는 조직의 성과에 관한 … 정보의 수집과 일단의 어떤 기준들에 대한 이 정보의 비교라는 두 부분들로 이루어진다. 정보의 수집은 그 자체가 평가는 아니다. 평가의 중요한 구성 요소는 기준들이 조직이 처한 현재의 현실에 적용되는 판단력의 발휘인 것이다.

— Thomas A. Childers and Nancy A. Van House *

2.4. 요 약

평가 모델을 선택하는 것은 도서관이 제공하는 자원들과 그것이 이루어 내는 산출 및 최종 성과 사이의 관계를 더 잘 이해하는 데 도움이 될 수 있다. 대부분의 경우, 다른 방식으로 설명하고 있지 않으면, 도서관들은 Orr의 투입－프로세스－산출－최종 성과 모델을 묵시적으로 선택할 것이다. 그 이유는 그 모델과 도서관이 경험하고 있는 현실의 관계 때문이다. 대부분의 도서관들은 다양한 기관들에 대해 투입들과 산출들을 보고하는 데 익숙해있다. 따라서 프로세스 및 최종 성과 측도들을 포함시키도록 이러한 측도들을 확장하는 것은 커다란 비약을 필요로 하는 것이 아니다.

---

* Thomas A. Childers and Nancy A. Van House. *What's Good? Describing Your Public Library's Effectiveness*. Chicago: American Library Association, 1993, 9.

제 II 부

방 법 론

제3장

직무에 적합한 도구

03

문제점의 맥락과 도서관이 설정하고 있는 서비스 목표들을 이해하는 것은 사용해야 할 평가 방법과 도구들을 선정하기 위한 기초이다. 적합한 도구나 방법론을 선정하는 것은 그 도구가 용이하게 해주는 분석이 도서관 서비스의 특정 견해를 결정해주게 될 것이기 때문에 중요하다. 이 장에서는 도서관 내의 기존 프로세스를 더 잘 이해하기 위해 사용할 수 있는 몇 가지 다른 도구들과 함께 활동 기준 원가 계산(activity based costing)에 대해 살펴보고자 한다. 이 장의 목적은 사서가 도서관 서비스를 분석하는 데 도움을 주게 될 도구 상자(toolbox)를 만들어내는 것이다.

이 장 다음의 두 장에서는 도서관 서비스의 평가와 측정에 이용할 수 있는 질적 방법과 양적 방법의 강점들과 제한점들에 대해 살펴보고자 한다. 이러한 방법들은 사서가 가지고 있는 도구 상자의 활용 가능한 도구들의 집합을 증가시켜 주게 될 것이다.

중요한 도구의 하나는 어떤 사람의 세계관이 그가 잠재적인 문제점에 대해 지각하는 방법에 영향을 줄 수 있다는 사실을 인정하는 것이다. 예를 들면 조직도(organization chart)에 반영되어 있는 조직의 시각 — 수직적 관점 — 은 업무가 어떻게 수행되고 있는지를 제대로 보여주지 못한다. 수평적 관점 또는 시스템이나 프로세스 관점은 문제점들을 어떻게 분석하고, 자원들을 어떻게 할당하는지 등에 대한 다른 초점을 제공해준다. James Harrington은 이러한 서로 다른 관점들을 통해 〈표 3-1〉에서 볼 수 있는 것과 같은 비교들이 이루어진다고 주장하고 있다.[1] 프로세스 관점은 프로세스들은 독립적인 것이 아니며 따라서 시간이 흐르면서 더 좋아지거나 더 나빠지고, 동일하게 머무는 경우가 거의 없다는 사실을 인정한다. 모니터링이 이루어지지 않는 프로세스들은 악화되고 낭비를 초래하기 시작할 것이다.

표 3-1 세계관의 시각

조직적인 초점	프로세스 초점
직원들이 문제이다.	프로세스가 문제이다.
내 직무를 수행한다.	일들이 수행되도록 도와준다.
개인들을 측정한다.	프로세스를 측정한다.
개인을 변화시킨다.	프로세스를 변화시킨다.
항상 더 나은 직원을 찾을 수 있다.	항상 프로세스를 개선할 수 있다.
사람들에게 동기를 부여한다.	장애 요인들을 제거한다.
직원들을 통제한다.	사람들을 계발한다.
어느 누구도 믿지 않는다.	우리는 모두 하나이다.
누가 실수를 저질렀는가?	차이를 줄인다.
내 직무를 이해한다.	내 직무가 전체 프로세스에 어떻게 들어맞는지 안다.

3.1. 활동 기준 원가 계산

대다수의 도서관과 그 모체 기관들은 품목별 예산(line-item budget)을 사용한다. 인력과 장비, 자료, 용품(소모품), 유틸리티, 여비 등과 같은 광범위한 범주들을 사용하여, 모든 개인과 품목에 대한 내역을 예산에서 설명하고 있다. 그러나 품목별 예산은 어떤 서비스를 제공하기 위한 원가들을 밝혀낼 수 없다.

1) H. James Harrington. *Business Process Improvement.* New York: McGraw-Hill, 1991, 5.

원래 Robin Cooper와 Robert Kaplan에 의해 개발된 활동 기준 원가 계산(ABC: activity based costing)은 원가들을 기능별 원가 집합들(cost pools)로 모으고 그러고 나서 활동 원가 동인들(activity cost drivers)을 바탕으로 그것들을 할당한다.[2] 원가들을 발생시키는 것들을 원가 동인들이라 하며, 원가 동인의 차이들 때문에 원가들이 달라질 것이다. 활동 기준 원가 계산은 도서관의 거의 모든 활동들의 비용들을 확인하기 위해 사용할 수 있다. 도서관은 분석의 레벨을 통제할 수 있다. 그러나 너무 광범위한 서비스 — 예를 들면 이용자 서비스들(public services) — 에 모든 비용을 할당하는 것은 도서관의 비용 구조를 이해하는 데 거의 도움이 되지 못할 것이다. 사서들이 서비스를 제공하는 실제 비용들에 대한 인식을 얻게 되면서, 그들은 제한된 자원들을 더 잘 활용하기 위한 선택을 할 수 있게 되었다. Snyder와 Davenport는 활동 기준 원가 계산에 관련된 몇 가지 이슈들에 대한 명쾌한 설명을 제공하고 있다.[3]

활동 기준 원가 계산을 실행하기 위해서는 다음과 같은 4단계의 접근법을 따라야 한다.

- 핵심적인 활동들과 적합한 원가 동인들을 확인한다.
- 직원 시간을 활동별로 할당한다.
- 직원 급여들과 그 밖의 비용들을 활동 원가 집합에 배정한다.
- 원가 동인 당 원가를 결정한다.

2) Robin Cooper and Robert S. Kaplan. Measure Costs Right: Make the Right Decisions. *Harvard Business Review,* 66 (5), September/October 1988, 96-103.

3) Herbert Snyder and Elisabeth Davenport. What Does It Really Cost? Allocating Indirect Costs. *The Bottom Line,* 10 (4), 1997, 158-64.

3.1.1. 1단계: 핵심 활동과 적합한 원가 동인의 확인

(1) 핵심 활동의 확인

도서관의 핵심적인 활동들을 확인하는 것은 비교적 간단한 과업이다. 프로세스는 직원 및 도서관 경영팀과 대화를 나누는 것을 포함할 수도 있을 것이다. 어느 경우에는, 프로세스의 흐름도를 준비하는 것이 정보 테크놀로지와 같은 숨겨진 비용 범주들을 밝혀낼 수도 있기 때문에 그것이 도움이 될 수 있다는 사실을 알게 될 수도 있다.

기술 서비스(technical services) 내의 활동들은 몇몇의 더 작은 활동들로 세분할 수도 있는데, 이것은 이 광범위한 활동 내의 비용 구조를 더 잘 이해하는 데 도움이 될 것이다. 예를 들면, 주문, 자료들의 인수, 송장들의 처리, 편목, 정리 등은 분석해야 할 활동들의 유용한 그룹이 될 수 있다. 마찬가지로, 유통 서비스(circulation services)는 고객 등록, 체크아웃, 예약, 체크인, 연체 처리, 자료들의 서가 배열 등으로 세분할 수도 있을 것이다.

(2) 원가 동인의 확인

다음 단계는 각 활동의 원가 동인을 찾아내는 것이다. 도서관이 선정한 원가 동인이 핵심적인 활동에 관련된 비용들을 통제하도록 근본적인 인과 관계를 밝혀내는 것이 중요하다. 〈표 3-2〉는 핵심적인 활동들(원가 집합)과 그에 관련된 원가 동인들의 몇 가지 예들을 제시하고 있다.

3.1.2. 2단계: 직원 시간의 활동별 할당

이 단계는 도서관 비용들을 활동 원가 집합들에 배분하게 될 것이다. 도서관의 규모에 따라, 어떤 직원 구성원들은 예를 들면 자료들의 물리적 처리의 경우처럼, 특정 과업이나 활동에서 전임으로 일하게 될 것이다. 그러나 대부분의 직원 구성원들은 일부 시간을 들여 둘 이상의 활동에서 일하게 될 것이다. 각 활동에서 보내는 시간을 추산하도록 직원에게 요청하는 것은 자주 사용되는 방법의 하나이다. 그러나 이 접근법은 상당히 많은 오류가 발생할 가능성이 있다. 또 하나의 접근법은 직원들이 각 활동을 완수하는 데 얼

원가 집합과 관련 원가 동인 표 3-2

원가 집합	원가 동인
자료 대출	체크아웃 수
자료 반납	반납 수
자료 교체	교체 수
연체 자료	연체 자료 수
자료 배가	반납 수
도서관 상호 대차 요청	요청 자료 수
제공된 도서관 상호 대차	제공된 자료 수
컴퓨터 유지 보수	컴퓨터 이용
참고 데스크	질의 수
카피 편목	입수할 수 있는 레코드 수
자체 편목	레코드가 없는 자료 수
물리적 처리	추가된 자료 수
프로그램	제공 프로그램 수
공용 컴퓨터	공용 컴퓨터 수

마나 많은 시간을 보내는지를 추적하는 소규모의 서베이를 한 두 주 동안에 작성하도록 직원에게 요청하는 것이다. 후자의 접근법은 이 프로세스의 비용을 약간 증가시키게 되겠지만, 정보의 신뢰성을 상당히 개선시키게 될 것이다. 어느 경우에는, 도서관이 다양한 활동들에서 보내는 시간을 나타내는 근무 편성표(duty roster)를 갖게 될 것이다.

일단 직원 구성원들의 모든 시간들이 설명되면, 결과들을 활동별로 각 직원 구성원이 일한 총 시간의 퍼센티지로서 총계를 내게 된다. 〈표 3-3〉은 활동별로 할당된 직원 시간의 퍼센티지에 대한 간단한 실례를 제시하고 있다.

표 3-3 활동별로 할당된 직원 시간

직 원	체크아웃(%)	체크인(%)	연 체(%)	배 가(%)	도서관 상호대차(%)	총 계(%)
A	50	50				100
B	25	25	50			100
C	50	50				100
D	25	25		50		100
E	25	25		50		100
F	25			75		100
G	25	25			50	100

3.1.3. 3단계: 활동 원가 집합에 대한 직원 급여와 기타 비용의 배정

일반적으로 직원 급여는 각 원가 집합의 가장 큰 원가 범주를 이룰 것이다. 급여 비용은 각 직원의 개인 급여 비용을 각 활동에서 보낸 시간 비율을 곱하여 할당된다. 대개는 그렇게 많은 수의 직원들이 존재하지 않기 때문에 각 직원의 실제 비용을 사용한다. 대규모 도서관들의 경우는, 각 직원의 실제 급여를 사용하려고 시도하기보다는 각 직원 분류를 위한 평균 급여를 사용하는 것이 더 용이할 수도 있을 것이다. 도서관 경영자들의 시간과 행정 직원들의 시간은 그들의 비용을 배분하기 위한 비율을 사용하여 각 원가 집합에 할당해야 할 것이다. 한 가지 근거는 원가 집합 내의 직원 시간들의 비율을 바탕으로 비용을 배분하는 것이다.

아울러, 휴가비, 건강 관련 급부(health benefits), 병가 등과 같은 부가 급부들(fringe benefits)의 간접비에 관련된 비용들을 추가해야 할 것이다. 대부분의 경우, 서로 다른 직원 분류들에 대해서는 예를 들면 27퍼센트나 43퍼센트와 같은, 서로 다른 부가 급부 간접비 비율을 사용한다. 〈표 3-4〉는 활동 원가 집합들의 비용을 확인해주고 있다. 활동난의 금액들은 활동 당 총 비용을 결정하기 위해 합산하였다.

표 3-4 활동 원가 집합에 대한 직원 비용의 할당

직 원	체크아웃(%)	체크인(%)	연 체(%)	배 가(%)	도서관 상호대차(%)	총 계(%)
A	15,360	15,360				30,720
B	8,740	8,740	17,480			34,960
C	17,120	17,120				34,240
D	6,550	6,550		13,100		26,200
E	6,550	6,550		13,100		26,200
F	6,550			19,650		26,200
G	9,470	9,470			18,940	37,880
총 계	70,340	63,790	17,480	45,850	18,940	216,400

(1) 기타 간접비 및 직접비에 대한 설명

도서관의 품목별 예산에 나타나는 그 밖의 비용들은 비율에 따라 모든 활동 원가 집합들에 할당해야 할 것이다. 이러한 기타 비용들로는 유틸리티, 유지 보수, 정보 테크놀로지 관리비(서버들의 유지 보수, 소프트웨어, LAN, 인터넷 연결, 정보 테크놀로지 담당 직원 비용), 장비 교체, 보험, 여비, 용품(소모품) 등이 있다. 어떤 도서관들은 각 활동에 대한 컴퓨터의 비율을 사용하여 정보 테크놀로지 비용을 할당하고 있다.

기타 비용의 비율별 할당 방법이 특별히 중요한 것은 아니지만, 그 방법은 합리적이면서도 타당해야 할 것이다.

3.1.4. 4단계: 원가 동인 당 원가의 결정

각 활동 당 총비용이 결정되면, 다음 단계에서는 원가 동인 당 비용을 산정하게 된다. 이것은 〈표 3-5〉에 제시되어 있는 것처럼, 총 활동 원가 집합을 원가 동인의 양으로 나누어 만들어내게 된다. 그 결과로 나타나는 것이 활동(동인) 당 비용인데, 이것은 여러 가지 방법으로 이용할 수 있다.

표 3-5 활동 원가 동인 표

원가 집합	원가 동인	총비용($)	동인의 양	동인 당 비용($)
자료 대출	체크아웃 수	70,340	42,789	1.64
자료 반납	반납 수	63,790	42,600	1.50
연체 자료	연체 자료 수	17,480	4,500	3.88
자료 배가	반납 수	45,850	42,600	1.08
ILL 요청	요청 자료 수	14,205	4,125	3.44
제공된 ILL	제공된 자료 수	4,735	650	7.28
참고 데스크	질의 수	194,620	36,940	5.27
카피 편목	가용 레코드 수	60,613	4,100	1.48
자체 편목	자료 수	32,642	895	36.47
물리적 처리	추가된 자료 수	116,350	4,995	23.29
프로그램	제공 프로그램 수	46,200	250	184.80
공용 컴퓨터	공용 컴퓨터 수	112,420	48	2,633.75

흔히 줄어드는 예산이나 안정된 예산에도 불구하고, 책무성(accountability)에 대한 요구의 증가 그리고 품질 높은 서비스들을 제공하고자 하는 욕망은 도서관이 더 적은 것을 가지고 더 많은 것을 해야 할 것이라는 사실을 의미하고 있다. 서비스를 제공하는 비용에 대해 명확하게 이해하게 되면, 도서관은 일단의 필적할만한 도서관과 비교를 할 수 있게 되고, 이를 통해 그 지역 도서관이 효율적인 방식으로 운영되도록 하게 될 것이다. 필적할만한 도서관들과의 비교는 도서관들의 그룹과 함께 벤치마킹 연구에 참여하는 것과 같은 공식적인 방식으로 이루어질 수 있을 것이다. 또는 비용 정보를 내부 평가 보고서를 준비하는 데 사용할 수 있을 것이다. 아울러 서비스를 제공하기 위해 필요한 다양한 활동들의 비용을 아는 것은 변화들이 이루어질 수 있

도록 하기 위해 기존의 절차들과 프로세스들을 더 잘 이해하기 위한 토대가 된다.

활동 기준 원가 계산은 미국과 영국, 오스트레일리아의 고등 교육 대학 도서관들에서 사용하고 있다.[4] Madeline Daubert는 활동 기준 원가 계산을 포함하여, 도서관 비용들을 분석하기 위한 다양한 방법들에 대해 상세하게 검토하고 있다.[5] 관리 회계(managerial accounting)와 활동 기준 원가 계산의 토픽에 대해서는 Stevenson Smith의 책에서 상세하게 살펴보고 있다.[6]

도서관이 각 서비스를 제공하는 데 관련되는 비용들을 분명하게 이해하게 되면, 기회 비용(opportunity costs)에 대해서도 고려해야 할 것이다. 기회 비용에 대한 이해의 핵심은 어느 한 방식으로 자원들을 이용하면 다른 방식으로 그것을 이용하는 것을 저해하게 된다는 것이다. 따라서 기회 비용들은 차선의 대안을 선택하지 않았기 때문에 잃게 되는 혜택들이다. 예를 들면, 도서관 직원 구성원이 도서관의 프로그램 제공에 참여하게 되면, 도서관은 그 직원이 다른 활동들을 수행하느라 보내는 시간을 박탈당하고 있는 것이다.

---

4) L. Tatikonda and R. Tatikonda. Activity-Based Costing for Higher Education Institutions. *Management Accounting Quarterly,* Winter 2001, 16-27; James R. Montgomery and Julie K. Snyder. Costing a Library: A Generic Approach. *Research in Higher Education,* 30, 1989, 48-54; Jennifer Ellis-Newman. Activity-Based Costing in User Services of an Academic Library. *Library Trends,* 51 (3), Winter 2003, 333-48; Jennifer Ellis-Newman and P. Robinson. The Cost of Library Services: Activity-Based Costing in an Australian Academic Library. *The Journal of Academic Librarianship,* 24, 1998, 373-79; Michael Heaney. Easy as ABC? Activity-Based Costing in Oxford University Library Services. *The Bottom Line,* 17 (3),2004, 93-97.

5) Madeline J. Daubert. *Analyzing Library Costs for Decision-Making and Cost Recovery.* Washington, DC: Special Libraries Association, 1997.

6) G. Stevenson Smith. *Managerial Accounting for Libraries & Other Not-for-Profit Organizations.* Chicago: American Library Association, 2002.

3.2. 통계적 프로세스 관리

도서관에 관한 다양한 통계들을 전달하는 수단으로서의 역할 이외에도, 선 도표(line chart)는 통계적 프로세스 관리(statistical process control)[7]라는 방법을 사용하여 어떤 프로세스를 이해하고 개선하고자 할 때 중요한 도구가 된다. 이 방법의 기본적인 도구는 선 도표를 사용하여 데이터를 도표화하는 것이다. 예를 들면, 〈그림 3-1〉은 어떤 요청을 충족시키기 위해 소요되는 시간(일수)(매일 완료되는 요청들을 충족시키기 위한 평균 일수)을 보여주고 있다. 분명히 프로세스에는 변동성(variability)이 있다 — 평균은 15.5일이다.

그림 3-1 요청 충족 비율

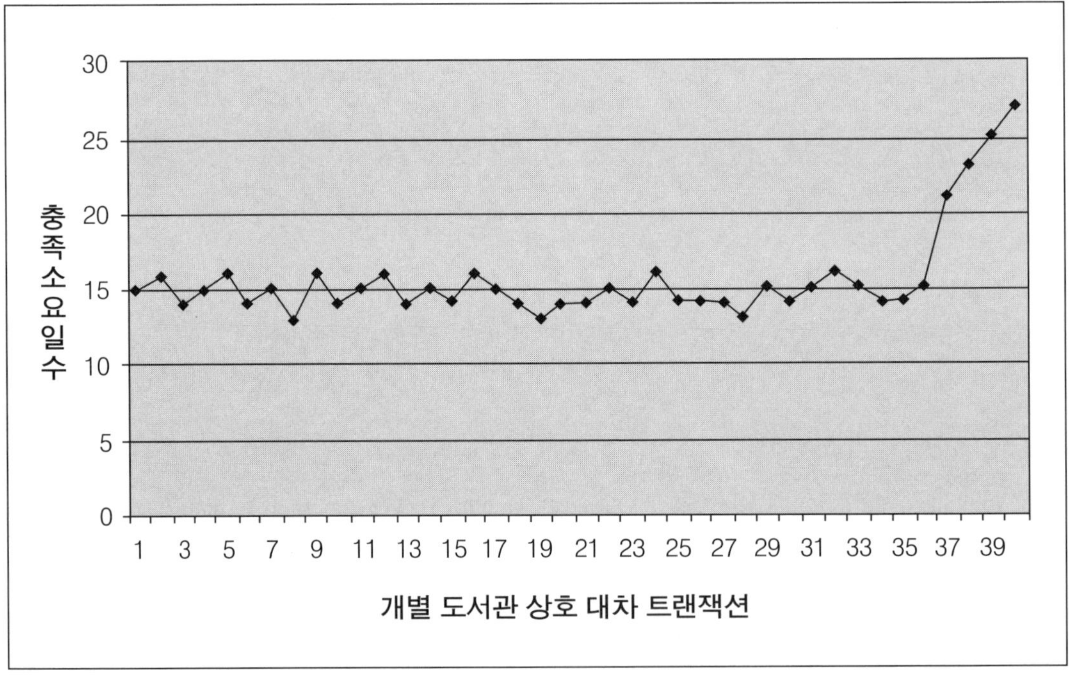

7) 역자주: 통계적 공정 관리라고도 한다.

통계적 프로세스 관리 방법론을 이해하는 데 있어서의 중요한 요인은 모든 프로세스는 변동성을 갖게 될 것이라는 사실을 인정하는 것이다. 이슈는 관리중인 프로세스와 변동성이 정상적인 허용치 이내에 있는가 아니면 프로세스가 통제를 벗어나 있는가 하는 것이다. 변동성의 정상적인 허용치들을 결정하기 위해서는 다음과 같은 단계들을 취하게 된다.

3.2.1. 1단계

각 값들 간의 이동 범위(moving ranges)를 계산(연속 일자 값들의 차이를 결정)하고 이동 범위 그래프(〈그림 3-2〉를 보라)를 작성한다. 이 예에서, 이동 범위 평균은 1.4일이다.

도서관 상호 대차 데이터의 이동 범위 그래프 그림 3-2

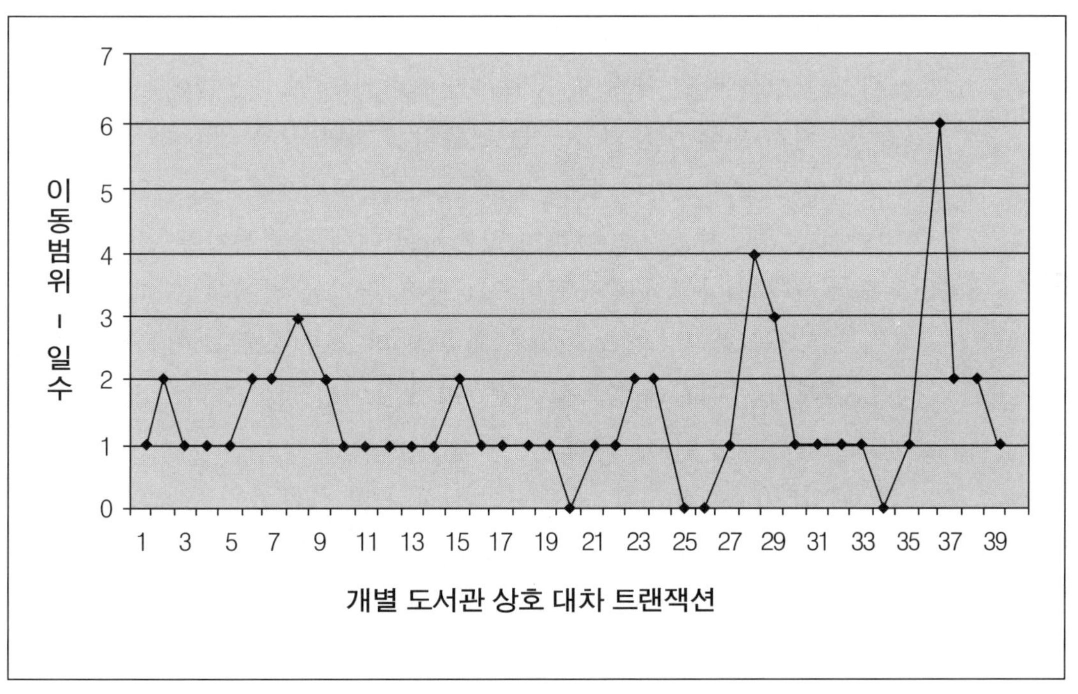

3.2.2. 2단계

평균 이동 범위와 2.66을 곱하여 자연적인 프로세스 상한선(upper natural process limit)을 산출하고(1.4일×2.66 = 3.7일) 그 결과를 15.5라는 평균 처리 시간에 더한다. 그 결과는 19.2일이다.

3.2.3. 3단계

평균 이동 범위와 2.66을 곱하여 자연적인 프로세스 하한선(lower natural process limit)을 산출하고(1.4일×2.66 = 3.7일) 그 결과를 15.5라는 평균 처리 시간에서 뺀다(〈그림 3-3〉을 보라). 그 결과는 11.8일이다.

3.2.4. 4단계

그러고 나서 〈그림 3-3〉에서 볼 수 있는 것처럼, 자연적인 프로세스 상한선과 하한선을 라인 차트에 추가한다. 따라서 저널 논문들에 대한 요청들을 충족시키기 위해 이용되고 있는 기존의 도서관 상호 대차 프로세스들은 11.8일에서 19.2일의 범위에서 운영될 것이다. 프로세스는 도서관이 상한선과 하한선을 좋아하는지 좋아하지 않는지에 대해 중립적이다. 기존 프로세스를 구성하는 절차들과 활동들이 결과들을 결정할 것이다 — 때로는 이것을 "프로세스의 소리"(voice of the process)라고 부르기도 한다. 요청이 상한선을 초과하는 기간에 충족될 때는, 그것은 어떤 것이 올바르게 운영되지 못하고 있다는 신호이다.

원 데이터(raw data)를 그 관련된 상한선 및 하한선을 포함하는 차트로 변환하면 도서관이 도서관에 대해 더 잘 이해하고 관심을 가지고 있는 중요한 질문들에 대한 문의를 시작하는 데 도움이 된다. 통계적 프로세스 관리 기법들에 대해 더 깊이 있게 이해하고자 하는 도서관은 이 분야에서 발행된 많은 책들 중 하나를 참고해야 할 것이다.

어떤 프로세스의 기존 성과는 수용이 가능할 수도 있고 그렇지 않을 수도 있을 것이다. 도서관은 고객들의 기대들을 더 잘 이해하기 위해 포커스 그룹들과 불평들의 분석 등을 이용하여, 고객들과의 대화를 시작해야 한다. 고객의 기대들은 "고객의 소리"(voice of the customer)라고도 한다.[8]

한계를 포함하고 있는 도서관 상호 대차 충족 비율 그림 3-3

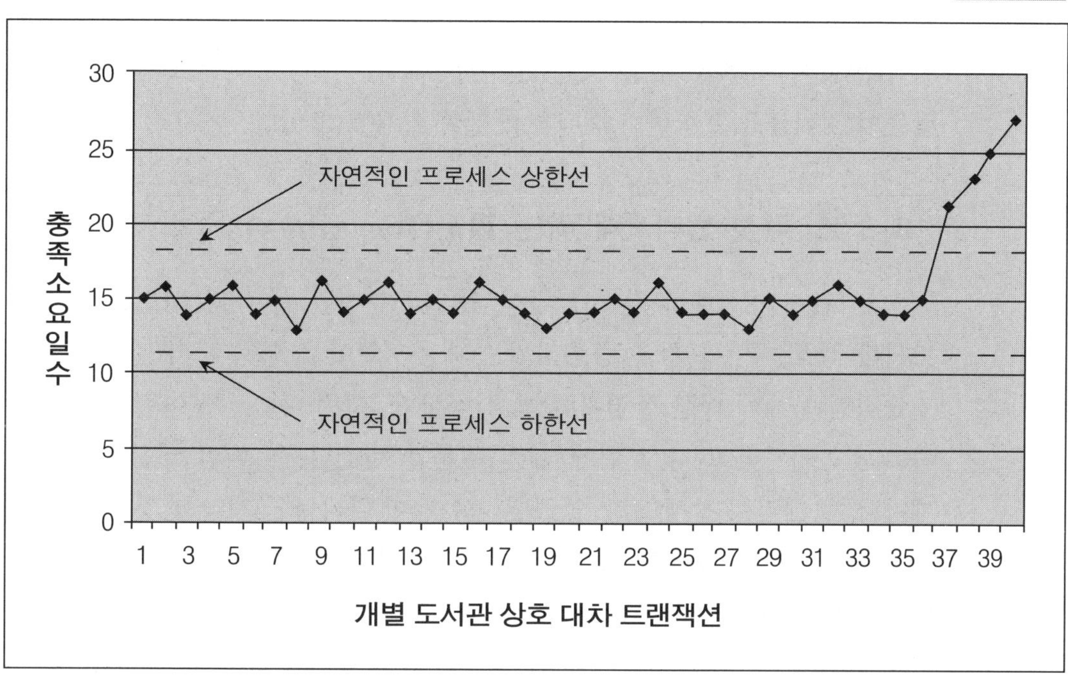

3.3. 그 밖의 도구

중요한 것은 직원의 좌절감과 품질 이슈들은 대개 관련되어 있다는 사실에 유의해야 한다는 사실이다. 직원들을 프로세스에 참여시켜 좌절감에 대해 논의하게 되면 분출을 할 수 있게 되고, 그 이후에 그들은 개선을 위해 활용할 수 있는 제안들을 제시하는 데 참여할 수 있을 것이다.

도서관은 그 내부 업무들과 처리에 대해 더 잘 이해하는 데 도움이 되는 그 밖의 많은 도구들을 이용할 수 있다. 여기서는 더 유용한 몇 가지 도구들에 대해 살펴보고자 한다.

8) Donald J. Wheeler. *Understanding Variation: The Key to Managing Chaos*. Knoxville, TN: SPC Press, 2000.

3.3.1. 흐름도

흐름도(flow chart) 작성을 통해 도서관은 특정 프로세스에 관련된 단계들과 활동들을 더 잘 이해할 수 있게 된다. 대부분의 도서관의 풍부한 자원들은 흐름도를 어떻게 작성하는지에 대해 설명해주고 있다. 두 가지 일반적인 유형들이 기능별-활동 흐름도(부서명들이 아닌, 프로세스에 관련된 사람들의 직위들을 포함한다)와 과업-절차 흐름도가 있다.[9]

3.3.2. 다섯 번의 "왜"라는 질문(five whys)

도서관에 개선해야 할 영역들이 있다고 추정한다. "평균적으로, 우리가 도서관 상호 대차 요청을 충족시키는 데는 X일이 소요된다"와 같은 간단한 기술적인 문제에 대한 설명과 함께 시작한다. 그런 다음 "왜 이런 일이 발생하고 있는가?"라고 다섯 번에 걸쳐 질문을 던진다.[10] 매번 질문을 반복할 때마다, 문제점이 발생할 수 있었던 이유들이 나타나기 시작할 것이다. 이를 통해 모든 사람이 도서관 내의 기능별 영역에 대한 "우리는 이렇게 합니다"(this is how we do it)라는 관점에서 한 걸음 물러나 생각하면서 기존의 서비스 레벨에 기여하고 있는 강점들과 제한점들을 발견하는 데 도움을 준다.

3.3.3. 어골도

일본의 품질 관리 통계학자인 Kaoru Ishkawa 박사는 어골도(魚骨圖: fishbone diagram)[11]를 고안하였다. (따라서 Ishikawa 다이어그램이라고도 할 수 있을 것이다.) 어골도의 설계는 물고기의 뼈와 상당히 비슷한데(〈그림 3-4〉를 보라), 그러한 이유 때문에 그 이름을 얻게 된 것이다. 어골도는 효과들과 그러한 효과들을 만들어 내거나 또는 그러한 효과들에 기여하는

9) Dan Madison. *Process Mapping, Process Improvement, and Process Management: A Practical Guide for Enhancing Work and Information Flow*. Chico, CA: Paton Press, 2005. See chapter 2.

10) James C. Collins and Jerry I. Porras. Building Your Company's Vision. *Harvard Business Review*, 74 (5), September-October 1996, 65-77.

11) 역자주: 물고기 뼈 도표라고도 한다.

원인들을 검토하는 체계적인 방식을 제공해주는 분석 도구이다. 따라서 인과 다이어그램이라 할 수 있을 것이다. 그 이름이 무엇이든, 어골도의 가치는 팀들이 근본 원인들을 확인하는 것뿐만 아니라, 문제점들이나 이슈들의 많은 잠재적인 원인들을 범주화하는 데 도움을 준다는 사실이다.

어골도 그림 3-4

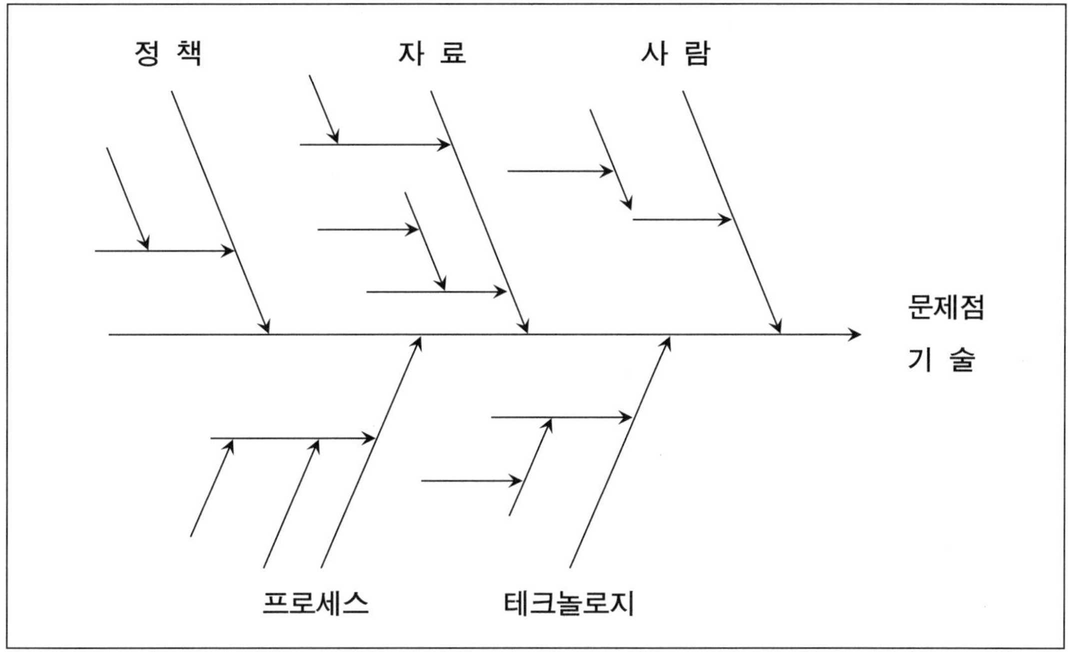

어골도는 다음과 같은 상황에 있는 도서관에서 사용해야 한다.

1. 도서관이 근본 원인을 알아내기 위해 문제점이나 이슈를 연구해야 한다.
2. 도서관이 어떤 프로세스가 왜 난관이나 문제점, 실패를 겪기 시작하고 있는지 하는 모든 가능한 이유들을 연구하고자 한다.
3. 도서관은 데이터 수집을 위한 영역들을 확인해야 한다.
4. 도서관은 어떤 프로세스가 왜 적절하게 수행되지 못하거나 요망되는 결과들을 만들어내지 못하는지에 대해 연구하고자 한다.

어골도는 다음과 같이 구성된다.

1. 어골도를 그린다.
2. "물고기"의 "머리"에 연구해야 할 문제점이나 이슈를 열거한다.
3. 물고기의 각 "뼈"에 라벨을 붙인다. 일반적으로 사용되는 주요 범주들로는 다음과 같은 것들이 있다.
   - 정책, 사람, 프로세스, 자료, 테크놀로지
   - 4M: 방법(methods), 기계(machines), 재료(materials), 인력(manpower)
   - 4P: 장소(place), 절차(procedure), 사람(people), 정책(policies)
   - 4S: 환경(surroundings), 물품(소모품: supplies), 시스템(systems), 기술(skills)

   주기: 여러분은 제시된 네 개 범주들 중 하나를 사용하거나, 그것들을 어떤 방식으로 결합하거나, 여러분 자신의 것을 구성할 수도 있을 것이다.
4. 문제점이나 이슈에 영향을 미칠 수도 있는 각 범주 내의 요인들이나 연구되고 있는 효과를 확인하기 위해 다섯 번의 "왜"라는 질문(five whys)이나 브레인스토밍과 같은 아이디어 발상 기법을 이용한다. 팀은 ". . .에 영향을 미치거나 . . .의 원인이 되는 테크놀로지의 이슈들은 무엇인가?"라는 질문을 던져야 한다. 대답들은 다음과 같은 것들이 될 수 있을 것이다. "시스템은 . . .을 하지 않고 있다." "이러한 데이터 요소들은 시스템에 나타나지 않는다." "그 장비는 . . .할 때는 신뢰할 수 없다."
5. 이 절차를 반복하여 범주 아래의 각 요인이 하위 요인들을 만들어내도록 한다. "왜 이런 일이 발생하고 있는가?"라는 질문을 계속하고 각 대답에 대한 어골도에 추가의 "뼈" 세그먼트를 표시한다.
6. "왜 이런 일이 발생하고 있는가?"라는 질문을 던졌을 때 더 이상 유용한 정보를 얻지 못할 때까지 계속한다.
7. 팀 구성원들이 각각의 주요 범주 아래에 적절한 양의 세부 사항이 제

공되었다고 동의한 뒤에 어골도의 결과들을 분석한다. 둘 이상의 범주에 나타나는 항목들을 찾아냄으로써 이를 실시한다. 이러한 것들은 "가장 가능성이 높은 원인들"(most likely causes)이 된다.

8. "가장 가능성이 높은 원인들"로 확인된 항목들의 경우에는, 팀이 그러한 항목들에 대한 합의를 도출해야 하며, 가장 확률이 높은 원인을 첫 번째로 하여 그것들을 열거해야 한다. 〈그림 3-5〉는 사용하고 있는(또는 도서관에 반납되어 있지만 고객에 의해 체크인이 이루어지지 않은) 자료들의 재배가(再排架) 문제를 둘러싼 이슈들을 보여주는 어골도이다.

재배가가 필요한 자료에 대한 어골도 그림 3-5

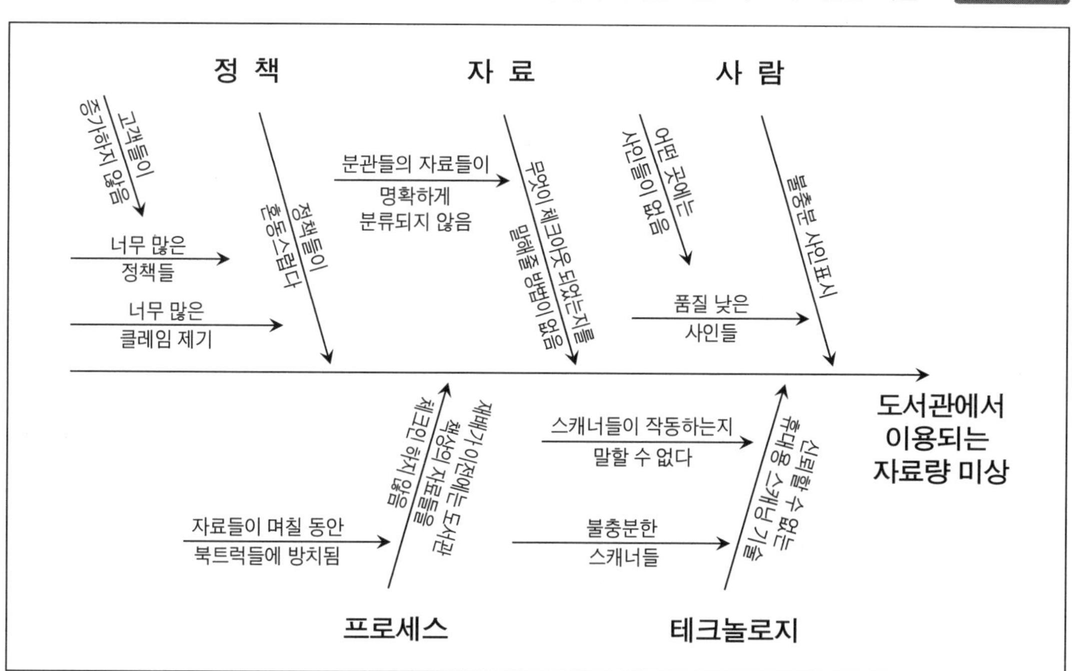

3.3.4. 파레토 차트

파레토 차트(Pareto chart)는 데이터 그룹 사이의 차이들의 상대적 중요성을 그래프로 요약하여 보여주기 위해 사용한다. 파레토 차트는 데이터의 범위를 여러 그룹들(세그먼트(segments)나 빈(bins), 범주(categories)라고도 한다)로 세그먼트화 함으로써 작성할 수 있다. 예를 들면 80퍼센트의 문제점들은 20퍼센트의 문제점 범주들로 설명할 수 있다.

파레토 차트의 왼쪽 세로축은 빈도(각 범주의 수치들의 숫자)라는 라벨을 표시하고, 오른쪽 세로축은 누적 퍼센티지가 되며, 수평축은 여러분의 응답 변인들의 그룹 이름들의 라벨을 표시한다. 파레토 차트는 수서 벤더들로부터 자료를 수령하는 데 따르는 문제점들을 보여주는 〈그림 3-6〉에 나타나 있는 것처럼, 빈도 크기의 내림차순으로 정렬된다.

그림 3-6 파레토 차트

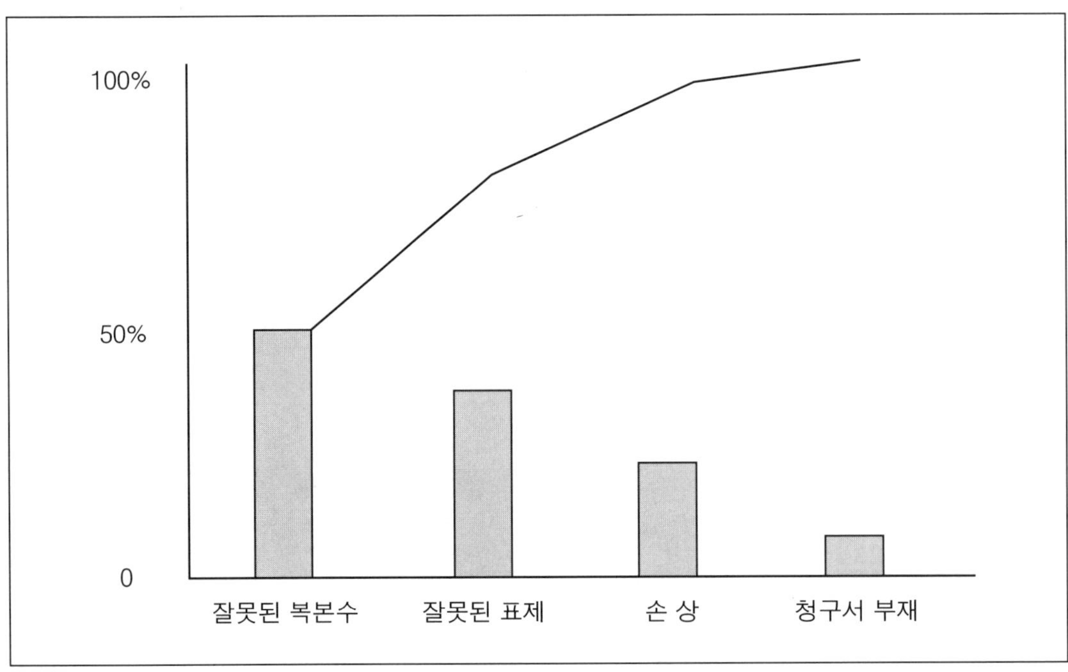

3.4. 프로세스 재설계의 원칙

기존 프로세스를 개선하고자 하는 시도는 새로운 프로세스를 개발하는 동안 다수의 설계 원칙들을 고려함으로써 상당히 용이해질 수 있다. 더 중요한 원칙들로는 다음과 같은 것들이 있다.

- 부가 가치를 갖는 활동들을 중심으로 프로세스를 설계하라.
- 대기하고, 이동하고, 재작업하는 시간을 줄여라.
- 배치 크기(batch size)를 줄여라.
- 활동들을 자연스런 순서로 실행하라.
- 체크들과 검토들을 줄여라.
- 검사와 재작업을 줄이기 위해 품질을 내재시켜라.
- 단계들을 단순화하라.
- 정보를 한 번에 포착하고 그것을 광범위하게 공유하라.
- 어떤 프로세스를 수행하는 사람들의 수를 줄여라.
- 애로들(bottlenecks)을 제거하라.
- 프로세스를 재설계하고, 그런 다음 그것을 자동화하라.
- 성과 측도들(performance measures)을 설정하고 데이터를 정기적으로 분석하라.
- 개선 사항들을 분석하고, 설계하고, 실행하는 데 직원을 참여시켜라.[12)]

3.5. 추가의 도구

도서관 내의 문제 해결과 프로세스 개선에 도움을 줄 수 있는 추가 도구들의 이용을 검토하기 위해서는, Sara Laughlin 등의 *The Library's Continuous Improvement Fieldbook*[13)]을 보라.

12) Dan Madison. *Process Mapping, Process Improvement, and Process Management: A Practical Guide for Enhancing Work and Information Flow*. Chico, CA: Paton Press, 2005. See chapter 10.

13) *The Library's Continuous Improvement Fieldbook: 29 Ready-to-Use Tools*. Chicago: American Library Association, 2003.

3.6. 요 약

이 장에서는 도서관이 생산성을 개선하기 위해 특정 도서관 서비스를 평가하거나 그 프로세스들의 변경을 실행하고자 할 때 가치 있는 것으로 생각할만한 여러 도구들을 확인하고 그에 대해 살펴보았다.

제4장

질적 도구

04

질적 리서치 방법들은 변인들 사이의 복잡한 관계들을 더 잘 이해하고자 할 때 특히 도움이 된다. 질적 방법들은 현실에 대한 다수의 해석들을 개발할 수 있기 때문에 "자연주의적 리서치"(naturalistic research)라고 불리고 있다. 질적 방법들은 더 적은 수의 표본들을 이용하는데, 이것은 일반화하기가 훨씬 더 어렵다는 사실을 의미한다. 질적 데이터는 개인들과 그룹들, 조직들 사이의 상호 작용들은 물론 현상들을 설명하는 것들도 포함할 수 있다. 질적 방법들은 "왜"(why)를 설명하기 위해 이용되는 반면, 양적 도구들은 "무엇"(what)과 "얼마나 많은"(how many)을 정의하기 위해 이용된다. 질적 방법들을 도서관 서비스 프로젝트들에 대한 몇몇 평가에서 이용하고 있기는 하지만, 양적 방법들을 사용하는 경우가 더 많다.

질적 방법들은 도서관 서비스나 활동을 수량화하고자 시도하기보다는, 경험하거나 관찰된 것의 복잡성을 기록하고자 노력하고 있다. 질적 데이터의 강점은 그 데이터들은 풍부하게 기술(記述)해준다는 사실이다. 간단히 말해서, 그것은 개인들의 상상과 느낌, 행태를 포착함으로써 특정 토픽이나 활동의 "왜"와 "어떻게"를 더 잘 이해하고자 하는 시도인 것이다. 질적 분석 기법들은 연구자들이 탐구중인 토픽에 관련된 많은 변인들을 통제할 수가 없는 사회과학에서 개발되었다. 문헌정보학 내에서는, 연구자들이 많은 다른 토픽들 중에서도, 정보 추구와 정보 검색을 더 잘 이해하기 위해 질적 방법들을 사용하고 있다. 질 높은 질적 리서치의 핵심 가운데 하나는 흔히 삼각 측정(triangulation)이라고 불리는 복수 방법들의 이용이다. 놀라운 것은 아니지만, 질적 리서치 영역은 그 자체의 전문 용어를 발달시키고 있으며, 〈표 4-1〉에 나타나 있는 것처럼, 중요한 리서치 관련 토픽들을 다루고 있다.

표 4-1 전통적 탐구와 자연주의적 탐구의 비교*

기 준	전통적 용어	자연주의적 용어	자연주의적 기법
진리 가치 (truth value)	내적 타당도 (internal validity)	신용성 (credibility)	장기간의 관계 유지 (prolonged engagement) 지속적 관찰 (persistent observation) 삼각 측정 (triangulation) 참조의 적절성 (referential adequacy): 내용이 풍부한 자료들의 이용 동료 보고 (peer debriefing) 구성원의 체크 (member checks) 성찰 노트 (reflexive journal)
적용 가능성 (applicability)	외적 타당도 (external validity)	전이성 (transferability)	심층 기술 (thick description) 유의표본추출 (purposive sampling) 성찰 노트
일관성 (consistency)	신뢰도 (reliability)	의존성 (dependability)	의존성 감사 (dependability audit) 성찰 노트
중립성 (neutrality)	객관성 (objectivity)	확실성 (conformability)	확실성 감사 (conformability audit) 성찰 노트

* 다음 자료의 내용을 일부 수정하였다. Yvonna S. Lincoln and Egon G. Guba. *Naturalistic Inquiry*. Newbury Park, CA: Sage Publications, 1985, 79.

질적 방법들의 중심 개념은 "사례 연구"(case study)라는 아이디어로, 이것은 특정 토픽과 활동, 프로세스 등에 관한 심층적인 이해를 제공할 때 사용된다. David Silverman은 가설들의 검정보다는 가설을 생성하는 연구들을 만들어내기 위해, 행동보다는 의미를 탐구하는 것을 포함하는 질적인 방법들의 개관을 제시하고 있다.[1)]

1) David Silverman. *Doing Qualitative Research: A Practical Handbook*. London: Sage, 2000.

질적 방법들의 강점은 이 방법들이 다음과 같은 것들을 제공할 수 있다는 사실이다.

- 이용자의 삶의 입장에서 도서관 서비스에 대한 니즈와 그 영향에 대해 더 큰 세심함을 제공할 수 있다.
- 도서관 서비스가 변화하는 환경과 다양한 이용자 그룹들에 대해 얼마나 즉각적으로 대응할 수 있는가에 대한 이해를 제공할 수 있다.
- 시간과 역사에 대한 의식을 제공할 수 있다.
- 도서관 프로그램이나 서비스의 맥락에 대한 더 나은 이해를 제공할 수 있다.
- 무엇이 일어나고 있는지를 더 잘 이해하기 위해 관찰자가 어떤 예상도 하지 않은 채 몰두할 기회를 제공할 수 있다.
- 관점에 대한 더 큰 유연성을 제공할 수 있다.[2)]

거의 모든 경우에, 단일의 방법에만 의존하기보다는 복수의 질적 방법들을 사용한다. 이러한 방법들은 개인과의 무접촉, 일대일 상호 작용, 그룹과의 상호 작용과 같은 세 개 그룹들로 세분할 수 있다.

- 무접촉
  - 문서 고찰(examining documents)
  - 일 지(diaries)
- 일대일 상호 작용
  - 관 찰(observation)
  - 면 담(interviewing)
  - 근거 이론(grounded theory)
  - 사고 발화/사후 사고 언어 프로토콜(think aloud/think after verbal protocol)
  - 문화기술적 방법(ethnographic methods)

---

2) Carol H. Weiss. *Evaluation: Methods for Studying Programs and Policies.* Upper Saddle River, NJ: Prentice Hall, 1998.

• 그룹 상호 작용
  - 포커스 그룹(focus groups)
  - 델파이법(Delphi method)
  - 중요 사건 기법(critical incident technique)
  - 개념 매핑(concept mapping)

4.1. 문서 고찰

이 방법론은 거의 사용하지 않는데, 그 이유는 양적 분석에 훨씬 더 용이하지 않은 "문서들"이 도서관에는 거의 없기 때문이다. 예를 들어, 고객 등록 양식들의 사본들을 상세히 살펴보면 등록된 도서관 카드 소지자들에 관한 정보를 밝혀내게 될 것이다. 그러나 동일한 정보가 도서관의 자동화 시스템에 저장되어 있기 때문에, 양적 보고서들을 신속하게 만들어낼 수 있다.

일부 도서관들은 도서관에 제출된 고객 불평 양식들을 분석하는 것이 도움이 된다는 사실을 알게 되었다. 이러한 분석은 다루어야 할 보고된 문제점들의 어떤 패턴들을 밝혀줄 수도 있을 것이다. 또한 서베이가 완료되었을 때 개방형 질문들에 대한 응답들을 분석할 수도 있다.

분석할 수 있는 그 밖의 문서들은 도서관의 정책 매뉴얼과 조직 전체에 걸쳐 정기적으로 배포되는 메모들이다. 어떤 사람들은 사서들과 그 밖의 직원 구성원들에 대한 변화하는 역량 요건들(competency requirements)을 이해하기 위한 시도로 채용 공고들(job announcements)을 연구하고 있다. 어떤 사람들은 참고 면담들(reference interviews)(개인 대 개인 또는 가상 대화들)을 상세히 검토하고 있다.

어느 경우에는, 텍스트 분석을 **해석학**(hermeneutics)이라고 부르는데, 이것은 텍스트의 해석과 이해에 관한 이론의 개발과 연구에 관련되어 있다.

내용 분석(content analysis)은 텍스트 내용 가운데 반복적으로 나타나는 확인 가능한 측면들에 관한 추론을 도출해내는 분석적 구성 개념들(analytical constructs)이나 규칙들을 이용하는 연구자들을 포함한다. 핵심은 분석적 구성 개념을 명확하게 하는 것이다.[3)] 예를 들면, Danuta Nitecki는 어간 "librar"을 담고 있는 어구들을 상세히 검토하였다.[4)] Green은 LISA(*Library and Information Science Abstracts*) 데이터베이스에서 "information"이라는 단어의 사용을 분석한 유사한 연구를 실시하였다.[5)]

4.2. 일 지

몇몇 평가 연구들과 리서치 프로젝트들은 해당 프로젝트의 일생 전체에 걸쳐 활동과 생각, 동기, 감정에 대한 일지를 남기도록 응답자들에게 요청하고 있다. 예를 들면 Carol Kuhlthau는 정보 추구 연구에서 고등학교 학생들의 그룹에게 일지들을 사용하도록 요청하였다.[6)] 응답자들의 그룹이 자신들이 경험하고 있는 모든 것들을 성실하게 기록한다면, 그 결과는 통찰력의 덩어리를 추출하기 위해 캐낼 수 있는 아이디어와 사고들의 깊고 풍부한 보고(寶庫)가 된다. 참여자들은 얼마나 상세하게 하고, 얼마나 자주 적어야 하는지 등에 관한 약간의 교육을 받아야 한다.

이러한 접근법의 변형은 응답자들의 그룹에게 당일 동안 부정기적으로 울리는 타이머를 휴대하도록 요청하는 것이다. 타이머가 응답자들에게 경보를 울릴 때마다, 그 순간에 자신들이 하고 있는 활동 — 전화 통화나 독서, 모임 참여 등 — 을 기록하도록 그들에게 요청한다.

또 하나의 변형은 응답자들에게 어떤 과업이나 활동이 끝났을 때 오디오테이프 레코더를 이용하여 그들의 의견들을 녹음하도록 요청하는 것이다.

---

3) Marilyn Domas White and Emily E. Marsh. Content Analysis: A Flexible Methodology. *Library Trends*, 55 (1), Summer 2006, 22-45.

4) Danuta A. Nitecki. Conceptual Models of Libraries Held by Faculty, Administrators and Librarians: An Exploration of Communications in the Chronicle of Higher Education. *Journal of Documentation,* 49 (3), 1993, 255-77.

5) R. Green. The Profession's Models of Information: A Cognitive Linguistic Analysis. *Journal of Documentation,* 47, 1991, 130-48.

6) Carol Kuhlthau. *Seeking Meaning: A Process Approach to Library and Information Services.* 2nd ed. Norwood, NJ: Ablex, 2004.

4.3. 관 찰

관찰(observation)은 도서관 고객의 활동들에 관해 알기 위한 방법이다. 장서를 어떻게 이용하는가에 대해 관찰할 수는 있지만, 이 접근법은 너무나 많은 문제점들 — 정확하게 어느 자료를 이용하고 있는지 — 을 안고 있기 때문에 평가 연구들에서는 거의 사용하지 않는다.

활동 표본 추출은 다양한 활동에 소요되는 시간의 정확한 추정치를 제공할 수 있다. 두 명의 관찰자들이 도서관에 있는 고객들의 활동들을 동시에 기록하게 되면 결과들의 일관성과 정확성을 개선시켜 주게 될 것이다. 두 명의 관찰자들을 고용한 한 연구에서는 일관성의 범위가 80 내지 92퍼센트에 달했다고 밝히고 있다.[7)]

이 방법의 또 하나의 변형은 고객들이 도서관에 있는 동안에 그들에게 접근하여 (그들이 동의하면) 간략한 면담을 실시하거나 아니면 그들의 활동에 관한 설문지를 작성해 주도록 그들에게 요청하는 것이다.

관찰의 또 하나의 형식은 도움을 요청하면서 참고 데스크에 접근하는 자원봉사자들이나 유급 관찰자들을 활용하여 참고 서비스의 비밀 조사 평가들(unobtrusive evaluations)에서 이용하고 있다. 이 접근법은 직접 또는 전화로 이루어질 수 있다. 몇몇 도서관들이 사용하고 있는 이 접근법의 변형은 방문하는 동안 도서관 시설과 그 서비스를 관찰하고 평가하는 "미스터리 쇼퍼들"(mystery shoppers)을 이용하는 것이다.[8)]

평가 연구의 관찰자들이 될 사람들이 직면하는 가장 중요한 도전들의 하나는 자신들이 수행하게 될 역할을 예정보다 빨리 결정하는 것이다. 즉 관찰기법은 완전 관찰자(complete observer)를 이용할 것인가, 관찰자 겸 참여자(참여자와 약간의 상호 작용을 갖는)를 이용할 것인가, 관찰되는 개인과 함께 하는 참여자를 이용할 것인가? 각 접근법은 분명한 긍정적인 속성들과

---

7) D. E. Campbell and T. M Shlecter. Library Design Influences on User Behavior and Satisfaction. *Library Quarterly*, 49 (1), January 1979, 26-41.

8) 예를 들면, Chula Vista (CA) Public Library, Newport Beach (CA) Public Library, Cerritos (CA) Library는 미스터리 쇼퍼들을 이용하고 있다.

부정적인 속성들을 가지고 있으며, 방법들을 세심하게 선택하지 않으면 관찰자의 편향(bias)이 영향을 미치게 될 것이다. 어떤 사서들은 참여자를 도와주지 못하도록 요청을 받았다고 하더라도, 그렇게 하기가 어려울 수 있다는 사실에 유의하라.

관찰 연구에 참여하는 사람은 참여자들이 직원이든 도서관 고객들이든 참여자들의 수와 관찰할 상황이나 활동, 질의의 초점을 얼마나 광범위하게 하거나 좁게 할 것인지를 결정해야 한다.

4.4. 면 담

면담(interview)은 도서관 고객의 관점에서 어떤 상황에 대해 더 훌륭하고 더 심층적인 이해를 얻을 기회를 제공해준다. 면담 형식은 공식적이거나 구조화된 것 — 구두로 이루어지는 설문지 — 으로부터 반구조화된 것에 이르기까지, 질문들에 대한 느슨한 프레임워크로부터 완전히 비구조화된 토론에 이르기까지 다양할 수 있다. 면담법의 강점은 이 방법이 더 잘 이해하기 위해 분명하게 해주는 질문들을 질문자가 살피면서 물을 수 있도록 해준다는 사실이다.

반구조화되거나 비구조화된 면담들은 연구자가 어떤 상황이나 주제를 더 잘 이해하고자 시도하고 있는 탐색적 연구 — 무엇이 알려져 있지 않은지가 알려져 있지 않다 — 에서 사용하기에 더 적합하다. 면담의 유형은 "강과 해협"(river-and-channel)이라고 불리는데, 질문들은 대화가 어디로 흐르든 그 흐름을 따르면서도 상대적으로 좁은 토픽에 대해 상당한 깊이를 제공해준다.[9)]

구조화된 면담들은 동일한 질문들을 사람들의 그룹에게 물을 것이기 때문에 더 많은 신뢰성을 갖는다. 질문자는 비록 불완전하다고는 하더라도, 해당 토픽에 대한 약간의 지식을 가지고 있다. 이 면담법은 "나무와 가지"

9) Herbert J. Rubin and Irene S. Rubin. *Qualitative Interviewing*: The Art of Hearing Data. Thousand Oaks, CA: Sage, 1995.

(tree-and-branch)라고 불리는데, 질문들은 각 나뭇가지를 동일한 정도로 탐구하도록 설계된다.[10)]

대부분의 일대일 면담들은 면대면으로 이루어지지만, 전화를 이용하여 일대일 면담들을 실시할 수도 있다. 일반적으로 면담은 "아이스브레이커" 질문들(icebreaker questions)로 시작되는데, 이것은 응답자가 편안하게 느끼면서 대답할 수 있도록 해줄 것이다. 응답자가 더 편안해지면서, 면담자는 더 어려운 질문들로 옮겨갈 수 있게 된다.

물을 수 있는 질문들의 서로 다른 유형들은 연구의 유형에 따라 결정된다. 이러한 것들 중에는 다음과 같은 것들이 있다.

- **경험과 행태 질문**(experience and behavior questions)은 어떤 개인이 수행하고 있는 것이나 해오고 있는 것을 조사하는 것으로, 관찰할 수 있는 행태들과 행동들, 활동들에 대한 기술들을 얻어내려는 의도를 갖는다.
- **느낌 질문**(feeling questions)은 사람들의 경험들과 사고들을 바탕으로 그들의 감정적인 반응들을 얻어내고자 한다. 연구자는 느낌들을 기술해주는 형용사들, 행복한, 좌절감을 느끼는, 당황스런, 걱정스런과 같은 단어들을 찾고 있다.
- **의견과 가치 질문**(opinion and value questions)은 응답자의 인지 프로세스들에 대한 이해를 목적으로 하고 있다. 응답자는 목적들과 욕망들, 가치들, 의도들에 관련된 정보를 찾고 있다.
- **지식 질문**(knowledge questions)은 특정 토픽에 관해 응답자가 가지고 있는 지식과 정보의 레벨을 알아보기 위해 묻게 된다.
- **감각적 질문**(sensory questions)은 보고, 듣고, 만지고, 맛보고, 냄새 맡는 것에 대해 묻는다. "여러분이 도서관으로 걸어 들어올 때 무엇이 보입니까?"가 그 예이다.
- **인구통계적 질문**(demographic questions)은 응답자의 특성들을 확인한다.

Lokman Meho는 면담들을 실시하기 위한 수단으로서 이메일의 이용을 상세히 검토한 다수의 연구들을 요약하고 이 접근법이 면대면 면담과 전화

10) Herbert J. Rubin and Irene S. Rubin. *Qualitative Interviewing*: The Art of Hearing Data. Thousand Oaks, CA: Sage, 1995.

면담의 실행 가능한 대안이 된다는 사실을 발견하였다. 그러나 여기에는 다른 어떤 방법론과도 마찬가지로 문제점들이 존재한다.[11)]

면담들을 기록하고 전사(轉寫)하게 되면, 그 결과 전사한 것들이 수백 페이지에 달할 수도 있다. 이 때문에 테마들과 자주 나타나는 어구들 등을 확인하는 데 도움이 되도록 전사한 것들을 분석하기 위한 소프트웨어 도구를 이용해야 할 수도 있을 것이다.

성공적인 면담을 위한 조언들로는 다음과 같은 것들이 있다.

- 해야 할 것
  - 면담을 주요 섹션들로 구분하라.
  - 주요 토픽들 사이에서 이행(移行)하라.
  - 민감한 질문들을 묻기에 앞서 래포(rapport)를 형성하라.
  - 여러분의 편향들에 유의하고 중립성을 유지하라.
  - 더 상세한 것에 대해 캐묻는 것을 언제 중단해야 할지를 알아라.
  - 참여자가 토픽에 계속 집중하도록 하라.
- 하지 말아야 할 것
  - 참여자를 중단시킨다.
  - 모든 정적(靜寂)을 깨려고 시도한다.
  - 여러분 자신의 관찰들을 끼워 넣는다.
  - 참여자와 의견을 달리한다.
  - 논의가 산만해지도록 방치한다.

흔히 하나 이상의 면담과 관찰들의 결과는 사례 연구(case study) 형식의 글로 작성될 것이다. 사례 연구 접근법은 문헌정보학 영역에서 광범위한 토픽들을 고찰하기 위해 사용되고 있다. 사례 연구는 명확하게 기술된 영역들을 가지고 있는 특정 프로그램이나 이벤트, 활동에 대한 탐구이다. 사례

11) Lokman Meho. E-Mail Interviewing in Qualitative Research: A Methodological Discussion. *Journal of the American Society for Information Science and Technology*, 57 (10), 2006, 1284-95.

연구의 개념은 법정에서 단일 사례를 세심하게 검토하는 로스쿨에서 생겨났다. 로스쿨에서 이루어지는 사례 연구의 이용은 영화와 TV 쇼 *The Paper Chase* 덕택에 대중화되었다. 사례 연구는 다른 전문직들에서도 이용하고 있는데, 가장 대표적인 것으로는 Harvard Business School과 그 밖의 MBA 프로그램들이 있다.

사례 연구 방법론은 도서관 영역에서는 1984년에 Fidel이 최초로 사용하였고, 뒤를 이어 많은 다른 사람들이 사용하고 있는데, 다음과 같은 많은 단점들을 개선해야 한다.

- 스터디 효과(study effect) – 어떤 것을 스터디 하는 바로 그 행위가 그것을 바꿀 수 있다.
- 참여자 편향(participant bias)
- 관찰자 편향(observer bias)[12)]

4.5. 근거 이론

근거 이론(grounded theory)은 체계적인 방법론으로서 개발되었으며, 그 이름은 데이터로부터 얻은 이론의 일반화를 강조한다. 근거 이론의 원칙들을 따랐을 때, 평가할 수 있는 연구 대상 현상들에 관한 이론을 만들어내게 될 것이다. 어느 경우에는, 관찰자가 데이터 수집을 돕기 위해 데이터 코딩 시트를 준비하게 될 것이다. 어떤 사람들은 코딩 시트가 무엇이 일어나고 있는지를 연구자가 실제로 이해하는 데 방해가 될 것이라고 주장하고 있다.[13)]

---

12) Lisl Zach. Using a Multiple-Case Studies Design to Investigate the Information-Seeking Behavior of Arts Administrators. *Library Trends*, 55 (1), Summer 2006, 4-21.

13) A. Strauss. *Qualitative Analysis for Social Scientists*. Cambridge, England: Cambridge University Press, 1987; B. Glaser. *Basics of Grounded Theory Analysis*. Mill Valley, CA: Sociology Press, 1992; K. Charmaz. *Constructing Grounded Theory: A Practical Guide Through Qualitative Analysis*. Thousand Oaks, CA: Sage, 2006.

4.6. 사고 발화/사후 사고 언어 프로토콜

또 한 종류의 면담은 도서관 고객에게 규정된 과업이나 활동을 수행하도록 요청한다. 응답자에게는 이러한 활동을 수행하는 동안 자신이 생각하고 있는 것을 말로 표현하도록 요청하게 된다. 이것이 바로 사고 발화(思考 發話) 프로토콜(think aloud protocol)로, 때로는 프로토콜 분석(protocol analysis)이라고도 한다. 이 방법론을 사용하려면 응답자들이 완전히 고도로 언어를 구사해야 한다. 이 방법론은 사람들의 행태는 물론 인지(認知) 프로세스들에 영향을 미칠 가능성이 있기 때문에 유의해야 한다.[14]

이것의 변형은 응답자에게 과업을 완수한 후에 자신의 생각들을 기술하도록 요청하는 것이다. 사후 사고 방법(think after method)을 이용하는 응답자들은 과업들 중간에 자신들이 취했을 수도 있는 단계들을 "잊어버릴" 가능성이 있을 것이다.

이 방법을 사용하는 대부분의 경우에는, 응답자들에게 자신들의 의견들을 오디오테이프나 비디오테이프 레코더를 사용하여 녹음이나 녹화를 할 수 있도록 허락해 줄 것을 요청하게 된다. 그러고 나서 그 결과로 얻은 의견들은 분석을 위해 전사(轉寫)하게 된다. 텍스트를 분석하기 위해 이용할 수 있는 컴퓨터 소프트웨어 프로그램들을 입수할 수 있다.[15] 그와 같은 소프트웨어는 평가 프로젝트가 많은 수의 참여자들이 참가할 예정이고, 그 결과로 전사하는 것이 아주 많은 양의 것으로 수작업으로는 분석하기가 어려운 경우에 특히 도움이 된다.

사고 발화나 사후 사고 방법을 이용하여 생성되는 데이터의 양은 수행해야 하는 과업의 복잡성과 응답자가 부딪히게 되는 비생산적인 "데드 엔드" (dead ends)의 수에 따라 결정된다.

이 접근법은 도서관 온라인 목록들과 도서관 웹사이트들에 대한 연구에

---

14) Timothy D. Wilson. The Proper Protocol: Validity and Completeness of Verbal Reports. *Psychological Science,* 5, 1994, 249-52.

15) 소프트웨어 패키지들로는 다음과 같은 것들이 있다: ATLAS.ti, Code-A-Text, The Ethnograph, Kwalitan, MAXqda,Qualrus, TAMS Analyzer, Transana. 일부 소프트웨어는 무료로 다운로드할 수 있다.

적용되고 있다. 예를 들면, Jennifer Branch는 청소년들의 정보 추구 프로세스들을 연구하기 위해 두 방법을 모두 사용한 바 있다.[16)]

4.7. 문화기술적 방법

문화인류학자들은 서로 다른 상황들에 놓여 있는 사람들을 더 잘 이해하기 위한 도구들을 개발해오고 있다. 문화 데이터(cultural data)는 직접 관찰할 수 있는 재료 품목들(도구, 경작지, 집, 조각상, 의복), 개인의 행태들과 공연들(의식, 싸움, 게임, 식사), 사람들의 머리속에만 존재하는 아이디어들과 방식들의 형식을 취한다. 문화 개념의 관점에서, 문화인류학자들은 이러한 모든 요소들을 있는 그대로 다루고 문화의 실천가들이 부여한 문화적 맥락과 의미들을 적절하게 고려하여 관찰들을 기록해야 한다. 이러한 요구들은 참여 관찰(participant observation)과 핵심 정보 제공자 면담(key informant interviewing)이라는 두 가지 주요 리서치 기법들을 통해 충족시키게 된다. 더 흥미로운 방법들로는 다음과 같은 것들이 있다.

- 그림 그리기
- 사진 찍기
- 활동을 추적하기 위한 맵의 이용
- 환경들의 녹화(錄畵)

4.8. 포커스 그룹

포커스 그룹(focus group)은 사람들이 가지고 있는 신념들과 태도들 그리고 그러한 신념들이 행동에 어떻게 영향을 미치는가에 관해 알기 위해 설계된 집단 면담(group interview)이다. 일반적으로 그와 같은 논의는 광범

16) Jennifer L. Branch. Investigating the Information-Seeking Processes of Adolescents: The Value of Using Think Alouds and Think Afters. *Library & Information Science Research,* 22 (4), 2000, 371-92.

위하게 시작하고 그런 다음 연구 대상 토픽에 대해 더 구체적으로 포커스를 맞추도록 좁혀가기 때문에, 그 이름이 포커스 그룹이다. 포커스 그룹의 가치는 한 개인의 의견들은 흔히 다른 사람들의 아주 가치 있는 의견들을 촉발시키게 될 것이라는 사실이다.

도서관들은 고객 정보 니즈(customer information needs) 분석과 지역사회 분석, 마케팅 연구, 기획된 또는 기존의 도서관 서비스의 이용에 홍보가 어떤 영향을 미치는가에 대한 연구, 도서관 장서들의 가치와 유용성, 기존의 또는 기획된 도서관 시설들의 평가 등을 포함한 많은 토픽들을 다루기 위해 포커스 그룹을 이용해오고 있다.

포커스 그룹들의 참여자들은 일반적으로 일곱 사람 내지 열두 사람이다. 특정 그룹을 대표하는 자원봉사자들을 모집한다. (어떤 참여자들은 조촐한 보상을 받을 수도 있을 것이다.) 어느 경우에는, 도서관이 서비스하는 모집단의 서로 다른 그룹들의 참여자들로 이루어진 복수의 포커스 그룹 모임들을 열기도 한다. 일반적으로, 교육 훈련을 받은 외부의 조정자(moderator)를 이용하여 논의를 원활하게 하고 의견들이 순조롭게 이어지도록 한다. 따라서 포커스 그룹 모임들의 수에 따라, 비용들이 급격하게 늘어날 수 있다.

포커스 그룹들은 대개 한두 시간 길이로 운영되며 외부의 방해를 받지 않는 편안한 방에서 진행되어야 한다. 다과(茶菓)는 분위기를 편안하게 유지하는 데 도움이 된다. 도서관은 논의하게 될 토픽들의 리스트를 개발하기 위해 조정자와 함께 일해야 한다. 대화가 한두 사람에 의해 독점되지 않도록 하고 모든 참석자들의 참여를 권장하는 것이 바로 조정자의 책임이다. 조정자는 논의가 계속적으로 흘러가도록 어떤 안내를 하기 위해 있는 것이지 논의를 판단하거나 수정하기 위해 거기에 있는 것이 아니다.

오디오테이프나 비디오테이프를 사용하여 모임을 녹음하거나 녹화하는 것 이외에도, 도서관은 노트를 하거나 관련된 의견들과 관찰들을 기록하기 위해 한두 명의 직원 구성원들을 참석시켜야 한다. 녹음되거나 녹화된 텍스트는 대개 전사(轉寫)되며(한 시간의 대화를 전사하는 데는 서너 시간이 걸릴 수도 있을 것이다), 그것은 대개 소프트웨어 패키지를 이용하여 내용 분석이 이루어지게 된다. 일반적으로 소프트웨어는 텍스트의 개요를 만들어내고 반복적으로 나타나는 테마들을 확인해줄 것이다. 어떤 텍스트 마이닝(text mining) 소프트웨어는 텍스트를 요약하고, 엔티티들(entities)을 확인하고 추출하며, 테마들 사이의 관계나 링크를 보여주는 테마 "맵들"을 만들어내게 될 것이다.[17)]

한두 사람으로 하여금 포커스 그룹 모임에서 전사된 것들을 검토하도록 하면 그룹들이 "이야기"해야 했던 것들에 대한 요약을 만들어내는 데 도움이 될 것이다. 이것은 잠복되어 있을 수도 있는 어떤 편향(bias)을 줄이는 데 도움이 될 것이다. 포커스 그룹들은 청소년에 대한 서비스들[18)]과 서비스들의 신뢰성[19)]을 포함한 많은 토픽들을 탐구하기 위해 여러 도서관에서 사용해오고 있다.

4.9. 델파이법

델파이법(Delphi method)은 일련의 설문지에 대해 대답하는 선정된 전문가들의 독립적인 기여를 바탕으로 하는 체계적인 상호 작용에 의한 예측 기법이다. "Delphi"라는 이름은 델포이의 신탁(Oracle of Delphi)에서 유래되었다. 델파이법은 전문가 의견과 경험, 직관의 가치를 인정한다. 특정 영역의 전문적 지식을 갖추고 있는 선도적인 권위자들을 선정하는 것이 델파이법의 성공에 중요하다.

질문들은 대개 가설들로 만들어지며, 전문가들은 이러한 각각의 질문들에 대해 반응하게 된다. 대개는 익명으로 제시되는 이전 라운드의 응답들에 대한 피드백과 함께 각 라운드의 질문이 이어진다. 따라서 전문가들에게는 그룹의 다른 구성원들의 응답들에 비추어 자신의 이전의 대답들을 수정하도록 권장하게 된다. 이 프로세스 동안에 대답들의 범위가 줄어들고 그 그룹은

17) Kimberly Neuendorf. *The Content Analysis Guidebook*. Thousand Oaks, CA: Sage, 200 1.

18) S. Hughes-Hassell and K. Bishop. Using Focus Group Interviews to Improve Library Services for Youth. *Teacher Librarian*, 32 (1), 2004, 8-12.

19) J. Ho and G. H. Crowley. User Perceptions of the "Reliability" of Library Services at Texas A&M University: A Focus Group Study. *The Journal of Academic Librarianship*, 29 (2), 2003, 82-87.

합의(consensus)를 향해 다가갈 것으로 믿어지고 있다. 델파이법의 다음과 같은 핵심적인 특성들은 참여자들이 당면한 이슈들에 초점을 맞추고 델파이법을 다른 방법론들과 구분 짓는 데 도움을 준다.

- 정보 흐름의 구조화
- 정기적인 피드백
- 참여자들의 익명성

패널 디렉터(panel director)는 정보를 처리하고 부적합한 내용을 걸러냄으로써 참여자들 사이의 상호 작용을 통제한다. 이것은 면대면 패널 토의들(face-to-face panel discussions)이 갖는 부정적인 효과들을 방지해주고 그룹 다이내믹스(group dynamics)가 갖는 일반적인 문제점들을 해결해준다.

델파이법은 도서관계 내의 다수의 연구들에 사용되고 있다. 예를 들면, 최근의 델파이 연구들은 장소로서의 도서관과 학술도서관의 미래, 문헌정보학 교육의 미래, 전자 저널의 미래, 성과 측정에 있어서의 이해관계자의 중요성 등을 고려하고 있다.[20]

20) L. Ludwig et. al. Library as Place: Results of a Delphi Study. *Journal of the Medical Library Associaton* 93 (3), July 2005, 315-26; B. Feret et. al. The Future of the Academic Library and the Academic Librarian. A Delphi Study. *IATUL Proceedings*, 15, 2005, 1-23; P.C. Howze et. al. Consensus without All the Meetings: Using the Delphi Method to Determine Course Content for Library Instruction. *Reference Services Review*, 32 (2), 2004, 174-84; S. Baruchson-Arbib, et. al. A View to the Future library and Information Science Profession: a Delphi Study. *Journal of the American Society for Information Science and Technology*, 53 (5), March 2002, 397-408; A. Keller, Future Development of Electronic Journals: A Delphi Survey. *The Electronic Library*, 19 (6), 2001, 383-96; John B. Harer and Bryan R. Cole. R. The Importance of the Stakeholder in Performance Measurement: Critical Processes and Performance Measures. for Assessing and Improving Academic Library Services and Programs. *College & Research Libraries*, 66, March 2005, 149-70.

4.10. 중요 사건 기법

중요 사건 기법(critical incident technique)은 중요 사건들 — 본질적으로 충분히 완벽하여 행동을 수행하는 개인들에 관한 추론과 예측을 할 수 있도록 해주는 관찰 가능한 인간 활동 — 을 분석하기 위한 방법이다. 일반적으로 중요 사건 기법은 반드시 가장 최신의 것은 아니지만, 가장 기억할만한 경험에 관련된 데이터를 수집하고 분석하기 위해 이용한다. 중요 사건 기법은 John Flanagan에 의해 1950년대에 개발되었다.[21]

이 기법은 도서관들을 포함한 다양한 영역들에서 서비스의 유효성을 증가시키기 위한 방식들을 평가하고 확인하기 위해 사용된다. 중요 사건 기법은 신뢰성과 타당성을 갖는, 설명에 도움이 되는 방법일 뿐만 아니라 서베이에서 인간 행동에 관한 정보를 수집하는 데도 도움이 되는 것으로 밝혀지고 있다.

중요 사건 평가에서 일반적으로 사용하는 절차들은 다음과 같은 것들을 포함하고 있다.

- **일반적 목적**. 평가의 초점에 대한 간략한 설명을 준비한다.
- **계획과 명세서**. 관찰들을 할 예정이면, 관찰해야 할 그룹들과 행태들을 확인하고 데이터 수집 형식들을 준비한다. 서베이를 이용하고자 하는 경우에는, 서베이를 설계하고 사전 테스트를 실시한다.
- **데이터 수집**. 관찰자가 데이터를 기록하거나, 또는 서베이를 배포하고 그러고 나서 수집한다.
- **데이터 분석**. 데이터를 기술하고 요약한다. 전사된 것들의 텍스트를 소프트웨어 프로그램을 이용하여 분석하거나, 서베이 데이터를 통계 패키지에 입력할 수도 있을 것이다.
- **해석과 보고**. 데이터를 제시하는 것 이외에도, 데이터 수집과 분석에서 나타날 수 있는 제한점들을 확인해야 할 것이다.

Marie Radford는 참고 프로세스의 연구에 중요 사건 기법을 적용하였

21) John C. Flanagan. The Critical Incident Technique. *Psychological Bulletin*, 51 (4), July 1954, 327-58.

다. Radford는 메시지의 내용뿐만 아니라 메시지가 전달되는 방식, 즉 대인 관계 기술(interpersonal skills)도 분석하였다.[22)]

Marie Radford는 또한 New York City의 도서관과 학교 연계 프로젝트의 질적 평가의 일부로서 중요 사건 기법을 사용하였다. 이 프로젝트에서는 2,416명의 5-6학년 학생들이 도시의 공공도서관 사서들 및 도서관 직원과의 상호 작용들에 대해 그들이 가지고 있는 인식들을 공유하였다.[23)]

4.11. 개념 매핑

개념 매핑(concept mapping)은 지도들의 그림들로 아이디어들을 표현하는 프로세스이다. 이 프로세스는 그룹의 아이디어들을 조직화하거나 기획과 평가를 위해 이용할 수 있는 공통적인 프레임워크를 구성하기 위한 구조화된 방법론을 제공해준다. 그것은 브레인스토밍(brainstorming)과 비구조화된 아이디어 분류(idea sorting), 평정(評定) 과업(rating tasks)을 통계적 방법들과 통합하여 맵들을 만들어낸다.[24)]

일반적으로 개념 매핑은 다음과 같은 여섯 단계들을 포함하고 있다.

- 준 비
  - **포커스**. 개념 매핑의 이용에 대한 요망되는 최종 성과들을 명료하게 해야 한다. 다루어야 할 질문은 무엇인가?
  - **누가 참여할 것인가**? 프로세스에 참여하게 될 이해관계자들의 수와 유형들을 확인해야 한다. 어느 경우에는, 특정 개인들의 이름이 확인될 것이다.
  - **일정 조정**. 그룹 상호 작용이 이루어지게 될 기간을 확인해야 한다. 그룹은 물리적으로 만나거나 가상적으로 만날 수도 있을 것이다.

---

22) Marie L. Radford. Communication Theory Applied to the Reference Encounter: An Analysis of Critical Incidents. *Library Quarterly*, 66 (2), 1996, 123-37.

23) Marie L. Radford. The Critical Incident Technique and the Qualitative Evaluation of the Connecting Libraries and Schools Project. *Library Trends*, 55 (1), Summer 2006,46-64.

24) Mary Kane and William M. K. Trochim. *Concept Mapping for Planning and Evaluation*. Thousand Oaks, CA: Sage, 2007.

- 아이디어의 창출
  - **명세서의 작성**. 이 프로세스는 브레인스토밍이나 다른 아이디어 창출 프로세스를 포함할 수도 있을 것이다.
  - **아이디어 분석**. 아이디어 명세서들을 대규모 세트로 분류하고 수정한다.
- 명세서의 구조화
  - **비구조화된 아이디어 분류**. 각 개인에게 아이디어들을 그룹들로 분류하도록 요청하고 각 그룹에 라벨을 붙인다.
  - **이해관계자 그룹들에 의한 분류**. 아이디어들을 창출한 그룹별로 아이디어들을 조직화한다.
  - **평정(評定)**. 각 아이디어에 대해 값들을 부여한다(등급들은 타당성, 가치나 중요성 등에 대해 부여할 수 있을 것이다).
- **개념 매핑 분석**. 이 단계는 개념 맵들을 만들어내기 위해 사용되는 많은 통계 분석 기법들을 포함할 수 있다. 컴퓨터 소프트웨어 프로그램을 이용하여 만들어낼 수 있는 맵들로는 포인트 맵(point map), 포인트 클러스터 맵(point cluster map), 클러스터 맵(cluster map), 포인트 등급 맵(point rating map), 클러스터 등급 맵(cluster rating map) 등이 있다. <그림 4-1>은 포인트 클러스터 맵의 샘플이다.
- **맵의 해석**. 맵들은 일단 준비되면, 이해관계자들의 이해를 얻고 결과들에 대한 소유권을 개발하기 위해 이해관계자들과 공유하게 된다.
- **활용**. 평가를 위해, 개념 맵들은 측도들이 요망되는 최종 성과들과 연결될 수 있도록, 사용해야 할 성과 측도들의 유형들을 확인해줄 것이다.

개념 매핑은 응답자들의 수가 아주 많으면 서베이 질문들에 대한 개방형 질문들을 분석하는 데도 응용할 수 있다.

포인트 클러스터 맵 그림 4-1

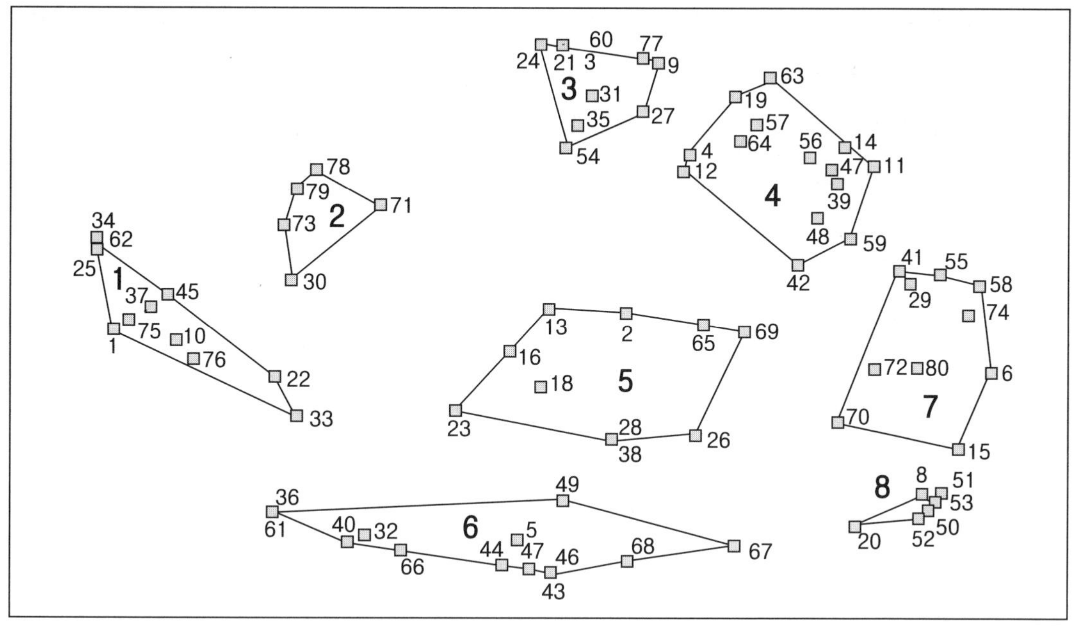

4.12. 요 약

앞서 살펴본 것처럼, 평가 프로젝트에서는 다수의 서로 다른 질적 방법들을 사용할 수 있을 것이다. 12개 내지 20개의 표본이 사려 깊게 심사숙고하고 분석하기 위해 유용한 데이터를 만들어낼 수 있다. 이러한 모든 방법들은 상당한 시간이 소요되며 분석해야 할 상당한 양의 풍부한 데이터를 만들어낸다. 이러한 분석 프로세스는 그 자체에 시간이 소요된다. 분석을 수작업으로 할 수도 있지만, 프로세스에 도움을 주기 위해 대개는 텍스트 분석 도구를 이용한다. 다수의 소프트웨어 패키지들은 무료로 다운로드하거나 적정 금액에 구입할 수 있다.[25)]

원래 형식으로 된 데이터의 양뿐만 아니라 몇 시간의 면담들에서 얻은 수백 페이지의 전사(轉寫)한 것들과 같은 텍스트 분석 소프트웨어 프로그램의 산출물도 고려할 수 있을 것이다. 질적 방법의 유용성은 이야기하고 있는 것과 실행하고 있는 것에 관해 주의 깊게 사고하는 연구자에 따라 결정된다.

목적은 데이터에 존재하는 패턴들과 테마들을 확인하고, 평가가 이루어지고 있는 것을 이해하고자 하는 노력으로 의미 있는 범주들을 개발하는 것이다. 어느 경우에는, 질적 데이터 분석을 **내용 분석**(content analysis) 또는 **테마 분석**(thematic analysis)이라고도 한다. 도출된 결론들은 데이터의 뒷받침을 받아야 한다.

25) 텍스트 분석 소프트웨어는 서로 다른 프로그래밍 언어들을 사용하고 서로 다른 운영 체제들 상에서 작동한다. 많은 소프트웨어 프로그램들 중에는 다음과 같은 것들이 있다. AnnoTape; Aquad Five; ATLAS.ti; Automap-Extract, Analyze and Represent Individual Mental Models; C-I-SAID—Code-A-Text integrated System for the Analysis of Interviews and Dialogues; ESA-Event Structure Analysis; Ethno; The Ethnograph; EZ-TEXT; HyperResearch; KEDS—Kansas Event Data System; Kwalitan; MaxQDA; QSR NUD*IST-Non-numerical Unstructured Data Indexing Searching and Theorizing; QSR NVivo; Prospero; QDA-Miner; QMA—Qualitative Media Analysis; Qualrus; SuperHyperqual; TABARI—Text Analysis By Augmented Replacement Instructions; and Weft QDA.

제5장

양적 도구

05

평가 연구의 실행에 관여하는 사람들은 한 가지 그리고 때로는 몇 가지 데이터 수집 방법들을 이용하여 데이터를 수집한다. 그리고 나서 그 결과로 얻은 데이터를 분석한다. 이 장에서 살펴보게 될 데이터 수집 도구들은 양적 방법들로 범주화되어 있다. 양적 리서치는 대개 미래의 최종 성과에 대한 추정이나 예측 또는 어떤 주제의 기존 상태나 현 상태의 진단을 위해 사용한다.

일반적으로, 수치 데이터는 다양한 방법들을 이용하여 수집할 수 있다. 이러한 범주들은 상호배타적이 아니라는 사실에 유의해야 한다. 여기에는 다음과 같은 것들이 포함된다.

- 집계(counting)
- 측정(measuring)
- 서베이(surveys)
- 컨조인트 분석(conjoint analysis)
- 트랜잭션 로그 분석(transaction log analysis)
- 실험(experiments)

5.1. 집 계

도서관들은 아마도 도서관들이 활동하는 한에서는, 오랜 동안 집계를 해오고 있다. 그 수치들이 투입 측도들(예산, 직원수, 워크스테이션 수, 도서관 장서의 규모, 건물들의 규모 등)로 반영되든 아니면 산출 측도들(대출 건수, 응답한 참고 질문들의 수, 도서관에 걸어 들어오는 사람들의 수)로 반영되든, 그 결과들은 대개 도서관 디렉토리들과 도서관의 연간 보고서 등에 다양한 숫자들로 나타난다.

수치들을 정확하게 포착하기 위해서는 다양한 수단들을 사용할 수도 있을 것이다. 보고서들을 자동화된 도서관 시스템이 생성해낼 수도 있고, 물리적인 카운터를 게이트에 설치할 수도 있으며, 직원 구성원들이 양식에 틱 마크들(tick marks)을 표시해줄 수도 있을 것이다. 분명히 어떤 방법들이 다른 방법들보다 더 높은 정확성과 일관성을 가져오게 될 것이다.

수치들을 보고하는 것을 제외하고, 도서관은 어떤 패턴들을 발견하기 위해 수치 정보를 도표로 만들거나 도서관에서 나타나는 다양한 프로세스들에 대한 통제를 개선하기 위해 수치들을 이용하고자 할 수도 있을 것이다. 후자(後者)의 수치 정보의 이용을 때로는 통계적 프로세스 관리(statistical process control)라고도 하는데, 이에 대해서는 제3장을 참고하기 바란다.

5.2. 측 정

어떤 프로세스를 이해하고 이를 개선하고자 할 때, DMAIC(Define, Measure, Analyze, Improve, and Control)라고 알려져 있는 방법을 추천한다. 프로세스는 결과를 만들어내는 일련의 활동들이다. 프로세스들의 예로는 신착 자료들의 편목과 물리적 준비, 유통된 뒤 돌아온 아이템(개별 자료)들의 재배가, 자료들의 대출 등이 있다.

DMAIC — 다이마이크라고 발음한다 — 의 핵심은 측정이다. 측정은 도서관이 문제점이나 잠재적 문제점을 이해하는 데 도움이 된다. 목적은 문제점의 잠재적인 원인들의 범위를 좁히는 데 도움이 될 데이터를 수집하여 보여주는 것이다.

프로세스의 성과를 반영하게 될 핵심적인 측도들을 확인하는 것이 중요하다. 각 성과 측도는 그것이 어떤 것이라고 주장하는 것을 실제로 측정하며 따라서 "타당성이 있다"는 사실을 검증하는 것이 중요하다. 동일한 활동을 수행했을 때 측도에 대해 동일한 값이 발생하게 되면, "신뢰성이 있다"고 한다.

특정의 하위 과업이나 활동을 완료할 시간을 측정하는 이외에도, 활동들 사이의 대기 시간을 측정하는 것도 중요하다. "있는 그대로의" 프로세스의 흐름도를 준비하면 프로세스에 대해 더 잘 알게 될 것이다. 즉 무엇이 어떤 프로세스를 완료하기 위해 필요한 활동들의 순서들인가?

어느 경우에는, 다양한 과업들과 활동들에 관련되어 있는 비용들을 산정할 필요가 있을 수도 있을 것이다. 제3장에서 이미 이 토픽에 대해 더 상세하게 다룬 바 있다.

5.3. 서베이

서베이는 비키니와 같다. 그것들이 드러내고 있는 것은 흥미롭지만, 필수적인 것은 감추고 있는 것이다.

— *Kenneth Boulding**

도서관에서 서베이(survey)를 이용할 때는 언제나 그것은 거의 틀림없이 기술적(記述的)인 것이다. 기술 서베이(descriptive survey)는 관심 있는 모집단의 특성들을 설명하고, 모집단의 비율들을 추정하며, 구체적인 예측들을 하고, 데이터에 존재할 수도 있는 관계들에 대해 테스트하기 위해 이용한다.

서베이의 질문들에 대한 응답자들의 답변들은 그들의 실제 경험보다는 그들의 지각과 기대, 의도, 불완전한 기억을 반영할 수도 있을 것이다. 그러므로 서베이를 개발하여 관리하고 그 결과로 얻은 데이터를 분석할 때는 상

* Bruce Heterick and RogerC. Schonfeld. The Future Ain't What It Used to Be. *Serials*, 17 (3), November 2004, 226.에서 재인용.

당한 주의를 기울여야 한다.

그 밖의 유형의 서베이들도 존재하는데, 그 중에는 다음과 같은 것들이 있다.[1)]

- **추세 연구**(trend study): 추세들과 패턴들, 변화를 확인하기 위해 거의 전부 동일한 질문들을 장기간에 걸쳐 반복적으로 사용한다.
- **코호트 연구**(Cohort study): 동일한 모집단 그룹으로부터 두 번 이상 데이터를 수집한다. 동일한 사람들을 서베이하지 않을 수도 있지만, 그룹의 모든 사람들은 동일한 모집단에서 선정한다.
- **패널 연구**(panel study): 장기간에 걸쳐 동일한 사람들로부터 데이터를 수집한다. 추세 연구와 패널 연구는 때로는 종단 연구(longitudinal study)라고도 한다.
- **병렬 표본 연구**(parallel sample study): 특정 토픽을 다루지만, 데이터는 예를 들면 학술도서관 상황의 학생 및 교원과 같이, 둘 이상의 그룹들로부터 수집한다.
- **맥락 연구**(contextual study): 한 개인의 환경을 서베이하며, 과업이나 문제점을 더 잘 이해하기 위해 복수 관점의 데이터를 수집한다.
- **횡단 연구**(cross-sectional study): 모집단의 대표적인 표본 전체에 걸쳐 현상들을 상세하게 검토하며, 규모가 크다(예를 들면 갤럽 여론 조사)

그렇다면 도서관은 기술 서베이 도구나 설문지를 만들어내야 한다. 포괄적이고 명확한 질문들을 설계하는 것은 어렵다, 이 시점에서는, "바퀴를 재발명하지 말라"[2)]는 옛 격언을 지키고자 노력하는 것이 중요하다. 미국의 경우, 많은 주립도서관들은 두 개 이상의 도서관들이 사용하고 있는 서베이 도구들의 리스트를 관리하고 있다. 그 밖의 자원들도 입수할 수 있다.[3)] 놀라

---

1) Gary Golden. *Survey Research Methods*. Chicago: Association of College & Research Libraries, 1982.

2) 역자주: 바퀴를 다시 발명해도 바퀴가 되므로, 기존의 어떤 것이 충분하거나 완전한 상태임에도 불구하고 무리하게 그 이상의 것을 발명하기 위해 노력한다는 부정적인 뜻으로 사용되는 경우가 많다(〈http://event.chosun.com/index.php?no=171991&url=cc&now_tab=main 참조).

3) 사서들이 만들어낸 수백 건의 서베이들은 다음 주소에서 입수할 수 있다: 〈http://www.nsls.info/services/fastfacts/category.aspx.〉

운 것은 아니지만, 설문지들(questionnaires)은 〈표 5-1〉에 제시된 것처럼, 강점들과 약점들을 둘 다 가지고 있다.

어법이 제대로 되어 있어야 서베이도 제대로 된다.

— *Carol Tenopir* *

설문지의 장점과 단점 표 5-1

장 점	단 점
응답자가 익명성을 갖기 때문에 솔직한 답변들이 고무된다.	응답자와 관찰자 사이의 개인적 접촉을 배제시킨다.
있을 수도 있는 면담자의 편향을 제거해준다.	답변들을 적합하게 하기가 용이하지 않다.
양적 데이터를 수집하고 분석하기가 용이하다.	설문지들을 우송하는 데 대한 일반적인 저항이 있다.
비교적 적은 비용으로 관리할 수 있다.	서베이들에 대한 무응답 비율이 높을 수 있다.

5.3.1. 질문의 유형

서베이를 위해 필요한 정보의 종류는 물어야 할 질문들의 유형에 일반적으로 영향을 줄 것이다. 질문들의 유형으로는 다음과 같은 것들이 있다.

- **사실적 질문**(factual questions): 응답자의 나이, 성별 등을 알아보기 위해 사용한다. 그 결과로 얻는 데이터는 사실상 객관적이다.
- **의견과 태도 질문**(opinion and attitude questions): 성향, 편견, 사상 등을 확인하기 위해 사용된다. 그 결과로 얻는 데이터는 사실상 주관적이다.
- **자아 인식 질문**(self-perception questions): 응답자들 자신들의 견해들로만 국한한다.

* Carol Tenopir. What User Studies Tell Us. *Library Journal,* 128 (14), September 1, 2003, 32.

- **정보 질문**(information questions): 어떤 토픽에 대한 응답자들의 지식을 측정하기 위해 설계된다.
- **행동의 기준 질문**(standard of action questions): 특정 상황에서 응답자가 어떻게 행동할 것인가를 알아보기 위해 사용한다.
- **과거/현재 행태 질문**(past or present behavior questions): 응답자의 행태에 관한 주관적인 정보를 만들어낸다. 과거 행태보다 현재 행태에 관해 물으면 더 정확한 데이터를 얻게 된다.
- **투사적(投射的) 질문**(projective questions): 응답자들로 하여금 자신들의 태도들과 신념들을 다른 사람들(또래와 동료 등)에게 투사하여 간접적으로 대답할 수 있도록 해준다.

5.3.2. 질문의 형식

질문은 두 가지의 기본적인 형식들을 취할 수 있을 것이다. (1) 고정된 응답(fixed response) 또는 구조화된 질문들과 (2) 개방형(open-ended) 또는 비구조화된 질문들이 그것이다. 이하에서는 구조화된 질문들의 유형들에 대해 살펴보고자 한다.

(1) 체크리스트

각 항목이 응답을 요구할 수도 있을 것이다. 예를 들면 다음과 같다.

도서관을 방문할 때, 여러분은? (각 라인의 한 번호 위에 동그라미로 표시해 주세요)

	네	아니오
책을 빌리시나요?	1	2
오디오 CD를 빌리시나요?	1	2
비디오를 빌리시나요?	1	2

항목들이 "최선의" 대답을 선정하도록 요구할 수도 있을 것이다. 예를 들면 다음과 같다.

여러분이 도서관을 방문하는 주된 이유는? (한 번호에만 동그라미로 표시해 주세요)

자료의 대출	1
도서관 자료의 이용	2
복 사	3
친구들과 만나 공부하기	4
컴퓨터 사용	5

항목들이 범주들을 가질 수도 있을 것이다. 예를 들면 다음과 같다.

수료한 학교의 최종 학년은? (한 번호에만 동그라미로 표시해 주세요)

초등학교	08			
고등학교	09	10	11	12
대학교	13	14	15	16
대학교 이상	17			

그룹화된 응답이 있을 수도 있을 것이다. 예를 들면 다음과 같다.

나이는? (한 번호에만 동그라미로 표시해 주세요)

1 - 12　　13 - 18　　19 - 39　　40 - 59　　60+

(2) 빈칸 채우기

어느 경우에는 응답하는 방식으로 질문에서 응답자가 빈칸을 채우도록 요청하면 더 정확한 정보를 얻게 될 것이다. 예를 들면 다음과 같다.

이 도서관과 여러분의 집이나 직장까지의 거리는? ______ 마일

(3) 척도식 응답

구체적인 범주 척도를 사용할 수도 있다. 예를 들면 다음과 같다.

다음 각 사항은 얼마나 중요한가요? (각 라인의 한 번호 위에 동그라미로 표시해 주세요)

항 목	아주 중요하다	약간 중요하다	거의 중요하지 않다	중요하지 않다
더 많은 시간	1	2	3	4
더 많은 주차	1	2	3	4
도움을 주는 직원	1	2	3	4

도표식 평정 척도(graphic rating scale)를 사용할 수도 있다. 응답자는 연속체를 따라 마크할 수 있다. 예를 들면 다음과 같다.

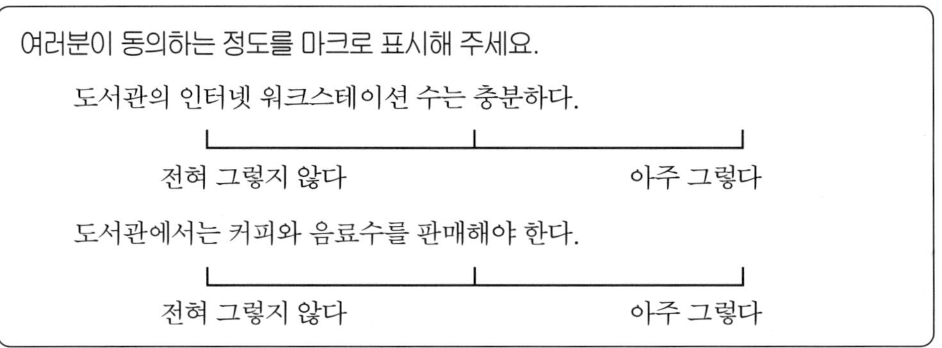

여러분이 동의하는 정도를 마크로 표시해 주세요.

도서관의 인터넷 워크스테이션 수는 충분하다.

전혀 그렇지 않다 아주 그렇다

도서관에서는 커피와 음료수를 판매해야 한다.

전혀 그렇지 않다 아주 그렇다

서열 순위 척도(rank-order scale)를 사용할 수도 있다. 예를 들면 다음과 같다.

도서관 서비스의 상대적 중요성을 1에서 5까지의 척도상에 표시해 주세요. "1"은 가장 중요함을 나타내고 "5"는 가장 중요성이 적음을 나타냅니다.

도서 대출 ______________

오디오 및 비디오 대출 ______________

공부 시설 ______________

인터넷 컴퓨터 ______________

잡지 및 신문 ______________

차이 척도(differential scale)를 사용할 수도 있을 것이다. 이것은 Thurston 척도라고도 하는데, 동등한 거리를 가지고 있는 일련의 설명들을 제시한다. 이 유형의 척도는 질문들을 개발하는 사람 입장에서의 편향을 피해주기는 하지만, 서로 등거리를 가진 값들을 나타내주는 질문들을 설계하기 위해 사용하기는 아주 어렵다. 따라서 이 척도의 사용은 권하고 싶지 않다.

Likert 척도는 우호적 입장이나 비우호적 입장을 나타내는 질문들을 사용한다. Likert 척도는 합산 척도(summated scale)라고도 한다. 예를 들면 다음과 같다.

항 목	강한 반대	반 대	동 의	강한 동의
수서 담당 사서는 고객의 요청들을 주문의 최고 우선 순위로 고려해야 한다.	SD	D	A	SA
도서관은 수요에 부응하기 위해 "베스트셀러" 도서의 구입 부수를 늘려야 한다.	SD	D	A	SA

Likert 척도를 표현하는 또 하나의 방식은 응답에 대해 문자들보다 숫자들을 사용하는 것이다. 예를 들면 다음과 같다.

항 목	강한 반대	반 대	동 의	강한 동의
수서 담당 사서는 고객의 요청들을 주문의 최고 우선 순위로 고려해야 한다.	1	2	3	4
도서관은 수요에 부응하기 위해 "베스트셀러" 도서의 구입 부수를 늘려야 한다.	1	2	3	4

어의 차이 척도(semantic differential scale)는 다섯 내지 일곱 개의 평정 척도와 함께 쌍으로 된 동의어들과 반의어들을 제공한다. 예를 들면 다음과 같다.

아래의 각 쌍에 대해, 참고 데스크의 서비스를 가장 잘 설명해주는 번호에 동그라미로 표시해 주세요. (각 라인의 한 번호에 동그라미로 표시해 주세요)

	극히	**보통**	**해당없음**	**보통**	**극히**	
도움이 되는	1	2	3	4	5	도움이 되지 않는
친절한	1	2	3	4	5	무뚝뚝한
적극적인	1	2	3	4	5	수동적인
효과적인	1	2	3	4	5	효과적이지 못한
신속한	1	2	3	4	5	느릿한

누적 척도(cumulative scale)는 응답자가 동의하거나 반대할 수 있는 관련된 설명들로 이루어진다. 설명들은 서로 관련되어 있기 때문에, 응답자는 후속의 항목들에 대해 유사한 방식으로 응답 "해야" 한다.

자기 평정(self-rating)은 서베이 도구에 포함되어 있는 질문들의 잠재적 편향(bias)과 주관성에 기인하는 제한점을 갖게 된다.

(4) 개방형 질문

이 비구조화된 질문들은 응답자들로 하여금 그들이 원하는 의견들은 무엇이든 밝힐 수 있도록 해주며, 따라서 분석하고 범주화하기가 훨씬 더 어렵다. 개방형 질문들에 대한 응답률들은 일반적으로 낮다. 왜냐하면 그것들은 응답자가 답변들을 만들어내고 적는 데 약간의 시간이 소요되기 때문이다. 개방형 응답들은 범주화할 수 있으며, 텍스트의 양이 대규모일 경우에 프로세스에 도움이 되는 소프트웨어 도구들이 있다. 그와 같은 비구조화된 질문들의 예들로는 다음과 같은 것들이 있다.

이 도서관에서 내가 가장 좋아하는 것은 . . .

이 도서관을 방문할 때 나는 . . .

내가 가장 많이 이용하는 도서관 서비스는 . . .

5.3.3. 질문 구성

서베이에서 질문들의 개발은 주의 깊게 이루어져야 한다. 이제는 독창력을 발휘할 때가 아니다. 왜냐하면 사람들은 많은 서베이들에 접하고 있기 때문이다. 대개 서베이 질문들은 일반적인 것으로부터 구체적인 것으로 진행된다. 어떤 응답자들은 개인 정보를 밝히고 싶어하지 않기 때문에, 인구통계적 정보는 일반적으로 맨 마지막에 묻는다. 가능하면, 다른 도서관 서베이들에서 사용해오고 있는 질문들을 이용하라. 질문들을 작성하는 데 관한 몇 가지 권고 사항들로는 다음과 같은 것들이 있다.

- 간단한 말을 사용하라 – 서너 음절의 단어들보다는 한두 음절의 단어들이 더 낫다.
- 질문들에 포함되는 단어들의 길이를 20개 미만으로 유지하라.
- 무엇을 묻고 있는지에 관해 구체적이고 분명하게 하라.
- 대답을 알아야 하는 질문만을 물어라.
- 도서관 전문 용어를 사용하지 마라. 필요할 경우에는 질문 자체에서 용어를 정의하라. "접근 도구"와 "전자 저널," "이용자," "서비스 문제점," "정보 기술"(information skills)과 같은 용어들을 사용하는 질문들은 응답자들에게 무의미하다.
- "예–아니오" 질문들은 피하라.
- 이중 부정은 피하라.
- 두 개 이상의 범주들을 결합시키지 말라. "여러분은 도서관을 방문하는 동안 프로그램에 참석하고 자료들을 대출하였나요?"가 그 예이다.
- 서베이들에 일반적으로 나타나는 어법을 사용하라. 비속어를 피하라.
- 대부분의 사람들이 동의하게 될 "거저먹기식"(gift) 질문들을 피하라.
- 필요하면, 사람들의 기억들을 상기시키는 정보를 포함시켜라.
- 약칭이나 불완전한 문장들을 피하라.
- 응답자들에게 다른 사람들의 경험이 아니라, 그들의 경험들에 관해 질문하라.
- 문화적 차이들을 민감하게 감지하라.
- 참여자들에게 요망되는 최종 성과들에 대해 논하도록 요청하라.

• 각 질문은 필요하고 그 결과로 얻게 되는 데이터는 분석에 유용하게 되도록 하기 위해 재확인하라.

한 연구에서는 두 그룹에게 동일한 질문을 물으면서 한 개의 질문에 두 개의 서로 다른 단어들 — "해야 한다"(should)와 "할 수 있을 것이다"(might) — 을 사용하였다. 질문 어법상 이 사소한 변경 때문에 서베이에 참여한 사람들은 아주 다른 응답들을 하였다.[4] Abraham Bookstein은 또한 두 그룹에게 다양한 도서관 서비스들에 관해 묻고 그 서비스를 이용하는 개인이 그 이용을 "도서관 이용"으로 간주하는지의 여부를 물었다. 여기서도 차이들에 대해 언급하고 있지만 통계적으로 분석하지는 않았다.

짧으면서도 초점이 맞추어진 서베이들은 답변을 얻고 유용한 정보를 산출해낼 가능성이 더 높다. 참여자들에게 협력을 요청하게 될 서베이에 대한 소개를 작성하라. 일단 설문지가 개발되면, 질문들의 어법상의 애매성이나 제기될 수도 있는 그 밖의 문제점들을 찾아내기 위해 예비 테스트를 해야 한다. 예비 테스트는 도서관 직원 구성원들이나 가까이에 있는 다른 사람들이 아니라, 의도하는 참여자들의 소규모 표본을 대상으로 실시해야 한다. 일단 개정이 이루어지면(그리고 어느 경우에는 다시 예비 테스트가 이루어지면), 설문지는 진행할 준비를 갖춘 것이다. 여러분도 진행할 준비를 갖추길 바랄 것이다. 수정후에는 예비 테스트를 하는 것이 바람직하다.

5.3.4. 서베이의 배포

언제 서베이를 배포하는가는 결과들에 영향을 미칠 수 있다. 예를 들면, 학술적인 환경에서, 학기초의 서베이는 학기중이나 학기말에 배포되는 것과 서로 다른 결과들을 가질 가능성이 있을 것이다.

서베이 설문지를 관리하는 방식에는 다섯 가지가 있다. 즉 우편을 통한 방식(때로는 자기 기입식 서베이(self-administered survey)라고도 한다),

4) Abraham Bookstein. Questionnaire Research in a Library Setting. *The Journal of Academic Librianship*, 11 (1), March 1985, 24-28.

이메일을 통한 방식, 전화를 이용한 방식, 면담을 이용한 방식, 웹을 이용한 방식이 그것이다.

(1) 우편 서베이

우편 서베이는 다양한 영역들에서 연구자들에 의해 오랜 동안 사용되고 있다. 이것은 요망하는 응답자들의 그룹에 발송하는데, 그 일부만이 서베이를 완성하여 돌려보낸다. 배포된 서베이들의 총수와 비교하여 회신되는 설문지의 수를 응답률이라고 한다. 일반적으로, 응답률이 더 높으면 높을수록, 결과들을 일반화할 수 있는 가능성은 더 많다 — 즉 대표적인 표본이 서베이에 응답한다고 추정하는 것이다. 도서관이 응답자들의 아주 대규모 표본을 얻고자 하는 경우에는, 훨씬 더 많은 수의 설문지들을 배포해야 할 수도 있을 것이다. 어느 경우에는, 응답수를 늘리기 위해 2차 서베이들을 발송해야 할 수도 있을 것이다.

리서치에서는 설문지와 함께 우표가 붙은 반송용 봉투를 응답자에게 보내면 응답률이 더 높을 것이라는 사실을 보여주고 있다. 일반적으로 도서관은 완성된 설문지들을 10일 내지 14일 이내에 회신해 주도록 요청할 것이다.

서베이를 우송하는 것의 변형은 도서관에 들어오는 사람에게 접근하여 기꺼이 서베이를 완성할 것인지의 여부를 묻는 것이다. Keith Curry Lance와 그의 동료들은 CoR(Counting on Results)에서 이 접근법을 사용하였다. 흥미롭게도, 응답자들은 종이로 된 서베이를 완성하거나 Palm Pilot[5]을 이용하여 서베이 질문들에 대한 자신들의 응답들을 입력하는 방법을 선택할 수 있었다.[6]

5) 역자주: PDA의 일종

6) Keith Curry Lance, Marcia J. Rodney, Nicolle O. Steffen, Suzanne Kaller, Rochelle Logan, Kristie M. Koontz, and Dean K. Jue: *Counting on Results: New Tools for Outcome-Based Evaluation of Public Libraries.* Aurora, CO: Bibliographic Center for Research, 2002.

(2) 이메일 서베이

설문지는 잠재적인 응답자들에게 이메일을 발송하여 배포할 수 있다. 서베이 도구는 이메일 본문 안에 포함될 수도 있고 첨부 자료로 제공할 수도 있다. 응답자들은 이메일 응답 기능을 이용하거나 완성된 서베이를 이메일이나 보통 우편을 이용하여 회신할 수 있다.

이메일 서베이를 이용할 때 어려운 점들에는 이메일 주소가 알려져 있는 사람들에게만 배포할 수 있다는 사실이 포함되어 있다. 이것은 모집단의 무작위 표본(random sample)을 얻기가 어려울 것이라는 의미일 수도 있다. 더욱이 이메일이 스팸으로 간주될 수도 있기 때문에 응답률이 낮을 수도 있을 것이다.[7)]

(3) 전화 서베이

전화 서베이는 대중적인 방법으로, 연구에 필요한 데이터를 얻기 위한 효과적인 방법이 될 수 있다. 그러나 전화 서베이는 세심하게 구성해야 하며, 서베이를 완료하는 데 필요한 시간이 응답자들에게는 너무나도 많을 수도 있기 때문 — 때로는 "응답자 부담"(responder burden)이라고도 한다 — 에 너무 길게 할 수가 없다. 응답자들이 인내심의 한계에 도달하여 서베이가 완료되기 전에 전화를 끊어버리면 서베이의 마지막 질문들에 대한 대답을 하지 못할 수도 있을 것이다.

이 방법의 중요한 장점의 하나는 응답들이 대개 컴퓨터 데이터베이스에 입력되고, 그 때문에 데이터 분석이 비교적 간단하다는 사실이다. 한편 미국의 경우, 전역에 걸쳐, 사람들이 휴대 전화의 사용을 선호하여 "일반 전화들"의 이용이 줄어들고 있다. 전화 테크놀로지상의 이러한 변화 때문에 서베이를 위한 진정한 대표적인 표본을 만들어내기가 점차 어려워지고 있다.

7) Peter Hernon and John R. Whitman. *Delivering Satisfaction and Service Quality: A Customer-Based Approach for Libraries.* Chicago: American Library Association, 2001, 125.

(4) 면 담

면대면 모임에서 서베이 질문을 관리하게 되면 면담을 실시하는 사람이 후속 조치를 취하고 명확하게 해주는 질문들을 할 수 있기 때문에 도움이 될 수 있다. 그러나 질문들을 바꾸어 말하는 것을 피하는 것이 중요하다. 왜냐하면 이 때문에 외견상으로 서로 다른 질문에 대해 서로 다른 응답이 이루어지게 되고, 그 결과 모든 응답자들 사이의 응답들을 비교할 때 어려움을 초래할 것이기 때문이다. 예상되는 응답들에 대한 코드들을 부여한 답변 시트를 개발하게 되면 데이터 수집 활동의 정확성을 높이게 될 것이다. 응답자의 허락을 받아, 개방형 질문들을 녹음해두면 면담중에 적은 노트들을 나중에 전사(轉寫)할 때 정확성을 보장해주게 될 것이다.

(5) 웹 기반 서베이

서베이는 인터넷을 이용하여 관리할 수도 있다. 응답자에게는 링크를 클릭하여 서베이를 완성하도록 요청하게 된다. 서베이는 도서관의 웹사이트를 이용하여 관리하거나, 아니면 도서관이 무료 온라인 서베이들을 제공하는 여러 인터넷 사이트들 — 서베이의 길이에 대한 약간의 제약들과 함께 — 의 하나를 이용할 수 있다.[8)]

서베이 피로(survey fatigue)가 오늘날 공통적으로 문제가 되고 있기 때문에, 응답자들에게 포맷 선택권을 제공하게 되면 응답률이 증가할 것이다. 모든 응답들은 데이터베이스에 저장되며, 그런 다음 데이터 분석을 위해 접근할 수 있다.

세 가지 방식으로 배포된 서베이들에 대한 분석에서는 웹 기반 서베이가 우편으로 배포된 종이 서베이보다 응답률이 약간 더 낮은 것으로 나타났다. 적합한 응답률을 보장하기 위한 세심하게 설계된 후속 절차들이 갖는 중요성은 아무리 강조해도 지나치지 않다.[9)] 웹 기반 서베이와 종이 서베이의 비

---

8) 무료 서베이를 제공해주는 많은 웹 기반 사이트들로는 Zoomerang.com, FreeOnlineSurveys.com, Survey Console.com, SurveyMonkey.com, QuestionPro.com 등이 있다. 데이터는 몇 가지 간단한 차트들을 사용하여 표시되며, 데이터 분석 도구들은 아주 제한적이다. 서베이 응답자들의 수는 대개 제한되며(예를 들면 100명), 추가의 분석을 위해 서베이 데이터를 스프레드시트나 데이터베이스로 다운로드할 수 없다. 회원가입에는 대개 매월 20달러가 소요되는데, 이를 통해 더 큰 범위의 능력들을 제공해준다.

교에서는 도서관 고객들의 응답들에 약간의 차이가 있는 것으로 나타났다.

〈표 5-2〉는 서베이 데이터를 수집하는 각 방법의 강점들과 제한점들을 보여주고 있다.

표 5-2 서베이 배포 방법의 비교

	일반우편 / 이메일	전 화	직 접	웹 기반
소요 시간	늦 음	신 속	보 통	보 통
협력 비율	낮 음	보 통	최 고	보 통
지리적 포함 범위	우 수	우 수	곤 란	우 수
면담자 편향	없 음	보 통	상당함	없 음
면담자 감독	불필요	우 수	불 량	우 수
응답의 품질	불 량	우 수	최 고	우 수
설문지 구조	간 단	복 잡	복 잡	복 잡
통제자	응답자	면담자	면담자	면담자
가시성	낮 음	높 음	높 음	낮 음
개입 대처 능력	용 이	어려움	어려움	용 이
면담의 길이	짧 다	보 통	길 다	길 다
비 용	낮 음	보 통	높 음	낮 음

5.3.5. 표본 추출의 유형

표본 추출 방법에는 비확률 표본 추출 방법(nonprobability sampling method)과 확률 표본 추출 방법(probability sampling method)의 두 가지 광범위한 유형들이 있다.

9) Michele M. Hayslett and Barbara M. Wildemuth. Pixels or Pencils? The Relative Effectiveness of Web-based Versus Paper Surveys. *Library & Information Science Research*, 26, 2004, 73-93.

(1) 확률 표본 추출

확률 표본 추출은 연구에서 사용하는 표본이 전체 모집단을 반영하고, 표본이 전체 모집단을 대표한다는 어떤 확신을 가지고 그 결과로 얻어지는 데이터를 사용할 수 있는 가능성을 높여준다. 표본의 각 요소는 전체 모집단의 다른 요소들과 동일한 포함 가능성을 갖는다.

- **단순 무작위 표본**(simple random sample). 이 방법을 사용한다는 것은 모집단 리스트의 모든 개인이나 아이템이 표본으로 선정될 동일한 기회를 갖는다는 것을 의미한다. 이론상으로는, 선정될 확률을 일정하게 유지하도록, 선정된 이후에 아이템을 모집단 리스트로 다시 돌려보내야 한다. 그러나 실제적인 고려들 때문에, 일단 선정되면 아이템을 돌려보내지 않는다.

  표본을 선정하는 데는 대개 난수표(random number table)의 이용을 포함하는데, 이것은 모든 n번째 아이템을 선택하기보다는 모집단 리스트에서 선정을 하기 위해 사용된다. 난수표는 인터넷이나 연구 방법 책에서 확인할 수 있다.
- **체계적 표본**(systematic sample). 이 방법은 요망되는 표본 크기에 도달할 때까지 모집단 리스트 – 리스트의 임의 포인트에서 시작하여 – 의 모든 n번째 요소를 선정한다. 사실상 알파벳순 리스트는 무작위 리스트로 간주할 수 있다.
- **층화 무작위 표본**(stratified random sample). 이 접근법에서는 전체 모집단을 여러 그룹들로 구분하고, 그러고 나서 각 그룹에서 무작위 표본을 추출해야 한다. 층화 무작위 표본을 사용할 때의 한 가지 접근법은 각 그룹의 표본 크기가 전체 모집단과 관련하여 그 그룹의 전체 크기에 비례하도록 보장하는 것이다. 따라서 학술적 환경에서는, 학부생들이 모집단의 70퍼센트를 설명해주고, 대학원생들이 다른 20퍼센트를 구성하며, 교직원이 나머지 10퍼센트를 차지할 수도 있을 것이다. 선정되는 표본은 각 그룹에 대해 동일한 상대적 퍼센티지(relative percentages)를 가져야 한다. 이것은 많은 연구자들이 일반적으로 이용하는 접근법이다.

  불비례 층화 표본(disproportionate stratified sample)이라고 불리는 다른 방법은 모든 그룹들에 걸쳐 비교에 적합한 표본 크기를 보장하기 위해 어떤 그룹의 과잉 대표성(overrepresentation)을 인정한다.

  층화 무작위 표본의 변형이 전체 모집단이 아주 대규모이고 모집단 리스트를 작성하기 어려울 때 군집 표본(cluster sample)을 사용하는 것이다. 이 경우에는, 모집단이 군집들(이로부터 리스트를 만들 수 있다)로 나뉘며, 여기에서 무작위 표본을 추출한다.

(2) 비확률 표본 추출

비확률 표본 추출 방법들은 표본에 포함되어 있는 어느 한 단위의 확률을 결정할 수 없을 때 사용한다. 그러나 일차적인 문제점은 선정 확률(selection probabilities)이 알려져 있지 않기 때문에, 즉 표본이 무작위가 아니기 때문에, 통계적 추론들을 할 수 없다는 사실이다. 그러나 평가 연구는 확률 표본을 필요로 하는 정교한 통계적 분석을 사용하지 않을 가능성이 아주 높기 때문에 비확률 표본 추출이 적합할 수도 있을 것이다.

- **임의 표본 추출**(accidental sampling). 이 방법(때로는 편의 표본, 기회적 표본, 가용(可用) 표본이라고도 한다)의 경우는, 무작위 표본을 만들어내기 위한 어떤 시도도 이루어지지 않는다. 그보다는 입수할 수 있는 것은 어느 것이든 이용한다. 따라서 도서관은 요망되는 표본 크기에 도달할 때까지 선착순으로 참여자들을 선택할 수도 있을 것이다.
- **할당 표본 추출**(quota sampling). 이 방법은 임의 표본과 유사하다. 그러나 이것은 모집단 내의 서로 다른 그룹들이 가능하면 전반적인 모집단에 나타나는 것과 동일한 비율로 표본에 포함되도록 보장하기 위해 사용된다. 할당 표본의 변형이 누적 표본(snowball sample)으로, 이것은 어떤 그룹의 구성원들에게 그 그룹의 유사한 구성원의 확인을 도와달라고 요청한다.
- **판단 표본 추출**(purposive sampling). 평가 연구는 새로운 서비스의 이용을 탐색할 수도 있을 것이다. 이 방법은 그 서비스를 이미 사용하고 있는 다른 도서관들을 표본으로 한다. 이것은 제안된 서비스의 강점들과 약점들에 관해 터득하는 데 적합할 수도 있을 것이다. 분명히 이 방법은 편향(bias)에 취약할 수 있다.
- **자기 선택 표본 추출**(self-selected sampling). 이 방법의 경우는, 자원봉사자들에게 연구에 참여하도록 요청하는 공지를 평가팀에서 발표할 수도 있을 것이다. 그와 같은 접근법을 통해 얻은 데이터는 어떤 이유에서든, 참여한 사람들의 속성만을 반영하게 될 것이다.
- **불완전 표본 추출**(incomplete sampling). 불완전 표본은 아주 낮은 응답률의 결과이거나 모집단의 특성들에 관한 불완전하거나 부정확한 정보를 가지고 선정된 표본의 결과일 수도 있을 것이다. 분명히 그와 같은 표본으로부터 얻은 데이터는 상당한 주의를 기울여 사용하거나 전혀 사용하지 말아야 한다.

- **극단 사례 표본 추출**(extreme case sampling). 이 방법에서는, 소규모 표본이 어떤 점에서 특이하기 때문에 충분한 정보를 가지고 있는 사례들이나 상황들에 초점을 맞춘다.
- **강도 표본 추출**(intensity sampling). 이 방법은 어떤 점에서 특이하고 풍부한 정보를 가지고 있는 사례들 – 훌륭한 서비스 제공자, 저렴한 비용의 서비스 제공자 등 – 의 소규모 내지 적정 규모 표본으로 이루어진다.
- **동질 표본 추출**(homogeneous sampling). 소규모의 동질적인 표본을 선정하여 어느 정도 심층적으로 연구할 수도 있을 것이다. 포커스 그룹 면담들은 동질 그룹의 예이다.

5.3.6. 표본 크기의 결정

도서관 상황에서, 표본 추출은 거의 모든 활동이나 물리적 대상에 대해 이루어질 수 있다. 예를 들면 도서관들은 서로 다른 장소들과 고객들, 장서의 아이템들, 활동들이나 프로세스들, 시간의 표본을 포함하는 평가 연구들을 수행해오고 있다.

표본의 크기를 결정하는 것은 균형을 잡는 일이다. 그리고 표본이 더 커지면 커질수록 더 좋아지겠지만, 너무 큰 표본은 시간과 그 밖의 자원들을 낭비하는 것이다. 너무 작은, 말하자면 100개 미만의 표본은 모집단을 대표하지 못하게 될 것이다. 적절한 표본 크기를 결정하는 기준들로는 다음과 같은 것들이 있다.

- **표본과 모집단 사이의 정확성의 정도**(때로는 정확률(精確率: precision)이라고도 한다). 더 많은 정확성의 필요성은 더 큰 표본이 필요함을 의미한다.
- **사용해야 할 표본 추출 방법**.
- **모집단의 변이성**(variability). 변이성(變異性)이 더 크면 클수록, 표본 크기는 더 커야 한다.
- **계획하고 있는 데이터 분석의 유형**. 몇몇 통계 분석 도구들은 더 큰 표본 크기들을 필요로 한다.

필요한 표본 크기를 결정하기 위해 공식을 이용할 수도 있지만, 대부분의 경우 평가들에 참여하는 사람들은 표를 이용하여 〈표 5-3〉에 나타나 있는 것처럼, .05의 정확률을 갖는, 무작위 표본 크기를 결정한다.[11] 모집단이 작을 때는 표본 크기 요건들이 아주 큰 반면, 모집단이 급속하게 증가함에 따라 표본 크기는 비율로 볼 때 아주 완만하게 늘어난다는 사실에 유의하라.

표 5-3 표본 크기를 결정하기 위한 표 *

모집단 크기	표본 크기	모집단 크기	표본 크기
100	80	2,000	322
200	132	3,000	341
300	169	4,000	351
400	196	5,000	357
500	217	10,000	370
750	254	20,000	377
1.000	278	50,000	381

* 95퍼센트 신뢰 수준과 ±5의 표준 편차를 반영하고 있다.

5.3.7. 서베이 무응답

Jacquelyn Burkell은 6년간에 걸쳐 문헌정보학의 세 개 주요 저널들에 발표된 서베이들의 응답률들을 상세히 검토하고 평균 응답률이 63퍼센트라는 사실을 밝혀냈다. 서베이들의 거의 4분의 3은 일반화 가능성을 요구하기 위해 일반적으로 갖추어야 하는 수준인 75퍼센트 이하의 응답률을 보였다. 무응답의 결과는 언제나 편향된 표본으로 나타난다. 문제는 편향(bias)이 서베이 결과들에 영향을 미치고 있는지의 여부나 무응답자들에게 얻게 되는 데이터가 서베이 결론들을 변경하게 될 것인지의 여부이다.[12] 그리고 Peter

11) 표본 크기를 결정해주는 더 포괄적인 표들은 인터넷에서 찾을 수 있다.

Hernon은 연구들에서 50퍼센트 이하의 응답률들 — 아마도 20 내지 40퍼센트의 범위에서 — 을 보고하는 것이 더 일반적이라는 사실을 관찰하고 있다.[13)]

응답률들을 개선하기 위한 전략들로는 사전 통보와 개인별로 작성된 커버 레터들, 상기시켜 주는 메모들(reminders)의 이용, 참여하도록 초대하면서 제공하는 인센티브들(2달러 내지 5달러의 소액의 금전적 인센티브나 회신된 서베이에 대한 경품 당첨 자격 부여 포함), 우편 서베이들을 회신하기 위한 우표가 붙은 반신용 봉투의 이용 등이 있다.

완결된 서베이들을 북돋우기 위한 노력들에도 불구하고 무응답률이 여전히 높을 경우에는, 서베이 결론들을 적절하게 제한하도록 주의를 기울여야 한다.

5.3.8. 경 고

서베이들을 이용할 때는 문제점들이 발생할 수 있다. 적절한 응답률을 가정했을 때, 도서관은 서베이에 응답했던 사람들이 참여하지 않기로 했던 사람들과 다른 특성들을 가지고 있다고 확신하지 못한다. 분명히 그들은 최소한 한 가지 차원, 즉 기꺼이 서베이를 완료하려는 의지에서 서로 다른 것이다.

두 번째 문제점은 대부분의 도서관들은 물리적으로 도서관에 있는 사람들에게 연구에 참여하도록 요청하게 될 것이라는 사실이다. 서베이의 배포에 대한 이러한 접근법은 편의성을 바탕으로 한 것으로, 도서관을 자주 방문하지 않거나 전혀 방문하지 않는 사람들의 견해들을 배제하게 된다.

모든 통계 분석은 플러스나 마이너스 "x" 퍼센트라는 오차 한계나 신뢰 수준을 가지고 있다는 사실에도 불구하고, 경영자들과 의사결정자들은 데이터들의 한계들을 잊고 그것들을 확실한 것으로 믿는 경향이 있다. 오차의 크기는 다음과 같은 네 가지 요인들의 영향을 받는다.

---

12) Jacquelyn Burkell. The Dilemma of Survey Nonresponse. *Library & Information Science Research*, 25, 2003, 239-63.

13) Peter Hernon. Components of the Research Process: Where Do We Need to Focus Attention? *The Journal of Academic Librarianship*, 27 (2), March 2001, 81-89.

- 표본 크기 – 표본이 더 크면 클수록 오차는 더 작아진다.
- 모집단 크기에 비례한 표본 크기
- 관찰들의 내재적 변이성(inherent variability)
- 통계적 표본 추출 방법의 선택

그 밖의 표본 추출 이외의 오차들도 발생할 수 있을 것이다. 이러한 오차들의 원천들로는 부적합한 설문지 설계와 적합하지 않은 표본 추출 방법의 선택, 무응답, 질문들에 대한 응답의 실수, 사무적인 처리, 분석가 오류 등이 있다.

표본 크기와 표본의 유형을 결정한 후에는, 표본을 선정하는 것이 중요하다. 예를 들면 파일의 모든 n번째 레코드를 선정하는 것보다는, 표본을 선정하기 위한 난수표(다양한 웹사이트에서 입수할 수 있다)를 이용하는 것이 더 좋다. 이것은 결과들의 신뢰성을 개선시켜 줄 것이다.

도서관 리서치와 평가 프로젝트들은 불만족스런 표본 추출 방법들과 원시적인 서베이 도구들, 연구들이 일반화하기에는 너무 적은 척도를 사용하여 실행되고 있다는 점 등이 가장 큰 문제점들로 지적되고 있다.

5.4. 컨조인트 분석

컨조인트 분석(conjoint analysis)은 다속성 합성 모델(multi-attribute compositional models)이라고도 하는데, 이것은 University of Pennsylvania의 Wharton School에서 Paul Green에 의해 개발된 통계 기법이다.[14] 오늘날 이것은 마케팅과 제품 관리, 오퍼레이션 리서치(operations research)를 포함하여, 많은 사회과학과 응용과학에서 이용되고 있다. 컨조인트 분석의 목표는 속성들의 어떤 조합을 응답자들이 가장 선호하는가를 결정하는 것이다.

14) Paul Green and V. Srinivasan. Conjoint Analysis in Consumer Research: Issues and Outlook. *Journal of Consumer Research*, 5, September 1978, 103-23; Paul Green, J. Carroll, and S. Goldberg. A General Approach to Product Design Optimization via Conjoint Analysis, *Journal of Marketing*, 43, Summer 1981, 17-35.

이것은 새로운 제품 디자인들에 대한 고객의 수용을 테스트하고 광고들의 어필(appeal)을 평가하는 데 자주 이용된다.

응답자들에게는 일단의 제품이나 원형(prototypes), 모형(mock-ups), 그림들을 보여준다. 예들은 소비자들이 그것들을 아주 흡사한 대체물들로 간주할만큼 충분히 유사하지만, 그것들은 응답자들이 선호도를 명확하게 결정할 수 있을만큼 충분히 다르다. 각 예는 제품이나 서비스 특징들의 특유의 조합으로 구성된다. 데이터는 개인별 등급 평가, 랭킹, 별도 조합들 사이의 선호도로 이루어질 수 있다. 이 도구의 가장 자주 사용되는 두 가지 변형들은 ACA(adaptive conjoint analysis)와 선택 기준 컨조인트 분석(choice-based conjoint analysis)이다.

효용 함수들(utility functions)을 추정하기 위해 다수의 알고리즘을 이용할 수도 있다. 이러한 효용 함수들은 특징들에 대한 인식된 가치와 소비자 지각과 선호도가 제품 특징들의 변화들에 대해 얼마나 민감한지를 나타내준다.

컨조인트 분석의 장점들로는 다음과 같은 것들이 있다.

- 개인 레벨에서 선호도들을 측정한다.
- 여러 속성들을 함께 평가할 때 소비자들이 유지하는 심리적 균형(psychological tradeoffs)을 추정한다.

단점들로는 다음과 같은 것들이 있다.

- 더 많은 특징들이 추가됨에 따라 조합들의 수가 아주 급속하게 증가하기 때문에 일단의 제한된 특징들만을 이용할 수 있다.
- 정보 수집 단계가 복잡하다.
- 응답자들이 새로운 범주들에 대한 태도들을 명료하게 할 수 없다.

Reinhold Decker와 Antonia Hermelbracht가 설명하고 있는 독일의 리서치 프로젝트는 새로운 학술도서관 서비스들을 모색하기 위해 거의 5,000명의 응답자들을 대상으로 한 연구에서 컨조인트 분석을 이용하였다. 이 웹 기반 서베이는 각 대체안을 설명하기 위해 텍스트와 그림의 조합을 이용하였다. 총 118개 서비스 및 서비스 개념을 분석하였다.[15] 또 하나의 프로젝트에서는 공공도서관 이용 및 선택 행태를 모델화하기 위해 컨조인트 분석을 이용하였다.[16]

5.5. 트랜잭션 로그 분석

대부분의 컴퓨터 시스템들은 모든 트랜잭션들 — 이용자들로부터의 투입과 시스템의 산출 — 의 로그를 가지고 있을 것이다. 이러한 트랜잭션 로그들(transaction logs)은 분석이 가능하다. 다만 각 데이터 요소들을 어떻게 분리하고 가장 유용한 통계들을 어떻게 선택할 것인지를 결정하기가 어려울 수 있다. 왜냐하면 대부분의 로그들은 모든 데이터를 하나의 문자열들로 함께 짜내기 때문이다. 트랜잭션 로그 분석은 로그 분석이나 로그 파일 분석, 로그 트래킹, 웹 로깅, 웹 로그 분석이라고도 하는데, 이것은 Access나 SPSS — 가장 자주 사용되는 두 개 통계 분석 도구 — 와 같은 통계 데이터 분석 소프트웨어 패키지로 반출할 수 있는 규정된 포맷으로 된 파일을 만들어내기 위해 프로그래머가 필요할 가능성이 아주 높다. Lisa Goddard는 트랜잭션 로그 분석을 이용하고자 하는 사람들이 직면하는 도전들과 셰어웨어나 상업적인 소프트웨어 분석 도구들에서 어떤 정보를 입수할 수 있는지에 대한 훌륭한 리뷰를 제공하고 있다.[17]

분석을 위한 트랜잭션들의 표본을 선정할 수도 있지만, 컴퓨터는 수천 건의 트랜잭션들이나 수십만 건의 트랜잭션들을 다룬다고 하더라도 데이터를

---

15) Reinhold Decker and Antonia Hermelbracht. Planning and Evaluation of New Academic Library Services by Means of Web-based Conjoint Analysis. *The Journal of Academic Librarianship*, 32 (6), November 2006, 558-72. 다음 자료도 보라. Antonia Hermelbracht and Bettina Koeper. ProSeBiCA: Development of New Library Services by Means of Conjoint Analysis. *Library HiTech*, 24 (4), 2006, 595-603.

16) Akio Sone. An Application of Discrete Choice Analysis to the Modeling of Public Library Use and Choice Behavior. *Library & Information Science Research*, 10, 1988, 35-55.

17) Lisa Goddard. Getting to the Source: A Survey of Quantitative Data Sources Available to the Everyday Librarian: Part 1: Web Server Log Analysis. *Evidence Based Library and Information Practice*, 2 (1), 2007, 48-67.

계산하는 작업을 신속하게 해낼 수 있기 때문에 일반적으로 하루나 일주일, 한달, 일년과 같이 특정 기간 동안 발생한 트랜잭션들을 분석하기 위해 사용한다. 로그들은 대개 정보 검색 시스템과 도서관 온라인 목록, 웹사이트, 인트라넷, 웹 기반 데이터베이스 시스템에 의해 생성될 수 있다.

트랜잭션 로그 분석은 온라인 목록 이용자들의 실제 행태를 상세히 검토하여 그들의 행태를 시스템 설계자들이 예상했던 것과 비교하기 위해 사용되고 있다.[18] 어느 경우에는, 분석이 온라인 목록의 정기간행물 표제 탐색에 국한되어 있다.[19] 또한 어느 경우에는, 다섯 개의 서로 다른 온라인 건강정보 시스템들에서 사용하는 실제 콘텐트를 확인하기 위한 기법을 사용하고 있다.[20] Karen Markey는 이 방법을 이용하여 온라인 목록들의 철자법 오류들을 상세히 검토하였다.[21] 이 방법은 아주 다양한 웹사이트들을 검토하기 위해 사용되고 있다.

그러나 트랜잭션 로그 분석은 다음과 같은 한계점들을 가지고 있다는 사실에 유의하는 것이 중요하다.

- 로그는 한때의 스냅샷(snapshot)을 나타낸다.
- 탐색의 다양한 이용자 특성들과 경험들은 확인할 수 없다.
- 이용자들의 언어적 기술들은 드러나지 않는다.
- 이용자들의 지식 영역에 대한 이해는 밝혀낼 수 없다.

18) Susan Jones, Mike Gatford, Thien Do, and Stephen Walker. Transaction Logging. *Journal of Documentation*, 53 (1), January 1997, 35-50.

19) Patricia M. Wallace. Periodical Title Searching in Online Catalogs. *Serials Review*, 23 (3), September 1997, 27-35.

20) David Nicholas, Paul Huntington, and Janet Homewood. Assessing Used Content Across Five Digital Health Information Services Using Transaction Log Files. *Journal of Information Science*, 29 (6), 2003, 499-515.

21) Karen M. Drabenstott and Marjorie S. Weller. Handling Spelling Errors in Online Catalog Searches. *LRTS*, 40 (2), April 1996, 113-32.

5.6. 실 험

실험적 리서치(experimental research)는 모든 리서치 방법들 중에서 가장 철저할 가능성이 아주 높다. 올바르게 설계되면, 실험은 인과 관계들의 검정을 가능하게 해준다. 실험적 리서치는 효과나 결과의 존재나 부재를 밝혀내기 위해 하나의 변인을 테스트할 때 가장 엄격하다. 사회과학에서는, 특정 사건의 발생에 대한 기여를 알아보기 위해 다양한 요인들을 테스트하는 경우가 많다. 만일 독립 변인 X가 종속 변인 Y가 발생하기 위한 필요 조건일 경우에는, X가 존재하지 않으면 Y는 결코 발생하지 않을 것이다.

그러나 하나의 변인이 다른 변인을 야기한다는 사실을 입증하는 것은 대개 불가능하다. 따라서 인과 관계들은 일반적으로 입수할 수 있는 데이터의 분석을 바탕으로 추론된다. 어느 방법론과도 마찬가지로, 결과들을 위태롭게 하지 않기 위해서는 실험을 기획하고 실행할 때 주의를 기울여야 한다. 피해야 할 문제점들로는 표본을 너무 소규모로 하는 것과 대표성이 없는 표본을 선정하는 것, 부실하게 설계된 데이터 수집 도구들을 사용하는 것, 가능성이 있는 모든 변인들을 포함시키지 않는 것, 가장 적합한 통계 도구들을 이용하지 않는 것 등이 있다.

여러 사람들이 실험들을 설계한 바 있다. Pauline Atherton은 추가의 목차들과 책 뒷면 정보로 서지 레코드를 개선한 효과를 테스트하기 위한 실험을 설계하였다.[22] Karen Markey는 한 테스트 시스템의 일부로서 포함된 추가의 DDC 관련 정보를 가진 탐색 시스템을 테스트하였다.[23] Ray Larson은 Cheshire라고 불리는 온라인 목록 시스템의 테스트에 실험을 이용하였

---

22) Pauline Atherton. *Books Are for Use: Final Report of the Subject Access Project to the Council on Library Resources*. Washington, DC: Council on Library Resources, 1978.

23) Karen M. Drabenstott et. al. Analysis of a Bibliographic Database Enhanced with a Library Classification [Online Catalog Incorporating DDC Subject Terms]. *Library Resources & Technical Services,* 34, April 1990, 179-98; Karen M. Drabenstott. Searching and Browsing the Dewey Decimal Classification in an Online Catalog. *Cataloging & Classification Quarterly*, 7, Spring 1987, 37-68; Karen M. Drabenstott et. al. Findings of the Dewey Decimal Classification On-line Project. *International Cataloguing*, 15, April 1986, 15-19; Karen M. Drabenstott. Class Number Searching in an Experimental Online Catalog. *International Classification*, 13 (3), 1986, 142-50.

다.[24] 영국의 연구자들은 Okapi라고 불리는 온라인 목록의 다양한 특징들을 테스트하였다.[25]

너무나도 많은 변인들이 연구자의 통제 밖에 있기 때문에 도서관 서비스를 평가하기 위해서는 거의 모든 경우에 실험적 설계를 이용하지 않는다.

5.7. 요 약

이 장에서는 도서관이 도서관 서비스들의 평가를 기획하고 실행할 때 유용하다고 생각할 가능성이 있는 아주 다양한 양적 도구들의 강점들과 제한점들을 검토하였다. 평가 연구를 위해 활동할 수 있는 두 가지 광범위한 방법론인 질적 방법론과 양적 방법론은 강점들과 제한점들을 가지고 있는데, 그 내용은 〈표 5-4〉에 요약되어 있다.

---

24) Ray R. Larson. TREC Interactive with Cheshire II. *Information Processing & Management,* 37 (3), May 2001, 485-505; Ray R. Larson et. al. Cheshire II: Designing a Next-Generation Online Catalog. *Journal of the American Society for Information Science*, 47, July 1996, 555-67; Ray R. Larson. Evaluation of Advanced Retrieval Techniques in an Experimental Online Catalog [Probabilistic SMART Retrieval Methods in a Cheshire Catalog]. *Journal of the American Society for Information Science*, 43, January 1992, 34-53; Ray R. Larson. Classification Clustering, Probabilistic Information Retrieval, and the Online Catalog [Experimental Cheshire System Employing SMART Principles]. *The Library Quarterly,* 61, April 1991, 133-73.

25) Okapi 프로젝트는 많은 출판물들을 생산해냈다. 예로는 다음 자료들을 보라: Edward M. Keen. The Okapi Projects. *Journal of Documentation*, 53, January 1997, 84-87; Stephen E. Robertson. Overview of the Okapi Projects. *Journal of Documentation*, 53, January 1997, 3-7; Stephen E. Robertson, Stephen Walker, and Micheline Hancock-Beaulieu. Large Test Collection Experiments on an Operational, Interactive System: Okapi at TREC. *Information Processing & Management,* 31, May/June 1995, 345-60; Micheline Hancock-Beaulieu. Query Expansion: Advances in Research in Online Catalogues. *Journal of Information Science,* 18 (2), 1992, 99-103.

표 5-4 질적 방법과 양적 방법의 비교

	질적 방법	양적 방법
핵심 개념	의 미	통계적 관계
설 계	유연성	구조화된, 미리 결정된
데이터	사람들 자신들의 말, 현장 기록, 행태	수치들, 측정치들, 숫자들
데이터 수집	낮은 구조화	더 많은 구조화
표본 추출	소규모, 비대표성	대규모, 무작위, 층화, 모집단의 대표
방 법	관찰, 면담, 문서들의 고찰	서베이 도구들, 데이터 세트
피험자와의 관계	개인적, 신뢰에 중점	단기, 소원, 비개인적
도 구	연구자, 테이프 녹음기, 비디오 녹화기, 카메라	설문지, 컴퓨터
반 복	어려움	반복하기가 더 용이하고 따라서 신뢰성이 더 높다
데이터 분석	계속, 진전하는, 연역적인	귀납적인, 통계적인, 객관적인
장 점	유연성, 목적은 이해를 얻는 것	사용의 용이성, 높은 수용력
단 점	시간, 그룹들을 연구하기 어려움, 데이터를 추출하기 어려움	다른 변인들의 통제, 지나친 단순화

제6장

데이터의 분석

06

통계는 술고래가 가로등 기둥을 이용하듯이 이용할 수 있다. 즉 빛을 얻기 위한 것은 아니더라도 지탱하기 위해 이용할 수는 있는 것이다.

— *Kendon Stubbs**

평가 프로젝트를 위해 수집된 데이터는 분석을 해야 할 것이다. 대부분의 평가의 경우, 데이터의 분석은 비교적 간단할 것이며, "statistics"를 의미하는 "S"라는 무서운 단어에 관련되지 않을 것이다. 데이터의 분석을 뒷받침하기 위해 선정한 방법에 관계없이, 다음과 같은 사실을 명심하는 것이 중요하다.

분석의 목적은 **통찰력**이다.

데이터 분석은 다음과 같은 광범위한 두 개 그룹들로 구분할 수 있다.

- **정보를 조직하고, 요약하고, 보여주기 위한 기술적 방법**. 간단히 말해서, 데이터를 이해할 수 있도록 하는 것이다. 이러한 도구들을 이용하여, 사서들은 추세를 확인하고, 비교를 수행하며, 더 나은 정보를 가지고 의사 결정을 내릴 수 있다. 기술 통계(記述 統計: descriptive statistics)는 대개 표본 데이터보다는 모집단 데이터에 적용된다.

* Kendon L. Stubbs. On the ARL Library Index, in *Research Libraries: Measurement, Management, Marketing: Minutes of the 108th Meeting.* Washington, DC: Association of Research Libraries, 1986, 18-20.

- **추론 통계**[1](推論 統計: inferential statistics)**는 사서로 하여금 표본 데이터를 이용하여 일반화할 수 있도록 해준다**. 표본으로부터 전체 모집단의 특성들을 추론할 수 있다(그것을 분석할 수 있다면). 추론 통계는 분석이 잘못될 수도 있기 때문에 확률론적 구성 요소들(probabilistic components)을 가지고 있다. 따라서 .05 수준이 통계 자료와 관련되어 있다면, 이것은 분석이 잘못될 확률이 20분의 1이라는 사실을 나타낸다.

데이터의 분석에 관해 이야기할 때는 자주 사용되는 많은 용어들의 의미를 이해하는 것이 도움이 된다. 이하에서는 이러한 중요한 용어들의 일부에 대해 정의해 보고자 한다.

- **모집단**(population)은 최소한 하나의 공유된 특성을 가지고 있는 아이템들의 그룹이다. 아이템들은 객체들(objects)(도서관의 장서에 나타나는 자료들과 같은)이나 사람, 측정들, 관찰들이 될 수도 있을 것이다.
- **속성**(attribute)은 모집단에 대해 제한들을 규정하거나 부여하기 위해 사용할 수도 있을 것이다. 예를 들면, 모집단은 특정 시나 특정 카운티의 거주자들로 제한할 수도 있을 것이다.
- **표적 모집단**(목표 모집단: target population)은 평가 연구의 초점이 되는 모집단이다.
- **변인**(변수: variable)은 모집단이 가지고 있는, 달라질 수도 있는 어떤 특성이다. 예를 들면 책들로 이루어지는 장서는 나이, 크기, 저자, 주제 등에 의해 달라질 수도 있다.
- **점수**(score)는 변인들의 값이다. 예를 들면, 어떤 책이 발행된 햇수는 변인 "나이"(age)의 점수이다.
- **속성 데이터**(attribute data)는 저자, 주제명 표목, 출판지 등의 단어로 기술할 수 있다. 속성 데이터는 또한 도서관 카드 바코드 번호나 미국의 사회 보장 번호(Social Security Number), 운전면허증 번호와 같은 수치가 될 수도 있다.
- 변인은 **범주들**(categories)에 포함될 수도 있는데, 그 경우에 변인들의 점수들은 상호배타적이어야 한다. 예를 들면, 도서관의 장서에 들어 있는 자료들

---

1) 역자주: 추리 통계라고도 한다.

은 도서, 오디오, 비디오, 마이크로 형태 자료 등과 같은 자료 유형 범주들에 포함될 수 있다.

어떤 데이터는 어떻게 측정되고 범주화되어 왔는지에 따라 다른 데이터보다 더 나을 수 있다. 데이터를 측정하는 방식에는 다음과 같은 네 가지 서로 다른 방식들이 있다.

- **명목 척도 측정**(nominal scale measurement)은 점수에 이름이나 라벨을 배정함으로써 변수에 의미를 부여한다. 그것은 평등이나 불평등만을 반영한다. 예를 들면, 명목 척도는 도서관의 관종, 대학이나 대학교의 유형, 도서 출판사명 등을 포함할 수도 있을 것이다. 도서관 고객의 바코드는 특정 개인을 확인한다.
- **서열 척도 측정**(ordinal scale measurement)은 그것이 계층적이든 아니면 데이터를 조직하는 다른 어떤 방식이든, 어떤 관련된 순서를 갖는 범주들을 반영한다. 따라서 범주들의 순서가 중요하다. 예를 들면, 어떤 개인이 받은 교육의 양은 일반적으로 "이수한 학년" 범주들 – 미국의 경우, 초등학교에 대해서는 1부터 8, 고등학교에 대해서는 8–12, 대학에 대해서는 13부터 16, 대학원에 대해서는 17+ – 에 반영된다. 또한 서열 척도 측정은 범주들 사이의 거리를 반영하지 않는다.
- **등간 척도 측정**(interval scale measurement)은 변인들 사이에 동등한 간격들을 가지고 있는 변인들의 순위를 정하기 위해 사용한다. 이 유형의 측정이 갖는 목적은 값들을 비교하는 것이며, 값들을 더하거나 빼는 것을 허용할 수 있다. 온도계는 등간 척도 측정의 한 예이다.
- **비율 척도 측정**(ratio scale measurement)은 절대 영점(true zero)에 기반을 두고 있다. 예를 들면, 이 유형의 척도는 가족의 자녀수 – 0부터 계속 증가 – 를 확인하기 위해 사용할 수 있다. 온도와 무게, 시간, 지역, 용량과 같은 단위들을 측정하기 위한 절대 영점(absolute zero)이 존재한다. 비율 척도를 사용하면, "세 배 많은"이나 "두 배 빠른"과 같은 설명들을 할 수 있다.

의사결정자들이 적합한 데이터를 사용하고 있다는 사실을 확실하게 하기 위해, 신뢰도와 타당도라는 데이터의 두 가지 추가 특성들에 대해 살펴보고자 한다.

- **신뢰도**(reliability)는 데이터의 일관성(consistency)과 안정성(stability), 예측가능성(predictability)에 관련된다. 즉 동일한 장치를 이용하여 데이터 변인을 측정할 때마다, 상황들이 동일하면 동일한 결과를 얻어야 한다. 예를 들면, 한 도서관은 자료의 기한 연장을 체크인과 체크아웃으로 간주하는 반면, 다른 도서관은 기한을 연장만 해주고 통계 수치는 조정하거나 증가시키지 않을 수도 있을 것이다. 통계 분석 테스트인 Cronbach's alpha는 특정 질문들의 신뢰도를 알아보기 위해 흔히 사용된다.
- **데이터 타당도**(validity)는 증거와 주장 사이의 관계들, 즉 올바른 변인이 평가 프로젝트에 사용되고 있는지의 여부를 결정하는 데 관련이 있다. 타당도는 데이터 때문에 생겨나는 의미에 초점을 맞추고 있다. 자료들을 재배가하는 데 소요되는 시간에 관련된 고객 불평을 이해하고자 노력하고 있는 도서관을 생각해보라. 도서관은 사람들이 대출대에 줄을 서서 기다리는 시간에 관한 데이터를 수집한다. 이 데이터는 흥미로울 수도 있지만, 평가되고 있는 것, 즉 최근에 반납된 자료를 서가에 되돌려 놓는 데 얼마나 많은 시간이 소요되는지 하는 것과는 밀접한 관련이 없는 것이다.
- **편향**(bias)은 타당도의 적이다. 그것은 부실한 표본 추출과 잘못된 어법, 데이터 수집 도구(서베이나 면담)의 허술한 관리, 부정확한 데이터 기록, 결과들의 부적합한 해석 등을 통해 생겨날 수 있다. 예비 테스트는 연구중인 토픽에 관해 참여자들의 주의를 환기시키거나 교육시킬 수도 있는데, 그 때문에 편향이 생길 수도 있다.

6.1. 기술 통계 기법

일반적으로 데이터의 분석은 각 변수에 대한 점수들의 계산과 함께 시작될 것이다. 이러한 도수 분포[2](度數 分布: frequency distributions)는 표로 보고할 수 있으며, 간단하고, 누적되는, 퍼센티지의 그룹화된 분포들을 포함할 수 있다. 그러나 그다지 많은 데이터 없이도 숫자들로 가득한 표가 아주 무의미해질 것이다. 흥미로운 것은 대부분의 도서관의 월간 경영 보고서들은 통계들을 보고하기 위해 표들을 사용하고 있다는 사실이다. 전부는 아니

2) 역자주: 빈도 분포라고도 한다.

라도, 이러한 표로 된 데이터의 일부를 차트나 그래프로 변환하는 것이 훨씬 더 유용할 것이다. 왜냐하면 그것들이 데이터에 나타나는 흥미로운 구조들을 밝히는 데 도움이 되기 때문이다.

데이터의 표들을 차트나 그래프로 변환하면 데이터를 훨씬 더 잘 이해할 수 있게 해줄 것이다. 스프레드시트 프로그램들을 폭넓게 이용할 수 있기 때문에 차트와 그래프의 작성은 단순한 과업이 되고 있다. 차트나 다이어그램의 가장 큰 가치는 관찰자로 하여금 예기치 못했던 것을 주목하지 **않을 수 없도록** 해준다는 사실이다.

6.1.1. 온도계 차트

일차원 척도에 대한 응답들은 "온도계" 차트(thermometer chart)를 이용하여 효과적으로 보여줄 수 있다. 〈그림 6-1〉은 전형적인 온도계 차트로, 도서관 고객들이 다양한 서비스 속성들에 부여한 평가를 보여준다.

고객 선호도를 보여주는 온도계 차트 그림 6-1

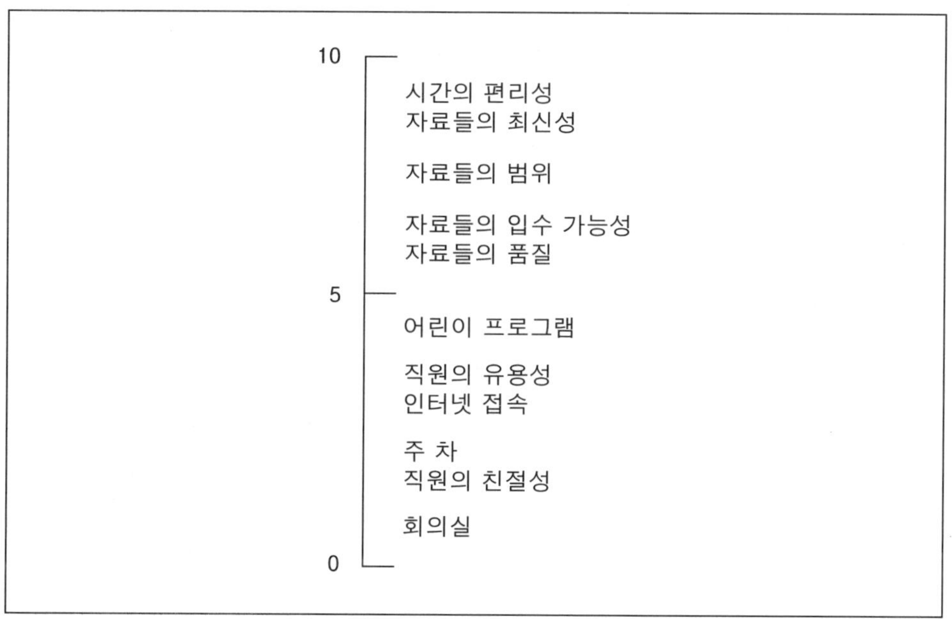

6.1.2. 히스토그램

히스토그램[3](histogram)은 가로축 또는 X축을 기반으로 하는 일련의 직사각형으로 이루어지는 그래프이다. 〈그림 6-2〉는 가상 도서관에서 가지고 있는 책들의 저작권 일자들을 보여주고 있다.

그림 6-2 도서관 도서 장서의 나이

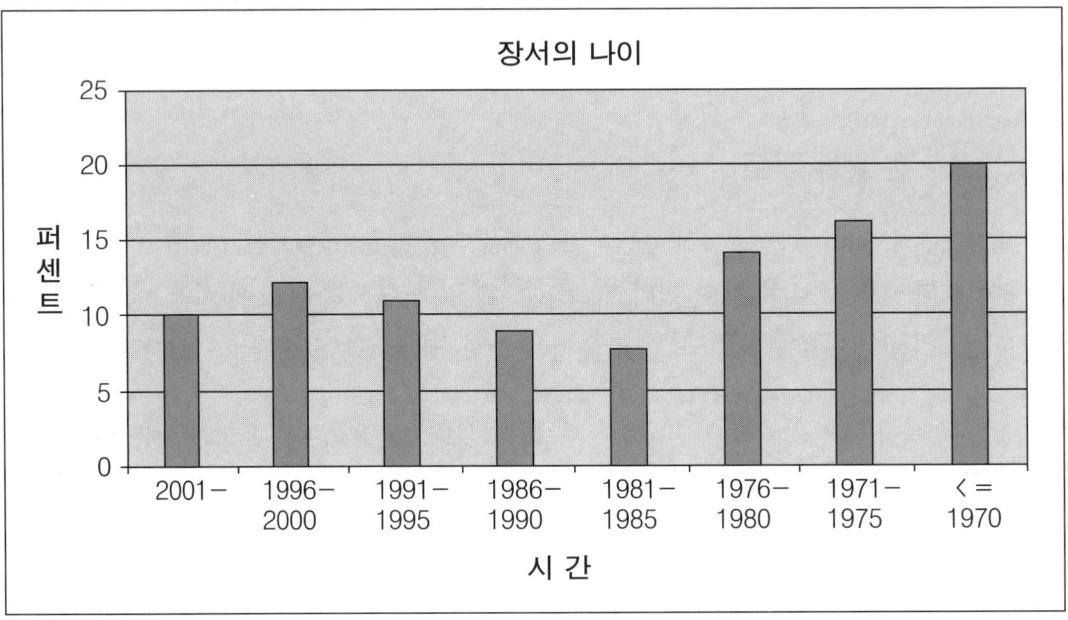

6.1.3. 도수 다각형

도수 다각형[4](frequency polygon)은 범주 도수를 범주 중간점들과 함께 표시해주는 그래프이다. 어떤 범주의 값들이나 관찰들의 수는 중간점에 집중되는 것으로 추정된다. 〈그림 6-3〉은 청구 기호 범위를 이용하여 가상으로 설정한 도서관의 논픽션 도서 장서의 분포를 보여주는 표본 도수를 표현하고 있다. 각 범주 중간점은 인접 중간점들과 선으로 연결되어 있다. 상대 도수(relative frequency) 정보는 퍼센트로 표현할 때, 총 100퍼센트가 되어야 한다.

3) 역자주: 기둥 그림표라고도 한다.
4) 역자주: 도수 분포 다각형, 빈도 다각형, 빈도 절선 도표라고도 한다.

도서관의 논픽션 도서 장서 분포 그림 6-3

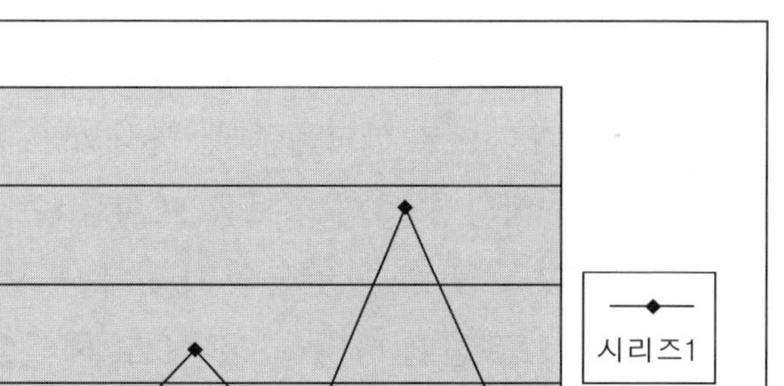

누적 도수 분포(cumulative frequency distribution)는 연속되는 클래스들의 도수 분포들을 함께 더하여 만들어진다. 〈그림 6-4〉는 〈그림 6-2〉의 히스토그램에 누적 도수 분포 라인을 추가하여 보여주고 있다.

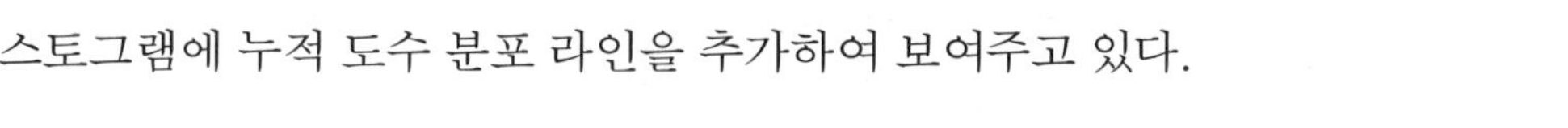

누적 도수를 포함한 장서의 나이 그림 6-4

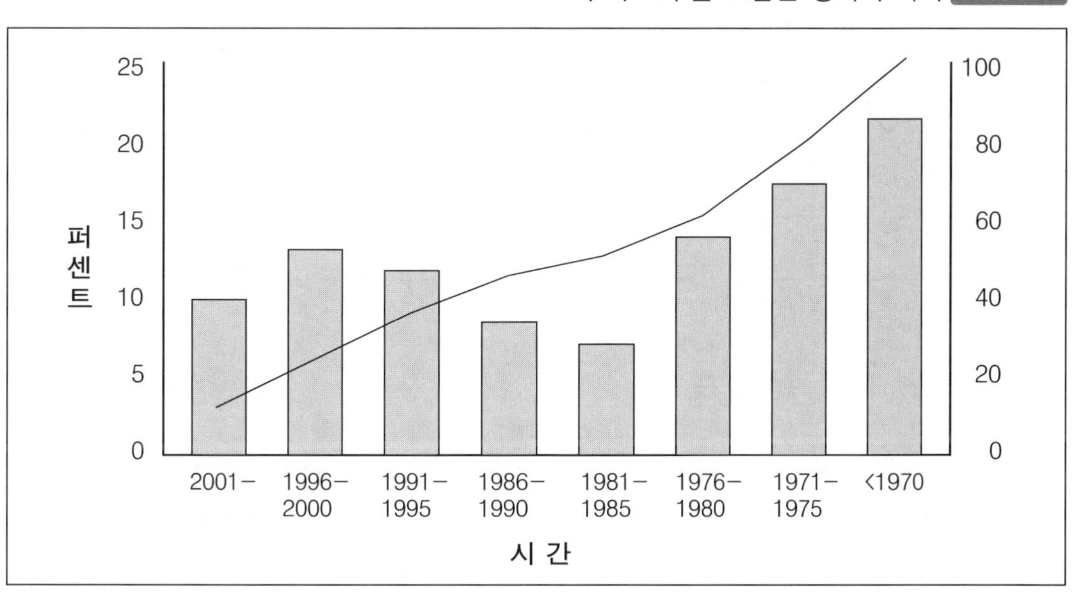

6.1.4. 막대 도표

수평 막대 도표(bar charts)나 수직 막대 도표는 모두 관련된 항목들을 효과적으로 비교해준다. 하나의 도표가 많은 막대들을 수용할 수 있기 때문에, 상당한 양의 정보를 표시할 수 있고 이를 독자가 이해할 수 있다. 막대 도표는 번호순, 값들의 내림차순, 연대순 등을 반영하여 조직할 수 있다. 막대 도표들은 다양한 방식으로 배열할 수 있으며, 막대들을 세분하거나, 쌍으로 만들거나, 그룹화할 수 있다. 〈그림 6-5〉는 공공도서관의 유통과 소장을 비교하는 도표를 보여주고 있다.

그림 6-5 유통과 소장의 비교

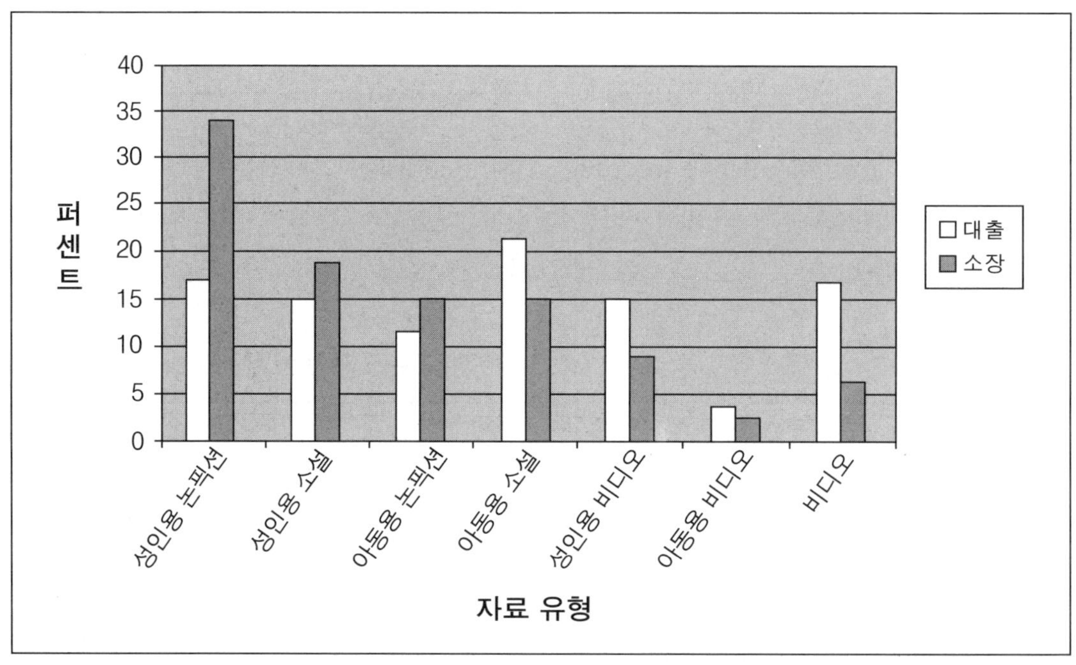

6.1.5. 선 도표

선 도표(line charts) 또는 선 그래프[5](line graph)는 추세, 즉 변인의 등락(登落)을 나타낼 때 특히 효과적이다. 선 도표는 〈그림 6-6〉에서 볼 수 있는 것처럼, 작년에 달성한 성과를 올해의 성과와 비교할 때 특히 도움이 된다. 이 그림을 훑어보면 대출이 전년도의 대출수와 비교하여 거의 매달 증가하고 있음을 알 수 있다.

월별 연간 대출 그림 6-6

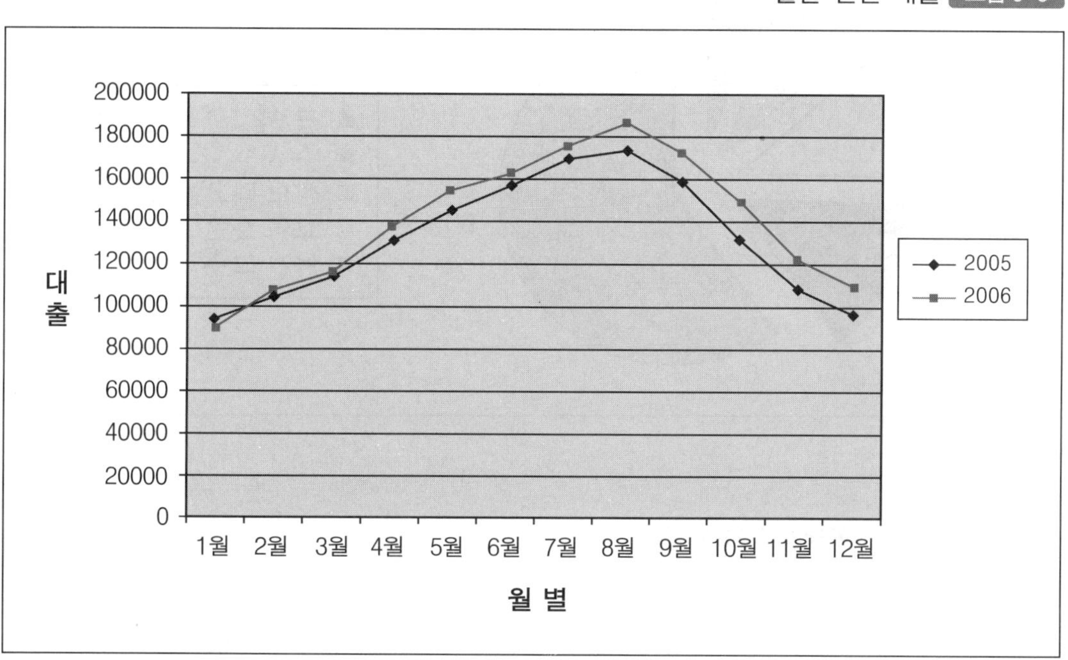

6.1.6. 파이 그래프

파이 그래프(파이 차트: pie chart) 또는 원 그래프(circle graph)는 예산, 장서의 일부, 도서관 서비스들을 활발하게 이용하는 주민 등과 같이 전체의 구성 요소들을 구분하여 확인해준다. 각 구성요소는 원의 쐐기 모양으로 된 부분으로 확인된다. 도서관 예산의 구성 요소들을 보여주는 파이 그래프가 〈그림 6-7〉에 제시되어 있다. 일반적으로, 파이 그래프들은 여섯 개 이상의 부분들을 포함해서는 안 된다.

5) 역자주: 꺾은 선 그래프라고도 한다.

그림 6-7 도서관 예산의 구성 요소

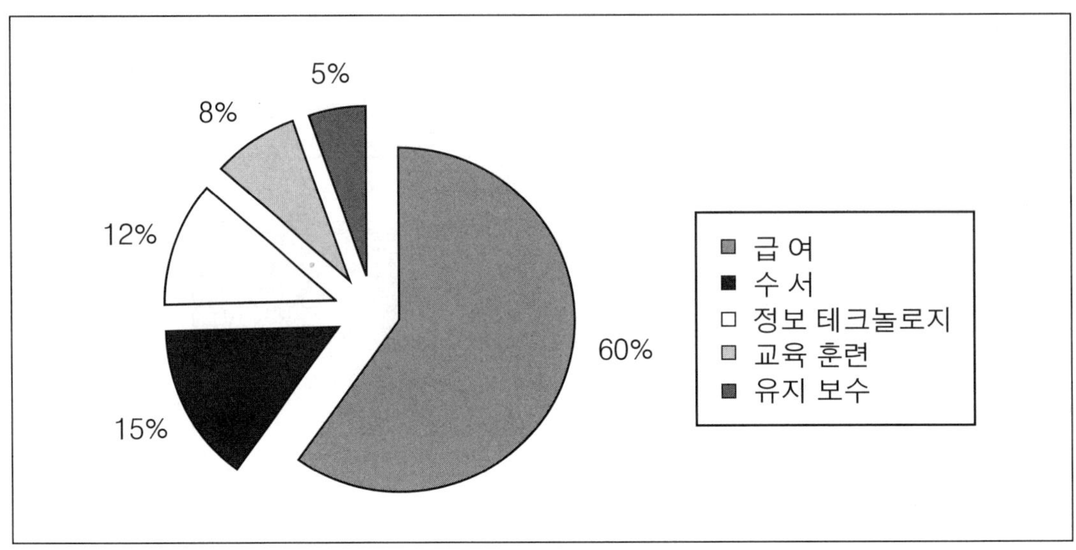

6.2. 집중 경향 측도

앞서 살펴본 것처럼, 평가 프로젝트의 일부로서 수집된 데이터는 표와 도수 분포, 차트로 조직화할 수 있다. 그러나 분포의 특성들은 분포의 범위나 폭과 분포의 중간값, 분포의 일반적인 모양을 이해하고 이를 포함시키는 데 중요하다. 아울러 집중 경향 측도[6](measures of central tendency)는 둘 이상의 분포들을 나란히 놓고 비교할 수 있도록 해준다.

6.2.1. 최빈값

최빈값(mode)이라고 불리는 분포의 중심은 분포에서 가장 빈번하게 발생하는 데이터 점수나 데이터 포인트이다. 대부분의 분포는 하나의 최빈값을 갖게 되겠지만, 어느 경우에는 두 개의 최빈값을 갖기도 한다. 후자의 상황을 양봉 분포(bimodal distribution)라고 설명한다.

6) 중심 경향성 측도 또는 중심 경향치 측도라고도 한다.

예를 들면 데이터 세트 [3, 3, 4, 5, 5, 5, 6]에서는, 5가 자장 빈번하게 나타나기 때문에, 최빈값은 5이다. 그러나 데이터 세트가 최빈값을 포함하고 있지 않을 수도 있다는 사실에 유의해야 한다.

6.2.2. 중앙값

중앙값(median)은 분포를 절반으로 나눈다. 분포의 점수들을 가장 작은 것부터 가장 큰 것까지 배열하면 데이터 세트의 중간점 값을 확인하는 데 도움이 될 것이다. 따라서 분포의 점수들의 절반은 중앙값보다 작을 것이고 나머지 절반은 중앙값보다 더 클 것이다.

예를 들면, 데이터 세트 [1, 1, 2, 2, 3, 4, 4, 5, 5]에서, 중앙값은 중간점 점수인 3이다. 데이터 점수가 짝수의 점수들을 포함하고 있을 때는, 중앙값은 중간에 가장 근접한 두 점수들 사이의 값이다. 예를 들면, 데이터 세트 [1, 2, 3, 4, 5, 6, 7, 8]에서, 네 번째와 다섯 번째 점수들 사이에 있는 수 또는 4.5이다. 이 경우에 중앙값은 이산적(離散的)인 값이 되어야 하기 때문에 반올림하여, 5가 된다.

박스 앤 위스커 다이어그램[7](box-and-whisker diagram)은 일단의 데이터의 범위를 보여준다. 그것은 또한 상위 및 하위 사분위수(upper quartile)를 표시해준다. 예를 들어, 데이터 세트 [14, 13, 3, 7, 9, 12, 17, 4, 9, 10, 18, 18]을 고려해보라. 상위 및 하위 값은 3과 18이며, 따라서 범위는 15이고, 중앙값(중간점)은 11이라는 값을 갖는다. 상위 사분위수는 12, 13, 14, 16, 17, 18의 중앙값 또는 14와 16의 중간인 15이다. 하위 사분위수는 3, 4, 7, 9, 9, 10의 중앙값 또는 7과 9의 중간인 8이다.

박스 앤 위스커 다이어그램의 박스는 상위 및 하위 사분위수로 이루어지는 반면, 위스커는 상위 및 하위 사분위수를 연결해주며, 중앙값도 중간에 나타난다(〈그림 6-8〉 참조).

7) 역자주: 상자수염도라고도 한다.

그림 6-8 박스 앤 위스커 다이어그램

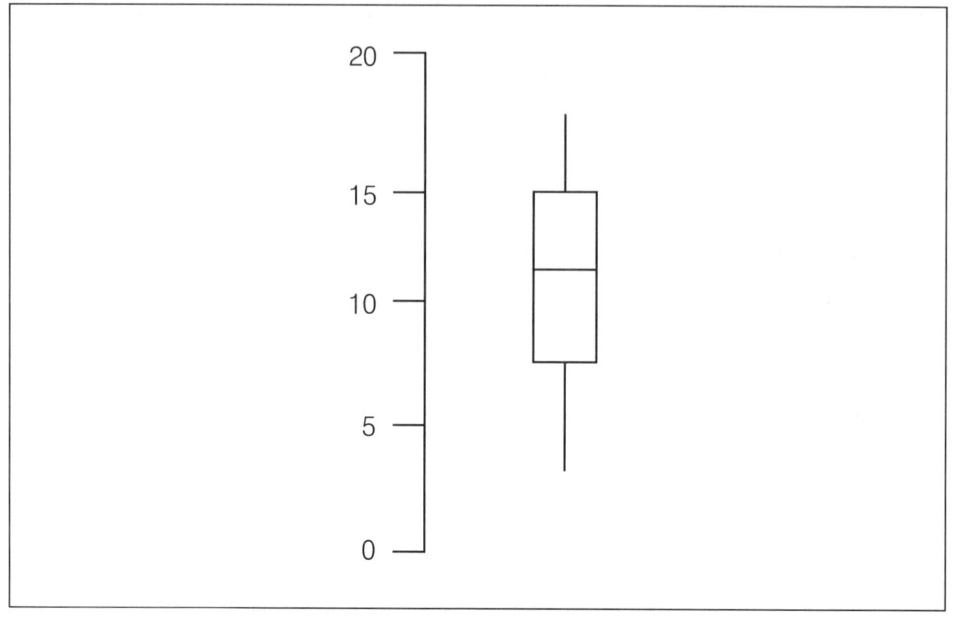

6.2.3. 평 균

산술 평균(arithmetical mean) 또는 평균값(average)은 데이터 세트의 모든 점수를 더하여 점수들의 수로 나누어 결정한다. 예를 들어, 데이터 세트 [1, 2, 3, 4, 5, 6, 7, 8]에서 평균은 4.5이다. 평균은 극단값(극단치: extreme value)에 민감하기 때문에, 극단값을 포함하는 평균과 포함하지 않는 평균, 두 개 평균을 계산하는 것이 도움이 될 수도 있다.

6.2.4. 분포의 모양

데이터의 분포는 두 개의 광범위한 범주들로 구분할 수 있다. 즉 분포의 중앙에 클러스터를 형성하는 데이터 세트의 점수들과 분포의 상위값들이나 하위값 쪽으로 클러스터를 형성하는 경향이 있는 점수들이 그것이다.

대칭 분포(symmetric distribution)는 중앙값과 평균이 동일할 때 생겨난다. 가장 잘 알려져 있는 대칭 분포는 〈그림 6-9〉에 나타나 있는 종 모양의 분포로 설명되는 정규 분포(normal distribution)인데, 이것은 가우스 분포

평균값은 무엇인가?

미국의 9,206개 공공도서관들을 고려해보라. 이 도서관들은 19명에서 3,912,200명의 규모를 범위로 하는 인구를 대상으로 서비스하고 있지만, 대다수의 도서관들은 〈차트 1〉에서 볼 수 있는 것처럼, 아주 소규모의 인구에게 서비스하고 있다.

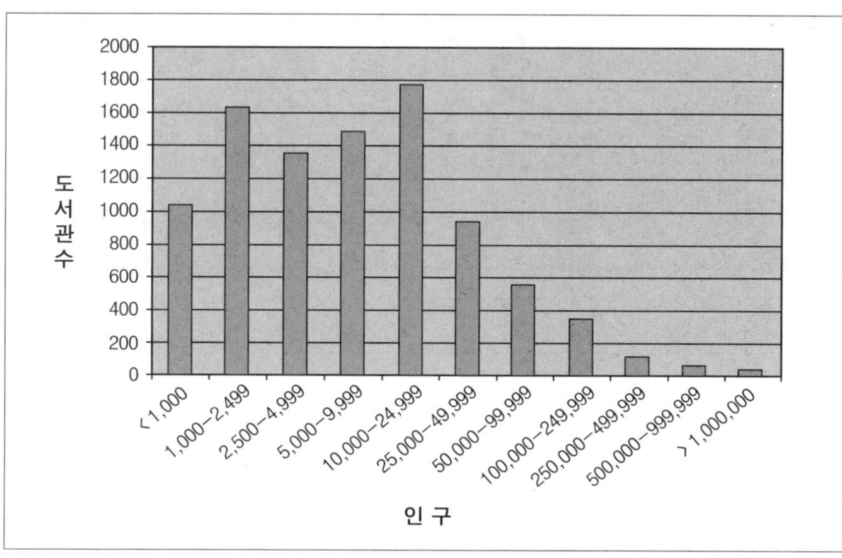

〈차트 1〉 서비스 대상 인구수에 의한 공공도서관 수

그렇다면 무엇을 공공도서관이 서비스하는 평균 인구로 간주할 수 있는가?

서비스 대상 인구의 **평균**은 30,788명이다.

서비스 대상 인구의 **중앙값**은 6,598명이다.

서비스 대상 인구의 **최빈값**은 5,387명이다.

그리고 극단적으로 광범위한 인구 규모를 고려하면, **표준 편차**가 123,165로 크다는 사실은 놀라운 게 아니다.

(Gaussian distribution)라고도 한다.[8] 단봉 분포[9](unimodal distribution)라고 불리는 대칭 분포의 또 하나의 변형도 같은 그림에서 설명해주고 있다.

8) 종 모양 곡선에 관한 더 많은 내용에 대해서는 나중에 추론 통계를 논할 때 살펴보고자 한다.

9) 역자주: 일봉 분포라고도 한다.

그림 6-9 정규 분포

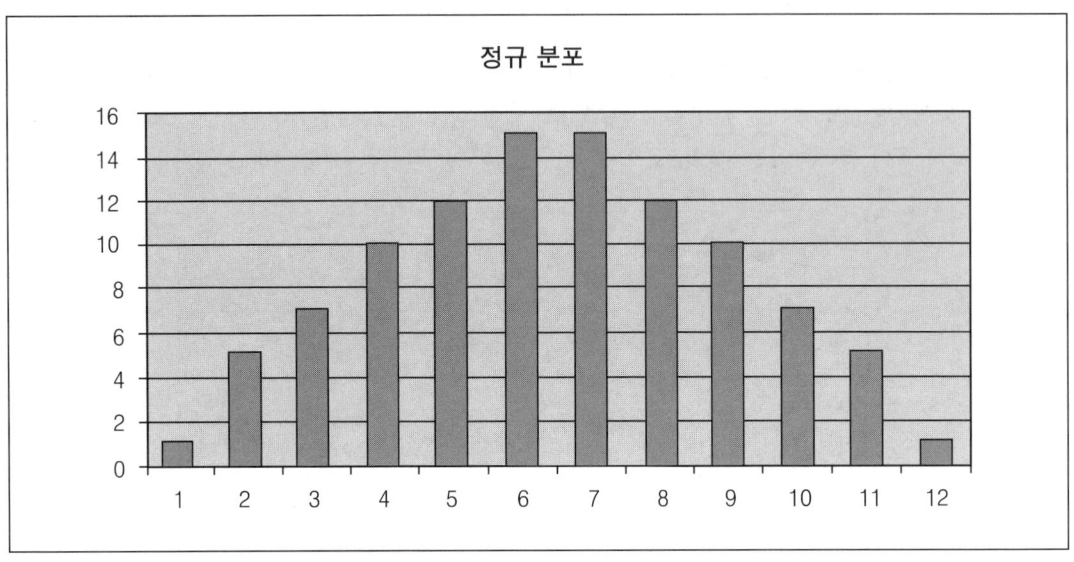

중앙값과 평균이 동일하지 않을 때 분포들은 한쪽으로 치우쳐 있다(skewed)고 한다. 데이터 세트의 점수들 대부분이 분포의 하단이나 상단에 위치하기 때문에, 그 결과로 나타나는 데이터를 표현하는 곡선이 〈그림 6-10〉에서 볼 수 있는 것처럼, "꼬리"(tail)를 가지고 있는 것 같다. 상당히 많은

그림 6-10 비대칭 분포10)

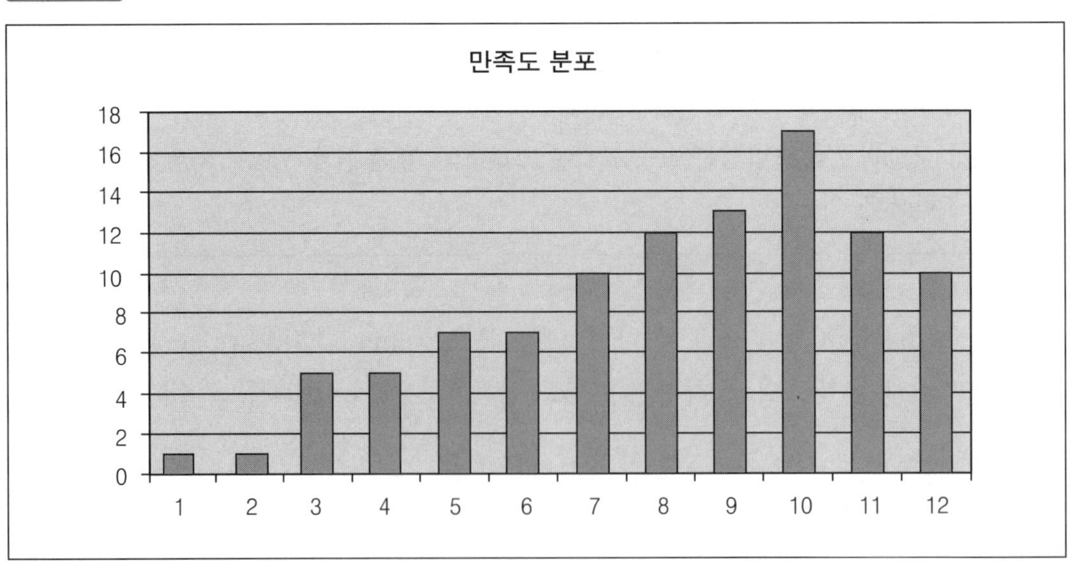

도서관 관련 데이터는 어느 한쪽으로 치우쳐 있으며 종 모양 분포를 반영하지 않는다는 사실에 유의해야 한다.

최고 빈도가 데이터 세트의 첫 번째나 마지막 범주에 나타날 때, 그것을 J-분포라 한다. 왜냐하면 그래프로 볼 때 곡선이 〈그림 6-11〉에서 볼 수 있는 것처럼, 문자 J 또는 뒤집어 놓은 문자 J를 닮았기 때문이다. J-분포는 *Wired*지와 한 책에서 "롱테일"(긴 꼬리: long tail)에 관한 글을 쓴 Chris Anderson에 의해 최근에 인기를 얻고 있다. 여기에서 그는 인터넷 유통 비용의 하락 덕택에 경제적으로 성공할 수 있는 무수한 틈새 시장들이 있으며, 총액으로 볼 때 그것들은 상당한 매출액에 해당한다고 주장한 바 있다.

높은 값을 가진 비대칭 분포 그림 6-11

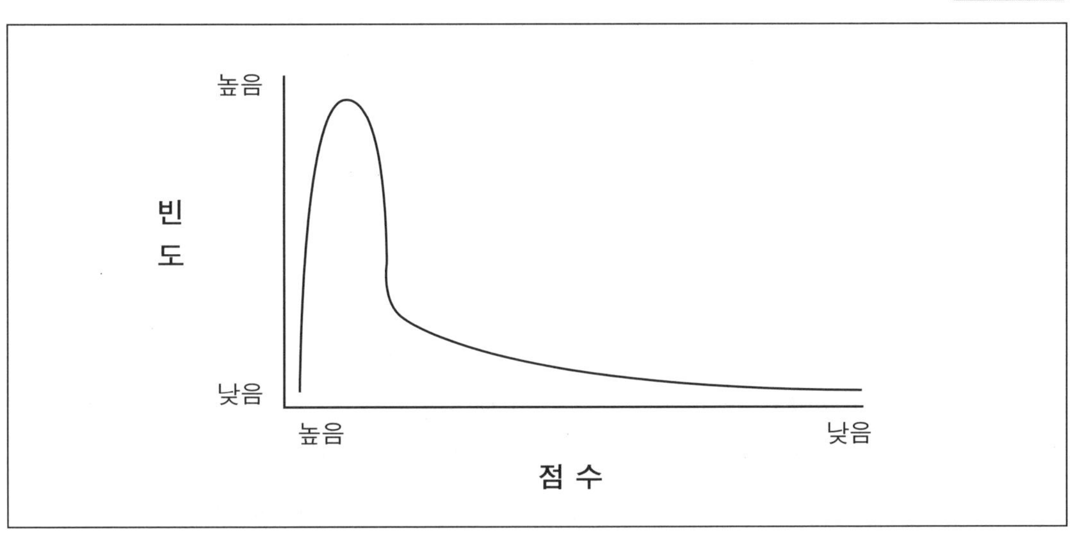

19세기의 경제학자 Vilfredo Pareto는 이탈리아의 부(富)의 분포를 상세히 검토한 후에 80/20법칙을 개발하였다. 이것은 J-커브의 또 한 예이다. 파레토 분포는 다수의 서로 다른 맥락에 있는 도서관 환경에서 관찰되고 있다. 예를 들면 도서관 대출의 80퍼센트는 일반적으로 도서관 고객들의 약 20퍼센트가 차지하고 있다.

10) 역자주: 왜도 분포, 편포라고도 한다.

6.3. 변동의 측도

특정 데이터 세트를 더 잘 이해하기 위해, 집중 경향 측도는 때로는 산포의 측도[12](measures of dispersion)라고도 하는 변동의 측도들(measures of variability)을 보강해야 한다. 그와 같은 측도들은 집중 경향 측도들의 신뢰도를 판단하는 데 도움이 될 것이다.

6.3.1. 범 위

범위(range)는 데이터 세트의 두 극단값들 사이의 차이이다. 데이터의 범위가 더 크면 클수록, 점수들의 폭과 산포는 더 커질 것이다. 유용하기는 하지만, 범위는 데이터 세트 내에 포함되어 있는 데이터의 산포를 나타내 주지는 못한다. 예를 들면, 데이터 세트 [1, 2, 3, 4, 5, 6, 7, 8, 9, 10]의 범위는 9(10-1)이지만, 완전히 다른 데이터 세트 [1, 8, 8, 8, 9, 9, 9, 10, 10, 10]도 동일한 범위를 가질 수 있을 것이다.

6.3.2. 백분위수

백분위수(百分位數: percentiles)는 최저에서 최고까지의 등급순으로 되어 있는 대규모 데이터 세트를 100개의 동등한 부분들로 구분한다. GRE나 SAT, ACT 등과 같은 많은 표준화된 테스트들 중 하나를 치른 사람 누구에게나 성과를 표시하기 위해 그 결과들이 두 가지 숫자들을 제공해준다. 첫 번째는 포인트 점수에 반영된 그대로 된 개인의 테스트 점수(가능한 총점들에 비교하여 올바르게 응답된 질문들)이다. 두 번째 숫자는 테스트를 한 모든 사람들과 비교한 개인의 테스트 점수(백분위수)를 반영한다. 75번째 백분위에 있는 사람을 생각해 보라. 전체 테스트 참가자의 25퍼센트는 이 사람보다 더 높은 점수를 갖게 된다.

중앙값은 50번째 백분위수라는 사실에 유의하라. 중앙값은 분포를 두

12) 산포도, 퍼짐의 측도라고도 한다.

개의 동등한 데이터 세트들로 구분해준다. 분포를 네 부분으로 동등하게 나누면 **사분위수**(quartiles)가 만들어질 것이다.

6.3.3. 표준 편차

데이터 세트의 가장 쉽게 알 수 있는 변수들 중의 하나는 표준 편차(standard deviation)로, 이것은 전형적인 점수가 분포의 평균으로부터 얼마나 멀리 있는가를 밝혀준다. 그것은 분포의 모든 점수들에 대해 균등하게 적용하기 때문에 **표준**이라고 하며, **편차**는 점수들의 차이들을 말하는 것이다. 바꾸어 말하면, 표준 편차는 분포의 평균으로부터 떨어져 있는 데이터의 폭이나 산포를 말한다. 그리스 문자 시그마(σ)는 표준 편차를 나타내기 위해 사용된다. 큰 표준 편차는 데이터 포인트들이 평균으로부터 떨어져 있음을 의미하며, 작은 표준 편차는 그것들이 평균 주위에 군집되어 있음을 의미한다.

표준 편차의 산정은 다음과 같은 네 단계로 이루어질 수 있다.

1. 데이터 세트의 평균을 결정한다.
2. 데이터 세트의 각 점수에서 평균을 빼고 그 결과로 얻어진 값을 두 배로 만든다 — 이것은 제곱 편차(squared deviation)라고 부른다.
3. 모든 제곱 편차들을 더하고 — 이것은 제곱합(sum of the squares)이라고 한다 — 그 결과를 (n-1)로 나눈다(이때 n은 데이터 세트의 점수들의 수이다).
4. 3단계에서 나타나는 몫의 제곱근을 계산한다.

여러분이 표준 편차를 수작업으로 계산하는 지루한 과업을 수행하지 않아도 되도록, 대부분의 스프레드시트들과 통계 소프트웨어 패키지들은 여러분을 위해 이것을 해줄 것이다.

러시아의 수학자 P. L. Chebyshev는 어떤 데이터 세트의 경우나, 공식 $1 - (1/k^2)$은 평균의 k 표준 편차 내에 존재하는 데이터의 비율을 예측해줄 것이라는 사실에 주목하였다. 데이터의 정규 분포의 경우, 평균 양측의 1 표준편차 내의 구간은 전체 점수들의 68퍼센트를 포함하며, 1.5 표준 편차 내에서 전체 점수들의 86.6퍼센트를 발견할 수 있다.

품질 운동(quality movement) 내에서, 아주 높은 품질을 얻기 위한 목적은 흔히 식스 시그마(six sigma) — 평균 왼쪽의 세 개 표준 편차와 평균 오른쪽의 세 개 표준 편차, 또는 데이터 세트 내의 사실상 모든 점수들 — 를 달성하는 것으로 표현되고 있다. 식스 시그마를 달성하기 위해서는, 프로세스에서 100만개 중 3.4개 불량률(DPMO: defects per million opportunities) 이상을 만들어내서는 안 된다.

6.4. 추론 통계

어느 경우에는, 리서치 프로세스나 평가 연구가 가설(hypothesis)을 세우게 될 것이다. 가설의 정의는 다양하지만, 우리의 목적을 위해서 가설은 어떤 문제점 탐구를 이끌어가는 명제로 생각할 수 있을 것이다. 일반적으로 가설은 둘 이상의 변인들 사이의 관계를 이해하기 위한 시도들을 포함하게 될 것이다.

추론 통계(inferential statistics)는 변인 사이의 관찰된 차이들이 "진정한" 것인지 아니면 단순히 우연 때문인지의 여부를 알아보기 위해 통계적 유의성(statistical significance)에 대한 검정을 이용하여 가설을 검정하기 위해 이용된다. 추론 통계는 대개 모수적 통계(parametric statistics)와 비모수적 통계(non-parametric statistics)의 두 그룹들로 구분된다. 모수적 통계는 정규 모집단 또는 분포를 추정한다. 비모수적 통계는 분포에서 자유로운(distribution-free) 것으로 간주된다.

추론 통계의 이용은 대부분의 평가 연구들에서는 간단하게 나타나지 않는다. 따라서 다양한 추론 통계의 검정들에 대한 상세한 기술은 여기에서는 제시하지 않을 것이다. 필요할 경우에는 다른 자료를 참고할 수 있을 것이다.[13]

---

13) 예를 들면 다음 자료를 참고하라: Arthur W. Hafner. *Descriptive Statistical Techniques for Librarians*. Chicago: American Library Association, 1998.

문헌에서 접하게 되는 잘 알려진 몇 가지 추론적 모수 통계 검정들로는 Pearson의 상관 계수(correlation coefficient), 학생들의 t-검정(t-test), 분산 분석(ANOVA: analysis of variance), 회귀 분석(regression analysis) 등이 있다.

• **상관 관계**(correlation)는 두 변인들이 관련되어 있는 정도이며, **상관 계수**(correlation coefficient)는 관계의 수학적 표현이다. 상관 계수는 −1.0에서 +1.0의 범위를 갖는 값을 취할 수 있으며, 놀라운 것은 아니지만, 플러스 부호는 관계가 정적(양의 관계)임을 나타내고 마이너스 부호는 관계가 부적(음의 관계)임을 나타낸다. 두 변인들 사이에 어떤 관계도 존재하지 않을 때는, 상관 계수가 두 변인들 사이의 원인과 결과를 암시하지 않는다는 사실에 유의하는 것이 중요하다.

  상관 계수를 제곱하여 **결정 계수**(coefficient of determination)를 산정함으로써 더 큰 이해를 얻게 되는데, 이것은 다른 변인들과 연관될 수 있는 어느 한 변인의 점수들의 변동의 비율을 설명해준다. 예를 들면, 대학 성적과 GRE 간의 상관 계수가 .60이면, GRE 점수와 대학 GPA의 변동의 36퍼센트(.60의 제곱)를 성적에 의해 설명할 수 있다. 또는 GPA의 변동의 64%는 학업 성적과 관련이 없는 것이다. .40 이하의 상관 계수는 어떤 관계들을 설명하기 위해서도 사용해서는 안 된다는 사실에 유의해야 한다.

• **학생의 t-검정**은 두 그룹으로 된 명목 변인 또는 서열 변인 – 성별, 전임 대 시간제 변인 – 과 등간 척도나 비율 척도로 측정된 두 번째 변인 간에 관계가 존재하는지의 여부를 밝혀내기 위해 사용된다. 이 검정은 비율 변인이나 등간 변인의 두 그룹이 갖는 평균 점수의 차이를 평가한다. 예를 들면, 여성이 남성보다 더 높은 등급 점수 평균들을 얻는지의 여부를 밝혀내기 위해 사용할 수 있을 것이다.

• **분산 분석(ANOVA)**은 평균들을 비교하는 t-검정을 복수 그룹으로 확장한 것이다. 그룹화된 변인이 두 개가 넘는 범주들을 가질 때는, ANOVA 검정을 이용해야 한다. ANOVA 검정은 그룹 평균들의 하나 이상의 가능한 쌍들이 통계적으로 유의하다는 사실만을 나타내줄 것이다. 그것이 어느 것인지는 밝혀주지 못할 것이다.

  Pauline Atherton의 Books Project는 탐색을 위한 두 개의 서로 다른 데이터베이스들(하나는 개선된 레코드를 가진 것이고 다른 하나는 개선된 레코드를 갖지 않은 것)을 만들어냈다. 참여자들은 그러고 나서 시스템들 중 하나를 탐색하였으며, 검색된 레코드들은 적합성(relevance)을 위해 분석하였고, 정확률(精確率) 및 재현율(再現率) 점수들을 산출하였다. 그런 다음 두 개 평균 재현율 및 두 개 평균 정확률 점수들 간의 차이가 유의한지의 여부를 밝혀내기 위해 ANOVA를 이용하였다. 그 결과 그것들은 차이가 있었다.[14)]

"유의하다"(significant)라는 단어는 추론적 데이터에만 적용해야 한다. 왜냐하면 "통계적 유의성"(statistical significance)은 결론을 전체 모집단에 적용할 수 있는 척도이기 때문이다. 두 평균들 간의 통계적 유의성은 다음과 같은 네 개 요인들에 따라 결정된다. 즉 크기의 절대적 차이, 평균을 중심으로 한 응답들의 분산, 표본의 크기, 차이가 고려되고 있는 정확률의 레벨이 그것이다. 충분히 큰 표본이 제공될 경우에는, 사실상 모든 차이들이 통계적으로 유의하게 결정될 것이다.

통계적 유의성이 중요성과 같은 것은 아니다. 중요하지 않더라도, 발견 사항은 사실일 수 있는 것이다.

- **회귀 분석**(回歸 分析)은 하나 이상의 응답 변인[15)](response variables)과 예측 변인[16)](predictors) 간의 관계를 모델화한다. 단순 선형 회귀 분석(simple linear regression)과 다중 선형 회귀 분석(multiple linear regression)은 선형 방정식을 이용하여 둘 이상의 무작위 변인들 간의 관계를 모형화하기 위한 관련된 통계적 방법들이다. 단순 선형 회귀 분석은 두 변인들에 관한 회귀 분석을 말하는 반면, 다중 회귀 분석은 셋 이상의 변인들에 관한 회귀 분석을 말한다. 선형 회귀 분석은 응답에 나타나는 최선의 추정값은 어떤 파라미터들의 선형 함수라고 추정한다. 예측 변인들이 모두 양적인 경우에는, 다중 회귀 분석 방법을 이용한다.
- **경로 분석**(path analysis)은 변인들 간의 인과 관계들을 검정하기 위해 선형 회귀 분석 기법들을 이용하는 기법이다. 이론이나 일단의 가설들을 바탕으로 그림이 그려지며, 경로 계수들(path coefficients)을 산출함으로써 직접 및 간접 효과들을 파악하게 된다.

14) Pauline Atherton. Books Are for Use: Final Report of the Subject Access Project to the Council on Library Resources. Syracuse, NY: School of Information Studies, 1978.

15) 때로는 종속 변인(dependent variables)이나 설명된 변인(explained variables), 예측된 변인(predicted variables)이라고도 한다.

16) 독립 변인(independent variables)이나 설명 변인(explanatory variables), 통제 변인(control variables)이라고도 한다.

- 연관성(association)이나 적합도(goodness-of-fit)에 대한 **카이 제곱 검정**(Chi-square test)은 두 변인들이 관련되어 있는지의 여부를 평가한다. 그러나 이 검정은 관계의 강도에 대한 어떤 정보도 제공하지 않는다. 이 검정은 우연적 발생(chance occurrence)과는 반대로 관계가 실제적인 것인지의 여부를 나타내준다.

6.5. 데이터의 프레젠테이션

데이터의 분석이 완료된 후에는, 평가 프로젝트와 달성된 결과들을 기술해주는 보고서를 준비해야 한다. 글은 논리적이고 명료해야 하며, 데이터는 독자의 이해를 증진시켜 주는 방식으로 제시해야 한다.

Howard Wainer는 데이터를 잘못 디스플레이 해주는 몇 가지 "규칙들"을 제시하고 있다.[17] Wainer의 규칙들을 더 긍정적인 방식으로 심사숙고하면 다음과 같은 제안들을 제시할 수 있다.

1. 실제 의미를 전달하기 위해 필요한 만큼의 데이터를 보여주어라.
2. 여러분이 보여주는 데이터의 특성들 — 척도, 범위, 분포 — 을 밝혀라.
3. 분명한 맥락 속에서 데이터를 그래프화하라.
4. 중간축(mid-axis)의 척도들을 절대 변경하지 마라.
5. 알아보기 쉽고, 완벽하고, 올바른 데이터 라벨들을 제공하라.
6. 더 적게 하면 명확해진다 — 소수점 이하의 자리 수들과 차원들을 더 적게 하라.

17) Howard Wainer. How to Display Data Badly. *The American Statistician*, 38 (2), May 1984, 137-47.

6.6. 평가 보고서

평가 활동의 결과들은 보고서에 기록해야 한다. MS Word™과 Excel™ 같은 도구들을 용이하게 이용할 수 있게 되면서 매력적인 보고서를 작성하기가 아주 쉬워졌다. 전형적인 평가 보고서의 목차는 다음과 같은 것들을 수록해야 한다.

- 요약(executive summary)
- 평가의 초점에 대한 소개
- 문헌 검토(literature review)
- 데이터 수집 방법론
- 데이터의 분석
- 결론과 권고 사항
- 연구의 제한점
- 부록(데이터 수집 도구들의 사본을 포함할 수도 있을 것이다)
- 참고문헌

예를 들면, 도서관 웹사이트 상의 광범위한 오디언스(audience)가 보고서를 이용하게 되는 경우에는, 이식성(移植性: portability)과 보안 때문에, PDF 포맷을 이용하여 "발행"해야 할 것이다.

제III부

도서관 서비스의 평가

제7장

도서관 이용자와 비이용자

07

7.1. 서비스 정의

지역 사회나 학술 환경의 잠재적인 고객들과 실제 고객들에 대해 분명하게 이해하는 것은 도서관이 그들의 니즈(needs)[1]를 더 잘 이해하는 데 도움을 줄 수 있다. 이 정보는 도서관이 기획 프로세스에 관여할 때 수집되는 경우가 많다.[2]

---

1) 역자주: "need(s)"는 흔히 "욕구"나 "요구," "필요(성)" 등으로 다양하게 번역된다. 또한 마케팅 영역에서는 "want"(통상 욕망으로 번역), "demand"(통상 수요로 번역), "desire"(통상 욕망으로 번역) 등과 관련하여, 번역어상의 구분이 명확하지 않고 혼동되는 경우가 많다. 특히 문헌정보학의 기존 용어, 예를 들면 장서 관리에서는 "demand"의 번역어로 일반적으로 사용되는 "요구" 등과의 혼동이 생기기도 한다. 특히 "need"와 "want"는 같은 욕구를 나타낸다는 의미에서, 각각 "1차적 욕구"와 "이차적 욕구"로 번역되기도 한다. 이 책에서는, 일반적인 경우에 사용될 때는 "요구"나 "필요성"으로 번역하고, 마케팅과 관련하여 사용할 때는 "니즈"로 번역하여 사용하고자 한다. 각 용어의 의미상의 차이에 대해서는 다음 자료를 참조하라: 〈http://cafe.naver.com/seodaewoong.cafe?iframe_url=/ArticleRead.nhn%3Farticleid=102〉, D. E. Weingand 저; 오동근 역, 2009, **공공 도서관 경영론** (대구: 태일사), p.62.

2) Jennifer Rowley. Focusing on Customers. *Library Review*, 46 (2), 1997, 81-89; Aria Reyes Pacios Lozano. A Customer Orientation Checklist: A Model. *Library Review*, 49 (4), 2000, 173-78; Jennifer Rowley. Managing Branding and Corporate Image. for Library and Information Services. *Library Review,* 46 (4), 1997, 244-50; Jennifer Rowley and Jillian Dawes. Customer Loyalty—A Relevant Concept for Libraries? *Library Management*, 20 (6), 1999, 345-51.

7.2. 평가 질문

도서관을 이용하는 사람과 이용하지 않는 사람에 대한 분석은 다음과 같은 유형들의 평가 질문들을 다루는 데 도움이 될 수 있다.

- 가끔씩 도서관을 이용하는 사람들과 더 자주 이용하는 사람들의 특징들은 무엇인가?
- 서로 다른 부문의 도서관 고객들에 의해 어떤 서비스들이 이용되고 있는가?
- 도서관을 이용하지 않는 사람들의 특성들은 무엇인가?
- 비이용자들은 물리적으로든 가상적으로든 왜 도서관을 방문하지 않는가?
- 도서관의 지리적 위치는 도서관의 이용에 어떤 영향을 미치는가?
- 어떤 서비스들이 제공될 경우에, 도서관을 이용하도록 더 많은 사람들을 끌어 모을 것인가?

7.3. 평가 방법

도서관 이용자들과 비이용자들에 대해 더 잘 이해하기 위해 다양한 방법들이 이용되고 있다. 각 방법들은 모집단의 다양한 부문들에 관한 서로 다른 정보들을 밝혀준다. 이러한 방법들로는 다음과 같은 것들이 있다.

- 데스크 업무 분석
- 포커스 그룹
- 도서관 이용자들과 지역 사회에 대한 서베이들

7.4. 이전의 평가와 리서치에 대한 논의

다음과 같은 다섯 가지 방법이나 기법을 이용하여 모집단을 세분화할 수 있다.

- 인구 통계(demographics)
- 라이프스타일(lifestyles)
- 지 리(geography)
- 이용량(volume of use)
- 편익(benefits)이나 목적(purpose)

이러한 세분화 프로세스(segmentation process)는 특정 지역 사회(미국의 경우, 시나 카운티)에 거주하는 시민들이나 대학이나 대학교, 회사나 정부 기관의 직원들로 이루어진 모집단을 포함할 수 있다. 진정한 가치는 둘 이상의 세분화 기법들을 동시에 적용할 때 생겨난다. 예를 들면, 인구 통계 정보를 지리 정보와 결합하거나 몇 가지 변인들을 결합하여 연령과 소득, 민족성과 같은 지역 사회의 특성들에 대해 더 잘 이해하는 것이 그것이다. 아울러 인구 통계를 라이프스타일 정보와 결합하면 지역 사회에 관한 많은 것들을 밝혀낼 수 있다.

7.4.1. 인구 통계

역사적으로, 공공도서관들은 센서스 정보를 이용하여 지역 사회 시민들의 프로필을 구축해오고 있다. 이 덕택에 도서관은 연령, 교육, 성별, 민족성, 결혼 상태, 가계(家計) 소득, 자녀수 등에 따라 시민들을 세분화할 수 있었다. 예를 들면, 연령 관련 정보는 도서관이 미취학 프로그램들이나 노인들을 위한 큰 글자로 된 자료들에 대한 요구를 확인하는 데 도움이 된다.

거의 모든 경우에, 센서스 정보는 미국의 경우, 시나 카운티 레벨에서 수작업으로 얻고 있다. 다만 그 정보를 센서스 트랙[3](census track)이나 센서스 블록 레벨(한 블록에 대략 1,000명)에서 제시할 수 있다.

---

3) 역자주: 총조사 조사구, 센서스 조사구, 센서스 지역, 인구 조사 표준 지역, 국세 조사 단위라고도 한다.

7.4.2. 라이프스타일

시장 연구자들은 또한 라이프스타일들에 따라 소비자들을 확인하고 있다. 라이프스타일 접근법은 인구 통계와 사람들이 자신들의 시간과 돈을 소비하고자 하는 방법을 결합시킨다. 라이프스타일의 선택은 상당 부분이 소득과 관계가 있지만, 교육에 의해서는 약간만 영향을 받는다.[4)]

한 연구에서는 서로 다른 유형의 10개 지역 사회의 8백만 건 이상의 유통 트랜잭션을 분석하고, 라이프스타일들은 유통 패턴들과는 거의 관계가 없다는 사실, 즉 지역 사회 전반에 걸쳐 패턴들이 상당히 유사하다는 사실을 발견하였다.[5)] 소설과 시청각 자료들은 지역 사회와 그 특성들이나 라이프스타일들에 관계없이 모든 유통의 약 3분의 2를 차지하였다. 또 하나의 연구에서는 Indiana에 있는 Indianapolis-Marion County Public Library의 21개 분관 사이의 성인 유통 패턴을 분석하고, 각 분관이 서비스하는 주민들의 특성들에 관계없이 사람들은 아주 유사한 유형들의 자료들을 읽는 경향이 있음을 발견하였다.[6)]

7.4.3. 지 리

때로는 지리 정보 시스템(GIS: geographic information system) 소프트웨어라고도 하는 지리 기반 컴퓨터 시스템을 이용하면, 미국의 경우, 시나 카운티(또는 카운티들의 결합)의 지도를 작성하고 센서스 정보를 지도 기반 형식으로 표현할 수 있다. 이것은 분관들을 가지고 있는 도서관들에게는 특히 효과적인 도구이다. 왜냐하면 그것들은 각 분관 소재지의 서비스 지역에 각 센서스 트랙을 할당할 수 있기 때문이다. 이렇게 하면 의사결정자들은 관할 구역의 시민들 사이의 인구통계적 차이들을 시각적으로 볼 수 있는 기회

4) Michael J. Weiss. The Clustering of America. New York: Harper, 1988; and Michael J. Weiss. Clustered America: The Communities We Serve. *Public Libraries*, 28 (3), June 1989, 161-65.

5) Hazel M. Davis and Ellen Altman. The Relationship Between Community Lifestyles and Circulation Patterns in Public Libraries. *Public Libraries*, 36 (1), January/February 1997, 40-45.

6) John R. Ottensmann, Raymond E. Gnat, and Michael E. Gleeson. Similarities in Circulation Patterns Among Public Library Branches Serving Diverse Populations. *Library Quarterly*, 65, January 1995, 89-118.

를 가질 수 있게 된다. 많은 지방 정부 기관들은 경찰서와 소방서, 경찰 순찰 지역 등의 여러 시설들의 입지(立地)를 기획하기 위해 지리 정보 시스템을 이용하고 있다.

Florida State University의 Christie Koontz는 Public Library Geographic Databases(GeoLib 데이터베이스)를 개발하고 있는데, 이것은 인터넷을 통해 접속할 수 있다.[7] GeoLib 데이터베이스는 미국의 총 16,000개 이상의 공공도서관 소재지들에 대한 센서스 정보와 공공도서관 이용 데이터, 그 밖의 공적(公的)으로 입수할 수 있는 정보를 취합하고 있다. 도서관은 각 분관 소재지의 서비스 지역 경계선들을 조정할 수 있다.

미국 인구 통계의 변화는 공공도서관들이 변화하는 주민들의 니즈(needs)에 더 잘 부응하기 위해 전술을 변경하도록 요구하고 있다. 매핑 소프트웨어(mapping software)의 유연성 덕택에 도서관은 서비스 전달을 위한 서로 다른 시나리오들을 모색할 수 있다.[8] 그 결과로 만들어지는 지도들은 예산 청문회(budget hearings) 시간에 별도의 분관 입지들을 모색하고, 도서관 이해관계자들에게 일반적인 보고를 하는 데 유용할 수 있다. GeoLib 시스템은 도서관들이 다음과 같은 문제점들에 대해 대답하는 데 도움을 줄 수 있다.

- 각 도서관 소재지의 1마일 이내의 주민들의 특성들은 무엇인가? 인구 특성들은 거리가 2마일, 3마일 등으로 증가함에 따라 달라지는가?
- 각 도서관 소재지의 3마일 이내에 몇 퍼센트의 노인 인구들이 거주하고 있는가?
- 도서관 소재지의 3마일 이내에 거주하는 소수 민족(그룹을 선택하라)의 몇 퍼센트가 18세 이하인가? 10세 이하는?
- 주요 고속도로들이나 강들과 같은 지형학적 경계선들은 서비스의 수요에 어떤 영향을 미치고 있는가?[9]

---

7) 〈www.geolib.org/PLGDB.cfm.〉에서 접속할 수 있다.

8) Christie Koontz and Dean Jue. Unlock Your Demographics. *Library Journal*, 129 (4), March 1, 2004, 32-33.

9) Christie Koontz, Dean Jue, Charles R. McClure, and John Carlo Bertot. The Public Library Geographical Database: What Can It Do for Your Library? *Public Libraries,* 43 (2), March/April 2004, 113-18.

분관 입지의 중요성은 아무리 강조해도 지나치지 않다. 사람들은 도서관을 방문하기 위해 시간과 자원을 들여 집이나 직장으로부터 여행하기로 선택한다. 평범한 도서관 고객은 2-3마일 이상을 여행하여 도서관을 방문하지는 않을 것이다. 따라서 소매점이나 패스트푸드 레스토랑의 경우와 마찬가지로, "첫째도 입지, 둘째도 입지, 셋째도 입지"라는 오래된 부동산 격언이 딱 들어맞는다.[10)]

지리 정보 시스템을 이용하는 가장 강력한 이유의 하나는 특히 도서관 시설들의 입지와 관련하여, 그러한 시스템은 주민의 서로 다른 부문들이 지역 사회 내에서 어떻게 "군집을 이루고" 있는가를 시각적으로 보여주게 될 것이라는 사실이다.

사람들이 어떤 곳으로 어떻게 이동하는가를 이해하기 위해 과거에 이용해온 방법들로는 도서관 직원의 경험을 이용하거나, 분관 소재지에 센서스 트랙들을 할당(한 트랙에 5,000 내지 8,000명)하거나, 주민의 어느 정도의 비율이 반경 내에 거주하고 있는지를 밝혀내기 위해 각 소재지를 중심으로 반경을 그리거나, 지도상에 도서관 카드 소지자 주소 정보를 표시하는 것 등이 있다.

Christie Koontz는 분관들을 가지고 있는 몇몇 공공도서관들의 인구 통계 데이터와 도서관 이용 데이터를 매핑하고, 기본적으로 소수의 주민들에게 서비스하는 분관들은 관내 이용이 더 높고, 참고 트랜잭션들이 더 높으며, 프로그램 참석도 더 많은 반면, 동시에 대출 수치들은 더 낮다는 사실을 발견하였다.[11)] 대부분의 공공도서관 시스템들은 대출을 분관 성과의 유일한 지표로 이용할 것이기 때문에 이러한 사실은 중요한 것이다.

---

10) Christie M. Koontz. Public Library Site Evaluation and Location: Past and Present Market-Based Modeling Tools for the Future. *Library & Information Science Research*, 14 (4), 1992, 379-409; Christie M. Koontz. *Library Facility Siting and Location Handbook*. Westport, CT: 1991.

11) Christie M. Koontz. Technology-Pied Piper or Playground Bully, or Creating Meaningful Using Emerging Technologies: Separating the Reality from the Myths. *Proceedings of the 4th International Conference on Performance Measurement & Libraries & Information Services*. New Castle, England: University of Northumbria, 2001.

또 하나의 연구에서는 대형 서점들은 전부는 아니지만, 도서관의 일부 이용들에 대해서는 가정의 공공도서관 이용 확률을 낮춰준다는 사실을 발견하였다. 어린이 프로그램은 경쟁의 영향을 받지 않는 것으로 나타난 반면, 직업에 관련된 도서관 이용들과 정보 관련 이용들은 줄어들었다.[12)]

몇몇 연구들은 공공도서관 이용을 모델화하면서 다변량 분석(multivariate analysis)(다중 회귀 분석)을 이용하여, 주민의 도서관 이용은 그 주민의 사회경제적 및 입지적 특성들이라는 사실을 입증하였다.[13)] 인구 통계적 변인들만으로는 도서관 이용을 정확하게 예측하지 못한다. 그러나 지형학적 특성들과, 운영 시간, 건물의 규모, 특유의 인구 특성들은 도서관 이용에 영향을 미칠 것이다.[14)]

7.4.4. 이용량

이용에 의해서도 주민을 세분화할 수 있는데, 그 결과는 이용자들과 비이용자들이라는 고전적인 구분이 된다. 더 낙관적인 사람들은 비이용자들을 "잠재적 이용자들"(potential users)이라고 부르는 것을 선호한다. 오늘날에는 자동화된 시스템들을 이용하여, 아주 용이하게 등록된 대출자들을 다음과 같은 몇몇 그룹들로 분류해주는 일단의 보고서들을 얻어낼 수 있다.

- 고객(customers)은 도서관을 이용하는 "카드를 소지한 개인들"이다. 그들은 다음과 같은 세 그룹으로 세분할 수 있다.
  - **항시 이용자**(frequent users)는 한 달에 한번 이상 빈번하게 도서관을 이용하는 사람들이다.

---

12) Jeffrey A. Hemmeter. Household Use of Public Libraries and Large Bookstores. *Library and Science Research*, 28, 2006, 595-616.

13) George D'Elia. The Development and Testing of a Conceptual Model of Public Library Use. *Library Quarterly*, 50, 1980, 410-30; Janet M. Lange. Public Library Users, Nonusers and of Library Use. Ph. D. dissertation, Claremont Graduate University, California, 1984; Douglas Predicting Amount of Library Use: An Empirical Study of the Role of the Public Library in of the Adult Public. Ph. D. dissertation, Syracuse University, New York, 1973.

14) Christie M. Koontz. Public Library Site Evaluation and Location: Past and Present Market-Based Modeling Tools for the Future. *Library and Information Science Research*, 14 (4), 1992, 379-409.

  - **중간 수준 이용자**(moderate users)는 적어도 세 달에 한번은 도서관을 이용할 것이다.
  - **자주 이용하지 않는 이용자**(infrequent users)는 적어도 일 년에 한번은 도서관을 이용하는 사람들이다.
- "이탈 고객"(lost customers)은 도서관을 방문하여, 신청서를 작성하고, 도서관 카드를 받았던 사람들이다. 그러나 그들은 일 년 이상 동안 도서관을 이용한 적이 없다. 따라서 그들은 도서관을 한번 "발견"했지만, 현재는 "이탈"되어 있다. 얼마나 자주 자동화 시스템에서 도서관 이용자 레코드들을 제거하느냐에 따라, 등록된 도서관 이용자들의 30 내지 40퍼센트는 이탈 범주에 해당하게 될 것이다.
- 비이용자(nonusers)는 도서관들의 위치와 도서관들이 제공하는 서비스들의 범위에 대해 알 수도 있고 알지 못할 수도 있는 지역 사회 내의 사람들이다. 이러한 개인들은 도서관 카드들을 소지하고 있지는 않다고 하더라도, 도서관 공채(公債)(library bonds) 등에 대해 기꺼이 찬성하는 투표를 하고자 하는 증거에서 볼 수 있는 것처럼, 일반적으로 공공도서관의 개념에 대해 매우 우호적이며 도서관을 지지하게 될 것이라는 사실은 흥미로운 주목 거리이다. 비이용자들은 두 그룹들로 나눌 수 있다는 사실에 유의하라. 즉 도서관으로 유도할 수 있는 사람들과 어떤 상황 아래에서도 결코 도서관을 이용하지 않게 될 사람들이 그들이다.

  비이용자들의 수를 확인하는 것은 간단한 계산이다. 관할 지역의 전체 인구에서 등록된 도서관 대출자들의 수를 빼면 비이용자들의 수가 나오게 될 것이다. 등록된 대출자들의 총수는 도서관 카드 소지자들로 등록된 비거주자들 때문에 관할 지역의 전체 인구를 초과할 수도 있다는 사실에 유의하라.

이산적(離散的) 선택 분석(discrete choice analysis)은 미시 경제의 소비자 이론을 범주 데이터(이용자, 이탈 이용자, 비이용자)의 통계적 분석과 연계시켜 준다. 이산적 선택 분석을 도서관 상황에 적용한 한 연구에서는 이탈 이용자들과 비이용자들은 둘 다 기본적으로 거리와 시간의 불편함, 자신의 책들을 구입하는 것을 선호하는 것 등 때문에 도서관을 이용하지 않는다는 사실을 밝혀냈다. 추가의 분석에서는 각 장소에 장서를 추가하면 이탈 고객들이 되돌아 오도록 유도하는 반면, 더 많은 장소들에 건물을 세우고 더 많

은 시간들을 추가하면 비이용자들을 도서관으로 유도하게 될 것이라는 사실을 밝혀냈다.[15)]

7.4.5. 편의 세분화

또 하나의 비교적 새로운 세분화 기법은 사람들이 도서관을 방문하는 이유, 즉 그들은 도서관에 대한 물리적 또는 가상적 방문을 통해 어떤 편익들(benefits)을 받는가를 확인하는 것이다. Dover Public Library에서 실시된 파일럿 연구(113명의 일대일 면담으로 이루어진 편의 표본 크기)에서는 도서관 방문에 대한 여덟 가지의 아이덴티티 관련 이유들을 확인하였다.[16)] 확인된 여덟 가지 유형의 이용자들은 다음과 같다.

- **경험을 찾는 사람**(experience seekers)은 도서관을 오락이나 사회적 관계를 위한 장소로 생각하고 있다. 그들은 사람들과 함께 하는 것을 좋아하며 자신들의 시간을 이용할 활동을 찾고 있을 수도 있을 것이다. 응답자들의 36퍼센트가 이를 선택하였다.
- **탐험가**(explorers)는 호기심이 많고 배우는 것을 좋아하지만 방문 이전에는 내용이나 주제 의제를 갖고 있지 않은 개인들이다. 응답자들의 35퍼센트가 이를 선택하였다.
- **문제 해결자**(problem solvers)는 해결하고자 하는 구체적인 질문이나 문제점을 가지고 있다. 그들은 건강 정보나 투자 정보를 찾을 수도 있고, 여행 계획을 세우는 등의 일을 할 수도 있을 것이다. 응답자들의 23퍼센트가 이를 선택하였다.
- **조력자**(facilitators)는 다른 사람들의 도서관 이용을 지원하기 위해 그곳에 있는 이용자들이다. 응답자들의 16퍼센트가 이를 선택하였다.
- **후원자**(patrons)는 도서관에 대한 강한 소속감을 가지고 있는 개인들이다. 그들은 도서관의 친구들(friends group)에 소속되며 흔히 도서관의 자원봉사자가 될 것이다. 응답자들의 16퍼센트가 이를 선택하였다.

---

15) Akio Sone. An Application of Discrete Choice Analysis to the Modeling of Public Library Use Behavior. *Library & Information Science Research*, 10, 1988, 35-55.

16) Institute for Learning Innovation. *Dover*, DE Library *User Identity-Motivation Pilot Study*. Dover: Delaware Division of Libraries, December 2005.

- **학자**(scholars)는 계보학이나 종교와 같은 어느 한 토픽에 깊은 관심을 가지고 있고 그에 대한 리서치 작업의 역사를 가지고 있는 사람들이다. 응답자들의 9퍼센트가 이를 선택하였다.
- **영혼의 순례자**(spiritual pilgrims)는 성찰과 원기 회복의 장소로서의 도서관에 초점을 두게 될 것이다. 응답자들의 8퍼센트가 이를 선택하였다.
- **취미족**(hobbyists)은 특정 분야의 자신의 관심을 늘리고자 하는 개인들이다. 응답자들의 4퍼센트가 이를 선택하였다.

"기타"는 이상의 어느 그룹들에도 해당하지 않는 개인들이다. 그들은 무엇인가를 그곳에 두고 가거나 무엇인가를 가져가기 위해 그곳에 있는 것이다.

편익 세분화 접근법은 도서관 서비스를 개선시킬 가능성이 있다. 각 편익 부문의 니즈(needs)에 더 잘 부응하기 위해 도서관은 그 서비스들을 (현재 조직되어 있는 것 이외의 것으로) 어떻게 조직할(조직할 수 있을) 것인가?

싱가폴에서는, 서베이에서 수집한 데이터에 대한 군집 분석(cluster analysis)을 통해, 뚜렷이 구별되는 학습 및 독서 관련 라이프스타일을 가진 일곱 개 부문들을 확인하였다.[17] 이 일곱 가지 유형의 이용자들은 다음과 같다.

- **커리어 마인드를 가진 사람**(career-minded people)은 교육과 가족에 관한 강한 신념들을 가지고 있으며 독서를 위해 도서관에 가장 먼저 의지한다.
- **적극적으로 정보를 찾는 사람**(active information seekers)은 중간 정도의 교육을 받았으며, 기업가적 정신을 소유하고 있고, 사회적 지위와 물질적 행복에 더 많은 중점을 둔다.
- **자가 공급자**(self-suppliers)는 자신의 책들을 구입하는 것을 선호하며, 더 좋은 교육을 받았고, 관리직이나 간부직의 직위들을 가지고 있다.
- **그룹 독서가**(group readers)는 독서에 대해 열성적인 욕구를 가지고 있으며 도서관을 많이 이용하는 이용자들(heavy users)이다.
- **좁은 포커스를 가진 학습자**(narrowly focused learners)는 과정의 요건을 달성하기 위해 독서를 하는 학생들이다.
- **동기가 낮은 사람**(low motivators)은 독서에 거의 관심이 없다.
- **조력자**(facilitators)는 아이들을 위한 도서관의 중요성에 높은 가치를 부여하는 교육 수준들이 낮은 여성들이다.

〈그림 7-1〉에서 볼 수 있는 것처럼, 도서관 이용의 이유들에 대한 확인은 독서 습관들과 도서관 방문에 관한 통찰력들을 가져다주게 된다.

Joan Durrane과 Karen Fisher는 특정 도서관 서비스들이 각 참여자들의 삶들에 미치는 영향을 더 잘 이해하기 위해 그 서비스의 이용자들과 일련의 면담들을 실시하였다. 면담들은 녹음과 전사(轉寫)를 거쳐 도서관 서비스의 최종 성과들을 밝혀내기 위해 세심하게 분석되었다.[18]

일곱 개 부문에 대한 발견 사항의 개요 * 그림 7-1

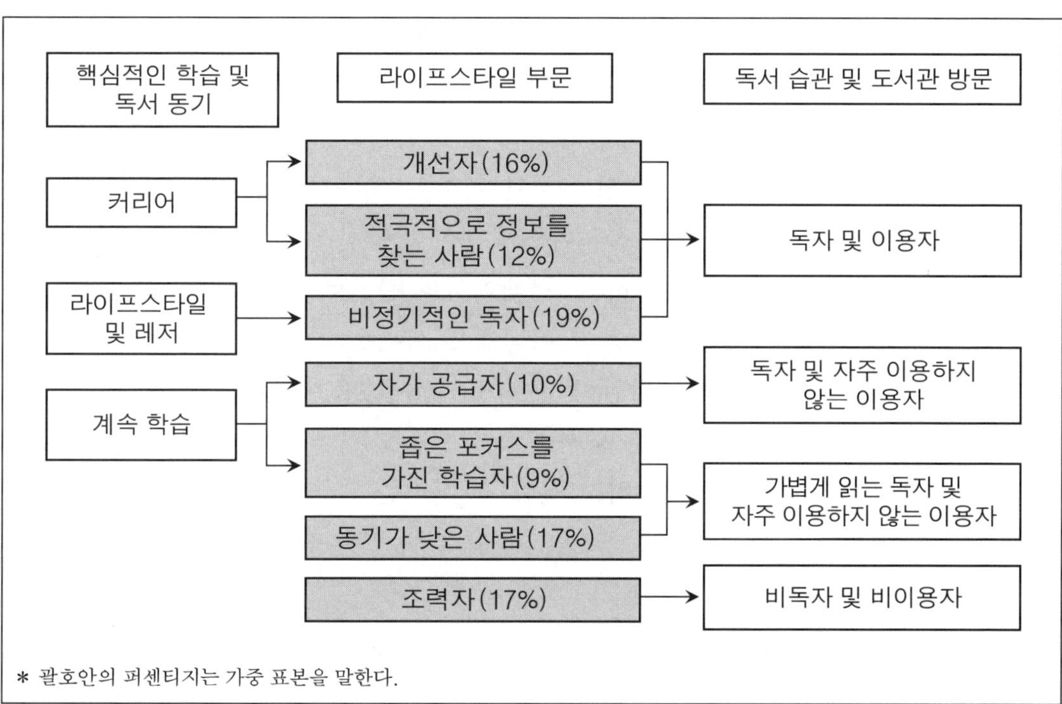

* 괄호안의 퍼센티지는 가중 표본을 말한다.

---

17) Kau Ah Keng, Kwon Jung, and Jochen Wirtz. Segmentation of Library Visitors in Singapore: and Reading Related Lifestyles. *Library Management*, 24 (1/2), 2003, 20-33.

18) Joan C. Durrance, and Karen E. Fisher. *How Libraries and Librarians Help: A Guide to Identifying User-Centered Outcomes*. Chicago: American Library Association, 2005.

7.5. 이용자

도서관 이용자들에 대한 분석은 일반적으로 이용자 서베이를 포함한다. 그와 같은 서베이들은 많이 이루어지고 있는데, 실제 이용자들과 그들이 도서관을 이용하는 방법에 대한 프로파일을 개발하는 데 도움이 된다. 학술도서관과 공공도서관, 전문도서관 등 모든 관종(館種)의 도서관들에서 연구가 이루어지고 있다. 개인은 도서관 이용에 따른 효용 이득(utility gain)이 차선의 대안, 예를 들면 서점에 가는 것보다 더 클 때 도서관을 물리적으로든 가상적으로든 방문하기로 선택하게 된다. 개인은 가격을 뺀 해당 품목의 가치와 각 소스에서 이루어지는 대기 비용들을 비교하고, 최고의 순가치(net value)를 갖는 소스를 선택한다.[19)]

서베이들의 범위는 특정 도서관의 서비스들을 개선하기 위해 설계된 것들로부터 광범위한 결론들과 이론에 대한 뒷받침을 이끌어내기 위해 설계되는 것에 이르기까지 다양하다. 서베이들의 결과로 얻어지는 양적 데이터 이외에도, 도서관들은 사람들이 어떻게 도서관을 이용하는지 이해하기 위해 관찰은 물론 면담들(일대일 및 포커스 그룹들)도 이용하고 있다. 더 최근에는, 도서관들이 품질 높은 도서관 서비스들을 제공하는 또 하나의 도구로서 고객 만족 서베이를 이용하고 있다.[20)] 이러한 연구들에서 가장 자주 검토되는 특성들은 성별과 연령, 교육, 가계 소득, 결혼 상태, 가정에 거주하는 자녀수 등이다.

Carol Kronus는 어떤 변인들이 공공도서관 이용의 일부를 설명해주는지를 밝혀주는 분석을 준비하였다.[21)] 이 분석에서는 교육과 도시 거주, 가족 라이프 사이클 요인들이 도서관 이용률을 예측하는 것으로 제시하였다. 일반적으로 이용되는 요인들인 연령과 성별, 인종은 도서관 이용에 어떤 독립

19) Nancy A. Van House. A Time Allocation Theory of Public Library Use. *Library and Information Science Research*, 5, 1983, 356-84; Nancy A. Van House. *Public Library User Fees: The Use and Finance of Public Libraries*. Westport, CT: Greenwood Press, 1983.

20) 고객 만족 서베이들의 토픽에 대해서는 제15장에서 살펴보고자 한다.

21) Carol Ⅰ. Kronus. Patterns of Adult Library Use: A Regression and Path Analysis. *Adult Education*, 23, 1973, 115-31.

적인 영향도 미치지 않았다.

도서관 이용과 이용자 특성들 간의 관계를 더 잘 이해하기 위해 시도하면서, George D'Elia는 개인적 특성들, 도서관 서비스들에 대한 고객의 인식, 접근 가능성에 대한 지각, 도서관 이용의 용이성과 같은 항목들을 포함하고 있는 변인들의 계층 구조를 가진 모델을 개발하였다.[22] 그는 공공도서관 이용자들이 비이용자들보다 도서관은 더 접근 가능성이 높은 것으로 인식하고 있고, 이용의 빈도와 강도는 가용한 도서관 서비스들의 범위에 대한 인식과 관련되어 있다고 결론짓고 있다.

Ronald Powell은 도서관 이용에 관한 더 예측력 있는 해답을 찾아내기 위해, 이용자의 퍼스낼리티(personality)에 대해 상세히 검토하였다. 그는 퍼스낼리티 유형과 도서관 이용 간에는 어떤 연관도 없음을 발견하였다.[23]

미국도서관협회(ALA)를 대신하여 실행된 서베이에서는 미국인들의 약 62퍼센트가 도서관 카드를 소지하고 있는 것으로 나타났다.[24] 따라서 인구통계는 부분적으로 누가 도서관을 이용하고 누가 도서관을 이용하지 않을 것인지를 예측해준다. 라이프스타일과 사회적 역할들, 여행 거리와 같은 그 밖의 비인구통계적 요인들도 도서관 이용에 영향을 미친다.

도서관 비이용자들(725명의 전화 서베이 응답자)과 주립도서관 및 공공도서관의 이용자들(868명의 면담)에 대한 오스트레일리아 전국에 걸친 서베이에서는 불과 30퍼센트의 주민만이 전년에 도서관을 이용했던 것으로 밝혀졌다. 이 연구에서는 지역 사회 구성원들에게 지역 도서관들의 가치에 대해 상기시키기 위해 그들에게 다가가기 위한 더 상상력이 풍부한 홍보 활동들을 펼치고 다양한 조직들과 파트너십들을 구축하도록 권고하고 있다.[25]

---

22) George D'Elia. The Development and Testing of a Conceptual Model of Public Library Use Behavior. *Library Quarterly*, 50, 1980, 410-30.

23) Ronald R. Powell. Library Use and Personality: The Relationship Locus of Control and Frequency of Use. *Library and Information Science Research,* 6, 1984, 179-90.

24) KRC Research & Consulting. *@ Your Library: Attitudes Toward Public Libraries Survey.* June 2002. Available at http://www.ala.org/pio/presskits/nlw2002kit/krc_data.pdf.

25) Colin Mercer and Tony Bennett. *Navigating the Economy of Knowledge: A National Survey of Users and Non-Users of State and Public Libraries.* Brisbane: Institute for Cultural Policy Studies Griffith University, 1995.

인구통계적 요인들의 조합이 단일 특성보다 더 중요한 경우가 많다. 대다수의 이용자 연구들에서 논의되고 분석된 공공도서관 이용자의 특성들로는 다음과 같은 것들이 있다.

- **교육**(education). 어떤 개인이 교육을 더 많이 받으면 받을수록, 공공도서관을 이용할 가능성은 더 높다. 교육은 도서관 이용에 대한 단일의 가장 중요한 예측 변인이며, 도서관 이용자들의 절반 이상이 어느 정도의 대학 교육이나 학사 학위, 대학원 교육을 받은 것이 특이한 것은 아니다. 소득과 직업, 교육이 모두 상호 관련되어 있는 것은 사실이지만, 회귀 분석에서는 교육을 제외한 모든 것은 사라진다는 것을 보여주고 있다.[26]
- **연령**(age). 도서관을 가장 많이 이용하는 사람들은 청소년들이며, 나이가 들면서 도서관 이용이 줄어든다는 사실을 제시해주는 일관된 증거가 있다. 그러나 Kronus는 공공도서관 이용과 연령 간의 관계는 오도되고 있으며 통계적으로 타당하지 않다는 점에 주목하였다. 2002년의 도서관 이용자들은 다음과 같았다.[27]

18–24	14%
25–34	19%
35–44	23%
45–54	17%
55+	21%

- **자녀수**(number of small children). 자녀가 있는 성인들은 도서관 카드를 소지하고 아주 정기적으로 도서관을 방문할 가능성이 더 높다(자녀수가 더 많으면 많을수록, 도서관을 더 자주 이용한다). 자녀를 둔 가정은 자녀가 없는 가정보다 공공도서관을 이용할 가능성이 훨씬 더 높다 – 61퍼센트 대 35퍼센트.[28]

---

26) 다른 식으로 주기하기 않는 한, 이용자 특성들에 대한 이 개요는 다음 저작의 리뷰를 바탕으로 하고 있다: Berelson, Kronus, and D'Elia in Ronald R. Powell. *The Relationship of Library User Studies to Performance Measures: A Review of the Literature*. Occasional Paper Number 181. Champaign: University of Illinois, Graduate School of Library and Information Science, 1988.

27) KRC Research, *@ Your Library. op. cit.*

28) Mary Jo Lynch. Using Public Libraries: What Makes a Difference? *American Libraries*, 28 (10), November 1997, 64-65.

• **가계**(家計) **소득**(family income). 더 높은 소득을 가진 사람들은 지역 도서관을 더 자주 이용하게 될 것이다. 그러나 이용은 가난한 사람들이나 부자들보다 중간 소득 수준에서 더 높다. 가난한 사람들에 의한 도서관의 낮은 이용은 부실한 독서 기술들과 관련되어 있을 수도 있다. 2002년에, 도서관 이용자 가정들의 4분의 1은 25,000달러에서 49,999달러의 소득을 올린 반면, 3분의 1은 50,000달러 이상의 소득을 올렸다.[29] 1991년에도 유사한 결과들이 언급되었는데, 여기서는 공공도서관 이용이 가계 소득과 밀접하게 관련되어 있음을 보여주었다.[30] 소득이 증가함에 따라 독서와 정보 추구 활동들에 대해 임의로 결정할 수 있는 시기가 오게 된다.

대출과 자료들의 관내 이용, 참고 트랜잭션의 수, 연간 프로그램 참석을 바탕으로 구성된 "도서관 활동" 지수를 이용한 한 연구에서는 더 높은 소득들이 더 높은 1인당 도서관 이용률과 관련되는 경향이 있다는 사실을 발견하였다.[31] 이 연구에서는 또한 분관들의 이용 가능성과 입지(立地), 개관 시간, 도서관 장서의 규모와 범위 등을 포함한 그 밖의 요인들이 도서관 서비스들의 이용에 영향을 미칠 것이라는 사실을 주목하였다.

• **성별**(sex). 여성들은 남성들보다 도서관을 이용할 가능성이 더 높다. 다만 Berelson은 남성들은 참고 서비스들을 더 자주 이용하는 반면, 여성들은 대출 서비스를 남성들보다 더 많이 이용할 것이라고 언급한 바 있다. 여성들이 남성들보다 도서관을 더 많이 이용하기는 하지만, 고용 상태를 고려하고 교육을 상수로 두면, 여성들에 의한 지배적인 이용은 사라진다.[32]

• **결혼 상태**(marital status). 독신인 개인들이 기혼인 사람들보다 도서관을 더 많이 이용한다. 이것은 독신인 성인들이 결혼한 성인들보다 더 젊고, 나이가 들면서 이용이 줄어든다는 점 때문에 사실일 가능성이 있다. 아울러 결혼한 성인들은 가정에서 갖는 책임 때문에 독신인 성인들보다 아마도 더 적은 레저 시간을 갖게 될 것이다.

---

29) KRC Research, @ *Your Library. op. cit.*

30) Jim Scheppke. Who's Using the Public Library. *Library Journal*, 119, October 15, 1994, 35-37.

31) Mary Kopczynski and Michael Lombardo. Comparative Performance Measurement: Insights and Lessons Learned from a Consortium Effort. *Public Administration Review*, 59 (2), March/April 1999, 124-34.

32) Carol Ⅰ. Kronus. Patterns of Adult Library Use: A Regression and Path Analysis. *Adult Education*, 23, 1973, 115-31.

- **민족성**(ethnicity). 지역 사회 내의 민족 인구에 따라, 도서관의 이용은 일반적으로 인구의 상대적 비율들을 반영하게 될 것이다. 다만 백인 민족 그룹 내의 구성원들 사이에서 더 많은 이용이 나타날 가능성이 있을 것이다. 한 전국적인 서베이에서는 이용자들의 56퍼센트가 백인인 반면, 히스패닉계(Hispanic)와 흑인은 각각 응답자들의 38퍼센트와 42퍼센트가 도서관을 이용한다는 사실을 발견하였다.[33] 또 하나의 전국적인 서베이에서는 공공도서관을 이용한 적이 있는 가정들 가운데, 80퍼센트는 백인이었고, 9퍼센트는 흑인, 7퍼센트는 히스패닉계라는 사실을 밝혀냈는데, 이것은 대략 미국 인구 분포에 해당한다.[34]

  한 연구는 유색(有色)의 고객이 백인 고객들에 비해 교육적 지원과 정보 수집을 위해 도서관을 더 많이 이용한다는 사실을 발견하였다.[35]

  인종적 및 민족적 소수 그룹들은 전반적인 미국 인구보다 훨씬 더 빠른 속도로 성장하고 있다. 따라서 공공도서관은 서비스에 대한 수요 변화에 더 잘 대응하기 위해 그 지리적 경계 및 서비스 지역의 경계 안에서 발생하는 인구 통계적 변화들을 정기적으로 검토해야 한다.

Brenda Dervin은 "if-then" 모델을 이용하여 접근과 접촉 가능성을 예측하는, 이용자들을 범주화하기 위한 전통적인 방법들이 아주 유용하지는 못하다고 주장하고 있다. 그 대신 Dervin은 시간과 장소를 막론하는 경우보다는 특정 순간의 시간과 장소에 있는 사람을 기술해주는 일단의 별도 범주들을 이용할 것을 제안하고 있다.[36]

University of California 캠퍼스들의 커뮤니티 칼리지들(community colleges)과 California의 인문대학(liberal arts colleges) 표본의 교원들에 대한 서베이에서는 비이용자로부터 경험이 없는 초보자와 아주 유창한 사람들에 이르는 다양한 범위의 이용자 유형들의 광범위한 스펙트럼을 발견하였

33) Jim Scheppke. Who's Using the Public Library. *Library Journal*, 119, October 15, 1994, 35-37.

34) Mary Jo Lynch. Using Public Libraries: What Makes a Difference? *American Libraries*, 28 (10), November 1997, 64-65.

35) George D'Elia and Eleanor J. Rodger. Public Library Roles and Patron Use: Why Patrons Use the Library. *Public Libraries*, 33 (3), 1994, 135-44.

36) Brenda Dervin. Users as Research Inventions: How Research Categories Perpetuate Inequities. *Journal of Communication*, 39 (3), Summer 1989, 216-32.

다. 놀라운 것은 아니지만, 나이 많은 강사들이 가장 낮은 이용자들이었다. 교원은 일차 자료들을 자신의 교육과 통합시키고, 다른 식으로는 입수할 수 없는 자료들을 포함시키며, 학생의 학습을 증진시키기 위해 디지털 자원들을 이용하였다.[37]

7.5.1. 최소 노력의 원칙

최소 노력의 원칙(principle of least effort)은 대부분의 사람들은 대학의 학자들과 과학자들조차도, 쉽게 입수할 수 있는 정보 자원들이 비록 품질이 낮은 것일 경우라고 하더라도, 그것을 선택하게 될 것이라고 설명하고 있다. 나아가 사람들은 더 큰 노력의 소비를 필요로 하게 될 고품질 정보원들을 찾아내는 것보다 우선적으로 쉽게 발견할 수 있는 것은 무엇이든 그것에 만족하는 경향이 있다.

최소 노력의 원칙은 때로는 "정보 추구 절약의 원칙"(principle of information seeking parsimony)이라고도 하는데, 이것은 Zipf의 최소 노력의 법칙(law of least effort)으로도 알려져 있다.[38] 사람들은 내용의 품질보다 인식하고 있는 접근의 용이성을 선택하는 경향이 있는 것이 현실이다. 그리고 사람들은 "작은 성과에 안주"(satisfice) — 개인들은 적정한 목적들을 설정하고 그러고 나서 이러한 목적들에 도달했을 때 탐색을 멈추게 될 것이라는 사실을 지적하기 위해 Herb Simon이 처음 만들어낸 단어 — 하게 될 것이다.

이 원칙이 갖는 타당성의 증거는 상당하며 수십 년간의 연구를 포함하고 있다. Victor Rosenberg는 정보 추구 행태에 관한 자신의 탐구에서 어떤 정보 시스템의 설계를 위한 지침이 되는 원칙들은 제공되는 정보의 양이나 품질보다는 오히려 시스템 이용의 용이성이 되어야 한다는 사실을 발견하였다.[39] Thomas Gerstberger와 Thomas Allen은 엔지니어들에 대한 연구에서

37) Diane Harley et al. *Use and Users of Digital Resources: A Focus on Undergraduate Education in the Humanities and Social Sciences*. Available at http://digitalresourcesstudy.berkeley.edu.

38) George K. Zipf. *Human Behavior and the Principle of Least Effort*. Cambridge, MA: AddisonWesley, 1949.

유사한 결론에 도달하였으며, 정보 채널에 대한 접근 가능성의 지각과 이용의 몇 가지 객관적인 측도들 간에는 직접적인 관계가 존재한다는 사실에 주목하였다. 엔지니어들의 관찰된 행태는 그들은 정보에 접근하기 위해 관여되는 노력을 최소화한다는 사실이었다.[40)]

John Salasin과 Toby Cedar는 1,666명의 정신 건강 개업의들과 연구자들, 정책 결정자들에 대한 연구에서, 정보원(情報源)은 다른 기준들보다도 지각된 이용의 용이성을 바탕으로 선정된다는 사실을 발견하였다.[41)] Herbert Poole은 과학자들의 정보 행태에 초점을 맞춘 51개 연구들 중 43개가 최소 노력의 원칙을 설명해주고 있다는 사실에 주목하였다.[42)] 유사한 결과들이 연구 참여자들은 각주 추적(footnote chasing)에 의존하고 문헌에 대한 색인들의 이용을 포기하는 경향이 있다는 사실을 보고한 사회과학자들에 관한 연구에서 관찰되었다.[43)]

William Paisley는 도서관을 이용할 때 겪는 좌절의 레벨은 대부분의 사람들에게 높으며, 사람들은 "도서관은 . . . 그들이 무엇인가를 끌고 가야 하는 장소라는 느낌에 길들여져 있다"는 사실에 주목하였다.[44)]

Thomas Mann은 도서관 전문직의 도전 의식을 북돋우면서, 이제 도서관 이용자들을 "게으르다"고 비난하는 것을 그만둘 시간이 되었다는 사실을 다음과 같이 관찰하였다.

---

39) Victor Rosenberg. Factors Affecting the Preference of Industrial Personnel for Information Gathering Methods. *Information Storage and Retrieval*, 3 (3), July 1967, 119-27.

40) Peter G. Gerstberger and Thomas J. Allen. Criteria Used by Research and Development Engineers in the Selection of an Information Source. *Journal of Applied Psychology*, 52 (4), August 1968, 272-79; 다음 자료도 보라. Thomas J. Allen and Peter G. Gerstberger. *Criteria for Selection of an Information Source*. Cambridge, MA: MIT Press, 1967.

41) John Salasin and Toby Cedar. Person-to-Person Communication in an Applied-Research Service Delivery Setting. *Journal of the American Society for Information Science*, 36 (2), March 1985, 103-15.

42) Herbert Poole. *Theories of the Middle Range*. *Norwood*, NJ: Ablex, 1985.

43) L. Uytterschaut. Literature Searching Methods in Social Science Research: A Pilot Inquiry. *Americn Behavioral Scientist*, 9 (9), May 1966, 14-26.

44) William J. Paisley. Information Needs and Uses. *Technology* 3, 1968, 18.

> 아이러니컬한 것은 최소 노력의 법칙을 무시하는 것 그 자체가 동일한 원칙이 작용한 결과라는 사실이다. 많은 도서관 경영자들과 정보과학자들에게는 “소프트(soft)한” 인간 행태에 관한 어려운 도서관 리서치를 수행하기보다는 테크놀로지의 “하드(hard)한” 문제점들에 집중하는 것이 더 쉬운 것이다.[45]

그리고 더 최근의 연구에서는 유사한 발견 사항들을 쉽게 찾아낼 수 있다. 몇몇 국가들의 3,348명의 응답자들에 대한 OCLC의 서베이에서는 84퍼센트는 검색 엔진을 이용하여 전자 정보에 대한 자신들의 탐색을 시작하고, 불과 1퍼센트만 도서관 웹사이트를 방문한다는 사실을 발견하였다. 그리고 “신뢰받는” 것으로 확인된 정보원들의 리스트에서, 도서관은 마지막이었다.[46]

이 원칙이 갖는 함의(含意)들은 정말로 심각한데, 도서관 전문직은 너무나도 오랫동안 이를 무시해오고 있다. 이제는 도서관의 물리적 및 가상의 장서들의 이용 가능성에 초점을 맞출 때이다. 도서관 이용자들이 도서관은 품질 높은 자원들을 소장하고 있다는 사실을 인식하고 점점 더 많은 숫자로 도서관을 이용하기 시작하게 되리라고 바라는 것은 단지 환상적인 사고(delusional thinking)에 불과한 것이다.

7.6. 비이용자

공공도서관들은 절대로 시민 100퍼센트를 대상으로 서비스하지 못할 것이라는 사실을 인정하려 하지 않고 있다. 어떤 사람들은 다양한 이유들 때문에, 도서관이 무엇인지 또는 도서관이 어디에 있는지에 대해 알지 못하기도 하고, 일단 도서관에 도착하면 어떻게 정보를 찾아야 하는지 알지 못하기도 하며, 대개 지역의 공공도서관에서 발견되는 독서나 그 밖의 정보 서비스들

---

45) Thomas Mann. *Library Research Models: A Guide to Classification, Cataloging, and Computers*. Oxford: Oxford Press, 1993, 98.

46) Cathy De Rosa, Joanne Cantrell, Diane Cellentani, Janet Hawk, Lillie Jenkins, and Alane Wilson. *Perceptions of Libraries and Information Resources*. Dublin, OH: OCLC, 2006. Cathy De Rosa, Joanne Cantrell, Janet Hawk, and Alane Wilson. *College Students' Perceptions of Libraries and Resources. Dublin*, OH: OCLC, 2006.도 보라.

에 대해 거의 중점을 두지 않으며, 따라서 공공도서관 카드를 절대로 얻지 않게 될 것이다. 기획 프로세스(planning process)의 일부에서는 주민의 어느 정도가 공공도서관 서비스에 대해 관심을 가질 "수도" 있는지를 알아보고, 그런 다음 "유망한 이용자"(prospective users)의 니즈(needs)에 부응하는 측면에서 도서관이 어떻게 수행하고 있는지를 결정해야 한다.

점차 대부분의 공공도서관들은 누군가가 왜 한번 도서관에 와서, 도서관 카드를 얻고, 그런 다음에는 결코 되돌아오지 않게 될는지를 이해하기 위해 거의 아무 것도 하지 않고 있다. 도서관은 이러한 도서관으로의 복귀 실패의 이유를 확인하기 위해 간단한 우편 서베이나 포커스 그룹 또는 그 밖의 다른 수단을 이용할 수 있을 것이다. Denver의 바로 서쪽에 위치한 Colorado의 Jefferson County에서 실시한 1년 이상 도서관을 이용한 적이 없는 이전 도서관 이용자들에 대한 서베이에서는 전형적인 "한번만 오고 더 이상 오지 않는 이용자"는 "취업중인(3분의 1은 퇴직자였다), 50세가 넘은, 훌륭한 교육을 받은 백인"임을 밝혀냈다.[47] 간단히 말해, 전형적인 "이탈 고객"은 너무 바쁘거나 아니면 지역 공공도서관을 방문하기보다는 오히려 책들을 구입하는 "빈둥지족"(empty nester)이었다.

지역 사회의 비이용자들에 대한 또 하나의 더 포괄적인 서베이에서는 이용하지 않는 이유들로는 다음과 같은 것들이 있다는 사실을 밝혀냈다.

- 독서할 시간이 충분치 않다(응답자들의 46퍼센트)
- 다른 곳에서 책들을 구하고 있다(응답자들의 39퍼센트)
- 도서관 시간들이 나에게 적합하지 않다(응답자들의 17퍼센트)
- 독서를 좋아하지 않는다(응답자들의 16퍼센트)
- 제공되는 서비스들에 대해 확신할 수 없다(응답자들의 14퍼센트)
- 도서관이 집에서 너무 멀다(응답자들의 11퍼센트)
- 도서관이 내가 필요로 하는 어떤 것도 제공해주지 않는다(응답자들의 7퍼센트)
- 내가 원하는 것을 아무 것도 발견할 수 없다(응답자들의 6퍼센트)

47) Kathy L. Harris. Who Are They? In Search of the Elusive Non-User. *Colorado Libraries*, 27 2001,16-18.

- 운전을 못한다/돌아다닐 수 없다(응답자들의 6퍼센트)
- 내가 도서관을 이용할 수 있다는 사실을 몰랐다(응답자들의 5퍼센트)
- 컴퓨터에 대해 더 많은 도움이 필요하다(응답자들의 5퍼센트)[48]

거의 모든 학부생들은 시험 공부나 학기말 보고서(term paper) 작성과 같은 학술 활동에 대해 지연 행동을 하고 있다.[49] 그리고 대학원생의 거의 3분의 2는 실패 공포증(fear of failure)과 과업 회피(task aversiveness) 때문에 지연 행동을 하고 있다.[50] 한 연구에서는 과업 회피는 도서관 직원과의 장벽, 정서적인 장벽, 도서관의 안락함, 도서관에 대한 지식과 관련되어 있음을 발견하였다.[51] 이러한 발견 결과들은 지연 행동(procrastination)에 관련된 다른 연구들의 결과들과 유사하다.[52]

7.7. 요 약

이 장에서는 도서관 이용자들과 비이용자들의 특성에 관해 더 많은 것을 알기 위해 이용할 수 있는 다양한 도구에 관한 정보를 제시하였다. 도서관의 실제 이용자들과 잠재적인 이용자들에 대해 명확하게 이해하는 것은 어떤 평가 활동에나 중요하다.

---

48) Louise Flowers. Non-Users of the Upper Goulburn Library Service. *The Australian Library* journal 44, May 1995, 67-85.

49) Albert Ellis and William 1. Knaus. *Overcoming Procrastination*. New York: Institute for Rational Living, 1977.

50) Mary B. Hill. A Survey of College Faculty and Student Procrastination. *College Student Journal*, 12 (2), Fall 1978, 256-62.

51) Anthony 1. Onwuegbuzie and Qun G. Jiao. I'll Go to the Library Later: The Relationship Between Academic Procrastination and Library Anxiety. *College & Research Libraries*, 61 (1), January 2000, 45-54.

52) Laura J. Solomon and Esther D. Rothblum. Academic Procrastination: Frequency and Cognitive-Behavioral Correlates. *Journal of Counseling Psychology*, 31, October 1984, 503-9; Joseph R. Ferrari, Johnson L. Judith, and William G. McCowan. *Procrastination and Task Avoidance: Theory, and Treatment*. New York: Plenum, 1995.

제8장

물리적 장서의 평가

08

"좋은" 것을 얻기 위해 모든 것을 수집하는 것이 갖는 문제점의 하나는 모든 "나쁜" 책이 "좋은" 장서에 미치는 영향에 대해 우리가 확신하지 못한다는 사실이다.

— *Elizabeth Futas and David Vidor* *

8.1. 서비스 정의

역사적으로 볼 때, 물리적 장서(physical collection)는 어느 도서관에서나 그 도서관의 존재 이유가 되고 있다. 아마도 도서관의 물리적 장서의 유형적(有形的) 성격 때문에, 도서관 장서의 규모와 이용의 평가에 관한 많은 문헌들이 존재하는 것 같다.

8.2. 평가 질문

도서관 장서들의 평가들은 다음과 같은 것들을 포함한 많은 목적들을 위해 이용되고 있다.

- 장서의 성격과 깊이, 유용성에 대한 더 정확한 이해를 얻는 것
- 현행의 장서 개발 정책과 수서 프로그램이나 방법, 소스들을 평가하는 것

---

* Elizabeth Futas and David L. Vidor. What Constitutes a "Good" Collection? *Library Journal*, 112, April 15, 1987, 45.

- 장서 기획과 전지(剪枝)(제적: weeding)에 대한 지침을 제공하는 것
- 도서관 소장 자료들에 있을 수 있는 갭들(gaps)을 확인하는 것
- 장서가 요구에 얼마나 잘 부응할 수 있는가에 대해 평가하는 것
- 수서 예산들을 배정하기 위한 더 합리적인 근거를 제공하는 것
- 자료 수서 예산을 지켜내는 것

8.3. 평가 방법

도서관 장서는 〈그림 8-1〉에서 볼 수 있는 것처럼, 도서관의 관점(내부 지향) 또는 고객의 관점(외부 지향)에서는 물론 양적 방법과 질적 방법을 둘 모두 이용하여 평가할 수 있다.

그림 8-1 장서 평가 방법

	질적 방법	양적 방법
도서관 관 점	전문가 의견 리스트들의 체크 컨스펙터스	규 모 이용 분석 서지 레코드들을 이용하는 필적할만한 도서관들과의 비교 중복 연구 인용 연구 도서관 상호 대차 분석 분실률 분석
고 객 관 점		이용자 서베이 서가상 입수가능성 연구 문헌 배달 관내 이용 연구 공식에 근거한 접근법 교육 과정 분석 도서관 상호 대차 통계 분석 제 적 가 치

도서관의 물리적 장서를 평가할 때는, 장서가 그 고객들의 니즈(needs)에 얼마나 잘 부응하고 있는가에 대한 더 균형 잡힌 시각을 얻기 위해 몇 가지 방법들을 이용하는 것이 중요하다. 장서를 평가할 때 제기되는 어려운 점

은 "도서관의 장서가 얼마나 **좋은**가?"라는 질문에 대답할 수 있도록, "좋다"는 용어에 대한 정의가 존재하지 않는다는 사실이다. 그럼에도 불구하고, 장서 평가는 도서관 장서 개발 정책의 필수적인 부분이 되어야 한다. 도서관 장서에 대한 정기적인 검토와 어세스먼트가 없으면, 장서 개발 정책은 그 고객의 변화하는 니즈에 부응하도록 갱신되지 못한 채, 외부와 단절된 상태에서 운영될 것이다.

8.4. 이전의 평가와 리서치에 대한 논의

8.4.1. 질적 방법

양적 데이터가 질적 정보보다 반드시 더 객관적인 것은 아니라는 사실이 인정되고 있기는 하지만, 장서를 평가하는 데 대한 질적 접근법은 주관적이다. 질적 방법들이 적합한 도구들과 기준, 지침, 절차의 이용을 통해 주관성을 줄일 수 있다는 사실에도 불구하고, 결국 이 방법은 주관적 판단에 의존한다. 어떤 사람들은 질적 접근법 또한 도서관의 자금을 지원하는 의사 결정자들에 대해 변호하기가 훨씬 더 어렵다고 주장할 것이다.

(1) 전문가 의견

서가상의 자료들을 조사하는 것은 때로는 서가 스캐닝(shelf scanning)이라고도 하는데, 이것은 장서, 특히 소규모의 더 전문화된 장서들을 평가하기 위한 효과적인 방식이다. 그와 같은 접근법은 분명히 주제 전문가(subject specialist)인 학식이 있고 기술을 갖춘 전문직을 필요로 한다. 서가 스캐닝을 수행하는 전문가는 장서에 추가해야 할 타이틀들을 확인하고, 복구하거나 폐기해야 할 후보 자료들을 확인하며, 발견 사항들에 대한 명문화된 보고서를 작성할 수도 있을 것이다. 조사는 비교적 짧은 기간에 완료될 수 있다.

이 접근법에는 분명한 문제점들이 있다. 주제 전문가가 반드시 그 주제 영역의 문헌의 전문가가 되는 것도 아니다. 아울러 주제 전문가는 도서관의 고객들의 니즈에 익숙하지 않을 수도 있을 것이다. 그리고 주제 전문가는 장서 구성에 대한 책임을 가지고 있는 개인이 되어서는 안 된다. 거기에는 분명한 이해의 충돌이 존재한다. 대규모 장서에 전문가를 이용하려면 다수의 평가자들이 필요하게 될 것이며, 비용이 급격하게 증가할 수도 있을 것이다.

교육과 연구에 필수적인 것으로 간주되는 핵심 리스트들은 학술 환경에 있는 교원의 여론 조사에 의해 만들어질 수 있다. 한 연구에서는 교원 서베이의 결과들과 인용 분석 및 대출 트랜잭션들을 바탕으로 한 데이터를 비교하여, 저널들의 핵심 리스트들이 거의 동일하다는 사실을 발견하였다.[1] 어느 경우에는, 사서들이 자신들의 "최선의 판단력"을 바탕으로 취소 리스트들(cancellation lists)을 개발하고 있다. 한 연구에서는 특정 저널 구독들을 취소하기 위해 사서들에 의해 이루어지는 "주관적인" 판단들은 교원의 추천들과 거의 동일하다는 사실을 밝혀냈다.[2]

(2) 리스트의 체크

도서관의 관종(館種)에 따라서는, 개인이나 팀이 그 소장 자료들을 출판된 리스트나 일련의 서지들에 비추어 체크할 수도 있다. 리스트나 서지들은 잘 선정해야 하고, 방법을 결정해야 하며(완전한 리스트를 체크할 것인지 아니면 표본을 체크할 것인지, 그리고 후자의 경우에 표본을 얼마나 크게 할 것인지?), 분석을 실행해야 하고, 보고서를 준비해야 한다. 리스트들을 체크하는 것은 장서 어세스먼트의 가장 오래된 형식들 중의 하나이다. 일반적으로 리스트 체크는 또 하나의 형식의 장서 어세스먼트와 결합된다.

대부분의 관종의 도서관들은 다음과 같은 몇 가지 기법들을 이용하여 그 니즈에 도움이 되도록 조정할 수 있을 것이다.

- **특정 관종의 도서관을 위해 발행되고 있는 단행본 타이틀 리스트의 체크.** 이 접근법의 변형은 지역 도서관의 소장 자료들을 몇몇 필적할만한 도서관들의 것들과 비교하는 것이다.

---

1) Diane Schmidt, Elizabeth B. Davis, and Ruby Jahr. Biology Journal Use at an Academic Library: Comparison of Use Studies. *Serials Review*, 20 (2), 1994, 45-64.

2) Robert N. Broadus. The Measurement of Periodical Use. *Serials Review*, 11 (2), 1985, 30-35.

- **특정 관종의 도서관을 위해 발행되고 있는 연속간행물 타이틀 리스트의 체크**
- **선정된 저널들의 인용들로부터 리스트를 작성하는 것**
- **리스트를 작성하고 두 번째 리스트를 작성하기 위해 첫 번째 리스트의 인용 표본을 선정하는 것**. 두 번째 리스트의 인용들의 표본은 세 번째 리스트로 이용된다. 리스트들의 이러한 연속적인 작성을 "단계화된"(tiered) 리스트 체킹이라 한다. 각 리스트는 도서관의 소장 자료들의 이용 가능성을 체크하기 위해 사용한다.
- **지역 이용자들이나 프로그램들에 중요한 저작들의 서지들이나 인용 리스트들의 체크**. 이 접근법의 변형은 지역 도서관의 소장 자료들을 몇몇 필적할만한 도서관들의 것들과 비교하는 것이다.
- **가장 많이 이용되고, 가장 많이 인용되는 타이틀 리스트들의 체크** – 추천 도서 목록(reading lists)이나 주제별 추천 도서 목록, 학과별 서지들로부터

Dennis Ridley와 Joseph Weber는 리스트 체킹 연구를 완성했는데, 그러고 나서 그들은 그것을 장서의 고객 대출에 대한 관내 연구의 분석과 결합하였다.[3] Harriet Lightman과 Sabina Manilov는 Northwestern University의 경제학 장서를 평가하기 위해 인용 분석과 함께 리스트 체킹을 이용하였다.[4] Russell Dennison은 도서관의 장서를 평가하기 위해 단계화된 체크리스트 접근법을 이용하였다.[5] 이 방법에 대한 비판들에는 리스트들은 짧은 기대 수명을 가지며, 도서관이 소장하고 있는 비교할만한 책들이 리스트들에 존재하지 않는다는 사실을 확인해주지 않는다는 점이 있다.

---

3) Dennis R. Ridley and Joseph E. Weber. Toward Assessing In-house Use of Print Resources in an undergraduate Academic Library: An Inter-Institutional Study. *Library Collections, Acquisitions & Technical Services*, 24, 2000, 89-103.

4) Harriet Lightman and Sabina Manilov. A Simple Method for Evaluating a Journal Collection: A Case Study of Northwestern University' s Economics Collection. *The Journal of Academic Librarianship* 26 (3), May 2000, 183-90.

5) Russell F. Dennison. Quality Assessment of Collection Development Through Tiered Check-lists: Can You Prove You Are a Good Collection Developer? *Collection Building*, 19 (1), 2000, 24-26.

(3) 컨스펙터스

1980년대와 1990년대에 인기를 모았던 컨스펙터스(conspectus)의 개발은 학술도서관으로 하여금 그 장서의 깊이나 포괄성을 평가할 수 있도록 해주었다. 어세스먼트(1-5의 등급 평가를 사용하며, 5는 최고 수준의 깊이 — 최고의 연구 장서 — 를 반영한다)는 일반적으로 프로세스를 도와주기 위한 다양한 도구를 이용하였다. 그러나 최종적으로 등급 평가는 주관적인 판단이었다.[6] 컨스펙터스가 협동 장서 개발을 촉진하는 데 도움을 주고 도서관의 장서의 일부를 업그레이드하기 위한 기획 도구의 역할을 하기를 바랐다. 컨스펙터스의 이용은 그 유용성을 높은 개발 비용들과 유지 보수 비용들과 맞출 수 없게 되면서 인기가 시들해졌다. 장서 규모나 깊이에 관한 측도들은 대학 커뮤니티에 대한 장서의 품질이나 편익들의 측도들로는 부적합하다는 회의론도 늘어나고 있다.

컨스펙터스 접근법의 한 변형이 Howard White에 의해 개발되었는데, 그것은 도서관의 소장 자료들에 대한 짧은 리스트들 — White가 간략 테스트(brief tests)라고 부르는 것 — 을 비교하는 것을 바탕으로 하고 있다. White의 간략 테스트 방법은 어떤 도서관의 장서를 다른 도서관과 비교하는 것은 그 도서관이 주제 영역에 대한 아이템들의 올바른 믹스(mix)를 가지고 있는지의 여부나 대학의 교육 과정을 위한 레벨들의 올바른 믹스를 가지고 있는지의 여부를 밝혀주지 못한다는 전제를 바탕으로 하고 있다.[7] David Lesniaski는 간략 테스트 방법의 단순화를 제안하고 있다.[8]

---

6) Nancy E. Gwinn and Paul H. Mosher. Coordinating Collection Development: The RLG Conspectus. *College & Research Libraries*, 44, March 1983, 128-40.

7) Howard D. White. *Brief Tests of Collection Strength: A Methodology for All Types of Libraries*. Westport, CT: Greenwood Press, 1995.

8) David Lesniaski. Evaluating Collections: A Discussion and Extension of Brief Tests of Collection Strength. *College & Undergraduate Libraries*, 11 (1), 2004, 11-24.

8.4.2. 양적 방법

장서 어세스먼트에 대한 양적 접근법의 매력은 그것은 문제점이 존재할 경우, 그 문제점의 크기에 대한 비교적 분명한 그림을 제시해준다는 사실이다. 아울러 숫자들은 위안이 된다. "우리와 필적할만한 도서관들과 비교해 볼 때, 이 도서관은 10퍼센트 더 많은 소장 자료들을 가지고 있다"거나 또는 "우리 이용자들은 그들이 찾고 있는 것들의 70퍼센트를 찾아내는 반면, 다른 도서관들에서는 입수 비율들이 더 낮다"는 것이 그 예이다. 이 접근법의 매력에도 불구하고, 통계는 잘못 해석될 수 있고 오류가 있는 결론들을 이끌어낼 수 있기 때문에 양적 방법들은 신중하게 이용해야 한다.

(1) 규 모

장서의 절대적 규모는 평가를 위해 이용할 수 있는 하나의 특성이다. 사실상 도서관의 자료들의 수치들은 아마도 도서관들을 평가하고 비교하기 위한 가장 오래된 측도들의 하나일 것이다. 수십 년 동안 도서관의 장서의 규모는 표준과 비교되었다. 다양한 관종의 학교도서관과 공공도서관, 전문대학 도서관, 대학도서관, 전문도서관들을 위한 표준들이 존재하였다. 1980년대 동안 표준들의 이용은 일반적으로 인기가 시들해졌다. 다만 미국의 경우 일부 주들에서는 여전히 공공도서관들을 위한 표준들을 사용하고 있다. 표준들이 가지고 있는 주된 문제점들 중 하나는 "최소" 표준이 의사 결정자들에 의해 "최적" 표준으로 간주되는 경우가 많으며, 따라서 특정 도서관의 성장을 저해한다는 점이다.

"만일의 경우에 대비하여 제공하는"(just-in-case) 대규모의 장서들을 구축하는 것은 인쇄 자료만으로 이루어진 환경에서는 타당하였다. 장서가 학생들과 교원이 찾고 있는 것들을 포함하고 있으면, 그것은 이용될 것이다(적어도 그것은 바람이었다!). 대부분의 학술도서관들은 교원의 표출된 니즈(needs)에 반응하고 자꾸 더 큰 규모의 장서들을 구성하기 위해 더 많은 돈을 얻어내고자 하는 교원이 불러일으키는 긍정적인 느낌들을 이용하였다. 이 접근법은 규모에 의해 품질을 판단하는 결과를 초래하였으며(Association of Research Libraries나 ARL 랭킹들에서처럼), 도서관들은 좋은 시기에든 나쁜 시기에든 이 표준에 사로잡혀 있었다. 최종 결과는 Allan Pratt와 Ellen Altman이 풍자적으로 지적하고 있는 것처럼, 도서관은 "숫자에 살고, 숫자에 죽게" 될 것이라는 사실이다.[9)]

Johann Van Reenen은 ARL 랭킹들은 대학도서관들의 상대적 규모의 측도라는 사실을 확인하고, 어떤 특정 도서관이 5점이 넘게 올라갈 것으로 기대하는 것은 예산과 그 밖의 자원 제약들 때문에 비현실적이라는 사실을 보여주었다.[10)]

원 수치들 이외에도, 규모를 반영하는 측도들의 수많은 순열들이 있다. 즉 인구 당 권수, 학생 당 권수(FTE[11)]), 장서의 세목들의 수치들(자료 유형과 청구 기호 범위에 의한), 장서의 성장 등이 그것이다.

(2) 이용의 분석

자료들의 관내 이용이나 대출을 바탕으로 도서관 장서의 이용에 대한 분석을 준비하는 것은 장서의 적합성을 평가하기 위한 또 하나의 방법이다. 이 분석은 집중적으로 이용되는 영역들은 물론 거의 또는 전혀 이용되지 않는 장서의 영역들을 밝혀주게 될 것이다. 소장 자료들에 관련된 이용에 대한 이론은 A. K. Jain[12)]과 George Bonn[13)]에 의해 개발되었다. Bonn은 특정 주제의 유통 퍼센티지를 동일한 주제의 소장 퍼센티지로 나누어 "이용 지수"(use factor)를 만들어낼 것을 제안하였다. 큰 이용 지수들(예를 들면 2.1)은 집중적으로 이용되는 장서의 부분들을 나타내며, 아마도 수서 예산은 이 분야에 지출해야 할 것이다. 역으로, 작은 이용 지수들(예를 들면 .3)은 아주 많이 이용되지는 않는 장서의 부분들을 나타내며, 아마도 더 적은 수서 비용

9) Allen D. Pratt and Ellen Altman. Live by the Numbers, Die by the Numbers. *Library Journal*, 122, April 15, 1997, 48-49.

10) Johann Van Reenen. Library Budgets and Academic Library Rankings in Times of Transition. *The Bottom Line*, 14 (4), 2001, 213-18.

11) 역자주: Full Time Equivalent의 약어로, 1 FTE는 전임 근무자 1인을 말하고, 반일 근무자는 1/2 FTE로 표시된다.

12) A. K. Jain. Sampling and Data Collection Methods for a Book-Use Study. *Library Quarterly*, 39, July 1969, 245-52.

13) George S. Bonn. Evaluation of the Collection. *Library Trends*, 22, January 1974, 265-304.

들이 이 분야에 사용될 것이다. 1.0이라는 이용 지수는 수서와 이용 간의 균형을 나타낸다. Paul Metz는 "이용 지수"를 비례 이용 통계(proportional use statistic)라고 부르고 있다.[14)]

Terry Mills는 이 개념을 확장하고, Bonn의 이용 지수는 100을 곱하여 "기대되는 이용의 퍼센티지"를 산출해야 한다고 제안하였다. 어떤 주제 영역의 기대되는 이용이 100퍼센트(이것이 논리적으로 들린다)라면, 100퍼센트가 넘는 주제 영역들은 기대를 초과하여 이용되는 반면, 100퍼센트 이하의 영역들은 충분히 이용되지 않는 것이다.[15)]

주관적인 경계선들에 의존하는 대신에, Ken Dowlin과 Lynn McGrath는 과다 이용(overuse)과 과소 이용(underuse)을 정의하기 위한 더 객관적인 방식으로 표준 편차를 이용할 것을 추천하였다.[16)] William Aguilar는 그와 같은 분석은 "소장 자료들에 대한 도서관 상호 대차 대출들의 비율"을 준비함으로써 보완되어야 한다고 제안하였다. 그 계산은 어떤 주제 영역의 대출 퍼센트를 동일한 영역의 소장 자료 퍼센티지로 나누게 될 것이다.[17)]

타이틀이나 복본별 이용 가능성 정보는 오늘날의 거의 모든 자동화된 도서관 시스템들의 보고 기능들(reporting capabilities)을 고려하면 비교적 간단하다. 한 가지 유용한 분석은 소장 자료들의 퍼센트(percent holdings)(자료 유형과 청구 기호 범위에 의한)를 〈그림 8-2A〉에 나타나 있는 범주들을 이용하여 유통 퍼센트와 비교하는 것이다. 이 분석은 "유통/소장 자료 비율"(circulation/holdings ratio), "유통/재고 비율"(circulation/inventory ratio), "장서 회전율"(stock turnover ratio), "재고 이용률"(inventory use ratio), "유통의 강도"(intensity of circulation) 등으로 불리고 있다.

---

14) Paul Metz. *The Landscape of Literatures: Use of Subject Collections in a University Library*. Chicago: American Library Association, 1983.

15) Terry R. Mills. *The University of Illinois Film Center Collection Use Study*. CAS Paper. Urbana: University of Illinois-Urbana, 1981.

16) Ken Dowlin and Lynn Magrath. Beyond the Numbers: A Decision Support System, in *Proceedings of the 1982 Clinic on Library Applications of Data Processing*. Urbana: University of Illinois, Graduate School of Library and Information Science, 1983, 27-58.

17) William Aguilar. The Application of Relative Use and Interlibrary Demand in Collection Development. *Collection Management*, 8 (1), Spring 1986, 15-24.

이 차트는 동일한 범주들에 대한 수서 예산의 현재 퍼센트를 표시함으로써 개선할 수 있다. 유사한 차트들을 논픽션 장서(분석에는 20개가 넘지 않는 범주들이 포함되어야 한다)(〈그림 8-2B〉를 보라)와 수서 예산 퍼센트에 대한 유통 퍼센트(〈그림 8-2C〉를 보라), 그리고 많은 다른 변형들에 대해서도 마련할 수 있다.

그림 8-2A 소장 자료 퍼센트와 유통 퍼센트의 비교

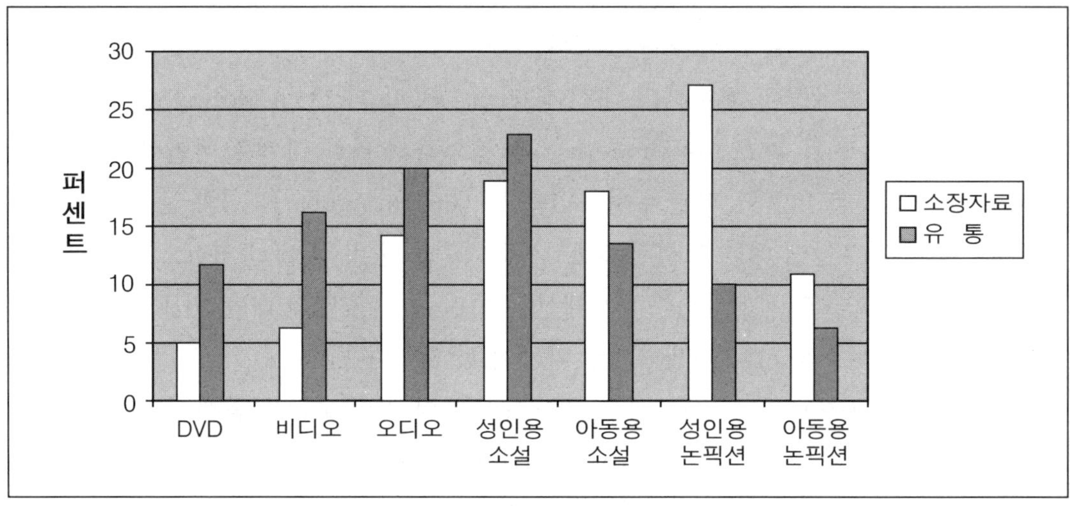

그림 8-2B 소장 자료와 논픽션 유통의 비교

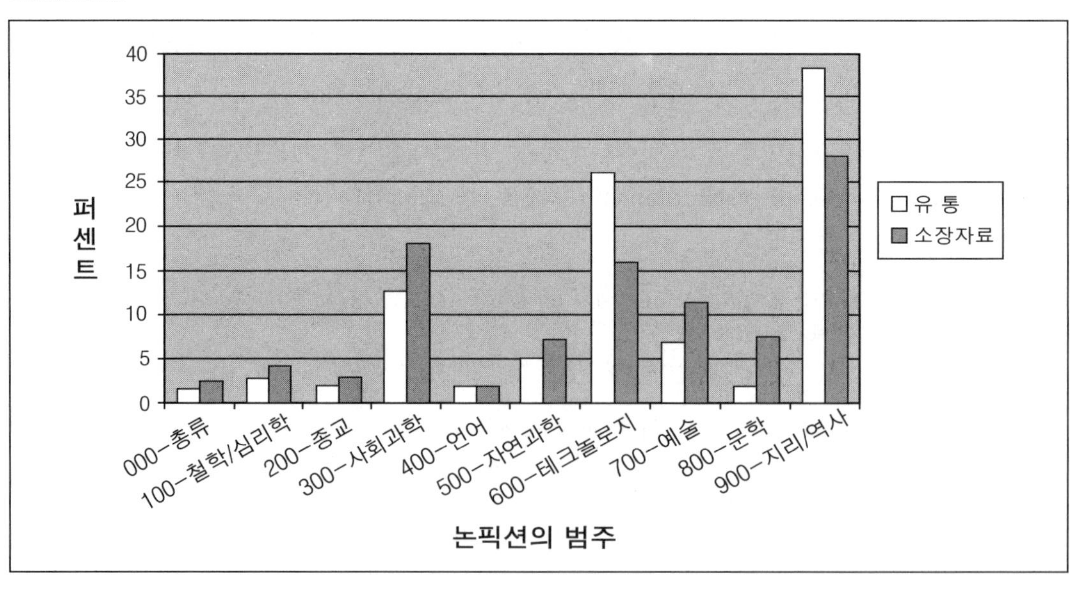

논픽션의 유통과 지출 그림 8-2C

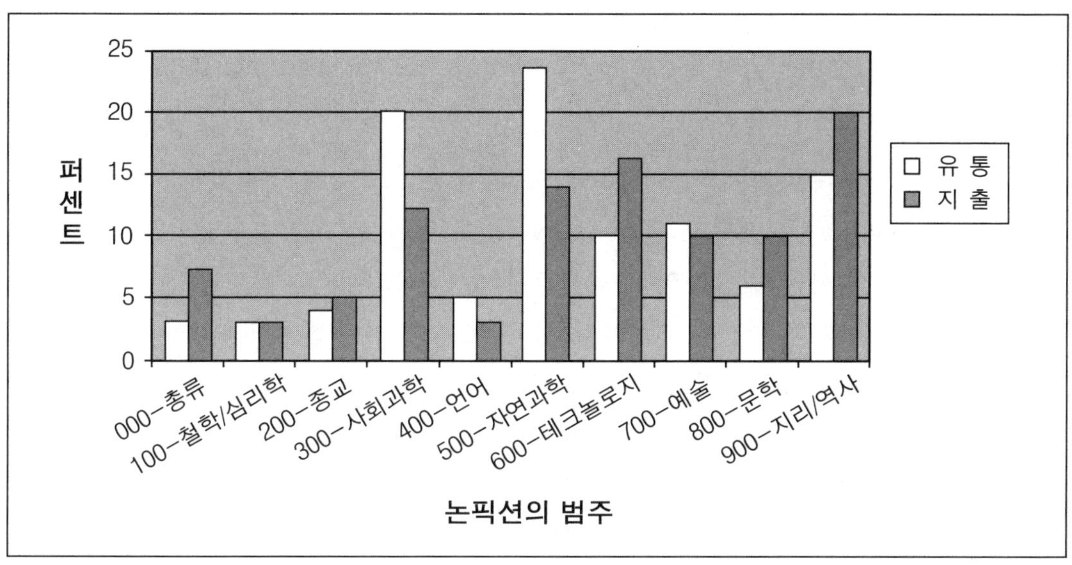

학술 기관들의 도서관들과 같은 어떤 관종의 도서관들은 비교적 적은 수의 중복된 타이틀들을 갖게 되는 반면, 특히 많은 수의 분관들을 가지고 있는 공공도서관에서는, 유일무이한 타이틀들의 수에 비해 권수는 아주 많을 수 있다. 대다수의 공공도서관들은 일상적으로 어떤 타이틀의 복본수에 대한 예약수를 나타내는 보고서를 준비하여, 예약/소장 자료 비율이 특정의 한계치를 초과하면 그 타이틀의 추가 복본들을 주문할 수 있도록 하게 될 것이다.

어린이 책들의 유통에 대한 분석에서는 다음과 같은 결과를 발견하였다.

- 수상(受賞) 도서들은 베스트셀러 리스트들에 잘 나타나지 않는다.
- 베스트셀러 리스트들은 많은 시리즈 도서들(*Harry Porter* 시리즈나 *Series of Unfortunate Events* 도서들과 같은)을 포함하고 있다.
- 베스트셀러들보다 더 적은 수의 수상 도서들을 서가에서 발견할 수 있다.
- 어린이들이 더 많은 독서를 하도록 자극해주는 소수의 책들은 수상 도서들이다.[18)]

18) Joanne Ujiie and Stephen Krashen. Are Prize-Winning Books Popular Among Children? An Analysis of Public Library Circulation. *Knowledge Quest*, 34 (3), January/February 2006, 33-35.

Richard Trueswell은 인쇄 장서의 작은 부분(약 20퍼센트)이 유통의 80퍼센트를 차지할 것이라는 사실을 보여줌으로써 80/20 규칙을 도입하였다.[19] 당연한 귀결이지만, 소장 자료들의 50퍼센트가 유통의 90퍼센트를 떠맡을 것이며, 소장 자료들의 60퍼센트는 유통의 99퍼센트에 상응하게 될 것이다. 파레토 효과(Preto effect)로 더 대중적으로 알려져 있는 80/20 규칙은 이탈리아의 경제학자 Vilfredo Pareto에 의해 1906년에 개발되었다. Joseph Juran 박사는 결함들의 20퍼센트가 문제점들의 80퍼센트의 원인이 된다는 사실을 확인했을 때 자신이 "중요한 소수와 대수롭지 않은 다수"(vital few and trivial many)라고 명명한 보편적인 원칙을 인식하였다. University of Tennessee의 Knoxville Library는 전체 장서에 대한 80/20 규칙의 적용 가능성을 확인하는 분석을 준비하였는데(〈그림 8-3〉을 보라), 이 규칙이 미국의회도서관분류표(LCC)의 다양한 섹션들에는 적용되지 않았다(어느 한 유의 유통의 80퍼센트는 소장 자료들의 6 내지 40퍼센트로부터 요구되었다).[20] 그와 같은 분석을 이용하여, 도서관은 집중적으로 이용되는 장서의 영역들을 확장하여 "보상"하고 이용되지 않는 장서 부문들(20퍼센트 이상의 숫자들을 가지고 있는)의 수서들을 축소할 수도 있을 것이다.

그림 8-3 UTK 도서관의 80/20 규칙 테스트

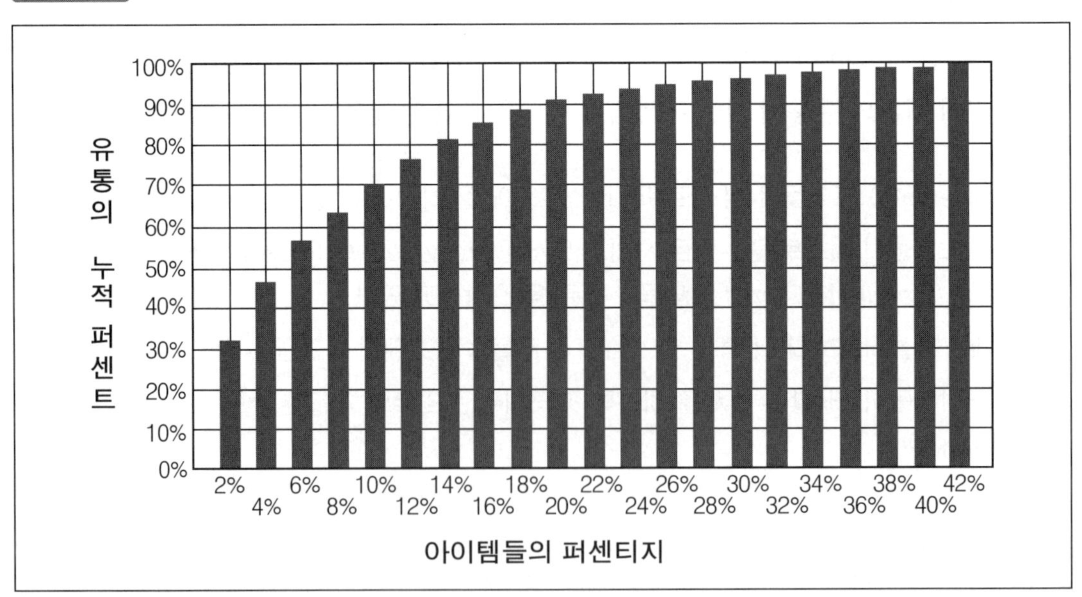

놀라운 것은 아니지만, 80/20 규칙은 우리 전문직에서 약간의 논의를 촉발시켰다. Seymour Sargent는 University of Wisconsin의 Oshkosh Library에서 실시한 연구에 관해 보고하였다. 이용량을 알아보기 위해 1,200권의 책들로 이루어진 표본을 조사하였는데, 부분적으로는 도서관 장서들의 연도가 비교적 얼마 안 되었기 때문에, 불과 7과 1/2년의 서가 기간이 유통의 99퍼센트를 차지하였으며, 표본의 불과 12퍼센트만 전혀 유통되지 않았다.[21)]

일부의 장서를 고려해 보라. 그것이 더 많이 이용되면 될수록, 어떤 특정 아이템을 고객이 찾을 때 그것이 서가에 없게 될 가능성은 더 높을 것이다. 이러한 집중적인 이용과 그것이 고객에게 미치는 영향을 "서가 편중 현상"(shelf bias)이라 한다. 예를 들어보면 이 현상을 설명하는 데 도움이 될 것이다. 하루 동안 고객이 잇따라 장서의 특정 영역의 서가에서 아이템들을 검색하며 선택의 폭이 좁다는 것을 알게 된다. 날짜가 지나가면서, 입수할 수 있는 아이템들의 선정은 서가 편중 현상이 증가함에 따라 점점 더 관심이 줄어들게 된다. 최종 결과는 서가들이 어느 누구도 원하지 않는 아이템들만 가지고 있게 될 것이라는 것이다.[22)]

Yvonne Jones는 학술도서관들의 특대형 자료들의 이용을 조사하여, 이러한 자료들은 서베이한 도서관들의 거의 절반에서 별도 영역에 배가하고 있는 반면, 28퍼센트는 특대형 자료들을 별도 영역이지만 같은 층에 배가하고 있다는 사실을 발견하였다. 그러나 그것들을 배가하는 장소에 관계없이, 특대형 자료들은 나머지 장서들보다 상당히 적은 유통이 이루어지고 있었다.[23)]

---

19) Richard W. Trueswell. Some Behavioral Patterns of Library Users: The 80/20 Rule. *Wilson Library Bulletin*, 43, January 1969, 458-61.

20) William A. Britten. A Use Statistic for Collection Management: The 80/20 Rule Revisited. *Library Acquisitions: Practice & Theory*, 14, 1990, 183-89.

21) Seymour H. Sargent. The Uses and Limitations of Trueswell. *College & Research Libraries*, 40, September 1979, 416-23.

22) Michael K. Buckland. An Operations Research Study of a Variable Loan and Duplication Policy at the University of Lancaster. *Library Quarterly*, 42, 1972, 97-106.

23) D. Yvonne Jones. Oversized and Underused: Size Matters in Academic Libraries. *College & Research Libraries*, 67 (7), July 2006, 325-33.

Paul Kantor와 Wonsik Shim은 1995년부터 1996년까지 Association of Research Libraries의 유통 데이터를 분석하여 "제곱근 법칙"(square root law)을 작성하였는데, 이것은 유통이 독자 모집단(FTE 학생들의 수)과 장서 규모의 분수 거듭 제곱(fractional power)의 곱(product)의 제곱근에 비례한다고 설명한다.[24)]

University of Pittsburgh의 연구. 아주 중요한 연구가 Allen Kent와 그의 동료들에 의해 University of Pittsburgh에서 실시되었다. 이 팀은 1969년에 목록을 작성한 36,892권의 책들을 조사하여, 40퍼센트는 1975년 말까지 전혀 유통된 적이 없다는 사실을 발견하였다. 이 팀은 또한 자료들의 관내 이용을 조사하고, 유통 데이터는 높은 신뢰도를 가지고 전체 도서 이용을 측정하기 위해 활용할 수 있다고 결론지었다 — 최소한 한번은 이용된 책들의 측면에서. 저널 이용에 대한 조사에서는 일반적으로 이용이 저조하며 이용된 저널들은 기본적으로 최신 저널이라는 사실을 발견하였다. 이 연구에서는 또한 책들과 저널들에 대해 이용 당 비용을 산출하였다.[25)] 놀라운 것은 아니지만, 이 연구는 극심한 논쟁을 야기하였다.[26)] Kent와 그의 공저자들은 이 팀은 분석에서 보수적이었다는 사실에 주목하면서, 비판에 대응하였다.[27)]

Kent와 그의 동료들이 수집한 데이터에서는 어떤 책이 장서에 추가된 후에 이용될 기회는 둘 중의 하나(1/2)에 불과하다고 주장하고 있다. 도서관에서 처음 2년이 경과한 후에는, 그것이 이용될 기회가 넷 중의 하나(1/4)로 떨어진다. 그리고 처음 6년이 경과한 후에도 그것이 이용되지 않는다면, 이

24) Paul B. Kantor and Wonsik Shim. Library Circulation as Interaction Between Readers and Collections: The Square Root Law. *Proceedings of the American Society for Information Science*, 35, 1998, 260-66.

25) Allen Kent, Jacob Cohen, K. Leon Montgomery, James G. Williams, Stephen Bulick, Roger R. Flynn, William N. Sabor, and Una Mansfield. *Use of Library Materials: The University of Pittsburgh Study*. New York: Marcel Dekker, 1979.

26) Jasper G. Schad. Missing the Brass Ring in the Iron City. Journal of Academic Librarianship, 5, May 1979, 60-63; Melvin J. Voight. Circulation Studies Cannot Reflect Research Use. *Journal of Academic Librarianship*, 5, May 1979, 66; Leslie Peat. The Use of Research Libraries: A Comment about the Pittsburgh Study & Its Critics. *Journal of Academic Librarianship*, 7, September 1981, 229-31.

27) Allen Kent. A Rebuttal. *Journal of Academic Librarianship*, 5, May 1979, 69-70; and Allen Kent et al. A Commentary on "Report on the Study of Library Use at Pitt by Professor Allen Kent et al." The Senate Library Committee, University of Pittsburgh, July 1969. *Library Acquisitions: Practice & Theory*, 4 (1), 1980, 87-99.

용될 확률은 1/50으로 떨어진다.

Larry Hardesty는 Indiana의 DePauw University에서 Pittsburgh 연구를 반복하면서, 1972년부터 1983년 사이에 수서된 1,904권의 책들의 유통 이력을 조사하였다. 이 연구는 Pittsburgh 연구의 타당성을 입증하고, 일반적으로 책들은 Pittsburgh의 경우보다 더 적게 이용된다는 사실에 주목하였다. 즉 37퍼센트의 책들은 5년간의 연구 동안 유통되지 않았고, 44퍼센트는 수서된 처음 3년 이내에 유통에 실패하였다. DePauw의 경우는, 30퍼센트의 책들이 유통의 80퍼센트를 차지하여, Trueswell의 80/20 규칙과 대략 일치하였다.[28)]

Pittsburgh 연구는 Florida의 Eckerd College의 Hardesty에 의해 재차 반복되었다. 1982-1983 회계 연도 중에 구입된 1,398권의 책들을 모니터링하였는데, 이 책들의 대략 3분의 1이 한 번도 유통되지 않았다. 자료들의 관내 이용과 유통된 자료들 간에 높은 상관 관계가 발견되었다.[29)] 따라서 학술도서관의 규모에도 불구하고, "만일의 경우에 대비하여 제공하는"(just-in-case) 장서를 구성하는 것은 대부분의 자료들이 전혀 이용되지 않는 결과를 초래하게 될 것이다!

사서들에 의해 선정된 자료들은 Debbi Dinkins에 의해 실행된 연구에 따르면, 교원에 의해 제안된 자료들만큼 또는 그보다 더 많이 유통될 가능성이 있었다.[30)]

마지막으로, Robert Hayes는 Pittsburgh 연구의 데이터를 분석하고 유통 데이터는 연구 장서의 총 이용을 적합하게 표현하지 못한다고 주장하였다. 그는 유통 데이터가 자료를 멀리 있는 보관소로 격하시키기 위한 유일한 기준이 될 경우에는, 관내 이용의 25퍼센트까지가 부정적으로 영향을 받게 될 것이라는 점을 제시하였다.[31)]

---

28) Larry Hardesty. Use of Library Materials at a Small Liberal Arts College. *Library Research*. 3, Fall 1981, 261-82.

29) Larry Hardesty. Use of Library Materials at a Small Liberal Arts College: A Replication. *Collection Management*, 10 (3/4), 1988, 61-80.

30) Debbi Dinkins. Circulation as Assessment: Collection Development Policies Evaluated in Terms of Circulation at a Small Academic Library. *College & Research Libraries*, 64 (1), January 2003, 46-53.

또한 University of Chicago에서 실행된 고전적인 연구에서, Herbert Fussler와 Julian Simon은 과거 이용은 현재 이용의 좋은 예측 변인이며 따라서 현재 이용은 미래 이용의 좋은 예측 변인이 될 가능성이 있다는 사실을 밝혀냈다.[32]

Paul Metz와 Charles Litchfield는 표본 크기가 충분히 크다면, 3일간의 유통 데이터는 표본을 추출하기 위한 최소량이라고 주장하였다.[33] 그러나 오늘날 거의 모든 도서관들에 설치되어 있는 자동화 시스템들 덕택에 더 짧은 기간에 대해 소요되는 것과 동일한 노력을 이용하여 상당 기간에 대한 유통 데이터 분석을 할 수 있게 되었다. 아울러 더 긴 기간들을 이용하면 당해 연도나 당해 학기중에 발생할 수도 있는 이용의 차이들을 균등하게 해줄 것이다.

특정 도서관의 이용 패턴들을 알아낼 필요성을 실증해주는, 보건학 학술 도서관의 단행본 이용을 반영한 두 개 연구들이 흥미롭다. University of New Mexico의 School of Medicine의 Jonathan Eldridge는 대부분의 단행본들(84퍼센트)이 수서가 이루어진 이후 4년 이내에 최소한 한 번은 유통된다는 사실을 발견하였다.[34] 두 번째 연구에서는 1,674개 단행본들 중, 81퍼센트가 서가 생활의 처음 3년 동안 한 번은 유통이 이루어졌음을 밝혀냈다. 39퍼센트는 첫 해에, 32퍼센트는 두 번째 해에, 29퍼센트는 세 번째 해에 유통이 이루어졌다.[35] 두 연구 모두에서 낮은 단행본 대 이용자 비율이 이례적인 이용 패턴을 설명해줄 수도 있다는 사실을 관찰하였다.

---

31) Robert M. Hayes. The Distribution of Use of Library Materials: Analysis of Data from the University of Pittsburgh. *Library Research*, 3, Fall 1981, 215-60.

32) Herbert H. Fussler and Julian L. Simon. *Patterns in the Use of Books in Large Research Libraries*. Chicago: University of Chicago Press, 1969.

33) Paul Metz and Charles A. Litchfield. Measuring Collections Use at Virginia Tech. *College & Research Libraries*, 49, 1988, 501-13.

34) Jonathan D. Eldridge. The Vital Few Meet the Trivial Many: Unexpected Use Patterns in a Monographs Collection. *Bulletin of the Medical Library Association*, 86 (4), October 1998, 496-503.

35) Deborah D. Blecic. Monograph Use at an Academic Health Science Library: The First Three Years of Shelf Life. *Bulletin of the Medical Library Association*, 88 (2), 2000, 145-51.

(3) 서지 레코드의 비교

기계 가독 서지 레코드들(machine-readable bibliographic records)의 용이한 입수 가능성을 고려하면, 특정 도서관의 소장 자료들을 필적할만한 도서관들의 그룹의 소장 자료들과 비교하는 분석을 준비할 수 있다.

OCLC는 도서관으로 하여금 그 장서를 그 도서관이 선정한 필적할만한 도서관들의 그룹과 비교할 수 있도록 해주는 WorldCat Collection Analysis라는 서비스를 제공하고 있다. 특정 주제 영역들이나 전체 장서에 대해 비교들이 이루어질 수 있다. 분석은 규모, 나이, 증가, 타이틀 중복, 특유성 등을 포함하게 될 것이다.[36] 보고서들 중의 하나는 "표적"(target) 도서관이 소장하고 있지 않으면서 다른 도서관들이 보유하고 있는 타이틀들의 리스트이다. 이 타이틀들의 리스트는 이러한 타이틀들이 그 도서관에서 대출되거나 이용된 적이 있는지의 여부는 나타내주지 않고 있다. 이 OCLC 서비스를 유용하게 확장하면 유통 이력이나 해당 타이틀이 필적할만한 도서관들에서 이전 5년 동안에 최소한 한 번은 유통된 적이 있다는 사실만을 자동적으로 얻게 될 것이다.

(4) 중복 연구

중복 연구(overlap study)는 자료들이 다수의 도서관들에 얼마나 분포되어 있는지를 밝혀주게 될 것이다. 중복 연구들은 장서들 사이의 중복이나 겹치는 것들에 대한 정보를 제공하는 한편 중복되지 **않은** 자료들을 밝히고자 하는 의도를 가지고 있다. 중복 연구는 도서관들 사이의 협동 프로그램이나 분산 프로그램을 기획하는 데 유용하다.

중복 분석을 준비하기 위해 이용할 수 있는 표본 추출 방법들은 다음과 같은 것들이 있다.

---

36) Lucy E. Lyons. A Critical Examination of the Assessment Analysis Capabilities of OCLC ACAS. *The Journal of Academic Librarianship*, 31 (6), November 2005, 506-16.

- 어떤 자료를 공통적으로 소장하고 있는지 알아보기 위해 목록의 여러 부문들을 비교하는 것
- 국가 서지(national bibliography)나 주제 서지(subject bibliography)와 같은 외부 리스트들로부터 표본을 추출하는 것
- 각 도서관으로부터 무작위 표본들을 선정하고 관여하는 다른 도서관들에 비추어 그것들을 체크하는 것(각 표본은 장서의 규모에 비례해야 한다)
- 최근에 수서된 타이틀들 사이에서 어느 정도의 중복이 포함될 수도 있는 최근의 수서들을 비교하는 것

한 유형의 중복 연구는 유일무이한 타이틀들의 분포를 확인하는 것은 물론 둘 이상의 도서관들이 소장하고 있는 타이틀들의 중복을 밝혀줄 것이다. University of California 도서관들 사이의 중복에 대한 연구에서는 Berkeley의 소장 자료들의 75퍼센트가 북부 UC 도서관들 사이에서 유일무이하고, UCLA의 타이틀의 45퍼센트가 남부 UC 도서관들 사이에서 유일무이하다는 사실을 발견하였다. 또한 Berkeley와 UCLA 소장 자료들의 53퍼센트는 다른 UC 도서관과 중복되었다.[37)]

1970년대 말중에, University of Wisconsin 시스템 도서관들에 추가된 모든 타이틀의 82퍼센트는 단 하나의 도서관에 의해 소장되어 있고, 불과 18퍼센트만 두 도서관들에 의해 소장되었다.[38)] Indiana의 SULAN 도서관들은 타이틀의 45퍼센트는 유일무이하며, 26퍼센트는 두 도서관에 의해 소장되어 있다는 사실을 발견하였다.[39)] Thomas Nisonger는 17개 Texas 도서관의 소장 자료들을 조사했을 때 52퍼센트라는 높은 비율에 주목하였다.[40)] William Potter가 Illinois의 21개 학술도서관의 소장 자료들을 조사했을 때 독

37) W. S. Cooper, D. D. Thompson, and K. R. Weeks. The Duplication of Monograph Holdings in the University of California System. *Library Quarterly*, 45, 1975, 253-74.

38) B. Moore, I. J. Miller, and D. L. Tolliver. Title Overlap: A Study of Duplication in the University of Wisconsin System Libraries. *College & Research Libraries*, 43, 1982, 14-22.

39) Ruth H. Miller and Martha W. Niemeier. A Study of Collection Overlap in the Southwest Indiana Cluster of SULAN. *Indiana Libraries*, 9 (2), 1990, 45-54.

40) Thomas Nisonger. Editing the RLG Conspectus to Analyze the OCLC Archival Tapes for Seventeen Texas Libraries. *Library Resources & Technical Services*, 29, October/December 1985, 309-27.

자적인 타이틀의 비율이 훨씬 더 높다는 사실을 발견하였다.[41]

OhioLINK 컨소시엄의 소장 자료들에 대한 분석은 고객 주도의 대출을 위해 입수할 수 있는 복본들의 수는 물론 최근에 출판된 자료들의 중복 숫자를 알아보기 위해 이루어졌다.[42] 415개 타이틀의 표본을 이용하여, 중복 수준이 높다는 사실(구입된 복본의 70퍼센트는 이용되지 않고 있었다)과 시간이 흐르면서 중복 수준이 증가한다는 사실을 밝혀냈다.

두 개 병원 보건학 도서관들의 연구에서는 중복의 범위가 단행본들은 20 내지 26퍼센트에 달하고 연속간행물 타이틀들은 45 내지 58퍼센트에 달한다는 사실을 발견하였다.[43] 약간 오래 되기는 했지만, William Potter는 장서 중복 연구들에 대한 훌륭한 리뷰를 준비한 바 있다.[44]

William McGrath는 도서관들 간의 중복을 보여주는 테이블을 마련하였는데, 그것은 도로 지도에 도시들 간의 거리들을 보여주는 테이블과 유사하다. McGrath의 테이블은 다차원 척도(MDS: multidimensional scaling) 기법으로 알려져 있다. 60개 도서관들의 데이터를 조사한 후에 McGrath에 의해 준비된 분석에서는 도서관의 관종에 의한 클러스터링(clustering)과 지역적 입지는 중복에 영향을 미치지 않는 것 같다는 사실을 보여주었다.[45]

---

41) William Gray Potter. Collection Overlap in the LCS Network in Illinois. *Library Quarterly*, 56 (2), 1986, 119-41.

42) Rob Kairis. Consortium Level Collection Development: A Duplication Study of the OhioLINK Central Catalog. *Library Collections, Acquisitions, & Technical Services,* 27, 2003, 317-26.

43) Sue Stroyan. Collection Overlap in Hospital Health Sciences Libraries: A Case Study. *Bulletin of the Medical Library Association*, 73 (4), October 1985, 358-64.

44) William G. Potter. Studies of Collection Overlap: A Literature Review. *Library Research*, 4, Spring 1982, 309-21.

45) William E. McGrath. Multidimensional Map of Library Similarities. *Proceedings of the American Society for Information Science*, 18, 1980, 298-300.

(5) 인용 연구

1969년에 Alan Pritchard에 의해 소개된 용어[46)]인 **계량서지학**(計量書誌學: bibliometrics)은 문헌들의 이용과 학술 커뮤니케이션에 관련되어 있는 패턴들을 분석하기 위해 통계 데이터를 이용한다. 계량서지학의 주요 분과학은 인용 연구(citation studies) — 책들과 논문들과 같은 문헌들의 참고 문헌들과 그에 대한 인용들에 대한 분석 — 이다. 인용 연구의 용도로는 다음과 같은 것들이 있다.

- 어떤 학문의 핵심 저널들(core journals)을 확인하는 것으로, 이것은 도서관으로 하여금 대부분의 요구를 충족시킬 수 있게 해줄 것이다.
- 언어와 연륜, 출판지의 측면에서 학문의 구조를 분석하는 것
- 가장 생산성이 높은 저자들과 학과들, 대학들, 국가들을 확인하는 것
- 학문의 성장과 도태, 분산을 확인하는 것
- 취소하기 위한 후보들로서 거의 인용되지 않는 연속간행물들을 확인하는 것
- 연속간행물/단행본 지출 비율들이 적합한지의 여부를 결정하는 것
- 교재의 인용들을 도서관의 소장 자료들에 비추어 체크하는 것
- 대학교 교원의 연구 생산성을 평가하는 것

인용 분석의 가치는 인용들은 학자들에 의해 진지하게 다루어지며 어떤 토픽에 관련된 추가의 자료들을 찾아내기 위해 이용된다는 점이다. 인용 분석은 학술 환경에서 가장 빈번하게 이루어진다. 다만 일부 전문도서관들에서도 이용되고 있다. 인용 분석은 인용들을 쉽게 입수할 수 있고 번잡스럽지 않기 때문에 연구를 위한 포커스로서 매력을 가지고 있다. 그것은 또한 디지털 환경에도 적용할 수 있다. 동시 인용(co-citation)은 두 문헌들이 함께 인용되는 빈도이다.

*Journal Citation Reports*는 수천 종의 과학 저널들에 대해 다음과 같은 네 개 유형의 인용 데이터를 제공하고 있다.

46) Alan Pritchard, Statistical Bibliography or Bibliometrics? *Journal of Documentation*, 25, December 1969, 48-49.

- **총 인용 횟수**(total citations)는 당해 연도 중 어떤 저널의 모든 호의 피인용의 총수를 상세히 열거한다.
- **영향력 지수**(impact factor)는 저널에서 발행한 논문들에 대한 피인용의 비율을 제공해준다. 한 연구에서는 영향력 지수와 지역의 저널 이용 데이터 간에는 거의 상관 관계가 없다는 사실을 밝혀냈다.47) 이러한 인용 데이터는 특정 기관을 위해 ISI(Institute for Scientific Information)에서 제공하는 제품인 *Local Journal Utilization Reports*를 통해 유료로 이용할 수 있다.
- **피인용 반감기**(cited half-life)는 특정 저널로부터 인용되는 논문들의 중간값의 수명을 표시한다.
- **즉시성 지수**(immediacy index)는 저널의 논문들이 얼마나 빨리 인용되는지를 밝혀준다.

Francis Narin은 많은 연구들을 검토하고, 계량서지학의 측도들은 리서치의 생산성과 명성, 품질에 대한 더 주관적인 그리고 서베이를 기반으로 하는 측도들과 높은 상관 관계가 있다고 결론지었다.48)

영향력 지수는 그 수치의 남용 때문에 이 땅의 천연두가 될 수도 있을 것이다.

— *Robert H. Austin* *

저널 영향력 지수들을 조사한 많은 연구들은 분명히 엇갈리는 결과들을 만들어내고 있다. 예를 들면 다음과 같다.

---

47) Diane Schmidt, Elizabeth B. Davis, and Ruby Jahr. Biology Journal Use at an Academic Library: Comparison of Use Studies. *Serials Review*, 20(2), 1994, 45-64

48) Francis Narin. *Evaluative Bibliometrics: The Use of Publication and Citation Analysis in the Evaluation of Scientific Activity*. Cherry Hill, NJ: Computer Horizons, 1976.

* Robert H. Austin, 재인용: Richard Monastersky. The Number That' s Devouring Science. *The Chronicle of Higher Education*, October 14, 2005, 12.

- 두 연구에서는 전반적인 저널 영향력 지수들은 개개 도서관들의 인쇄 저널들의 이용과 상관 관계가 없다는 사실을 밝혀냈다.[49)]
- 두 연구에서는 저널들이 주제와 범위, 언어에 의해 그룹화되었을 때는, 저널 영향력 지수와 인쇄 저널들의 이용 간에 정(+)의 상관 관계가 나타난다는 사실을 발견하였다.[50)]
- 한 연구에서는 인용을 바탕으로 하는 측도들과 소장 자료 수치들 간의 어떤 관계도 발견하지 못하였는데, 이것은 인용을 바탕으로 하는 측도들을 품질의 지표로 이용하는 것은 문제가 있음을 암시하는 것이다.[51)]
- 한 연구에서는 인용을 바탕으로 하는 측도들은 저널 자기 인용(self-citation)에 대한 수정 없이도 사용할 수 있는데, 다만 자기 인용들은 소수의 저널들에 대한 랭킹에 상당한 영향을 미치고 있다고 결론짓고 있다.[52)]

그 밖의 연구들은 결론에 이르지 못하는 결과들을 가지고 있다.[53)]

Blecic은 지역의 인용 및 출판 데이터와 관내 이용 ― 인쇄 저널 재배가 데이터와 유통, 교원의 인용에 의해 측정된 것과 같은 ― 간의 상관 관계들을 발견하였다.[54)] Joanna Duy와 Liwen Vaughn은 지역의 인용 데이터는 총 저널 이용의 타당한 반영이라는 사실을 발견하였다.[55)] Robin Devin과 Martha Kellogg는 많은 인용 연구들을 검토한 후에, 연속간행물들에 소요될 수

---

49) P. Scales. Citation Analysis as Indicators of the Use of Serials: A Comparison of Ranked Title Produced by Citation Counting and from Use Data. *Journal of Documentation*, 32, 1976, 17-25; E. Pan. Journal Citation as a Predictor of Journal Usage in Libraries. *Collection Management*, 2, 1978, 29-38.

50) T. Stankus and B. Rice. Handle with Care: Use and Citation Data for Science Journal Management. *Collection Management*, 4, 1982, 95-110; M. Tsay. The Relationship Between Journal Use in Medical Library and Citation Use. *Bulletin of the Medical Library Association*, 86, 1998, 31-39.

51) Danny P. Wallace and Bert R. Boyce. Holdings as a Measure of Journal Value. *Library and Information Science Research*, 11, 1989, 59-71.

52) Thomas E. Nisonger. Use of the *Journal Citation Reports* for Serials Management in Research Libraries: An Investigation of the Effect of Self-Citation on Journal Rankings in Library and Information Science and Genetics. *College & Research Libraries*, 61 (3), May 2000, 263-75.

53) B. Rice. Selection and Evaluation of Chemistry Periodicals. *Science and Technology Libraries*, 4, 1983, 43-59; Schmidt et al., Biology Journal Use at an Academic Library, 45-64; J. Wulff and N. Nixon. Quality Makers and Use of Electronic Journals in an Academic Health Sciences Library. *Journal of the Medical Library Association*, 92, 2004, 315-22.

54) D. Belecic. Measurements of Journal Use: An Analysis of the Correlations Between Three Methods. *Bulletin of the Medical Library Association*, 87, 1999, 20-25.

서 예산의 퍼센트를 주제별로 세분하도록 권고하는 테이블을 개발하였다.[56]

영향력 지수에 대한 각성이 늘어가면서, 과학자들과 그 리서치를 평가하는 데 도움을 주기 위한 몇몇의 새로운 도구들이 출현하고 있다. 이러한 것들 중에는 다음과 같은 것들이 있다.

- **Faculty of 1,000**. 이것은 2,000명의 과학자들을 활용하여 약 800개 저널들에서 매달 그들이 읽은 각 논문을 평가한다. 이 접근법은 높거나 낮은 영향력 지수들을 가지고 있는 저널들에 발행된 중요한 논문들을 확인하게 될 것이다.
- **h-index**. 이것은 Jorge Hirsch라는 이름의 물리학 교수에 의해 개발된 것으로, 각 연구자가 발행한 논문수 중 그와 동일한 횟수로 인용된 논문들의 최고 숫자를 확인해준다.[57] 한 연구에서는 미국의 문헌정보학과 교원들에 대한 h-index를 계산했는데(Nicholas Belkin이 20이라는 최고점을 받았다), 개인의 h-index와 각 개인이 받은 총 인용수 간에는 강한 상관 관계가 존재하였다.[58] 유사한 연구가 영국에서 실행되었다.[59]
- **NNR**(Number Needed to Read). 이것은 의료 서비스 도서관들에 도움이 될 수도 있을 것이다. 이것은 적합한 임상 품질(clinical quality)과 적합성을 가진 하나를 찾아내기 위해 어떤 저널의 얼마나 많은 논문들을 읽어야 하는가에 대한 지수이다.[60]

다음과 같은 다섯 가지 기본적인 계량서지학의 "법칙들"이 인용 분석 문헌에서 자주 언급되고 있다.

---

55) Joanna Duy and Liwen Vaughn. Can Electronic Journal Usage Data Replace Citation Data as a Measure of Journal Use? An Empirical Examination. *The Journal of Academic Librarianship*, 32 (5), September 2006, 512-17.

56) Robin B. Devin and Martha Kellogg. The Serial/Monograph Ratio in Research Libraries: Budgeting in Light of Citation Studies. *College & Research Libraries*, 51, January 1990, 46-54.

57) Richard Monastersky. Impact Factors Run into Competition. *The Chronicle of Higher Education*, October 14, 2005, 17.

58) Blaise Cronin and Lokman Meho. Using the h-index to Rank Influential Information Scientist. *Journal of the American Society for Information Science and Technology*, 57 (9), 2006, 1275-78.

59) Charles Oppenheim. Using the h-index to Rank Influential British Researchers in Information Science and Librarianship. *Journal of the American Society for Information Science and Technology*, 58 (2), 2007, 297-301.

60) Ben Toth. The Number Needed to Read — A New Measure of Journal Value. *Health Information and Libraries Journal*, 22, 2005, 81-82.

• **Bradford의 법칙**은 때로는 "분산 법칙"(law of scattering)이라고도 한다. 이것은 어떤 학문의 출판물들이나 일단의 저널들의 논문들의 분포를 바탕으로 하고 있다. 이 "법칙"은 어떤 과학적인 학문내의 문헌의 분산에 관련되어 있으며, 관련된 논문들이 비교적 소수의 "핵심"(core) 저널들에 고도로 집중되고 있다고 설명한다. 또는 작은 퍼센티지의 저널들이 발행되는 논문들의 많은 퍼센티지를 차지하고, 훨씬 더 작은 퍼센티지가 인용되는 논문들의 많은 퍼센티지를 차지한다. "핵심" 저널들의 작은 핵을 넘어서서, Bradford는 생산성이 더 낮은 저널들의 "존들"(zones)을 확인하였는데, 각 존은 생산성이 미미한 점점 더 많은 수의 저널들이 추가됨에 따라 산출이 줄어든다.

거의 동일한 수의 논문들을 생산해내는 저널들의 그룹들의 수들은 대략 1 : n : n^2 . . .의 비율이 되는데, 여기서 n은 Bradford 승수(Bradford multiplier)라 한다.[61] Bradford 분산 데이터를 로그 정규 그래프(log-normal graph)로 나타낼 때, 중앙 부분은 직선이 된다(<그림 8-4>를 보라). 대개 핵심 저널들과 대부분의 주변적 저널들 양측에 대해서는 이 직선으로부터 편차들이 존재한다. 후자(後者)의 편차를 지금은 "Groos droop"이라 한다.[62] 후속의 분석에서는 이 편차가 불완전한 데이터로 인한 것이 아니라는 사실을 입증하였다.[63]

그림 8-4 Bradford 분산

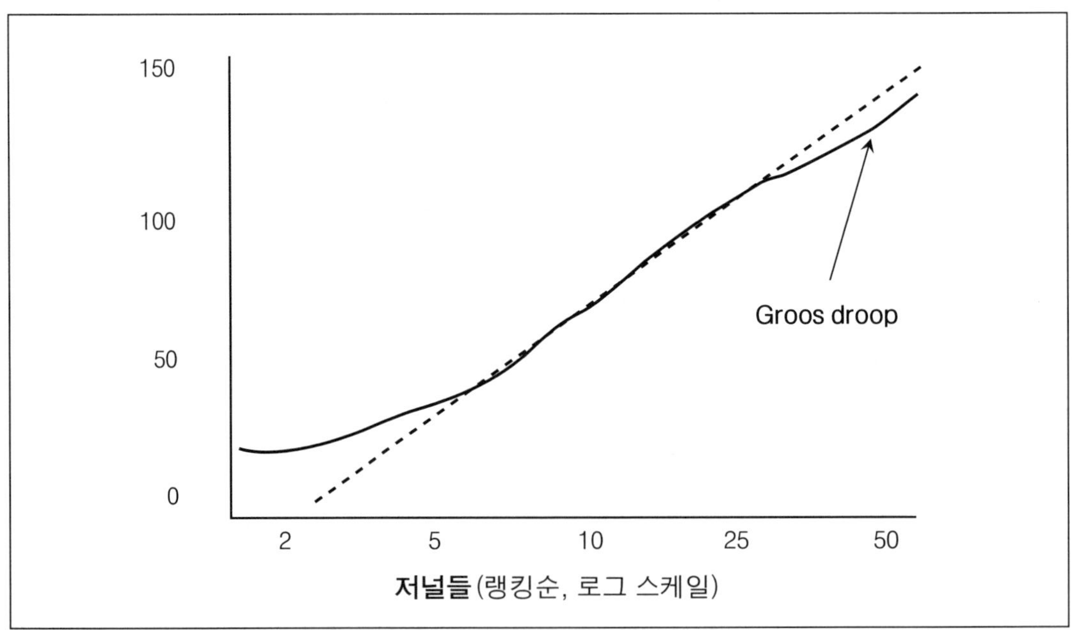

• **Garfield의 집중의 법칙**(Law of Concentration)은 결합된 모든 학문들은 500 내지 1,000개 저널들로 이루어지는 모든 과학을 위한 다학문적 핵심 문헌(multidisciplinary literature core)을 만들어낸다고 설명하고 있다.

• **Lotka의 법칙**은 어떤 학문이나 그 밖의 한정된 영역에서 발행하는 저자들의 수를 바탕으로 하고 있다. 일정수의 논문들을 발행하는 저자들의 수는 단일 논문을 발행하는 저자수에 대해 고정 비율이 된다. 발행되는 논문들의 수가 증가함에 따라, 그와 같이 많은 출판물들을 생산하는 저자들의 빈도는 줄어들게 된다. 일정 기간 이내에 두 편의 논문을 발행하는 저자들은 한 편을 발행하는 저자들의 4분의 1이며, 세 편의 논문을 발행하는 저자들은 9분의 1이며, 네 편을 발행하는 저자들은 16분의 1 등이다. 이 법칙 자체는 많은 학문들을 다루고 있지만, 관련되는 실제 비율들은 상당히 특정 학문에 국한된다.

• **Zipf의 법칙**은 일단의 한정된 문헌들의 단어 빈도 랭킹들을 바탕으로 하고 있다. 어떤 단어의 빈도는 대략 빈도표상의 그 등급에 반비례한다. 가장 빈번하게 나타나는 단어는 두 번째로 가장 빈번하게 나타나는 단어보다 대략 두 배 자주 나타나고, 두 번째 단어는 네 번째로 빈번하게 나타나는 단어보다 두 배 자주 나타나는 등과 같다. 바꾸어 말하면, 사람들은 익숙하지 않는 단어들보다는 익숙한 단어를 더 자주 선택하여 사용할 가능성이 더 높은 것이다.

• **반감기 법칙**(half-life law). 문헌의 반감기(半減期)는 현재 활발하게 이용되고 있는 문헌의 절반이 발행된 기간이다.[64] 어떤 주제 영역의 반감기를 결정할 수 있으며, 그것은 때로는 특정 주제의 기술 척도(descriptive measure)로 이용되기도 한다. 예를 들면 물리학 문헌은 9.4년의 반감기를 갖고 있다. Charles Bourne은 차이들이 있기는 하지만, 그것들은 다양한 주제 영역들에서는 극적인 차이는 아니라는 사실을 보여주었다.[65] 방법에 따라, 10퍼센트 이내의 반감기를 추산하기 위해서는 400이나 500건의 아이템들이 필요하다.[66]

---

61) Rao의 분석을 바탕으로 하면 Bradford 승수들은 존에 따라 다양해질 수도 있을 것이다: I. K. R. Rao. An Analysis of Bradford Multipliers and a Model to Explain the Law of Scattering. *Scientometrics*, 41 (1/2), 1998, 93-100.

62) O. V. Groos. Bradford' s Law and the Keenan-Atherton Data. *American Documentation*, 18, 1967, 46.

63) Liwen Qiu and Jean Tague. Complete or Incomplete Data Sets. The Groos Droop Investigated. *Scientometrics*, 19 (3/4), September 1990, 223-37.

64) R. E. Burton and R. W. Kebler. The "Half-life" of Some Scientific and Technical Literature. *American Documentation*, 11 (1), January 1960, 18-22.

65) Charles P. Bourne. Some User Requirements Stated Quantitatively in Terms of the 90 Percent Library, in Allen Kent and Orrin E. Taulbee (Eds.). *Electronic Information Handling*. Washington, DC: Spartan Books, 1965, 93-110.

De Solla Price는 많은 수의 인용들을 분석하고, 어떤 특정 연도에는, 기존의 모든 논문들의 35퍼센트는 전혀 인용되지 않으며, 49퍼센트는 한 번 인용되고, 나머지 15퍼센트는 평균 3.2회 인용된다는 사실을 밝혀냈다.[67] 그는 나아가 전체 논문들의 불과 1퍼센트만이 일년에 여섯 번 이상 인용된다는 사실에 주목하였다. Price는 그러고 나서 "Price 지수"(Price index)를 개발하였는데, 그것은 어떤 학문의 논문의 총량에 비교한 지난 5년간 발행된 논문들에 대한 참고 문헌들의 비율이다(값은 0부터 100퍼센트의 범위를 가질 수 있다). Price는 또한 최근 논문들은 최신 문헌들이 제시할 수도 있는 양보다 더 자주 인용되는 경향이 있다는 점에 주목하고, 이 차이를 "즉시성 계수"(immediacy factor)라고 명명하였다. 그는 즉시성 계수는 어떤 학문들은 다른 학문들보다 더 오래된 문헌에 더 많이 의존하기 때문에 학문에 따라 다양할 수도 있다고 주장하였다.

Stern은 문학적 학문(literary scholarship)의 문헌이 갖는 특성들에 대한 연구를 실행하여, 단행본 문헌이 아주 많이 인용된다는 사실을 밝혀냈다. 일차 정보원들과 옛날 자료들이 아주 많이 이용되었는데, 인용들의 약 50퍼센트는 20년 이상 오래된 것이었다.[68] 여덟 개 인문과학 영역들에 대한 인용 분석에서는 단행본들이 여전히 인용 정보원들의 주된 포맷이며, 프랑스어와 독일어 자료들이 가장 자주 인용되는 외국어 아이템들이라는 사실을 발견하였다.[69] 1968년과 1998년에 발행된 여섯 개 생물학 저널들의 12,648건의 인용들에 대한 조사에서는 저자들이 1968년보다 1998년에 발행된 논문들에 대해 더 많은 인용들을 포함하고 있다는 사실을 밝혀냈다. 그리고 최근 문헌을 인용하는 데 대해서는 분명한 편향이 있기는 하였지만, 그 편향이 컴퓨터 데이터베이스들이 등장하기 이전인 1968년의 경우보다 현재가 더 크지는

---

66) B. C. Brookes. The Growth, Vitality and Obsolescence of Scientific Periodical Literature. *Journal of Documentation*, 26 (4), 1970, 283-94; B. C. Brookes. Obsolescence of Special Library Periodicals: Sampling Errors and Utility Curves. *Journal of the American Society for Information Science*, 21 (5), 1970, 320-29.

67) D. J. De Solla Price. Networks of Scientific Papers. *Science*, 149, 1965, 510-15.

68) M. Stern. Characteristics of the Literature of Literary Scholarship. *College & Research Libraries*, 44, 1983, 199-209.

69) Jennifer E. Knievel and Charlene Kellsey. Citation Analysis for Collection Development: A Comparative Study of Eight Humanities Fields. *Library Quarterly*, 75 (2), 2005, 142-68.

않은 것 같다.[70)]

학술도서관에 대한 학부생의 이용은 인용 연구들에서는 반영되지 않을 것이다. Rose Mary Magrill과 Grolina St. Clair는 네 개 학술 기관들의 학부생 논문들에 대한 인용 분석을 준비하였다. 그들은 과학 분야 학생들이 인문과학이나 사회과학 분야 학생들에 비해 자신들의 논문들에서 두 배나 많은 참고 문헌들을 이용한다는 사실을 발견하였다. 나아가 과학 분야 학부생들이 이용하는 인용들의 분명한 대다수(66퍼센트)는 저널 논문들에 대한 것인 반면, 인문과학 분야 학부생들이 이용하는 인용들의 3분의 2는 책들에 대한 것이었다.[71)]

교원의 출판물들이나 박사 학위 논문들에 수록되어 있는 참고 문헌들을 분석하는 것은 문제의 소지가 있다. 몇몇 연구들에서는 최소 노력의 원칙(principle of least effort)이 교원과 학생들의 정보 추구 행태에 유의한 영향을 미치고 있음을 보여주고 있다. 즉 어떤 정보원의 접근 가능성이 더 높으면 높을수록, 그것이 이용될 가능성은 더 높다는 것이다.[72)] University of Georgia Libraries의 연구에서는 1991년의 석사 및 박사 학위 논문의 1,768건의 인용들과 2001년의 1,595건의 인용들을 비교하여, 웹사이트에 대한 인용들이 0퍼센트에서 2001년에는 모든 인용들의 3.5퍼센트에 달했다는 사실을 발견하였다. 나아가 ERIC 마이크로 형태 자료 문헌들에 대한 인용들은 급격하게 떨어지는 반면, 도서관에서 소장하고 있는 단행본들에 대한 인용들은 10년의 기간 동안 증가하였다.[73)]

---

70) Jan A. Pechenik, J. Michael Reed, and Melissa Russ. Should Auld Acquaintance Be Forgot: Possible Influence of Computer Databases on Citation Patterns in the Biological Literature. *BioScience*, 51 (7), July 2001, 583-88.

71) Rose Mary Magrill and Gloriana St. Clair. Undergraduate Term Paper Citation Patterns by Disciplines and Level of Course. *Collection Management*, 12 (3/4), 1990, 25-56.

72) T. J. Allen and P. G. Gerstberger. Criteria for Selection of an Information Source. *Journal of Applied Psychology*, 52, 1968, 272-79; Victor Rosenberg. The Application of Psychometric Techniques to Determine the Attitudes of Individuals Toward Information Seeking. *Information Storage and Retrieval*, 3, 1967, 119-27.

73) Erin T. Smith. Assessing Collection Usefulness: An Investigation of Library Ownership of the Resources Graduate Students Use. *College & Research Libraries*, 64, September 2003, 344-55.

그리고 Soper는 접근 가능성이 인용 행태에 영향을 미친다고 주장하고 있다. 즉 어떤 정보원의 접근 가능성이 더 높으면 높을수록, 그것이 인용될 가능성은 더 높다는 것이다.[74] Liu는 "인용의 규범 이론"(normative theory of citing)이 존재한다고 주장하고 있다. 즉 전자 저널 논문을 더 많이 읽으면 읽을수록, 그것은 더 많이 인용된다는 것이다.[75] 이 이론을 뒷받침하는 증거가 웹 기반의 NASA 천체물리학 데이터 시스템에서 발견되었다.[76]

Lois Kuyper-Rushing은 미국 전역에 걸쳐 음악 박사 학위 논문의 인용들을 조사하고, 저널들의 합성 리스트를 단일 기관의 리스트와 비교하였다. 그녀는 단일 기관에 대한 분석은 결과적으로 저널들에 대한 왜곡된 리스트를 만들어낼 가능성이 있다고 결론짓고, 장서 결정의 근거로서 박사 학위 논문 인용들에 대한 분석이 정당화되는지의 여부에 대한 이슈를 제기하였다.[77] Penny Beile과 그 동료들에 의한 더 최근의 연구에서도 단일 기관에 대한 분석은 결과적으로 핵심 저널들에 대한 왜곡된 리스트를 만들어낼 수 있다는 사실을 밝혀냈다.[78]

Johanna Tunon과 Bruce Brydges는 최신성과 문헌의 유형, 그 밖의 문헌 특유의 기준들을 포함하고 있는 인용들의 품질을 평가하기 위한 루브릭(평가 기준표: rubric)을 개발하였다. 그들은 또한 다음과 같은 다섯 가지 기준들을 바탕으로 인용들의 주관적인 어세스먼트를 위한 두 번째 루브릭을 개발하였다. 인용된 문헌들의 수와 다양성, 이론적 문헌들과 배경 문헌들의 포함을 통한 이해의 깊이, 학술성, 최신성, 자원들의 적합성이 그것이다. 저자들은 대부분의 학생들이 검색 표시들(retrieval statements)[79]을 포함시키

74) M. E. Soper. The Relationship Between Personal Collections and the Selection of Cited Reference. *Library Quarterly*, 46, 1976, 397-415.

75) M. Liu. Progress in Documentation - The Complexities of Citation Practice: A Review of Citation Studies. *Journal of Documentation*, 49, 1993, 17-25.

76) H. D. White and K. W. McCain. Bibliometrics. *Annual Review of Information Science and Technology*, 24, 1989, 119-86.

77) Lois Kuyper-Rushing. Identifying Uniform Core Journal Titles for Music Libraries: A Dissertation Citation Study. *College & Research Libraries*, 60, 1999, 153-63.

78) Penny M. Beile, David N. Boote, and Elizabeth K. Killingsworth. A Microscope or a Mirror?: A Question of Study Validity Regarding the Use of Dissertation Citation Analysis for Evaluating Research Collections. *The Journal of Academic Librarianship*, 30 (5), September 2004, 347-53.

지 못하고 있으며, 따라서 학생들의 전자 자원들의 이용에 관한 계량서지학적 정보의 이용은 전망이 어두울 것이라는 사실을 발견하였다.[80)]

몇몇 정보원으로부터 얻게 되는 인용들에 대한 분석에서는 University of Illinois 도서관은 단행본들에 나타나는 아이템들의 약 77퍼센트와 정기간행물들에 나타나는 87퍼센트, 박사 학위 논문에 나타나는 91퍼센트를 소장하고 있음을 밝혀냈다. 이 연구에서는 다음과 같이 결론짓고 있다.

- 인용들의 정보원으로 이용되는 단행본들은 외국어 자료들과 일반 단행본들, 오래된 자료들의 측면에서 장서의 강점을 평가하는 데 가장 적합하다.
- 인용들의 정보원으로 이용되는 정기간행물들은 최근에 발행된 자료들과 그 자체의 정기적인 수록 범위, "다른" 유형의 자료들의 측면에서의 그 포괄성과 관련하여 장서의 강점을 평가하는 데 가장 적합하다.
- 인용들의 정보원으로 이용되는 학위 논문들은 회의 자료들(conference proceedings)과 박사 학위 논문들, 보고서들의 소장 자료들과 관련하여 장서의 강점을 평가하는 데 가장 적합하다.[81)]

그러나 다음과 같은 몇 가지 주의 사항들에 유의해야 한다.

- 핵심 저널들은 편집상의 변경들이나 새로운 타이틀, 어떤 영역의 중점 분야의 변경들 때문에 급속하게 변화할 수 있다.
- 인용 연구들은 연구 및 학술 자료들의 이용을 예측하기 위해서는 도움이 되지만 다른 목적들을 위해서는 도움이 되지 않는다.
- 인용 분석 자원들은 과학과 사회과학에 대해서는 쉽게 입수할 수 있지만 다른 주제 영역들에 대해서는 다소 그렇지 못하다.

---

79) 역자주: 특히 온라인 데이터베이스 등의 인용과 관련하여, "검색 일자와 정보원을 포함하고, 이어서 이용한 특정 데이터베이스명과 해당 자료를 검색하기 위해 필요했던 추가 정보를 원괄호로 묶어 표시하는 것"(〈http://ap.accuweather.com/userguide_reference.htm〉).

80) Johanna Tunon and Bruce Brydges. Improving the Quality of University Libraries Through Citation Mining and Analysis Using Two New Dissertation Bibliometric Assessment Tools. Presentation made at the 71st IFLA General Conference, 14-18 August 2005, Oslo, Norway. Available at http://www.ifla.org/IV/ifla71/papers/078e-Tunon_Brydges.pdf.

81) Silas Marques De Oliveira. Collection Evaluation Through Citation Checking: A Comparison of Three Sources. Ph.D. dissertation, University of Illinois at Urbana-Champaign, 1991.

- 분석을 위해 이용되는 인용들은 편향(bias)을 방지하기 위해 둘 이상의 기관에서 가져오도록 확실히 해야 한다.[82)]
- 숫자들 위에 있는 의미를 찾지 못한 채 수학적 분포에 초점을 맞추기 쉽다.
- 인용 분석은 의사 결정 프로세스의 몇 가지 요인들 중의 단 하나이어야 한다.

(6) 분실률 분석

도서관은 도난 때문에 더 이상 그 장서에 포함되어 있지 않은 자료의 양을 확인하고자 할 수도 있을 것이다. 일반적으로 분실률 분석(loss rate analysis)은 도서관이 도난 방지 시스템의 설치를 고려할 때 수행된다. 그러나 그것은 도서관이 그 장서에서 대체하고자 할 수도 있는 자료들을 확인할 때에도 가치가 있다. 분실물들은 고객에게 체크아웃 되었으나 반납된 적이 없는 아이템들은 물론 도서관에서 "빌려" 갔으나 체크아웃이 안 된 아이템들일 수도 있을 것이다. 후자를 흔히 도난(theft)이라고 한다. 분명히 도난은 도둑들을 제외한 모든 이용자들로부터 도서관 자료들에 대한 접근을 박탈해간다.

도서관은 빌려가서는 세 달에서 여섯 달이 넘게 반납하지 않고 있는 자료들의 타이틀들을 확인해주는 보고서를 자동화된 도서관 시스템으로부터 만들어낼 수도 있을 것이다. 이 리스트를 이용하여 그 타이틀들이 서가에 나타나도록 하기 위해 도서관이 다시 주문하게 될 타이틀들을 확인할 수 있다. 총 유통과 12개월 이후에도 반납되지 않고 있는 아이템들의 총수를 비교하여 퍼센트로 된 분실률을 산출하게 될 것이다.

어떤 도서관들은 서가 목록들로부터 타이틀들의 표본을 선정하고 그러고 나서 아이템들이 서가상에 있는지 그리고 고객에 의해 대출된 적이 있는지의 여부를 알아보기 위해 그 표본을 체크하고 있다. 그러면 표본에서 체크된 아이템들의 총수와 미 "발견" 아이템들의 수를 비교하여 이루어지는 퍼센트로 된 분실률을 산정할 수 있다. 74개 도서관들의 비대표 표본(nonrepresentative sample)에 대한 한 서베이에서는 도서관들이 "일관성 있는 도난 패턴들을

82) Penny M. Beile, David N. Boote, and Elizabeth K. Killingsworth. A Microscope or a Mirror?: A Question of Study Validity Regarding the Use of Dissertation Citation Analysis for Evaluating Research Collections. *The Journal of Academic Librarianship*, 30 (5), September 2004, 347-53.

함께 가지고 있다"는 사실을 밝혀냈다.[83)]

도서관은 특히 도난이 고질적인 문제점이 되고 있는 경우에는, 자료들의 도난이나 미반납을 반드시 그 장서 개발 정책들의 일부로 다루도록 해야 할 것이다.

(7) 이용자 서베이

어떤 도서관들은 그 고객들에게 도서관의 장서가 그들의 니즈(needs)에 얼마나 훌륭하게 부응하는지의 측면에서 그 장서를 평가하고 취약한 영역들을 제시해주도록 요청하고 있다. 어느 경우에는, 추가의 인구 통계 정보를 입수하여 결과들을 젊은이들 대 나이든 사람들, 학생 대 교원 등과 같은, 서로 다른 그룹들 사이에서 비교할 수 있도록 하고 있다. 주목해야 할 것은 이러한 유형의 서베이의 초점은 도서관 장서에 맞추어져 있으며, 그것은 일반적인 고객 만족 서베이가 아니라는 사실이다.

다수의 연구들에서는 학술도서관들의 이용자들은 주제와 관심사를 바탕으로 자료들을 선정한다는 사실을 보여주고 있다.[84)] 다른 연구들에서는 가장 바람직한 정보원들은 접근 가능하고 이해하기 용이한 것들이라는 사실을 발견하고 있다.[85)] 학부생의 선정 기준들을 조사한 한 연구에서는 내용과 목차들, 도서의 조직이 가장 중요한 요인들이라는 사실을 보여주었다. 학생 의사 결정에서 두드러지게 결여되어 있는 것들은 저자의 자격과 출판일, 출판사 등이었다.[86)]

---

83) Shelley Mosley, Anna Caggiano, and John Charles. The "Self-Weeding" Collection. *Library Journal*, 119, October 15, 1996, 38.

84) Michelle Twait. Undergraduate Students' Source Selection Criteria: A Qualitative Study. *The Journal of Academic Librarianship,* 31 (6), 1995, 567-73; Yunjie (Calvin) Xu and Zhiwei Chen. Relevance Judgment: What Do Users Consider Beyond Topicality? *Journal of the American Society for Information Science and Technology*, 67 (7), 2006, 961-73.

85) Carol L. Barry. User-Defined Relevance Criteria: An Exploratory Study. *Journal of the American Society for Information Science,* 45 (3), 1994, 149-59; Vicki Tolar Burton and Scott A. Chadwick. Investigating the Practices of Student Researchers: Patterns of Use and Criteria for Use of Internet and Library Sources. *Computers and Composition*, 17 (3), 2000, 309-28.

86) Thomas Stieve and David Schoen. Undergraduate Students' Book Selection: A Study of Factors in the Decision-Making Process. *The Journal of Academic Librarianship*, 32 (6), November 2006, 599-608.

Joan Bartram은 도서관 장서에 관한 교원의 기대들을 알아보기 위해 서베이를 이용하였다.[87] 이용자 서베이를 이용하는 경우에는, 그것은 도서관 장서를 평가하기 위한 다른 방법의 보완이 이루어져야 한다. Daniel Gore는 한 그룹의 학생들에게 한 학기 동안 자신들의 도서 선택 일지를 보관해주도록 요청하였다. 총 422개 아이템들을 탐색하였는데, 도서관은 그 중 90퍼센트를 소장하고 있었다. 소장하고 있는 아이템 중 88퍼센트는 서가상에서 발견되었으며, 따라서 입수율은 88퍼센트였다.[88]

(8) 입수 가능성 연구

입수 가능성 연구(availability study)는 고객들이 도서관을 방문했을 때 자신들이 찾고 있는 아이템들을 발견할 수 없는 이유들을 조사한다. 입수 가능성 연구는 "서가상 입수 가능성 연구"(shelf availability study)나, "욕구 불만 연구"(frustration study), "실패 연구"(failure study)라고도 한다. 그와 같은 연구들은 주로 학술도서관들에서 실행되고 있다. 어떤 아이템을 입수할 수 없는 이유들의 범위는 그것이 체크아웃 되었거나, 분실되었거나, 서가상에 잘못 배열되어 있는 것으로부터, 고객이 부정확한 탐색을 하거나 해당 아이템을 도서관에서 소장하지 않고 있는 것에 이르기까지 다양하다. 일반적으로, 이러한 연구들은 〈표 8-1〉에서 볼 수 있는 것처럼, 도서관 고객이 해당 자료를 얻게 되는 기회는 약 60퍼센트에 불과하다는 사실을 밝혀주고 있다.

---

87) Joan Bartram. Learning from the Big Guys: Small College Libraries Take Advantage of Big Brother' s Hard Work. *Against the Grain*, 12 (2), April 2000, 31-32.

88) Daniel Gore. The Mischief in Measurement. *Library Journal,* May 1, 1978, 933-37.

89) Anne C. Ciliberti, Mary F. Casserly, Judith L. Hegg, and Eugene S. Mitchell. Material Availability: A Study of Academic Library Performance. *College & Research Libraries*, 48, November 1987, 513-27; Terry Ellen Ferl and Margaret G. Robinson. Book Availability at the University of California, Santa Cruz. *College & Research Libraries*, 47, September 1986, 501-8; Katherine A. Frohmberg, Paul B. Kantor, and William A. Moffett. Increases in Book Availability in a Large College Library. *Proceedings of the 43rd ASIS Annual Meeting.* Washington, DC: ASIS, 1980, 292-94; Paul B. Kantor. The Library as an Information Utility in the University Context: Evaluation and Measurement of Services. *Journal of the American Society of Information Science*, 27, 1976, 100-112; Paul B. Kantor. Availability Analysis. *Journal of the American Society of Information Science,* 27, 1976, 311-19; Stuart J. Kolner and Eric C. Welch. The Book Availability Study as an Objective Measure of Performance in a Health sciences Library. *Bulletin of the Medical Library Association*, 73 (2), April 1985, 121-31; John Mansbridge.

학술도서관의 입수 가능성 연구[89)]의 개요 표 8-1

연 구	연구 연도	표본 크기	입수가능성(%)
Coliberti	1985	401	.51
Feri	1986	408	.61
Frohmberg	1980		.48
			.56
			.64
			.72
			.60
Kanto(a)	1973	211	.65
	1975	312	.56
Kantor(b)	1976	353	.53
Kochtanek	1979	203	.51
Kolner	1984	760	.59
Mansbridge	1984	421	.55
Palais	1981	1,097	.60
Radford	1983	2,497	.64
Rashid	1990	1,000	.60
Rinkel	1983	316	.72
Saracevic	1972	423	.48
	1974	437	.56
Schofield	1975	1,851	.63
Shaw	1980		.53
			.58
Smith	1981	2,375	.54
Whitlach	1978	1,441	.59
Wulff	1978	388	.63
평 균		817	.58

일반적으로, 고객을 요망되는 타이틀들의 소스로 이용함으로써 더 유용한 정보를 얻을 수 있다. 이 접근법은 고객 중심적 방법(customer-centric method)으로 특징지을 수 있다. 그 밖의 도서관 중심적 방법들로는 다음과 같은 것들이 있다.

- 서가 목록(shelf list)으로부터 표본을 얻는 것.
- 어떤 주제 영역의 전문가들이 선정한 인용들을 이용하는 것.
- 색인들이나 초록들, 일반적인 서지들을 이용하는 것.

도서관의 서가 목록으로부터 추출된 표본은 요구 수준들이 낮거나 아주 낮은 아이템들을 과다하게 대표하게 될 것이기 때문에, 아이템의 입수 가능성에 대한 연구들에서 이용하기 위해서는 좋은 표본이 될 가능성이 없다. Paul Kantor는 이러한 편향(bias)을 극복해주는 접근법을 제시하고 있다.[90)]

고객들을 참여시키는 것은 그들이 무엇을 찾고 있는지와 원하는 아이템들을 발견했는지의 여부를 양식에 기록하도록 그들에게 요청하는 방법이다. 양식들은 고객이 도서관에 들어올 때 배포된다. 별법(別法)으로, 고객들이 탐색을 시작할 때 직원이 그들을 면담할 수도 있을 것이다. 완성된 양식들은 그러고 나서 실패의 원인이 있다면, 그것을 밝혀내기 위해 직원에 의해 분석된다. 〈그림 8-5〉는 데이터 수집 양식의 표본이다.

Evaluating Resource Sharing Library Networks. Ph.D. dissertation, Case Western University, Cleveland, Ohio, 1984; Elliot S. Palais. Availability Analysis Report, Arizona State. *User Surveys and Evaluation of Library Services*. Bethesda, MD: ERIC, 1981, 73-82. ED 214 541; Neil A. Radford. Failure in the Library-A Case Study. *Library Quarterly*, 53 (3), 1983, 328-39; Tefko Saracevic, William M. Shaw, and Paul B. Kantor. Causes and Dynamics of User Frustration in an Academic Library. *College & Research Libraries*, 38, 1977, 7-18; James L. Schofield and D. H. Waters. Evaluation of an Academic Library' s Stock Effectiveness. *Journal of Librarianship*, 7, 1975, 207-27; William M. Shaw. Longitudinal Studies of Book Availability, in Neal Kaske and William Jones (Eds.). *Library Effectiveness: A State of the Art*. Chicago: American Library Association/LAMA, 1980, 337-49; Rita Smith and Warner Grande. AL Report, Undergraduate Library Availability Study 1975-1977, University of Tennessee. *User Surveys and Evaluation of Library Services*. Bethesda, MD: ERIC, 1981, 83-90. ED 214 541; Jo Bell Whitlach and Karen Kieffer. Service at San Jose State University: Survey of Document Availability. *Journal of Academic Librarianship*, 4, 1978, 197-99; Yvonne Wulff. Book Availability in the University of Minnesota Bio-Medical Library. *Bulletin of the Medical Library Association*, 66, 1978, 349-50.

90) Paul B. Kantor. Demand-Adjusted Shelf Availability Parameters. *The Journal of Academic Librarianship*, 7 (2), 1981, 78-82.

도서 입수 가능성 연구 데이터 수집 양식 표본 그림 8-5

여러분의 도움이 필요합니다!

오늘 우리는 도서관의 책들의 입수 가능성에 대해 조사하고 있습니다. 이 양식을 이용하여 도서관에서 어떤 책들을 여러분이 찾고 있는지 알려 주시기 바랍니다. 우리는 여러분이 이러한 책들을 서가에서 찾을 수 있었는지의 여부를 알고자 합니다. 이 연구는 책들을 항상 쉽게 입수할 수 없는 이유들을 우리가 분석하는 데 도움이 될 것입니다.

만일 여러분이 오늘 찾을 수 없었던 책들을 우리가 찾을 수 있는지의 여부와 언제 찾을 수 있는지에 대해 도서관이 여러분에게 알려 드리기를 원하면, 평상시처럼 대출대에서 문의하시기 바랍니다. 어느 경우에든 우리는 이 완성된 양식이 필요합니다.

협조해 주셔서 감사합니다!

저자와 표제	청구 기호	책을 찾지 못했나요(체크)	책을 찾았나요?(체크)

이 양식은 나가시는 길에 돌려주시기 바랍니다.

입수 가능성 연구는 고객이 알려져 있는 아이템을 찾고 있을 때 도서관 장서의 성공에 대해 조사하고 있다. 이 접근법은 어떤 관종의 도서관에서나 용이하게 조정하여 이용할 수 있으며, 단행본 장서들은 물론 연속간행물 장서들을 연구하고 있다. University of North Carolina, Chapel Hill에서 실행된 연구에서는 그 고객들이 찾고 있는 저널 논문들의 약 81퍼센트를 발견하였다고 언급하고 있다(2,056건의 저널 인용들의 표본).[91)]

이 섹션에서 요약하고 있는 입수 가능성 연구들의 표본 크기들의 범위는 200건보다 약간 많은 것으로부터 2,300건에 이르기까지 다양하며, 평균은 802건이다. 분명히 도서관 경영팀은 표본 크기가 더 큰 분석의 결과들을 더 신뢰할 것이다. 그러나 이것은 데이터 수집 활동에 관련되는 비용들과 균형을 맞추어야 한다.

Kantor는 다양한 범주들 간의 관계를 보여주는 분기(分岐) 기법(branching technique)을 개발하였다(〈그림 8-6〉을 보라). 입수할 수 있는 아이템들은 파이프라인을 통해 흘러가는 것으로 나타나며, 일부는 다양한 이유들 때문에 가지들을 따라 옆길로 새어나가 입수할 수 없게 된다. 파이프의 끝에서 모습을 드러내는 아이템들은 고객에 의해 이용을 위해 입수할 수 있게 된다.[92] 확률들은 가지를 통과한 아이템들의 수를 가지에 접근한 아이템들의 수로 나눈 것을 사용하여 계산한다.

그림 8-6 Kantor의 분기 다이어그램

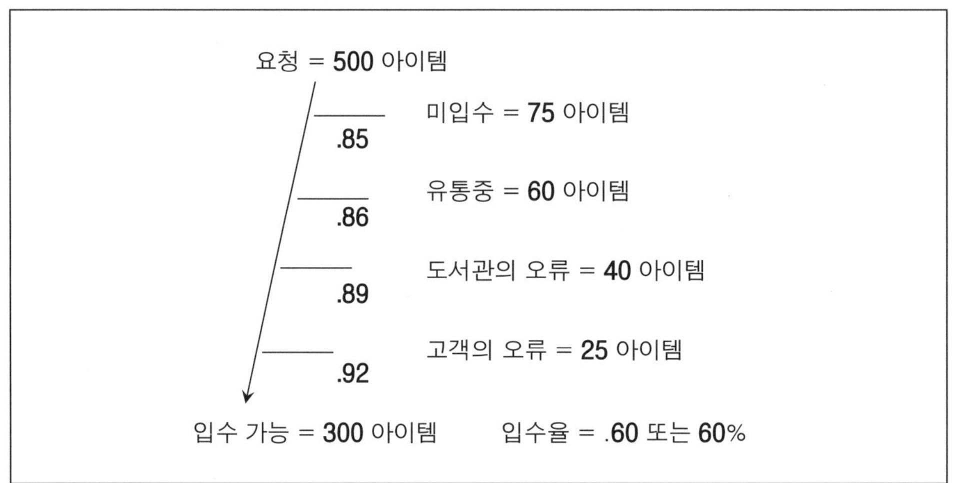

어떤 아이템을 입수하지 못할 수 있는 이유로는 다음과 같은 것이 있다.

- **수집 실패**(collection failure): 원하는 아이템을 도서관이 소장하지 않고 있다. 입수 가능성 연구들에서는 수집 실패가 당시의 약 10퍼센트에서 발생하게 될 것이라는 사실을 보여주고 있다. 장서용 타이틀들의 구입에 대한 고객의 요청들은 물론 도서관 상호 대차 요청들에 대한 분석은 고객의 욕구 불만

91) Julia Shaw-Kokot and Claire de la Varre. Using a Journal Availability Study to Improve Access. *Bulletin of the Medical Library Association*, 89 (1), January 2001, 21-28.

92) Paul B. Kantor. The Library as an Information Utility in the University Context: Evaluation and Measurement of Services. *Journal of the American Society of Information Science*, 27, 1976, 100-112; Kantor, Availability Analysis, *op. cit.*, 311-19. 다음 자료도 보라. Paul B. Kantor. *Objective Performance Measures for Academic and Research Libraries*. Washington, DC: Association of Research Libraries, 1984.

들을 줄이는 데 도움이 될 것이다.

- **유통중**(in circulation): 원하는 아이템이 다른 고객에게 체크아웃 되어 있거나 체크아웃 되기를 기다리며 예약 서가(hold shelf)에 있다. 이것은 평균적으로 아이템들의 약 15 내지 20퍼센트에 대해 발생한다.
- **도서관의 오류**(library error): 해당 아이템은 서가상에 있어야 하지만, 배가를 기다리는 중이거나(소트되기 위해 아직 소팅 서가나 북 트럭에 있다), 행방이 묘연하거나, 분실된 것으로 보고되고 있거나, 잘못 배가되어 있다. 연구들에서는 몇몇 변형이 보고되고 있는데, 도서관의 오류는 평균적으로 약 13퍼센트이다.
- **목록 오류**(catalog error): 고객이 목록에서 해당 아이템을 찾을 수 없다. 당시의 약 7퍼센트에서 발생한다. 도서관의 온라인 목록과의 이용자 인터페이스의 복잡성과 탐색의 결과로서 대체되는 정보의 명확성(정보 과다), 목록의 철자 오류들의 수 등과 같은 요인들을 조사할 수도 있을 것이다.
- **고객의 오류**(customer error): 고객이 올바르지 않은 인용을 가지고 왔거나, 청구 기호를 잘못 적었거나, 서가상의 아이템의 소재를 확인하지 못할 수 있다. 고객의 오류는 평균적으로 약 10퍼센트이다.

Kantor의 분기 다이어그램 접근법은 다수의 학술도서관들[93]과 전문화된 학술도서관,[94] 공공도서관,[95] 그리고 정기간행물들의 입수 가능성에 대한 연구[96]에서 이용되고 있다. Haseeb Rashid는 실패나 실망의 더 많은 정보를 정확하게 포착한 더 광범위한 시각은 도서관 경영팀이 어떻게 개선할

93) K. A. Frohmberg and W. A. Moffett. *Research on the Impact of a Computerized Circulation System on the Performance of a Large College Library: Part One-The Main Library*. Oberlin, OH: Oberlin College Library, 1981; Thomas R. Kochtanek. *User Satisfaction in the Hugh Stevens College Library*. Columbia, MO: University of Missouri, September 1979. ED 190 164; E. S. Palais. *Availability Analysis Report*. SPEC Kit 71. Washington, DC: Association of Research Libraries, 1981; G. K. Rinkel and P. McCandless. Application of a Methodology Analyzing User Frustration. *College & Research Libraries*, 44, 1983, 29-37.

94) Yvonne Wulff. Book Availability in the University of Minnesota Bio-Medical Library. *Bulletin of the Medical Library Association*, 66, 1978, 349-50.; Haseeb F. Rashid. Book Availability as a Performance Measure of Library: An Analysis of the Effectiveness of a Health Sciences Library. *Journal of the American Society for Information Science*, 41 (7), 1990, 501-7.

95) J. B. Wood, J. J. Bremer, and S. A. Saraidaridis. Measurement of Service at a Public Library. *Public Library Quarterly*, 2, 1980, 49-57.

96) M. E. Murfin. The Myth of Accessibility: Frustration and Failure in Retrieving Periodicals. *Journal of Academic Librarianship*, 6, 1980, 16-19.

수 있는지를 이해하는 데 도움을 주게 될 것이라고 주장하였다. Rashid는 추적해야 할 범주로 다음과 같은 13개를 제안하였다.[97]

- 고객이 도서관에 가져온 정보의 품질
- 해당 도서 타이틀을 도서관이 소장하고 있는지의 여부
- 해당 아이템을 도서관이 현재 소장하고 있는 경우에는, 해당 아이템이 도서관의 장서 개발 정책에 부응하는지의 여부
- 청구 기호를 올바르게 기록하였는지의 여부
- 해당 아이템이 도서관 목록에서 확인되는 특별 장서/특별 장소에 배치되어 있는지의 여부
- 해당 아이템이 도서관 목록에서 확인되지 **않는** 특별 장서/특별 장소에 배치되어 있는지의 여부
- 책이 적절하게 배가되어 있으나 고객이 소재를 확인하지 못하고 있는지의 여부
- 책이 잘못 배가되어 있는지의 여부
- 해당 아이템을 도서관에서 사용중인지의 여부
- 책이 체크아웃 되었는지의 여부
- 책이 배가전(配架前) 영역에 있는지의 여부
- 책이 행방이 묘연하거나 분실된 것으로 보고되어 있는지의 여부
- 그 밖의 요인들

Anne Ciliberti는 Kantor의 분기 다이어그램을 〈그림 8-7〉에서 볼 수 있는 것처럼, 알려져 있는 아이템 탐색에 대한 모델을 약간 수정하고 주제 탐색에 대한 상응하는 모델을 개발함으로써 확장하였다.[98] 그녀와 그 동료들은 저널 표제 탐색들에서 부딪히는 장애들을 확인함으로써 모델을 더 정교화 하였다.[99] 이 연구에서는 장서 점검 관리의 개선과 사인 표시(signage)의 개선, 목록 약어의 제거 필요성을 포함하여, 도서관 직원은 예상치 못하지만 고객들이 부딪히게 되는 다수의 문제점을 밝혀주었다.

97) Haseeb F. Rashid. Book Availability as a Performance Measure of Library: An Analysis of the Effectiveness of a Health Sciences Library. *Journal of the American Society for Information Science*, 41 (7), 1990, 501-7.

98) Anne C. Ciliberti, Mary Casserly, Judy Hegg, and Eugene Mitchell. Material Availability: A Study of Academic Library Performance. *College & Research Libraries*, 48, November 1987, 513-27.

Ciliberti의 분기 다이어그램 그림 8-7

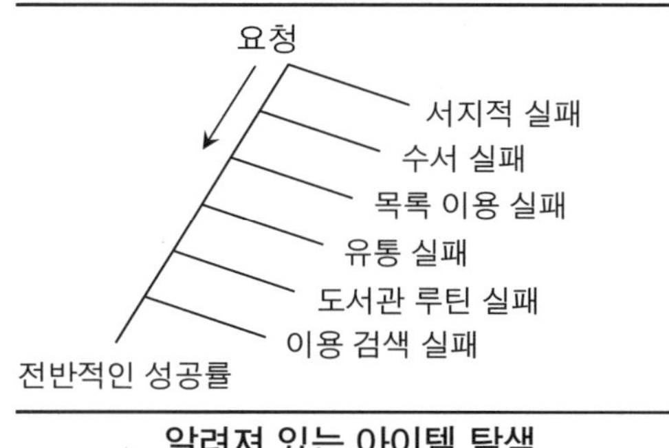

알려져 있는 아이템 탐색

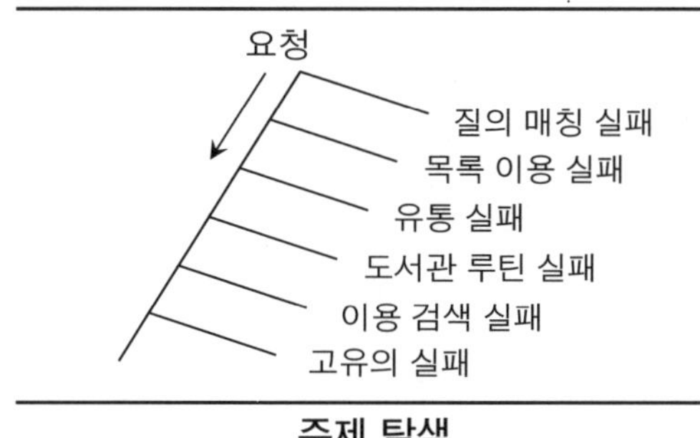

주제 탐색

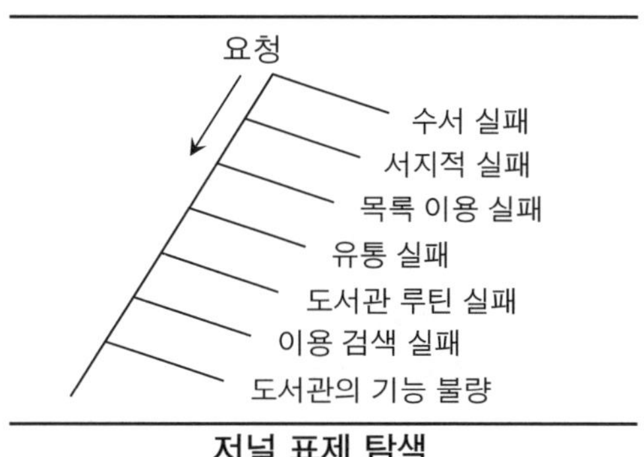

저널 표제 탐색

Eugene Mitchell 등에 의한 또 하나의 연구에서는 Kantor의 분기 다이어그램을 주제 탐색에 성공적으로 적용하고, 이 접근법이 도서관의 절차들에 대한 필요한 개선들을 확인하는 데 도움이 될 것이라는 사실을 밝혀냈

99) Anner Ciliberti, Marie L. Radford, Gary P. Radford, and Terry Ballard. Empty Handed? A Material Availability Study and Transaction Log Analysis Verification. *The Journal of Academic Librarianship*, 59, July 1998, 282-89.

다.[100] 세 개의 기본적인 요인들이 특정 아이템의 입수 가능성에 영향을 미친다. 즉 해당 아이템의 인기(베스트셀러 리스트, 교수의 추천 등)와 대출을 위해 입수할 수 있는 복본수, 대출 기간의 길이가 그것이다.[101]

입수 가능성 연구의 한 가지 별법(別法)은 도서관이 속성으로 장서 점검을 실행하는 것이다. Topsy Smalley는 입수할 수 없는(서가상에도 없고 체크아웃 되지도 않은) 표본의 퍼센트를 밝혀내기 위해서는 도서관의 유통 장서의 3퍼센트를 표본으로 추출할 것을 제안하고 있다.[102]

Thomas Nisonger는 50건이 넘는 연구들에 대한 철저한 리뷰를 준비하고 약 61퍼센트라는 실제 도서관 이용자들에 의한 알려져 있는 아이템 탐색들에 대한 입수 가능성 비율들을 밝혀냈는데, 이것은 Nisonger가 준비했던 이전의 리뷰와 거의 동일하였다.[103]

Neal Kaske는 "만일의 경우에 대비하여 제공하는"(just-in-case) 장서들은 그 유용성을 상실하고 있기 때문에, 입수 가능성 연구도 더 이상 유용하지 않을 수도 있다고 주장하고 있다. 전통적인 입수 가능성 연구들은 고객으로부터의 구체적인 요구에 부응하기 위해 도서관이 수행하고 있는 "적시에 이루어지는"(just-in-time) 노력들(해당 아이템을 구입하여 24시간 내지 48시간에 전달하는 것과 아이템의 리콜(회수: recall), 도서관 상호 대차, 문헌 배달(document delivery) 등)은 물론 인쇄 자료들을 전자 포맷으로 입수할 수 있는 가능성이 점점 더 늘어나고 있다는 사실을 무시하고 있다. Kaske는 고객이 원하는 아이템을 기다리는 시간에 초점을 맞추는 새로운 측도의 필요성을 주장하고 있다.[104]

---

100) Eugene S. Mitchell, Marie L. Radford, and Judith L. Hegg. Book Availability: Academic Library Assessment. *College & Research Libraries, 55, January* 1994, 47-55.

101) Michael K. Buckland. *Book Availability and the Library User.* New York: Pergamon, 1975.

102) Topsy N. Smalley. Assessing Collection Availability: A Snapshot Inventory. *Community & Junior College Libraries*, 5 (2), 1988, 69-75.

103) Thomas E. Nisonger. A Review and Analysis of Library Availability Studies. *LRTS*, 51 (1), January 2007, 30-49.

104) Neal K. Kaske. Materials Availability Model and the Internet. *Journal of Academic Librarianship*, 20, November 1994, 317-18.

(9) 문헌 배달 테스트

문헌 배달 테스트(document delivery test)는 최근에 발행된 광범위한 문헌으로부터 인용들의 풀(pool)을 만들어낸다. 그런 다음 인용들의 풀에 있는 각 타이틀에 대한 접근 가능성의 정도가 결정된다. 인용풀이 실제 이용자들의 정보 니즈(information needs)를 대표해줄 것으로 추정된다.

주요한 문헌 배달 테스트가 Richard Orr와 그 동료들에 의해 생물의학도서관들에서 실행되었다. 리서치팀은 300건의 인용들로 된 인용풀을 만들어내고 접근 가능성의 정도에 대한 표시로 속도 코드(speed code)를 부여하였다. 가능성들의 범위는 직접 서가에서 입수할 가능성으로부터 도서관 상호대차를 이용한 대출에 이르기까지 다양하였다.[105] 전달의 속도는 다음과 같은 1-5의 척도를 사용하였다.

1. 10분 미만에 입수할 수 있는 문헌
2. 10분 이상 2시간 미만에 입수할 수 있는 문헌
3. 2시간 이상 24시간 미만에 입수할 수 있는 문헌
4. 24시간 이상 7일 미만에 입수할 수 있는 문헌
5. 7일 이내에 입수할 수 없는 문헌

이 팀은 문헌 배달 역량 지수(document delivery capability index)도 개발하였는데, 이것은 모든 표본 문헌들이 "서가상에서" 발견되고 10분 안에 입수할 수 있을 경우에만 100이라는 최대값을 갖는다. 역량 지수의 범위는

---

105) Richard H. Orr, Vern M. Pings, Irwin H. Pizer, and Edwin E. Olsen. Development of Methodologic Tools for Planning and Managing Library Services: Ⅰ. Project Goals and Approach. *Bulletin of the Medical Library Association*, 56 (3), July 1968, 235-40; Richard H. Orr, Vern M. Pings, Irwin H. Pizer, Edwin E. Olsen and Carol C. Spencer. Development of Methodologic Tools for Planning and Managing Library Services: II. Measuring a Library's Capability for Providing Documents, *Bulletin of the Medical Library Association*, 56 (3), July 1968, 241-67; Richard H. Orr, Vern M. Pings, Edwin E. Olsen, and Irwin H. Pizer. Development of Methodologic Tools for Planning and Managing Library Services: Ⅲ. Standardized Inventories of Library Services. *Bulletin of the Medical Library Association*, 56 (3), July 1968, 380-403; Richard H. Orr. Development of Methodologic Tools for Planning and Managing Library Services: IV. Bibliography of Studies Selected for Methods and Data Useful to Biomedical Libraries. *Bulletin of the Medical Library Association*, 58 (3), July 1970, 350-70.

참여한 생물의학도서관들에서는 낮은 경우는 47에서부터 높은 경우는 88까지 다양하였다.

유사한 연구가 20개 공공도서관들의 성과를 알아내기 위해 실행되었다. 연구팀은 세 개의 인용풀들을 만들어내어 최근에 발행된 책들과 현행의 정기간행물·문헌, 도서관들의 장서들에 포함되어 있는 것으로 알려져 있는 그 밖의 타이틀들의 입수 가능성을 테스트하였다. 목적은 어떤 아이템이 소장될 확률을 알아보고 소장되어 있는 경우에는, 사용하기 위해 그것을 입수할 수 있는 확률 — "입수 가능성의 확률"(probability of availability)이라 한다 — 을 밝혀내기 위한 것이었다. 500건의 인용들의 풀을 이용하여 Ernesr DeProspo와 그 동료들은 도서관 목록들을 체크하여 어떤 것이 소장되어 있는지의 여부를 알아보고 그러고 나서 서가를 체크하여 그 입수 가능성을 알아보았다. 그런 다음 각 도서관에 대해 입수 가능성의 확률을 산출하였다.[106]

(10) 관내 이용

장서의 관내(館內) 이용(in-library use)에 대한 기록은 대개 책상위에서 발견되는 아이템들을 서가에 돌려놓기에 앞서 이러한 아이템들을 기록(수작업으로 또는 자동 스캐너를 이용하여)함으로써 이루어진다. 이 방법은 도서관의 고객들이 아이템들을 서가에 되돌려놓을 것(그렇게 하지 말라고 요청하는 경우에조차도 그럴 것이다)이기 때문에 실제 이용을 적게 보고하게 될 것이다. 스위프 방법(sweep method)을 이용한 두 개의 재배가 연구들에서는 그것이 실제 이용을 20 내지 40퍼센트 적게 보고하는 결과들을 산출해 낸다는 사실을 발견하였다.[107] 아울러 이 방법은 고객이 해당 아이템을 책상으로 가지고 가지 않았기 때문에 비교적 짧은 이용을 확인해주지는 못할 것이다.

별법(別法)의 접근법은 책이나 연속간행물 장서의 총 관내 이용의 추정

106) Ernest R. DeProspo, Ellen Altman, and Kenneth E. Beasley. *Performance Measures for Public Libraries*. Chicago: American Library Association, 1979.

107) Colin R. Taylor. A Practical Solution to Weeding University Library Periodicals Collections. *Collection Management*, 1 (3/4), 1977, 27-45.

치를 얻기 위해 직접 관찰(direct observation)을 이용하는 것이다. 무작위로 지정된 블록의 시간 동안, 얼마나 많은 수의 아이템들이 이용되고 서가에 되돌아오는지 그리고 얼마나 많은 수가 책상 위에 남겨져 있는지를 알아보기 위해 이용자들을 관찰한다. 재배가된 아이템들을 책상위에 남겨져 있는 아이템들에 더하면 관내 이용에 대해 더 정확하게 나타내게 될 것이다.[108] 또한 연구에서는 브라우징 비율(browsing ratio), 즉 도서관에서 이용된 권수 더하기 체크아웃이 이루어진 권수를 계산하였다.[109]

또 다른 방법에서는 각 아이템에 스티커들을 붙이고 있는데, 도서관은 고객에게 그것을 이용할 때마다 매번 스티커에 체크 마크를 하도록 요청하고 있다. 그러나 한 연구에서는 그와 같은 접근법은 실제 이용을 3분의 1 정도 적게 보고한다는 사실을 밝혀냈다.[110] Naylor는 이용자 서베이에서는 재배가 수치들에 의해 기록되는 것보다 더 적은 수가 이용을 보고한다는 사실을 발견하였다.[111] Sylvia와 Lesher는 재배가 수치들은 학생 논문들의 인용 수와 상응하지 않는다는 사실을 밝혀냈다.[112]

또 한 연구에서는 최신 저널 권호들(issues)의 비이용과 기간(旣刊) 저널 권호들의 제본된 저널들과 마이크로필름들의 비이용을 조사하고, 최신 권호들을 이용하지 않는 타이틀들의 절반 이상은 기간 권호들도 이용하지 않는다는 사실을 밝혀냈다.[113] 한 대학에서는 보존 서고로 옮길 수도 있는 이용도가 낮은 저널들을 알아내기 위한 노력의 일환으로 저널 이용과 구독료

---

108) C. Wenger and J. Childress. Journal Evaluation in a Large Research Library. *Journal of the American Society for Information Science*, 28 (5), September 1977, 293-99.

109) Joseph E. Weber and Dennis R. Ridley. Assessment and Decision Making: Two User-oriented Studies. *Library Review*, 46 (3), 1997, 202-9.

110) Dorothy Milne and Bill Tiffany. A Cost-per-use Method for Evaluating the Cost-effectiveness of Serials: A Detail Discussion of Methodology. *Serials Review*, 17 (2), 1991, 7-19; Dorothy Milne and Bill Tiffany. A Survey of Cost-effectiveness of Serials: A Cost-per-use Method and Its Results. *Serials Librarian*, 19 (3/4), 1991, 137-49.

111) Maiken Naylor. Comparative Results of Two Current Periodical Use Studies. *Library Resources & Technical Services*, 38, 1994, 373-88.

112) Margaret Sylvia and Marcella Lesher. What Journals Do Psychology Graduate Students Need? A Citation Analysis of Their References. *College & Research Libraries*, 56, 1995, 313-18.

113) Jean S. Sauer. Unused Current Issues: A Predictor of Unused Bound Volumes? *Serials Librarian*, 18 (1/2), 97-107.

(subscription prices), 학과별 등록자수를 이용하여 이용 당 비용과 학과 당 이용을 산출하였다.[114]

여러 연구에서는 도서관 장서의 관내 이용에 대한 총 대출의 비율이 안정적인 경향이 있는 것으로 제시하고 있다. 다만 몇몇 연구들에서 주목하고 있는 비율들은 1:1 미만에서 1건의 아이템 대출에 대해 10건이 넘는 관내 이용에 이르기까지 상당히 다양하다. Anthony Hindle과 Michael Buckland는 거의 대출이 이루어지지 않는 책들은 관내 이용도 비교적 적게 이루어지며, 더 많이 대출되는 책들은 관내 이용도 더 많이 이루어진다는 사실을 발견하였다.[115] 그들은 또한 장서의 40퍼센트는 어떤 대출 기록도 없지만 관내 이용의 거의 20퍼센트를 차지한다는 사실에 주목하였다.

특정 도서관의 비율을 결정하는 것은 도서관 장서의 총 이용을 더 잘 이해하기 위해 중요하다. Joan Stockard 등의 연구에서는 이점을 강조하였는데, 그들은 세 도서관들의 관내 이용을 조사하여 비율들이 다양한 범위로 나타난다는 사실을 발견하였다.[116]

관내 이용 분석을 위한 데이터를 수집하기 위해, 대부분의 도서관들은 책상위에 놓여있는 자료들을 "쓸어 담아"(sweep) 자료들을 재배가하기에 앞서 데이터를 수작업으로 또는 스캐너를 이용하여 입력하게 될 것이다. 이러한 데이터 수집 방법은 다음과 같은 몇 가지 근본적인 문제점들을 안고 있다.

- 고객들에게 자료들을 재배가하지 말도록 요청하는 사인들이 존재함에도 불구하고, 몇몇 아이템들은 서가로 되돌아가 있게 될 것이다.
- 책상위에 놓여있는 몇몇 아이템들은 두 번 이상 이용될 것이다.
- 이용되는 모든 아이템들을 책상으로 가져가지는 않을 것이다.

---

114) Steve Black. Journal Collection Analysis at a Liberal Arts College. *Library Resources & Technical Services*, 41 (4), 1997, 283-94.

115) Anthony Hindle and Michael K. Buckland. In-Library Book Usage in Relation to Circulation. *Collection Management*, 2 (4), Winter 1978, 265-77.

116) Joan Stockard, Mary Ann Griffin, and Clementine Coblyn. Document Exposure Counts in Three Academic Libraries: Circulation and In-Library Use, in *Quantitative Measurement and Dynamic Library Service*. Phoenix: Oryx Press, 1978, 136-47.

- 이용량은 추적할 수 없다(이용자가 목차만 훑어보았는지 논문 세 편을 복사했는지).
- 데이터 캡처 프로세스에 특히 저널 장서들의 경우는 시간과 비용이 많이 소요된다.[117)]

Harris는 관내 장서 이용은 책상위에 놓여있는 자료들에 반영되는 이용보다 20배나 많다는 사실을 발견하였다.[118)] 한편 Lawrence와 Oja는 University of California의 두 도서관에서는 책들의 관내 이용이 대출 데이터보다 여섯 배 더 많았다는 사실을 제시하였다.[119)]

(11) 공식에 근거한 접근법

도서관 장서의 적합성과 그 규모 간에 상관성이 존재한다고 가정하여, Verner Clapp과 Robert Jordan은 학생과 교원의 니즈(needs)를 뒷받침해주는 학술도서관 장서의 적합성을 밝혀내기 위한 공식(formula)을 고안하였다. 공식을 개발하기 위해서는 수량들을 다양한 범주의 교원과 학생들의 수나 학부생 및 대학원생들의 수, 학위 프로그램들과 같은 다양한 프로그램적 요인들에 부여해야 한다. 공식의 이용은 신설 대학들의 도서관들에 특히 적합하다.

Clapp과 Jordan은 대학도서관을 위한 단행본과 연속간행물 타이틀들의 최소 숫자를 결정하기 위한 결과들을 제시해주는 테이블을 이용하였다.[120)] McInnis는 이 정보를 가중치가 부여된 변인들을 가진 다음과 같은 공식으로 변환하였다.[121)]

---

117) R. Broadus. A Proposed Method for Eliminating Titles from Periodicals Subscription Lists. *College & Research Libraries*, 46, 1985, 30-35.

118) C. A. Harris. A Comparison of Issues and In-library Use of Books. *ASLIB Proceedings*, 29, 1977, 118-26.

119) Gary S. Lawrence and A. R. Oja. *The Use of General Collections at the University of California.* Sacramento: California State Department of Education, 1980. ERIC ED 191 490.

120) Verner W. Clapp and Robert T. Jordan. Quantitative Criteria for Adequacy of Academic Library Collections. *College & Research Libraries*, 26, September 1965, 371-80.

121) R. M. McInnis. The Formula Approach to Library Size: An Empirical Study of Its Efficiency in Evaluating Research Libraries. *College & Research Libraries*, 33, 1972, 190-98.

$$V = 50{,}750 + 100F + 12E + 12H + 335U + 3{,}035M + 24{,}500D$$

V = 권수(number of volumes)
F = 교원수(number of faculty)
E = 총 등록 학생수(total number of students enrolled)
H = 학부 우등생수(number of undergraduate honors students)
U = 주요 학부 주제수(number of major undergraduate subjects)
M = 제공되는 석사 학위(master degree offered)
D = 제공되는 박사 학위(doctoral degree offered)
50,750 = 상수

McInnis는 Clapp과 Jordan의 공식은 도서관 규모의 최소 수준들에 대해 낮거나 보수적인 수치를 보고할 수도 있다는 사실을 발견하였다. 공식에 근거한 접근법의 위험은 그것이 도서관 장서의 성장을 제한하고 장서의 모든 요구가 획일적이라는 가정을 만들어낼 수도 있다는 사실이다. 몇몇 사람들은 공식에 근거한 접근법은 도서관이 나중에 더 성숙한 단계들에 있을 때보다는 도서관을 만들어가고 있을 때만 이용해야 한다고 주장하고 있다.

그 밖의 공식들이 State of Washington[122)]과 Voigt[123)]에 의해 개발되었다.

(12) 교육 과정 분석

또 하나의 방법은 제공하는 각 강좌에 LCC(Library of Congress Classification) 기호들을 부여하는 것을 포함하며, 때로는 **강좌 분석**(course analysis)이라고도 한다. 교육하는 개개 강좌들을 뒷받침하기 위해 입수할 수 있는 자원들을 확인하기 위해 상응하는 분류 기호들에 대한 소장 자료들의 숫자들을 계산한다.[124)] William McGrath는 University of Southwestern Louisiana에서 이 접근법을 이용하고, 그것은 대학 학과들의 학문적 관심을 확인하기 위한

---

122) Inter-institutional Committee of Business Officers. *A Model Analysis for Program 05 Libraries*. Olympia, WA: Evergreen State College, March 1970.

123) Melvin J. Voigt. Acquisitions Rates in University Libraries. *College & Research Libraries*, 36, July 1975, 263-71.

우수한 방법이라고 느꼈다.[125] McGrath의 접근법은 University of Nebraska, Omaha에서 Barbara Golden에 의해 다시 반복되었는데, 그는 각 학급의 등록 학생수를 분석에 추가하였다.[126] 유사한 분석이 Jenks[127]와 Burr[128]에 의해서도 이루어졌다.

Richard Dougherty와 Laura Bloomquist는 강좌 분석을 이용하여 대규모 대학 캠퍼스의 분관들의 장서들을 분석하였다.[129] 다른 사람들은 수서를 개선하고, 장서 개발 정책을 마련하고, 장서를 평가하기 위해 강좌 분석을 이용하였다.[130] 주제 분류 범주들을 이용하는 외에도, Vernon Leighton은 주제명 표목들과 키워드들을 온라인 목록의 질의어들로 이용하여 소장 사항들을 확인할 수 있다고 주장하였다.[131] Gwen Lochstet는 강좌 분석 접근법에 교원 연구 활동을 추가하고 University of South Carolina의 세 개 학과들에 대해 그 가치를 실증하였다.[132]

---

124) William E. McGrath. Significance of Book Use According to a Classified Profile of Academic Departments. *College & Research Libraries*, 33, 1972, 212-19; William E. McGrath. Measuring Classified Circulation According to Curriculum. *College & Research Libraries*, 29, 1968, 347-50.

125) William McGrath and Norma Durand. Classifying Courses in the University Catalog. *College and Research Libraries*, 30, November 1969, 553-59.

126) Barbara Golden. A Method for Quantitatively Evaluating a University Library Collection. *Library Resources and Technical Services*, 18, Summer 1974, 268-75.

127) G. M. Jenks. Circulation and Its Relationship to the Book Collection and Academic Departments. *College and Research Libraries*, 37, 1976, 145-52.

128) Robert L. Burr. Evaluating Library Collections: A Case Study. *Journal of Academic Librarianship*, 5, 1979, 256-61.

129) Richard M. Dougherty and Laura L. Bloomquist. *Improving Access to Library Resources: The Influence of Organization of Library Collection and of User Attitudes Toward Innovative Services*. Metuchen, NJ: Scarecrow Press, 1974.

130) John H. Whaley Jr. An Approach to Collection Analysis. *Library Resources & Technical Services*, 25, July/September 1981, 330-38; Elliot Palais. Use of Course Analysis in Compiling a Collection Development Policy Statement for a University Library. *Journal of Academic Librarianship*, 13, March 1987, 8-13; Michael R. Gabriel. Online Collection Evaluation, Course by Course. *Collection Building*, 8 (2), 1989, 20-24.

131) Vernon Leighton. Course Analysis: Techniques and Guidelines. *Journal of Academic Librarianship*, 21, May 1995, 175-79.

132) Gwen S. Lochstet. Course and Research Analysis Using a Coded Classification System. *Journal of Academic Librarianship*, 23, September 1997, 380-89.

이 접근법의 또 하나의 변형은 교원 예약 리스트들과 강좌 참고 문헌들을 장서의 내용과 비교하는 것이다. 도서관 장서를 이용하여 그 리스트들을 작성했을 수도 있기 때문에 어떤 분석에나 약간의 편향(bias)이 존재할 수도 있을 것이다.[133]

강좌 분석은 도서관으로 하여금 장서의 잠재적인 갭들(gaps)을 확인할 수 있도록 해준다. 아울러 교원은 장서와 그것이 어떻게 교육 과정을 뒷받침해 주는지에 대해 이해하게 될 것이다. 그리고 사서들은 자신들의 도서관 장서에 대한 지식이 훨씬 개선되었음을 알게 될 것이다. 이 접근법의 단점은 이를 위해서는 극히 많은 시간이 소요된다는 점이다.

(13) 도서관 상호 대차 분석

고객 수요(customer demand)에 비추어 장서 적합성을 측정하는 또 하나의 방법은 도서관 상호 대차(ILL: interlibrary loan) 요청들의 아주 대규모 표본을 분석하는 것이다. 이 요청들은 주제나 프로그램, 출판 일자, 출판 언어, 포맷에 의해 분류된다. 그와 같은 분석은 도서관 장서의 약점을 바탕으로 충족시키지 못한 수요가 존재하는지의 여부를 밝혀줄 수 있다.

Albert Henderson은 도서관 장서 실패 지수(CFQ: collection failure quotient)를 개발하였는데, 이것은 장서 규모에 대한 도서관 상호 대차 대출의 비율이다.[134] 36개 학술도서관들의 데이터를 이용하여, Henderson은 평균 CFQ 점수가 1974년과 1992년 사이에 두 배가 되었다는 사실을 주목하였다. Henderson은 또한 80개 대학도서관들에 대해 유사한 분석을 마련하고, 1974년과 1998년 사이의 CFQ 점수들을 산출하였다. 결과들은 모든 점수들이 25년의 분석 기간 동안 두 배 또는 세 배가 되었음을 보여주고 있다.[135]

최근의 도서 수서와 도서관 상호 대차를 이용하여 대출된 도서들의 숫자와 주제별 분포를 보여주는 그래프는 특히 중소 규모 도서관들에게는, 현행

---

133) M. B. Cassata and G. L. Dewey. Evaluation of a University Library Collection: Some Guidelines. *Library Resources & Technical Services*, 13, 1969, 450-57.

134) Albert Henderson. The Library Collection Failure Quotient: The Ratio of Interlibrary Borrowing to Collection Size. *The Journal of Academic Librarianship*, 26 (3), May 2000, 159-70.

135) *Ibid.*

장서의 강점과 균형에 대한 증거가 될 수 있다.[136] Jennifer Knievel과 그 동료들은 장서 관리 의사 결정을 내릴 때 더 큰 명확성을 제공하기 위해, 주제별 분류들의 테이블을 작성하고 소장 자료들의 퍼센트와 유통의 퍼센트, 도서관 상호 대차 요청들에 대한 소장 자료들의 비율을 비교하도록 제안하고 있다.[137]

Lynn Wiley와 Tina Chrzastowski에 의해 준비된 종단 연구(longitudinal study)에서는 Illinois의 26개 대규모 도서관들 사이의 도서관 상호 대차 논문 요청들의 수를 조사하였다. 요청들의 44퍼센트는 주내(州內)에서 충족되었으며, 과학 분야의 아이템들은 사회과학 및 인문과학 분야의 아이템들에 비해 2대 1의 비율로 더 많이 요청되었다. 결과들은 이 도서관들이 전자 저널들에 대해 더 많은 접근을 제공한 결과로 상당한 감소(26퍼센트의 감소)가 이루어지고 있음을 보여주었다. 전문(全文) 데이터베이스의 이용은 연간 약 10퍼센트 증가하였다.[138]

8.5. 장서의 제적

장서 평가의 또 하나의 형식은 장서에서 아이템들을 제적(weeding)할 때 이루어진다. 다음과 같은 두 가지 제적 방법들이 인기가 있다.

- Slote 분석(Slote analysis)에서는 어떤 아이템을 폐기(discard)해야 할는지를 결정하기 위해 최종 유통이 이루어진 이후의 시간을 이용한다.[139]

---

136) Gary D. Byrd, D. A. Thomas, and Katherine E. Hughes. Collection Development Using library Loan Borrowing and Acquisitions Statistics. *Bulletin of the Medical Library Association*, 70 (1), January 1982, 1-9.

137) Jennifer Knievel, Heather Wicht, and Lynn Silipigni Connaway. Use of Circulation Statistics and Interlibrary Loan Data in Collection Management. *College & Research Libraries*, 67 (1), January 2006, 35-49.

138) Lynn Wiley and Tina E. Chrzastowski. The Impact of Electronic Journals on Interlibrary Lending: A Longitudinal Study of Statewide Interlibrary Loan Article Sharing in Illinois. *Library Collections, Acquisitions, & Technical Services*, 29, 2005, 364-81.

139) Stanley J. Slote. *Weeding Library Collections: Library Weeding Methods*. Westport, CT: Libraries Unlimited, 1997.

- CREW(Continuous Review, Evaluation, and Weeding)에서는 어떤 아이템의 제적의 적합성을 판단하기 위해 아이템의 연한, 최종 이용 일자, MUSTY(도서관 장서들 중에서 오해의 소지가 있고(misleading), 추하며(ugly), 대체된(superseded), 하찮고(trivial), 이용되지도 않는(no use) 것) 등을 이용한다.

제적의 필요성은 현재 대출되고 있는 대부분의 아이템들은 아주 가까운 과거에 앞서 대출되었으며(따라서 제적 기준들로서 최종 유통 일자의 이용), 현재 대출되고 있는 극소수의 아이템들이 오랜 기간 동안 서가에 놓여 있다는 현실을 바탕으로 하는 것이다.

보건학도서관의 분석에서는 최신 인쇄 저널들이 더 오래된 자료들보다 더 자주 이용되고, 15년 이상 오래된 자료들은 이용이 상당히 감소한다는 사실을 발견하였다.[140] Colin Taylor는 멀리 떨어진 보존 서고로 보낼 후보가 되는 아이템들을 확인하기 위한 방법으로 15/5 규칙을 개발하였다. 지난 15년 동안에 발행된 타이틀의 모든 책들 중 지난 5년 동안 대출되지 않은 것들은 보존 서고로 옮길 것을 제안하였다.[141]

8.6. 보 존

평가나 어세스먼트가 도서관 장서의 상태라는 관점에서 이루어질 수도 있을 것이다. 보존하기 위해 수선이 필요할 수도 있는 장서 부분을 확인하기 위한 어세스먼트가 설계되고 있다. 평가에서는 통계적 표본 추출 기법을 이용하여 상태와 연한, 종이의 수소 이온 농도(paper pH), 제본 유형, 최종 유통 일자 등에 관한 데이터를 수집한다.[142]

---

140) Richard Kaplan, Marilyn Steinberg, and Joanne Doucette. Retention of Retrospective Print Journals in the Digital Age: Trends and Analysis. *Journal of the Medical Library Association*, 94 (4), October 2006, 387-93.

141) Colin R. Taylor. A Practical Solution to Weeding University Library Periodicals Collections. *Collection Management*, 1 (3/4), 1977, 38.

142) Brain J. Baird. *Library Collection Assessment Through Statistical Sampling*. Toronto: Scarecrow Press, 2004.

8.7. 가 치

대다수의 도서관들은 보험에 가입하기 위해 도서관 장서에 가치를 부여한다. 그러나 개념화하고 수량화하기 어려운 훨씬 더 중요한 가치가 있다. 즉 도서관 장서의 이용은 그 고객들의 삶에 어떤 결과들을 가져다 주는가?

소수의 공공도서관들이 비용-편익 분석(cost-benefit analysis)을 이용하여 도서관 이용의 비용들과 편익들을 비교하고자 시도하고 있다. 전문도서관들은 그 고객들, 대개는 그 조직의 종업원들에게 도서관 이용을 통해 얻게 되는 편익들 — 시간 절약과 비용 절약, 새로운 수익의 창출 등 — 을 확인하고 수량화해 주도록 요청할 수 있다는 점에서 아주 독특한 입장에 있다. 비용-편익 분석에 대해서는 제18장에서 살펴보고자 한다.

학술도서관들은 다양한 이유들 때문에 도서관 장서의 이용이 학생의 학습 프로세스를 개선시키는 정도를 이해하기 위해 많은 노력을 기울이지 못하고 있다. 수행된 몇 안 되는 연구들은 아주 오래된 것으로, 전자 데이터베이스 이전의 시대에 물리적 장서들만을 갖추고 있는 도서관 환경을 반영하고 있다.

Gorham Lane은 도서관 시설들과 서비스들이 그 학부생들에게 미치는 영향을 밝히기 위한 시도로 University of Delaware에서 준비한 몇몇 연구들에 대해 보고하였다. 한 연구에서는 일반 장서에 포함되어 있는 책들의 장기 대출에 대해 조사하였다. 대부분의 학생들은 도서관에서 어떤 자료들도 대출하지 않았다. 다만 어떤 자료들도 대출하지 않은 학생들의 퍼센티지는 신입생으로부터 4학년생에 이르면서 다소 감소하였다. 자료들을 대출하는 학생들이 학교에 머물 가능성이 더 높기는 하였지만, 분석에서는 상관 관계가 통계적으로 유의하지는 않은 것으로 밝혀졌다. 요컨대, Lane은 대학의 일반 장서는 학부생들에 의해 널리 이용되지 않고 있으며, 이용될 때는 그것이 학업 성취도(academic achievement)와는 유의한 관계를 갖지 못한다는 사실을 밝혀냈다.[143)]

---

143) Gorham Lane. Assessing the Undergraduates' Use of the University Library. *College & search Libraries*, 27 (4), 1966, 277-82.

Nichols는 어떤 기관의 학술도서관 자원들과 학부생들의 교육적 성과들 간에 통계적으로 유의한 어떤 관계도 없음을 발견하였다. 학생 당 도서관 책들의 수 및 도서관 규모와 학부생들의 GRE(Graduate Record Examination) 점수들을 분석하였다.[144)]

또 하나의 연구에서는 도서관의 책들의 수 및 학생 당 도서관의 책들의 수와 GRE 점수들의 관계를 조사하였다. 학생들의 배경 특성들에 대해 통제한 후, Alexander Astin은 도서관 규모와 GRE 점수들 간의 약한 정(+)의 상관 관계를 발견했을 뿐이다.[145)] 추가의 연구에서도 학부생들의 GRE 및 SAT(Scholastic Aptitude Test)와 도서관의 책들의 수 및 학생 당 도서관의 책들의 수 간의 약한 상관 관계를 밝혀냈다.[146)] 때로는 자원 배분 분석(resource allocation analysis)이라고도 하는 도서관 규모에 대한 이러한 연구들에 내포되어 있는 것은 "여러분이 그것을 가지고 있으면, 그들은 그것을 이용하게 될 것" 이라는 가정이었다.

Eastern Illinois University에서 Patrick Barkey에 의해 준비된 또 하나의 연구에서는 약 3분의 2의 학생들이 도서관에서 어떤 자료들도 빌리지 않는다는 사실을 밝혀냈다. 그러나 학생들의 평균 평점(GPA: grade point average)과 도서관에서 빌려간 아이템들의 수 간에는 직접적인 상관 관계가 있는 것으로 언급되었는데, 이것은 더 훌륭한 학생들의 더 많은 수가 도서관을 이용한다는 사실을 나타내는 것이다.[147)] Jane Hiscock는 South Australian College of Advanced Education에서 실시한 연구에서 도서관의 이용과 학업 성과 간에는 아주 작은 관계가 있음을 밝혀내고, 도서관 목록들의 광범위한 이용과 높은 학업 성과 간에는 어떤 연계가 있음을 발견하였다.[148)]

---

144) R. Nichols. Effects of Various College Characteristics on Student Aptitude Test Scores. *Journal of Educational Psychology*, 55 (1), 1964, 45-54.

145) A. Astin. Undergraduates' Achievement and Institutional "Excellence." *Science*, 161, 1968, 661-68.

146) D. A. Rock, J. A. Centra, and R.L. Linn. Relationship Between College Characteristics and Student Achievement. *American Educational Research Journal*, 7, 1970, 109-21.

147) Patrick Barkey. Patterns of Student Use of a College Library. *College & Research Libraries*, 26 (3), 1965, 115-18.

148) Jane Hiscock. Does Library Usage Affect Academic Performance? *Australian Academic & Research Libraries*, 17 (4), December 1986, 207-13.

Tony Mays는 대학 환경에서 유통 데이터와 학생들로 이루어진 표본이 완성한 서베이를 조사하였다. 그는 도서관 장서가 많은 학부생들에 의해 자신들의 교육 프로그램에 불필요한 것으로 간주되고 있다는 사실을 발견하고, 도서관 장서의 이용과 학업 성취도 간에는 어떤 상관 관계도 없음을 밝혀냈다. 나아가 학생의 학문이나 연구 영역을 바탕으로 도서관 이용에 관해 어떤 예측도 할 수 없었다.[149)]

James Self는 University of Virginia의 다양한 강좌들에서 예약 자료들(reserve materials)의 이용과 학생들의 평점들을 비교하였다. 분석에 포함된 8,454명의 학생들 중 거의 절반은 어떤 예약 자료도 이용하지 않았다. 또한 예약 자료들을 더 많이 이용하는 학생들은 더 높은 평점들을 받았지만, 통계적 상관 관계는 유의하지 않았으며, 따라서 예약 자료들의 이용은 개인의 평점의 예측 변인으로 유용하지 못하였다.[150)]

추가의 연구에서는 도서관의 서고들에서 발견되는 자료들의 이용과 역사 및 사회학을 전공하는 학생들의 더 나은 평점들에 대한 약한 지지만을 밝혀냈다.[151)] 더 활발하게 도서관 책을 빌려 본 법학도들은 활발하게 책을 빌리지 않은 학생들보다 졸업할 때 수상을 할 가능성이 더 높았다.[152)]

학생 특성들과 학부 도서관에 대한 조사가 실행되었는데, 여기서는 캠퍼스에서 보내는 시간들과 등록 학점수(credit hour enrollment), 성별(남성), 평균 평점(GPA), 전공 분야(academic major)의 다섯 가지 변인들이 도서관 이용에 영향을 미치는 것으로 밝혀졌다.[153)] Jennifer Wells는 오스트레일리아의 University of Western Sydney에서 서베이를 실행하고, 학업 성취도와

---

149) Tony Mays. Do Undergraduates Need Their Libraries? *Australian Academic & Research Libraries*, 17 (2), June 1986, 56-62.

150) James Self. Reserve Readings and Student Grades: Analysis of a Case Study. *Library & Information Science Research*, 9 (1), January-March 1987, 29-40.

151) K. de Jager. Library Use and Academic Achievement. *South African Journal of Library formation Science*, 65 (1), March 1997, 26-30.

152) J. M. Donovan. Do Librarians Deserve Tenure? Casting an Anthropological Eye on Role Definition within the Law School. *Law Library Journal*, 88 (3), 1996, 382-401.

153) Charles B. Harrell. The Use of an Academic Library by University Undergraduates. Ph.D. dissertation, University of North Texas, 1988.

서로 다른 도서관 자원 및 서비스의 이용 간에 정(+)의 상관 관계가 있음을 밝혀냈다.[154] 그녀는 또한 도서관에서 보낸 시간의 양은 학업 성공(academic success)과는 관계가 없음을 발견하였다.

8.8. 장서 개발

장서들의 평가는 장서 개발을 평가하기 위한 수용 가능한 대용물로 간주될 수도 있을 것이다. 그러나 현실은 장서를 평가할 때는 과다 선정과 과소 선정이 확인되지 않는다는 것이다. 과소 선정(under-selection)은 입수했어야 할 자료들을 입수하지 않으면 발생한다. 과다 선정(over-selection)은 입수한 자료들이 전혀 이용되지 않을 때 발생한다. 과소 선정은 도서관 상호대차와 문헌 배달 서비스들(document delivery services)을 통해 완화될 수 있다.

과다 선정의 결과들은 심각한데, 심지어는 해당 아이템을 구입하고, 처리하고, 앞으로 몇 년 동안 서가에 배열하는 비용들을 무시하기까지 한다. 더 중요한 것은 해당 아이템의 기회 비용(opportunity cost) — 선정된 아이템 때문에 입수되지 못한 것이 도서관 고객들에 대해 갖는 가치 — 을 인정해야 한다는 것이다. 거의 이용되지 않거나 전혀 이용되지 않는 자료들을 보존 서고 시설로 옮기면 비용들을 약간 낮출 수도 있을 것이다. 그러나 자료들을 지속적으로 보존하고 접근을 제공하기 위한 계속 비용들도 중요하다.

Dennis Carrigan은 과소 선정은 물론 과다 선정을 밝혀주는 도서관 장서의 주제 분류별 비율에 따른 이용을 알아보기 위해 도서관의 자동 대출 시스템의 데이터를 이용할 것을 제안하였다.[155] 1974년에 George Bonn에 의해 처음 도입된 이 개념은 그 밖의 도서관들 중에서도, Virginia Tech 도서관들에서 이용되고 있다.[156] 도서관은 또한 그 도서관을 대신하여 이루어지고 있는

154) Jennifer Wells. The Influence of Library Usage on Undergraduate Academic Success. *Australian Academic & Research Libraries*, June 1995, 121-28.

155) Dennis P. Carrigan. Collection Development-Evaluation. *The Journal of Academic Librarianship*, 22 (4), July 1996, 273-78.

장서 개발 의사 결정들의 가치에 대한 완전한 그림을 얻기 위해 도서관 상호 대차와 문헌 배달 데이터의 분석을 준비해야 할 것이다.

8.9. 총비용

도서관 자료들의 구입 및 처리 비용들은 아주 쉽게 확인되는 반면, 도서관 장서의 총 라이프 사이클 비용들은 거의 고려되지 않는다. ARL(Association of Research Libraries)에 의해 보고되는 연간 데이터를 이용하면, 비용들은 장서의 규모와 그 상대적 공간을 바탕으로 장서들에 배정되고 있다. 분석에서는 장서들의 라이프 사이클 비용들이 그 구입 비용들의 몇 배 — 단행본들의 경우는 일곱 배 — 라는 사실을 밝혀냈다. 그리고 단행본 장서들의 라이프 사이클 비용은 다른 장서들의 비용을 압도하는데, 모든 비용의 95퍼센트를 차지한다.[157)]

8.10. 요 약

이 장에서는 도서관의 물리적 장서들을 평가하기 위해 이용할 수 있는 아주 다양한 방법들을 제시하였다. 이러한 논의에서 도출할 수 있는 더 주목할만한 결론들은 다음과 같다.

- 작은 일부분의 장서가 대부분의 이용을 감당한다.
- 80/20 규칙이 많은 도서관들에 대해 타당하기는 하지만, 어떤 도서관들은 그 연한과 규모 때문에 소장 자료들에 대한 유통의 비율이 약간 다를 것이며, 그 비율은 지역의 연구를 통해 확정해야 할 것이다.

---

156) George S. Bonn. Evaluation of the Collection. *Library Trends*, 29, January 1974, 272-73.

157) Stephen R. Lawrence, Lynn Silipigni Connaway, and Keith H. Brigham. Life Cycle Costs of Library Collections: Creation of Effective Performance and Cost Metrics for Library Resources. *College Libraries & Research Libraries*, 62 (6), November 2001, 541-53.

- 유통은 총이용에 대한 정확한 측도가 아니며, 유통에 대한 관내 이용의 비율은 상당히 다양하기 때문에 자체적으로 연구해야 한다.
- 어떤 연구도서관들에서는 유통이 잘 안 되는 아이템들을 관내에서 상당히 많이 이용하고 있다.
- 15년이 넘은 인쇄 저널들의 보유는 도서관 상호 대차 데이터의 분석과 인용 분석들을 바탕으로 하면 대부분의 학술도서관에서는 필요하지 않을 수도 있다.
- 장서 개발을 평가하는 것과 장서를 평가하는 것은 서로 다른 것이다. 다만 분석을 위해 유사한 도구들을 사용할 뿐이다.

도서관들이 이용할 수 있는 자원들이 감소함에 따라, 장서들과 서비스들은 그것들이 조직의 사명(mission) 및 고객들의 니즈(needs)와 계속하여 보조를 같이 하도록 한다는 목적을 가지고, 지속적으로 그리고 체계적으로 검토하는 것이 중요하다. 어떤 평가에 대해서나 균형 잡힌 관점을 제시하기 위해서는, 둘 이상의 방법을 이용하도록 제안되고 있다. 각 평가 방법론은 강점들과 약점들을 가지고 있는데, 특정 도서관의 장서를 평가하는 계획을 세울 때는 이 점을 고려해야 한다. 평가의 목적들과 목표들은 대개 어떤 방법론을 이용해야 하는지를 결정하게 될 것이다.

그리고 어느 관종의 도서관이나, 도서관의 자원들과 그 서비스들이 그 고객들의 삶에 가져다주는 편익들과 영향들을 확인해주는 최종 성과 연구들의 구성과 완성에 대해 고려해야 할 것이다.

제9장

전자 자원의 평가

09

9.1. 서비스 정의

모든 관종과 모든 규모의 도서관들은 점점 더 그 수가 늘어나는 전자 저널들과 그 밖의 디지털 장서들에 대한 접근을 제공해야 하는 끊임없는 압박에 직면하고 있다. 이용자들에게 주는 매력은 그들이 하루 24시간 내내 도서관 자체를 방문할 필요 없이 전자 자원들(electronic resources)에 대해 데스크톱을 통해 접근한다는 사실이다. 도서관들은 색인 및 초록 데이터베이스들로부터 그리고 그와 같은 데이터베이스들에 대해 전자 저널 콘텐트들을 링크할 수 있다. 분명히 디지털 장서들은 도서관 공간을 절약해주며, 그러한 장서들을 유지할 수 있는 상대적인 용이성을 고려하면, 도서관은 약간의 비용 절약들을 경험할 수도 있을 것이다.

9.2. 평가 질문

도서관들은 전통적인 물리적 장서들로부터 상당 부분의 디지털 도서관으로 옮겨감에 따라 과도기에 놓여 있다. 어떤 사람들은 이를 "하이브리드" (hybrid) 도서관이라고 부르고 있다. 누가 전자 자원들을 이용하고 그것들이 왜 이용되고 있는지에 대해 분명하게 이해하는 것은 도서관들이 그 고객들의 니즈(needs)에 더 잘 부응하기 위한 서비스 제공 전략들을 조정할 때 유용할 수 있다. 평가가 이루어지고 있는 중요한 질문들로는 다음과 같은 것들이 있다.

- 전자 자원의 이용자들은 도서관의 물리적 장서의 이용자들과 어떻게 다른가?
- 이용자들은 전적으로 전자 자원들만 이용하는가, 아니면 도서관의 물리적 장서도 이용하는가?
- 사무실과 기숙사, 가정 등에서 이루어지고 있는 접근과 비교해볼 때 도서관 자체 내에서는 전자 자원들에 대한 어떤 비율의 이용이 이루어지고 있는가?
- 사람들은 왜 전자 자원들을 이용하는가?
- 전자 자원들의 이용자들은 한정된 수의 자원들에 이용의 초점을 맞추고 있는가, 아니면 더 큰 일단의 자원들을 이용하는가?
- 각각 그 자체 특유의 인터페이스를 가지고 있는 다양한 전자 자원들을 이용할 때 사람들은 어떤 문제점들에 부딪히는가?
- 접근을 해석하고 통계를 다운로드할 때 도서관은 어떤 문제점들에 직면하는가?

전자 자원들을 평가하기 위해 사용되는 측도들의 유형들로는 다음과 같은 것들이 있다.

- **트랜잭션 기반 측도**(transaction-based measures)는 탐색 세션들의 총계, 수행된 탐색들의 유형, 검색된 레코드들의 수 등을 포함한다.
- 트랜잭션 로그 파일은 탐색 세션들의 길이, 시스템 피크 시간들, 파일 브라우징에 보내는 시간 대 파일 다운로드에 보내는 시간 등과 같은 **시간 기반 측도**(time-based measures)를 산출하기 위해 검토할 수도 있다.
- **비용 기반 측도**(cost-based measures)는 자원들을 제공하는 비용을 분석하고, 필요한 하드웨어와 소프트웨어, 네트워킹, 교육 훈련, 사이트 라이선스(site licensing)를 제공하는 비용을 결정하는 등의 것들을 한다.
- **이용 기반 측도**(use-based measures)는 특유의 이용자들의 수와 매달 이용들이 되돌아오는 횟수, 온라인으로 보는 아이템들의 수, 다운로드되는 논문들의 수, 이용자 만족도 등을 조사한다.

9.3. 평가 방법

도서관들은 〈표 9-1〉에서 볼 수 있는 것처럼, 다양한 수단들을 통하여 전자 자원들의 이용자들과 그 이용들에 대해 더 많은 것을 알 수 있다.

전자 자원 평가 방법 표 9-1

질적 방법	양적 방법
면 담	서베이
포커스 그룹	트랜잭션 로그 분석
관 찰	다운로드 통계 분석
저널 보유	비용 분석
종이 프로토타입 및 시나리오	비용-편익 분석
카드 분류 검사	

이러한 방법들뿐만 아니라 그것들의 상대적인 강점들과 제한점들에 대해서는 제5장에서 이미 살펴본 바 있다. 이용자 서베이는 흔히 이루어지지만, 결과들은 묻는 질문들의 유형에 따라 다양하다. 적합한 표본 크기를 가정할 경우, 서베이들은 더 정확한 일반화를 가능하게 해주지만, 준비하고, 실행하고, 결과들을 해석하기 위해서는 비용과 시간이 많이 들어간다.

9.4. 이전의 평가와 리서치에 대한 논의

Carol Tenopir는 Council on Library and Information Resources를 위해 전자 자원들에 초점을 맞추고 있는 이용자 연구들에 대한 훌륭한 개요를 준비한 바 있다.[1)] Tenopir는 이러한 연구들을 두 개 그룹들로 구분하였다. 단계 1(tier 1)은 다양한 평가 방법들을 이용하고 그 결과로 많은 출판물들을 생산한 수백 또는 수천의 주제들에 관련되어 있는 주요 연구들을 포함하고 있다. 단계 2(tier 2) 범주는 더 규모가 작은 개개 리서치 연구들을 요약하고 있다.

9.4.1. 이용자

분명히 어떤 단일의 "이용자"도 전자 자원들의 모든 이용자들을 대표하지는 못할 것이다. 학술 환경에서, 전자 자원들의 이용자들은 대개 학부생과 대학원생, 교원, 연구자들의 네 개 기본 그룹들로 범주화되며, 그 그룹들의 전자 자원들의 이용은 상당히 다양하다. 공공도서관들은 대개 이용자들을 학생과 가족, 비즈니스 종사자, 고령 시민(senior citizens)의 네 그룹들로 분류할 것이다. 전문도서관들은 두세 개 그룹들로 이용자들을 분리할 수도 있지만, 흔히 이용자들을 단일 그룹으로 분석한다.

전자 자원들의 이용자는 주제 학문과 개인의 상태에 따라 다음과 같이 다양할 것이다.

- 리서치를 위해 전자 저널들을 이용하는 교원은 낮게는 61퍼센트(법률)로부터 높게는 83퍼센트(생물과학)에 이르기까지 다양하다.
- 교육을 위해 전자 저널들을 이용하는 교원은 낮게는 28퍼센트(법률)로부터 높게는 56퍼센트(생물과학)에 이르기까지 다양하다.
- 학생 이용도 낮게는 35퍼센트(법률)로부터 높게는 62퍼센트(생물과학)에 이르기까지 다양하다.[2] 전체 서베이 응답자들 중, 75퍼센트는 저널 논문들에 대한 온라인 접근을 선호하고 있다. 그리고 대부분의 응답자들은 온라인 정보원들을 이용하여 전자 저널들에 관한 정보를 찾고 있다.
- 교원과 대학원생들에 의한 물리적 도서관에 대한 방문들은 감소하고 있는 반면, 가상 도서관(virtual library)에 대한 방문들은 증가하고 있다.[3]

---

1) Carol Tenopir. *Use and Users of Electronic Library Resources: An Overview and Analysis of Research Studies*. Washington, DC: Council on Library and Information Resources, August 2003. Available at http://www.clir.org/pubs/reports/pub120/pub120.pdf.

2) Amy Friedlander. Dimensions and Use of the Scholarly Information Environment: Introduction to a Data Set. Washington, DC: Council on Library and Information Resources, 2002. Available at http://www.clir.org/pubs/reports/publl0/contents.html. 다음 자료도 보라. Leigh Watson Healy, Lynn Dagar, and Katherine Medaglia Wilkie. *Customer Report for the Digital Library Federation/Council on Library and Information Resources*. Burlingame, CA: Outsell, 2002.

3) Steve Hiller. How Different Are They? A Comparison by Academic Area of Library Use, Priorities and Information Needs at the University of Washington. *Issues in Science and Technology Librarianship*, 33, Winter 2002. Available at http://istl.org/istl/02-winter/artiele1.html.

- 불균형적으로 더 많은 이용이 대학원생 및 박사후 과정 학생들(postdoctoral students)과 교원에 의해 이루어지고 있는 반면, 학부생들의 이용은 그 모집단 크기에 비해 저조하다.[4)]

Susan Grajek는 Yale University Medical Center의 전체 이용자들의 4분의 3이 그들의 컴퓨터를 이용하여 전자 저널들에 접근하고 있다는 사실을 밝혀냈다. 연간 이용자 서베이를 실행하고 있는 Grajeck는 전자 저널들의 이용이 1997년의 50퍼센트에서 2004년에는 79퍼센트로, 꾸준하게 증가하고 있다는 사실에 주목하였다.[5)] University of Southern California Medical Library에서는 6개월의 기간 동안, 28,000건의 전문(全文) 논문들을 온라인을 통해 본 반면, 상응하는 인쇄 자료 권호들은 불과 1,800건만 이용되었다.[6)] Vanderbilt University Medical Center 생의학도서관의 연구에서는 학생들과 레지던트들, 전임의들(fellows)은 전자 저널들을 선호하는 반면, 교원은 인쇄 저널들을 선호한다는 사실을 발견하였다. 전자 저널들이 접근하고 탐색하기에는 용이하지만, 인쇄 저널들은 더 고품질의 텍스트와 그림들을 가지고 있다.[7)]

전자 저널들에 대한 도서관 게이트웨이들의 중요성은 아무리 강조해도 지나치지 않다. ScienceDirect 트래픽을 가장 많이 발생시키는 것들은 도서관 게이트웨이들이며, PubMed가 그 뒤를 잇고 있다. 2005년 8월에 ScienceDirect는 PubMed로부터 4백만 건 이상의 레퍼럴들(referrals)을 받았다. ScienceDirect의 전문(全文) 이용의 43퍼센트는 1년 미만의 논문들에 대한 것이었으며, 논문들의 거의 20퍼센트는 1년에서 2년이 된 것이었고, 논문들의 27퍼센트는

---

4) Tschera Harkness Connell, Sally A. Rogers, and Carol Pitts Diedrichs. OhioLINK Electronic Journal Use at Ohio State University. *portal: Libraries and the Academy,* 5 (3), 2005, 371-90.

5) Susan Grajek. *Annual Medical Center Questionnaire of Library and Computer Use.* Available at http://its.med.yale.edu/abouCitsmedlresearchlindex.html.

6) David H. Morse and William A. Clintworth. Comparing Patterns of Print and Electronic Journal Use in an Academic Health Science Library. *Issues in Science and Technology Librarianship,* 28, Fall 2000. Available at http://istl.org/OQ-fall/refereed.html.

7) Nila A. Sathe, Jenifer L. Grady, and Nunzia B. Guise. Print Versus Electronic Journals: A Preliminary Investigation into the Effect of Journal Format on Research Processes. *Journal of the Medical Library Association,* 90 (2), April 2002, 235-43.

3년이 넘은 것들이었다.[8)]

교원과 학생들은 저널들의 인쇄 포맷들이나 온라인 포맷들의 이용에 대한 선호도에서 각기 다른 양상을 보이고 있다. 대부분의 학생들은 온라인 저널 논문들의 편리성을 선호한 반면, 교원들은 포맷에 관계없이 자신들의 토픽에 대한 최선의 논문들을 더 찾고자 하는 경향이 더 많았다.[9)] 교원과 학생들에 의한 저널들의 이용에 대한 비교에서, Kathleen Joswick와 Jeanne Stierman은 학생들은 더 일반화된 저널들을 이용하는 것을 선호하는 반면, 교원은 고도로 전문화된 저널들을 사용하는 경우가 많다는 사실을 밝혀냈다.[10)] University of Maryland에서는, 교원들은 일주일 단위로 또는 일일 단위로 인쇄 저널들보다는 전자 저널들을 이용할 가능성이 더 높았다.[11)] 더 자주 출판을 하는 교원들은 전자 저널들에 대해 더 많이 알고 있고 전자 저널들에 논문들을 제출할 가능성이 더 많다.[12)] 젊은 교원이 원로 교원보다 전자 자원들을 더 많이 이용하는 경향이 있다.[13)]

고등학교 학생들과 학부생들이 학교 관련 과업들에 대해 인터넷에서 탐색하는 것을 선호한다는 결론은 많은 연구들에 분명하고 일관성 있게 나타나고 있다 — 예를 들면 OCLC[14)]와 Pew 연구들,[15)] Leah Graham[16)]을 보라. OCLC 연구에서는 미국 응답자들의 45퍼센트는 전자 데이터베이스를 사용해본 적이 전혀 없고, 57퍼센트는 도서관이 온라인 데이터베이스들에 대한 접근을 제공한다는 사실에 대해 확신하지 못하고 있다는 사실을 밝혀냈다.

---

8) Alex Lankester. What We Know About ScienceDirect User Behavior. *Library Connect*, 4(1), 2006, 10-11.

9) Juris Dilevko and Lisa Gottlieb. Print Sources in an Electronic Age: A Vital Part of the Research Process for Undergraduate Students. *Journal of Academic Librarianship,* 28 (6), November 2002, 381-92.

10) Kathleen E. Joswick and Jeanne Koekkock Stierman. Perceptions vs. Use: Comparing Faculty Evaluations of Journal Titles with Student Usage. *Journal of Academic Librarianship,* 21 (6), November 1995, 454-58.

11) Irma F. Dillon and Karla L. Hahn. Are Researchers Ready for the Electronic-Only Journal Collection? Results of a Survey at the University of Maryland. *portal: Libraries and the Academy,* 2(3), 2002, 375-90.

12) Susan E. Hahn, Cheri Speier, Jonathan Palmer, and Daniel Wren. Advantages and Disadvantages of Electronic Journals: Business School Faculty Views. *Journal of Business and Finance Librarianship,* 5 (1), 1999, 19-31.

13) Erin T. Smith. Changes in Faculty Reading Behaviors: The Impact of Electronic Journals on the University of Georgia. *Journal of Academic Librarianship*, 29 (3), 2003, 162-68.

14) Cathy De Rosa, Joanne Cantrell, Janet Hawk, and Alane Wilson. *College Students' Perceptions of Libraries and Information Resources.* Dublin, OH: OCLC, 2006.

최근의 한 프로젝트에서는 네트워크화된 전자 자원들의 관내 이용은 물론 원격 이용을 측정한 웹 기반 서베이를 이용하였다. MINES(Measuring the Impact of Networked Electronic Services) for Libraries라고 불리는 이 프로젝트는 서베이 응답자들에게 탐색의 목적을 밝혀달라고 요청하였다. 온라인 자원들을 이용하기 위한 가능한 범주들에는 출연(出捐)을 받은(자금 지원을 받은) 리서치와 교수법/교육/학과별 리서치, 환자 케어(patient care), 그 밖의 모든 활동들이 포함되어 있다. 서베이에서는 전자 자원들의 원격 이용자들은 4대 1 이상의 차이로 관내 이용을 초과한다는 사실을 발견하였다. 놀라운 일은 아니지만, 출연을 받은 리서치를 실행하는 사람들은 도서관을 방문하기보다는 자신들의 사무실에서 전자 자원들을 이용하고 있다. 또한 전자 자원의 관내 이용 및 교내 이용이 교외 이용을 상당히 초과하고 있다. 출연을 받은 리서치의 대부분의 이용은 교원과 직원, 연구자들에 의해 이루어지고 있었다.[17] 기금의 지원을 받은 리서치는 네트워크화된 전자 서비스 활동의 거의 3분의 1을 차지하였는데, 이러한 탐색은 교내에서 이루어지기는 했지만 관내에서 이루어지는 것은 아니었다.[18]

---

15) Steve Jones. *The Internet Goes to College*. Pew Internet & American Life Project. 2002. Available at http://www.pewinternet.org/reports/toc.asp?Report=7I. Douglas Levin and Sousan Arafeh. *The Digital Disconnect: The Widening Gap Between Internet-Savvy Students and Their Schools*. Pew Internet & American Life Project. 2002. Available at http://www.pewinternet.org/reports/toc.asp?Report=67 .

16) Leah Graham. Of Course It's True; I Saw It on the Internet!: Critical Thinking in the Internet Era. *Communications of the ACM*, 46 (5), 2003, 71-75.

17) Brinley Franklin and Terry Plum. Networked Electronic Services Usage Patterns at Four Academic Health Sciences Libraries. *Performance Measurement & Metrics*, 3 (3), 2002, 123-33. Available at www.arl.org/stats/newmeas/emetricslFranklin_081102.pdf.; 다음 자료도 보라. Brinley Franklin and Terry Plum. Successful Web Survey Methodologies for Measuring the Impact of Networked Electronic Services (MINES for libraries). *IFIA Journal*, 32 (1), 2006, 28-40.

18) Brinley Franklin and Terry Plum. Library Usage Patterns in the Electronic Information Environment. *Information Research*, 9 (4), July 2004.

9.4.2. 이 용

과학자들은 상당 부분의 시간을 저널 논문들을 읽으면서 보낸다. 1990년대 동안, 과학자들은 매년 평균적으로 120여 편의 학술 저널 논문들을 읽었다. 2000년대의 서베이들은 평균이 130편으로 늘었음을 보여주고 있다. 대학의 과학자들은 더 많이 읽으며 — 그들은 매년 평균 188편을 읽는다 —, 읽는 것들의 4분의 3은 리서치를 위한 것이다. 읽는 것들의 40퍼센트는 교육을 위한 것이다. 공로상들을 통해 업적을 인정받는 과학자들은 평균적으로 미수상자들보다 더 많이 읽는다는 사실에 주목해보면 흥미롭다.[19] 의학자들이 다른 사람들보다 훨씬 더 많이 읽고, 엔지니어들은 가장 적게 읽는다. 의료 분야 교원은 다른 교원들보다 더 많은 논문들을 읽으며, 자신들의 시간을 절약해주는 방식으로 정보가 다이제스트화되는 것을 선호한다.[20]

일반적으로 과학자들은 매년 100시간 이상을 학술 논문들을 읽으면서 보내는데, 이것은 이러한 개인들이 이 활동에 부여하는 가치에 대한 간접적인 측도가 된다. 놀라운 것은 아니지만, 의학자들은 다른 학문들의 필적할만한 학자들보다 더 많은 시간 — 매년 118시간 — 을 읽으면서 보낸다.

이러한 모든 독서는 교육과 연구의 질을 증진시키고 시간과 돈을 절약하기 위해 이루어지고 있다. 정보를 찾는 이유들은 다음과 같은 것들을 포함한 여러 가지가 있다.

- 기초 리서치(primary research)
- 최신 정보 주지(current awareness)나 계속 교육(continuing education)
- 커뮤니케이션에 관련된 목적들(프레젠테이션, 글쓰기, 컨설팅)
- 배경 리서치(background research)

대학교의 의학자들도 임상 실무(clinical practice)와 교육을 위한 독서를 한다.

---

19) Carol Tenopir and Donald W. King. The Use and Value of Scientific Journals: Past, Present and Future. *Serials*, 14 (2), July 2001, 113-20.

20) Carol Tenopir, Donald W. King, and Amy Bush. Medical Faculty's Use of Print and Electronic Journals: Changes Over Time and in Comparison with Scientists. *Journal of the Medical Library Association*, 92 (2), April 2004, 233-41.

인쇄나 온라인 저널 논문들의 선택에 영향을 미치는 요인들 가운데, 논문들을 입수하기 위해 소요되는 시간은 포맷의 선호도와 가장 강한 상관 관계를 가질 수도 있을 것이다. Barry Schwartz가 "작은 성과에 안주하는" 행태(satisficing behavior)라고 기술하고 있는 것처럼, 사람들은 시간 압박과 효율성, 접근의 용이성, 어느 곳에서든 전자 자원들에 대한 24시간 내내 입수 가능성 때문에 입수할 수 있는 최선의 것들을 추구하기 보다는 입수할 수 있는 것을 취할 수도 있을 것이다.[21] 몇몇 연구들에서는 접근 가능성이 데이터베이스 이용량과 관련되어 있음을 보여주고 있다.[22]

서로 다른 동기들이나 정보 니즈(information needs)가 정보 추구(information seeking)와 이용에 영향을 미치게 될 것이다. University of West England의 학생들과 교원에 대한 연구에서는 전자 자원들의 이용에 대한 가장 큰 예측 변인은 개인이 리서치에 참여하고 있는지의 여부라는 사실을 밝혀냈다.[23] 또 한 연구에서는 교수법의 레벨은 데이터베이스 이용량과 상관 관계가 없다는 사실을 발견하였다.[24] 그리고 또 한 연구에서는 전자 자원들의 이용에 대한 교육과 그와 같은 자원들의 이용 증가 간에는 어떤 관계도 존재하지 않는 것으로 밝혀졌다.[25]

교원의 경우, 그들이 읽는 논문들의 대략 절반 정도는 문헌에 계속 접촉하고 배경 연구를 실행하는 부산물로서 저널들의 최근에 발행된 권호들의 브라우징을 통해 확인되고 있다. 읽은 것들 전체의 약 4분의 1은 초록 및 색인 데이터베이스들과 웹 검색 엔진들, 온라인 저널 장서들에 대한 온라인 탐

---

21) Barry Schwartz. The Tyranny of Choice. *Scientific American*, 290, April 2004, 70-75.

22) Yumin Jiang, Jeanne A. Baker, and Lynda S. Kresge. Toward Better Access to Full-Text Aggregator Collections. *Serials Librarian*, 39, 2000, 291-97; Jie Tian, Sharon Wiles-Young, and Elizabeth Parang. The Convergence of User Needs, Collection Building and the Electronic Publishing Marketplace. *Serials Librarian*, 38, 2000, 333-39.

23) Dianne Nelson. The Uptake of Electronic Journals by Academics in the UK, Their Attitudes Towards Them and Their Potential Impact on Scholarly Communication. *Information Services & Use*, 21(3/4), 2001, 205-14.

24) Carol Tenopir and Eleanor J. Read. Patterns of Database Use in Academic Libraries. *College & Research Libraries*, 61, 2000, 234-46.

25) Debbie Malone and Carol Videon. Assessing Undergraduate Use of Electronic Resources: A Quantitative Analysis of Works Cited. *Research Strategies*, 15 (3), 1997, 151-58.

색과 최신 정보 주지(current awareness) 메시지 수신의 결과로 선정된다. 그 밖의 저널들은 다른 출판물이나 다른 동료의 인용의 결과로서 확인된다.[26] 한 분석에서는 전자 자원들의 이용은 지정 검색법(directed searching)이 주된 탐색 방법이 되고 있는 영역에서 가장 많이 이용되고, 브라우징 및 연쇄 탐색(chaining search)을 탐색 방법들로 선호하는 영역에서는 이용이 더 적을 가능성이 있음을 시사하고 있다.[27]

읽을거리들의 대부분은 전년도에 발행된 논문들로부터 나온다. 일반적으로 2년이 넘은 논문들의 경우, 그 논문들을 읽은 과학자들은 그것들을 다시 읽는 중이라고 보고하고 있다.[28] 온라인 저널들이 10년의 기간 동안 의료 분야 교원의 인용 패턴들에 미친 영향에 대한 분석에서는 매년 인용되는 저널들의 수가 증가하고 있으며, 온라인 저널들을 인용할 가능성이 더 많거나 인쇄본으로만 입수할 수 있는 저널들을 인용할 가능성이 더 적은 것은 아니라는 사실을 밝혀냈다.[29]

Ohio State University에서는, 서베이 응답자들의 69퍼센트가 전자 자원들을 이용하고 있지만, 전체 학부생들의 절반은 어떤 전자 자원들도 이용해본 적이 없거나 그와 같은 자원들의 입수 가능성에 대해 알지 못하고 있었다.[30]

OhioLink는 84개 칼리지 및 대학교 도서관들의 컨소시엄으로 그 자체의 자동화된 도서관 시스템에 전자 저널들을 탑재하고 있으며, 따라서 이 자원의 실제 이용을 추적할 수 있도록 해준다. OhioLINK는 22개 출판사들의 5,200개가 넘는 저널들에 대한 접속을 제공해주고 있다. 다운로드 되고 있

---

26) Donald W. King, Carol Tenopir, Carol Hansen Montgomery, and Sarah E. Aemi. Patterns of Journal Use by Faculty at Three Diverse Universities. *D-Lib Magazine,* 9 (10), October 2003. Available at http://www. dlib.org/dlib/october03/king/l0king.htm .

27) Sanna Talja and Hanni Maula. Reasons for the Use and Non-use of Electronic Journals and Database: A Domain Analytic Study in Four Scholarly Disciplines. *Journal of Documentation*, 59 (6), 2003, 673-91

28) Carol Tenopir, Donald W. King, P. Boyce, M. Grayson, and K. L. Paulson, Relying on Electronic Journals: Reading Patterns of Astronomers. *Journal of the American Society for Information Science and Technology,* 56 (8), April 2005, 786-802.

29) Sandra L. De Groote, Mary Schultz, and Marceline Doranski. Online Journals' Impact on the Citation Patterns of Medical Faculty. *Journal of the Medical Library Association,* 93 (2), April 2005, 223-28.

30) Tschera Harkness Connell, Sally A. Rogers, and Carol Pitts Diedrichs. OhioLINK Electronic Journal Use at Ohio State University. *portal: Libraries and the Academy,* 5 (3), 2005, 371-90.

는 저널 논문들의 수는 〈그림 9-1〉에서 볼 수 있는 것처럼, 2007년 7월에는 16,500,000건으로 극적으로 증가하고 있다. OhioLINK 컨소시엄에 의한 전자 저널들의 라이선싱(licensing)은 각 도서관이 자금을 절약하고 자체적으로 제공하게 되는 것보다 훨씬 더 대규모의 일련의 저널들에 대한 접근을 그 학생들과 교원에게 제공할 수 있음을 의미하는 것이다.[31] 저널 타이틀들의 40퍼센트가 논문 다운로드들의 85퍼센트를 차지하고 있으며, 저널 타이틀들의 1퍼센트가 다운로드들의 약 10퍼센트를 차지하고 있다. 다운로드 되는 논문들의 절반을 약간 넘는 수(58퍼센트)가 다운로드하는 이용자의 도서관에 인쇄본으로 소장되어 있지 않은 것이었다.[32] 어떤 기관도 입수할 수 있는 모든 타이틀을 이용하지는 않을 것이며, 몇몇 저널 타이틀들은 모든 기관들에서 드물게 이용하게 될 것이다.

2007년 5월까지 데스크톱으로 전달된 OhioLINK 연간 저널 논문들 그림 9-1

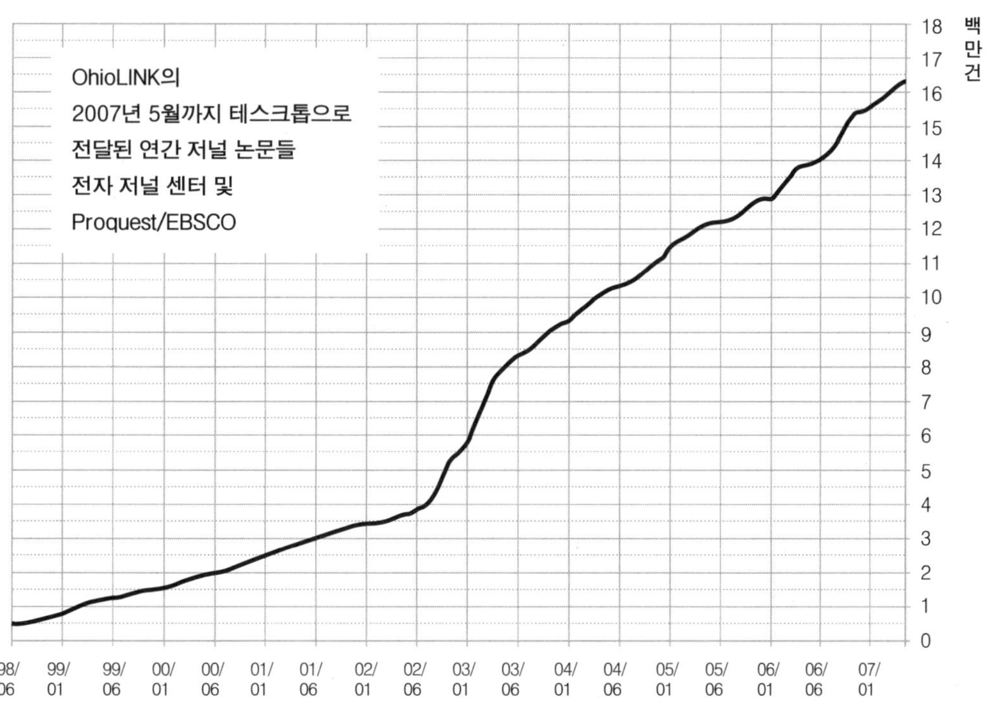

31) Carol Pitts Diedrichs. E-Journals: The OhioLINK Experience. *Library Collections, Acquisitions and Technical Services*. 25 (2), 2001, 191-210.

OhioLINK 트랜잭션 로그들에 대한 추가 분석에서는 거의 3분의 2가 검색 엔진을 선호하였으며, 입수할 수 있는 더 광범위한 저널들을 찾을 가능성이 더 높다는 사실을 보여주었다. 이용자 세션들의 다른 23퍼센트는 알파벳순 리스트 옵션을 선택하였으며, 단일 논문만을 볼 가능성이 더 높았다.[33]

그러나 대규모 지역 컨소시엄이 항상 최선의 모델이 되지는 못할 수도 있을 것이다. Philip Davis는 NorthEast Research Libraries Consortium의 회원도서관들 사이에서 과학 및 사회과학의 200개 타이틀들의 이용을 분석하여, 대규모 기관들은 광범위한 저널 타이틀들을 이용하는 반면, 소규모 기관들은 전자 자원들의 불과 약 30퍼센트만을 이용한다는 사실을 밝혀냈다.[34] Davis는 도서관의 규모와 관종을 기반으로 하는 컨소시엄들이 더 비용효과적일 수도 있다고 주장하였다.

대규모 퍼센티지의 이용은 작은 부분의 저널 타이틀들에 집중되고 있는데, 이것은 80/20 규칙의 또 하나의 표현으로, 트랜잭션 로그들을 조사한 몇몇 연구들에서 주목하고 있는 것처럼, 전자 저널들의 경우에는 유효한 것 같다.[35] James Stemper와 Janice Jaguszewski는 벤더(vendor)와 지역 데이터를 비교한 프로젝트에서 온라인 환경에서는 규칙이 70/30에 더 가깝다고 주장하고 있다.[36]

---

32) Thomas J. Sanville. A Method Out of the Madness: OhioLINK's Collaborative Response to the Serials Crisis Three Years Later: A Progress Report. *The Serials Librarian,* 40 (112), 2001,129-55; Anita Cook and Thomas Dowling. Linking from Index to Primary Source: The OhioLINK Model. *The Journal of Academic Librarianship,* 29 (5), September 2003, 320-26.

33) David Nicholas, Paul Huntington, Hamid R. Jamali, and Carol Tenopir. Finding Information in (Very Large) Digital Libraries: A Deep Log Approach to Determining Differences in Use According to Method of Access. *The Journal of Academic Librarianship,* 32 (2), March 2006, 119-26.

34) Philip M. Davis. Patterns in Electronic Journal Usage: Challenging the Composition of Geographic Consortia. *College & Research Libraries,* 63 (6), 2002, 484-97.

35) M. P. Day. Electronic Journal Usage and Policy at UMIST. *Information Services & Usage,* 21(3/4), 2001, 135-37; Philip M. Davis. Patterns in Electronic Journal Usage: Challenging the Composition of Geographic Consortia. *College & Research Libraries,* 63 (6), 2002,484-97; Hans Roes. Promotion of Electronic Journals to Users by Libraries-A Case Study of Tilburg University Library. Presented at the UK Serials Group Promotion and Management of Electronic Journals in London, 28 October 1999. Available at http://drcwww.kub.nl/-roes/articles/london99.htm.

36) James A. Stemper and Janice M. Jaguszewski. Usage Statistics for Electronic Journals: An Analysis of Local and Vendor Counts. *Collection Management,* 28 (4), 2003, 3-22.

John Crawford 등은 2001년부터 2003년까지, Glasgow Caledonian University의 전자 저널들에 대한 지출들이 여섯 배가 넘게 증가했다는 사실 — 전자 자원들에 투입된 수서 예산은 같은 기간에 4퍼센트에서 22퍼센트로 늘어났다 — 에 주목하였다.[37)]

대부분의 개인들은 나중에 읽어보고 자신의 아카이브들(archives)로 이용하기 위해 온라인 정보원들로부터 선정한 논문들을 인쇄하며, 인쇄하기 위해서는 HTML 포맷을 좋아하지 않는 것으로 보고하고 있다.[38)] 4분의 3을 조금 넘는 수의 학자들은 특정 저널의 웹사이트보다는 PubMed나 ScienceDirect, Medline, EbscoHost와 같은, 전문(全文)에 대한 링크를 가지고 있는 복수 저널 웹사이트에서 탐색을 시작한다.

한 가지 사실은 분명하다. 이용자들은 입수할 수 있는 것을 이용한다. 그리고 입수할 수 있다는 말은 점차 즉시라는 의미를 갖게 되었다.

— *Carol Diedrichs* *

전자 저널들의 이용자들은 일반적으로 저널 목차들을 탐색하고, 논문의 전문(全文)을 간략하게 훑어보고, 그런 다음 인쇄나 아카이빙(archiving)을 위해 논문의 PDF 버전을 요청한다. 젊은 학자들은 자신들이 전자 저널을 자주 이용하는 이용자라고 보고하고 있는 반면, 더 나이가 든 학자들은 복수 저널 웹사이트들의 이용자 인터페이스 때문에 어려움을 겪고 있으며, 따라서 전자 저널들을 더 드물게 이용한다.[39)] University of Washington의 포커스 그룹들은 도서관에서 라이선스를 얻고 있는 많은 데이터베이스들은 너무

37) John Crawford, Angel De Vincente, and Stuart Clink. Use and Awareness of Electronic Information Services by Students at Glasgow Caledonia University: A Longitudinal Study. *Journal of Librarianship & Information Science,* 36 (3), September 2004, 101-17.

38) Institute for the Future. *E-Journal Usage and Scholarly Practice.* 2002. Available at http://ejust.stanford.edu/findings/full_0801.pdf. 다음 자료도 보라. Institute for the Future. *Final Synthesis Report of the E-Journal User Study.* 2002.(Available at http://ejust.stanford.edu/SR-786.ejustfinal.html.)

* Carol Pitts Diedrichs. E-Journals: The OhioLINK Experience. *Library Collections, Acquisitions and Technical Services.* 25 (2), 2001, 208.

39) Institute for the Future. *E-Journal Usage and Scholarly Practice.* 2002.

복잡하여 이용할 수 없으며, 그것들을 어떻게 하면 잘 이용하는지에 대해 배워야 할 정도로 이용 시간이나 빈도가 많지 않다는 사실에 주목하였다.[40)]

1977년 이래로, Donald King과 그 동료들은 교원과 연구자들, 과학자들, 학생들에게 그들이 읽으면서 보내는 시간과 인쇄본 및 전자 저널 장서들 — 개인 구독들과 도서관에서 유지하고 있는 장서들을 포함하여 — 의 이용에 관해 물었다. University of Pittsburgh에서 이루어진 최근 연구에서는 만일 도서관의 저널 장서 — 물리적 장서와 전자 장서 — 를 이용할 수 없다면, 교원은 추가로 250,000시간이 소요될 것이고 별도의 정보원들을 이용하여 원하는 논문들의 소재를 확인하기 위해 약 210만 달러가 소요될 것이라는 사실을 발견하였다.[41)] Don King과 그 동료들은 조건부 가치 추정 방법론(contingent valuation methodology)을 이용하였는데, 이것은 도서관 장서를 입수할 수 없다면 자신들이 현재 도서관의 저널 장서로부터 받고 있는 정보를 얻기 위해 얼마나 많은 시간과 돈을 들이게 될 것인지를 서베이 응답자들에게 묻는 것이다. 추가의 분석에서는 대학에 대한 도서관의 저널 장서의 전체 가치(total value)는 1,161만 달러의 순가치(net value)에 대해, 장서를 만들어내고 유지하기 위한 비용인 343만 달러를 제하고 1,348만 달러라고 주장하였다. 바꾸어 말하면, 대학도서관의 저널 장서 — 인쇄 장서와 전자 장서 — 가 존재하지 않는다면, 동일한 양의 리서치와 정보 수집이 수행되기 위해서는 교원 시간과 그 밖의 지출들에 현재 도서관 장서의 4.3배의 비용

---

40) Steve Hiller. Evaluating Bibliographic Database Use: Beyond the Numbers. *Against the Grain* 15 (6), December 2003-January 2004, 26-30.

41) Donald W. King, Sarah Aerni, Fern Brody, Matt Hebison, and Amy Knapp. *The Use and Outcomes of University Library Print and Electronic Collections.* Pittsburgh: University of Pittsburgh, Sara Fine Institute for Interpersonal Behavior and Technology, April 2004; Donald W. King, Sarah Aerni, Fern Brody, Matt Hebison, and Paul Kohberger. *Comparative Cost of the University of Pittsburgh Electronic and Print Library Collections.* Pittsburgh: University of Pittsburgh, Sara Fine Institute for Interpersonal Behavior and Technology, May 2004. 다음 자료들도 보라: Roger C. Schonfeld, Donald W. King, Ann Okerson, and Eileen Gifford Fenton. Library Periodicals Expenses: Comparison of Non-Subscription Costs of Print and Electronic Formats on a Life-Cycle Basis. *D-Lib Magazine,* 10 (1), January 2004. Available at http://www.dlib.org/dlib/january04/schonfeldiOlschonfeld.html.; Donald W. King, Carol Tenopir, Carol Hansen Montgomery, and Sarah E. Aerni. Patterns of Journal Use by Faculty at Three Diverse Universities. *D-Lib Magazine,* 9 (10), October 2003. Available at http://www.dlib.org/dlib/october03/king/10king. html.

을 대학에 부담시키게 될 것이라는 것이다.

University of Idaho Library의 교원들에 대한 서베이에서는 교원은 도서관이 더 나은 전자 자원들과 서비스들을 제공해줌으로써 틈을 내는 데 도움을 주기를 원하고 있다는 사실을 발견하였다.[42] 그러나 교원은 전자 자원들의 범위에 대해 모르고 있었으며, 전자 자원들을 어떻게 효과적으로 이용할는지에 관해 더 많이 학습할 시간이 없었다.

Ziming Liu는 대학원생들을 서베이하여, 84퍼센트가 항상 또는 거의 전자 자원들을 이용한다는 사실을 발견하였다.[43] 칼리지와 대학교의 학생들은 자신들의 캠퍼스의 도서관들에 대해 불만을 느끼고 있으며 도서관이 다음과 같은 것이 되기를 바라는 것으로 보고하고 있다.

- 고객에 더 많은 초점을 맞추어야 한다.
- 도서관 정보를 이용하고 접근하기가 더 용이해져야 한다.
- 쌍방향 지도들(interactive maps)과 스터디 가이드들(study guides), 자원 가이드들(resource guides)을 제공해야 한다.
- 품질 좋은 웹사이트들과 그 밖의 도서관 목록들에 대한 링크들을 제공해야 한다.
- 전자 자원들에 대한 원격 접근을 더 용이하게 해주어야 한다.[44]

Urban Libraries Council은 2000년 초에 대규모 전화 서베이를 후원하여, 도서관과 인터넷에 대한 서비스 등급들의 차이를 발견하였다(〈표 9-2〉를 보라).[45]

---

42) Maria Anna Jankowska. Identifying University Professors' Information Needs in the Challenging Environment of Information and Communication Technologies. *The Journal of Academic Librarianship,* 30 (1), January 2004, 51-66.

43) Ziming Liu. Print vs. Electronic Resources: A Study of User Perceptions, Preferences, and Use *Information Processing & Management,* 42, 2006, 583-92.

44) Steve Jones. *The Internet Goes to College.* Pew Internet & American Life Project. 2002. Available at http://www.pewinternet.org/reports/toc.asp?Report=71.; Douglas Levin and Sousan Arafeh. *The Digital Disconnect: The Widening Gap Between Internet-Savvy Students and Their Schools.* Pew Internet & American Life Project. 2002. Available at . 다음 자료도 보라: OCLC. *How Academic Librarians Can Influence Students' Web-Based Information Choices.* OCLC White Paper on the Information Habits of College Students. Available at http://www2.oclc.org/oclc/pdf/printondemandlinformationhabits.pdf.

표 9-2 도서관과 인터넷의 서비스 등급 차이

도서관에 대한 더 높은 서비스 등급	인터넷에 대한 더 높은 서비스 등급
이용의 용이성	접근의 용이성
저렴한 비용	접근에 소요되는 시간
종이 카피의 입수 가능성	접속 시간들
정보의 정확성	자원들의 범위
사서들의 유용성	찾고 있는 것을 찾으리라는 기대
프라이버시	즉시 조치할 수 있다는 점
	정보의 최신성
	브라우징 하는 즐거움
	혼자 작업할 수 있다는 점
	재 미

9.4.3. 전자책

Duke University에서 실시된 7,490종의 도서 타이틀들과 전자책들(e-books)로 입수할 수 있는 동일한 타이틀들에 대한 비교에서는 전자책들이 그 상응하는 인쇄본들보다 11퍼센트 더 많이 이용되는 것으로 나타났다.[46] 전자책들은 다음과 같은 몇 가지 이유들 때문에 학생들이 좋아하고 있었다.

- **편리성**(convenience): 콘텐트를 즉시 디지털 포맷으로 입수할 수 있다.
- **비용 절약**(cost savings): 전자책들은 학급들을 위해 구입되는 책들의 수를 줄여준다.
- **최신성**(currency): 최근 콘텐트가 가치가 있다.
- **효율성**(efficiency): 이용자들은 브라우징이나 탐색을 하고 관심을 가지고 있는 부분들만 인쇄할 수 있다. 학생들은 온라인으로 읽는 것은 연결이 너무 부

45) George D'Elia, Corinne Jorgensen, Joseph Woelfel, and Eleanor Jo Rodger. The Impact of the Internet on Public Library Use: An Analysis of the Current Consumer Market for Library and Internet Services. *Journal of the American Society for Information Science and Technology,* 53 (10), 2002, 802-20.

46) Justin Littman and Lynn Silipigni Connaway. A Circulation Analysis of Print Books and E-Books in an Academic Research Library. *LRTS,* 48 (4), October 2004, 256-62.

자연스럽다는 사실을 발견하고 있다.

- **대체 가능한 복본**(an alternative copy): 인쇄 버전이 체크아웃 되었거나 어떤 인쇄 버전도 입수할 수 없을 때 전자책들을 입수할 수 있다.[47]

NetLibrary 전자책에 대한 연구에서는 경제학과 비즈니스, 컴퓨터과학의 타이틀들이 가장 많이 이용되는 것으로 밝혀졌다.[48] 전자책들에 대한 접근을 제공하는 상업적인 온라인 도서관 서비스인 Questia의 분석은 University of Rochester에서는 문학이 리서치를 위한 가장 인기 있는 주제이고, 사회학과 역사학이 그 뒤를 잇고 있다는 사실을 밝혀냈다.[49]

이용자의 시각에서 보면, 전자 자원들은 다음과 같은 이유 때문에 그토록 매력적이고 많이 이용하게 된다.

- 정보에 대한 접근을 신속하게 제공해준다.
- 광범위한 정보에 대한 접근을 제공해준다.
- 정보에 대한 데스크톱을 통한 접근이 용이하며 – 그것은 시간과 에너지를 절약해준다 – 어느 시간이나 어느 곳에서나 접근이 이루어질 수 있다.
- 논문들의 다운로딩과 인쇄가 현재는 아주 일상적이다.

9.4.4. 정확성

전문(全文) 데이터베이스들의 온라인 저널 논문들이 언제나 인쇄본과 완전히 동등한 것은 아니다. Nancy Sprague와 Mary Beth Chambers는 전문 논문들의 45퍼센트는 인쇄 논문만큼 최신성을 갖지 못하고 있으며, 주요 논문들의 17퍼센트는 누락되어 있고, 많은 그래픽들은 데이터베이스들에서 생략되어 있다는 사실을 발견하였다.[50]

47) Peter Hernon, Rosita Hopper, Michael R. Leach, Laura L. Saunders, and Jane Zhang. E-book Use by Students: Undergraduates in Economics, Literature and Nursing. *The Journal of Academic Librarianship,* 33 (1), January 2007, 3-13.

48) Carol Ann Hughes and Nancy L. Buckman. Use of Electronic Monographs in the Humanities and Social Sciences. *Library Hi Tech*, 19 (4), 2001, 368-75.

49) *netLibrary eBook Usage at the University of Rochester Libraries.* Available at http://www.library.rochester.edu/main/ebooks/studies/analysis.pdf.

입수할 수 있는 전자 자원들의 정확성과 포괄성이라는 이슈들에 초점을 맞춘 리서치가 왜 더 많이 이루어지지 않고 있는지는 명확치가 않다.

9.4.5. 인쇄 저널에 미치는 영향

전자 저널들의 입수 가능성과 이용은 도서관의 인쇄 저널 장서의 이용에 상당한 영향을 미칠 수 있다. Sandra De Groote와 Josephine Dorsch는 저널들을 인쇄본으로만 입수할 수 있는지 아니면 온라인은 물론 인쇄본으로도 입수할 수 있는지의 여부에 관계없이, 인쇄 저널 이용이 상당히 감소하고 있음에 주목하였다.[51] 인쇄본과 온라인으로 이용할 수 있는 생물의학 저널들의 상응하는 세트에 대한 비교에서는 이용자들이 압도적으로 온라인 포맷으로 된 저널들을 선정한다는 사실을 보여주었다.[52] 인쇄 저널들의 이용 감소를 주목한 다른 사람들로는 Vaughan[53](1999년부터 2002년까지 47퍼센트 감소)과 Pongracz Sennyey 등[54](1998년부터 2000년까지 41퍼센트 감소)이 있다. Chandra Prabha는 2002년부터 2006년까지의 ARL 데이터를 분석하고, 전자 전용(electronic-only) 저널들의 구독들은 일곱 배 증가하고 50퍼센트 이상의 인쇄본 전용(print-only) 저널들의 구독들은 감소한 반면, 인쇄본과 전자 저널들을 둘 다 제공하는 경우에 대한 구독들은 거의 동일하게 유지되고 있다는 사실에 주목하였다.[55]

의학 학술도서관의 연구에서는 2년의 기간 동안 두 버전들을 모두 입수할 수 있는 270종의 저널들에 대해 인쇄본 이용량과 온라인 이용량을 비교

50) Nancy Sprague and Mary Beth Chambers. Full Text Databases and the Journal Cancellation Process: A Case Study. *Serials Review*, 26 (3), October 2000, 19-31.

51) Sandra L. De Groote and Josephine L. Dorsch. Online Journals: Impact on print Usage. *Journal of the Medical Library Association,* 89 (4), October 2001, 372-78; and Sandra L. De Groote and Josephine L. Dorsch. Measuring Use Patterns of Online Journals and Databases. *Journal of the Medical Library Association,* 91 (2), April 2003, 231-40.

52) David H. Morse and William A. Clintworth. Comparing Patterns of print and Electronic Journal Use in an Academic Health Science Library. *Issues in Science and Technology Librarianship,* 28, Fall 2000. Available at http://www.istl.org/00-fall/refereed.html.

53) K.T.L. Vaughan. Changing Patterns of Print Journals in the Digital Age: Impacts of Electronic Equivalents on Print Chemistry Journal Use. *Journal of the American Society for Information Science and Technology,* 54 (12), October 2003, 1149-52.

하였다. 인쇄본 저널 이용량은 2년의 기간 동안 22퍼센트와 30퍼센트 떨어졌으며, 자주 접근하는 인쇄본 타이틀들은 그 온라인 버전들에서도 자주 접근이 이루어졌다. 또한 온라인 저널들의 이용량은 인쇄본 타이틀들의 이용량을 10퍼센트 이상의 비율로 능가하였다.[56] 인문대학(liberal arts college) 도서관에서는, Steve Black이 인쇄본 이용의 감소는 온라인을 통해 전문(全文)으로 입수할 수 있는 타이틀의 경우가 더 크고, 전문으로 입수할 수 없는 인쇄본 저널들의 이용은 1996년부터 2003년까지 34퍼센트 떨어졌다는 사실에 주목하였다.[57]

정반대되는 관점을 제시하면서, Tammy Siebenberg와 그 동료들은 Washington State University에서는 온라인 입수 가능성이 분명히 저널들의 총 이용을 증가시키고, 이용자들이 인쇄본에서 전자 자원들로 이동하는 것은 주제 영역에 좌우된다는 사실을 발견하였다. 이용자의 시각에서 보면, 품질과 적절성이 여전히 저널 선정의 주요 요인인 것이다.[58]

9.4.6. 도서관에 미치는 영향

전자 자원들에 대한 수요가 증가함에 따라, 그와 같은 자원들에 대해 더 많은 자금을 투입하라는 끊임없는 압박이 이루어지고 있는데, 그것은 그러한 자원들에 쓰이는 수서 예산의 퍼센티지 증가라는 증거로 나타나고 있다.

Carol Montgomery는 전자 저널들이 학술도서관 내의 다양한 부서들과 활동에 미치고 있는 영향에 대한 포괄적인 분석을 준비하였다.[59] 예를 들면 Montgomery는 인쇄 저널들을 재배가하기 위한 직원 시간이 줄어들고 있

54) Pongracz Sennyey, Gillian D. Ellern, and Nancy Newsome. Collection Development and a Long-Term Periodical Use Study: Methodology and Implication. *Serials Review*, 28(1), Spring 2002, 38-44.

55) Chandra Prabha. Shifting from Print to Electronic Journals in ARL University Libraries. *Serials Review*, 12 (1), 2006, 4-13.

56) Oliver Obst. Patterns and Costs of Printed and Online Journal Usage. *Health Information and Libraries Journal,* 20, 2004, 22-32.

57) Steve Black. Impact of Full Text on Print Journal Use at a Liberal Arts College. *LRTS,* 49 (1), 2005, 19-26.

58) Tammy Siebenberg, Betty Galbraith, and Eileen E. Brady. Print versus Electronic Journal Use in Three Sci/Tech Disciplines: What's Going On Here? *College & Research Libraries,* 65 (5), September 2004, 427-38.

고, 복사와 예약 자료의 이용, 논문에 대한 도서관 상호 대차 요청들도 모두 감소하고 있다는 사실에 주목하였다.

> 건강과학(health sciences) 도서관들은 일단의 광범위한 전자 자원들에 대한 접근 제공의 결과로 제공되는 복사 건수와 도서관 상호 대차 요청, 도서관에 물리적으로 가는 일이 감소되고 있다는 사실에 주목하고 있다.[60]

전자 자원들에 대한 접근을 제공하기 위해서는 도서관은 그 업무 흐름들(workflows)과 절차들을 재조직해야 한다. 도서관은 또한 전자 자원들에 대한 라이선스들을 협상하기 위한 일단의 새로운 기술들을 가진 직원을 고용하거나 훈련시켜야 할 것이다. Indiana University Purdue University at Indianapolis 도서관의 도서관장인 David Lewis는 2006년 Living the Future Conference에서 프레젠테이션 하는 중에 현재의 장서 관행들을 바꾸지 않는 한, 도서관들은 주변부들을 제외하고는 변경할 수 없다고 지적하였다. 그는 학술도서관들은 책들과 인쇄 저널 구독들의 수를 상당히 줄이고 기관의 리포지토리(repository)에 대한 책임을 주장하여 오픈 액세스(open access)를 뒷받침함으로써 "이용자들을 따라가고" 장서 개발 전략들을 개정해야 한다고 주장하고 있다.[61]

어떤 인쇄본 구독을 취소할 것인지를 결정하기 위해 도서관은 인쇄본은 물론 전자 장서들의 이용을 분석할 필요가 있을 것이다. 그러나 한 가지 도전은 도서관들이 저널의 비교적 짧은 전자 판들(electronic runs)에 대한 접근을 제공할 수 있다는 사실이다. 그렇다면, 벤더들이 제공하는 다운로드 통계는 어떻게 이용해야 할 것인가? Parker Ladwig와 Andrew Sommese는 저널

59) Carol Hansen Montgomery. Measuring the Impact of an Electronic Journal Collection on Library Costs. *D-Lib Magazine,* 6 (10), October 2000. Available at http://www.dlib.org/dlib/october00/montgomery/10montgomery.html.

60) Suzetta Burrows. A Review of Electronic Journal Acquisitions, Management, and Use in Health Science Libraries. *Journal of the Medical Library Association,* 94 (1), January 2006, 67-74.

61) David W. Lewis. Reflections on the Future of Library Collections. Presentation made at the Living the Future 6 Conference on 6 April 2006 in Tucson, Arizona, Available at http://www.library.arizona.edu/conferences/ltf/2006/proceedings.html#future.

의 ISI *Journal Citation Reports* 반감기를 이용하여 이용 통계를 조정하도록 제안하고 있다. 이 저자들은 총 이용은 실제보다 적게 카운트될 것이지만, 그와 같은 과소 카운트는 여러 학문들에 걸쳐 비례하게 될 것이라고 주장한다. 그들의 접근법은 도서관으로 하여금 취소 결정을 내리는 데 도움을 주기 위해 이용할 수 있는 조정된 이용 당 비용을 산출할 수 있도록 해준다.[62)]

9.5. 요 약

전자 자원들의 이용 가능성에 관한 결론들을 내리기 위해 시도할 때는 그것이 아주 최근에 일어난 일이기 때문에 유의해야 한다. 연구가 언제 실행되었고 특정 연구의 응답자들은 얼마나 오랫동안 전자 자원들을 이용해왔는지에 대해 아는 것이 중요하다. 전자 자원들의 입수 가능성과 이용에 관한 입수할 수 있는 리서치에 대한 리뷰에서는 다음과 같은 것들을 암시해주고 있다.

- 고객들은 도서관이 라이선스를 얻은 전자 자원들에 대한 온라인 접근을 선호한다.
- 도서관들은 점점 더 많은 퍼센트의 수서 예산을 전자 자원들에 쓰고 있다.
- 도서관은 계속적인 어세스먼트 프로세스의 일부로서 저널이나 저널들의 패키지의 이용 당 비용을 산출해야 한다.
- 몇몇 전자 자원들의 이용은 아주 높다.
- 벤더들은 도서관 고객들에게 자신들이 제공하는 통계를 개선해야 한다.
- 기간(旣刊) 파일들(back files)의 구입은 그 비용이 일반적으로 아주 적절하기 때문에, 고려해야 한다.
- 공간과 직원, 자동화된 시스템에 대한 비용들을 포함하여, 전자 자원들의 비용들은 그에 상응하는 인쇄본보다 더 저렴하다.
- 도서관들은 전자 자원들의 가치와 입수 가능성을 현재 고객들 및 유망한 고객들에게 커뮤니케이션 하는 데 더 많은 독창성을 발휘해야 할 것이다.

---

62) J. Parker Ladwig and Andrew J. Sommese. Using Cited Half-Life to Adjust Download Statistics. *College & Research Libraries,* 66, November 2005, 527-42.

• 전자 자원들의 이용이 점차적으로 증가하는 것은 도서관이 인쇄 저널들에 대한 지출을 조정해야 하고 라이선싱과 접근 이슈들에 대처하기 위해서는 직원의 직위들을 구조 조정해야 할 것이라는 사실을 의미한다.

9.6. 미래의 리서치

많은 도서관들, 특히 대규모 학술도서관들은 특별 장서들과 그 밖의 유일무이한 자료들의 디지털화에 참여하고 있다. 유사한 맥락에서, Google은 5백만 권이 넘는 도서들을 기계 가독 형식으로 변화하게 될 대규모 디지털화 프로젝트에 참여하고 있다. 몇몇 도서관들이 참여하는 유사한 프로젝트가 Microsoft와 Yahoo 등이 제공하는 자금 지원으로 진행 중에 있다. 분명히 온라인으로 입수할 수 있는 그와 같은 엄청난 양의 콘텐트를 갖는 것은 모든 관종의 도서관들에게 심각한 함의(含意)들과 결과들을 가질 것이며, 따라서 그에 대한 연구가 필요할 것이다. 가까운 장래에 조사되고 평가될 가능성이 있는 이슈로는 다음과 같은 것들이 있다.

• 현재 도서관에 소장되어 있는 점점 더 많은 양의 자료들은 보존 시설로 옮겨야 할 것인가?

• 이용자 인터페이스의 다양성들은 이용자들이 접근하고자 하는 모든 시도들을 포기하게 될 정도의 많은 장애들을 제공할 것인가?

• 투자가 비용효과적이 되려면 얼마나 많은 이용자들이 도서관에서 구축한 디지털 자료들에 접근해야 하는가?

• 전자 자원들의 입수 가능성은 교원의 교육 능력에 얼마나 영향을 미치는가?

• 점점 더 증가하는 다운로드된(저장되거나 인쇄된) 전자 자원들의 양들은 이용자들의 리서치 생산성을 증가시켜 주는가?

• 전자 자원들을 이용하는 대학원생들은 더 나은 학업 성공을 거두고 있는가?

• 도서관은 고품질 전자 자원들의 가치를 이용자들에게 그들의 탐색 행동에 영향을 미치게 될 방식으로 어떻게 커뮤니케이션할 수 있는가?

• 요컨대, 전자 자원들의 즉시 입수 가능성의 영향은 무엇인가?

|10장

참고 서비스의 평가

10

10.1. 서비스 정의

도서관 고객은 대출대나 참고 데스크, 고객 서비스 등 다양한 이름들로 불리는 다수의 서비스 장소들에서는 물론 인터넷(이메일이나 가상의 "사서에게 물어보세요"(Ask a librarian) 서비스)을 경유하여 직원에게 접근할 수 있다. 신속하게 처리되는 지시적 질의(directional queries)와 컴퓨터와 프린터 등을 사용하여 기술적인 지원을 제공해야 할 필요성을 제외하고, 이 장에서는 참고 서비스들(reference services)의 평가에 초점을 맞추고자 한다. 〈그림 10-1〉에서 볼 수 있는 것처럼, 참고 서비스들의 제공은 고객과 사서, 그 둘 사이의 상호 작용, 그리고 질문에 대답하기 위해 이용할 수 있는 일단의 자원들에 대한 접근을 포함한다.

참고 서비스의 구성 요소 그림 10-1

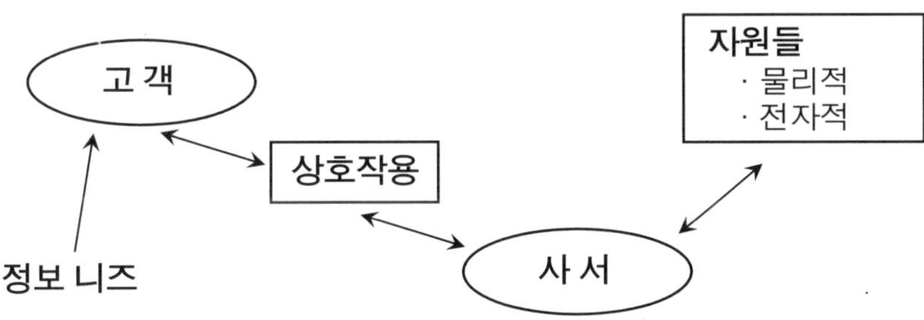

고객은 다양한 방법들 — 도서관에서 면대면으로, 전화를 통하여, 이메일을 경유하여, 연중무휴의 채팅 기반 전자 도구에서, 인스턴트 메신저(instant messaging)를 통해, 등 — 을 이용하여 정보 니즈(information need)를 해소하기 위해 사서와 상호 작용한다. 자신의 정보 니즈에 관한 고객의 지식은 완전하고 정확할 수도 있고 아니면 아주 제한되고 잘못 정의될 수도 있을 것이다. 그러나 더 중요한 것은 정보 니즈를 충족시키기 위해 참고 사서와 정확하게 커뮤니케이션을 하고 상호작용할 수 있는 고객의 능력이다.

정확한 답변과 고객이 전문적이고 만족스럽다고 간주하게 될 총체적 경험을 제공할 수 있는 사서의 능력은 다음과 같은 많은 요인들에 좌우된다.

- 사서의 경험과 교육 훈련
- 도서관 장서에 대한 사서의 지식과 친근함
- 전자 자원들에 대한 사서의 지식과 친근함
- 서비스를 기다리고 있는 사람들의 수
- "참고 면담"(reference interview) 커뮤니케이션 기술
- 사서의 태도와 질 높고 우호적인 서비스를 제공하는 데 대한 헌신
- 정보 니즈를 기술하기 위한 이용자의 커뮤니케이션 기술
- 경영 정책들과 보상 및 표창 관행들에 반영되는 참고 정책들의 실행

10.2. 평가 질문

도서관들은 다음과 같은 질문들을 포함하여, 참고 서비스를 둘러싼 다양한 이슈들을 검토해오고 있다.

- 참고 서비스들의 이용은 감소하고 있는가 아니면 증가하고 있는가?
- 질문에 대한 답변은 제공되고 있는가?
- 제공되는 답변은 정확한가?
- 참고 서비스를 받기 위해 고객은 얼마나 오랫동안 기다리고 있는가?

- 고객은 제공되는 답변에 만족하고 있는가?
- 고객은 완전한 참고 경험에 만족하고 있는가?
- 어떤 대인 관계 및 그 밖의 기술들이 중요한가?
- 각 참고 트랜잭션을 기록하기 위해 어떤 범주들을 이용하고 있는가?
- 물리적 참고 장서의 어떤 부분을 이용하고 있는가?
- 어떤 참고 전자 자원들을 이용하고 있는가? 그 밖의 전자 자원들이 필요한가?
- 각 질문에 답변하기 위해 소요되는 도서관의 비용은 얼마인가?
- 서비스를 개인적으로나 전화를 통하거나, 이메일을 경유하거나, 팩스를 통하거나, 전자 시스템을 이용하여 제공하면 도서관에 대한 비용은 어떻게 달라지는가?
- 도서관 고객들에게 참고 서비스를 제공하는 가치는 무엇인가?

10.3. 평가 방법

일반적으로, 참고 서비스들을 평가하기 위한 수단들은 여러 가지가 있다. 더 자주 이용되는 방법들로는 서베이와 포커스 그룹, 면담, 관찰이 있다. 이러한 방법들의 더 광범위한 분류에는 다음과 같은 것들이 포함된다.

- 기술 분석(descriptive analysis)
- 공개 조사법(obtrusive methods)
- 비밀 조사법(unobtrusive methods)
- 관찰(observation)
- 컨조인트 분석(conjoint analysis)
- 비용-편익 분석(cost-benefit analysis)

10.4. 이전의 평가와 리서치에 대한 논의

10.4.1. 정보원으로서의 도서관

어떤 사람들은 도서관들이 그 서비스 인구들에 대한 일차적인 정보 제공자가 되기 위한 탐색을 상실하고 있거나 아니면 이미 상실했다고 주장할 것이다. 어떤 사람들은 "상실하고 있다"는 것은 근거 없는 믿음이며 도서관들은 인터넷 이전에조차도 결코 빈번하게 정보원(情報源)으로서 간주되거나 이용되지 못하였다고 주장할 것이다. 최근의 증거는 아주 강력하다. 대규모 학술도서관들과 공공도서관들에서 이루어지고 있는 참고 서비스들의 이용이 최근 몇 년 동안 감소하고 있다. 최근의 OCLC 서베이에서는 사람들은 자신들의 질문들에 대한 해답들을 얻기 위해 첫 번째로 인터넷에 의지한다는 사실을 발견하였다. 도서관들은 가능성이 있는 정보원으로 생각되는 경우가 거의 없었다. 서베이 응답자들의 약 65퍼센트는 온라인을 통해서든 도서관을 방문해서든, 도움을 구하지 않고 있다.[1] 그러나 도움을 구하는 사람들 중에서는, 4분의 3 이상이 사서와 직접 상호 작용하는 것을 선호하고 있다. 서베이 응답자들은 또한 검색 엔진들이 사서가 도움을 주는 탐색보다 더 나은 품질과 양의 정보를 대단히 신속하게 전달해준다는 사실을 지적하였다. 아울러 최근의 연구에서는 인터넷에서 이루어지는 즉답형 참고 질문들(ready reference questions)에 대한 답변들은 특히 Google에 의해 검색되는 상위 5위 안에 있는 경우에는, 정확할 가능성이 아주 높다는 사실을 밝혀냈다. 일반적으로 제시되고 있는 많은 정확성에 대한 지표들, 예를 들면 어떤 광고도 존재하지 않는 것 등은 정확성과 관련이 없었다.[2]

ARL 도서관들에 대한 서베이에서는 참고 트랜잭션들의 수가 1991년에서 2004년까지 34퍼센트 감소하고 있는 것으로 나타났다. 아울러 도서관 고객들은 전화와 이메일, 채팅 참고 서비스, 참고 질문 웹 양식(reference question

1) Cathy De Rose, Joanne Cantrell, Diane Cellentani, Janet Hawk, Lillie Jenkins, and Alane Wilson. *Perceptions of Libraries and Information Resources*. Dublin, OR: OCLC, 2005, 2-14.

2) Martin Fricke and Don Fallis. Indicators of Accuracy for Answers to Ready Reference Question on the Internet. *Journal of the American Society for Information Science and Technology*, 55 (3), 2004, 238-45.

web forms) 등 다양한 방법들을 이용하여 참고 사서들과 커뮤니케이션을 하고 있다.[3)]

그러나 이것은 최근의 현상이 아니다. Ching-chih Chen과 Peter Hernon은 25년 이상 이전에 2,400명의 New England 주민들의 정보 니즈(information needs)를 알아보기 위해 그들을 서베이했을 때 이미 이를 발견하였다. 도서관은 자신의 경험, 친구들과 친지들, 신문들이나 책들, 가게나 회사에 있는 어떤 사람, 공동작업자들, 교수들이나 의사들이나 변호사들, 정부 공무원들, 텔레비전과 같은 정보원들의 뒤를 이어 9위에 랭크되었다.[4)]

역사적으로 도서관들은 자금을 지원하는 의사결정자들에게 서비스의 가치(이용이 가치에 필적한다)를 실증하고 충원(充員)과 서비스 시간들을 더 잘 조정하기 위해 참고 트랜잭션들에 관한 수치들을 수집해왔다. 역사적으로 사서들은 각 참고 트랜잭션들을 "지시적"(directional)이나 "즉답형 참고"(ready reference), "탐색/교육적"(search/instructional)으로 기록해오고 있다. 더 최근에는 Debra Warner는 비자원기반(non-resource-based)이나 기술 기반(skill-based), 전략 기반(strategy-based), 상담(consultation)의 범주들을 사용할 것을 제안하였다.[5)] 그러나 참고 서비스 담당 직원은 사용하는 범주들에 관계없이, 그들이 데이터를 어떻게 분류하고 기록하는지에 관해 일관성을 갖지 못하고 있다. 한 연구에서는 직원이 서비스 트랜잭션들을 기록하는 데 있어 무려 45퍼센트의 변형이 있음을 발견하였다.[6)]

---

3) Eric Novotny. *Reference Service Statistics & Assessment*. SPEC Kit 268. Washington, DC: Association of Research Libraries, September 2002.

4) Ching-chih Chen and Peter Hernon. Library Effectiveness in Meeting Consumer's Information Needs, in *Library Effectiveness: A State of the Art: Preconference on Library Effectiveness*. Chicago: American Library Association, 1980, 50-62.

5) Debra G. Warner. A New Classification for Reference Statistics. *Reference & User Services Quarterly*, 41 (1), Fall 2001, 51-55.

6) Martin Kesselman and Sarah Barbara Watstein. The Measurement of Reference and Information Services. *Journal of Academic Librarianship*, 13, March 1987, 24-30.

10.4.2. 사서의 기술(技術)

George Hawley의 연구에서는 도서관들은 참고 서비스를 더 광범위한 관점을 통합하는 서비스로 간주하고 그것은 고객의 정보 니즈를 충족시켜 주기 위해 고객들을 다른 도서관들이나 정보원들로 보내는 시시한 일을 한다는 사실을 인정해야 한다고 주장하였다. 아울러 사서는 참고 프로세스 동안에 이용자의 지위의 영향을 받을 가능성이 있다.[7)]

도서관 전문직은 참고 서비스 제공자들의 권장 행동에 대한 두 가지 지침들 — *Facets of Quality for Digital References Services*와 *RUSA Guidelines for Behavioral Performance of Reference and Information Service Providers* — 을 개발하였다. 참고 서비스 담당 직원들은 그들의 실제 성과에 관한 교육 훈련과 피드백을 통해 그와 같은 행동을 취하게 될 것이다. 실제 행동들은 서비스 제공자들의 지각된 성과에 강한 영향을 미친다.[8)] 비언어적 커뮤니케이션(nonverbal communication)도 사서의 접촉 가능성에 대한 이용자의 지각에 중요한 역할을 한다. 한 연구에서는 시선을 마주치는 것(eye contact)은 이용자에게 참고 사서와 접촉할 수 있다는 신호를 보내는 것이라는 사실을 밝혀냈다.[9)]

몇몇 연구들에서는 도서관 고객은 누가 전문직 사서이고 누가 준전문직인지에 대해 알지 못한다는 사실을 발견하였다. 예를 들면, Patricia Dewdney와 Catherine Ross는 참고 서비스에 대한 비밀 조사 연구(unobtrusive study)에 참여했던 72명의 대리인들(proxies) 중 불과 15명만 자신들이 사서 또는 사무 직원의 도움을 받았는지의 여부를 알고 있었다는 사실을 밝혀냈다.[10)]

---

7) George S. Hawley. *The Referral Process in Libraries: A Characterization and an Exhortation of Related Factors*. Metuchen, NJ: Scarecrow Press, 1987.

8) *Facets of Quality for Digital References Services*. June 2003. Available at http://www.vrd.org/facets-06-03.shtml; MOUSS Management of Reference Committee. *Guidelines for Behavioral Performance of Reference and Information Service Providers*. June 2004. Available at http://www.ala.org/ala/rusa/rusaprotools/referenceguide/guidelinesbehavioral.htm .

9) Marie L. Radford. Approach or Avoidance? The Role of Nonverbal Communication in the Academic Library User's Role to Initiate a Reference Encounter. *Library Trends*, 46 (4), March 1998, 699-713.

10) Patricia Dewdney and Catherine S. Ross. Flying a Light Aircraft: Reference Service Evaluation from a User's Perspective. *RQ*, 34, 1994, 217-30.

면대면 참고 서비스 트랜잭션에서 필요성이 높은 대인 관계 기술들은 가상 참고 서비스 상황에서도, 다소 수정되기는 하지만, 역시 필요하다.[11)] 가상 참고 서비스 세션에서 생기는 부산물의 하나는 컴퓨터가 고객과 사서 사이의 모든 상호 작용의 스크립트(transcript)를 저장할 수 있다는 것이다. 스크립트들을 정기적으로 검토하면 개선과 피드백의 기회를 제공해주게 된다. 스크립트들은 교육 훈련 상황에서 유용할 수 있다.[12)]

역사적으로 참고 서비스의 평가는 시스템 중심적인 세계관을 취해왔다. 그러나 Brenda Dervin의 의미 형성 커뮤니케이션 이론(sense-making communication theory)[13)]과 Carol Kuhthau의 진단-중재 지향 모델(diagnosis-intervention orientation model),[14)] Diane Nahl-Jakobovits의 자기 목격 행동 모델(self-witnessing behavior model)[15)] 등의 노력들 덕택에, 이용자 중심적 관점이 힘을 얻고 있다. 이용자 중심적 관점은 도서관 이용자들의 행태를 정의하고, 측정하고, 설명하는 방식이다. Diane Nahl은 이 분야의 리서치에 대한 상세한 리뷰를 준비하였다.[16)]

10.4.3. 기술 분석(記述 分析)

참고 서비스들의 품질을 조사하는 대부분의 연구들은 계획적으로 내부적인 초점을 가지고 있으며, 참고 서비스 간격, 서비스 시간, 대기 시간(queuing times), 사서-고객 상호 작용 등과 같은 토픽들을 고려하고 있다.

11) Marie L. Radford. Encountering Virtual Users: A Qualitative Investigation of Interpersonal Communication in Chat Reference. *Journal of the American Society for Information Science and Technology,* 57 (8), 2006, 1046-59.

12) Buff Hirko and Mary Bucher Ross. *Virtual Reference Training: The Complete Guide to Providing Anytime, Anywhere Answers.* Chicago: American Library Association, 2004.

13) Brenda Dervin. Useful Theory for Librarianship: Communication, Not Information. *Drexel Library Quarterly,* 13, 1977, 16-32.

14) Carol Collier Kuhlthau. *Seeking Meaning: A Process Approach to Library and Information Services.* 2nd ed. Westport, CT: Libraries Unlimited, 2004.

15) Diane Nahl-Jakobovits. Problem Solving, Creative Librarianship, and Search Behavior. *College & Research Libraries,* 49 (5), 1988, 400-8.

16) Diane Nah1. The User-Centered Revolution: 1970-1995, in Allen Kent and James G. Williams (Eds.). *Encyclopedia of Microcomputers, Volume 19.* New York: Marcel Dekker, 1988, 143-99.

대다수의 도서관들은 참고 데스크에서 수집되는 서비스한 고객들의 수(흔히 시간 블록들로 구분한다), 각 고객에 소요된 시간 등과 같은 산출 측도들(output measures)을 수집한다. 이러한 통계들은 서비스 데스크의 직원의 일정을 짜는 데 유익할 수 있으며, 대개 이러한 측도들을 어떤 방식으로 보고하도록 지시되어 있다. 그러나 이러한 통계들을 수집하는 것은 평가의 형식이 **아니다**. 왜냐하면 그것들은 품질을 평가하거나 사람들이 왜 참고 서비스들을 이용하는지 이해하기 위해 사용할 수 없기 때문이다.

한 학술도서관에서는 게이트 카운트(gate count)와 참고 서비스들의 이용 간의 높은 상관 관계를 발견하였으며, 따라서 매일 이용량 데이터를 파악하는 대신에, 3주간의 기간 동안의 이용량을 표본으로 하여 연간 참고 서비스 통계를 산출하고 있다.[17)]

참고 서비스에 대한 다른 연구들에서는 서비스를 이용하는 사람들(연령, 직업, 학력 등)과 서비스에 대한 만족도, 서비스의 가시성, 서비스 데스크에 기꺼이 접촉하고자 하는 사람들의 태도, 문의한(답변된) 질문들의 유형, 이용된 정보원 등을 범주화하고 있다. 초창기 연구들의 대다수는 연구의 단위로서 실제 참고 트랜잭션들에 초점을 맞추었다. 공공도서관들의 참고 트랜잭션의 대략 25퍼센트는 누군가 다른 사람을 위한 것으로 보고되고 있다는 사실에 주목하고 있는 것은 흥미롭다.[18)] 그리고 누군가 다른 사람을 대신하여 도서관에 온 사람들은 자신들의 질문들에 대한 답변들을 얻기 위해 온 사람들보다 도서관 서비스들을 더 높게 평가하였다.[19)]

참고 서비스 상호 작용에 대한 고객의 만족을 평가하면 가치 있는 정보를 제공할 수 있다. 그러나 그것은 참고 서비스에 대한 간접적인 측도에 불과하다. 만족은 "특정 트랜잭션이나 서비스 조우(service encounter)에 대

---

17) Gwen Lochstet and Donna H. Lehman. A Correlation Method for Collecting Reference Statistics. *College & Research Libraries,* 60 (1), January 1999, 45-53.

18) Melissa Gross and Matthew L. Saxton. Who Wants to Know? Imposed Queries in the Public Library. *Public Libraries,* 40 (3), May/June 2001, 170-76.

19) Melissa Gross and Matthew L. Saxton. Integrating the Imposed Query into the Evaluation of Reference Service: A Dichotomous Analysis of User Ratings. *Library & Information Science Research,* 24, 2002, 251-63.

한 감정 반응(emotional reaction)"[20]으로 정의되고 있다. 고객 만족은 기본적으로 고객의 기대들과 서비스를 받은 경험 간의 비교이다. 한 연구에서는 고객들은 제공받은 서비스에 대한 자신들의 만족과 자신들이 얻은 정보에 대한 만족을 구별하는 것 같다는 증거를 발견하였다.[21]

옵션들에 대한 용이한 이용 가능성을 고려하면, 도서관 직원의 기술들과 자신들이 받게 될 서비스의 전반적인 품질에 대해 높은 기대를 거는 것이 놀라운 것은 아니다. Vicki Coleman 등에 의해 이루어진 한 연구에서는 3개 도서관의 도서관 서비스들의 품질을 조사하여, 고객들은 자신들의 최소 기대 이하 또는 가까스로 그 이상이 되는 것으로 평가한다는 사실을 밝혀냈다.[22] 더 일찍 이루어진 연구에서는, 학술도서관의 개방된 공간에 앉아 있는 사람들에게 자신들이 정보 니즈(information need)를 가지고 있으면 도움을 얻기 위해 사서에게 접촉할 것인지의 여부를 물었다. 정보 니즈를 가지고 있는 사람들 중, 42퍼센트는 자신들이 이전에 받았던 서비스에 불만족했기 때문에 도움을 요청하지 않을 것이라는 사실을 내비쳤다.[23]

Jo Bell Whitelatch는 고객들은 서비스의 서로 다른 측면들을 따로 평가하기 때문에, 원하는 정보의 소재 확인 성공과 같은 다양한 성과 측도들을 분석해야 한다고 주장하고 있다.[24] Whitelatch는 서비스 최종 성과들을 평가하는 고객과 사서는 거의 항상 동일하지만, 제공되는 정보의 충분성과 제공되는 정보의 유용성에 관해서는 상당한 차이가 발생한다는 사실을 밝혀냈다.

특정 평가 프로젝트가 진행중이 아닌 한, 거의 모든 경우에 트랜잭션들의 집계는 매일 데이터를 수집하는 것보다는 표본 추출 기간 동안 훨씬 더 효율적으로 처리할 수 있다. 표본 추출 기간들은 연간 수차례씩 발생하고 건당 1내지 2주 동안 지속되기 때문에, 1년의 기간 동안 발생하는 활동의 총량

---

20) K. Elliott. A Comparison of Alternative Measures of Service Quality. *Journal of Customer Service in Marketing and Management,* 1 (1), 1995, 35.

21) Marjorie E. Murfm and Gary Gugelchuk. Development and Testing of a Reference Transaction Assessment Instrument. *College & Research Libraries,* 48, July 1987, 321-22.

22) Vicki Coleman, Yi (Daniel) Xiao, Linda Blair, and Bill Chollett. Toward a TQM Paradigm: Using SERVQUAL to Measure Library Service Quality. *College & Research Libraries,* 58, 1997, 237-51.

23) Mary Jane Swope and Jeffrey Katzer. Silent Majority: Why Don't They Ask Questions. *RQ,* 12, 1972, 161-66.

을 확인하기 위한 결과 수치들을 추정할 수 있다. 직원은 분명히 양식에 체크 표시를 하느라 보내는 시간을 줄이게 될 것이다.

10.4.4. 공개 조사법

공개 조사법(obtrusive method)은 특정 서비스가 이루어지는 동안 그 서비스의 관찰자와 이용자가 직접 상호 작용을 하는 서비스의 이용 평가 기법이다. 참고 서비스들을 평가할 경우에는, 관찰자와 고객, 사서는 그들이 하고 있고 생각하고 있는 것에 관해 서로 이야기할 것이다. 관찰자는 분명하게 해주는 질문들을 던질 수 있을 것이다. 아울러 서베이를 고객이나 사서, 또는 둘 모두에게 배포할 수도 있다.

(1) 도서관 서베이

어떤 도서관들은 참고 서비스의 품질을 알아보기 위해 자체의 서베이를 개발하고 있다. Northern California의 5개 학술도서관들이 참여한 연구에서, Jo Bell Whitelatch는 참고 트랜잭션에 관한 설문지를 완성해 주도록 이용자들은 물론 사서들에게 요청하였다. 이 연구에서는 구체적인 사실 정보들에 대한 요청들은 참고 서비스의 12퍼센트에 해당하는 작은 부분이라는 사실을 밝혀냈다.[25] 그러나 사서들은 이러한 질의들에 대해 응답하려면 그다지 친숙하지도 않고, 그다지 자주 이용하지도 않는 정보원들을 이용해야 하기 때문에 사실에 관한 질문들(factual questions)을 더 어려운 것으로 판단하였다. Carolyne Jardine은 참고 사서들의 태도와 행태, 관심, 열의가 사서와 고객들이 받는 서비스에 대한 고객들의 지각에 영향을 미친다는 사실을 발견하였다.[26]

24) Jo Bell Whitlatch. *The Role of the Academic Reference Librarian.* Westport, CT: Greenwood, 1990.

25) Jo Bell Whitlatch. Unobtrusive Studies and the Quality of Academic Library Reference Services. *College & Research Libraries,* 50 (2), March 1989, 181-94.

26) Carolyn W. Jardine. Maybe the 55 Percent Rule Doesn't Tell the Whole Story: A User Satisfaction Survey. *College & Research Libraries,* 56, November 1995, 477-85.

(2) WOREP 서베이

충분한 근거를 가지고 있는 한 도구로 WOREP(Wisconsin-Ohio Reference Evaluation Program)이 있는데, 이것은 도서관 고객에게 자신의 질의에 관한 짧은 체크리스트를 완성해 주도록 요청하고, 사서가 그에 해당하는 양식을 작성하는 것이다. 참고 트랜잭션 평가 도구(reference transaction assessment instrument)라고 불리는 WOREP 도구는 Charles Bunge와 Marjorie Murfin에 의해 개발되었으며 일단의 엄격한 신뢰도 측정과 타당도 검정을 받고 있다.[27] 트랜잭션은 고객이 원했던 것을 정확하게 발견했다고 보고하고, 충분히 만족한 것으로 표시하며, 열거된 불만족에 대한 9개 이유의 어느 것에도 체크하지 않을 때만 성공적인 것으로 점수를 매긴다. WOREP을 이용하는 도서관은 그 자체를 유사한 관종의 도서관들(예를 들면 공공도서관들)은 물론 유사한 규모의 도서관들과 비교할 수 있다. 이 서베이는 관리하기가 용이하고 비싸지 않은 비용으로 이용할 수 있으며, 회수율이 일반적으로 아주 높다.[28]

Wichita State University 도서관은 WOREP 서베이를 이용하였는데, 직원들은 상위 레벨의 학부생들이 가장 큰 이용자라는 직원들의 느낌과는 반대로, 두 최고 이용자 그룹은 신입생과 대학원생이라는 사실을 알고 놀랐다.[29] 미국 전역에 있는 학술도서관들의 74개 일반 참고 서비스 부서들에서 이루어진 7,013건의 참고 트랜잭션들에 대한 분석에서는 평균 성공률이 57퍼센트로 나타났다. 추가 분석에서는 중간 규모 도서관들의 46퍼센트, 소규모 도서관들의 30퍼센트와 대규모 도서관들의 28퍼센트가 질 높은 참고 서비스를 제공하고 있는 것으로 밝혀졌다.[30] 질 높은 참고 서비스는 정확한 답변(고객의 생각으로)을 제공하고 고객이 만족스런 경험을 했다고 평가하는 것

---

27) Marjorie E. Murfin and Gary Gugelchuk. Development and Testing of a Reference Transaction Assessment Instrument. *College & Research Libraries,* 48, July 1987, 321-22.

28) Amy Paster, Kathy Fescemyer, Nancy Henry, Janet Hughes, and Helen Smith. Assessing Reference: Using the Wisconsin-Ohio Evaluation Program in an Academic Science Library. *Issues in Science and Technology Librarianship,* Spring 2006. Available at http://www.istl.org/06-spring/article2.html.

29) Janet Dagenais Brown. Using Quality Concepts to Improve Reference Services. *College & Research Libraries,* 55 (3), May 1994, 211-19.

30) John C. Stalker and Marjorie E. Murfin. Quality Reference Service: A Preliminary Case Study. *The Journal of Academic Librarianship*, 22 (6), November 1996, 423-29.

으로 정의되었다. 놀라운 것은 아니지만, 대부분의 고객들과 그 질문들에 대해 충분하지 않은 시간을 갖게 되면 모든 규모의 도서관들에서 대개 성공에 부정적인 영향을 미치고 있었다. June Parker는 East Carolina University의 Government Documents Department의 연구에서 유사한 결과들을 보고하고 있다.[31]

WOREP의 이용은 도서관으로 하여금 그 강점들과 약점들을 발견해내고 그 자체를 WOREP 서베이를 완료한 일단의 필적할만한 도서관들과 비교할 수 있도록 해준다. WOREP 방법론의 강점은 그것이 "테스트 질문들"(test questions)을 이용하는 대신에, 고객이 도서관으로 가져오거나 전화로 묻는 실제 질의들을 이용한다는 사실이다. WOREP의 장점들 중 하나는 그것이 성공적이지 못한 트랜잭션들과 관련되어 있는 요인들을 부각시킬 수 있다는 점이다. WOREP 서베이는 직원 교육 훈련의 결과로 이루어지는 개선들을 추적하기 위해 반복적으로 이용할 수 있다.[32]

더 대규모의 자금 지원과 장서, 전자 자원, 훈련된 직원을 가지고 있는 대규모 도서관들은 소규모 도서관에서는 간단하게 모방할 수 없는 폭넓고 깊이 있는 참고 서비스들을 제공할 수 있다. 그러나 대규모 도서관들은 너무 많은 자원들을 가질 수도 있고 중간 규모의 필적할만한 도서관들보다 더 낮은 품질의 서비스를 제공할 수도 있을 것이다.

10.4.5. 비밀 조사법

비밀 조사법(unobtrusive testing method)[33]에서, 도서관 직원들은 질의에 대해 반응하려고 시도할 때, 자신들이 테스트 받고 있다는 사실을 알지

31) June D. Parker. Evaluating Documents Reference Service and the Implications for Improvement. *Journal of Government Information*, 23 (1), January/February 1995, 49-70.

32) Carolyn J. Radcliff and Barbara F. Schloman. Using the Wisconsin-Ohio Reference Evaluation Program, in Danny P. Wallace and Connie Van Fleet (Eds.). *Library Evaluation: A Casebook and Can-Do Guide*. Englewood, CO: Libraries Unlimited, 2001; 다음 자료도 보라: Eric Novotny and Emily Rimland. Using the Wisconsin-Ohio Reference Evaluation Program (WOREP) to Improve Training and Reference Services. *The Journal of Academic Librarianship*, 31 (3), May 2007, 382-92.

33) 역자주: 비통보식 테스트 방법이라고도 한다.

못한다. 예정된 답변들을 가지고 있는 질문들이 고객들의 역할을 수행하는 "대리인"(proxies)에 의해 제기된다. 질문들은 연구를 위해 특별히 만들 수도 있고 실제 참고 상호 작용들에서 추출해낼 수도 있을 것이다. 상호 작용이 끝나면 대리인은 답변들과 이용한 정보원, 태도 등을 보고하기 위한 체크리스트를 완성한다.

Herbert Goldhor는 참고 서비스의 품질은 사실형 질문들(fact-type questions)에 응하여 제공되고 있는 정보의 정확성으로 정의하고 있다.[34)]1971년에 Thomas Childers와 Terence Crowley가 박사 학위 논문의 결과를 발행하면서 참고 서비스의 비밀 조사 관찰 테스트의 전통을 주도하였다.[35)]이 두 연구들에 관한 중요한 차이는 Crowley는 12개 공공도서관들에서 동일한 10개 질문들을 관리한 반면, Childers는 자신의 연구에 참여한 모두 25개 도서관들에 대해 26개 질문들을 제공하였다는 점이다. 이 유형의 연구에서는 참고 성과의 측도로서 올바른 답변율(answer rate) — 받은 답변들의 총수에 대한 올바른 답변의 비율(퍼센티지로 표현된다) — 을 이용하고 있다.

이 비밀 조사 방법론은 기록으로 뒷받침되고 있으며, Peter Hernon과 Charles McClure의 책에서는 많은 연구들의 결과들에 대해 논의하고 있다.[36)]이러한 다수의 연구들을 실행한 사람들은 일관성 있는 낮은 참고 성공률을 발견하였다. 이 때문에 Hernon과 McClure는 "55퍼센트 규칙"을 제시하였다. 즉 도서관에서 정보 질문을 하는 사람은 누구든 약 55퍼센트의 올바른 답변을 받을 기회를 갖는다는 것이다.[37)]

그들의 작업은 많은 유사한 연구들로 이어졌는데, 일부는 발행되고 일부는 발행되지 않았다. 그리고 결과들은 어느 한 도서관과 다른 도서관의 참고 서비스의 품질을 비교하기 위해 이용되는 경우가 많았다.[38)]그러나 Childers

34) Herbert Goldhor. *A Plan for the Development of Public Library Service in the Minneapolis-Saint Paul Metropolitan Area*. Minneapolis, MN: Department of Education, Library Division, 1967, 29.

35) Terence Crowley and Thomas Childers. *Information Service in Public Libraries: Two Studies*. Metuchen, NJ: Scarecrow Press, 1971.

36) Peter Hernon and Charles R. McClure. *Unobtrusive Testing and Library Reference Services*. Norwood, NJ: Ablex, 1984.

37) Peter Hernon and Charles R. McClure. Unobtrusive Reference Testing: The 55% Rule. *Library Journal*, 111, April 15 1986, 37-41.

와 Crowley 이후의 거의 모든 연구들은 불과 극소수만 개개 도서관에 대해 관리되었던 "질문들의 풀"(pool of questions)을 만들어냈다는 사실에 유의하는 것이 중요하다. 더 주목할 만한 것으로는 McClure와 Hernon의 연구가 있는데, 여기서는 미국 정부 납본 도서관들(deposit libraries)의 참고 서비스의 품질을 조사하여 올바른 응답의 범위가 6퍼센트에서 82퍼센트까지 다양하다는 사실을 발견하였다.[39] 유사한 연구가 Canada 정부 납본 도서관들에서 Juris Dilevko와 Elizabeth Dolan에 의해 수행되었는데, 그들은 정확성의 범위가 15퍼센트에서 79퍼센트까지 다양하다는 사실을 밝혀냈다.[40] 이 후자의 연구에서는 각 질문을 코드화하거나 점수화하기 위해 완전한 답변, 부분적으로 완전한 답변, 레퍼럴(referral), 답변이 없거나 올바르지 않은 답변의 네 개 범주들을 이용하였다.

일반적으로, 많은 참고 정확성 연구들이 수행되었음에도 불구하고, "정확성"과 분석에 포함되어 있는 최종 성과 변인들의 조작적 정의들에는 비일관성이 존재하고 있다. 대부분의 이러한 연구들이 가지고 있는 그 밖의 문제점들로는 지나치게 단순화한 통계 분석, 무작위 표본 추출의 결여, 참고 데스크에서 제공되는 서비스들의 일부만을 대상으로 하는 정보 질의들, 연구 설계의 제한된 타당성 등이 있다.[41] 참고 서비스 성과를 도서관 규모와 예산에 연계시키고 있는 연구들은 도서관이 두 변인 어느 것도 상당하게 변경할

---

38) 많은 연구들 가운데 결과들을 보고한 것으로는 다음과 같은 것들이 있다. Marjorie E. Murfin and Gary M Gugelchuck. Development and Testing of a Reference Transaction Assessment Instrument. *College & Research Libraries*, 48, July 1987, 314-38; Ian Douglas. Reducing Failures in Reference Service. RQ, 28, Fal1 1988, 95-101; Joan C. Durrance. Reference Success: Does the 55 Percent Rule Tell the Whole Story? *Library Journal*, 49/50, 1995, 229-41; Loriene Roy. Reference Accuracy. *The Reference Librarian*, 49/50, 1995, 217-27; Marjorie E. Murfm. Evaluation of Reference Service by User Report of Success. *The Reference Librarian*, 49/50, 1995, 229-41.

39) Charles R. McClure and Peter Hernon. *Improving the Quality of Reference Service for Government Publications*. Chicago: American Library Association, 1983.

40) Juris Dilevko and Elizabeth Dolan. *Government Documents Reference Service in Canada: Implications for Electronic Access*. Ottawa: Public Works and Government services Canada, 1999. Available at http://dsp-psd.pwgsc.gc.ca/Rapports/Dilevko_Dolan/dilevko-e.html. 다음 자료도 보라: Juris Dilevko. *Unobtrusive Evaluation of Reference Service and Individual Responsibility: The Canadian Experience*. Westport, CT: Ablex, 2000.

41) Matthew L. Saxton. Reference Service Evaluation and Meta-Analysis: Findings and Methodological Issues. *Library Quarterly*, 67 (3), July 1997, 267-89.

가능성이 없다는 점에서 거의 유용성이 없다. Crowley는 대리인 고객들을 이용하여 40개 New Jersey 공공도서관들에서 질문들을 하고, 정확성은 1인당 지출들로 정의되는 도서관 예산의 기능은 **아니라**는 사실을 밝혀냈다.[42]

Thomas Childers는 참고 서비스를 평가하는 일련의 리서치 프로젝트의 착수에 참여했던 사실을 회상하면서, 다음과 같이 언급하고 있다.

> 짧고, 사실적이며, 모호하지 않은 해답들을 가지고 있는 질의들을 조사하는 것에 관한 나쁜 뉴스는 많은 사람들, 특히 성과를 평가하는 데 관심을 가지고 있는 사람들의 마음속에서는, 그것이 비현실적인 규모라고 추정되고 있고 참고 기능의 전부에 해당하는 것이 되지만, 그러나 그것을 뒷받침하는 어떤 경험적인 근거도 존재하지 않으며, 어느 한 종류의 참고 서비스의 성과와 다른 종류의 서비스에 대한 성과를 연계시켜 주는 어떤 문헌도 존재하지 않는다.[43]

참고 서비스에서 제공하는 정보의 부정확성은 정보를 어떻게 이용할는지에 따라, 심각한 부정적인 결과들을 가져올 잠재적 가능성이 있다. Paul Burton은 이 분야의 많은 연구들에 대한 개요를 제공하고, 다른 전문직들은 45퍼센트가 오해하지 않고 있다고 주장하고 있다. Burton은 정보가 이용자들이 수행하고 있는 일과 그들의 정보 니즈가 발생하는 환경에 미치는 기여에 대해 더 많은 리서치를 할 것을 권고하고 있다.[44]

Kenneth Crews는 대부분의 정확성 연구들에 대한 가치 있는 개관을 제공하면서 추가 연구의 필요성을 주장하고 있다.[45] 다양한 참고 정확성 연구들에 대한 포괄적인 어세스먼트와 비판에서, Matthew Saxton과 John Richardson은 다음과 같은 것들을 포함한, 다수의 방법론상의 어려운 점들이 있다고 주장하고 있다.

---

42) Terence Crowley. The Effectiveness of Information Service in Medium Size Public Libraries, in *Information Service in Public Libraries: Two Studies*. Metuchen, NJ: Scarecrow Press, 1971, 16-21.

43) Thomas Childers. The Quality of Reference: Still Moot After 20 Years. *The Journal of Academic Librarianship*, May 1987, 73-74.

44) Paul F. Burton. Accuracy of Information Provision: The Need for Client-Centered Service. *Journal of Librarianship*, 22 (4), October 1990, 210-15.

- "사실형" 질의들(fact-type queries)이 참고 데스크에서 받게 되는 모든 질의들의 상당수 그리고 아마도 대다수를 차지한다. "개방형" 질문들(open-ended questions)은 일반적으로 고객의 관점에서 만족스런 답변에 도달하기 위해서는 더 많은 상호 작용과 협의를 필요로 한다.
- 질문 유형들의 범주들과 연구에서 무엇을 카운트하고 무엇을 제외할 것인가를 결정하는 데는 여러 어려움들이 있다.
- 독립 변인들과 최종 성과 변인들의 정의들이 연구에 따라 일관성이 없다.
- 자체적으로 선정한 표본들과 작은 표본 크기 때문에 편향(bias)이 발생하고 있다.
- 지나치게 단순한 통계 기법들을 이용하고 있다.
- 발견 결과들을 보고하는 것이 일관성이 없고, 이론에 대한 관심이 일반적으로 결여되어 있다.[46]

Saxton과 Richardson에 의해 이루어진 9,000건 이상의 참고 질의에 대한 분석에서는 90퍼센트가 넘는 답변들이 완벽하게 정확했거나 부분적으로 정확한 것으로 판단되었거나 또는 이용자를 다른 기관으로 보냈다는 사실을 밝혀냈다. 이러한 장미 빛 어세스먼트의 문제점은 저자들이 정확한 것과 부분적으로 정확한 범주들을 함께 그룹화하고 있지만, 실제로는 답변이 정확한 것이거나 아니면 정확하지 않다는 사실이다.

더 최근에 들어, Andrew Hubbertz는 이 유형의 리서치에 관해 심각한 문제들을 제기해주는 비밀 조사법에 관한 다음과 같은 세 가지 기본적인 우려들을 표현하고 있다.[47]

- 그와 같은 테스트를 하고 있는 모든 도서관들은 동일한 테스트를 관리해야 한다. 바꾸어 말하면, 동일한 질문들을 물어야 한다. 이것은 도서관 성과라는 하나의 변인에 대한 다양한 결과들에 대한 확인을 가능하게 해줄 것이다. 정확성 결과들의 다양한 변화에 대해 의문을 제기하면서, Hubbertz는 모든 곳

45) Kenneth D. Crews. The Accuracy of Reference Service: Variables for Research and Implementation. *Library and Information Science Research,* 10, 1988, 331-55.

46) Matthew L. Saxton and John V. Richardson Jr. *Understanding Reference Transactions: Transforming an Art into a Science.* San Diego: Academic Press, 2002.

47) Andrew Hubbertz. The Design and Interpretation of Unobtrusive Evaluations. *Reference & User Services Quarterly*, 44 (4), Summer 2005, 327-35.

에서 동일한 질문을 관리하지는 않을 것이기 때문에, 질문들의 어려움 또는 사서의 기술과 경험, 교육 훈련, 끈기는 차이들이 생겨나는 이유가 될 수 있다고 설명하고 있다.

- 그와 같은 테스트들은 서비스의 전반적인 품질을 평가하기보다는 상대적인 성과를 측정하는 데 주로 유용하다. 테스트 질문들은 개개 도서관이 받는 문제들의 세계를 대표해주지 못한다. 즉 서로 다른 도서관들은 서로 다른 참고 질의들의 믹스들(mixes)을 받게 되며, 질문들은 그 도서관 서비스의 전반적인 품질을 평가하기 위해 그 도서관이 받게 되는 전체 믹스를 실제로 대표해야 한다.

  일반적으로, 가능한 질문들을 예비 테스트하고, 75퍼센트보다 더 높거나 25퍼센트보다 더 낮은 점수를 받는 것들은 기각한다. 실제로, 정확성 점수들의 범위는 테스트의 설계를 고려해볼 때 기대하는 것에 관해 약 35퍼센트에서 80퍼센트에 이르기까지 다양하다.[48] Hubbertz는 두 정부 납본도서관 연구들을 재분석하고 정확성 성공을 바탕으로 질문들을 "쉬운" 범주와 "어려운" 범주로 분류하였다. 전반적으로, McClure와 Hernon은 37퍼센트 정확성 비율을 보고하였다. "쉬운" 질문들은 52퍼센트의 상응하는 비율을 가졌고 "어려운" 질문들은 23퍼센트의 비율을 가졌다. 유사하게, Dilevko와 Dolan 연구에서는 모든 납본도서관들은 37퍼센트의 정확성 비율을 가졌는데, "쉬운" 질문들은 46퍼센트의 비율을 가졌고, "어려운" 질문들은 29퍼센트의 정확성 비율을 가졌다.

- 이 유형의 테스트는 참고 장서들의 평가 그리고 직접이나 연중무휴의 가상 참고 서비스, 전화, 이메일, 채팅 등의 다양한 서비스 전달 방식들을 평가하는 데 이용해야 한다. 각 방식의 비교 성과에 대한 정확성 정보는 거의 모든 도서관에 유용할 것이다.

Joan Durrane은 참고 면담의 상황을 조사하여 고객들은 자신들을 더 편안하게 느끼게 해주고, 친밀하며, 자신들의 정보 니즈에 관심을 가지고 있는 것 같은 직원에게 기꺼이 되돌아 오고자 한다는 사실을 밝혀냈다.[49] 이전의 연구에서, Helen Gothberg는 참고 서비스의 고객들은 따뜻함과 공감, 진심을 표현해주는 사서들을 만났을 때 더 만족한다는 사실을 발견하였다.[50]

---

48) Terence Crowley. Half-Right Reference: Is It True? *RQ*, 25 (1), Fall 1985, 59-68.

49) Joan C. Durrance. Reference Success: Does the 55 Percent Rule Tell the Whole Story? *Library Journal*, 114 (7), April 15, 1989, 31-36.

Roma Harris와 Gillian Mitchell은 자신들의 연구에서 참고 면담 동안 나타나는 사서의 품행은 올바른 정보를 검색하는 것만큼 중요할 수도 있다고 결론지었다.[51] 계속 교육과 참고 교육 훈련은 정확성에 거의 또는 전혀 효과가 없는 것 같다.[52]

Patricia Dewdney와 Catherine Ross는 학생들에게 자신들이 선택한 도서관의 참고 서비스 부서를 방문하여 그들에게 관심이 있는 질문을 묻도록 요청하였다. 학생들에게는 직원이 자신들의 질문들을 이해한 정도와 그들이 얼마나 친밀하거나 상냥했는지의 정도를 7점 척도에서 평정하도록 요청하였다. 학생들에게는 그들의 전반적인 만족 수준과 동일한 직원에게 기꺼이 되돌아갈 의사가 있는지를 지적해주도록 요청하였다. Dewdney와 Ross는 답변의 유용성과 직원의 친밀성 그리고 전반적인 만족도 사이에 정(+)의 상관 관계가 있음을 발견하였다.[53] Lynda Baker와 Judith Field에 의해 이루어진 또 하나의 연구에서는 도서관의 참고 서비스에 대한 전반적인 만족도는 기본적으로 질문에 대한 사서의 가시적 또는 언어적 관심이나 적합한 정보원들에 대한 지식에 좌우된다는 사실을 발견하였다. 불만족은 훌륭한 듣기 기술의 결여와 부실한 대인 관계 기술에 기인하였다.[54] Virginia Massey-Burgio에 의해 실행된 포커스 그룹 연구에서도 친밀성과 접촉 가능성(approachability)의 중요성을 언급하였다. 유사한 결과들은 Janine Schmidt[56]와 Danny

50) Helen M. Gothberg. Immediacy: A Study of Communication Effect on the Reference Process. *Journal of Academic Librarianship*, 2, July 1976, 126-29.

51) Roma M. Harris and B. Gillian Michell. The Social Context of Reference Work: Assessing the Effects of Gender and Communication Skills on Observers' Judgment of Competence. *Library and Information Science Research*, 8, January-March 1986, 94-99.

52) Ronald R. Powell. An Investigation of the Relationship Between Quantifiable Reference Service Variables and Reference Performance in Public Libraries. *Library Quarterly*, 48, 1978, 1-19.

53) Patricia Dewdney and Catherine Sheldrick Ross. Flying a Light Aircraft: Reference Service Evaluation from a User's Perspective. *RQ*, 34, Winter 1994, 217-30.

54) Lynda M. Baker and Judith J. Field. Reference Success: What Has Changed Over the Past Ten Years? *Public Libraries*, 39, January/February 2000, 23-30.

55) Virginia Massey-Burzio. From the Other Side of the Reference Desk: A Focus Group Study. *Journal of Academic Librarianship*, 24, 1998, 217-30.

56) Janine Schmidt. Evaluation of Reference Services in College Libraries in New South Wales, Australia, in Neal K. Kaske and William Jones (Eds.). *Library Effectiveness: A State of the Art*. Chicago: American Library Association, 1980.

Wallace[57]에 의해 실행된 연구들에서도 지적되고 있다. JoAnn Jacoby와 Nancy O'Brien은 친밀하고 유용한 서비스 행태를 보여주는 것은 학생들의 "재이용 의사"(willingness to return)에 기여하지만, 또한 학생들이 혼자서 정보를 찾을 수 있는 능력에 대해 더 많은 자신감을 갖도록 하는 데 도움이 될 수도 있다는 사실을 밝혀냈다.[58]

만족도 서베이를 실행할 때 연구자가 직면하는 도전들 중 하나는 응답자들이 어느 쪽이든 극단을 선택하기보다는 중간이나 약간 긍정적인 범주를 가진 답변을 선택하는 경향이 있다는 사실이다. 전반적인 응답들은 종 모양 곡선(bell-shaped curve)의 도표로 나타나는 것처럼 정규 분포를 이룬다.

Ross와 Dewdney는 일부 사서들이 수행하는, 성공적인 트랜잭션을 저해하는 부정적인 행동의 리스트를 파악하였다. 이러한 행동들 중에는 다음과 같은 것들이 있다.

- 이용자를 곧바로 다른 곳으로 보내는 것
- 이용자가 먼저 다른 곳을 찾아보았어야 했다고 암시하는 것
- 모니터링이 안 된 레퍼럴(referral)을 제공하는 것
- 이용자에게 더 쉽게 발견되는 다른 정보를 수용하도록 설득하는 것
- 낮은 기대들을 설정하는 것(즉 실패 가능성이 있다고 지적하는 것)
- 이용자로 하여금 포기하도록 부추기는 것
- 탐색이 실제로는 안 끝났을 때 탐색이 끝났음을 암시하는 비언어적 또는 언어적 신호들을 사용하는 것
- 해당 정보가 도서관에 없거나 존재하지 않는다고 주장하는 것[59]

---

57) Danny Wallace. *An Index of Quality of Illinois Public Library Service,* 1983. Illinois Library Statistical Report, Number 14. Springfield: Illinois State Library, 1984.

58) JoAnn Jacoby and Nancy O'Brien. Assessing the Impact of Reference Services Provided to Undergraduate Students. *College & Research Libraries*, 66, July 2005, 324-40.

59) Catherine Sheldrick Ross and Patricia Dewdney. Negative Closure: Strategies and Counter Strategies in the Reference Transaction. *Reference and User Services Quarterly*, 38, Winter 1998, 154-57.

한 연구에서는 참고 사서들의 불과 12퍼센트만이 "이것이 여러분의 질문에 대한 답변이 되나요?"라는 질문으로 참고 트랜잭션을 마무리하는 것으로 나타났다. 그 질문을 던졌을 때는 올바른 답변들이 당시의 76퍼센트 제공된 반면, 그 질문을 하지 않았을 경우에는, 정확성 비율이 52퍼센트까지 떨어졌다.[60)]

채팅이나 인스턴트 메신저(instant messaging), 전자 참고 제품을 이용하여 참고 서비스를 제공하게 되면 테스트를 위한 기회를 주게 되지만, 다른 방법론적인 이슈들을 제기해준다. Marilyn White 등은 방법론적인 우려들을 이해하고 다루기 위한 파일럿 연구(pilot study)를 수행하였다.[61)] 부산물의 하나는 해당 세션의 스크립트(script)로, 그것은 나중에 교육이나 모니터링을 위해 분석하거나 이용할 수 있다. 한 가지 유용한 도구는 Hirko와 Ross의 *Virtual Reference Training*[62)]이다.

채팅 기반 참고 서비스를 제공하고 있는 대부분의 도서관들은 도서관이 라이선스를 얻어야 하는 사적 독점 소프트웨어(proprietary software)의 이용에 의존하고 있으며, 이용자도 어떤 소프트웨어를 다운로드해야 한다. 별법으로, 도서관은 몇몇 인터넷 서비스들(예를 들면 AOL, Yahoo)로부터 입수할 수 있는 더 대중적인 인스턴트 메신저 프로그램들의 하나를 이용하여 채팅 기반 서비스를 제공할 수도 있을 것이다. 효과적인 마케팅 활동들은 이메일과 리스트서브 광고, 전문적인 네트워킹을 이용하고 있다.[63)] 채팅 기반 참고 서비스와 그 서비스에 대한 높은 수준의 이용자 만족도를 홍보하기 위한 몇몇 도서관들의 노력에도 불구하고, 채팅 서비스의 이용은 감소하거나 아니면 많은 탄력을 전혀 받지 못하고 있다.[64)] 예를 들면, Washington State University

---

60) Ralph Gers and Lillie J. Seward. Improving Reference Performance: Results of a Statewide Survey. *Library Journal*, 110, 1985, 32-35.

61) Marilyn Domas White, Eileen G. Abels, and Neal Kaske. Evaluation of Chat Reference Service Quality. *D-Lib Magazine*, 9 (2), February 2003. Available at http://www.dlib.org/dlib/february03/white/02white.html.

62) Buff Hirko and Mary Bucher Ross. *Virtual Reference Training: The Complete Guide to Providing Anytime, Anywhere Answers*. Chicago: American Library Association, 2004.

63) Deborah Lynn Harrington and Xiaodong Li. Spinning an Academic Web Community: Measuring Marketing Effectiveness. *The Journal of Academic Librarianship*, 27 (3), May 2001, 199-207.

도서관은 2003년 가을부터 2004년 7월까지 채팅 기반 서비스를 제공하였는데, 불과 101건의 트랜잭션들만이 이루어졌으며, 그 서비스를 이용하고자 하는 다른 35건의 시도들은 연결상의 문제점들 때문에 실패하였다.[65] 학생들은 일반적으로 채팅을 많이 이용하는 이용자들이지만, 자신의 도서관이 채팅 기반 참고 서비스를 제공하고 있다는 사실을 알지 못하고 있다.[66]

또 한 서베이에서는 응답자들의 3분의 2는 면대면 참고 서비스를 선호하고, 다른 20퍼센트는 이메일 서비스를 선호하며, 불과 4퍼센트만 채팅을 선호하는 것으로 나타났다.[67] 왜 아홉 개의 가상 참고(채팅) 서비스들이 중단되었는지에 대한 분석에서는 저조한 수요와 자금 지원 문제점들이 결합되어 있었음이 밝혀졌다. 그 밖의 문제점들로는 기술적인 문제점과 직원 문제점, 기관의 문화 이슈들이 있다.[68] 또 하나의 연구에서는 가상 참고 데스크는 물리적 참고 데스크와 동일한 문제점들 — 부적합한 참고 면담과 적합성에 대한 체크가 사후에 이루어지는 별도의 정보원들로의 레퍼럴, 일반적인 만족도를 알아보기 위한 후속 조치의 결여 — 에 시달리고 있다는 사실을 밝혀냈다.[69] 요컨대, 채팅 참고 서비스는 다른 가용한 참고 서비스들에 비교할 때 제대로 작동하지 못하고 있다.

---

64) Steve Coffman and Linda Arret. To Chat or Not to Chat: Taking Another Look at Digital Reference, Part 1. *Searcher*, 12 (7), July/August 2004, 38-46; Steve Coffman and Linda Arret. To Chat or Not to Chat: Taking Another Look at Digital Reference, Part 2. *Searcher,* 12 (8), September 2004, 49-56.

65) Joel Cummings, Lara Cummings, and Linda Frederiksen. User Preferences in Reference Services: Virtual Reference and Academic Libraries. *portal: Libraries and the Academy*, 7 (1), 2007, 81-96.

66) Linda Frederiksen, Joel Cummings, and Lara Ursin. User Perceptions and Virtual Reference Services, in R. David Lankes et al. (Eds.). *The Virtual Reference Experience Theory Into Practice*. New York: Neal-Schuman, 2004, 43-61.

67) Cory M. Johnson. Online Chat Reference: Survey Results from Affiliates of Two Universities. *Reference and User Services Quarterly*, 43 (3), Spring 2004, 237-47.

68) Marie L. Radford and M. Kathleen Kern. A Multiple-Case Study Investigation of the Discontinuation of Nine Chat Reference Services. *Library & Information Science Research,* 28, 2006, 521-47.

69) Kristi Nilsen. The Library Visit Study: User Experience at the Virtual Reference Desk. *Information Research*, 9 (2), January 2004. Available at http://informationr.net/it/9-2/paper171.html.

10.4.6. 관 찰

사서는 동료들이 참고 데스크에서 고객들과 상호 작용할 때 그들을 관찰할 수 있다. 코치나 멘토(mentor)로서의 역할을 할 때, 사서는 그들이 고객과 상호 작용하는 방식을 개선시키기 위한 구체적인 제안들을 할 수 있다. 아울러 멘토는 참고할 수도 있는 전자 정보원들이나 도서관의 정보원들의 이용에 대해 어떤 코치를 할 수도 있을 것이다. 이용자들은 질문들에 대한 답변이 그들이 무엇인가를 성취하는 데 도움이 되는 정도로 도움을 받을 수 있다. 맥락에 관해 아무 것도 알지 못한 채 질문들에 대해 답변하는 사서들은 올바른 답변을 제공할 수도 있을 것이지만 그러나 이용자를 지원하는 데는 다른 식으로는 도움이 되지 못할 수도 있을 것이다.[70)]

가상 환경에서는, 채팅 참고 스크립트(chat reference transcript)에 대한 분석이 관찰의 또 하나의 형식이다. NCknows는 North Carolina의 공동의, 주(州) 전역에 걸친, 채팅 기반 참고 서비스이다. 채팅 참고 스크립트들에 대한 분석에서는 다음과 같은 사실들을 발견하였다.

- 채팅 기반 참고 서비스의 품질은 높다.
- 연중무휴 참고 서비스와 비교해 볼 때, NCknows 사서들은 이용자들로 더 바쁘지만 탐색이나 정보원들의 이용에서 더 많은 기술을 갖고 있는 것은 아니다.
- 공공도서관 사서들은 우수한 서비스를 제공하지만, 학술도서관 사서들은 우수한 레퍼럴을 제공한다.[71)]

참고 서비스를 더 잘 이해하기 위해 이용되고 있지만 널리 이용되지는 않고 있는 두 가지 다른 방법, 즉 컨조인트 분석과 비용-편익 분석은 그럼에도 불구하고 흥미로운 관점을 제공해준다.

70) Catherine Sheldrick Ross. How to Find Out What People Really Want to Know. *The Reference Librarian*, 16, 1986, 19-30.

71) Jeffrey Pomerantz, Lili Luo, and Charles McClure. Peer Review of Chat Reference Transcripts: Approaches and Strategies. *Library & Information Science Research*, 28, 2006, 24-48.

10.4.7. 컨조인트 분석

소수의 연구들은 모든 속성들을 함께 고려할 때 특정 제품이나 서비스에 대한 이용자 선호 모델을 개발하기 위해 마켓 연구자들이 개발한 기법을 사용하였다. 컨조인트 분석(conjoint analysis)이라고 불리는 이 기법을 이용하면 모든 레벨의 각 속성을 모든 레벨의 다른 속성들과 비교할 수 있다. 속성들은 서비스의 속도와 직원의 친밀함, 답변의 품질 등이 될 수도 있을 것이다. 학술 참고 서비스의 맥락 내에서 적용된 몇몇 연구들에서는 칼리지 학생들은 짧은 시간만을 기다려야 하는 분명한(불확실한 것보다는) 답변을 선호하며, 답변은 적시에 제공된다는 사실을 발견하였다 — 이것은 실제로 놀라울 게 없다.[72]

10.4.8. 비용-편익 분석

한 서베이는 Virginia Commonwealth University에서 고객들이 참고 데스크 서비스에 부여하는 경제적 가치를 추산하기 위해 조건부 가치 측정법(CVM: contingent valuation method)을 이용하였다. David Harless와 Frank Allen은 학생들은 참고 데스크의 현재 시간을 유지하기 위해 학기당 5.59달러를 지불할 의사를 가지고 있는 반면, 교육을 담당하는 교원은 현재의 시간을 유지하기 위해 연간 45.76달러를 기꺼이 지불하고자 한다는 사실을 밝혀냈다.[73] 학생들과 교원들은 참고 데스크 서비스의 현재 시간에 대해 3.5 대 1의 비율로 비용을 초과하는 가치를 부여하였다.

참고 서비스를 제공하는 품질과 비용들은 훨씬 더 가시적이 되고 있다. Cornell University의 최근 연구에서는 질문을 가진 사람들과 이러한 질문에

---

72) Gregory A. Crawford. A Conjoint Analysis of Reference Services in Academic Libraries. *College & Research Libraries,* 55, May 1994, 257-67; Michael Halperin and Maureen Stardon. Measuring Students' Preferences for Reference Service: A Conjoint Analysis. *Library Quarterly,* 50, 1980, 208-24; Kenneth D. Ramsing and John R. Wish. What Do Library Users Want? A Conjoint Measurement Technique May Yield the Answer. *Information Processing and Management,* 18, 1982, 237-42.

73) David W. Harless and Frank R. Allen. Using the Contingent Valuation Method to Measure Patron Benefits of Reference Desk Service in an Academic Library. *College & Research Libraries*, 60 (1), January 1999, 56-69.

답변할 준비가 된 다른 사람들을 위한 e-Bay와 같은 시장인 Google Answers[74)]가 Cornell의 상응하는 참고 서비스보다 상당히 비용이 더 낮다는 사실을 지적하였다. Cornell이 두 배 비쌌으며, Google Answers의 응답들은 거의 참고 사서들의 응답만큼 훌륭하였다.[75)] 아울러 Google Answers를 이용한 학생들의 94퍼센트는 그 서비스를 다시 이용할 것이라고 밝혔다. (Google Answer는 더 이상 이용할 수 없다.)

10.4.9. 참고 자원

대규모의 OCLC 서베이에서 지적하고 있는 것처럼, 응답자들의 84퍼센트는 자신들의 정보 탐색을 시작하기 위해 인터넷 검색 엔진들을 이용하며, 불과 2퍼센트만 도서관 웹사이트나 도서관이 제공하는 온라인 데이터베이스를 이용하여 탐색을 시작한다.[76)]

연구에 대한 최근의 보고서에서는 참고 사서들은 고객 질의에 응답하기 위해 전자 자원들을 인쇄 정보원들보다 여섯 배 더 많이 이용한다고 지적하고 있다.[77)] 참고 질문들에 응답하기 위해 이용되는 상위 다섯 개 정보원들은 전자 데이터베이스(24퍼센트)와 사서(24퍼센트), 도서관 목록(15퍼센트), 내부 웹페이지(12퍼센트), 참고 도서(9퍼센트)였다. 데이터를 수집한 두 학기 동안, 도서관의 9,587종의 참고 장서 타이틀 중 불과 173종, 즉 도서관의 인쇄본 참고 장서의 2퍼센트 미만이 이용되었다는 사실을 주목하면 흥미롭다. 그리고 질문들의 75퍼센트에 대해서는, 사서들이 단지 답변을 얻기 위해 하나의 정보원으로 안내했을 뿐이다. 학생들의 인터넷 기반 자원(검색

74) Google은 최근 Google Answers를 중단할 예정이라고 발표하였다(역자주: 현재는 이미 중단되었음). 그러나 대중적인 Yahoo Answers는 계속 이용할 수 있다.

75) Anne R. Kennedy, Nancy Y. McGovern, Ida T. Martinez, and Lance J. Heidig. Google Meet eBay: What Academic Librarians Can Learn from Alternative Information Providers. *D-Lib Magazine*, 9 (6), June 2003. Available at http://www.dlib.org/dlib/june03/kenney/06kenney.html.

76) Cathy De Rose, Joanne Cantrell, Diane Cellentani, Janet Hawk, Lillie Jenkins, and Alane Wilson. *Perceptions of Libraries and Information Resources.* Dublin, OH: OCLC, 2005, 1-17.

77) Jane T. Bradford, Barbara Costello, and Robert Lenholt. Reference Service in the Digital Age: An Analysis of Sources Used to Answer Reference Questions. *The Journal of Academic Librarianship*, 31 (3), May 2005, 263-72.

엔진)의 직접적인 이용으로의 전환과 어떤 방식으로든 도서관 방문 필요성을 회피하는 것은 심지어는 대중 신문에서도 주목한 바 있다.[78)]

상당히 여러 해 동안, 도서관들은 인쇄본 참고 장서들을 구축하고 유지해왔다. 참고 사서들이 고객 질의에 응답하기 위해 전자 자원들에 점점 더 많이 의존하게 됨에 따라, "인쇄본 참고 장서가 너무 방대한가?" 라는 중요한 질문을 검토해야 할 것이다. 이것은 몇 년 동안 참고 서비스의 이용이 감소하고 있는 도서관에는 특히 밀접한 관련이 있다. 2000년을 기점으로, 도서관들은 참고 장서 예산의 상당한 부분, 몇몇 도서관들에서는 27퍼센트 이상을 전자 자원으로 옮기고 있다.[79)] University of Georgia 도서관의 사서들은 그들의 모든 인쇄본 색인들을 웹 기반 버전들을 위해 구독을 취소하고 현재는 인쇄 장서 없이 대부분의 학부생들의 니즈(needs)에 부응하고 있는 것으로 보고하고 있다.[80)]

인쇄본 참고 장서의 이용을 측정하기 위한 몇 가지 옵션들이 있다. 그 중에는 다음과 같은 것들이 있다.

- **터치 기법**(touch techniques). 해당 아이템을 이동하면 어떤 방식으로 영향을 받는 물질을 인쇄 아이템에 둔다. 그 물질은 적외선 먼지나 책 위에 놓인 구슬들이나 노출되지 않은 인화지일 수도 있다. 이 방법은 도움을 얻기 위해 어떤 방법으로도 이용자에게 의존하지 않는다.
- **기록용 슬립**(tally slip). 종이 슬립을 아이템의 각 권이나 책등(書背)에 두고, 이용자에게 각 권을 펴볼 때마다 그 종이 슬립에 마크를 하도록 요청한다. 이 방법은 이용자의 협력에 의존하기 때문에, 결과들이 문제의 소지가 있다.
- **면담**(interviews). 면담자들이 표본 추출 기간 동안 참고 장서의 각 이용자에게 접근하여 이용자에게 몇 가지 질문들에 응답해 주도록 요청한다. 모든 개인들이 기꺼이 참여하고자 하지는 않을 것이며, 어떤 자원들을 이용했는지에 대한 이용자의 기억은 상당히 다양할 것이다.

---

78) Patrick Boyle. What? Use a Book for Doing Research? College Students Forsake Library Shelves for Computers. *The Washington Post*, August 24, 2000, M07.

79) Brian Kenney and Eric Bryant. Reference Budgets: A Slow Revolution. *Library Journal*, 128 (19), November 15, 2003, 8-9, 12; Mirela Roncevic. The E-Ref Invasion - Reference 2006. *Library Journal*, 130 (19), November 15, 2005, 8-13.

80) Mirela Roncevic. The E-Ref Invasion - Reference 2006. *Library Journal*, 130 (19), November 15, 2005, 8-13.

- **설문지**(questionnaires). Fussler와 Simon은 책들의 표본에 짧은 설문지를 두었다. 책을 펴볼 때, 개인에게 네 개 질문들에 대해 대답하도록 요청하였다. 즉 그 아이템을 서가에서 옮겨온 이유는 무엇인가, 그 아이템은 어디에 그리고 어떤 목적을 위해 이용할 것인가, 그 아이템은 이용자에게 얼마나 가치가 있는가 하는 질문들이 그것이다.[81]
- **재배가 기법**(reshelving techniques). 특정 책은 그것을 재배가(再配架)할 때 어떤 방식으로 기록된다. 어떤 도서관들은 바코드를 스캔하여 그 정보를 스프레드시트에 저장한다. 어떤 도서관들은 나중에 카운트하기 위해 아이템에 점들을 찍어둔다. 사서들이 이용을 확인하기 위해 서로 다른 색의 점들을 사용한다. 아이템들을 재배가하지 말아달라고 요청하는 사인들이 있는 경우에도, 고객들이 아이템을 서가에서 이용하고 그것을 재배가할 수 있기 때문에, 이 방법은 문제의 소지가 있다.[82] 어떤 도서관들은 참고 자료들의 서가 목록을 인쇄하여 수작업으로 이용률을 기록하고 있다.

Eugene Engeldinger는 University of Wisconsin-Eau Claire에서 5년의 기간 동안 인쇄본 참고 장서의 이용을 조사(도트(dot)법 이용)하여 장서의 35퍼센트는 이용되지 않고 있으며 참고 자료들의 16퍼센트는 단 한번만 이용되었다는 사실을 발견하였다. Engeldinger는 참고 담당 직원들은 특히 직원이 계속적인 제적 프로그램에 참여하였기 때문에, 그처럼 많은 자료들이 그와 같이 드물게 이용되었다는 사실에 놀라워했다는 점을 주목하였다.[83] Mary Biggs와 Victor Biggs는 자신들이 실시한 471개 도서관들에 대한 서베이에서는 아주 소수의 도서관들(10퍼센트 미만)이 참고 장서들에 대한 이용 연구를 실제로 실행하는 것으로 나타났다고 보고하였다. 그 결과, 저자들은 도서관이 그와 같은 대규모의 참고 장서들을 유지할 필요성에 대해 이의를

81) Herman H. Fussler and Julian L. Simon. *Patterns in the Use of Books in Large Research Libraries*. Chicago: University of Chicago Press, 1969.

82) Mary Biggs. Discovering How Information Seekers Seek: Methods of Measuring Reference Collection Use, in S. J. Pierce (Ed.). *Weeding and Maintenance of Reference Collections*. New York: Haworth Press, 1990, 103-14.

83) Eugene A. Engeldinger. "Use" as a Criterion for the Weeding of Reference Collections: A Review and Case Study, in Sydney J. Pierce (Ed.). *Weeding and Maintenance of Reference Collections*. New York: Haworth, 1990, 119-28.

제기하였다.[84] 550개 칼리지 및 대학도서관들에 대한 더 최근의 서베이에서는 극소수의 도서관들이 참고 장서들을 정기적으로 제적하는 것으로 나타났다. 주된 이유는 직원의 시간 부족이었다.[85]

Stetson University에서 실행된 연구에서는, 도서관 직원이 4개월의 기간에 걸쳐 책상과 테이블, 서가에서 참고 자료들을 수집하고 서지 정보를 데이터베이스에 기록하였다. 연구 기간 중에 참고 장서에는 9,755개 타이틀의 25,626권들이 있었다. 이 연구에서는 인쇄 참고 장서의 전체 권들 중 불과 8.5퍼센트만 한번이라도 이용된 것으로 나타났다. 장서의 이용은 청구 기호 범위에 의한 참고 장서의 규모를 반영하였다.[86]

Baltimore County Public Library의 Towson 분관은 2005년 2월부터 5월까지 이용률을 추적하여 그 참고 장서의 15퍼센트를 제적하고, 4,658권들을 남겨두었다.[87]

1997년에 Chuck Koutnik는 인터넷을 이용하여 질문들에 답변하는 프로세스 대 도서관에 소재하고 있는 인쇄 자원들을 이용하여 답변하는 프로세스를 비교하였다. 그는 참고 서비스 교재에서 얻은 104개 질문들을 이용하여 웹 기반 자원들이 질문들의 30퍼센트 이상에 대해 올바르게 답변할 수 있다는 사실을 발견하였다.[88] 그와 같은 연구가 오늘날에도 반복되어야 한다면, 그간의 10년 동안 웹이 기하급수적으로 증가하였기 때문에, 올바르게 답변된 질문들의 퍼센티지는 훨씬 더 높아지게 될 것이다.

---

84) Mary Biggs and Victor Biggs. Reference Collection Development in Academic Libraries: Report of a Survey. *RQ*, 27, Fall 1987, 66-79.

85) Eugene A. Engeldinger. Weeding of Academic Library Reference Collections: A Survey of Current Practice. *RQ*, 25 (3), Spring 1986, 366-71.

86) Jane T. Bradford. What's Coming off the Shelves? A Reference Use Study Analyzing Print Reference Sources Used in a University Library. *The Journal of Academic Librarianship*, 31 (6), November 2005, 546-58.

87) Rose M. Frase and Barbara Salit-Mischel. Right-Sizing the Reference Collection. *Public Libraries*, January/February 2007, 40-44.

88) Chuck Koutnik. The World Wide Web Is Here: Is the End of Printed Reference Sources Near? *RQ*, 36, 1997, 422-28.

10.5. 요 약

참고 사서들은 불과 약 55퍼센트에 관해서만 정확성을 가지고 있다는 사실을 암시하는 비교적 일관성 있는 리서치 발견 결과들에도 불구하고, 참고 서비스 정확성에 대한 비밀 조사법 연구들에 내재해 있는 방법론적인 문제점들은 리서치의 상당히 많은 부분에 의문을 제기하고 있다. 요컨대, 이 리서치는 실무를 담당하는 참고 사서는 물론 그 고객들에 대해, 어둡고, 모순되고, 일반적으로는 오도된 정보를 가져다주게 된다.

WOREP 서베이를 이용하는 공개 조사법은 견실한 근거를 바탕으로 하는 토대를 제공해주고 있으며, “진정한” 참고 트랜잭션에 대한 고객은 물론 사서의 관점들을 포함하고 있다.

리서치로부터 도출할 수 있는 그 밖의 결론들로는 다음과 같은 것들이 있다.

- 인쇄본 참고 장서는 이용을 위해 평가해야 하며 그런 다음 제적해야 한다.
- 예산은 전자 자원들에 대해 더 많은 자금을 지원하고 인쇄본 참고 장서에 대해 더 적은 자금을 지원하도록 조정해야 한다.
- 참고 서비스 담당 직원이 전자 자원들에 관해 더 많은 지식을 갖도록 그들에 대한 교육 훈련이 필요할 수도 있을 것이다.
- 참고 서비스들을 평가하기 위해 몇 가지 방법을 이용하면 제공되는 서비스의 범위와 그 가치에 대한 더 완벽한 그림을 제공하게 될 것이다.

제11장

기술 서비스의 평가

그들이 필요로 하는 결과들을 달성하기 위해서는, 기술 서비스 부서들은 비용과 시간, 유효성의 두 자리 수의 개선이라는 돌파구가 필요하다.

— *Karen Calhoun* *

11.1. 서비스 정의

기술 서비스(technical services)를 둘러싼 활동들은 도서관 고객들이 상호 작용하는 서비스들을 뒷받침해주기 때문에 중요하다. 도서관 장서에 추가되는 물리적 자료들을 선정하고, 편목하고, 처리하는 것, 그리고 전자 데이터베이스들의 라이선스를 받는 것은 모두 부가 가치를 높여주는 활동들이다. 그러나 기술 서비스들은 도서관 내의 다른 영역들에 대해 서비스를 제공해주고 고객에게는 직접적으로 제공해주지 않기 때문에, 성과 측정과 평가 활동들의 초점은 어쩔 수 없이 내부적일 수밖에 없다.

11.2. 평가 질문

기술 서비스 평가가 다루고 있는 질문 중에는 다음과 같은 것들이 있다.

- 다양한 과업들을 완수하는 데 얼마나 많은 시간이 소요되는가?
- 이 다양한 과업들을 수행하기 위한 비용들은 어떤 것들이 있는가?

* Karen Calhoun. Technology, Productivity and Change in Library Technical Services. *Library Collections, Acquisitions & Technical Services,* 27 (3), Autumn 2003, 283.

- 작업 흐름 분석(workflow analysis)은 기술 서비스 부서의 생산성을 얼마나 개선시켜 주는가?
- 일단의 필적할만한 도서관들과 비교할 때 도서관의 업무 효율성은 어떠한가?
- 관내 처리(in-library processing)의 품질과 비용은 아웃소싱(outsourcing)을 하는 벤더를 이용하는 것과 어떻게 비교하는가?
- 기술 서비스에서 완료된 작업, 특히 편목은 얼마나 정확한가?
- 서지 레코드의 향상은 이용자들의 탐색 결과로 검색되는 레코드의 유용성을 개선시켜 줄 것인가?

11.3. 평가 방법

기술 서비스를 평가하기 위해 이용되고 있는 방법들로는 다음과 같은 것들이 있다.

- 일단의 구체적인 과업들에 소요되는 시간에 관한 정보를 수집하기 위한 활동 서베이
- 작업 흐름 분석
- 비용과 생산성, 레코드의 정확성을 알아보기 위한 데스크 업무 분석

11.4. 이전의 평가와 리서치에 대한 논의

11.4.1. 시 간

우리는 모두 매일 우리의 업무를 수행하기 위한 일정한 시간을 할당받고 있다. 우리는 우선순위를 정하거나 특정한 양의 시간을 다양한 활동에 배정하고자 시도할 수도 있고, 아니면 매일 업무에서 보내는 시간을 낭비할 수도 있다. 효율성의 구성 요소 중 하나는 어떤 아이템이 최종적으로 서가에 도달할 때까지 그것을 주문하고, 수령하고, 편목하고, 처리하기 위해 소요되는

시간이다. 그리고 시간은 특정 과업이나 활동을 완수하기 위한 시간과 프로세스 활동들 사이에서 보내는 시간의 두 가지 구성 요소들로 구분할 수 있다.

다양한 기술 서비스들을 완수하기 위해 소요되는 시간을 알아보기 위한 간단한 방법의 하나는 각 직원이 수행되고 있는 과업이나 활동과 그 과업의 시작 및 종료 시간들을 기록하는 것이다. 슬립이나 양식들을 과업과 시간의 두 칼럼으로 구분할 수도 있을 것이다. 어느 경우에는, 광범위한 활동들로 구분한 슬립들을 미리 인쇄해 두기도 한다. 이러한 슬립들은 최소한 500건의 슬립을 수집할 수 있도록 충분한 기간 동안 이용된다. 각 슬립이나 양식에 고유의 ID 번호를 부여하면 모든 양식들이 회수되어 분석될 수 있도록 보장해주게 될 것이다. 그런 다음 정보를 계산한다. 전체 시간을 각 과업을 위해 처리되는 아이템의 수로 나누면 단일 아이템을 위한 활동이나 과업을 완료하기 위해 필요한 시간이 밝혀질 것이다. 어떤 도서관들은 각 활동에 소요되는 시간을 기록하기 위해 스프레드시트와 스캐너를 이용하고 있다.

또 하나의 접근법은 각 직원이 소지하는 무작위 경보 장치(random alarm unit)를 이용하는 것이다. 경보가 울리면, 직원은 자신이 참여하고 있는 활동을 기록한다. 2주 내지 3주의 기간 동안 경보기를 이용하면, 그 결과로 얻어지는 데이터는 도서관으로 하여금 각 직원에 의해 각 활동에 소요되는 시간의 차트를 준비할 수 있도록 해줄 것이다.

어떤 도서관들은 결과들을 성과 표준이나 생산 표준을 설정하기 위한 근거로 이용하고 있다. 표준은 직무를 수행하기 위해 무엇이 필요한지 또는 얼마나 빨리 그리고 얼마나 많이 필요한지에 대한 구체적이고 측정 가능한 진술문이다. 성격상 반복적인 과업들은 성과 표준을 설정하기 위한 이상적인 후보들이다.

East Carolina University 도서관의 기술 서비스 영역에서 수행된 연구에서는 확정 주문(firm order)에 따라 수령하는 것으로부터 서가상에 배치하는 것까지 움직이는 데 평균 45일 — 그 범위는 1일에서 170일 — 이 걸리는 것으로 나타났다. 확정 주문에 따를 경우 편목을 도서관에서 완료해야 한다. PromptCat 주문들은 편목 레코드들과 함께 오는데, 경과 시간이 평균 38일 — 그 범위는 10일에서 58일 — 이었다.[1)] Carnegie Mellon University에서 실행된 시간-활동 연구에서는 83퍼센트의 단행본들이 15분 이내에 편목이 이루어지는 것으로 나타났다. 나아가 이 연구에서는 편목된 일자로부터 처리가 완료된 일자까지의 시간이 단행본의 56퍼센트의 경우는 1일부터 5일이었으며, 22퍼센트는 완료하는 데 30일이 넘게 걸린다는 사실을 밝혀냈다.[2)]

11.4.2. 비 용

기술 서비스를 운영하는 사람들은 전체 비용은 물론 각 활동을 수행하는 단위 비용들에 대해 분명히 우려하고 있다. 비용 분석은 다음과 같은 다양한 이유들 때문에 이루어질 수 있다.

- 기술 서비스 활동들을 통제하기 위한 경영 도구로서 도움이 된다.
- 경영에 대한 점진적이고 능동적인 접근법을 취하는 데 도움이 된다.
- 비용들을 일단의 필적할만한 도서관들과 비교하는 데 유용하다.
- 자금을 지원하는 의사결정자들에게 투명한 비용 효율성을 입증하기 위해 이용할 수 있다.

제3장에서 살펴본 것처럼, 특정 활동이나 일군(一群)의 활동들에 대한 비용을 산출하는 것이 아주 어려운 것은 아니다. 그러나 어느 한 도서관의 비용들을 다른 도서관과 비교하고자 할 때는 비용 수치들이 동일한 방식으로 산정되지 않았을 가능성이 아주 높기 때문에 반드시 주의를 기울여야 한다.

한 가지 흥미로운 측도로 TSCORE(Technical Services Cost Ratio)가 있는데, 이것은 기술 서비스의 비용들을 도서관 자료의 구입비와 연결시키고 있다. 기술 서비스의 전체 급여를 같은 기간에 자료들을 구입하는 데 소요된 금액으로 나누게 된다.[3)] 예를 들면, 어느 도서관이 자료들을 구입하기 위해

1) Patricia Dragon and Lisa Sheets Barricella. Assessment of Technical Services Workflow in an Academic Library: A Time-and-Path Study. *Technical Services Quarterly*, 23 (4), 2006, 1-16.
2) Terry Hurlbert and Linda L. Dujmic. Factors Affecting Cataloging Time: An In-House Survey. *Technical Services Quarterly*, 22 (2), 2004, 1-14.
3) H. W. Tuttle. TSCORE: The Technical Service Cost Ratio. *Southeastern Librarian*, 19, 1969, 15-25.

연간 450,000달러를 지출하고 기술 서비스에서 일하는 사람들에게 220,000달러를 지불한다면, 그 도서관의 TSCORE는 220/450 또는 0.49달러가 될 것이다. 이 경우에 도서관은 기술 서비스에 그 도서관이 장서용 자료들을 수서하기 위해 쓰고 있는 매 달러마다 49센트를 쓰고 있는 것이다.

TSCORE의 범위는 10개 대학도서관에 대한 서베이에서 낮게는 45센트로부터 높게는 1.00달러까지 다양하였으며, TSCORE는 도서관의 규모에 따라 직접적으로 달라졌다 — 즉 대규모 도서관들이 TSCORE가 더 높았다. 그리고 12개의 대규모 공공도서관의 그룹은 TSCORE와 도서 예산 간에 반비례 관계(inverse relationship)를 가지고 있었다 — 즉 도서 예산이 더 크면 클수록, 기술 서비스 비용은 점점 더 작았다.[4)]

분명히 기술 서비스의 비용들은 수행하는 과업과 각 과업을 수행하기 위해 소요되는 시간과 관련이 있을 것이다.

Iowa State University 도서관은 1994년에서 2001년까지 일련의 시간 및 비용 연구들을 실행하였다. 연구 기간 동안에, 타이틀 당 편목 비용은 편목 담당자들의 공동 노력과 개선된 작업 흐름 절차 덕택에 일관되게 하락하였다.[5)] 한 가지 흥미로운 발견 결과는 자동화가 비용을 줄여주고 생산성을 개선시키고 있지만, 도서관은 대개는 수작업(手作業) 환경에서 존재했던 프로세스들과 활동들을 자동화했을 뿐이라는 사실이었다. 도서관은 기술 서비스 내의 프로세스들을 변형시키기 위해 테크놀로지를 이용하지 않고 있었다. 직원은 1년에 4회 내지 6회의 범위를 갖는 표본 추출 기간 동안 1주의 간격을 두고 자신들이 어떻게 시간을 보내는지 추적하였다. 도서관은 생산성을 개선하기 위해 어떤 변화들을 꾀하고는 있지만, 직원 구성원들이 현재의 "편안한 존들"(comfort zones)을 떠나도록 하기 위해서는 추가의 변화들이 필요하게 될 것이라는 사실을 인식하고 있다.[6)] 모든 분석의 요점은 단행

4) H. M. Welch. Technical Service Costs, Statistics, and Standards. *Library Resources and Technical Services*, 11, 1967, 436-42.

5) Dilys E. Morris, Collin B. Hobert, Lori Osmus, and Gregory Wool. Cataloging Staff Costs Revisited. *Library Resources & Technical Services*, 44 (2), April 2000, 70-83.

6) David C. Fowler and Janet Arcand. Monographs Acquisitions Time and Cost Studies: The Next Generation. *Library Resources & Technical Services*, 47 (3), July 2003, 109-24.

본을 입수하는 것은 편목 비용과 비교해볼 때 현재는 비교적 비싸다는 사실을 실증하고 있다.[7] 단행본의 비용들을 추적하는 것 이외에도, Iowa State 팀은 또한 연속간행물과 관련된 많은 과업들을 수행하기 위한 시간과 비용들을 확인하였다.[8]

철저한 시간 및 비용 분석이 University of Oregon 도서관에서 준비되었는데, 여기서는 OCLC 레코드를 업그레이드하는 데는 타이틀 당 9.23달러의 비용이 들어가고, 자체 편목(original cataloging)에는 타이틀 당 24.92달러의 비용이 들어간다는 사실을 밝혀냈다.[9]

훨씬 더 넓은 관점을 취하여, Lawrence 등은 장서들의 라이프 사이클 비용들을 추산하기 위해 총비용(aggregate costs)에 대한 Association of Research Libraries 도서관들의 연간 통계 데이터를 이용하였다. 분석에 포함된 연간 비용들은 임금과 급여, 운영비(operating expenses), 건물 유지 보수, 고정 설비 및 장비 등이었다. 전체 연간 운영 비용들은 자료 유형별 아이템의 수로 나누었다. 그런 다음 자료 유형 당 연간 비용은 자료의 예상 수명을 곱하였다. 분석에서는 도서관 자료들의 구입 가격은 도서관 장서들을 유지 보수하는 라이프 사이클 보유 비용(life cycle ownership costs)의 작은 부분이라는 사실을 실증하였다. 예를 들면, 연구자들은 단행본을 보유하는 데 소요되는 예상 비용은 원 구입 가격의 일곱 배가 넘는다 — 도서관 라이프 사이클 지출의 95퍼센트를 소비한다 — 는 사실을 발견하였다.[10]

역사적으로 도서관들은 하나 이상의 다른 벤더들과 비교하여 어느 한 벤

---

7) Dilys E. Morris, Pamela Rebarcak, and Gordon Rowley. Monograph Acquisitions: Staffing Costs and the Impact of Automation. *LRTS*, 40 (4), 1996, 301-18.

8) David C. Fowler and Janet Arcand. A Serials Acquisitions Cost Study: Presenting a Case for Standard Serials Acquisitions Data Elements. *Library Resources & Technical Services,* 49 (2), April 2005, 107-22.

9) Nancy Slight-Gibney. How Far Have We Come? Benchmarking Time and Costs for Monograph Purchasing. *Library Collections, Acquisitions & Technical Services,* 23 (1), 1999, 47-59; Nancy Slight-Gibney. Defining Priorities and Energizing Technical Services: The University of Oregon Self-Study. *Library Acquisitions: Practice and Theory,* 22 (1), 1998, 91-95.

10) Stephen R. Lawrence, Lynn Silipigni Connaway, and Keith H. Brigham. Life Cycle Costs of Library Collections: Creation of Effective Performance and Cost Metrics for Library Resources. *College & Research Libraries,* 62, November 2001, 541-53. 주: Library Interactive Costing Spreadsheet는 〈http://bus.colorado.edu/faculty/lawrenceILICS.〉에서 온라인으로 입수할 수 있다.

더와 비즈니스를 수행하는 비용들을 확인하기 위해 분석을 이용하고 있다. 최근 들어, Paul Orkiszewski는 Amazon.com을 이용하는 비용을 도서관의 기존 벤더들과 비교하여, 기존 벤더가 도서관에 더 나은 할인을 제공하고 있다는 사실을 밝혀냈다. 그러나 Amazon.com은 선정과 입수 가능성, 주문 처리의 측면에서 우호적으로 비교되었으며, 속도의 측면에서 상당히 더 나았다.[11]

11.4.3. 작업 흐름 분석

이 장의 앞부분에서 이미 살펴본 시간-활동 연구의 부산물 중 하나는 도서관은 기술 서비스 영역에서 자료들이 어떻게 흘러가는가에 대한 다이어그램을 만들어낼 수 있다는 사실이다. 그와 같은 연구를 수행하기 위해서는, 자료들의 흐름을 추적하기 위한 양식들로부터의 정보를 척도화하고 그런 다음 이용하기 위한 기술 서비스 영역의 다이어그램을 만들어야 한다. 좋은 작업 흐름은 자료들이 수령으로부터 편목, 처리를 거쳐, 문밖으로 나갈 때 그 자료들을 터치하는 개인의 수를 최소화해주게 될 것이다.

기존 프로세스들을 이해하기 위해 이용하는 가장 간단한 도구들 중 하나는 여러 활동과 각 프로세스의 일부로서 이루어지는 의사 결정의 흐름도(flow chart)이다. 중복되고 불필요한 업무들은 흐름도를 상세하게 연구하면 확인될 것이다. Myung Sung은 기술 서비스의 생산성을 상당히 개선시키고 그 결과로, 자료들의 상당한 적체를 해소하기 위해 흐름도와 그 밖의 기법들의 이용에 대해 상세히 열거하고 있다.[12]

Kent State University 도서관은 그 도서 벤더와 상호 의존적인 파트너십을 개발하였는데, 그 결과 쉽고 따분한 작업을 컴퓨터들이 수행하도록 함으로써 그 작업 흐름을 상당히 리엔지니어링(reengineering)[13] 하였다. 그 덕

11) Paul Orkiszewski. Notes on Operations: A Comparative Study of Amazon.com as a Library Book and Media Vendor. *Library Resources & Technical Services*, 49 (3), July 2005, 204-9.

12) Myung Gi Sung. Increasing Technical Services Efficiency to Eliminate Cataloging Backlogs. *Public Libraries*, 43 (6), November/December 2004, 52-43.

13) 역자주: "기업의 업무와 조직을 근본적으로 재구성하여 경영의 효율을 높이려는 경영 방법"(〈http://krdic.naver.com/detail.nhn?docid=12273700〉).

택에 편목 비용의 상당한 감소와 서가상에서 자료들을 얻기 위해 걸리는 시간의 단축이라는 결과를 얻게 되었다.[14)]

11.4.4. 효율성

효율성 측도(efficiency measures)는 어떤 활동에 대한 시간이나 비용 정보를 활동의 양으로 나누어 시간/활동 또는 비용/활동 비율을 만들어낸다. 효율성 측도는 도서관이 일을 올바르게 하고 있는지의 여부를 결정하는 데 도움을 준다. 예를 들면, 도서관이 금년에 총 1,460종의 타이틀의 자체 편목(original cataloging)에 95,000달러를 쓰고 있다면, 타이틀 당 비용은 65.07달러이다. 유사하게, 도서관이 모든 편목을 완료하기 위해 총 6,570시간을 쓴다면, 자체 편목을 완료하기 위한 타이틀 당 시간은 4.5시간이다.

미국의 경우, 거의 대다수의 도서관들은 시스템을 자동화하고 있고 그 편목 레코드들을 입수하기 위해 OCLC를 이용한다. 그러나 한 서베이에서는 전문직 직원의 규모는 도서관의 47퍼센트에서는 동일하게 유지되고 있고, 14퍼센트에서는 증가한 것으로 밝혀졌다.[15)]

모든 기술 서비스들은 물론 부서의 다양한 구성 요소에 대한 시간 및 비용 효율성 측도들을 산출할 수 있다. 대부분의 도서관에서는 예산에 대한 압박들이 점점 더 증가하고 있기 때문에, 도서관이 비용 효율적으로 운영되고 있다는 점을 거의 확실하게 보장할 필요가 있다. 그러나 다른 도서관의 지식을 갖춘 사서나 컨설턴트가 대부분의 기술 서비스 부서들의 업무를 관찰하게 되면, 그 사람은 많은 필수적이 아니면서도 예로부터 전통적으로 내려온 낭비적인 관행들을 발견하게 될 것이다. 증거를 바탕으로 해보면, 지적이고 열심히 일하는 사람은 낭비적인 노력을 제거하게 될 것이라는 아이디어는 훌륭하고 희망적인 것이지만, 최종적으로는 비현실적인 기대에 불과하다.

---

14) Margaret Beecher Maurer and Michele L. Hurst. Library-Vendor Collaboration for Re-Engineering Workflow: The Kent State Experience. *Library Collections, Acquisitions & Technical Services*, 27, 2003, 155-64.

15) L. Buttlar and R. Garcia. Catalogers in Academic Libraries: Their Evolving and Expanding Roles. *College & Research Libraries*, 59 (4), 1998, 311-21.

1990년대 초에 시작하여, Michael Hammer와 James Champy는 조직의 리엔지니어링이라는 개념을 도입하였는데, 그들은 고객(customers)과 경쟁(competition), 변화(change)라는 세 개의 힘들이 조직을 익숙하지 않은 영역으로 몰고 가고 있다고 주장하고 있다. 고객들은 인터넷을 통해 대체가 가능한 제품과 서비스 제공자들에 관한 정보에 접근하고 있기 때문에 권한을 부여받고 있다. 아울러 경쟁은 점점 더 늘어나고 있고, 변화는 항상성을 가지고 있다. Hammer와 Champy는 리엔지니어링을 비용과 품질, 서비스, 속도와 같은, 아주 중요한, 현재의 성과 측도들을 극적으로 개선하기 위한 프로세스들에 대한 근본적인 재고(再考)와 혁신적인 재설계라고 정의하였다.[16)] 정부 부문에서는, David Osborne과 Ted Gaebler가 유사한 메시지를 가지고 있었다.[17)] 이 저자들은 광범위한 활동을 이루어내기 위해 팀을 만들어내고, 팀 구성원들에게 의사 결정을 내리고 낭비적이거나 고객들을 위해 부가가치를 창출하지 못하는 모든 활동들을 제거하는 권한을 부여하도록 제안하였다. 서로 중복되거나 고객의 관점에서 불필요한 과업들을 제거하면 어떤 프로세스의 처리 시간의 속도를 상당히 높일 수 있다.

Penn State University Libraries에서는 단행본을 위한 편목 프로세스들을 재편하기 위해 리엔지니어링 원칙들을 이용하여, 좋은 결과를 얻었다.[18)] University of Southern Mississippi 도서관들은 2001년에 수서 부서들과 편목 부서들을 합병하였다. 합병과 새로운 부서 내의 작업 흐름들을 개선한 이후, 주문 지체 시간은 30일에서 60일까지 줄어들었다.[19)]

대부분의 자동화된 도서관 시스템의 기능은 하나의 워크스테이션에서 수행되는 프로세스들을 결합하고 자료들을 처리하는 직원의 수를 줄여줌으

16) Michael Hammer and James Champy. *Reengineering the Corporation: A Manifesto for Business Revolution*. New York: Harper Business, 1993.

17) David Osborne and Ted Gaebler. *Reinventing Government: How the Entrepreneurial Spirit Is Transforming the Public Sector*. New York: Addison-Wesley, 1992.

18) Robert B. Freeborn and Rebecca L. Mugridge. The Reorganization of Monographic Cataloging Processes at Penn State University Libraries. *Library Collections, Acquisitions, & Technical Services*, 26, 2002, 35-45.

19) Ann Branton and Tracy Englert. Mandate for Change: Merging Acquisitions and Cataloging Functions into a Single Workflow. *Library Collections, Acquisitions & Technical Services*, 26, 2002, 345-54.

로써 작업 흐름을 간소화할 기회를 제공해준다.

리엔지니어링 운동의 불행한 효과들 중 하나는 비용을 절감시키기 위한 노력들이 도매업의 실직과 축소를 초래했다는 사실이다. 그 결과 린 생산 방식(lean manufacturing)이라고 불리는 새로운 노력은 비용을 줄이고 생산성을 개선하는 한편 고객들을 위해 제품과 서비스의 품질을 개선하는 것을 목표로 하고 있다. "린"(lean)은 고객을 위해 부가 가치를 창출하는 프로세스들을 조직함으로써 낭비를 제거하는 것을 목표로 하고 있다. 네 개의 기본적인 린 원칙들은 다음과 같다.

- 낭비를 제거하면서 단지 부가 가치를 창출하라.
- 처음부터 제대로 하라. 신속한 전달의 핵심은 소규모 배치(batch) 규모들이다.
- 일을 하는 사람들은 가치를 부가하고 있는 것이다. 그들은 자원과 정보, 프로세스 설계, 의사 결정 권한의 중심이 되어야 한다.
- 수요에 따라 전달한다는 것은 후속의 프로세스가 그것을 필요로 할 때까지는 작업이 이루어지지 않는다는 것을 의미한다 — 그것이 그것을 필요할 때는, 다음 프로세스가 필요로 하는 것을 하라.[20]

낭비는 다음과 같은 것들을 포함한 다양한 소스로부터 생겨난다.

- **과잉 생산**(overproduction). 다음 프로세스에서 필요로 하는 것보다 더 많이, 더 일찍, 더 빨리 생산하는 것
- **재고**(inventory). 전자적이든 물리적이든, 일괄 처리(batch processing)의 어떤 형식
- **추가의 처리 단계**(extra processing steps). 데이터의 재입력, 여분의 복본 요구, 사용되지 않는 보고서의 제작, 공정 촉진(expediting), 여비 보고
- **동작**(motion). 프린터나 팩스기, 그 밖의 사무실에서 보고서들을 가져오는 것과 같은 활동을 수행하기 위해 걸어가는 것, 북 트럭을 움직이는 것, 과업을 완수하기 위해 물품(소모품)을 가져오는 것

20) Mary Poppendieck. *Principles of Lean Thinking*. Available at http://www.poppendieck.com/papers/LeanThinking.pdf.

표 11-1 편목 생산성의 예

	간단한 단행본	복잡한 단행본	자체 단행본
전문직 편목 담당자	시간당 2	시간당 1	시간당 1
	시간당 3-4	시간당 2	시간당 .5
	시간당 5	시간당 3-5	시간당 2
	월간 225	월간 100	시간당 3
		월간 120	시간당 6
		월간 200	월간 90
준전문직	시간당 2-5	시간당 1-5	1.3 시간당 1
	시간당 3-10	시간당 5	시간당 7
	월간 300-350	월간 100	시간당 6
	월간 225-1,000	월간 200	월간 100

분명히 편목 생산 표준들의 작성은 양적 측도는 물론 질적 측도도 망라해야 한다. Mechael Charbonneau는 그와 같은 표준들을 둘러싼 이슈들을 특히 인사 평가(personnel appraisals)의 맥락에서 논의하고 있다.[24)]

Ruth Fischer와 Rick Lugg, Kent Boese는 다음과 같은 10개의 비즈니스 및 생산성 원칙들이 기술 서비스에 영향을 미칠 것이라고 주장하였다.

- **기술 서비스의 현재 비용 구조들을 파악하라**. 급여와 급부, 물품(소모품), 간접비를 포함시키고 활동의 양으로 나누면 각 활동을 수행하기 위한 비용을 확인하게 될 것이다.
- **"전문가적 사고 방식"**(expert mentality)**을 통제하라**. 그리하여 논의가 필요한 작업을 완수하기 위한 대체안을 확인하는 데 초점을 맞추도록 하라.

---

23) P. M. Smith. Cataloging Production Standards in Academic Libraries. *Technical Services Quarterly*, 6 (1), 1988, 3-14.

24) Mechael D. Charbonneau. Production Benchmarks for Catalogers in Academic Libraries: Are We There Yet? *Library Resources & Technical Services*, 49 (1), January 2005, 40-48.

- **지역의 관행보다는 국가 표준들을 준수하라**. 예를 들면, 중복된 청구 기호들을 받아들이는 것은 도서관 고객들에게 거의 영향을 미치지 않게 될 것이다.
- **입수할 수 있는 자원들의 이용을 최대화하라**. 서지 레코드들의 검토와 편집을 최소화함으로써.
- **경제적으로 실행 가능한 제품을 설계하고 생산하라**. 기존의 편목 관행들이 분명히 고객의 니즈(needs)를 초과하는 레코드들을 생산하고 있는가?
- **수용 능력을 수요에 맞도록 조정하라**.
- **자동화하고/하거나 아웃소싱 하라**. 특히 반복적이고 일상적인 활동들을.
- **생산 목적들을 설정하고 성과를 측정하라**. 해당 작업이 도서관에서 수행되든 외부의 벤더에 의해 수행되든.
- **표본 추출을 통해 품질을 관리하라**. 시스템에 추가되는 각 레코드를 검토할 필요는 없다. 그러나 작업이 도서관에서 수행되든 외부의 벤더에 의해 수행되든, 도서관은 수용 가능한 오류율(error rate)을 설정해야 한다.
- **전략적이 되어라**. 재정적, 인적, 테크놀로지적 자원들이 어떻게 배분되는가를 결정하는 것은 전략에 관한 모든 것이다.[25]

(1) 아웃소싱

아웃소싱(outsourcing)은 외부 소스로부터 도서관이 이전에는 자체의 힘으로 제공하던 재화들과 서비스들을 구입하는 것을 포함한다. 몇몇 도서관들은 장서 개발(조건부 일괄 주문(approval plans)과 일괄 주문(blanket orders) 등), 편목 및 전거 관리(authority control), 자료 처리, 제본 서비스, 연속간행물 구독 서비스를 포함한 일부 기술 서비스 기능들을 민간 부문의 벤더들에게 위탁(contracting out)하고 있다. 일반적으로 아웃소싱은 비용을 줄이거나 서비스의 속도를 개선하기 위해 이루어진다. 학술도서관들에 대한 서베이에서는 아웃소싱이 강한 추세는 아니지만, 아웃소싱을 한 도서관들은 일반적으로 결과에 만족한다는 사실을 보여주었다.[26]

---

25) Ruth Fischer, Rick Lugg, and Kent C. Boese. Cataloging: How to Take a Business Approach. *The Bottom Line*, 17 (2), 2004, 50-54.

26) Katherine A. Libby and Dana M. Caudle. A Survey on the Outsourcing of Cataloging in Academic Libraries. *College & Research Libraries*, 58 (6), November 1997, 550-60.

아웃소싱이 이루어지는 서비스에 대한 계약을 체결하기에 앞서, 도서관은 그 특정 활동에 대한 비용 분석을 준비해야 한다. 많은 비용 연구들이 관내 편목 서비스 대 아웃소싱이 이루어지는 편목 서비스를 비교하고 있다. Michigan State University 도서관 분석에서는 그 관내 작업은 레코드 당 6.22달러의 비용이 소요되는 반면, OCLC PromptCat 서비스는 3.99달러의 비용이 소요되는 것으로 결론지었다.[27] City University of New York에서는 편목의 아웃소싱의 경우는 3.25달러인데 비해, 그 관내 비용은 타이틀 당 7.50달러인 것으로 밝혀졌다.[28] University of Alabama에서는 반대되는 견해가 나타났는데, 그들은 9.80달러의 아웃소싱 비용에 비교하여, 관내 편목 비용을 타이틀 당 3.44달러로 산출하였다.[29] Wright State University는 편목 활동들을 포함한 모든 기술 서비스를 아웃소싱하여, 연간 약 253,000달러를 절약하였다.[30]

배가 준비 완료 자료(shelf-ready material) — 편목, 바코드, 책등 라벨, 커버 등 — 의 수서는 또 하나의 인기 있는 아웃소싱 형식이다. University of Vermont에서는 권당 6달러에서 7달러의 관내 처리 비용이 소요되는데 비해, 배가 준비 완료 자료의 아웃소싱 비용은 권당 3달러에서 4달러라는 발견하였다.[31] Adelphi University[32]와 University of Arizona,[33] Fort Worth Public Library[34]를 포함한 그 밖의 도서관들에서는 유사한 비용 절감을 발견하였다. 비용 절감 이외에도, 아웃소싱 벤더의 이용은 자료들을 서가로 보내는 시간을 단축할 수 있다.

---

27) Mary M. Rider and Marsha Hamilton. PromptCat Issues for Acquisitions: Quality Review, Cost Analysis and Workflow Implications. *Library Acquisitions: Practice and Theory*, 20 (1), 1996, 9-21.

28) Douglas Duchin. Outsourcing: Newman Library, Baruch College CCNY. *The Bottom Line*, 11 (3), 1998, 111-15.

29) Debra W. Hill. To Outsource or Not: University of Alabama Libraries Engage in Pilot Project with OCLC's TechPro. *Cataloging and Classification Quarterly*, 26 (1), 63-73.

30) Arnold Hirshon. Letter to the Editor. *Journal of Academic Librarianship*, 22 (5), 1996, 392.

31) A. J. Joy and R. Lugg. The Books Are Shelf-Ready, Are You? *Library Acquisitions: Practice and Theory*, 22 (1), 1998, 71-89.

32) B. Horenstein. Outsourcing Copy Cataloging at Adelphi University Libraries. *Cataloging and Classification Quarterly*, 28 (4), 1999, 105-16.

33) T. H. Marshall and J. W. Tellman. Processing Foreign Language Books Without Catalog Librarians at the University of Arizona Library. *Against the Grain*, 12 (3), 2000, 28-29.

분관들을 위해 배가 준비가 완료된, 개관일용 장서들에 대한 선정과 처리를 아웃소싱하는 것은 많은 도서관들에서 이용하고 있다.

아웃소싱의 또 하나의 변형은 도서관들의 컨소시엄이 모든 기술 서비스 활동들을 중앙집중화하는 것이다. Stumpf는 일군의 공공도서관들을 위한 중앙집중식 편목(centralized cataloging)과 처리의 타당성을 분석하고 그 개념이 처리 시간을 개선하면서도 개개 도서관의 자금을 절약해줄 것이라고 밝혔다.[35] Oregon Community College 중앙도서관에서는 자체 편목(original cataloging)을 아웃소싱 했는데, 처리 시간과 오류율(error rates), 비용이 모두 줄어들었다.[36]

아웃소싱이라는 토픽은 James Sweetland에 의해 잘 요약되어 있으며,[37] 유용한 해제 서지(解題 書誌)들(annotated bibliographies)이 Marylou Colver[38]와 Benaud와 Bordeianu[39]에 의해 준비되어 있다. Clare Dunkle은 도서관의 아웃소싱에 대한 찬반양론을 정보 테크놀로지 서비스를 아웃소싱한 기업들의 경험들과 비교하고 있다.[40] David Ball은 어떤 서비스들을 아웃소싱할 수 있는지를 결정하기 위해 매트릭스를 이용할 것을 주장하고 있다.[41] 어떤

---

34) C. A. Dixon and F. G. Bordonaro. From Selection to Shelf: Outsourcing Book Selection, Copy Cataloging, and Physical Processing at Forth Worth Public Library, in K. A. Wilson and Marylou Colver (Eds.). *Outsourcing Library Technical Services Operations: Practices in Academic, Public, and Special Libraries*. Chicago: American Library association, 1997.

35) Frances F. Stumpf. Centralized Cataloging and Processing for Public Library Consortia. *The Bottom Line*, 16 (3), 2003, 93-99.

36) Carol G. Henderson. Freelance Cataloging: Outsourcing Original Cataloging at Central Oregon Community College Library, in K. A. Wilson and Marylou Colver (Eds.). *Outsourcing Library Technical Services Operations: Practices in Academic, Public and Special Libraries*. Chicago: American Library Association, 1997, 38-45.

37) James H. Sweetland. Outsourcing Library Technical Services — What We Think We Know, and Don't Know. *The Bottom Line*, 14 (3), 2001, 164-75.

38) Marylou Colver. Selected Annotated Bibliography, in K. A. Wilson and Marylou Colver (Eds.). *Outsourcing Library Technical Services Operations: Practices in Academic, Public and Special Libraries*. Chicago: American Library Association, 1997, 193-220.

39) Claire L. Benaud and Sever M. Bordeianu. Outsourcing in Academic Libraries: A Selective Bibliography. *Reference Services Review*, 27 (1), 1999, 78-89.

40) Clare E. Dunkle. Outsourcing the Catalog Department: A Meditation Inspired by the Business and Library Literature. *The Journal of Academic Librarianship*, 146, January 1996, 33-43.

41) David Ball. A Weighted Decision Matrix for Outsourcing Library Services. *The Bottom Line*, 16 (1), 2003, 25-30.

도서관들은 예를 들면 외국어 자료와, 법률 자료, 의학 자료와 같이, 완료하기 어려운 자료들의 편목을 아웃소싱하고 있다. 어느 경우에는, 편목 직위를 일단의 필요한 기술들로 채우기가 어려울 수도 있기 때문에 아웃소싱을 이용하기도 한다. 고려할 수도 있는 질문들로는 다음과 같은 것들이 있다.

- 그 서비스가 도서관을 "정의해" 주는가?
- 그 서비스를 제공하기 위한 비용이 높은가?
- 서비스를 제공하기 위한 처리 시간(turnaround time)이 고객 기대보다 더 큰가?
- 성과가 최근에 감소하고 있는가?

아웃소싱 협약을 협의하는 동안에는, 표준들을 분명하게 명시하고, 표준들을 유지하지 못한 데 대한 결과들을 분명하게 표현하도록 확실히 해야 한다.

아웃소싱이 이루어지는 범위나 구체적인 서비스에 관계없이, 무엇을 전달해야 하는지(그리고 어떤 가격으로)는 물론 서비스의 품질과 적시성을 검증하기 위해 어떤 성과 측도들을 이용하게 될는지를 명확하게 확인해주는 협약을 만들어내는 것이 중요하다.

놀라운 것은 아니지만, 아웃소싱은 상당한 반대를 불러일으킬 수 있다. Ellen Duranceau는 다음과 같이 말하고 있다.

> 벤더에게 관내의 전문직 편목 담당자들의 작업을 하도록 지불할는지의 여부와 그래야 할 때에 대한 질문은 사서들로서의 우리의 아이덴티티(identity)에 대해 아주 심각한 타격을 주는 것으로, 그것은 우리들의 궁극적인 목적과 학술 정보 체인에서 차지하고 있는 우리의 위치, 우리가 우리 기관들에게 최선으로 서비스할 수 있는 방법에 관한 우리의 가정들에 대해 의문을 제기하고 있는 것이다.[42)]

---

42) Ellen Duranceau. Vendors and Librarians Speak on Outsourcing, Cataloging and Acquisitions. *Serials Review*, 20, Fall 1994, 69.

43) James E. Rush. A Case for Eliminating Cataloging in the Individual Library, in *The Changing Face of Technical Services*. Dublin, OH: OCLC, 1994, 1.

불필요한 것을 효율적으로 수행하는 것보다 더 낭비적인 것은 없다.

— *Sir Royce* *

반대 관점이 James Rush에 의해 다음과 같이 제시되고 있다.

> 결과로 얻어지는 혜택은 거의 없으면서 도서관들은 부족한 자원들의 너무나 많은 부분들을 편목에 쏟아 붓고 있다는 사실이 나의 마음을 사로잡아 왔다.[43]

기술 서비스의 효율성을 증진시키기 위해, 부서는 다음과 같은 주문(呪文)을 채택해야 한다.

- 단순화하라.
- 제거하라.
- 자동화하라.

11.5. 품 질

서지 레코드에 인쇄상의 오류가 존재하면 개인이 필요한 정보를 찾을 수 있는 능력에 부정적인 영향을 미칠 수 있다. 이러한 현실 때문에 도서관 목록은 "서지 레코드들이 알파벳 속에서 방황하는 곳" 이라는 본인이 좋아하는 정의가 나타나게 된 것이다. 인쇄상의 오류들은 레코드 자체의 거의 어느 부분에서나 발생할 수 있다. 저자나 표제, 주제명 표목과 같은 주요 필드의 오류들은 레코드의 다른 부분들에서 발생하는 오류들보다도 특히 첫 번째 단어나 두 번째 단어에서 오류가 발생하면, 탐색할 때 더 많은 문제점을 야기할 것이다.

---

* Dorsey J. Talley. *Total Quality Management: Performance and Cost Measurement-the Strategy for Economic Survival*. Milwaukee, WI: ASQC Quality Press, 1991, 31. 에서 재인용.

여러분의 데이터베이스는 매일 더 나빠지거나, 아니면 체계적인 개입을 통해, 더 좋아지게 된다.

— *Terry Ballard* *

Jeffery Beall은 "더티 데이터베이스 테스트"(dirty database test)의 이용을 제안하여 오류의 중요성에 대한 사서들의 관심을 끌었는데, 이 테스트를 통해 철자가 잘못된 10개 단어에 대한 키워드 탐색을 수행하고 검색된 레코드 수를 카운트하게 된다.[44] Terry Ballard는 Adelphi University의 데이터베이스를 체계적으로 조사하여 약 117,000 단어들을 수록하고 있는 데이터베이스의 800건이 넘는 오류들을 바로잡았다. 대부분의 오류들은 본표제(title proper)에서 나타났으며, 그 경우의 40퍼센트에서는, 오류가 처음 세 단어에서 발생하였다.[45] Terry Ballard와 Arthur Lifshin은 도서관의 목록에 나타나는 인쇄상의 오류들을 분석하여 철자가 자주 틀리는 단어들은 여덟 글자 이상으로 최소한 3음절을 가지고 있는 경향이 있다는 사실에 주목하였다. 아울러 그들은 일반적인 단어들이 소수만이 이해하는 전문 용어들보다 오자(誤字)를 가질 가능성이 더 많다는 사실을 지적하고 있다.[46] Karen Markey와 Majorie Weller는 온라인 목록 이용자들에 의해 탐색 요청으로 기재되는 유효한 주제명 표목들이 그 경우들의 6퍼센트에 철자 오류를 포함하고 있다는 사실을 밝혀냈다. 이 6퍼센트에는 목록의 통제 어휘(controlled vocabulary)와 키워드 용어들과 일치하는 데 실패한 철자 오류들은 포함되지 않았다.[47]

---

* Terry Ballard. Spelling and Typographical Errors in Library Databases. *Computers in Libraries*, 12 (6), June 1992, 14-19.

44) Jeffery Beall. The Dirty Database Test. *American Libraries,* 22, March 1991, 97.

45) Terry Ballard. Spelling and Typographical Errors in Library Databases. *Computers in Libraries*, 12 (6), June 1992, 15.

46) Terry Ballard and Arthur Lifshin. Prediction of OPAC Spelling Errors Through a Keyword Inventory. *Information Technology and Libraries*, 11, June 1992, 139-45.

47) Karen M. Drabenstott and Marjorie S. Weller. Handling Spelling Errors in Online Catalog Searches. *LRTS*, 40 (2), April 1996, 113-32.

또 한 연구에서는 유럽어로 된 저작들에 대한 서지 레코드의 표제의 첫 머리에 오는 관사들(initial articles)에 대한 배열 문제점들을 조사하여 오류의 수가 상당히 높다는 사실을 발견하였다.[48] Joseph Pollock과 Antonio Zamora는 0.2퍼센트(백만 건당 2,000건의 오자로 표기된 단어들)의 오자율(誤字率)을 확인하고, 철자 오류를 포함하고 있는 단어들의 경우, 90 내지 95퍼센트가 하나의 오류를 포함하고 있음을 밝혀냈다.[49] OCLC 서지 데이터베이스의 품질이 아주 훌륭하기는 하지만, 그 조직은 품질을 향상하고 오자의 수를 줄이기 위한 계속적인 프로그램을 가지고 있다.[50]

Sylvia Gardner는 철자 및 인쇄상의 오류들을 네 개 그룹으로 나누었는데, 글자를 누락한 오류와 글자를 삽입한 오류, 글자를 대체한 오류, 글자 위치를 바꾸어 놓은 오류가 그것이다.[51] Gentner 등은 오류에 대한 더 정교한 정의들을 개발하였다(〈표 11-2〉를 보라).[52]

최근 연구에서는 도서관 온라인 목록에 나타나는 인쇄상 오류의 존재를 조사하였다. 오류들은 *Typographical Errors in Library Databases* 웹사이트에서 선정하였는데, 그것은 Terry Ballard에 의해 만들어져 유지 보수되고 있다.[53] Jeffrey Beall과 Karen Kafadar는 총 100개 단어에 대해 각각 다섯 개 범주(아주 높음, 높음, 보통, 낮음, 아주 낮음)의 20개 오자들을 선정하였다. 그런 다음 서지 레코드에 철자가 틀린 단어를 포함하고 있는 도서관 목록을 확인하기 위해 OCLC에서 이 철자가 틀린 단어들을 탐색하였다. 철자

---

48) Ralph Nielsen and Jan M. Pyle. Lost Articles: Filing Problems with Initial Articles in Databases. *Library Resources & Technical Services*, 39 (3), 1995, 291-92.

49) Joseph J. Pollock and Antonio Zamora. Collection and Characterization of Spelling Errors in Scientific and Scholarly Text. *Journal of the American Society for Information Science*, 34 (1), 1983, 51-58.

50) Edward T. O'Neill and Diane Vizine-Goetz. The Impact of Spelling Errors on Databases and Indexes, in *Proceedings of the 1989 National Online Meeting*, 9-11 May 1989, New York. Medford, NJ: Learned Information, 1990, 313-20; Edward T. O'Neill and Diane Vizine-Goetz. Quality Control in Online Databases. *Annual Review of Information Science and Technology*, 23, 1988, 125-56.

51) Sylvia A. Gardner. Spelling Errors in Online Databases: What the Technical Communicator Should Know. *Technical Communications*, 39, 1992, 50-53.

52) D. R. Gentner, J. T. Grudin, S. Larochelle, D. A. Norman, and D. E. Rumelhart. A Glossary of Terms Including a Classification of Typing Errors, in William E. Cooper (Ed.). *Cognitive Aspects of Skilled Typewriting*. New York: Springer-Verlag, 1983, 39-43.

53) *Typographical Errors in Library Databases*. Available at http://faculty.quinnipiac.edu/libraries/tballard/typoscomplete.html.

표 11-2 오류에 관한 용어

오류 범주	정 의
미스 스트로크 (mis-strokes)	손가락의 부정확한 움직임으로 인한 오류들.
위치 변환 오류	단어의 연속되는 두 글자가 서로 바뀌었다.
상호 교환 오류	단어의 연속되지 않는 두 글자가 서로 바뀌었다.
이동 오류	한 글자가 새로운 위치로 옮겨졌다.
누 락	단어의 한 글자가 제외되었다.
삽 입	여분의 글자가 단어에 삽입되었다.
대 체	올바른 글자 대신 잘못된 글자를 타자할 때 발생한다.
중복 오류	반복되는 글자를 가지고 있는 단어가 잘못된 글자가 중복되도록 타자되었다.
교대 오류	글자가 다른 글자와 교대로 나타나는데, 잘못된 교대 순서를 사용하고 있다.

가 틀린 각 단어에 대해 다섯 개 도서관들이 선정되었으며, 그러고 나서 철자가 틀린 단어들을 바로잡았는지의 여부를 알아보기 위해 각 도서관의 온라인 목록을 체크하였다. 결과들은 아주 높음과 높음, 보통의 빈도를 갖는 철자가 틀린 단어들은 당시의 약 40퍼센트가 바로잡은 반면, 낮음과 아주 낮음의 빈도를 갖는 단어들은 당시의 불과 30퍼센트만 바로잡고 있다는 사실을 보여주었다.[54)]

인쇄상의 오류들은 도서관 온라인 목록에만 국한되는 것이 아니라, 전자 데이터베이스와 저널에서도 나타난다.

도서관은 그 목록의 품질을 밝혀내기 위해 감사를 수행할 수도 있다. 편목 레코드의 표본을 물리적 아이템과 비교하고 모든 오류들을 적어둔다. 유사하게, 물리적 아이템의 표본을 선정하고 그런 다음 그 서지 레코드들과 비교한다. 4.9퍼센트나 3.5퍼센트, 2.5퍼센트의 오류의 여지를 두고, 각각 400

54) Jeffrey Beall and Karen Kafadar. The Effectiveness of Copy Cataloging at Eliminating Typographical Errors in Shared Bibliographic Records. *Library Resources & Technical Services*, 48 (2), April 2004, 92-101.

개나 800개, 1,500개 아이템의 표본을 선정한다. 이 방법을 이용하여, 한 도서관에서는 그 목록 레코드들의 약 3분의 1이 최소한 하나의 오류를 가지고 있다는 사실을 밝혀냈다.[55]

11.6. 향상된 레코드

서지 레코드에 추가의 콘텐트를 추가하면 어떤 레코드를 검색하기 위해 이용할 수 있는 단어들의 수가 증가하기 때문에, 탐색하는 동안 최종 이용자의 성공 기회들을 향상시켜 줄 것이다. Pauline Atherton은 1978년에 향상된 레코드(enhanced records)의 개념을 처음으로 분명하게 설명하였다. 추가의 콘텐트는 목차나 초록, 북 재킷의 요약문, 색인 항목, 서문에서 나올 수도 있을 것이다.[56] 도서관이 수작업(手作業)으로 콘텐트를 추가하거나 온라인 정보원으로부터의 콘텐트를 추가하여, 그 자체의 향상된 레코드들을 만들어낼 수도 있지만, 도서관은 또한 벤더와 계약하여 콘텐트를 추가하는 옵션도 가지고 있다. 추가의 주제가 풍부한 색인 용어의 정보원으로서 이용되는 것을 제외하고서도, 향상된 레코드들은 해당 아이템의 적합성(relevance)을 결정할 때 이용자에게 가치를 갖게 될 것이다.[57]

Gunnar Knutson의 1991년 연구에서는 서지 레코드에 추가의 또는 더 많은 구체적인 주제명 표목들이 부여된 타이틀들에 대한 유통이 점점 더 증가하고 있음을 보여주었다. 목차 주기(contents notes)만을 추가한 타이틀들에 대해서는 어떤 증가도 확인되지 않았다. Ruth Morris는 반대 견해를 제시하고 있는데, 그는 목차를 가지고 있는 타이틀들은 이용 가능성이 45퍼센트 증가하였음을 발견하였다. 목차가 추가된 타이틀들은 도서관에서 이용되고(43퍼센트) 유통될(33퍼센트) 가능성이 더 높았다.[58]

55) Ann Chapman and Owen Massey. A Catalogue Quality Audit Tool. *Library and Information Research News*, 26 (82), Spring 2002, 26-37.

56) Pauline Atherton. *Books Are for Use: Final Report of the Subject Access Project to the Council on Library Resources*. Washington, DC: Council on Library Resources, 1978.

57) Stefanie A. Wittenbach. Building a Better Mousetrap: Enhanced Cataloging and Access for the Online Catalog, in Marsha Ra (Ed.). *Advances in Online Public Access Catalogs: Volume I*. Westport, CT: Meckler, 1992, 67-91.

Peis와 Fernandez-Molina는 향상되지 않은 서지 레코드들과 비교해보면 이용자가 향상된 레코드들을 탐색할 때, 〈그림 11-1〉에서 볼 수 있는 것처럼, 재현율과 정확률이 동시에 개선될 것이라는 사실을 발견하였다.[59]

그림 11-1 향상된 MARC 레코드의 유용성

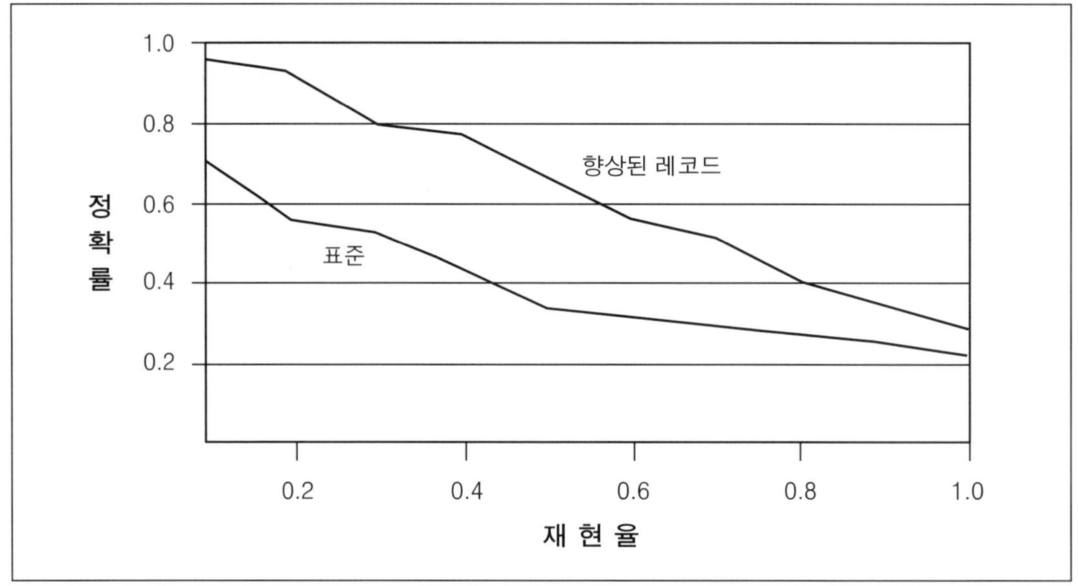

Stetson University 도서관의 연구에서는 향상된 서지 레코드들을 가지고 있는 2,614개 타이틀들을 추적하였다. 약 90퍼센트는 잘라 붙이는 방식(cut and paste approach)을 이용하여 목차 정보를 추가하였으며, 나머지 10퍼센트의 레코드들은 수작업으로 목차를 추가하였다. 향상된 레코드들을 가지고 있는 타이틀들은 유통을 5퍼센트 증가시키는 것으로 나타났다.[60]

58) Ruth C. Morris. Online Table of Contents for Books: Effect on Usage. *Bulletin of the Medical Library Association*, 89, 2001, 29-36.

59) E. Peis and J. C. Fernandez-Molina. Enrichment of Bibliographic Records of Online Catalogs Through OCR and SGML Technology. *Information Technology and Libraries*, 17 (3), March 1998, 161-72.

60) Debbi Dinkins and Laura N. Kirkland. It's What's Inside That Counts: Adding Contents Notes to Bibliographic Records and Its Impact on Circulation. *College & Undergraduate Libraries*, 13 (1), 2006, 59-71.

11.7. 요 약

기술 서비스에 관련된 리서치에 대한 리뷰에서는 다음과 같은 사실을 보여주고 있다.

- 기술 서비스 활동의 시간과 비용은 상당히 가변적이다. 도서관은 그 성과를 정기적으로 확인하고 그 자체를 일단의 필적할만한 도서관들과 비교해야 한다.
- 작업 흐름 분석과 작업 단순화는 도서관이 수행하는 활동들 중 고객의 관점에서 부가 가치를 창출하지 못하는 것들을 줄이는 데 도움을 줄 수 있다.
- 편목 생산성은 아주 가변적이며 그 도서관의 경영진의 기대와 지역 문화를 반영하는 것 같다.
- 아웃소싱은 논쟁의 소지가 있기는 하지만, 새로운 자료들을 서가상으로 보내는 시간을 개선하기 위해 선택적으로 이용할 수 있으며, 비용을 줄여줄 수도 있을 것이다.
- 도서관은 오자(誤字)의 수준을 알아보기 위해 그 온라인 목록 데이터베이스를 정기적으로 조사해야 한다.
- 향상된 서지 레코드의 이용은 이용자의 관점에서 개선되는 탐색의 가치를 고려하면, 고려해야 할 것이다.

제12장

도서관 상호 대차의 평가

12

12.1. 서비스 정의

어느 도서관도 그 고객들의 니즈(needs)를 100퍼센트 충족시켜 줄 장서를 구축할 수 없을 것이다. 따라서 도서관 상호 대차(ILL: interlibrary loan)라고 불리는 자원의 공유가 충족되지 못한 니즈의 갭(gap)을 도서관들이 메우는 데 도움을 주기 위해 상당 기간 동안 존재해오고 있다. 대부분의 경우, 저널 논문들은 다른 도서관이나 문헌 배달 공급자(document delivery supplier)로부터 입수하는 반면, 도서들은 통상 다른 도서관에서 빌리게 된다. 도서관 고객은 저널 논문의 인쇄본을 받을 수도 있지만, 논문의 전자본을 다운로드하거나 인쇄할 수도 있을 것이다. 많은 학술도서관들은 지난 10년 동안 도서관 상호 대차 대출이 상당히 증가하고 있음을 목격하고 있다.

12.2. 평가 질문

도서관 상호 대차와 문헌 배달에 대한 평가는 다음과 같은 다양한 이유들 때문에 이루어질 수 있다.

- 요청 도서관들이 대체 공급원 사이에서 결정을 내릴 때 도움을 주기 위해
- 공급자들이 자신들의 성과를 평가할 수 있도록 해주기 위해

- 약점을 가지고 있는 영역들을 확인하여 개선하기 위해
- 장기간에 걸친 성과를 추적하여 개선된 서비스 수준과 비용 절약 등을 입증하기 위해[1)]

12.3. 평가 방법

문헌 배달과 도서관 상호 대차는 〈표 12-1〉에서 볼 수 있는 것처럼, 다양한 측도들을 이용하여 평가할 수 있다. 포커스 그룹과 질적 방법의 이용에 대해서는 이미 제4장에서 살펴본 바 있다.

표 12-1 도서관 상호 대차 평가 방법

질적 방법	양적 방법
포커스 그룹	속도(처리 시간: turnaround time)
	충족률(fill rate)
	비 용
	접근 대 소장
	이용자 서베이
	도서관이 소장하고 있는 요청받는 아이템들
	요청받는 자료들의 집중과 분산

평가되고 있는 그 밖의 요인들로는 접수한 요청 건수와 시간이 흐르면서 이루어지는 도서관 상호 대차 서비스의 증가, 문헌의 품질, 자료들의 안전성, 파트너의 만족도 등이 있다. Peter Lor는 커뮤니케이션 프레임워크를 이용하여 다음과 같은 많은 변인들을 분석할 수 있다고 주장하였다.[2)]

1) Maurice Line. Performance Measurement Within Interlending and Document Supply Systems, in *Interlending and Document Supply: Proceedings of the Second International Conference*. Boston Spa: IFLA Office for International Lending, 1992, 5-13.

• 누가 – 요청하는 고객들과 도서관들
• 무엇을 요청하는가 – 요청받는 자료들
• 어떤 채널을 통해 – 절차들과 채널들, 전송 미디어
• 누구로부터 – 공급하는 도서관이나 벤더
• 어떤 효과를 가지고 – 요청들의 최종 성과들

12.4. 이전의 평가와 리서치에 대한 논의

두 편의 논문에서 도서관 상호 대차 문헌에 대한 상세한 논의를 제공하고 있다. Thomas Waldhart의 1985년 논문[3)]과 Joan Stein의 2001년 논문이 그것인데, Stein의 논문에서는 1986년부터 1998년까지 발행된 문헌을 리뷰하고 있다.[4)] Waldhart는 용어들에 대한 부적합한 정의와 지역 상황에 대한 강조, 통계 기법들의 제한적 이용, 수집된 데이터에 대한 피상적인 분석, 이전 연구를 바탕으로 하지 못하는 것을 포함한, 도서관 상호 대차 리서치에 관련된 많은 문제점에 대해 언급하였다. Lee Hilyar의 논문은 이 두 논문들을 보완해주고 있는데, 이 논문은 도서관들에서 도서관 상호 대차 서비스를 운영하고 관리하기 위한 모범 사례들(best practices)을 확인해주고 있다.[5)]

이 책에서는 이미 이용되고 있는 방법들을 중심으로 이전의 리서치를 조직하기보다는, 연구되고 있는 변인들에 대해 검토해 보고자 한다.

---

2) Peter Lor. The Analysis of ILL Systems: A Taxonomy of Variables. *Journal of Interlibrary Loan, Document Delivery & Information Supply*, 1 (1), 1990, 43-66.

3) Thomas J. Waldhart. Performance Evaluation of ILL in the United States: A Review of the Research. *Library and Information Science Research*, 7 (4), 1985, 313-31.

4) Joan Stein. Measuring the Performance of ILL and Document Delivery Supply: 1986 to 1998. *Performance Measurement and Metrics*, 2 (1), April 2001, 11-72.

5) Lee Andre Hilyer. Interlibrary Loan and Document Delivery: Best Practices for Operating and Managing Interlibrary Loan Services in All Libraries. *Journal of Interlibrary Loan, Document Delivery & Electronic Reserve*, 16 (1/2), 2006, 1-147.

12.4.1. 속도(처리 시간)

이 측도가 많은 이름들 — 배달 시간, 처리 시간, 턴어라운드(turnaround), 배달 속도 — 로 알려져 있는 것과 마찬가지로, 그것은 다양한 방식들로 정의되고 있다. 일반적으로 턴어라운드는 요청의 제출에서 도서관에 의한 해당 아이템의 수령 사이의 경과 시간을 말한다. 그러나 어떤 도서관과 연구에서는 고객이 문헌을 수령할 때까지의 경과 시간을 사용한다.

ISO 11620 정보와 도큐멘테이션: 도서관 성과 지표 표준은 도서관 상호대출(interlibrary lending)의 속도에 대한 측정을 포함하고 있다.[6] 이 표준은 도서관으로 하여금 로그(log)를 구성하고 다음과 같은 것들을 한 날짜를 수집하도록 요구하고 있다.

- 이용자로부터 요청을 접수한 날짜
- 자료들에 대한 탐색에 착수한 날짜
- 도서관 상호 대출 절차에 관한 결정을 내리고 이에 착수한 날짜
- 외부 소스로부터 문헌을 주문한 날짜
- 외부 소스로부터 문헌을 수령한 날짜
- 이용자에게 통지한 날짜

그런 다음 명시된 기간 내에 수령된 문헌들의 부분에 대해 도서관 상호대출의 속도를 산정할 수 있다.

Thomas Nisonger는 1992년부터 2000년 사이에 발행된 75건의 연구들을 조사하여 평균 처리 시간의 범위가 다른 도서관들로부터 대출되는 도서관 상호 대차 자료들은 7일부터 38일까지 다양하고, 상업적인 문헌 배달 서비스의 범위는 1일부터 23일까지 다양하다는 사실을 밝혀냈다. 평균 처리 시간은 10일이 넘었다.[7] 97개 ARL 도서관들의 평균 처리 시간은 16일이었다.[8]

일반적으로, 상업적인 문헌 배달 회사들이 더 빠르기는 하지만 비용이

---

6) ISO. ISO 11620 *Information and Documentation: Library Performance Indicators*. Geneva: International Organization for Standardization, 1998. (역자주: 현재는 2008년판이 발행되어 있다 (〈http://www.iso.org/iso/catalogue_detail.htm?csnumber=37853〉 참조)).

더 비싼 서비스를 제공한다. 보고되고 있는 평균 처리 시간들은 엄청난 가변성을 감출 수 있는 경우가 많다는 사실에 유의해야 한다. 고객의 관점에서 보면, 속도의 일관성이 일부 자료들에 대한 "신속한" 서비스보다 더 중요할 수도 있다.

다양한 연구 결과들에 영향을 미치는 변인들로는 다음과 같은 것들이 있다.

- **처리 시간**(turnaround time)에 대해 사용하는 정의
- 시간을 측정하는 방법 – 역일(曆日: calendar day) 또는 근무일
- 요청을 전송하는 방법 – 전자적으로, 팩스로, 미국의 경우 U.S. 메일을 통해.
- 서로 간에 "신속한" 서비스를 제공하는 도서관들의 소규모 그룹에 참여하고 있는지의 여부.
- 요청들을 검증하고 있는지의 여부.

〈그림 12-1〉은 처리 시간을 알아보기 위해 시계를 작동시키고 멈추는 다양한 포인트들을 보여주고 있다. 대부분의 도서관 상호 대차 연구들은 요청을 몇몇 도서관들 중 첫 번째 도서관에 전송할 때 시계를 작동시키고 도서관에서(고객의 수중이 아니라) 자료를 수령할 때 시계를 멈추고 있다. 고객이 요청을 제출할 때 시계를 작동시키고 고객이 해당 아이템을 수령할 때 시계를 멈추는 것을 "만족 시간"(satisfaction time)이라 한다.

언제 처리 시간 "시계"를 작동시키고 멈추는가? 그림 12-1

고객이 요청을 제출한다.

도서관이 다른 도서관에 요청을 제출한다.

도서관이 요청을 충족시키기로 동의한다.

요청한 도서관이 자료를 수령한다.

고객이 자료를 수령한다.

---

7) Thomas E. Nisonger. Accessing Information: The Evaluation Research. *Collection Management,* 26 (1), 2001, 1-23.

8) Mary E. Jackson. Loan Stars. ILL Comes of Age. *Library Journal,* 123 (2), February 1, 1998, 44-47.

Washington State University와 Arizona State University의 과학 분야 교원에 대한 서베이에서는 교원의 75퍼센트가 문헌 배달을 위해 한두 주 이상 기다리기를 원치 않는 것으로 나타났다.[9] 미국의 주(州) 전체에 걸친 택배 네트워크인 Oregon Document Delivery Service는 문헌 요청의 95퍼센트에 대해 24시간 내지 48시간의 턴어라운드가 가능한 것으로 나타났다.[10]

deliverEdocs라고 불리는 Texas A&M University Libraries의 서비스는 심지어는 Texas A&M 도서관 서가상에 있는 것들을 포함한 어떤 논문이든 그 논문에 대한 데스크톱 배달을 제공하고 있다. 고객 서베이에서는 지역에서 소장하고 있는 자료들에 대해 43퍼센트는 이틀 이내에 그리고 32퍼센트는 3일 이내에 논문을 수령해야 한다고 느끼고 있는 것으로 밝혀졌다. 나아가 41퍼센트는 도서관 상호 대차 자료들은 4일에서 7일 이내에 입수할 수 있어야 한다고 느끼고 있고, 32퍼센트는 2주일까지는 수용할 수 있다고 느끼고 있었다.[11]

University of Nevada Las Vegas는 기존의 작업 흐름 절차들을 수정하기 위해 프로세스 개선 검토팀을 활용하여, 요청들의 잔량(backlog)을 해소하고, 요청들을 24시간에서 48시간 이내에 처리하였다. 이 팀에서는 기존의 작업 흐름을 문서화하고 새로운 프로세스의 비전을 제시하기 위해 흐름도를 이용하였다.[12]

분명히 전자 우편과 온라인 주문 시스템의 이용은 도서관들이 처리 시간을 줄이는 데 도움을 주고 있다. Research Libraries Group[13]과 Sonja Landes[14]에 의한 연구에서는 Ariel이 10페이지짜리 저널 논문을 전송하기 위한 가장 저렴한 방법이라는 사실을 밝혀주었다. Ariel과 직원 개입을 빌리지 않고서도 논문을 고객에게 직접 보낼 수 있도록 해주는 ILLiad의 전자식 배달 구성요소인 Odyssey의 비교에서는 놀라운 것은 아니지만, Odyssey가 더 빠른

9) Elizabeth P. Roberts. ILL/Document Delivery as an Alternative to Local Ownership of Seldom-Used Scientific Journals. *Journal of Academic Librarianship,* 18, March 1992, 32, 34.

10) Sue A. Burkholder. By Our Own Bootstraps: Making Document Delivery Work in Oregon. *Computers in Libraries*, 12, December 1992, 19-24.

11) Zheng Ye (Lan) Yang. Customer Satisfaction with Interlibrary Loan Service-deliverEdocs: A Case Study. *Journal of Interlibrary Loan, Document Delivery & Information Supply*, 14 (4), 2004, 79-94.

것으로 나타났다.[15)]

더 최근 들어, Colorado State University Libraries는 각 참여 도서관들의 소장 사항들을 포함하고 있는 시스템인 RAPID를 개발하였다. 자원 공유 데이터베이스는 도서관으로 하여금 크기가 지나치게 크거나 희귀한 아이템들을 제외시킬 수 있도록 해주며, 이렇게 함으로써 빌려주고자 하는 의도를 가지고 있는 도서관들에게 자료에 대한 요청들을 보내게 된다. RAPID는 CLIO와 ILLiad, RLG의 ILLManager와 인터페이스가 가능한데, 이것들은 모두 ILL 관리 패키지들이다. 요청들은 어떠한 직원의 개입 없이도 전자적으로 처리되며, 이렇게 함으로써 키스트로크(keystroke)가 하나 줄어들게 된다. RAPID를 이용하는 도서관들은 비용이 절감되고 처리 시간이 개선되고 있다.[16)]

분명히 전자 저널과 그 밖의 온라인 자료의 용이한 입수 가능성은 도서관 상호 대차에 영향을 미치고 있다. Illinois의 26개 대규모 도서관들의 데이터를 공유한 도서관 상호 대차 논문에서는 1999/2000년도부터 2002/2003년도까지 전체 논문 요청이 26퍼센트 감소했음을 보여주고 있다.[17)]

12.4.2. 충족률

충족률(fill rate)이나 성공률, 만족률은 대개 도서관에서 요청한 자료들을 정해진 기간 이내에 수령한 비율이다. 대부분의 연구들은 다른 도서관들로부터 뿐만 아니라 상업 서비스들로부터 이루어지는 대출에 대해 80퍼센트를 능가하는 충족률을 보고하고 있다.

충족률의 결과에 영향을 미치는 요인으로는 다음과 같은 것들이 있다.

---

12) Victoria A. Nozero and Jason Vaughan. Utilization of Process Improvement to Manage Change in an Academic Library. *The Journal of Academic Librarianship*, 26 (6), November 2000, 416-21.

13) Research Libraries Group. *Cost-Effectiveness of Ariel for Interlibrary Loan Copy Requests: Summary of a Report to RLG SHARES Participants*. 1996. Available at http://www.rlg.org/ariel/arifax.html

14) Sonja Landes. Ariel Document Delivery: A Cost-Effective Alternative to Fax. *Interlending and Document Supply*, 25 (3), 1997, 113-17.

15) Ruth S. Connell and Karen L. Janke. Turnaround Time Between ILLiad's Odyssey and Arel Delivery Methods: A Comparison. *Journal of Interlibrary Loan, Document Delivery & Electronic Reserve*, 16 (3), 2006, 41-55.

- 분석이 지정된 모든 공급자들을 포함하고 있는지 아니면 최초로 지정된 공급자만을 포함하고 있는지의 여부(고객은 자료를 얻는 데 관심이 있을 뿐이지 접근한 공급자들의 숫자에는 관심이 없다).
- 요청된 아이템의 유형
- 잠재적 또는 실제적 충족률이 산정되고 있는지의 여부
- 프로세스에서 충족률을 측정하는 포인트
- 특정 활동이 이루어지는 곳 – 요청 도서관 또는 공급 도서관
- 산정이 요청 건수를 바탕으로 이루어지는지 아니면 시도 건수를 바탕으로 이루어지는지의 여부

Lor는 충족률을 산정하기 위해 다음과 같은 네 가지 서로 다른 방법들을 이용한 연구를 실행하여 데이터를 수집하는 방식을 세심하게 정의하는 것이 중요하다는 사실을 밝혀냈다.[18)]

- **월간 통계 보고서**(monthly statistical returns). 공급자들은 모든 요청들에 대해 74퍼센트의 전반적인 충족률을 보여주고 있었다. 최종의 성공적인 시도를 포함시키면, 요청자들은 80퍼센트의 최종 충족률을 보여주었다.
- **트랜잭션 추적**(transaction tracking) – **종적인**(longitudinal). 이 접근법은 모든 시도를 고려하면, 92퍼센트의 최종 충족률을 보여주었다.
- **트랜잭션 기록**(transaction recording) – **단면**(cross-section). 이 방법은 어느 한 시점의 요청 상태에 대한 스냅샷과 같은 관점(snapshot view)을 제공해줄 뿐이므로, 78퍼센트라는 낮은 충족률을 보여주었다.
- **충족률에 대한 고객 인식을 알아보기 위한 설문지**. 이 방법은 요청과 고객이 자료를 수령하는 시점 사이의 시간 간격에 따라 다양해지는 결과들을 만들어낸다.

대규모 학술도서관들의 컨소시엄(Committee on Institutional Cooperation)에 대한 3년의 기간에 걸친 도서관 상호 대차 분석에서는 대출 요청의 19퍼

---

16) Jane Smith. The RAPIDly Changing World of Interlibrary Loan. *Technical Services Quarterly*, 23 (4), 2006, 17-25.

17) Lynn Wiley and Tina E. Chrzastowski. The Impact of Electronic Journals on Interlibrary Lending: A Longitudinal Study of Statewide Interlibrary Loan Article Sharing In Illinois. *Library Collections, Acquisitions, and Technical Services*, 29, 2005, 364-81.

센트가 충족되지 못하는 것으로 나타났다.[19] 〈표 12-2〉는 도서관들이 요청을 충족시킬 수 없는 이유들을 확인해주고 있다. "소장하고 있으나 입수 불가능"이라는 범주의 이유는 대출중인 아이템들, 서가상에서 발견되지 않는 아이템들 등을 포함한다.

ILL 요청 미충족 사유 표 12-2

연 구*	연 도	미소장 권수	대출 금지	소장하고 있으나 입수 불가능
Seaman	1992	60%	44%	38%
Guyonneau	1993		29% b	41% b
		53% j		27% j
Medina & Thorton	1996	39%		38%

b = 도서(books)
j = 저널 논문(journal articles)
* Scott Seaman. An Examination of Unfilled OCLC Lending and Photocopy Requests. *Information Technology and Libraries*, 11(3), 1992, 229-35; Christine H. Guyonneau. Performance Measurements for ILL: An Evaluation. *Journal of Interlibrary Loan & Information Supply*, 3 (3), 1993, 101-26; Sue Medina and Linda Thorton. Cannot Supply: An Examination of ILL Requests Which Could Not Be Filled by Members of the Network of Alabama Libraries, *Journal of Interlibrary Loan & Information Supply*, 6 (4), 1996, 11-33.

12.4.3. 비 용

비용 연구들은 미국의 경우 주(州) 레벨과 네트워크나 컨소시엄 레벨에서 준비되고 있다. 다만 대다수의 연구들은 개개 도서관 레벨에서 비용을 조사하고 있다. 대부분의 도서관들은 충족된 요청 당 비용을 추적할 것이며, 평균 비용은 충족된 요청 당 1달러에서 18달러 조금 넘는 선까지 아주 다양할 수 있을 것이다.[20] 상업적인 공급자에 의해 충족되는 자료들에 대한 비용도 요청 당 8달러를 약간 넘는 선에서 33달러를 조금 넘는 선까지 다양할 것이다.

18) Peter Lor. Measuring the Outcomes of Southern African Interlending Requests: A Comparison of Measurement Approaches. *South African Journal of Library and Information Science*, 57 (4), 1989, 362-71.

19) Anne K. Beaubien, Jennifer Kuehn, Barbara Smolow, and Suzanne M. Ward. Challenges Facing High-Volume Interlibrary Loan Operations: Baseline Data and Trends in the CIC Consortium. *College & Research Libraries*, 67 (1), January 2006, 64-84.

Mary Jackson은 학술도서관에 관련된 연구에서 도서관 상호 대차 비용을 조사하여 트랜잭션 비용이 1990년대 중에 감소하고 있다는 사실을 밝혀냈다.[21] 〈표 12-3〉은 몇몇 연구들에서 밝혀낸 비용 및 배달 속도를 요약해 주고 있다.

표 12-3 도서관 상호 대차 발견 결과 개요

연구*	연도	대출요청 비용($)	대차요청 비용($)	대출/대차 비용($)	평균처리 시간(일)	대출 충족률
Roche	1993	18.62	10.93	29.55		
Stolt	1995	14.72			10.51	82%
Levene — U of AR — IA State U	1996	2.11 1.46			15.4 8.4	
Naylor	1997	8.51	4.68			86%
Jackson — 연구 — 칼리지	1998			27.83 19.33	15.6 10.8	85% 91%
Jackson — 조정된 ILL — RAPID	2004	17.50 5.41			7.6 3.4	

* Marilyn M. Roche. *ARL/RLG Interlibrary Loan Cost Study: A Joint Effort by the Association of Research Libraries Group*. Washington, DC: Association of Research Libraries, 1993; Wilbur Stolt, Pat Weaver- Meyers, and Molly Murphy. Interlibrary Loan and Customer Satisfaction: How Important Is Delivery Speed, in Richard AmRhein (Ed.). *Continuity and Transformation: The Promise of Confluence: Proceedings of the Seventh National Conference of the Association of College and Research Libraries, Pittsburgh, Pennsylvania, March 29-April 1 1995*. Chicago: Association of College and Research Libraries, 1995; 365-71; Lee-Allison Levene and Wayne Pedersen. Patron Satisfaction at Any Cost? A Case Study of Interlibrary Loan in Two U.S. Research Libraries. *Journal of Library Administration*, 23 (1-2), 1996, 55-71; Ted E. Naylor. The Cost of Interlibrary Loan Services in a Medium-Sized Academic Library. *Journal of Interlibrary Loan, Document Delivery & Information Supply*, 8 (2), 1997 (Available at http://digitalcommons.unl.edu/cgi/viewcontent.cgi?article= 1084&context=libraryscience); Mary E. Jackson. *Measuring the Performance of Interlibrary Loan Operations in North America Research and College Libraries: Results of a Study Funded by the Andrew W. Mellon Foundation*. Washington, DC: Association of Research Libraries, 1998; Mary E. Jackson. *Assessing ILL/DD Services: New Cost-Effective Alternative*. Washington, DC: Association of Research Libraries, 2004.(역자주: Ted E. Naylor의 논문은 본문에 누락되어, 역자가 서지사항을 찾아 추가하였다.)

---

20) Thomas E. Nisonger. Accessing Information: The Evaluation Research. *Collection Management*, 26 (1), 2001, 1-23.

21) Mary E. Jackson. *Measuring the Performance of Interlibrary Loan Operations in North America Research and College Libraries: Results of a Study Funded by the Andrew W. Mellon Foundation*. Washington,

그러나 어느 한 도서관과 다른 도서관의 비용을 비교하고자 시도할 때는 상당한 주의를 기울여야 한다. 도서관들의 그룹이 모든 비용 요소들을 세심하게 정의하고 결과들을 보고하고 분석하기 위한 일관성 있는 프로세스를 제공하는 비용 분석에 참여하고 있지 않으면 비교는 문제를 야기할 수 있다. 왜냐하면 비용 구성 요소들이 다양해지고 이전 연도들에 실행된 연구들에 대해서는 인플레이션이 하나의 요인이 될 수 있기 때문이다.

비용 수치들의 산정에 영향을 미치게 될 변인으로는 다음과 같은 것들이 있다.

- 어떤 구성 요소들이 비용 산정에 포함되어 있는가?[22]
  - 직 원: 도서관의 도서관 상호 대차 업무들의 75퍼센트 이상을 차지할 수 있다.
  - 네트워크화/커뮤니케이션
  - 배 달
  - 복사/스캐닝
  - 물품(소모품)
  - 소프트웨어 및 컴퓨터 장비
  - 임대 및 유지 보수
  - 직접 대출 비용
  - 간접 대출 비용
- 서로 다른 인력 분류(personnel classifications)에 대한 임금율(pay rates)
- 간접비(편익들)와 저작권 비용이 포함되어 있는지의 여부
- 연구 실행 연도

DC: Association of Research Libraries, 1998. 다음 자료도 보라. Mary E. Jackson. Measuring the Performance of Interlibrary Loan and Document Delivery Services. *ARL: A Bimonthly Newsletter,* 195, December 1997. Available at http://www.arl.org/newsltr/1997.html.

22) Anthony W. Ferguson and Kathleen Kehoe. Access vs. Ownership: What Is Most Cost Effective in the Sciences. *Journal of Library Administration,* 19 (2), 1993, 89-99.

서비스의 노동집약적 성격을 고려하면, 도서관 상호간의 자원 공유는 트랜잭션 당 약 30달러의 비용이 소요되며, 그 가운데 3분의 1은 대출 기관(lending institution)이 부담한다.[23)]

12.4.4. 접근 대 소장

어느 도서관에서나 직면하게 되는 기초적인 질문들 중 하나는 자원을 소장하는 것이 더 적은 비용이 소요되는지 아니면 그에 대한 접근을 제공하는 것이 더 적은 비용이 들어가는지의 여부이다. 대부분의 연구들은 연속간행물에 관련된 상반 관계(tradeoffs)를 조사하고 있는데, 몇몇 연구들은 단행본에 대해 살펴보고 있다. 문헌에서는 분석을 준비하는 데는 다음과 같은 두 가지 접근법이 있는 것으로 제시하고 있다.

- 실제 자료 구입 경비들을 가상의 접근 제공 비용과 비교하는 것
- 접근(도서관 상호 대차/문헌 배달) 제공 비용과 가상의 구입 비용을 비교하는 것

〈표 12-4〉에서 볼 수 있는 것처럼, 대다수의 연구들은 소장(ownership)보다 접근(access)에 훨씬 더 적은 비용이 소요되는 것으로 제시하고 있다. 그러나 자주 이용되는 타이틀에 대해서는 소장이 분명히 더 비용 효과적이다. Gossen과 Suzanne Irving은 SUNY Albany의 모든 정기간행물 구독에 대한 접근 제공 비용(관찰된 이용량을 바탕으로 한)은 2,900,456달러에 달했을 것이지만, 실제 구독 비용은 1,273,531달러라는 사실을 밝혀냈다.[24)] 한 해(1992) 동안의 도서관 상호 대차에 대한 분석에서는 저널 논문의 불과 4퍼센트만 도서관이 라이선스를 얻은 전자 자원에 나타나는 것으로 밝혀졌다.[25)] 분명히 그 퍼센티지는 10년 이상이 지난 뒤에는 더 많은 저널 타이틀을 온라인으로 접근할 수 있게 되면서, 훨씬 더 높아졌을 것이다.

---

23) Marilyn M. Roche. *ARL/RLG Interlibrary Loan Cost Study*. Washington, DC: Association of Research Libraries, 1993.

24) Eleanor A. Gossen and Suzanne Irving. Ownership Versus Access and Low-Use Periodical Titles. *Library Resources & Technical Services*, 39, January 1995, 43-52.

25) David Everett. Full-Text Online Databases and Document Delivery in an Academic Library: Too Little, Too Late? *Online*, 17, March 1993, 22-25.

소장 대 접근의 비용 표 12-4

연구의 초점	소장 비용 ($)	접근 비용($)	저 자*	연구 장소
5회 이상 접근된 저널들	220,000	4,034	Anthes	Wichita State University 도서관
10회 이상 접근된 저널들	28,229	5,629	Kleiner & Hamaker	Louisiana State University 도서관
요청된 전자공학 저널 논문들	89,544	6,264	Ferguson & Kehoe	Columbia University
요청된 물리학 저널 논문들	33,628	1,872	Ferguson & Kehoe	Columbia University
요청된 생물학 정기 간행물 논문들	343,926	28,674	Ferguson & Kehoe	Columbia University
요청된 저널 논문들	62,800	8,700	Fusler	Colorado State University 도서관
취소된 480개 저널의 논문 1,060건에 대한 접근 제공	207,000	12,278	Currie	Louisiana State University 도서관
취소된 저널들의 논문들에 대한 접근	53,344	7,123	Wilson & Alexander	Texas A&M University 도서관

* Mary Anthes. An Experiment in Unmediated Document Delivery: EbscoDoc at Wichita State University. *Library Collections, Acquisitions, and Technical Services*, 13, Spring 1999, 1-13; Jane P. Kleiner & Charles A. Hamaker. Libraries 2000: Transforming Libraries Using Document Delivery, Needs Assessment, and Networked Resources. *College and Research Libraries*, 58 (4), July 1997, 355-374; Anthony W. Ferguson and Kathleen Kehoe. Access vs. Ownership: What Is Most Cost Effective in the Sciences. *Journal of Library Administration*, 19 (2), 1993, 89-99; Elizabeth A. Fuseler. Providing Access to Journals — Just in Time or Just in Case? *College Research Libraries* News, 55, March 1994, 130-32, 148; Debra L. Currie. Serials redesign: Using Electronic Document Delivery to Reshape Access to Agricultural Journal Literature. *Journal of Agricultural & Food Information*, 3(2), 1995, 13-22; Mary Dadney Wilson and Alexander Whitney. Automated Interlibrary Loan/Document Delivery Data Applications for Serials Collection Development. *Serials Review*, 25(4), 1999, 11-19.

Gossen과 Irving은 연간 5회 이하로 이용되는 연속간행물 타이틀에 대해서는 접근이 비용 효과적이라고 주장하고 있다. Bruce Kingma는 접근이 소장보다 더 비용 효과적인 접근 "손익 분기점"(break-even point)을 결정하기 위해 경험에 근거한 규칙을 이용하기보다는, 그래프나 수리 모델을 이용할 것을 제안하고 있다.[26]

12.4.5. 이용자 서베이

많은 도서관들은 만족 레벨을 알아보기 위해 Likert 척도를 이용하여 도서관 상호 대차 이용자들에 대한 일회성 서베이나 정기적인 서베이를 실행하고 있다. 일반적으로 그 결과들은 만족한 고객들의 퍼센트로 보고되고 있다. 흥미롭게도, 많은 연구에서 배달 속도(처리 시간)는 고객 만족과 상관관계를 갖지 않으며, 서비스 직원과의 상호 작용이 더 큰 영향을 미친다는 사실을 발견하고 있다.[27]

Anna Perrault와 Marjo Arsenau는 도서관 상호 대차 고객 만족을 조사하고, 교원과 대학원생들의 약 60퍼센트는 가장 높은 우선순위는 속도와 비용에 관계없이 자료를 입수하는 데 두어야 한다고 느끼며, 응답자들의 불과 15퍼센트만이 일주일 이내에 자료를 필요로 하는 것으로 밝혀냈다.[28] 도서관 상호 대차 서비스들에 대한 고객 만족 서베이에서 얻은 의견들에 대한 분석에서는 이용자들은 직원의 상호 작용(staff interactions)을 긍정적으로 경험했을 때 그 서비스에 가치를 부여하며, 대부분의 응답자들은 서비스를 신속하게 처리하기 위해서는 비용을 지불할 의사가 없는 것으로 나타났다.[29]

ARL ILL/DD 성과 측정 연구에서는 각 참여 도서관 이용자들의 무작위

---

26) Bruce R. Kingma. Economic Issues in Document Delivery: Access versus Ownership and library Consortia. *Serials Librarian*, 34 (1-2), 1998, 203-11; Bruce R. Kingma. Interlibrary Loan and Resource Sharing: The Economics of the SUNY Express Consortium. *Library Trends*, 45, Winter 1997, 518-30; Bruce R. Kingma and Suzanne Irving. The Economics of Access Versus Ownership: The Costs and Benefits of Access to Scholarly Articles via Interlibrary Loan and Journal Subscriptions. *Journal of Interlibrary Loan, Document Delivery & Information Supply,* 6 (3), 1996, 1-79.

27) Wilbur Stolt, Pat Weaver-Meyers, and Molly Murphy. Interlibrary Loan and Customer Satisfaction: How Important Is Delivery Speed, in *Continuity and Transformation: The Promise of Confluence: Proceedings of the Seventh National Conference of the Association of College and Research Libraries.* Chicago: Association of College and Research Libraries, 1995, 365-71; Lee-Allison Levene and Wayne Pedersen. Patron Satisfaction at Any Cost? A Case Study of Interlibrary Loan in Two U.S. Research Libraries. *Journal of Library Administration*, 23 (1-2), 1996, 55-71; Pat L. Weaver-Meyers and Wilbur A. Stolt. Delivery Speed, Timeliness and Satisfaction: Patrons' Perceptions About ILL Service. *Journal of Library Administration*, 23 (1-2), 1996, 23-42; Sheila Walters. User Behavior in a Non-Mediated Document Delivery Environment: The Direct Doc Pilot Project at Arizona State. *Computers in Libraries*, 15, October 1995, 22-24, 26.

28) Anna H. Perrault and Marjo Arseneau. User Satisfaction and Interlibrary Loan Service: A Study at Louisiana State University. *RQ*, 35, Fall 1995, 90-100.

표본을 서베이하여, 적시성(timrliness)과 자료들의 품질 및 완전성, 직원의 유용성에 대한 높은 만족 레벨을 확인하였다.[30)]

Mark Kinnucan은 교원과 대학원생들과의 일련의 면담에서 컨조인트 분석을 이용하여 문헌의 가격(3달러 이하)이 가장 중요한 고려 사항이며 처리 시간은 보통의 효과만을 갖는다는 사실을 밝혀냈다.[31)] University of Arizona의 도서관 상호 대차 고객들에 대한 서베이에서는 응답자들의 64퍼센트가 전반적인 서비스를 보통 이상이나 양호한 것으로 평가한 것으로 나타났다.[32)]

Francoise Hebert는 SERVQUAL형의 서베이 도구를 이용하여 공공도서관의 도서관 상호 대차 이용자들은 신뢰성(reliability)을 가장 중요한 차원으로 꼽고, 이어서 응답성(responsiveness)을 그 다음으로 꼽고 있다는 사실을 발견하였다. 또한 직원의 상호 작용은 처리 시간보다 전반적인 고객 만족 평가에 더 큰 영향을 미치고 있었다.[33)] SERVQUAL과 고객 만족에 대한 더 상세한 내용에 관해서는, 제15장을 참고하기 바란다.

서베이를 실시하는 것 이외에도, 몇몇 도서관들은 도서관 상호 대차 이용자들의 인식과 그들의 니즈(needs)에 관해 더 많은 것을 알아보기 위해 포커스 그룹을 이용하고 있다. 도서관 상호 대차 고객들의 포커스 그룹들은 Emory University[34)]와 Carnegie Mellon University[35)]에서 이용한 바 있다.

---

29) Yem S. Fong. The Value of Interlibrary Loan: An Analysis of Customer Satisfaction Survey Comments. *Journal of Library Administration*, 23 (1/2), 1996, 43-54.

30) Mary E. Jackson. *Measuring the Performance of Interlibrary Loan Operations in North America Research and College Libraries: Results of a Study Funded by the Andrew W. Mellon Foundation*. Washington, DC: Association of Research Libraries, 1998.

31) Mark Kinnucan. Demand for Document Delivery and ILL in Academic Settings. *Library and Information Science Research*, 15, 1993, 355-74; Mark Kinnucan. Modeling User's Preferences for Document Delivery. *OCLC Systems and Services*, 10, 1994, 93-98.

32) L. Dols, K. Newsome and J. Veldof. A Process Improvement Approach to ILL, in *Arizona Libraries: Books to Bytes. Contributed Papers Presented at the AZLA Annual Conference, Phoenix Civic Plaza*, 17-18 November 1995. Phoenix: Arizona Library Association, 1996, 10-28.

33) Francoise Hebert. An Unobtrusive Investigation of ILL in Large Public Libraries in Canada. *Library & Information Science Research*, 16, 1994, 3-21; Francoise Hebert. Service Quality: ILL in the Public Library, in J. Watkins (Ed.). *Interlending and Document Supply: Proceedings of the Fourth International Conference. Papers from the conference Held in Calgary, June 1995*. Boston Spa: IFLA, 1996, 111-17.

12.4.6. 도서관에서 소장하고 있는 아이템의 요청

흔히 비매개 서비스(unmediated service)라고 부르는, 도서관 상호 대차 시스템에 대해 이용자들에 의해 직접 이루어지는 요청들은 도서관에서 이미 소장하고 있는 자료들에 대해 이루어지는 경우가 많다. 도서관에서 소장하고 있는 것들에 대한 요청들의 퍼센트는 몇몇 연구에 따라, 15퍼센트에서 무려 76퍼센트에 이르기까지 상당히 다양하다. 다음과 같은 몇 가지가 그 이유가 될 수 있을 것이다.

- 도서관 상호 대차 요청에 앞서 도서관의 온라인 목록을 참고하지 않았다.
- 도서관의 온라인 목록이 어떤 자료들을 도서관이 소장하고 있는지 명확하게 밝혀주지 못하고 있을 수도 있을 것이다.
- 고객이 도서관에서 논문을 검색하는 것보다 오히려 문헌 배달을 더 선호할 수도 있을 것이다.
- 원하는 아이템이 서가상에 없을 수도 있을 것이다. 즉 그것이 행방불명되었거나 체크아웃되었을 수도 있을 것이다.

고객 비매개 도서관 상호 대차 서비스를 이용하는 도서관은 어느 도서관이든 비용들을 낮추기 위해서는, 요청된 아이템을 도서관이 소장하고 있는지의 여부를 체크하도록 그 작업 흐름을 수정해야 할 것이다. Texas A&M University 도서관들의 서가상에서 발견되지 않는 325건의 요청을 조사한 결과, 2-3일 후에 두 번째와 세 번째 탐색을 실행하기보다는 오히려 저널 논문들을 공급자로부터 주문하면 처리 시간이 더 개선되는 결과가 나타나는 것으로 밝혀졌다.[36)]

---

34) Molidori Group, Inc. *Emory University General Libraries ILL User Survey. Executive Summary.* Atlanta: Emory University General Libraries, 1997.

35) Joan Stein. ILL User Focus Groups: Final Report, Carnegie Mellon University Libraries. 미발간 보고서. 〈joan@andrew.cmu.edu.〉으로 Joan과 연락할 수 있다.

36) Zheng Ye (Lan) Yang. Improving Turnaround Time for Document Delivery of Materials Owned But Not Found on the Shelf: A Case Study from an Academic Library. *The Journal of Academic Librarianship*, 32 (2), 2006, 200-204.

대규모 학술도서관들의 컨소시엄에서는 도서관 상호 대차 대출 요청의 평균 25퍼센트가 자체에서 입수할 수 있기 때문에 취소된다는 사실을 발견하였다 — 그 범위는 8퍼센트에서 33퍼센트까지 다양하였다.[37)]

Iowa State University 도서관에서 실행된 연구에서는 대출중인 아이템을 회수하는 시간과 다른 도서관의 도서관 상호 대차를 이용하여 동일한 아이템을 검색하는 시간을 비교하여, 회수되는 아이템들은 평균 6.3일만에 도서관으로 돌아오는 반면 도서관 상호 대차는 평균 7.3일이 걸린다는 사실을 밝혀냈다. 그러고 나서 자료들은 고객을 위한 대기용 서가(hold shelf)에 회수된 아이템들은 3.2일 동안 그리고 도서관 상호 대차 자료들은 4.5일 동안 대기하게 된다. Iowa State University 도서관은 소장하고 있는 아이템들을 계속 회수하지만 동일한 타이틀에 대해 두 번째 요청이 접수되면 도서관 상호 대차를 이용하게 될 것이다.[38)]

University of Colorado at Boulder의 분석에서는 도서관 상호 대차 요청들을 25개 주제 영역에 소장되어 있는 타이틀의 숫자와 비교하여, 모든 요청에 대해, 도서관이 9개 타이틀에서 144개 타이틀을 소장하고 있다는 사실을 밝혀냈다.[39)]

12.4.7. 요청된 자료의 집중과 분산

도서관 고객들이 필요로 하는 대부분의 아이템들은 그 도서관의 물리적 및 전자적 장서들의 이용을 통해 제공될 것이다. 따라서 논리적으로 보면 도서관 상호 대차 요청의 대다수는 널리 "분산되어 있는," 즉 자주 이용되지 않는 자료들에 대한 것이 될 것이다. 여러 면에서, 그 자원들을 공유하고 있

---

37) Anne K. Beaubien, Jennifer Kuehn, Barbara Smolow, and Suzanne M. Ward. Challenges Facing High-Volume interlibrary Loan Operations: Baseline Data and Trends in the CIC Consortium. *College & Research Libraries*, 67 (1), January 2006, 64-84.

38) David J. Gregory and Wayne A. Pedersen. Book Availability Revisited: Turnaround Time for Recalls versus Interlibrary Loans. *College & Research Libraries,* 64, July 2003, 283-99.

39) Jennifer E. Knievel, Heather Wicht, and Lynn Silipigni Connaway. Use of Circulation Statistics and Interlibrary Loan Data in Collection Management. *College & Research Libraries*, 67 (1), January 2006, 35-49.

는 도서관들은 Chris Anderson이 "롱 테일"(long tail)이라고 설명하고 있는 것과 유사하다.[40] 또한 Bradford의 법칙은 주제 영역의 저널들은 소수의 많이 이용되는 타이틀과 다수의 자주 이용되지 않는 타이틀의 존들로 구분할 수 있음을 입증하고 있다.

그러나 도서관 상호 대출에 대한 분석에서는 놀랍게도 다른 양상을 밝혀 주고 있다. Donald Urquhart는 British Science Museum Library의 도서관장으로, Bath에 소재하고 있는 British Library Lending Division의 전임자였다. 1956년부터의 대출 데이터에 대한 분석을 통해 Urquhart의 법칙을 이끌어 냈는데, 그것은 어떤 정기간행물에 대한 도서관 상호 대차 요구는 대개 그 지역 도서관 내에서 이루어지는 그 자료에 대한 전체 이용의 측도가 된다고 설명하고 있다. 데이터에 대한 분석에서는 도서관 상호 대차의 분포는 저널 장서의 10퍼센트 미만이 대차의 약 80퍼센트를 차지하는, 고도의 편포(遍布)를 가지며, 특정 저널들의 대차 건수는 이러한 저널들을 소장하고 있는 영국 도서관들의 수와 높은 상관 관계를 갖는다는 사실을 보여주었다. Urquhart는 한 연속간행물의 이용은 포아송 분포(Poisson distribution)에 의해 모델화할 수 있다는 사실을 추가로 밝히고 있다.[41]

한 연구에서는 120개 타이틀의 16퍼센트는 다섯 번이 넘게 요청되는 반면, 그 타이틀의 48퍼센트는 단 한번만 선정되는 것으로 나타났다.[42] SUNY Albany에서 이루어진 또 한 연구에서는 291개 저널 타이틀의 80퍼센트는 단 한번만 요청되는 반면, 불과 6개 타이틀만 다섯 번 넘게 요청되는 것으로 나타났다.[43] NLM의 DOCLINE 도서관 상호 대차 논문 요청에 대한 상세한

40) Chris Anderson. The Long Tail. *Wired*, 12 (10), October 2004; Chris Anderson. *The Long Tail: Why the Future of Business Is Selling Less of More*. New York: Hyperion, 2006.

41) Stephen J. Bensman. Urquhart's Law: Probability and the Management of Scientific and Technical Journal Collection. Part 1. The Law's Initial Formulation and Statistical Bases. *Science & Technology Libraries*, 26 (1), 2005, 11-68; Part 2. Probability in the Development of a Central Document Delivery Collection. *Science & Technology Libraries*, 26 (2), 2005, 5-31; Part 3. The Law's Final Formulation and Implications for Library Systems. *Science & Technology Libraries*, 26 (2), 2005, 33-69.

42) Chandra Prabha and Elizabeth C. Marsh. Commercial Document Suppliers: How Many of the ILL/DD Periodical Article Requests Can They Fulfill? *Library Trends*, 45, Winter 1997, 551-68.

43) Eleanor A. Gossen and Sue Kaczor. Variation in Interlibrary Loan Use by University of Albany Science Departments. *Library Resources & Technical Services*, 41, January 1997, 17-28.

분석에서는 논문들의 76퍼센트는 한번만 요청되며 1퍼센트 미만이 10회 이상 요청되는 것으로 밝혀졌다.[44)]

12.4.8. 그 밖의 토픽

분명히 도서관 상호 대차와 문헌 배달에 관련된 많은 연구들을 실행할 수 있다. 토픽들로는 이 서비스 이용자들의 특성과 요청되는 자료의 특성, 요청들을 충족시킬 수 없는 이유 등이 있다.

University of Indianapolis에서 이루어진 충족되지 않은 도서관 상호 대차 요청들에 대한 평가에서는 요청된 아이템을 입수하지 못한 몇 가지 이유들을 확인하였다. 도서관 내의 문제점들로는 직원의 부실한 업무 습관과 편목 오류, 자료의 분실이 있었다.[45)]

12.5. 요 약

도서관 상호 대차와 문헌 배달에 관련된 리서치를 검토한 후, 다음과 같은 결론을 내릴 수 있다.

- 도서관 상호 대차/문헌 배달의 충족률은 도서관과 상업적인 회사가 거의 동일하다.
- 상업적인 문헌 배달은 도서관 상호 대차보다 비용은 더 비싸지만 더 신속하다.
- 접근은 거의 이용되지 않는 자료들의 경우에 더 비용 효과적인 반면, 소장은 더 자주 이용되는 자료들에 가장 적합하다.
- 요청들의 상당 부분은 도서관이 소장하고 있는 자료들에 대한 것이다.
- 도서관들은 처리 시간을 개선하기 위한 업무 흐름 절차의 개선을 이룰 수 있다.
- 이용자 만족은 배달 속도와는 관련이 없다.

---

44) Eve-Marie Lacroix. Interlibrary Loan in U. S. Health Sciences Libraries: Journal Article Use. *Bulletin of the Medical Library* Association, 82, October 1994, 363-68.

45) Christine H. Guyonneau. Performance Measurements for ILL: An Evaluation. *Journal of Interlibrary Loan & Information Supply*, 3 (3), 1993, 101-26.

제13장

온라인 시스템의 평가

13

수많은 연구에서는 이용자들은 흔히 접근 가능성을 얻기 위해 정보의 품질은 기꺼이 희생시키려고 한다는 사실을 보여주고 있다. 정보 소비에 대한 이러한 패스트푸드식 접근법은 사서들을 미치게 한다. 사서들은 "우리의 정보는 더 건강하고 맛도 더 좋다"고 외친다. 그러나 어느 누구도 귀를 기울이지 않는다. 우리들은 구글링(Googling) 1)을 하느라 너무 바쁘다.

— *Peter Morville* *

13.1. 서비스 정의

점점 더 많은 서비스들과 기능이 도서관의 웹사이트에 추가되면 추가될수록, 사용성(usability)은 더 중요해지게 된다. 유사하게, 도서관의 온라인 목록은 도서관 자원들에 대한 일차적인 검색 도구로서, 계속하여 도서관 직원은 물론 도서관 고객들의 삶에 필수적인 역할을 수행하게 된다. 개인과 자동화된 시스템들 간의 상호 작용을 인터페이스(interface)라고 부른다. **사용성**에 대한 유용한 정의에서는 다음과 같이 설명하고 있다.

> 인터페이스의 사용성은 특정 이용자들이 특정한 환경에서 그 인터페이스를 이용하여 특정 목적들을 이룰 수 있는 유효성과 효율성, 만족의 측도이다.2)

---

* Peter Morville. *Ambient Findability*. Sebastopol, CA: O'Reilly, 2005, 55.(역자주: 우리말 번역본이 발행되어 있음: 피터 모빌 지음; yuna 옮김. 『검색 2.0: 발견의 진화』(서울: 한빛미디어, 2006.)

1) 역자주: Google을 통해 인터넷에서 정보를 찾거나 검색하는 것을 말한다.

2) *ISO 13407: Human-Centered Design Processes for Interactive Systems*. Geneva: International Organization for Standardization, 1999.

Jacob Nielsen은 사용 가능한 인터페이스의 속성에는 다음과 같은 다섯 가지가 있다고 주장하고 있다.

- 배우기 쉽다 – 이용자들이 그 사이트를 처음 이용했을 때 기본적인 과업들을 수행할 수 있는가?
- 효율적으로 사용할 수 있다 – 이용자들은 얼마나 신속하게 기본 과업들을 수행할 수 있는가?
- 기억하기 쉽다 – 이용자들이 웹사이트로 되돌아왔을 때, 얼마나 빨리 능력을 회복할 수 있는가?
- 오류를 거의 유발하지 않는다 – 이용자들이 범하는, 사용자 인터페이스에 의해 야기되는 오류들이 얼마나 많고 얼마나 심각한가? 이용자는 사용자 인터페이스와는 관계없이 오류를 범할 수도 있을 것이다.
- 즐겁게 사용할 수 있다 – 전체 경험은 즐거운 것인가 아니면 이용자가 곧바로 떠나도록 하는 것인가?[3)]

특정의 사용자 인터페이스에 대한 이용자의 성공은 다음과 같은 세 가지 기본적인 요인들을 바탕으로 예측된다.

- 정보의 양과 정확성
- 특정 탐색 요청을 위해 선정되는 색인들과 어휘의 선택
- 사용자 인터페이스 자체의 이용에 대한 학습의 어려움/친밀성

13.2. 평가 질문

도서관 온라인 시스템의 평가는 다음과 같은 여러 가지 이유 때문에 중요하다.

- 도서관의 온라인 목록과 웹사이트는 흔히 도서관 고객의 첫 번째 접촉점이다.

3) Jacob Nielsen, *Multimedia and Hypertext: The Internet and Beyond*, Boston: Academic Press, 1995, 281.

- 사용성을 개선하면 이용자가 더 성공을 거둘 수 있도록 해줄 것이며 따라서 정기적으로 되돌아올 가능성이 더 높아질 것이다.
- 도서관이 그 웹사이트 상에 자원들을 올려두고 있으나 그것들을 찾기가 어려워 자주 이용되지 않는다면, 자원이 낭비되고 있는 것이다.

13.3. 평가 방법

〈표 13-1〉에서 볼 수 있는 것처럼, 온라인 시스템을 평가하기 위해서는 질적 방법은 물론 양적 방법을 이용할 수 있다.

온라인 시스템의 평가 방법 표 13-1

관 점	질적 방법	양적 방법
내부 초점	전문가 의견 (expert opinion) 발견적 평가 (heuristic evaluation) 체크리스트 (checklists)	시각화 도구 (visualization tools) 트랜잭션 로그 분석 (transaction log analysis) 정보 검색 분석 (information retrieval analysis)
외부 초점	면 담 (interviews) 포커스 그룹 (focus groups) 카드 분류 (card sorting) 이상적 페이지 설계 (ideal page design) 관찰 보물 찾기 (observation – treasure hunting) 사고 발화/사후 사고 (think aloud/think after) 안구 운동 추적 (tracking eye movement) 일 지 (diary) 불 평 (complaints) 실패 분석 (failure analysis)	서베이 (surveys) 실 험 (experiments)

도서관의 온라인 시스템을 평가할 때는, 도서관의 온라인 목록과 도서관의 웹사이트가 고객들의 니즈(needs)에 얼마나 잘 부응하고 있는지에 대한 더 균형 잡힌 시각을 얻기 위해 몇 가지 방법들을 이용하는 것이 중요하다.

13.4. 이전의 평가와 리서치에 대한 논의

웹사이트의 이용에 대한 전체 경험은 다양한 요인들과 관련되어 있다. 그 요인들로는 사이트를 어떻게 조직화하고 있는지 그리고 버튼이나 탭, 메뉴, 링크, 그래픽, 사이트 맵, 사이트 검색 엔진과 같은 어떤 내비게이션 특징들을 제공하고 있는지 하는 것 등이 있다. 이용자들은 어떤 웹사이트를 방문할 때, 일단의 기대를 갖는다. 성공적이 되기 위해, 웹사이트는 그러한 기대에 부응하거나 그 기대를 능가해야 한다. 고품질의 웹사이트들은 고객들에게 가치 있는 정보와 콘텐트를 제공해준다.

도서관 웹사이트는 온라인 목록뿐만 아니라 그 도서관을 통해 접근할 수 있는 그 밖의 전자 자원들에 대한 접근도 제공해줄 것이다. 그것은 도서관의 위치와 개관 시간, 다가올 이벤트들 등을 포함한, 도서관에 관한 정보를 제공해줄 것이다. 도서관의 웹사이트는 다음과 같은 세 단계의 어느 한 단계에서 다른 단계로 이행중(移行中)일 수도 있을 것이다.

- **여기 있어요**(we are here). 웹사이트가 기본적인 도서관 정보를 제공해주고 이용자가 가장 기초적인 소수의 과업들을 수행할 수 있도록 해준다.
- **이용자 중심의 웹사이트**(user-centered Web site). 도서관의 온라인 목록과 그 밖의 전자 자원들에 대해 접근하는 것 이외에도, 이용자는 그 밖의 다양한 과업들 – 예약을 하고, 메일 주소를 변경하고, 구입 요청서를 제출하고, 도서관 상호 대차를 요청하고, 참고 사서와 직접 상호 작용 하는 등 – 을 수행할 수 있다.
- **개인화**(personalization). 이용자는 웹사이트의 "룩앤드필"[4](look and feel)을 커스터마이즈(customize)할 수 있으며 신간 도서들에 대해 특정 저자, 장르 등에 따라 상시 요청(standing request)이 홀드 큐(hold queue)에 위치하도록 배치할 수 있다.

4) 역자주: "컴퓨터 화면에 나타난 아이콘 또는 메뉴를 보고 난 후에 어떤 명령을 내릴 것인가를 선택할 수 있게 하는 사용자 환경을 말하며, 어떤 명령을 내릴 것인지 먼저 생각하고 나서 키를 입력하는 방식과의 차별성을 두기 위한 표현이다." (〈http://100.naver.com/100.nhn?docid=717748〉).

대다수의 도서관들은 벤더가 공급하는 온라인 목록을 가지고 있다. 도서관이 개선을 위한 제안들을 낼 수도 있지만, 벤더에 의해 도서관의 온라인 목록에 대한 요망되는 개선이 이루어지도록 하기 위해서는 이용자 그룹을 통해 다른 고객들과 함께 공동으로 일하는 것이 더 효과적인 방법이 될 가능성이 있다 — 그러면 가까운 시일 내에 이루어지는 소프트웨어 출시 때 개선들이 포함될 수도 있을 것이다.

사이트 레벨의 사용성에는 정보 아키텍처, 내비게이션과 탐색, 링킹 전략, 전반적인 글쓰기 스타일, 페이지 템플릿(page templates), 레이아웃과 사이트 디자인 표준, 공통 아이콘의 사용, 헤드라인의 명료성, 전문 용어의 회피 등이 포함된다. 대부분의 웹사이트들에 나타나는 정보 밀도는 아주 높은데, 이것은 본질적으로 정보의 "발견 가능성"(findability)을 감소시킨다. Peter Morville은 "발견 가능성"은 다음과 같은 것이라고 제안하고 있다.

- 소재 확인이나 내비게이션이 가능한 품질
- 특정 개체를 쉽게 발견하거나 소재 확인이 가능한 정도
- 시스템이나 환경이 내비게이션과 검색을 지원하는 정도[5)]

13.4.1. 질적 방법

도서관 온라인 시스템들의 사용성을 평가하기 위해서는 다양한 질적 방법들을 이용할 수 있다. 이하에서는 이러한 방법들에 대해 다소 상세하게 살펴보고자 한다.

(1) 전문가 의견

식견이 있는 개인에게 접촉하여 도서관 온라인 시스템의 사용성에 관한 의견을 제시해 주도록 할 수 있다. 일반적으로 이러한 사람은 웹사이트들의 사용성을 개선하기 위한 많은 프로젝트에 참여한 적이 있거나 사용성 토픽에 관한 논문이나 책을 발행했을 수도 있을 것이다.

---

5) Peter Morville. *Ambient Findability*. Sebastopol, CA: O'Reilly, 2005, 55.

전문가의 이용은 짧은 기간에 아주 구체적인 제안들을 얻어낼 수 있다. 이 접근법의 불리한 면은 권고안들이 한 개인의 판단과 의견을 반영할 뿐이라는 사실이다.

(2) 발견적 평가

발견적 평가(heuristic evaluation)는 사용자 인터페이스 설계에서 사용성 문제점들을 발견하기 위한 사용성 공학(usability engineering)의 방법이다. 발견적 평가는 원래 Jacob Nielsen에 의해 개발되었는데, 이것은 일단의 소규모 평가자들이 인터페이스를 조사하고 그것이 정평 있는 사용성 원칙들 — 휴리스틱스(heuristics) — 에 따르고 있는지를 판단하는 것을 포함하고 있다.[6] Nielsen은 최선의 결과는 다섯 명 이하의 평가자들의 평가에서 나오게 되며, 그것은 사이트의 사용성 문제점의 약 85퍼센트를 밝혀주게 될 것이라고 주장하고 있다.[7]

각 개인 평가자는 단독으로 인터페이스를 점검하고 모든 사람이 점검을 끝낸 후에 그 발견 결과들을 상의하고 논의하게 될 것이다. 각 평가자는 일반적으로 서면 보고서를 작성하게 되는데, 이것은 그 팀에서 합동 보고서를 준비하는 데 도움을 주기 위해 이용된다. 어느 경우에는 평가자들에게 완성해야 할 일단의 규정된 과업들이 주어지기도 하는데, 그러면 평가자들은 자신의 관찰을 양식에 직접 기록할 수 있다. 발견적 평가의 산출물은 사용성 문제점들의 리스트이다.

(3) 체크리스트

체크리스트는 도서관 웹사이트에 다양한 요소들이 포함되어 있는지의 여부를 판단하기 위한 비교적 신속한 방법이다. 지난 몇 년 동안 많은 체크리스트들이 개발되었다.[8] 몇몇 훌륭한 책들에서도 체크리스트들과 그 밖의 사용성 테스트에 대한 조언을 제공하고 있다.[9] Roslyn Raward는 몇몇 상황

---

6) Jacob Nielsen. Heuristic Evaluation, in Jacob Nielsen and R. Mack (Eds.). *Usability Inspection Methods*. New York: John Wiley, 1994.

7) Jacob Nielsen. Why You Only Need to Test with 5 Users. *Jacob Nielsen's Alertbox*. June 20, 2005. Available at http://www.useit.com/alertbox/20000319.html.

들에 적용된 그와 같은 체크리스트의 하나를 개발하였다(부록 A를 보라).[10] Raward는 이 체크리스트를 20개 학술도서관의 웹사이트들을 평가하기 위해 사용하여, 기관의 유형이나 연한과는 어떤 관계도 없음을 발견하였지만, 훌륭한 웹사이트들은 참여한 개개 직원은 물론 교육 훈련의 수준 그리고 각 개별 도서관이 제공하는 자원들을 반영한다는 사실을 발견하였다.

웹사이트의 사용성을 평가하기 위해 체크리스트를 사용하면 다음과 갖은 장점을 갖는다.

- 새로운 웹사이트를 설계하거나 기존의 웹사이트를 개선하는 데 도움을 주기 위해 이용할 수 있다.
- 웹사이트를 개선하기 위해 사용성 리서치를 적용하는 구조화된 방법을 이용한다.
- 비용이 비싸지 않고 실행하기가 용이하다.
- 사용성과 기술적인 커뮤니케이션 기법들의 최신의 발전을 반영하여 갱신할 수 있다.
- 개발이나 개선 프로젝트 동안 여러 번 이용할 수 있다.

(4) 면 담

면담은 어느 한 사람이 다른 사람으로부터 정보를 구하는 유도된 대화(guided conversation)이다. 면담 질문들을 준비하고 명확한 질문들을 가지고 언제 그리고 어떻게 후속 조치를 할 것인지에 대해 아는 것은 이 프로세스의 가치를 최적화하는 데 중요하다. 일대일 면담은 실행을 하고, 그런 다음

8) 예를 들면, 다음 자료들을 보라. Nancy Everhart. Web Page Evaluation. *Emergency Librarian*, 25 (5), May/June 1998, 22; John D' Angelo and Sherry K. Little. Successful Web Pages: What Are They and Do They Exist? *Information Technology and Libraries*, 17 (2), June 1998, 71-81. 다음 자료도 보라. Steven Turner. The HEP Test for Grading Web Site Usability. *Computers in Libraries*, 22 (10), November/December 2002, 37-39.

9) Jeffrey Rubin. *Handbook of Usability Testing: How to Plan, Design and Conduct Effective Tests*. New York: Wiley, 2002; Elaina Norlin and C. M. Winters. *Usability Testing for Library Websites: A Hands-on Guide*. Chicago: American Library Association, 2002.

10) Roslyn A. Raward. A Report on the Development of a Usability Analysis Tool for the Evaluation of Library Websites, in *Information Online 2003: 11th Conference and Exhibition, 21-23 January 2003*. Available at http://conferences.alia.org.au/online2003/papers/raward.html.

기록한 경우에는, 적어온 노트들을 공식화하기 위해 면담의 전사(轉寫)를 준비하는 데 상당한 시간이 소요될 수 있다. 면담들에 대한 문서화된 기록은 분석의 바탕이 된다. 면담의 강점은 여러분이 서베이에서는 얻을 수 없는 상세한 정보를 확보할 수 있다는 것이다. 면담 방법에 대한 더 상세한 내용은 제4장을 참고하기 바란다.

(5) 포커스 그룹

서로 다른 유형의 이용자들의 대표자들로 구성된 몇몇 포커스 그룹들을 활용하여 온라인 시스템에서 그들이 좋아하는 것과 좋아하지 않는 것에 관한 정보를 얻을 수 있을 것이다. 제4장에서 이미 살펴본 것처럼, 이 방법에는 기술을 갖춘 조정자(moderator)가 필요하게 되며, 도서관은 다루어야 할 토픽들에 대한 분명한 아이디어를 가져야 한다.

Karen Markey는 온라인 목록들을 평가하기 위해 포커스 그룹을 이용하고 있다.[11)]

(6) 카드 분류

카드 분류(card sorting)는 특정 상황에 대한 이용자의 정신 모델(mental model)에 관해 더 많은 것을 알기 위한 훌륭한 방법이다. 수행되거나, 계획되거나, 실현될 수 있는 과업들을 각각 별도의 카드에 적는다. 그런 다음 이용자들에게 그 카드들을 "관련된" 스택들(stacks)로 분류하도록 요청한다. 이것은 이용자들의 관점에서 "한데 모이거나" 논리적으로 관련되어 있는 정보가 웹사이트의 동일한 곳에 나타날 수 있도록 웹사이트 설계자가 웹페이지들을 조직화하는 데 도움을 주게 될 것이다. 웹사이트 개발자들의 정신 모델은 의도하고 있는 이용자들의 모델들과는 상당히 다른 경우가 많다.

일반적으로 참여자 그룹이 분류할 동일한 카드 세트를 동시에 받는다. 카드 분류 기법은 도서관이 다음과 같은 것들을 이해하는 데 도움을 줄 수 있다.

---

11) Karen Markey Drabenstott. Focused Group Interviews, in Jack Glazier and Ronald R. Powell (Eds.). *Qualitative Research in Information Management*. Englewood, CO: Libraries Unlimited, 1992, 85-104.

• 이용자들의 시각에서 본 웹사이트 콘텐트의 전반적인 조직.
• 이용자들이 선호하는 용어법.
• 이용자들이 정보의 서로 다른 범주들에 적용하는 라벨들.
• 불필요한 객체들.
• 누락된 객체들.

카드 분류 기법은 Cornell University Library에서 온라인 디지털 도서관 도움말 시스템에 포함되어야 할 일단의 개념들을 이용자들이 어떻게 조직화 하는지를 결정하는 데 도움을 주기 위해 효과적으로 사용된 바 있다.[12)]

(7) 이상적인 페이지 설계

이 방법에서는, 작은 그룹의 이용자들에게 자신들의 이상적인 페이지(몇 가지 다른 것들 중에서도 도서관 홈페이지)를 설계하도록 요청한다. 그 결과로 만들어진 그림들을 분석하여 어떤 요소들이 사용되는지와 그 위치를 확인한다. 그런 다음 그 결과로 나타난 보고서와 그림들 원본을 웹페이지 설계자와 공유하여 다양한 페이지들의 실물 크기의 모형들을 만들어낸다. 그러고 나서 일반적으로 이러한 모형들은 포커스 그룹이나 그 밖의 방법을 이용하여, 서로 다른 이용자 그룹과 공유하고 그들의 반응들을 얻게 된다.

(8) 관 찰

또 하나의 방법은 일련의 이용자들을 관찰하는 것이다. 어느 경우에는, 이용자에게 일반적인 과업을 수행하도록 요청하고, 어떤 때는 이용자에게 완수할 일련의 아주 구체적인 과업들을 제시해준다. 모든 경우에, 이용자가 선택하는 경로는 비디오카메라를 이용하거나 광범위한 노트를 작성하여 기록한다. 사서의 과제는 질문들에 대해 응답하지 않는 것이다. 또는 이용자가 문제점에 봉착할 때, 그 관찰을 "가르칠 수 있는 순간"(teachable moment)으로 만드는 것이다.

---

12) Angi Faiks and Nancy Hyland. Gaining User Insight: A Case Study Illustrating the Card Sort Technique. *College & Research Libraries*, 61 (4), July 2000, 349-57.

도서관 웹사이트에 대한 분석에서는 이용자들은 너무 많은 지식을 그들에게 기대하고 있기 때문에 문제점들을 가지고 있으며, 도서관 용어의 이용이 그들이 가지고 있는 어려움의 원인이 되고 있다는 사실을 밝혀냈다.[13] Mark Spivey는 60개 학술도서관 홈페이지들을 조사하여 도서관 전문 용어(jargon)의 사용이 아주 만연되어 있다는 사실을 발견하였다.[14] 〈표 13-2〉는 이용자들이 선호하는 어법에 적합하지 않은 용어법을 대비해주고 있다.

표 13-2 도서관 용어의 평가 *

작동하지 않는 것: 오해되고 있거나, 이해되지 못하거나, 선호되지 않는 것으로 보고된 용어들	작동하는 것: 이해되거나 선호되는 것으로 보고된 용어들
데이터베이스 — 잡지나 연속간행물, 논문들에 대한 언급이 없는	논문이라는 용어가 정기간행물과 신문을 나타내는 아이콘의 일부로 두드러지게 디스플레이된다.
패스파인더(pathfinders)	주제별 리서치
웹 가이드(web guides)	튜토리얼(tutorials)
데이터베이스 — 한 학생은 "데이터를 가지고 있는 베이스"라고 설명하였다.	논문 찾기
브라우즈 대 키워드	. . . 로 시작되는 표제 . . . 로 시작되는 주제
자원들(resources) — 아무도 어떤 것을 설명하기 위해 자원이라는 용어를 사용하지 않았다.	과정별 정보 참고문헌
. . . 데이터베이스 파인더	논문 찾기
유통(circulation)	대출(borrowing)
온라인 데이터베이스 및 색인	논문 찾기
데이터베이스 — 스프레드시트인가요?	논문 찾기
표제어(title words) 표제 브라우즈(title browse)	표제 키워드(title keywords) . . . 로 시작되는 표제

* John Kupersmith가 관리하는 웹사이트의 일부 내용을 수정하였다. 그는 또한 자신의 차트에 포함되어 있는 각 연구에 대한 인용 사항을 제공하고 있다. Available at http://www.jkup.net/terms-studies.html.

John Kupersmith는 47건의 사용성 연구들을 요약하고 다음과 같은 사실을 발견하였다.

- 저널 논문을 찾는 경우의 평균 이용자 성공률은 53퍼센트에 불과하다.
- 이용자들이 가장 흔히 오해하는 용어는 두문자어(頭文字語: acronyms)와 상표명, 데이터베이스, E-저널, 정기간행물이나 연속간행물, 자원(resource), 참고 문헌과 도서관 상호 대차 등이 있다.
- 이용자들이 가장 흔히 이해하는 용어들에는 책 찾기, 논문 찾기, 그 의미를 상세하게 해주는 추가의 단어들이나 마우스오버(mouseovers)가 수반되는 용어들이 있다.[15)]

Hunter College Libraries 웹사이트에 대한 사용성 테스트에서는 오디오테이프와 스크린 캡처 소프트웨어에 기록되는 데이터를 분석하기 위해 질적 방법과 양적 방법을 둘 모두 이용하였다. 그 결과 수정이 가장 시급한 특징들의 리스트가 만들어졌다.[16)]

(9) 사고 발화/사후 사고(think aloud/think after)

도서관 웹사이트에 대한 시나리오 기반 사용성 테스트는 실제 이용자(도서관 직원 구성원이 아닌) 그룹에게 특정의 구체화된 과업들을 수행하도록 요청하는 것을 포함한다. 이용자가 과업을 완료하고자 시도할 때 사고 발화를 하도록 이용자에게 요청한다(때로는 언어 프로토콜 방법이라고도 한다). 참여자는 일반적으로 과업을 완성하는 동안 비디오테이프에 녹화된다(포인터의 위치와 이용자가 클릭하는 곳을 확인하기 위해 비디오테이프는 동시에

13) Ruth Dickstein and Vicki Mills. Usability Testing at the University of Arizona Library: How to Let the Users in on the Design. *Information Technology and Libraries*, 19, 2000, 144-51.

14) Mark A. Spivey. The Vocabulary of Library Home Pages: An Influence on Diverse and Remote End-Users. *Information Technology and Libraries*, 19, September 2000, 152-56. 다음 자료도 보라. Rachael Naismith and Joan Stein. Library Jargon: Student Comprehension of Technical Language Used by Librarians. *College & Research Libraries*, 50, September 1989, 543-52.

15) John Kupersmith는 사용성 연구들을 요약해주는 웹사이트를 관리하고 있다: http://www.jkup.net/ terms-studies.html.

16) Laura Cobus, Valeda Dent, ana Anita Ondrusek. How Twenty-Eight Users Helped Redesign an Academic Library Web Site: A Usability Study. *Reference & User Services Quarterly*, 44 (3), Spring 2005, 232-46.

스크린으로 만들어진다). 적어도 참여자가 일하면서 이야기하는 것을 오디오로 녹음한다. 일반적으로 분석을 위해 녹음한 것에 대한 전사(轉寫)가 이루어지는데, 이를 위해서는 상당한 시간이 소요된다.

Debbie Vaughan과 Burton Callicott은 다음과 같이 지적하고 있다.

- 평가자들에게 어떤 힌트도 제공하지 않으면 웹사이트의 **사용 편리성**(ease of use)을 테스트하게 될 것이다.
- 힌트들이나 최소한의 지시 사항들을 제공하면, 평가자들은 **유용성**(helpfulness)에 초점을 맞추게 될 것이다.

어느 경우이든, 평가자들에게 부여되는 과업들은 사이트의 사용성에 초점을 맞추어야 하며, 참여자들의 정보 리터라시 기술(information literacy skills)에 초점을 맞추어서는 안 된다.[17)]

목적은 문제점들을 인식하고 가능한 해결책들을 확인할 수 있도록 데이터를 분석하는 것이다. University of Buffalo 도서관의 사용성 연구에서는 기존 웹사이트의 구조와 프레젠테이션은 놀랍게도 효과적이지 못하였으며, 연구가 엄청나게 비용이 많이 들거나 복잡하지 않다는 사실을 밝혀냈다.[18)] Roger Williams University의 학생들은 사고 발화, 관찰/면담 방법의 개인 리서치를 수행하는 동안 테이프에 녹음되었다.[19)]

Concordia University College of Alberta의 연구에서는 사고 발화 방법이 학생 면담과 비교해볼 때 훨씬 더 많은 양의 데이터를 얻어내는 것으로 (그리고 더 많은 문제점들을 확인하는 것으로) 밝혀졌다.[20)] College of Charleston 도서관들에서 사고 발화 방법을 이용하여 실시한 연구에서는 부실한 웹 설계와 참여자들의 리서치 기술 부족을 보여주었다.[21)]

---

17) Debbie Vaughn and Burton Callicot. Broccoli Librarianship and Google-Bred Patrons, or What's Wrong with Usability Testing? *College & Research Libraries*, 64 (2), 2003, 1-18.

18) Brenda Battleson, Austin Booth, and Jane Weintrop. Usability Testing of an Academic Library Web Site: A Case Study. *The Journal of Academic Librarianship*, 27 (3), May 2001, 188-98.

19) Susan McMullen. Usability Testing in a Library Web Site. *Reference Service Review*, 29, February 2001, 7-22.

20) Heather G. Morrison. Online Catalogue Research and the Verbal Protocol Method. *Library Hi Tech*, 17 (2), 1999, 197-206.

(10) 안구 운동 추적(tracking eye movement)

텍스트와 이미지, 도구들을 웹페이지에 어떻게 디스플레이 하는가는 아주 중요하다. Steve Krug는 많은 이용자들이 웹페이지를 읽는 데는 거의 시간을 보내지 않고 그 대신 자신들이 찾고 있는 것의 소재를 확인하기 위해 섹션들을 신속하게 스캔한다는 사실을 관찰하였다.

> 대부분의 시간 동안(운이 좋으면) 그들이 실제로 하고 있는 것은 각 페이지를 훑어보고, 일부 텍스트를 살펴보고, 관심을 끌거나 자신들이 찾고 있는 것을 어렴풋이 닮아 있는 첫 번째 링크를 클릭한다. 그들은 실제로 페이지의 상당 부분들은 찾아보지도 않는 것이다.[22)]

온라인 시스템을 살펴볼 때 안구(눈) 운동을 추적하는 소프트웨어가 개발되고 있다. 이러한 소프트웨어는 눈의 움직임들을 추적하는 "지도"를 만들어주게 될 것이며, 이 "지도"를 웹사이트의 이미지 위에 겹쳐 놓게 될 것이다. 카메라는 모니터에 장착된 적외선 카메라를 이용하여 피험자의 스크린상의 눈의 위치를 추적한다. 눈이 취하는 경로는 휴지(休止: pause)(고정)와 운동의 두 개 범주로 구분된다. 분명히 필요한 장비와 소프트웨어를 구입하고 테스트를 위한 실험실을 설치하는 것은 비용이 많이 들게 되며, 따라서 대부분의 도서관들은 이 방법을 이용하지 않을 것이다.

전형적인 웹사이트를 살펴볼 때, 대부분의 사람들은 웹페이지의 상단을 가로질러 왼쪽에서 오른쪽으로 훑어보고, 페이지의 왼쪽으로 다시 옮겨가 아래로 살펴보고, 떨어져 있는 부분을 가로질러 훑어보고, 왼쪽 구석으로 돌아가서, 조금 더 아래쪽을 살펴본다. 그 결과로 만들어지는 "지도"는 문자 "F"와 유사하다(〈그림 13-1〉을 보라). 이것은 웹사이트의 대부분의 특성들은 페이지의 좌측 상단 사분면에 배치해야 한다는 사실을 암시한다. 안구 추적 비디오도 이용할 수 있다.[23)]

---

21) Debbie Vaughn and Burton Callicot. Broccoli Librarianship and Google-Bred Patrons, or What's Wrong with Usability Testing? *College & Research Libraries*, 64 (2), 2003, 1-18.

22) Steve Krug. *Don't Make Me Think: A Common Sense Approach to Web Usability*. Berkeley, CA: New Rider, 2006, 21.

그림 13-1 안구 추적 지도 *

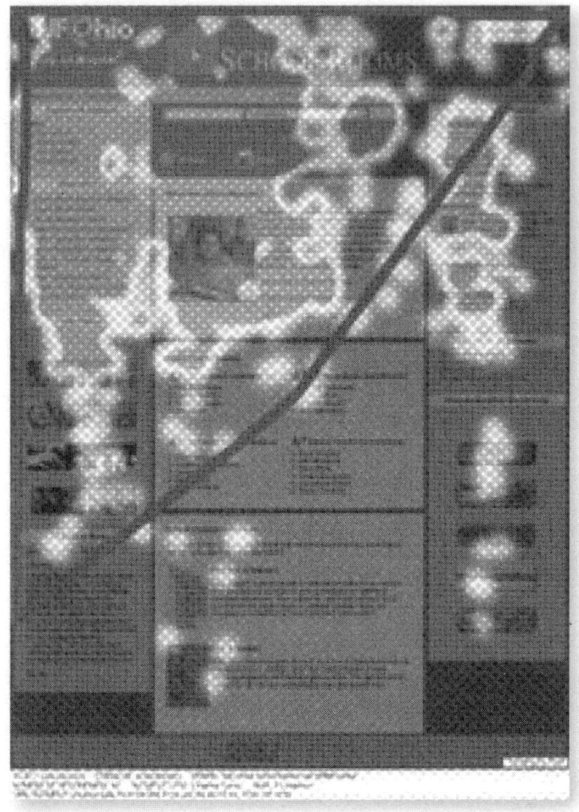

* Sirsi Dynix 제공.

(11) 일지(diary)

도서관은 이용자 그룹에게 일정 기간 동안 자신들의 정보 추구 활동(information seeking activities)을 문서화해 주도록 요청한다. 그런 다음 이용자들이 직면하는 공통적인 문제점들과 과제들을 찾아내기 위해 그 결과로 얻어지는 정보를 분석한다.

한 도서관에서는 일지 연구의 변형을 이용하여, 대학원생들과 학부생들의 그룹에게 일주일 동안 그들의 정보 추구 활동에 대해 일지를 적고 사진과 스크린샷을 제공해 주도록 요청하였다.

---

23) Available at http://sethgodin.typepad.com/seths_blog/2006/05/what_i_learned_.html.

(12) 불평(complaints)

도서관은 어떤 식으로 받았든, 도서관의 웹사이트나 온라인 목록에 관련된 모든 이용자 불평들의 로그를 관리할 수도 있을 것이다. 로그를 검토하고 문제점들을 범주화하면 이러한 불평들은 심각한 문제점들을 밝혀주게 될 것이다. 불평들을 추적하고 분석하는 것은 평가의 소극적인 형식이다.

(13) 실패 분석(failure analysis)

컴퓨터 시스템은 실패한 탐색 요청들의 로그를 관리할 수 있다. 이러한 실패한 탐색들을 조사하면 무엇이 잘못되었는지, 그리고 함축적으로, 무엇을 개선해야 하는지를 확인할 수 있는 기회를 개인에게 제공해줄 수 있다. 예를 들면, 어떤 목록에서는 저자의 명(名: first name)에 앞서 성(last name)을 입력해야 한다. 저자의 명을 가진 탐색들은 실패하게 될 것이다. 따라서 순서에 관계없이 저자의 이름을 받아들일 수 있도록 온라인 목록을 수정한다면, 이용자는 더 많은 성공을 거두게 될 것이다.

Karen Markey는 주제 탐색에 대한 실패 분석을 포함한 여러 방법의 결합형을 이용하여, 온라인 목록의 주제 접근에 대한 새로운 설계를 더 잘 이해하게 되었다.[24)]

13.4.2. 양적 방법

양적 분석은 온라인 시스템이 실제로 어떻게 이용되는지에 관한 아주 구체적이고 상세한 정보를 제공해준다. 이 정보는 질적 방법들을 이용하여 수집된 데이터를 보완하기 위해 이용할 수 있다.

---

24) Karen M. Drabenstott and Marjorie S. Weller. Failure Analysis of Subject Searches in a Test of a New Design for Subject Access to Online Catalogs. *Journal of the American Society for Information Science*, 47 (7), July 1996, 519-37.

(1) 시각화 도구

시각화 도구들(visualization tools)은 사이트가 어떻게 구조화되어 있고 한 곳에서 다른 곳으로 가기 위해서는 얼마나 많은 클릭들이 소요되는지를 도서관이 알 수 있도록 웹사이트의 지도를 그려주게 될 것이다.[25)]

(2) 트랜잭션 로그 분석

도서관은 자동화된 도서관 시스템에서 입수할 수 있는 표준적인 보고서들을 이용하는 것은 물론 시스템에 의해 보관되는 트랜잭션 로그들을 분석함으로써 온라인 시스템의 실제 이용량을 추적할 수 있다. 트랜잭션 로그 분석은 객체들과 링크들의 클릭, 마우스 움직임, 타이핑 등과 같은, 타이밍과 이용자들의 행동을 보고하게 될 것이다. 트랜잭션 로그 분석의 가치는 그것은 시스템 설계자들이 이용자가 무엇을 할 것으로 예상하고 있는지보다는 이용자들이 실제로 무엇을 하고 있는지를 분명하게 나타내준다는 사실이다.[26)] 트랜잭션 로그 분석은 개개 명령어들이나 이용자의 입력, 탐색 목적, 완전한 세션에 초점을 맞출 수 있다. 그러나 분석은 현재의 스냅샷으로 간주해야 하며 이용자들이 수행하는 탐색이나 활동들에 대한 이용자의 인식으로 특징지을 수는 없다.

Michael Berger는 트랜잭션 로그 분석을 광범위하게 이용하여, 탐색의 문제점들은 여러 요인의 결합이 원인이 될 수 있다는 사실을 발견하였다. 대부분의 탐색들은 알고 있는 아이템 탐색(known item search), 개인 저자 탐색, 정기간행물 탐색, 주제 탐색(topical search)의 네 범주에 위치할 수 있다. 유효한 결과가 0인 탐색들을 고려할 때는, 결과가 0인 탐색들은 이전에 보고된 것(이전의 많은 연구들에서는 50퍼센트로 지적되었다)보다 훨씬 더 작다. 주제 탐색을 제외한 모든 범주들의 성공률은 아주 높다.[27)] University

25) 예를 들면, 시각화 도구들은 다른 것들 중에서도, VISVIP와 ScentViz가 있다.

26) Bernard J. Jansen. Search Log Analysis: What It Is, What Has Been Done, How to Do It. *Library & Information Science Research*, 28, 2006, 407-32.

27) Michael G. Berger. Information-Seeking in the Online Bibliographic System: An Exploratory Study. Ph.D. dissertation, University of California, Berkeley, 1994.

of Illinois at Chicago의 도서관에서는 OPAC 트랜잭션 로그들에 대한 정기적인 모니터링은 도서관이 이용자들에 대한 문제점을 줄여주는 개선을 할 수 있도록 해주고 있다는 사실을 발견하고 있다.[28]

트랜잭션 로그 분석은 정보 검색 시스템을 개선하고,[29] 어떤 접근점들을 실제로 이용하는지를 밝혀내며,[30] 사용점(POU: point-of-use) 교육의 성공 여부를 평가하고,[31] 이용자가 어떤 페이지들을 보는지(그리고 무시하는지)를 알아보며, 자료들의 입수 가능성에 대한 이용자들의 지각들을 검증하기 위해[32] 이용되고 있다. 트랜잭션 로그 분석의 토픽에 관한 더 상세한 내용은 제5장을 보라.

(3) 정보 검색 분석

정확률(精確率: precision)과 재현율(再現率: recall)은 정보 검색 효율성의 측도들로서 오랜 동안 이용되고 있다. 다만 이러한 측도들은 그 비판자들을 갖고 있다. **정확률**은 발견된 아이템들(적합한 것들과 적합하지 않은 것들)의 전체 숫자와 비교한 발견된 적합한 아이템 숫자의 비율이다. 완벽한 시스템에서는, 적합한 아이템들만 검색되며, 따라서 정확률의 값은 1.0이 될 것이다. **재현율**은 검색된 적합한 아이템들의 숫자와 시스템에 있는 적합한 아이템들의 전체 숫자의 비율이다.

검색 연구들은 서지 레코드(도서관 온라인 목록)와 전문(全文: full text) 데이터베이스, 인터넷 검색 엔진, 웹사이트를 이용하여 실행되고 있다. 1992년 이래로, 대규모 텍스트 컬렉션(text collections)을 바탕으로 하는 정보 검색의

28) Deborah D. Blecic, Nirmala S. Bangalore, Josephine L. Dorsch, Cynthia L. Henderson, Melissa H. Koenig, and Ann C. Weller. Using Transaction Log Analysis to Improve OPAC Retrieval Results. *College & Research Libraries*, 59 (1). January 1998, 39-50.

29) Thomas Peters. The History and Development of Transaction Log Analysis. *Library Hi Tech*, 11 (2), 1993, 41-66.

30) Brendan J. Wyly. From Access Points to Materials: A Transaction Log Analysis of Access Point Value for Online Catalog Users. *Library Resources & Technical Services*, 40, 1996, 211-36.

31) Michael C. Atlas, Karen R. Little, and Michael O. Purcell. Flip Charts at the OPAC: Using Transaction Log Analysis to Judge Their Effectiveness. *References and User Services Quarterly*, 37, 1997, 63-69.

32) Anne C. Ciliberti, Marie L. Radford, and Gary P. Radford. Empty Handed? A Material Availability Study and Transaction Log Verification. *Journal of Academic Librarianship*, 24, 1998, 282-88.

리서치를 권장하고 검색 성능을 평가하기 위해 사용되는 평가 기법들을 개선하기 위해 매년 TREC(text Retrieval Conference)이 개최되고 있다. 정확률과 재현율의 문헌들을 요약하면, 다음과 같이 설명할 수 있다.

- 정확률과 재현율은 검색 성능의 전통적인 측도들이다.
- 정확률과 재현율은 실제 시스템들과 실제 이용자들을 이용하여 조사할 수 있으며 통제된 상황(실험실이나 실험 상황)에서 측정할 수도 있다.
- 정확률과 재현율은 대개 서로 반비례한다.
- 부적합한 아이템들은 때로는 잡음(noise) 또는 누락(misses)이라고도 한다.
- 검색 시스템의 성능을 평가하기 위해 사용되는 표본의 크기와 구성은 성과에 영향을 미친다 – 정확률과 재현율은 다양해질 것이다.[33]

많은 경우에, 시스템에 포함되어 있는 적합한 아이템들의 전체 숫자를 알 수 없는데, 이 때문에 정확률과 재현율의 산정이 의심을 받고 있다.

Anita Ondrusek는 최종 이용자 행태들을 조사한 163건의 연구들에 대한 포괄적이고, 체계적인 리뷰를 준비하고, 가장 풍부한 데이터 세트들을 산출하는 연구들은 다수의 방법론을 결합하고 다수의 변인들을 검토한 프로젝트들이라는 사실을 밝혀냈다. 둘 이상의 다른 방법들과 결합했을 때, 트랜잭션 로그 분석은 대규모 데이터 세트들을 만들어냈다. 다양한 연구들에 포함되어 있는 변인들은 여섯 가지 변인, 즉 최종 이용자 기질, 시스템 속성, 조직 상황, 과업과 요청 특성, 수행 최종 성과(performance outcomes)와 장애 요인들, 결과 측도들로 그룹화할 수 있다.[34]

33) Carol Tenipor. Full-Text Databases, in Martha Williams (Ed.). *Annual Review of Information Science and Technology*. White Plains, NY: Knowledge Industries, 1984; Carol Tenopir and Jung Sung Ro. *Full-Text Databases*. New York: Greenwood, 1990; Gholamreza F. Araghi. Major Problems in Retrieval Systems. *Cataloging & Classification Quarterly*, 40 (1), 2005, 43-53; Marcia D. Kerchner. A Dynamic Methodology for Improving the Search Experience. *Information Technology & Libraries*, 25 (2), June 2005, 78-87; Charlotte Wien. Sample Sizes and Composition: Their Effect on Recall and Precision in IR Experiments with OPACs. *Cataloging & Classification Quarterly*, 29 (4), 2000, 73-85.

13.4.3. 온라인 목록

도서관 온라인 목록에서 입수할 수 있는 표준적인 보고서들을 조사하면 색인이 얼마나 자주 이용되고, 탐색이 얼마나 자주 실패하며, 탐색을 포기하는 포인트가 어디인지 등에 관한 정보가 드러나게 될 것이다.

이용자는 꺾이지 않는다.

— *Karen Schneider* *

1996년에 Christine Borgman은 대부분의 온라인 목록의 설계는 이용자들이 확고한 목적을 가지고 질의들을 만들어내고 저자나 표제, 주제에 관한 완전한 지식을 가지고 있는 것으로 추정하고 있다고 주장하였다. 그러나 리서치에서는 이용자들은 전통적인 접근점들의 어느 것에도 불완전한 정보를 가지고 목록에 접근하며, 따라서 온라인 목록들은 질의에 연결시키기보다는 질문에 답변하도록 설계되어야 한다는 사실을 보여주고 있다.[35] 벤더들은 수년 동안 기능을 추가해오고 있지만, 온라인 목록은 도입 이래로 본질적으로 변화되지 않은 채 남아 있다는 사실은 그대로이다. 최근 논문에서, Karen Markey는 온라인 목록의 위상이 추락하고 있는 이유들을 다음과 같이 검토하였다.

- 도서관 온라인 목록을 탐색하게 되면 사람들은 감정적인 롤러코스터에 올라타게 된다.
- 정보 니즈(information needs)를 단어들로 변환하기가 어렵다.
- 여러분이 무엇을 원하는지 그리고 어디에서 찾아야 할는지를 아는 것이 중요하다.

---

34) Anita L. Ondrusek. The Attributes of Research on End-User Online Searching Behavior: A Retrospective Review and Analysis. *Library & Information Science Research*, 26, 2004, 221-65.

* Karen G. Schneider. *The User Is Not Broken: A Meme Masquerading as a Manifesto*. 2006. Available at www.freerangelibrarian.com.

35) Christine L. Borgman. Why Are Online Catalogs Still Hard to Use? *Journal of the American Society for Information Science*, 47 (7), July 1996, 493-503.

• 알지 못하는 어떤 것을 탐색하다 보면 결과적으로 부산하고, 아무 방향 없이, 닥치는 대로 하는 활동을 하게 된다.[36)]

웹 기반 목록의 이용자들은 흔히 아주 용이하게 스크린에서 스크린으로 이동할 수 있다. 그러나 그들의 행동은 잘못된 결론을 도출해낼 수 있다. Washington State University 도서관들에서 이루어진 연구에서는 이용자들은 어떤 것을 찾아내지 못했을 때는 도서관이 그것을 소장하지 않고 있다고 결론짓는 경우가 많다는 사실을 발견하였다. 학생들도 목록의 다양한 특징들, 예를 들면 제한하는 기능을 올바르게 사용하는 데 있어 많은 문제점들을 가지고 있었다.[37)]

네 개 학술도서관 온라인 목록에 대한 관찰 연구에서는 총 98가지 사용성 문제점들이 도출되었다. 이러한 문제점들은 여섯 개 그룹으로 분류되었는데, 레이아웃(36퍼센트), 사용 편리성(20퍼센트), 기능(17퍼센트), 용어법(16퍼센트), 피드백, 도움말(help)이 그것이다.[38)]

놀라운 것은 아니지만, 인터넷은 분명히 모든 관종(館種)의 도서관 이용자들에게 영향을 미치고 있다. Eric Novotny는 초보 이용자들은 탐색 유형을 선택하고 탐색 결과들을 평가할 때 참을성이 없다는 사실을 발견하였다. 그들은 탐색 결과들은 적합성(relevance)에 의해 분류된다고 추정하였으며 따라서 결과들의 초기 화면을 지나 브라우징하는 경우가 많지 않았다. 흥미롭게도, 더 많은 경험을 가지고 있는 이용자들이 더 구체적인 키워드 용어들을 이용하였으며, 탐색 결과들을 리뷰하고 그 옵션들을 검토하는 데 더 많은 끈기를 보였다.[39)] 과업이 어떤 유형의 탐색을 필요로 하든, 참여자들은 간단한 키워드 탐색을 통해 최적의 결과들이 적합성 순으로 제시되기를 기대

36) Karen Markey. The Online Catalog: Paradise Lost and Paradise Regained? *D-Lib Magazine*, 13 (112), January/February 2007. Available at http://dlib.org/dlib/january07/markey/01markey.html.

37) Janet Chisman, Karen Diller, and Sharon Walbridge. Usability Testing: A Case Study. *College & Research Libraries*, 60, November 1999, 552-69.

38) Hayley White, Tim Wright, and Brenda Chawner. Usability Evaluation of Library Online Catalogues. *Proceedings of the Seventh Australasian User Interface Conference, Hobart, Australia*, 2006, 50. Conferences in Research and Practice in Information Technology, Wayne Pickarski (Series Ed.). Available at crpit.com/confpapers/CRPITV50White.pdf.

하는 경향을 보였다.

Judith Kelly는 온라인 목록의 이용자들에 의해 구조화된 정신 모델들(mental models)에 대해 더 잘 이해하기 위해, 사고 발화 방법(think aloud method)을 이용하고 트랜잭션 로그 분석을 통해 보완하는, 질적 연구를 실행하였다. Kelly는 이 개인들은 정보 검색에 대한 더 광범위한 정신 모델을 구축한다는 사실을 밝혀냈다.40)

Susan Augustine과 Courtney Greene은 특정 과업을 수행하기 위한 시간의 양과 클릭수를 측정하고 이러한 측도들을 "전문가"의 것들과 비교하였다.41) 그들은 이용자들이 온라인 목록을 탐색할 때 시행착오 방법을 이용하고, 자신들이 검색하는 정보를 해석할 수 없는 경우가 많으며, 공통적으로 사용되는 용어법을 이해하고자 노력한다는 사실을 발견하였다. University of Illinois at Chicago에서 실행한 웹 사용성 연구에서도 유사한 결과들을 지적하였다.42)

Karen Markey와 그 동료들은 어린이들과 성인들이 세분된 주제명 표목을 이해하는 정도를 밝혀내기 위해 주제명 표목들에 대한 최종 이용자의 이해를 조사하였다. 세 개 Michigan 공공도서관에서는 연구에 참여할 총 48명의 어린이들과 48명의 성인들을 모집하였다. 이 연구에서는 이용자들이 주제명 표목에 부여한 의미의 약 36퍼센트가 올바른 것이었다는 사실을 밝혀냈다. 최종 이용자의 이해는 맥락(context)이나 주제명 표목 순서의 영향을 받지는 않았다. 연구팀은 주제 접근의 전체 개념에 대해 고민해야 한다는 사실을 도서관계에 상기시켜 주었다.43)

---

39) Eric Novotny. I Don't Think I Click: A Protocol Analysis Study of Use of a Library Online Catalog in the Internet Age. *College & Research Libraries*, 65 (6), November 2004, 525-37.

40) Judith J. Kelly. What Do They Think They're Doing? Mental Models of Online Catalog Users in an Academic Library. Ph.D. dissertation, University of Georgia, Athens, 1995.

41) Susan Augustine and Courtney Greene. Discovering How Students Search a Library Web Site: A Usability Case Study. *College & Research Libraries*, 63 (4), July 2002, 354-65.

42) Steve Brantley, Annie Armstrong, and Krystal M. Lewis. Usability Testing of a Customizable Library Web Portal. *College & Research Libraries*, 67 (3), March 2006, 146-63.

43) Karen M. Drabenstott, Schelle Simcox, and Eileen G. Fenton. End-User Understanding of Subject Headings in Library Catalogs. *Library Resources & Technical Services*, 43 (3), July 1999, 140-60.

13.4.4. 도서관 웹 사이트

분명히 사람들은 웹을 그것을 통해 이동하는 공간의 한 유형으로 경험한다. 사람들은 인지 지도(cognitive maps)를 구축하고 그들의 경험을 기술하기 위해 궤적(trajectory)과 컨테이너(container) 은유의 믹스를 이용한다. 즉 "나는 . . .에 갔었다" 그리고 "나는 . . .에서 그것을 찾았다"는 것이 그것이다. 사람들은 웹사이트들을 기억하고(북마크들) 혼동하게 된다. 간단한 클릭만으로 어느 한 웹사이트에서 다른 웹사이트로 아주 신속하게 이동할 수 있다. 멀티미디어를 효과적으로 이용하는 수많은 사이트들에도 불구하고, 웹상에서 이루어지는 커뮤니케이션의 주된 형식은 여전히 텍스트이다. Peter Morville은 "발견 가능성"(findability)은 물리적 세계와 디지털 세계를 연결해주는 다리라고 주장하고 있다.[44]

Calvin Mooers에 의해 1959년에 처음 만들어진 Mooers의 법칙은 다음과 같이 설명하고 있다.

> 정보 검색 시스템은 고객이 정보를 가지고 있지 않은 것보다 정보를 가지고 있는 것이 더 고통스럽고 골치 아플 때는 언제나 이용되지 **않는** 경향을 갖게 될 것이다.[45]

웹 환경에서 Mooers의 법칙이 갖는 함의(含意)는 사용성 연구와 이용자 중심 설계로 이어지고 있다. 분명한 주문은 도서관 웹사이트를 간단하게 만들고 사용하기 쉽게 만드는 것이다. 그리고 부디 생각하게 하지 말라.

웹사이트의 어떤 부분을 방문하고 어떤 포인트에서 이용자들이 사이트를 떠나는지를 추적하는 다양한 도구들을 이용할 수 있다. 웹사이트의 아주 자주 이용되지 않는 부분들은 위치를 조정하거나 삭제해야 한다.

트랜잭션 로그 분석은 이용자들이 웹사이트를 이리저리 움직이는 방식을 컴퓨터 시스템에서 추적하는 비통보식 방법(unobtrusive method)이다.

---

44) Peter Morville. *Ambient Findability*. Sebastopol, CA: O'Reilly, 2005.

45) American Documentation Institute(October 24, 1959) 연차 총회의 패널 토의 중 Calvin Mooers가 한 말이다. 다음 자료도 보라. Calvin N. Mooers. Mooers' Law: Or Why Some Retrieval Systems Are Used and Others Are Not. *American Documentation*, 11 (3), 1990, 1.

각 "클릭"은 로그화되며, 다양한 방식으로 이를 기술할 수 있다. 그러나 트랜잭션 데이터를 추출하고 분석하기 위해서는 상당한 시간과 컴퓨터 프로그래밍 재능이 필요하다. 트랜잭션 로그 분석의 진정한 가치는 이용자들이 한다고 말하고 있는 것과 비교하여 그들이 실제로 무엇을 하고 있는지 도서관이 이해하게 될 것이라는 점이다.

도서관 웹사이트에 대한 많은 연구들은 이용자의 관점에서 사이트의 사용성을 평가하기보다는 오히려 개발자나 관리상의 초점을 가지고 있다. 예를 들면, John D'Angelo와 Sherry Little은 웹 설계 지침들을 따르고 있는 정도를 밝혀내기 위해 20개 도서관 웹사이트들을 평가하였다.[46] Mark Stover와 Steven Zink는 특징 카운트 비교(feature-counting comparison)에서 40개 학술도서관 웹사이트들을 조사하였다.[47] David King은 120개 ARL 웹사이트들에 나타나는 레이아웃과 특징들을 비교하였다.[48] Laura Cohen과 Julie Still은 100개 학술도서관 웹사이트들의 구조와 목적을 비교하고 정보와 참고, 리서치, 교육의 네 개 분류를 개발하였다.[49] 도서관에서 사용성 테스트를 어떻게 실행했는지를 설명해주는 그 밖의 시행 결과들에 관한 너무나도 많은 논문들을 입수할 수 있다.

도서관 웹사이트 어세스먼트의 테스트 질문들은 일반적으로 서지 교육(bibliographic instruction) 세션과 유사한 패턴을 따른다. 응답자는 특정 토픽에 관한 저널 논문을 찾을 수 있는가? 응답자는 특정 도서를 찾을 수 있는가? 응답자는 자신의 고객 프로필을 변경할 수 있는가? 이러한 질문들에 대한 답변들은 "브로콜리 도서관학"(broccoli librarianship)의 규범을 구성한다. 즉 "이용자에게 좋기" 때문에 그들이 "알아야" 한다고 사서들이 느끼는 정보가 그것이다.[50]

---

46) John D' Angelo and Sherry K. Little. Successful Web Pages: What Are They and Do They Exist? *Information Technology & Libraries*, 17, June 1998, 71-81.

47) Mark Stover and Steven D. Zink. World Wide Web Home Page Design: Patterns and Anomalies of Higher Education Library Home Pages. *Reference Services Review*, 24, 1996, 7-20.

48) David L. King. Library Home Page Design: A Comparison of Home Page Layout for Front-Ends to ARL Library Web Sites. *College & Research Libraries*, 59, September 1998, 458-65.

49) Laura B. Cohen and Julie M. Still. A Comparison of University Research and Two-Year College Library Web Sites. *College & Research Libraries*, 60, May 1999, 275-89.

사용성 테스트는 인위적인 상황을 만들어내기 때문에 테스트에 관해 주의를 기울여야 하며, 테스트 행위는 결과에 영향을 미칠 수 있다. 테스트의 구상은 테스트가 실행되는 방식을 결정하고 결과들에 간접적으로 영향을 미치게 될 것이다.[51] 많은 응답자들은 기초적인 도서관 기술들이 결여되어 있거나 도서관 용어의 사용 때문에 혼동을 일으키기 때문에 어려움을 겪게 될 것이라는 사실은 테스트를 더 복잡하게 할 것이다.

웹사이트의 정보를 조직화하는 방식은 사이트를 이용하는 방식 또는 나아가서 사이트의 이용 여부에 부정적인 영향을 미칠 수 있다. 사서들로 이루어진 팀에 의해 개발된 University of Arizona 도서관 웹사이트에 대한 연구에서 개발자들은 이용자들이 도서관 정보가 어떻게 조직화되어 있는지를 이해하고 있다고 잘못된 추정을 하고 있다는 사실을 밝혀냈다.[52] University of Washington 도서관들에서는 자원들의 레이아웃과 그룹화가 목록과 온라인 색인들을 구분할 수 있는 이용자들의 능력에 상당한 영향을 미친다는 사실을 발견하였다.[53] Memorial University of Newfoundland 도서관들에서 이루어진 사용성 연구에서는 도서관 웹사이트들은 사람들이 정보 추구 문제점들을 어떻게 접근하고 있는지 고려하지 못하고 있으며 전통적인 도서관 구조들을 반영하는 경우가 많다는 사실을 밝혀냈다.[54]

몇몇 연구들에서는 도서관 이용자들은 도서관의 온라인 목록과 온라인 인용 색인, 전문(全文: full text) 데이터베이스, 연속간행물 소장 목록의 기능이나 내용에 대해 이해하지 못하고 있다는 사실에 주목하고 있다. 예를 들면, Johns Hopkins University[55]와 University of Northern Colorado[56]에서

---

50) Candice Benges and Janice J. Brown. Test, Review, and Retest: Usability Testing and Library Web sites. *Internet Reference Services Quarterly*, 5, 2001, 37-54.

51) Allison J. Head. Web Redemption and the Promise of Usability. *Online*, 23 (6), November/December 1999, 20-32.

52) Ruth Dickstein and Vicki Mills. Usability Testing at the University of Arizona Library: How to Let the Users in on the Design. *Information Technology and Libraries*, 19, 2000, 144-51.

53) Karen Eliasen, Jill McKinstry, and Beth Mabel Fraser. Navigating Online Menus: A Quantitative Experiment. *College & Research Libraries*, 58, November 1997, 509-16.

54) Louise McGillis and Elaine G. Toms. Usability of the Academic Library Web Site: Implications for Design. *College & Research Libraries*, 62, July 2001, 355-67.

이루어진 서베이들에서는 데이터베이스 탐색과 정기간행물에 대한 색인들을 찾아내고 이용하는 데 어려움을 겪고 있다는 사실을 지적하였다.

Western Michigan University에서 이루어진 연구에서는 학생들의 그룹에게 특정 토픽에 관한 논문을 찾도록 요청하여, 46퍼센트의 학생들이 도서관의 웹사이트에서 시작하는 데 성공을 거두지 못하였다는 사실을 발견하였다. 실패의 가장 공통적인 이유는 학생들이 도서관의 온라인 목록을 탐색하였다는 사실이었다 — 물론 목록은 도서들을 리스트하지만 정기간행물은 리스트하지 않는다.[57)]

몇몇 연구들에서는 연구 참여자들이 그 내비게이션과 시각적 미학에 대해 사용자 인터페이스를 주관적으로 아주 높게 평가하는 경우가 많다는 사실을 지적하고 있는 반면, 트랜잭션 로그 분석을 이용한 웹사이트의 실제 이용에 대한 상세한 분석에서는 이용자들이 상당히 많은 어려움을 겪고 있다는 사실을 보여주고 있다.[58)] 특히 원거리에 위치한 이용자들에 의한, 점점 더 증가하는 웹사이트들의 이용을 고려하면, 웹 인터페이스는 명확하고, 내비게이션하기 쉬우며, 서로 다른 학습 스타일을 수용하는 중복성(redundancy)을 가져야 한다. 추가의 연구들에서는 도움말(help) 형식의 내비게이션 지원과 "... 검색 방법"(how to find . . .) 도구들은 부실하고 일관성 없는 용어법 때문에 확인하기 어렵다는 사실을 보여주고 있다.[59)]

---

55) Jill Coupe. Undergraduate Library Skills: Two Surveys at Johns Hopkins University. *Research Strategies*, 11, Fall 1993, 188-201.

56) Arlene Greer, Lee Weston, and Mary Alm. Assessment of Learning Outcomes: A Measure of Progress in Library Literacy. *College & Research Libraries*, 52, November 1991, 549-57.

57) Barbara J. Cockrell and Elaine Anderson Jayne. How Do I Find an Article? Insights from a Web Usability Study. *The Journal of Academic Librarianship*, 28 (3), May 2002, 122-32.

58) Maryellen Allen. A Case Study of the Usability Testing of the University of South Florida's Virtual Library Interface Design. *Online Information Review*, 26, 2002, 40-53; Shelley Gullikson, Ruth Blades, Marc Bragdon, Shelley McKibbon, Marnie Sparling, and Elaine G. Toms. The Impact of Information Architecture on Academic Web Site Usability. *Electronic Library*, 17 (5), 1999, 293-304.

59) Susan McMullen. Usability Testing in a Library Web Site Redesign Project. *Reference Services Review*, 29, 2001, 7-22; Louise McGillis and Elaine G. Toms. Usability of the Academic Library Web Site: Implications for Design. *College & Research Libraries*, 62, 2001, 355-67; Brenda Battleson, Austin Booth, and Jane Weintrop. Usability Testing of an Academic Library Web Site: A Case Study. *Journal of Academic Librarianship*, 27, 2001, 188-98.

University of Mississippi 도서관에서는 도서관 웹사이트의 사용성 어세스먼트에 여러 방법을 이용하였다. 수집된 양적 측도과 질적 측도는 다음과 같다.

- 목표에 도달하기 위한 클릭수
- 과업 완료에 소요된 시간
- 과업이 성공적으로 완료되었는지의 여부
- 참여자의 만족 수준
- 망설임을 보여주는 사인
- 욕구 불만의 표시
- 이용자 의견
- 관찰자 의견[60)]

조 언

사용성 테스트에 정말 관심이 있는 사람들은 미국 보건복지부(Department of Health and Human Services)의 *Research-Based Web Design & Usability Guidelines*[61)]를 다운로드하라. 총 209개 지침들을 제공하고 있다. 각 지침은 웹사이트의 성공에 대한 "상대적 중요성"(relative importance)의 등급을 보여주고 있다.

도서관 웹 사용성 테스트의 거의 대다수는 "사용 편리성"(ease of use) — 이용자가 얼마나 신속하게 과업을 완수할 수 있는가 — 에 초점을 맞추고 있다. "유용성"(usefulness)에는 거의 노력을 기울이지 못하고 있으며, 따라서 도서관들은 큰 그림을 놓치고 있는 것이다. Leslie Porter는 비즈니스 세계에서 사용하는 다양한 사용성 기법들에 대한 훌륭한 개관을 제공하고 도

60) Elizabeth Stephan, Daisy T. Cheng, and Lauren M. Young. A Usability Survey at the University of Mississippi Libraries for the Improvement of the Library Home Page. *The Journal of Academic Librarianship*, 32 (1), January 2006, 35-51.

61) Available at http://usability.gov/pdfs/guidelines_book.pdf.

서관의 웹사이트들을 개선시키기 위해 그것들을 어떻게 적용할 수 있는지를 설명하고 있다.[62] 도서관 고객들에게 도서관 웹사이트의 가치는 무엇인가?

(1) 서베이

서베이를 준비하고 응답자들의 그룹에게 웹사이트의 다양한 특징들과 기능들에 대한 만족 수준을 표시해 주도록 요청할 수도 있다. 앞서 지적한 것처럼, 많은 사용성 연구들에서 다른 평가 기법들과 연결하여 만족도 서베이들을 사용하였다. 서베이와 그 발전, 이용, 데이터 분석의 상세한 내용에 대해서는 제5장을 참고하기 바란다.

University of the Pacific Library에서 실시된 연구에서는 학생들이 온라인 목록에서 이루어지는 도서들의 탐색에 관해서는 지식을 갖추고 있었지만 저널 정보를 확인하는 데는 더 큰 어려움을 겪는 것으로 나타났다.[63]

(2) 실 험

실험들은 하나 이상의 변인들이 다른 변인과 갖는 관계를 더 잘 이해하기 위해 연구자가 많은 변인을 통제할 수 있도록 해준다. 사용자 인터페이스와 인간과 온라인 목록이나 웹사이트의 상호 작용을 조사하기 위해 많은 실험들이 이용되고 있다. 예들로는 Pauline Atherton의 Books Project[64]와 British Okapi 프로젝트,[65] 적합성 피드백에 관한 Nicholas Belkin의 프로젝트,[66] Karen Markey의 온라인 목록 프로젝트[67]가 있다.

---

62) Leslie Porter. Library Applications of Business Usability Testing Strategies. *Library Hi Tech*, 25 (1), 2007, 126-35.

63) Janice Krueger, Ron L. Ray, and Lorrie Knight. Applying Web Usability Techniques to Assess 'Student Awareness of Library Web Resources. *The Journal of Academic Librarianship*, 30 (4), July 2004, 285-93.

64) Pauline Atherton. *Books Are for Use: Final Report of the Subject Access Project to the Council on Library Resources*. Washington, DC: Council on Library Resources, 1978.

65) Stephen E. Robertson, Stephen Walker, and Micheline Hancock-Beaulieu. Experimentation as a Way of Life: Okapi at TREC. *Information Processing & Management*, 36 (1), January 2000, 95-108; Edward M Keen. The Okapi Projects. *Journal of Documentation*, 53, January 1997, 84-87.

13.5. 요 약

이러한 리서치 발견 결과들에 비추어 보면, 온라인 시스템의 평가에 관해 다음과 같은 결론에 도달할 수 있다.

- 사용성 평가에 대한 더 균형 잡힌 어세스먼트를 제공하기 위해서는 양적 방법을 보완하기 위해 질적 방법을 이용해야 한다.
- 온라인 시스템, 특히 도서관의 웹사이트를 개량하고 개선하는 것은 일년 이상 경과하도록 방치하기보다는 정기적으로 이루어져야 한다.
- 온라인 시스템은 도서관 용어법과 전문 용어를 사용하기보다는 이용자들이 이해하게 될 어휘를 반영해야 한다.
- 다수의 시스템들(어떤 토픽에 관한 책과 저널, 논문을 찾기 위한)을 사용해야 할 필요성 때문에 제기되는 복잡성은 도서관이 더 광범위한 오디언스(audience)에게 관심을 끌도록 하기 위해서는 극복해야 한다.
- 차세대 온라인 목록을 개발할 시간이 상당히 늦어지고 있다. 새로운 온라인 목록은 Amazon과 Google과 같은, 잘 알려진 인터넷 사이트에 공통적으로 나타나는 다양한 특징들 – 순위순 검색(ranked order retrieval), 추천 기능(more like this), 철자법 오류 수정(did you mean), 간단한 사용자 인터페이스 – 을 포괄해야 한다.

제14장

서지/도서관 교육과 정보 리터라시의 평가

세심하게 표적화하고, 철저하게 준비하고, 훌륭하게 발표되고, 적절하게 평가되는 이용자 교육은 정말로 많은 비용이 들어가게 될 것이다. 우리는 S. R. Ranganathan의 도서관학의 네 번째 법칙, 즉 "독자의 시간을 절약하라"를 기억할 수도 있을 것이다. 이것은 비용효과의 원칙, 즉 "사서의 시간을 절약하라"보다 더 중요하다.

— *Tom Eadie* *

14.1. 서비스 정의

상당 기간 동안, 도서관들(일반적으로 학술도서관들)은 때로는 도서관 리서치 교육(library research instruction)이라고도 하는 서지 교육(bibliographic instruction)을 이런 저런 명분 아래 제공하고 있다. 주목해야 할 흥미로운 점은 서지 교육의 필요성을 야기하는 복잡성을 줄이기 위해 도서관은 거의 어떤 노력도 기울이지 않고 있다는 사실이다.

대부분의 도서관들은 그와 같은 교육이 의무화되어 있다고 가정할 때, 모든 신입생들에게 서지 교육을 제공할 예산이나 직원을 갖추고 있지 못하기 때문에, 일부 도서관들은 도서 교육의 개념을 신입생 레벨의 과목들과 통합하는 접근법을 선택하고 있다. 가능한 최상의 세계에서는, 사서와 교과목 담당 교수가 협력하여 콘텐트를 설계하고 있다.

* Tom Eadie. Immodest Proposals: User Instruction for Students Does Not Work. *Library Journal*, 115 (17), October 15, 1990, 44.

14.2. 평가 질문

서지 교육 및 정보 리터라시에 관한 다음과 같은 질문들에 대해 평가가 이루어지고 있다.

- 서로 다른 유형의 교수 방식(instructional modes) 때문에 기술 습득에 차이가 발생하는가?
- 교육의 결과로 도서관 기술이 얼마나 향상되는가?
- 학생들은 교육에 만족하고 있는가?
- 교육을 받는 학생들은 도서관을 더 자주 이용하는가?
- 교육의 결과로 학업 성과(academic performance)가 향상되는가?

14.3. 평가 방법

서지 교육과 도서관 교육 프로그램들에 대한 평가는 상당한 양의 문헌을 생산해내고 있다. 그러나 이 영역에서 이루어진 리서치는 일반적으로 그 프로그램이 교육을 받은 사람의 삶에 미치는 영향에 대한 어세스먼트보다는 교육 프로그램을 개선하기 위한 방법들에 초점을 맞추고 있다.

서지 교육과 도서관 교육 프로그램들을 평가하기 위해 이용되는 방법들에는 다음과 같은 것들이 있다.

- 기술 서베이(skill surveys)
- 만족도 서베이(satisfaction surveys)
- 도서관 이용 확인
- 개선된 학업 성과 확인

14.4. 이전의 평가와 리서치에 대한 논의

서지 교육 어세스먼트 활동들은 의견 조사(opinion surveys)와 지식 테스트(knowledge testing), 실제 도서관 이용의 관찰, 학생 유지(student persistence)의 네 개 범주들로 구분할 수 있을 것 같다.[1] 이하의 개관에서는 이러한 범주들을 이용하여 구조화하고자 한다.

14.4.1. 의견 서베이

Richard Werking에 의하면, 어떤 서지 교육 평가가 이루어졌는가는 중요하지 않았다.[2] 일반적으로 평가들은 학습 역량들과 그 밖의 최종 성과의 개발보다는 이용자 만족도에 초점을 맞추고 있었다.[3] 교육의 편익들을 확인하는 데 어려움이 있었다는 사실은 차치하고서라도, 사용된 도구들(서베이와 기술 테스트)은 타당도와 신뢰도가 결여되어 있는 경우가 많았다 — 응답들이 묻고 있는 질문이나 평가하고 있는 기술과 연결되지 않을 수도 있기 때문에 결과들이 신뢰성을 갖는다고 확신할 수 없다.[4] 그 대중성에도 불구하고, 의견 서베이(opinion surveys)는 질문들이 흔히 도구 개발자들의 편향(biases)을 반영하고 있고, 산출되는 데이터가 그 기관의 맥락 내에서 교육의 유효성을 측정해주지 않는다는 일차적인 결점들을 가지고 있었다. 아울러 자기 보고식(self-reported) 데이터는 타당도 문제점을 초래할 수도 있을 것이다.

한 연구에서는 85퍼센트의 응답자들이 그 수업에 대해 긍정적인 입장을 유지하고 있었고 기술들을 가지고 있었다는 사실을 발견하였다.[5] 6년의 기

1) John C. Selegean, Martha Lou Thomas, and Marie Louise Richman. Long-Range Effectiveness of Library Use Instruction. *College & Research Libraries*, 44 (6), November 1983, 476-80.

2) Richard Werking. Evaluating Bibliographic Instruction: A Review and Critique. *Library Trends*, 29, Summer 1980, 153-72.

3) Tom Eadie. Beyond Immodesty: Questioning the Benefits of BI. *RQ*, 21, 1982, 331-33.

4) Eric Landrum and Diana Muench. Assessing Student Library Skills and Knowledge: The Library Research Strategies Questionnaire. *Psychological Reports,* 75, 1994, 1617-24.

5) Gabrielle Wong, Diana Chan, and Sam Chu. Assessing the Enduring Impact of Library Instruction Programs. *The Journal of Academic Librarianship,* 32 (4), July 2006, 384-95.

간 동안 결과들을 추적한 또 한 연구에서는 학생들의 인구 통계나 이전의 도서관 교육, 도서관 자원들에 대한 이전의 이용과 그들이 도서관 교육을 평가하는 방법 사이에서 거의 어떤 관계도 발견하지 못하였다.[6]

Constance Mellon은 75퍼센트 내지 85퍼센트의 학생들이 도서관에 대한 자신들의 첫 응답을 두려움이나 불안의 측면에서 기술하고 있다는 사실을 밝혀냈다.[7] 학생의 태도 변화를 측정하는 데 초점을 맞추고 있는 연구들은 어떤 방법으로도 학생 학습에 나타나는 어떤 변화도 측정하지 못하고 있다.

14.4.2. 지식 테스트

한 연구에서는 고급 통계 방법론(다중 회귀 기법)을 이용하여 장기간에 걸쳐 도서관 기술들을 갖추고 있는 것과 그것이 도서관 기술 교과목들을 선택한 학생들에게 미치는 영향을 평가하였다. 교과목을 수강한 후 터득한 기술들을 적극적으로 사용한 학생들은 최선의 기술을 갖추고 있는 반면(여기에는 놀라울 게 없다), 이 연구에서는 도서관 기술을 갖추고 있는 것과 SAT 점수나 최종 평균 평점(GPA: grade point averages) 간에 어떤 유의한 관계도 없다는 사실을 밝혀냈다.[8] 그러나 Library Orientation Test를 이용한 경우에는 81명의 학생들로 이루어진 표본에서 평균 평점의 측면에서 학문적 성공(academic success)을 예측할 수 있는 것으로 나타났다.[9] 또 한 연구에서는 도서관 정보 역량 과목과 학생들의 GPA 간에는 어떤 유의한 상관 관계도 나타나지 않는 것으로 밝혀졌다.[10]

6) Cathy Moore-Jansen. What Difference Does It Make? One Study of Student Background and the Evaluation of Library Instruction. *Research Strategies*, 15 (1), 1997, 26-38.
7) Constance A. Mellon. Library Anxiety: A Grounded Theory and Its Development. *College & Research Libraries*, 47, March 1986, 162-3.
8) Larry Hardesty, Nicholas P. Lovrich Jr., and James Mannon. Evaluating Library-Use Instruction. *College & Research Libraries*, 43, January 1982, 38-46.
9) Donna Corlett. Library Skills, Study Habits and Attitudes, and Sex as Related to Academic Achievement. *Educational and Psychological Measurement*, 34 (4), 1974, 967-69.
10) Deborah Moore, Steve Brewster, Cynthia Dorroh, and Michael Moreau. Information Competency Instruction in a Two-Year College: One Size Does Not Fit All. *Reference Services Review*, 30, November 2002, 300-306.

자기 평가(self-assessment)는 흔히 신뢰도나 타당도를 갖지 못하기 때문에 심각한 방법론상의 문제점들을 제기해준다. 예를 들면, 90퍼센트의 학생들이 자신들의 도서관 기술을 적합하다고 판단하였지만, 능력에 대한 테스트에서는, 겨우 53퍼센트만 "최소한의 능력을 갖추고 있는" 것으로 입증되었다.[11]

사전 테스트와 사후 테스트 방법을 이용하면 과목 이수 결과로 이루어지는 지식 전달을 더 정확하게 이해할 가능성이 있다. 404명의 학생들을 표본으로 하여 이 접근법을 이용한 한 연구에서는 사전 테스트와 사후 테스트 결과 간에 어떤 차이도 없는 것으로 나타났다.[12] 1,197명의 학생들로 이루어진 대규모 표본을 이용한 또 한 연구에서는 도서관 과목이 참여자들의 도서관 기술을 어느 정도 개선시키는 것으로 나타났다.[13] 그러나 동일한 도구를 사전 테스트와 사후 테스트에 사용하면, 학생들이 질문을 기억할 가능성이 있고 따라서 자연스레 그 점수들이 향상될 것이므로, 보고된 개선들은 의문스러운 것이다. 또한 학생들이 교육을 받은 직후에 테스트를 받게 되면, 단기적 개선이 지속될 가능성이 없다.

일단의 규정된 기술들에 초점을 맞추는 것은 교육이 도서관에서 이루어지는 실제 이용과 행태에 미치는 영향을 평가하는 것이 아니다.

또 한 연구에서는 학생들이 준비한 학기말 보고서(term papers)의 품질을 평가하고 학생들의 장기적인 과정 수료 비율을 추적하였다. 도서관 오리엔테이션 과정을 수료한 학생들은 더 훌륭한 보고서들을 작성하는 것으로 나타났으며, 오리엔테이션 과목을 택하지 않은 학생들과 비교해볼 때 과정 수료 비율이 더 높았다.[14] 유사한 발견 결과들이 이전의 연구들에서도 지적된 바 있다.[15] 상반되는 관점을 제공하는 또 하나의 분석에서는 도서관 교

11) Susan A. Ware, J. Deena, and A. Morganti. Competency-Based Approach to Assessing Workbook Effectiveness. *Research Strategies*, 4 (9), Winter 1986, 4-10.

12) Nancy W. Colborn and Rossane M. Cordell. Moving from Subjective to Objective Assessments of Your Instruction Program. *Reference Services Review*, 26, Fall/Winter 1998, 125-37.

13) John S. Riddle and Karen A. Hartman. But Are They Learning Anything? Designing an Assessment of First Year Library Instruction. *College & Undergraduate Libraries*, 7, 2000, 66.

14) Patricia S. Breivik. Brooklyn College: A Test Case, in *Open Admissions and the Academic Library*. Chicago: American Library Association, 1977.

육 프로그램은 학생들이 리서치 페이퍼들을 작성하기 위해 선택한 자료의 유형에 거의 어떤 차이도 없는 것으로 나타났다.[16] 아울러 인용 스타일과 인용의 전체 숫자, 인용의 다양성에 초점을 맞추는 것은 도서관 중심적 세계관이다. 가능한 다른 최종 성과들 중에서도, 교육을 통해 학생들이 더 나은 보고서를 작성하고 더 좋은 성적을 얻도록 도와주는 정도를 결정하는 것이 훨씬 더 중요하다.

더 최근의 연구에서는 인용의 이용(더 학술적인 자원의 이용과 불완전한 인용의 숫자)과 그 과목을 택하지 않은 학생들의 경우보다 도서관 과정을 택한 학생들의 경우가 교과목에서 받는 성적에는 통계적으로 유의한 차이들이 있는 것으로 나타났다.[17] 학기말 보고서 분석과 관련된 방법론상의 문제점은 참고 사서나 친구의 지원과 같은 그 밖의 변인들이 결과들에 개입할 수도 있다는 사실이다.

또 한 연구에서는 서지 교육 과목을 이수한 사람들과 그 과목에 출석하지 않은 통제 그룹 간의 유의한 차이들을 발견하였다. 서지 교육 과목에 참여한 사람들은 더 높은 평균 평점과 더 높은 유지율(persistence rate)을 보였지만, 졸업률에는 어떤 차이도 없었다.[18] 3년간에 걸친 연구에서는 도서관 이용 교육이 고유의 지적 능력이나 학업의 성실성(academic diligence)보다는 기술을 갖추고 있는 것과 훨씬 더 높은 상관 관계를 갖는 것으로 나타났다.[19]

Donald Barclay는 도서관 교육 과목에 대한 품질 평가의 부족은 기관의

---

15) Amy Dykeman and Barbara King. Term Paper Analysis: A Proposal for Evaluating Bibliographic Instruction. *Research Strategies*, 1, December 1983,14-21; David F. Kohl and Lizabeth A. Wilson. Effectiveness of Course Integrated Bibliographic Instruction in Improving Course Work. RQ,26, December 1986, 203-211; David N. King and John C. Ory. Effects of Library Instruction on Student Research: A Case Study. *College & Research Libraries*, 42 (1), January 1981, 31-41.

16) Mark Emmons and Wanda Martin. Engaging Conversation: Evaluating the Contribution of Library Instruction to the Quality of Student Research. *College & Research Libraries,* 63 (6), November 2002, 545-60.

17) Rui Wang. The Lasting Impact of a Library Credit Course. *portal: Libraries and the Academy*, 6 (1), January 2006, 79-92.

18) John C. Selegean, Martha Lou Thomas, and Marie Louise Richman. Long-Range Effectiveness of Library Use Instruction. *College & Research Libraries*, 44 (6), November 1983, 476-80.

19) Larry Hardesty, Nicholas P. Lovrich Jr., and James Mannon. Library-Use Instruction: Assessment of Long-Term Effects. *College & Research Libraries*, 43, 1982, 38-46.

제한된 지원과 시간 제약, 효과적인 평가 프로세스 개발의 어려움에 따른 결과라고 주장하였다.[20] Barclay의 해결책은 "우리의 시야를 더 낮추고, 우리가 가지고 있는 것을 가지고 우리가 할 수 있는 최선의 평가를 하는" 것이었다.[21] Barclay는 엉성한 리서치의 이용을 제안하기보다는, 계속해서 비록 완벽하지는 못하더라도, 어떤 데이터도 없거나 아니면 일화적인 관찰과 학생 만족도 서베이를 바탕으로 하는 소프트 데이터보다는 더 나은 데이터를 이용할 것을 추천하고 있다. Citadel 도서관에서는 그러한 접근법을 따랐는데, 여기에서는 사전 및 사후 테스트 점수들의 증거에 나타나 있는 것처럼, 서지 교육 과목을 선택한 학생들의 경우 도서관 이용이 증가하는 것으로 나타났다.[22]

Johns Hopkins University 연구에서는 신입생 도서관 기술의 기준 측도를 상급생들의 기술과 비교하여, 도서관에 대한 노출이 반드시 그와 같은 기술들을 개선시키지도 않으며, 학생들이 단독으로 훌륭한 도서관 기술들을 배우지도 않는다고 결론지었다.[23]

Carol Anne Germain 등은 매개된 온라인 교육이 전통적인 교실 교육보다 더 큰 사전 및 사후 테스트 개선을 가져온다는 사실을 밝혀냈다.[24] 그러나 또 한 연구에서는 온라인 교육과 전통적 교육 및 온라인 교육을 비교하여, 두 방법을 사용하는 경우 모두 기술들은 향상되었지만, 포맷에 기인하는 유의한 차이는 존재하지 않는다는 사실을 발견하였다.[25] University of the Pacific에서, Lorrie Knight는 교실 교육은 사전 및 사후 테스트 점수를 개선시키는

---

20) Donald Barclay. Evaluating Library Instruction: Doing the Best You Can with What You Have. *RQ*, 33, Winter 1993, 194-99.

21) *Ibid.*, 196.

22) Elizabeth Carter. "Doing the Best You Can with What You Have": Lessons Learned from Outcomes Assessment. *The Journal of Academic Librarianship*, 28 (1), January-March 2002, 36-41.

23) Jill Coupe. Undergraduate Library Skills: Two Surveys at Johns Hopkins University. *Research Strategies*, 11 (4), Fall 1993, 187-201.

24) Carol Germain, Trudi E. Jacobson, and Sue A. Kaczor. A Comparison of the Effectiveness of Presentation Formats for Instruction: Teaching First-Year Students. *College & Research Libraries*, 61(1), January 2000, 65-72.

25) Lucy Holman. A Comparison of Computer-Assisted Instruction and Classroom Bibliographic Instruction. *Reference and User Services Quarterly*, 40 (1), 2000, 53-60.

결과를 가져오는 반면, 온라인 교육은 점수를 높이지 못한다는 사실을 밝혀냈다.[26)]

Philadelphia 일원의 학부 과정(undergraduate institutions)에 개설된 교과목들에서 제출된 학생 서지들에 대한 양적 분석에서는 전자 정보원들이 거의 이용되지 않고 있다는 사실과 전자 자원들의 이용에 대한 교육과 이러한 정보원들의 이용량 증가 간에는 어떤 관계도 존재하지 않는다는 사실이 발견되었다.[27)] 추가 연구에서는 서지 교육 과정을 택한 학생들을 평가하여, 그 학생들이 그 과정을 선택하지 않은 사람들보다 더 많은 서지 기술들을 얻지 못한다는 사실을 밝혀냈다.[28)]

기초적인 문제점들 중 하나는 도서관 리서치 교육의 유효성을 측정하기 위해 개발된 많은 도구들은 타당도와 신뢰도와 같은 중요한 정신 측정학적 특성들(psychometric properties)이 결여되어 있다는 사실이다.[29)]

전통적인 교실 교육보다는, 쌍방향 멀티미디어(interactive multimedia) 웹사이트들이 특정 도서관 기술에 관한 교육을 제공할 수 있다. LUMENS Project에 대한 평가에서는 이용자들의 토픽에 대한 지식이 기술에 대한 사전 및 사후 테스트 어세스먼트를 바탕으로 할 때, 쌍방향 자료들을 보고난 후에 향상된 것으로 나타났다. 그러나 콘텐트를 기획하고 쌍방향 테크놀로지를 숙달하려면 사서들은 거의 어떤 방해도 받지 않는 멀티미디어 학습 환경에서 일할 수 있도록 해야 한다.[30)]

〈표 14-1〉은 이러한 연구들을 요약한 것이다.

---

26) Lorrie A. Knight. The Role of Assessment in Library User Education. *Reference Services Review*, 30 (1), 2002, 15-24.

27) Debbie Malone and Carol Videon. Assessing Undergraduate Use of Electronic Resources: A Quantitative Analysis of Works Cited. *Research Strategies*, 15 (3), 1997, 151-58.

28) David Eyman and Alven Nunley. *Effectiveness of Library Science 101 in Teaching Bibliographic Skills*. May 1977. ERIC Document ED 150 962.

29) E. Eric Landrum and Diana M. Muench. Assessing Students Library Skills and Knowledge: The Library Research Strategies Questionnaire. *Psychological Reports*, 75, 1994, 1619-28.

30) Karen Markey, Annie Armstrong, Sandy De Groote, Michael Fosmire, Laura Fuderer, Kelly Garrett, Helen Georgas, Linda Sharp, Cheri Smith, Michael Spaly, and Joni E. Warner. Testing the Effectiveness of Interactive Multimedia for Library-User Education. *portal: Libraries and the Academy*, 5 (4), 2005, 527-44.

도서관 교육 프로그램 연구의 개요 표 14-1

	지지됨	지지되지 않음
의견 서베이	Wong et al, (2006). 교육에 관한 긍정적 느낌. [395]	Werking (1980). 어떤 서지교육이 이루어졌는가는 중요하지 않다.
		Eadie (1982). 지역에서 개발된 도구들의 타당성 및 신뢰성 문제점들.
		Landrum & Muench (1994). 서베이들은 흔히 도구들을 개발한 사서들의 편향을 반영한다.
		Moore-Jansen (1977). 교육과 도서관 이용 및 의견들 간에는 아무런 관련이 없다. [403]
		Stamatopols & Mackoy (1988). 기술에 대한 학생들의 자기평가가 향상되었다.
지식 테스트	Corlett(1974). 도서관 오리엔테이션 과목은 GPA 점수 향상과 연결되어 있다. [81]	Hardesty et al. (1982). 도서관 기술을 갖추고 있는 것과 SAT나 GPA 점수 간에는 어떤 상관 관계도 없다. [162]
		Moore et al. (1986). 도서관 기술 과목은 GPA 점수와 관련이 없다.
		Ware et al. (1986). 기술에 대한 자기 평가는 현실과 관계가 없다.
		Colborn & Cordell (1988). 사전 및 사후 테스트 방법은 도서관 기술의 어떤 개선도 보여주지 못하였다. [404]
	Brevik (1977). 도서관 오리엔테이션 과정의 결과는 더 나은 학기말 보고서로 연결된다.	Emmons & Martin (2002). 도서관 이용 교육은 학기말 보고서를 작성하기 위해 선택한 자료들의 유형에 거의 어떤 차이도 보이지 않았다. [250]
	King & Ory (1981). Dykeman & King (1983). Wilson (1986). 도서관 기술 과목은 더 나은 학기말 보고서와 관련이 있다.	Malone & Videon (1997). 교육이 학기말 보고서의 측면에서 전자자원의 이용 증가를 가져오지 않는다. [291]
	Selegean et al. (1983). 서지 교육은 더 높은 GPA 점수를 가져온다. [512]	Eyman & Nunley (1977). 도서관 기술 과정은 서지 기술의 향상을 가져오지 않는다.
	Carter (2002), 서지 교육 과목은 도서관 이용 증가를 가져온다.	
	Wang (2006). 도서관 교육 과정은 더 많은 학술적 인용과 더 나은 성적을 가져온다. [120건의 보고서, 836건의 인용]	
	Germain (2000). 온라인 교육은 교실 교육보다 더 나은 기술로 연결된다. [284]	Holman (2000). 온라인 및 교실 교육 간에는 어떤 차이도 없었다. [56 & 27]

[#] = 표본 크기

14.4.3. 실제 도서관 이용

Earlham College에서는 서지 교육이 대다수 교과목들의 교과 과정(course offerings)으로 통합되어 있었다. 보통의 졸업생은 54퍼센트의 과정에서 도서관을 이용하는 것으로 나타났다(서지 교육은 약 37퍼센트의 과정에 포함되어 있었다). 애석하게도 대학 졸업자들과 중퇴자들 및 그들의 도서관 이용(또는 비이용)을 비교하기 위한 분석은 이루어지지 않았다.[31]

그렇다면 반드시 고려해야 할 점은 놀라울 정도로 일차 문헌은 그 자체를 색인하고 있으며, 이차 문헌이 하고 있는 것보다 더 포괄적으로, 더 분석적으로, 더 정교하게 그렇게 하고 있다는 사실이다. 각주(脚註)들은 결국 학자들이 서로 직접 커뮤니케이션을 하는 전통적인 매체인 것이다. 그것이 바로 그 목적인 것이다.

— *Stephen K. Stoan* *

14.4.4. 학생 보유 비율

점차 몇몇 연구들에서는 신입생 오리엔테이션 과정과 학생 유지(student persistence) 그리고 강화된 학업 성과 간의 정(+)의 상관 관계에 주목하고 있다. 한 분석에서는 15년의 기간을 포괄하는 데이터를 조사하여, 오리엔테이션 과목에 참여한 학생들의 상당수는 참여하지 않은 학생들보다 학술적으로 덜 준비되어 있었다는 사실에도 불구하고, 2학년 등록율과 졸업률은 더 높은 것으로 나타났다.[32]

유사한 연구에서는 신입생 오리엔테이션 참여자 성적이 더 높고, 그 학생들이 도서관과 글쓰기 서비스와 같은 대학 자원들을 더 많이 이용하는 것

---

* Stephen K. Stoan. Research and Library Skills: An Analysis and Interpretation. *College & Research Libraries*, 45, March 1984, 103.

31) Sara J. Penhale, Nancy Taylor, and Thomas G. Kirk. *A Method of Measuring the Reach of a Bibliographic Instruction Program*. Available at www.ala.org/ala/acrlbucket/nashvilleI997pap/penhaletaylor.htm.

32) M. Shanley and C. Witten. University 101 Freshman Seminar Course: A Longitudinal Study of Persistence, Retention, and Graduation Rates. *NASPA Journal*, 27, 1990, 344-52.

으로 보고하고 있으며, 전반적인 보유 비율이 참여하지 않은 학생들보다 더 높은 것으로 나타났다.[33] 신입생 오리엔테이션 과정은 학생 보유의 증가 덕택에 수익을 만들어내고 따라서 오리엔테이션 과목에 소요되는 비용을 상쇄한다는 점을 고려하면, 비용 효과적이다.[34]

여기에서 언급한 연구들에도 불구하고, 대다수의 도서관들은 서지 교육은 "좋은 것"으로 추정하고 있기 때문에 그에 대한 평가를 거의 또는 전혀 하지 않고 있다.

> 서지 교육은 많은 사서들에 의해 그 유효성을 입증하거나 그에 대한 필요성을 뒷받침하는 광범위한 이유나 경험적 증거를 필요로 하지 않는, 자명(自明)한 사회적 선(social good)으로 단순하게 인식되고 있는 것 같다. 서지 교육의 많은 문헌은 안티테제(反: antithesis)가 사라진 변증법과 유사하다.[35]

도서관 서지 교육에 관한 연구를 보고하는 수많은 논문들을 요약할 때는, 확실히 뒤죽박죽인 그림이 나타나게 된다.

- 매년 대학 환경에 들어오는 대다수의 신입생들은 도서관 기술이나 서지 교육 과목에 출석할 기회를 스스로 이용하지 못하고 있다.
- 대다수의 대학 교과목들은 교과 내용에 통합되어 있는 서지 교육 요소를 갖고 있지 않다.
- 상당량의 리서치는 의견 서베이 그리고 사전 및 사후 테스트 지식과 도서관 기술 개선에 초점을 맞추고 있는데, 이것들은 학생 학습을 평가하지 않는다.
- 서지 교육을 평가하기 위해 사용되는 대부분의 도구들은 타당도와 신뢰도와 같은 중요한 속성들이 결여되어 있다.

---

33) C. Wilkie and S. Kuckuck. A Longitudinal Study of the Effects of a Freshman Seminar. *Journal of the Freshman Year Experience*, 1, 1989, 7-16.

34) K. Ketkar and S. D. Bennett. Strategies for Evaluating a Freshman Studies Program. *Journal of the Freshman Year Experience*, 1, 1989, 33-44.

35) J. Benton. Bibliographic Instruction: A Radical Assessment, in C. Oberman-Soroka (Ed.). *Proceedings from the Second Southeastern Conference on Approaches to Bibliographic Instruction*, 22-23 March 1979. Charleston, SC: College of Charleston, 1980, 53-68.

- 기본적인 도서관 기술의 개선은 수단이지 목적은 아니다. 그러나 대부분의 서지 교육 평가 활동들의 초점이 되는 것은 바로 목적이다.
- 서지 교육과 도서관 자원 및 서비스의 이용 증가 간의 관계를 보고하는 연구들은 거의 없다.
- 서지 교육과 학술적으로 더 훌륭하게 하는 것(이를 어떻게 측정하든) 사이의 관계에 초점을 맞추고 있는 연구들은 훨씬 더 적다.

14.5. 정보 리터라시 프로그램의 평가

정보 리터라시[36)](information literacy)에 대한 다양한 연구들을 검토하기에 앞서, 비판적 사고(critical thinking)라는 토픽에 대해 고찰해 보고자 한다. 비판적 사고는 정보 리터라시와 밀접하게 관련되어 있으며, "주장과 데이터, 결론들의 적합성에 관한 결정을 해석하고, 평가하고, 그 결정에 관한 정보를 가질"[37)] 수 있는 능력으로 정의할 수 있다. 비판적 사고를 평가하기 위해 흔히 사용되는 대중적인 표준 도구의 하나는 WGCTA (Watson-Glaser Critical Thinking Appraisal) 테스트이다.[38)]

어떤 기관의 학술도서관 자원 및 서비스들과 학부생들의 도서관 이용 및 자기 보고로 이루어진 비판적 사고의 개선 간의 관계를 밝혀내기 위해 한 연구가 실행되었다. Ethelene Whitmire는 도서관의 자원들은 연구 대학에 재학 중인 학부생들의 자기 보고로 이루어지는 비판적 사고의 개선과 관련되어 있다는 사실을 밝혀냈다. 흥미롭게도, Whitmire는 또한 학술도서관 서비스들은 학부생들의 도서관 이용과 부(−)적으로 관련되어 있다는 사실을 발견하였다. 교원과의 더 많은 상호 작용에 관여하는 학부생들은 더 많은 글쓰기 활동에 참여하였고, 교과에 적극적으로 참여하는 학부생들이 도서관을 더 많이 이용하는 것으로 보고되었다. 아울러 전업 학생들이 시간제 학생들보다 도서

36) 역자주: 정보 문해(情報 文解), 문식성(文識性), 정보 활용 능력 등으로 다양하게 번역되기도 한다.

37) Earnest T. Pascarella and Patrick T. Terenzini. *How College Affects Students: Findings and Insights from Twenty Years of Research*. San Francisco: Jossey-Bass, 1991, 118.

38) Available at http://harcourtassessment.com.

관을 더 많이 이용하는 것으로 보고하고 있다.[39)]

관련된 분석에서, Whitmire는 상급생들과 성적이 더 좋은 학생들, 일상적인 도서관 이용과 비교하여 더 초점을 둔 도서관 활동에 참여한 학생들, 교과 학습에 적극적으로 참여하고 자신들의 글에 대해 더 성실한 개정을 하는 학생들은 비판적 사고가 개선된 것으로 보고한다는 사실을 발견하였다.[40)] 그러나 Whitmire는 또한 서지 교육 참여자들의 수가 대규모이고, 서비스 시간이 더 많으며, 문헌 배달 및 도서관 상호 대차 서비스들을 더 많이 활용하는 도서관들에서 도서관을 이용하는 학부생들의 수가 더 적다는 사실을 밝혀냈다. 그림을 훨씬 더 혼란스럽게 하는 것은, Patrick Terenzini 등은 도서관 이용과 비판적 사고 점수 간에 부(-)적 관계가 있음을 발견했다는 사실이다.[41)]

1980년대 말을 시작으로, Patricia Breivik 등은 정보 리터라시의 아이디어를 제시하면서, 그것은 평생 학습의 필수적인 기술이라고 주장하였다.[42)] 이 사람들은 정보 리터라시를 교육 과정에 통합하는 것이 학술도서관이 미래에 갖게 될 성공의 주요 목적 역할을 한다고 믿었다. Shirley Behrens는 정보 리터라시에 대한 개념적 분석과 역사적 개관을 제공하고 있다.[43)]

서지 교육은 도서관과 그 물리적 장서들의 조직화와 일차 참고 정보원들의 이용, 도서관 목록을 더 효과적으로 탐색하는 방법에 초점을 맞추는 경향이 있는 반면, 정보 리터라시는 온라인 및 인터넷 시대에 정보를 처리하고 조작하는 데 필요한 기술들에 초점을 맞추고 있다.

---

39) Ethelene Whitmire. Academic Library Performance Measures and Undergraduates' Library Use and Educational Outcomes. *Library & Information Science Research*, 24, 2002, 107-28.

40) Ethelene Whitmire. Development of Critical Thinking Skills: An Analysis of Academic Library Experiences and Other Measures. *College & Research Libraries*, 59 (3), May 1998, 1-8.

41) PatrickT. Terenzini and Leonard Springer. Influences Affecting the Development of Students' Critical Thinking Skills. *Research in Higher Education*, 36 (1), 1995, 23-40; Patrick T. Terenzini and Leonard Springer. First-Generation College Students: Characteristics, Experiences, and Cognitive Development. *Research in Higher Education*, 37 (1), 1996, 1-23.

42) Patricia S. Breivik and Gordon Gee. *Information Literacy: Revolution in the Library*. New Your: American Council on Education/Macmillan, 1989; Patricia S. Breivik. *Student Learning in the Information Age*. Phoenix: American Council on Education/Oryx, 1998.

43) Shirley J. Behrens. A Conceptual Analysis and Historical Overview of Information Literacy. *College & Research Libraries*, July 1994, 309-22.

도서관 매체 담당 교사들을 가지고 있는 고등학교를 졸업한 학부생들은 사서들이 없는 고등학교를 졸업한 학생들보다 기본적인 도서관 이용 개념들과 정보를 조직화하고 접근 가능하도록 만드는 방법에 대한 기초적인 아이디어, 온라인 목록들을 유용하게 이용하는 방법에 더 익숙하다. 사서들을 두고 있는 고등학교들로부터 온 훌륭한 정보 리터라시 기술들을 갖고 있는 학생들은 사서들이 없는 학교를 다닌 학생들보다 더 좋은 성적을 받았다.[44)]

학술도서관 사서들은 정보 리터라시의 개념을 정보의 조직화 방법과 적합한 정보 자원들의 검색 방법, 탐색 프로세스 동안 접하게 되는 정보를 평가하는 방법에 대한 이해의 중요성을 지적하는 하나의 방식으로 생각하고 있다. 불행히도, "학생들은 '세 가지 F'의 요건, 즉 첫 번째의(first), 가장 빠른(fastest), 전문(全文)(full text)에 부응하는 정보에 만족하려는 유혹이 있다."[45)]

일반적으로, 정보 리터라시는 정보의 필요성을 인식하고, 무엇이 필요한지를 확인하며, 정보를 평가하고 조직하며, 그것을 효과적으로 이용하도록 배우는 것을 포함한다. 정보 리터라시 기술들을 개발하는 것이 학부생과 대학원생들의 삶 전체에 걸쳐 중요하게 될 것은 분명하지만, 그와 같은 기술들을 전달하고 평가하는 방법의 이슈들은 사서들이 서지 교육을 평가할 때 접하게 되는 것들과 아주 유사하다.

ACRL(Association of College & Research Libraries)에 의해 개발된 *Information Literacy Competency Standards for Higher Education*에서는 다음과 같이 설명하고 있다.

> 정보 리터라시는 평생 학습의 기반을 이룬다. 그것은 모든 학문과 모든 학습 환경, 모든 레벨의 교육에 공통된다. 그것은 학습자들로 하여금 내용을 숙달하고 탐구한 것들을 확장할 수 있도록 해주고, 더 자기 주도적이 될 수 있도록 해주며, 자신의 학습에 대한 더 큰 통제력을 갖도록 해준다. 정보 리터라시를 갖춘 개인은 다음과 같은 것들을 할 수 있다.

44) Topsy N. Smalley. College Success: High School Librarians Make the Difference. *The Journal of Academic Librarianship,* 30 (3), May 2004, 193-98.

45) Laurie A. Mac Whinnie. The Information Commons: The Academic Library of the Future. *portal: Libraries and the Academy,* 3 (2), 2003, 241-57.

- 필요로 하는 정보의 정도를 결정할 수 있도록 해준다.
- 필요로 하는 정보를 효과적이고 효율적으로 접근할 수 있도록 해준다.
- 정보와 그 정보원을 비판적으로 평가할 수 있도록 해준다.
- 선정된 정보를 지식 베이스로 통합할 수 있도록 해준다.
- 특정 목적을 위해 정보를 효과적으로 이용할 수 있도록 해준다.
- 정보의 이용과 정보의 윤리적 및 법적 접근과 이용을 둘러싼 경제적, 법률적, 사회적 이슈들을 이해할 수 있도록 해준다.[46]

정보 리터라시 기술을 가르치는 것은 일반적으로 학생의 최종 성과에 영향을 미치는 것으로 간주되고 있다. 왜냐하면 이러한 기술들은 비판적 사고와 문제 해결, 평생 학습과 같은 교육적인 최종 성과들을 뒷받침하기 때문이다. 불행히도 이러한 관점은 반복 가능한 일련의 연구에서 아직 입증되지 않은 가정(假定)이다.

Cornell University에서 이루어진 1990년 연구에서는 두 가지 서베이를 사용하였다. 하나는 정보를 검색하고 관리하기 위해 어떤 기술들이 필요한지를 확인하기 위해 Cornell 졸업생들의 고용주를 대상으로 실시되었고, 다른 하나는 어떤 기술들을 갖추고 있고 어떤 기술이 그들의 경력에 유용했는지를 확인하기 위해 졸업생을 대상으로 도서관 교육 프로그램에 대해 실시되었다.[47]

정보 리터라시의 교육 방법에는 다음과 같은 것들이 있다.

- 참고 데스크에서 이루어지는 교육
- 교과목과 통합된 교육
- 학점 취득을 위한 과목
- 튜토리얼(tutorials)

46) Available at www.ala.orglalalacrllacrlstandards/informationliteracycompetency.htm.

47) Mary Ochs, Bill Coons, Darla Van Ostrand, and Susan Barnes. *Assessing the Value of an Information Literacy Program*. Ithaca, NY: Cornell University, Albert R. Mann Library, October 1991. ERIC ED 340 385.

학부생들의 정보 리터라시 기술을 개선시키기 위해 어떤 도서관 교육 방법들이 가장 효과적인가를 평가하기 위한 체계적인 리뷰에서는 257건의 논문을 검토하여 비판적 평가를 위해 55개 연구를 사용하였다. 연구들은 Benjamin Bloom의 낮은 학습 수준, 즉 기억하고, 이해하고, 응용하는 수준과 상관 관계를 가지고 있는 최종 성과들을 측정하였다. 리뷰에서는 다음과 같은 사실을 발견하였다.

- 컴퓨터 보조 교육(CAI: computer aided instruction)은 전통적인 교육만큼 효과적이다.
- 전통적인 교육은 아무런 교육도 받지 않는 것보다 더 낫다.
- 자기 주도적이고, 독립적인 학습은 아무런 교육도 받지 않는 것보다 더 효과적이다.[48)]

Susan Taylor는 훌륭한 평가를 받고 있는 정보 리터라시 프로그램을 가지고 있는 세 개 칼리지들을 연구하여, 모두에 공통적으로 나타나는 다음과 같은 요인들을 주목하였다.

- 사서들에 의한 리더십이 있었다.
- 교원의 관심과 뒷받침이 있었다.
- 교육 과정이 도서관 이용을 필요로 하고 있었다.
- 도서관의 장서 개발이 교원과 관련되어 있었다.[49)]

대부분의 정보 리터라시 문헌은 세 개 토픽, 즉 의견/만족도 서베이와 정보 리터라시 교과목 참여자들에 의한 기술의 테스트, 실제 정보 추구 행태에 초점을 맞추고 있다. ETS(Educational Testing Service)에서 개발한 정보 리터라시 테스트는 44개 기관의 3,000명의 칼리지 학생들을 대상으로 하여,

---

48) Denise Koufogiannakis and Natasha Wiebe. Effective Methods for Teaching Information Literacy Skills to Undergraduate Students: A Systematic Review and Meta-Analysis. *Evidence Based Library and Information Practice*, 1 (3), 2006, 3-22.

49) Susan D. K. Taylor. An Examination of Course-Integrated Library Instruction Programs at *Three Small Private Liberal Arts Colleges*. Manhattan: Kansas State University, 1991.

불과 13퍼센트만이 정보 리터라시를 갖추고 있다고 생각하는 것으로 밝혀냈다.[50] 불과 49퍼센트만이 객관성(objectivity)과 권위(authority), 적시성(timeliness)의 평가 기준들을 사용하여 모의(模擬: faux) 웹사이트들을 확인할 수 있었으며, 35퍼센트 미만이 지나치게 광범위한 탐색을 좁혀가는 방법을 알고 있었다.

14.5.1. 의견 서베이

이러한 문헌에서는 교수 방법과 정보 리터라시 콘텐트의 전달 방법의 개선이 이루어져야 한다고 주장하는 경우가 많다. 예를 들면, 한 연구에서는 유색 인종 학생들과 캠퍼스의 도서관 시설들에 만족하고 있는 학생들, 교원과의 상호 작용에 참여하고 있는 학생들이 자신들의 정보 리터라시 기술에 대해 상당히 만족하는 것으로 스스로 보고하고 있다는 사실을 밝혀냈다.[51]

14.5.2. 기술 테스트

정보 리터라시의 개선을 측정하기 위해 테스트는 물론 교육에 참여한 사서들과 학생들의 관점을 확보하는 방법을 이용한 또 한 연구에서는 "성공"을 주장하였지만, 학생 성적의 개선을 검증하기 위한 독립적인 수단을 사용하지는 않았다.[52]

50) Andrea L. Foster. Students Fall Short on 'Information Literacy,' Educational Testing Service's Study Finds. *Chronicle of Higher Education*, 53 (10), October 2006, A36.

51) Ethelene Whitmire. Factors Influencing Undergraduates' Self-Reported Satisfaction with Their Information Literacy Skills. *portal: Libraries and the Academy*, 1 (4), 2001, 409-20.

52) Heidi Julien and Stuart Boon. Assessing Instructional Outcomes in Canadian Academic Libraries. *Library & Information Science Research*, 26, 2004, 121-39.

우리는 고립된 기술 수업들은 효과적이지 못하다는 사실, 심지어는 그것들이 연구 토픽에 관련되어 있을 때조차도 효과적이지 못하다는 사실을 보여주는 다년간의 연구를 갖고 있다.

— *Ken Haycock* *

교육 과정에 통합된 학부생들을 위한 정보 리터라시 프로그램에 대한 한 평가에서는 참여자들이 자신들의 탐색 기술에 대한 장기적 영향을 거의 또는 전혀 경험하지 못한다는 사실을 보여주었다.[53] 또 한 연구에서는 도서관 정보 리터라시 교육 세션을 수강한 사람들과 수강하지 않은 사람들 간의 차이가 그리 크지 않았다는 사실을 밝혀냈다.[54] 제기되고 있는 또 하나의 문제점은 "도서관 전문 용어"가 교육 프로그램에서 흔히 사용된다는 점이며, 한 연구에서 지적하고 있는 것처럼, 학생들은 평균 15개 용어 중 불과 9개를 올바로 정의할 수 있었을 뿐이다. 가장 적게 이해하고 있는 용어들에는 **불 논리**(Boolean logic), **통제 어휘**(controlled vocabulary), **절단**(truncation), **정확률**(precision)이 포함되어 있다.[55]

University of California, Berkeley에서 이루어진 정보 리터라시를 평가하는 연구에서 학생들은 정보에 접근하고 도서관 리서치를 실행하는 것에 관해 시험했을 때 자신들이 보여줄 수 있는 것보다 더 많이 알고 있다고 생각한다는 사실을 발견하였다.[56] 다른 연구에서는 학생들은 문제점을 정의하고, 정보를 얻기 위해 어디로 가야 할는지(즉 어떤 정보원을 이용해야 할는

---

* Ken Haycock. Information Literacy as a Key Connector for All Libraries: What All Librarians Can Learn from Teacher Librarians, in *Concept, Challenge, Conundrum: From Library Skills to Information Literacy, Proceedings of the Fourth National Information Literacy Conference Conducted by the University of South Australia Library and the Australian Library and Information Association Information Literacy and Special Interest Group, 3-5 December 1999*. Adelaide: University of South Australia, 2000, 15-24.

53) Chris Brewer. Integrating Information Literacy into the Health Sciences Curriculum: Longitudinal Study of an Information Literacy Program for the University of Wollongong. Paper presented at the 4th National information Literacy Conference, Adelaide, South Australia, December 1999.

54) Julie Rabine and Catherine Cardwell. Start Making Sense: Practical Approaches to Outcomes Assessment for Libraries. *Research Strategies*, 17 (4), 2000, 319-35.

55) Norman B. Hutcherson. Library Jargon: Student Recognition of Terms and Concepts Commonly Used by Librarians in the Classroom. *College & Research Libraries*, 65 (4), July 2004, 349-54.

지)를 결정하며, 효과적인 탐색 전략을 개발하고, 도서관에서 자료를 찾으며, 통찰력을 계발하는 데 어려움을 겪는 것으로 나타났다.[57)]

Southeastern Louisiana University에서 이루어진 최근의 한 연구에서는 정보 리터라시 과목에 참여한 학생들은 도서관 이용의 신뢰 수준들을 개선하였지만 콘텐트 질문들에 관한 사전 테스트 및 사후 테스트의 실적은 개선되지 못한 것으로 나타났다.[58)] 35퍼센트에서 81퍼센트 사이의 테스트 참여자들이 부실한 점수나 낙제점을 받았다. 유사한 실망스런 발견 결과들이 Johns Hopkins University[59)]와 Indiana University, South Bend[60)]에서 이루어진 연구에서도 나타났다.

도서관이 어세스먼트에 대한 사전 및 사후 테스트 방법을 사용하려고 할 때는 이의 제기가 이루어진다. 자체에서 개발한 질문들은 전문 용어의 사용이나 다른 항목에서 지적되고 있는 답변을 걸러내기 위한 엄격한 분석을 거치지 않는 경우가 많다. 사전 테스트 점수들이 높으면, 테스트/재테스트 효과들을 포함한, 부수적인 변화들과 교육 훈련의 영향을 구별할 여지가 거의 없다.[61)]

King's College(Pennsylvania) 도서관은 수년간에 걸쳐 25항목으로 된 정보 리터라시 어세스먼트 도구를 개발하였는데, 이것은 5개의 각 ACRL *Information Literacy Competency Standards*에 대해 다섯 개 질문들을 가지

---

56) Patricia Davitt Maughan. Assessing Information Literacy among Undergraduates: A Discussion of the Literature and the University of California-Berkeley Assessment Experience. *College & Research Libraries*, 62 (1), January 2001, 71-85.

57) Mark Hepworth. A Study of Undergraduate Information Literacy and Skills: The Inclusion of Information Literacy and Skills in the Undergraduate Curriculum. Paper presented at the 65th IFLA Council and General Conference, Bangkok, Thailand August 20-28, 1999. Available at http://www.ifla.org/IV/ifla65/papers/107-124e.htm.

58) Angela Dunnington and Mary Lou Strong. What's Assessment Got to Do with It?! Exploring Student Learning Outcomes. Presentation given at the ALA Annual Conference, New Orleans, Louisiana, June 24, 2006. Personal communication with the authors.

59) Jill Coupe. Undergraduate Library Skills: Two Surveys at Johns Hopkins University. *Research Strategies,* 11, Fall 1993, 188-201.

60) Brian R. Schuck. Assessing a Library Instruction Program. *Research Strategies*, 10, Fall 1992, 152-60.

61) Joan R. Kaplowitz and Janice Contini. Computer Assisted Instruction: Is It an Option for Bibliographic Instruction in Large Undergraduate Survey Classes? *College & Research Libraries,* 59 (1), 9-27.

고 있다. 이 도서관은 Cronbach 알파에 의해 측정했을 때 .67의 신뢰도를 갖는 비교적 간략하지만 철저한 도구를 사용하기로 결정하였다. 질문수를 두 배로 늘리면 신뢰도는 .78로 높아지겠지만 어세스먼트를 완성하는 학생들의 "피로"를 유발할 수 있을 것이다.[62] 전통적인 사서 중심의 교육 과목보다는, 과목 수강 이전에 학생들에게 10분 내지 15분짜리 연습 문제들을 완성하도록 요청하고, 과목 모임에 앞서 사서가 그것들을 검토한다. 수업중에는 학생들이 서로에게서 배울 수 있게 학생들에게 개념들을 설명하도록 요청함으로써 경험이 학습의 중심이 되도록 해야 한다.

SAILS(Standardized Assessment of Information Literacy Skills)라는 프로젝트는 다양한 정보 리터라시 기술들을 표적으로 하는 웹 기반의 선다형(選多型) 지식 테스트이다. 많은 학술도서관들에서 이 테스트를 이용하고 있다. 참여자들은 130개 질문들로 이루어진 문제 은행으로부터 무작위로 생성된 45개의 선다형 또는 다중 응답형 질문들을 제공받는다. 발견 결과들에서는 일반적으로, 정보 리터라시 과목에 대한 참여 덕택에 학생들의 정보 리터라시가 학력 전체에 걸쳐 개선되는 것 같다는 의견을 제시하고 있다.[63]

또한 개인들의 정보 리터라시 기술을 평가하기 위해 평가 루브릭(evaluation rubric)을 이용할 수도 있다. Megan Oakleaf는 다수의 평가자들이 루브릭을 사용하여 학생 학습에 대한 정보 리터라시 인공 구조에서 일관성 있는 점수를 산출할 수 있다는 사실을 발견하였다. 그러나 서로 다른 그룹들의 평가자들은 다양한 수준의 합의에 도달하였다. 그리고 학생들은 웹사이트를 평가할 때 권위에 대한 구체적인 지표들을 제공할 수 있는 반면, 구체적인 과제를 위해 적합한 웹사이트를 선택하는 데 어려움을 겪고 있었다.[64]

---

62) Terrence Mech. Developing an Information Literacy Assessment Instrument, in Peter Hernon, Robert E. Dugan, and Candy Schwartz (Eds.). *Revisiting Outcomes Assessment in Higher Education.* Westport, CT: Libraries Unlimited, 2006.

63) Project SAILS 웹사이트(〈www.projectsails.org.〉)를 보라.

64) Megan J. Oakleaf. Assessing Information Literacy Skills: A Rubric Approach. Ph. D. dissertation, University of North Carolina at Chapel Hill, 2006.

14.5.3. 관찰된 행태

한 연구에서는 학생들의 학습은 그들의 이전 경험들의 영향을 받는 반면, 학생들은 교수들과 강사들이 그들에게 그렇게 하도록 요구하는 것으로 인식한 정도로만 정보 리터라시 프로그램들을 활용하게 될 것이라는 사실을 발견하였다.[65] 어떤 연구들은 정보를 추구하고 이용할 수 있는 학생들의 능력에 대해 심각한 의문을 제기하고 있다.[66]

대학생들에 대한 한 분석에서는 학생들이 도서관 및 정보 리터라시 환경에 노출되어 있지 않고, 그러한 학생들은 자신들의 기술 레벨을 상당히 과대평가하고 있는 것으로 나타났다. 교원들이 학생들을 위한 정보 리터라시 기술 모델링에 참여하는 경우는 거의 없으며, 학생들은 기본적인 도서관 리서치 기술에 익숙하지 않다.[67]

Nancy Seamans는 질적 접근법을 이용하여, 학생들은 도서관과 도서관 직원을 정보 지원 네트워크의 일부로 간주하지 않는다는 사실을 밝혀냈다. 나아가 학생들은 일반적으로 자원들을 이용하고 평가하는 데 비판적이지 않은 것 같다.[68] Alison Brettle은 체계적인 문헌 검토를 준비하면서, 교육 훈련이 기술을 개선한다는 사실을 입증하는 증거는 제한적이며, 가장 효과적인 교육 훈련 방법들을 밝혀내기 위한 증거는 불충분하고, 건강 관리(health care)에 관한 지식을 향상시켜 주는 교육 훈련이 환자의 건강 관리를 개선시켜 주는지의 여부를 보여주는 증거는 제한적이라는 사실을 관찰하였다.[69]

분명히 광범위한 인터넷 기반 자원들(품질과 가치가 약간 미심쩍기는 하

65) Elizabeth Hartmann. Understandings of Information Literacy: The Perceptions of First-Year Undergraduate Students at the University of Ballarat. *Australian Academic & Research Libraries*, 32(2), 2001, 110-22.

66) Deborah Turnbull, Denise Frost, and Nicola Foxlee. Infoseek, InfoFind! Information Literacy and Integrated Service Delivery for Researchers and Postgraduates. Paper presented at the Information Online 2003 Conference, Sydney, New South Wales, January 2003; Margaret C. Wallace, Allison Shorten, and Patrick Crookes. Teaching Information Literacy Skills: An Evaluation. *Nurse Education Today*, 20, 2000, 485-89.

67) Teresa Y. Neely. Aspects of Information Literacy: A Sociological and Psychological Study. Ph.D. dissertation, University of Pittsburgh, 2000.

68) Nancy H. Seamans. Student Perceptions of Information Literacy: Insights for Librarians. *Reference Services Review*, 30 (2), 2002, 112-23.

지만)의 용이한 입수 가능성은 학술도서관들에 영향을 미치고 있다. ARL 참고 통계에서 볼 수 있는 잘 알려진 감소는 편리한 지표의 하나이다. 학생의 탐색 행태에 관한 한 연구에서는 상업적인 인터넷 검색 엔진들이 학생들의 정보 추구 전략을 주도하고 있음을 보여주고 있다. 약 45퍼센트의 학생들이 정보의 소재를 확인하려고 할 때 일차적인 접근 방법으로 Google을 이용하고 있는 반면, 불과 10퍼센트만이 대학도서관 온라인 목록에 의존하고 있다.[70] Pew Trust의 후원으로 이루어진 짝을 이루는 서베이에서는 31퍼센트의 대학생들이 도서관 데이터베이스가 가치 있는 정보를 제공한다는 사실에 동의한 것에 비해, 51퍼센트의 학생들은 Google이 가치 있는 정보를 제공한다는 사실에 완전히 동의한다는 사실을 밝혀냈다. 아울러 인터넷 기반 검색 엔진은 80퍼센트 응답자들이 리서치를 위해 첫 번째로 선택하는 반면, 온라인 도서관을 선택하는 경우는 6퍼센트에 불과하였다. 더욱이 응답자들은 인터넷 자원과 도서관이 제공하는 데이터베이스 간의 차이를 거의 발견하지 못하는 것으로 나타났다.[71]

OCLC 서베이에서는 검색 엔진들은 정보 탐색을 시작하기 위해 가장 흔히 사용되는 반면, 도서관 웹사이트는 겨우 2퍼센트의 대학생들만이 선택하고 있음을 보여주고 있다.[72] 서베이에서는 또한 대학생들은 공부와 무료 인터넷 접속, 자료들을 위한 장소로 도서관을 선호하는 반면, 커피숍과 최신 자료, 친구들을 만나기 위한 장소로 서점을 선호하는 것으로 나타났다.

19년의 기간에 걸친 CSEQ(College Student Experiences Questionnaires)에 대한 300,000명 이상의 학생들에 대한 분석에서는 도서관 경험이 정보 리터러시의 개선이나 학생들이 대학으로부터 전반적으로 얻게 되는 것이나, 학생의

---

69) Alison Brettle. Information Skills Training: A Systematic Review of the Literature. *Health Information and Libraries Journal*, 20 (Supplement 1), June 2003, 3-9.

70) Jillian R. Griffiths and Peter Brophy. Student Searching Behavior and the Web: Use of Academic Resources and Google. *Library Trends*, 53 (4), Spring 2005, 539-54.

71) Steve Jones. The Internet Goes to College: How Students Are Living in the Future with Today's Technology. *Pew Internet and American Life Project*. Available at http://www.pewinternet.org/pdfs/PIP_College_Report.pdf.

72) Cathy De Rosa, Joanne Cantrell, Janet Hawk, and Alane Wilson. *College Students' Perceptions of Libraries and Information Resources*. Dublin, OH: OCLC, 2006.

만족도에 직접적으로 기여하는 것 같지는 않은 것으로 나타났다.[73)]

〈표 14-2〉는 정보 리터라시에 관련된 연구들을 요약한 것이다.

정보 리터라시 연구의 개요 표 14-2

	지지됨	지지되지 않음
전반	Samlley (2004). 훌륭한 정보 리터라시 기술들을 갖춘 고등학생들이 사서가 없는 고등학교에 재학했던 학생들보다 더 나은 성적을 받았다. [506]	Whitmire (1998). 대규모의 서지 교육을 수강한 학생들을 가지고 있는 도서관들은 도서관을 이용하는 학생들이 거의 없는 것으로 보고하고 있다. [18, 157]
기술 테스트	Julien & Boon (2004). 정보 리터라시의 개선을 주장하였으나 어떤 테스트도 하지 않았다. [28]	Brewer (1999). 정보 리터라시 기술들은 학생들의 탐색 기술에 어떤 양향도 미치지 않았다.
		Rabine & Cardwell (2000). 정보 리터라시 과목을 수강한 사람들과 수강하지 않은 사람 간의 차이가 거의 없었다. [414]
		Maugham (2001). 학생들의 자신들의 기술에 대한 인식은 현실보다 더 높았다. [185]
		Hepworth (1999). 학생들은 정보 리터라시 기술들을 갖추지 못하고 있다.
		Dunnington & Strong (2006). 학생의 신뢰 수준은 개선되었으나 실제 기술들은 개선되지 않았다.
		Coupe (1993). 학생의 기술 수준들은 개선되지 않았다.
		Shuck (1992). 교육 교과목이 어떤 개선도 이루지 못하였다.
관찰된 행태		Hartmann (2001). 정보 리터라시에 대한 참여는 교수의 요구 사항에 의해 이루어진다. [포커스 그룹]
		Turbull 등 (2000). 학생들은 정보를 추구하고 이용하기를 주저한다.
		Kuh & Gonyea (2003). 도서관 경험들이 정보 리터라시의 개선을 가져다주지는 않는다. [300,000]

[#] = 표본 크기

James Marcum은 "정보"가 적합한 리터라시인지의 여부에 대해 묻고 있다. 그는 다른 리터라시들도 고려할만한 가치가 있으며 아마도 학생들이 직업 시장에서 거두게 될 장기적인 성공에 더 적합할 것이라고 주장하였다. 우위를 다툴 수 있는 리터라시 중에는 시각 리터라시(visual literacy)와 테크놀로지 리터라시, 컴퓨터 매개 커뮤니케이션 리터라시(computer-mediated communication literacy), 컴퓨터 사용 리터라시(computational literacy), 지식 미디어 리터라시가 있다.[74] 아마도 리터라시는 적절한 초점이 아닐 것이며, 그보다 학술도서관들은 역량이나 능숙함, 전문 기술에 집중해야 할 것이다.

Allan Martin은 "e-리터라시"라는 용어를 사용하여 다음과 같은 것들을 망라하는 컴퓨터 리터라시와 정보 리터라시의 결합형을 기술할 것을 제안하고 있다.

- 정보 테크놀로지와 정보 환경에 대한 인식
- 포괄적인 정보 테크놀로지와 정보 도구들에 대한 신뢰
- 정보 운용 업무(information handling operations)와 서비스에 대한 평가
- 자신의 e-리터라시 개발에 대한 심사숙고
- e-리터라시의 도전에 부응하기 위한 적응성과 의지[75]

14.6. 교원과 사서의 관계

대학 교원들의 사서들에 대한 인식은 분명히 정보 리터라시 활동의 성공에 주요한 영향을 미치게 될 것이다. 일부 사서들은 교원들이 공동 교육 활동을 시작하려는 자신들의 노력에 대해 무관심하거나 아니면 방해가 된다는 사실을 목격하고 있다. 몇몇 연구에서는 사서들이 제공하는 지원 서비스의 가치는 인정하지만, 학술적으로 발행되는 문헌이 부족하다는 사실이 입증하고

73) George D. Kuh and Robert M. Gonyea. The Role of the Academic Library in Promoting Student Engagement in Learning. *College & Research Libraries*, 64 (7), July 2003, 256-82.

74) James W. Marcum. Rethinking Information Literacy. *The Library Quarterly*, 72 (1), January 2002, 1-26.

75) Allan Martin. Towards e-Literacy, in Allan Martin and Hannelore Rader (Eds.). *Information and IT Literacy: Enabling Learning in the 21st Century*. London: Facet, 2003, 18.

있는 것처럼, 사서들을 학문적으로 동등한 사람으로 인식하지는 않는다는 사실을 시사해주고 있다.[76] 그리고 사서들은 교원과의 관계에 대해 신경을 쓰는 반면, 교원들은 사서들과의 관계에 대해 그다지 신경을 쓰지 않는 것 같다.[77]

오늘날까지 가장 철저한 분석은 여전히 Hardy의 1991년의 연구인데, 이 연구에서는 학부 교육에서 도서관이 갖는 역할에 대한 교원들의 태도를 측정하기 위해 *Library Educational Attitudes Scale*을 개발하였다.[78] Cannon[79]과 Thomas,[80] Leckie와 Fullerton[81]을 포함한 그 밖의 연구들이 곧 뒤를 이었다. 이 연구들에서는 예술과 인문과학 교원이 과학 교원보다 자신들의 과목에 사서를 초청하여 교육을 의뢰할 가능성이 더 높은 것으로 나타났다. 아울러 팀 티칭이나 학점을 부여하는 과정, 공동으로 개발하는 과제들과 같이, 고도의 도서관-교원 상호 협력을 필요로 하는 교육 방법들에 대한 교원의 지지는 거의 없었다.

Oregon State University의 사서들은 놀랄만한 수의 교원과 학생들은 1학점으로 된 특정 학문에 한정된 몇몇 도서관 리서치 과정에 관해 알지 못하고 있었고, 학점 취득 과정은 정보 리터라시 교육을 받는 방법 중 가장 선호하지 않는 방법이라는 사실을 밝혀냈다.[82] 더 최근들어, Claire McGuinness는 교원

---

76) 예를 들면, 다음 자료들을 보라. Margaret K. Cook. Rank, Status and Contribution of Academic Librarians as Perceived by the Teaching Faculty at Southern Illinois University, Carbondale. *College & Research Libraries*, 42, May 1981, 214-22; Robert T. Ivey. Teaching Faculty Perceptions of Academic Librarians at Memphis State University. *College & Research Libraries*, 55, January 1994,69-82; Lee Ann Withnell. Faculty Opinions of Academic Library Service Policies. *Journal of Interlibrary Loan, Document Delivery & Information Supply*, 4, 1994,23-79; Gaby Divay, Ada M. Ducas, and Nicole Michaud-Oystryk. Faculty Perceptions of Librarians at the University of Manitoba. *College & Research Libraries*, 48, January 1987, 27-35; Larry R. Oberg, Mary Kay Schleiter, and Michael Van Houten. Faculty Perceptions of Librarians at Albion College: Status, Role, Contribution and Contacts. *College & Research Libraries*, 50, March 1989, 215-30.

77) Lars Christensen, Mindy Stombler, and Lyn Thaxton. A Report on Librarian-Faculty Relations form a Sociological Perspective. *Journal of Academic Librarianship*, 30, March 2004, 116-21.

78) Larry Hardesty. *Faculty and the Library: The Undergraduate Experience*. Norwood, NJ: Ablex, 1991.

79) Anita Cannon. Faculty Survey on Library Research Instruction. *Reference Quarterly*, 33, Summer 1994, 524-41.

80) Joy Thomas. Faculty Attitudes and Habits Concerning Library Instruction: How Much Has Changed Since 1982? *Research Strategies*, 12, Fall 1994, 209-23.

81) Gloria J. Leckie and Anne Fullerton. Information Literacy in Science and Engineering Undergraduate Education: Faculty Attitudes and Pedagogical Practices. *College & Research Libraries*, 60, January 1999, 9-29.

은 학생들이 교과 과제와 "노출의 법칙"(law of exposure)의 일부로서 개인의 창의성(individual initiative)을 통해 점진적으로 정보 리터라시를 갖추게 된다고 믿고 있다는 사실을 밝혀냈다. 발견 결과들은 교원이 이러한 성과들을 염두에 두고 과제들을 설계하려고 노력하지 않더라도, 학생들은 정보 리터라시 기술들을 계발하게 될 것이라는 교원이 만들어내는 가정으로 이어지고 있다.[83)]

이 모든 것들은 학생들이 배워야 하는 것들과 사서들이 학생의 학습 프로세스에 기여하는 방법에 관한 의견들을 사서들이 재고(再考)해야 할 필요가 있다는 사실을 암시해준다. 이러한 재고에 내포되어 있는 것은 도서관의 노력들을 기술을 전하거나 정보 리터라시 과정을 수료하는 학생들의 만족수준을 평가하는 프로세스를 개선하는 방법보다는 정보 리터라시의 성과에 초점을 맞추어야 한다는 것이다.

14.7. 요 약

정보 리터라시 문헌을 요약하면, 아주 분명한 그림이 뚜렷하게 나타난다.

- 대다수의 문헌은 정보 리터라시 콘텐트의 전달을 개선하기 위해 별개의 기술들이나 역량들의 테스트에 중점을 두고 있다. 그와 같은 관점은 교육 담당자나 교육 방법, 교육 자료들에 초점을 맞추며, 너무나 좁은 포커스를 가지고 있다.
- 개선된 정보 리터라시 기술들과 학술 환경에서 나타나는 성공의 가치를 다루고 있는 리서치는 거의 없다.
- 교원들은 정보 리터라시 성과들의 어세스먼트에 참여해야 할 필요가 있을 것이다.
- 훌륭한 정보 리터라시 기술들이 평생 학습과 졸업 후에 학생의 경력상의 더 큰 성공에 도움을 주는 정도 – "큰 그림"의 관점 – 를 밝혀내기 위한 리서치는 전혀 이루어지지 않고 있다.

---

82) Jeanne R. Davidson. Faculty and Student Attitudes Toward Credit Courses for Library Skills. *College & Research Libraries*, 62 (2), March 2001, 155-63.

83) Claire McGuiness. What Faculty Think-Exploring the Barriers to Information Literacy Development in Undergraduate Education. *The Journal of Academic Librarianship*, 32 (6), November 2006, 573-82.

제15장

고객 서비스의 평가

15

15.1. 서비스 정의

역사적으로, 도서관 고객 만족 서베이는 이용자 서베이로 알려져 있다. 불과 지난 10여년 동안 이용자 만족이나 고객 만족에 초점을 맞춘 서베이들이 개발되었다. 특정 도서관 서비스에 대한 만족 정도를 평가할 수 있지만, 이 장에서는 도서관과 그 시스템 및 서비스 전체에 대한 전반적인 만족을 밝혀내는 데 초점을 맞추고자 한다. 중요한 것은 도서관 — 물리적이든 가상이든 — 은 그것을 **선택한** 사람들에 의해서만 이용된다는 사실을 명심해야 한다는 것이다.

Phillip Kotler와 Alan Andreasen은 그 고객보다 자신들에게 초점을 맞추고 있는 비영리 조직들은 몇 가지 구체적인 특징들을 보이게 될 것이라고 주장하고 있는데,[1] 여기에는 자신들의 서비스를 본래부터 요망되고 있는 것으로 간주하고, 자신들의 서비스가 이용되지 않을 때는 그것을 고객의 무지와 동기 결여의 탓으로 돌리고, 고객들에 관한 리서치를 사소한 역할로 격하시키며, 마케팅을 촉진(promotion)으로 정의하는 경향을 보이고, 어떤 경쟁도 존재하지 않는다고 추정하는 것 등이 포함된다.

고객 만족에 관한 한, 고객의 지각은 옳든 그르든, 잘 알고 있든 모르고

1) Phillip Kotler and Alan Andreasen. *Strategic Marketing for Nonprofit Organizations*. Englewood Cliffs, NJ: Prentice-Hall, 1991.

있든, 인정되는 유일한 "현실"이다. "우리는 실제로는 그 수치들이 반영하고 있는 것보다 더 잘 직무를 수행하고 있습니다"라거나 "이용자들이 . . . 에 대해 알지 못하는 것뿐입니다"라고 주장함으로써 어떤 도서관이든 평가에 관해 방어적이 되는 경향이 존재하는데, 이것은 단순히 도서관이 어떤 점에서는 실패하고 있다는 현실을 은폐하려는 태도들인 것이다. 기대했던 것보다 더 낮은 평가를 받는 데는 많은 이유들이 있을 수 있을 것이다. 즉 요망되는 서비스들을 전달하지 못했다거나, 서비스들의 품질이 결여되어 있다거나, 직원의 교육 훈련이 필요하다거나, 도서관의 가치를 고객들과 의사 결정 이해당사자들에게 커뮤니케이션하지 못하는 것이 그것이다.

최근의 서베이에서는 50퍼센트가 넘는 공공도서관과 대학도서관이 조직의 성공을 수량적으로 추적하는 어떤 방법도 갖고 있지 않으며, 비공식적인 고객 피드백을 일차적인 성공 지표로 사용한다는 사실을 밝혀냈다.[2)]

Terry Vavra는 조직은 사람들이 왜 특정 서비스를 이용하는지 확인해주는 차트를 만들어내고 각 이용 동기에 대한 관련된 고객 요건들을 밝혀내야 한다고 주장하고 있다. 이것은 또한 〈표 15-1〉에서 볼 수 있는 것처럼, 문제가 되는 상응하는 성과 측도들을 식별해주게 될 것이다.

많은 사서들은 그들, 즉 전문직들만이 도서관 서비스의 품질을 평가할 수 있는 전문 지식을 가지고 있다는 입장을 견지하고 있다. . . . 서비스에 관한 그와 같은 의견들은 사실상 무관하다. 문제가 되는 유일한 것은 고객들의 의견이다. 왜냐하면 이용자들이 없으면 도서관들은 창고로서 밖에는 쓸모가 없기 때문이다.

— *Ellen Altman and Peter Hernon* *

2) Stratton Lloyd. Building Library Success Using the Balanced Scorecard. *Library Quarterly*, 76 (3), July 2006, 352-61.

* Ellen Altman and Peter Hernon. Service Quality and Customer Satisfaction Do Matter. *American Libraries*, August 1998, 53-54.

고객 요건의 구조 표 15-1

이용 동기	고객 요건	성과 측도
자원의 최신성	도서관은 내가 원하는 것을 가지고 있다.	구입 요청/ 도서관 상호 대차 요청
		장서의 회전율
		불 평
자원의 입수 가능성	빌리기 위해 이용할 수 있는 아이템들	입수 가능성 서베이
		불 평
베스트셀러 읽기	기다리는 시간	기다리는 시간(일수)
		불 평
가정/사무실과 도서관의 근접성	편의성	평균 이동 시간 (average travel time)
		평균 이동 거리 (average travel distance)
도서관에서 이루어지는 내비게이션의 용이성	나 자신의 방식을 찾을 수 있다.	지시적 질문들의 수
		불 평
운영 시간	편의성	불 평
도서관의 청결성	안락함과 안전성	청결성 지수
정중한 직원	우호성	고객 만족 서베이
도움을 주는 직원	필요할 때 도움을 준다.	고객 만족 서베이

15.2. 평가 질문

많은 고객 서비스 관련 질문들은 다음과 같은 것들을 포함한 평가 활동들의 초점이 되고 있다.

- 도서관은 품질을 어떻게 정의해야 하는가?
- 고객 만족이 도서관에 중요한가?
- 고객 만족도 개선이 도서관에 중요할 것인가?
- 우리 도서관의 고객 서베이에서는 우리가 "훌륭하게" 수행하고 있는 것으로 나타나고 있는가? 지금은 어떠한가?
- 도서관은 어떻게 그 고객 만족도 등급을 개선시킬 수 있는가?
- LibQUAL+를 사용할 때 상반 관계(tradeoffs)가 되는 것은 무엇인가?

15.3. 평가 방법

고객 서비스를 평가할 때 이용하고 있는 방법들은 질적 방법과 양적 방법으로 구분할 수 있다(〈표 15-2〉를 보라).

표 15-2 고객 서비스 평가 방법

질적 방법	양적 방법
포커스 그룹	자체 개발 서베이
미스터리 쇼퍼[3](mystery shopper)	표준 서베이
불 평	서비스 특성들의 정의

15.4. 이전의 평가와 리서치에 대한 논의

15.4.1. 서비스 품질

서비스 품질은 지난 몇 년 동안 전문적인 경영학 문헌과 도서관 문헌에서 상당한 관심을 끌고 있다. 그것은 고객 만족의 선행 요인(이에 관해서는 약간의 논쟁이 있다)으로, 더 높은 품질의 서비스 레벨들은 서비스 만족의 증가를

3) 역자주: "불법이나 위반 행위를 점검하기 위해 소비자로 위장한 사람"(〈http://krdic.naver.com/detail.nhn?kind=newword&docid=1209〉)

가져오게 될 것이다. 그러나 고객은 도서관에 방문하여 질문에 대한 올바른 답변을 얻으면서도 다양한 이유들 때문에 여전히 만족하지 못할 수도 있다. Danuta Nitecki는 품질은 장기간의 전반적인 평가인 반면, 만족은 단기간의 트랜잭션 특유의 측도에 해당한다고 주장하고 있다.[4)]

Richard Orr는 흔히 도서관의 품질을 확인하는 것에 대한 초창기의 지지자로 여겨지고 있는데, 그는 품질(quality)과 가치(value) 사이의 구분을 제시하고 있다. Orr는 서비스를 얼마나 훌륭하게 수행하고 있는가를 반영해야 하는 **가치**와 비교할 때, **품질**은 서비스가 얼마나 훌륭해야 하는가를 반영해야 한다고 지적하고 있다.[5)]

서비스 품질은 다음과 같은 네 개의 기본적인 관점에서 정의되고 있다.

- **탁월성**(excellence)은 대개 외부적으로 규정되며 많은 조직들에서 이를 이용하고 있다. "탁월성"이라는 브랜드는 많은 회사들과 비영리 조직들에 의해 장기간에 걸쳐 서서히 만들어졌다. 그러나 탁월성의 속성들은 장기간에 걸쳐 변할 수도 있을 것이다. 탁월성은 최고의 표준을 위해 달성되거나 도달되며 차선(次善)의 것으로는 결코 만족되지 않는다. 어느 경우에는, 탁월성이 외부적으로 규정될 수도 있을 것이다.
- **가치**(value)는 서비스를 받는 사람(recipient)이 받게 될 편익들에 중점을 두는 반면, 품질은 기대에 부응하거나 기대를 넘어서는 지각이다. 따라서 품질과 가치는 서로 다른 개념들이다. 내부적인 효율성과 외부적인 유효성에 초점을 맞추고 있다. 이 경우, 품질은 가격과 관련하여 판단된다.
- **명세서에 대한 일치**(conformance to specifications)는 요구 조건들 – 그 일부나 대부분에 대해 고객은 알지 못할 수도 있을 것이다 – 에 대한 상세한 설명을 필요로 한다. 이 접근법은 정교한 측정을 용이하게 해주는 반면, 내부에 초점을 맞추고 있는 세계관이다. 예를 들면, 품질 관리(quality control)의 선구자 중 한 사람인 Joseph Juran은 품질을 설계의 품질과 설계 명세서들에 대한 일치의 품질이라는 두 개 구성 요소로 구별하였다. 대부분의 고객들은 서비스 명세서에는 개의치 않고, 명세서의 결과에만 관심을 갖게 될 것이다.

4) Danuta Nitecki. Quality Assessment Measures in Libraries. *Advances in Librarianship*, 25, 2001, 133-62.
5) Richard Orr. Measuring the Goodness of Library Services. *Journal of Documentation*, 29 (3), 1973, 315-52.

- **기대에 부응하거나 기대를 넘어서는 것**(meeting and/or exceeding expectations)은 대부분의 서비스 산업들의 경계들에 걸쳐 있다. 다만 기대들은 주관적이기는 하지만, 고객 중심적이며, 안정적이지도 예측 가능하지도 않다는 사실에 유의해야 한다.[6] 무엇보다도, 최종적으로 서비스의 품질을 판단하는 것은 바로 고객인 것이다. 고객 기대들은 다른 서비스 제공자들에 대한 경험들의 결과로 변화될 것이다. 서비스 품질과 고객 만족에 관련된 대다수의 리서치는 이러한 차원에 초점을 맞추고 있다. 서비스 품질은 제공되는 서비스들(현실적이든 지각된 것이든)과 고객 기대들 사이의 갭(gap)을 줄이는 것으로 정의할 수 있다.

서비스 품질은 실제로 고객에게 **무엇을** 제공하는가와 서비스를 **어떻게** 제공하는가 — 또는 제공 가능한 것(deliverables)과 상호 작용(interactions) — 라는 두 가지 구성 요소로 이루어진다. 제공 가능한 것들은 고객에게 제공되는 것을 기술한다. 상호 작용들은 고객들이 서비스 프로세스를 경험하는 방법에 영향을 미치는 직원과 장비의 특성들을 기술한다. 상당량의 도서관 문헌은 "방법"(how)을 제외하고 "무엇"에 초점을 맞추고 있다.

고객 만족은 "특정 트랜잭션이나 서비스 인카운터(service encounter)에 대한 감정 반응(emotional reaction)"[7]이다. 만족은 두 가지 구성 요소를 가지고 있다. 첫 번째는 **서비스 인카운터 만족**인데, 이것은 특정 서비스 트랜잭션에서 개인이 경험하는 만족이나 불만족의 정도이다. SAS Airlines의 회장을 역임한 바 있는 Jan Carlson은 고객이 조직과 접촉하는 시간의 어떤 포인트를 기술하기 위해 "진실의 순간"(moment of truth)이라는 어구를 만들어냈다.[8] 도서관의 "진실의 순간"의 예들로는 정보 데스크나 참고 데스크, 대출대에서 이루어지는 접촉이나 서고에서 필요로 하는 사환에 대한 지원 요청은 물론 도서관 웹사이트의 이용이나 연체 통지(overdue notice)를 접수하는 것이 있다.

---

6) Carol A. Reeves and David A. Bednar. Defining Quality: Alternatives and Implications. *Academy of Management Review*, 19 (3), 1994, 419-45; Peter Hernon and Danuta A. Nitecki. Service Quality: A Concept Not Fully Explored. *Library Trends*, 49 (4), Spring 2001, 687-708.

7) K. Elliott. A Comparison of Alternative Measures of Service Quality. *Journal of Customer Service in Marketing and Management*, I (1), 1995, 35.

8) Jan Carlson. *Moments of Truth*. Cambridge, MA: Balinger, 1987.

두 번째 구성 요소는 **전반적인 서비스 만족**, 또는 복수의 트랜잭션이나 경험들을 바탕으로 한 고객의 만족이나 불만족의 레벨이다.[9] 따라서 전반적인 서비스 만족은 장기간에 걸쳐 형성되며 다양한 품질의 수많은 트랜잭션들의 결과인 것이다. 어떤 사람들은 **고객 만족**은 특정 트랜잭션을 말하는 반면, **서비스 품질**은 이전의 모든 접촉들을 바탕으로 한 총체적 판단이라고 주장하고 있다.

만족과 성과 사이의 관계에 대해서는 다음과 같은 두 가지 관점에서 생각할 수 있다.

- 도서관의 성과는 고객 만족과 동일하다.
- 성과뿐만이 아니라 다른 일련의 변인들이 이용자 만족에 기여한다.

Rachael Applegate는 물질적 만족(material satisfaction)과 감정적 만족(emotional satisfaction)은 구별이 가능하며, 만족 형성 프로세스를 설명하기 위해서는 다음과 같은 세 가지 모델이 가능하다고 주장하고 있다.

- **물질적 만족 모델**. 이 모델에서는 시스템 성과가 물질적 만족을 결정한다. 그러나 몇몇 연구 결과들에서는 성과 측정 변인들과 이용자 만족 간에 혼합된 지지를 보이거나 약한 지지를 보이고 있다.[10]
- **감정적 만족 모델 — 단일 경로**. 이 모델에서는 감정적 만족이 물질적 만족에 의해 생겨난다. 그러나 몇몇 연구에서는 감정적 만족과 성과 간에는 마치 이용자들이 도서관을 비판하기를 거의 주저하는 것처럼, 약한 관계가 있는 것으로 나타나고 있다.[11] Applegate는 이를 "허위 양성"(false positive)이라 하였다.[12]

---

9) Peter Hernon and Ellen Altman. *Assessing Service Quality: Satisfying the Expectations of Library Customers*. Chicago: American Library Association, 1998. (역자주: 한국어판: **도서관서비스 품질관리론**. 이은철 역. 서울: 한국도서관협회, 2001). 다음 자료도 보라. Peter Hernon and Ellen Altman. *Service Quality in Academic Libraries*. Norwood, NJ: Ablex, 1996.

10) Carol H. Fenichel. Intermediary Searchers' Satisfaction with the Results of Their Searches, in A. Benefeld and E. Kazlauskas (Eds.). *Proceedings of the 43rd ASIS Annual Meeting*. New York: Knowledge Industry for ASIS, 1980, 58-63. See also S. E. Hilchey and J. M. Hurych. User Satisfaction or User Acceptance? Statistical Evaluation of an Online Reference Service. *RQ*, 24(4), 1985, 452-59; R. Tagliacozzo. Estimating the Satisfaction of Information Users, *Bulletin of the Medical Library Association*, 65, 1977, 243-49.

11) Melvon Ankey. Evaluating End-User Services: Success or Satisfaction? *Journal of Academic Librarianship*, 16, 1991, 352-56; H. J. Butler and G. M Kortman,. InfoTrac: Is It an Appropriate Reference Tool?

- **감정적 만족 모델 — 다중 경로.** 이 모델에서는 세 개 변인, 즉 제품 상황과 제품 성과, 불일치(disconfirmation)를 분석한다. 불일치는 성과에 대한 개인의 기대들과 성과에 대한 실제 지각 간의 차이를 말한다. Applegate는 자신의 OPAC 검색 실험에서 불일치는 만족 형성을 설명하는 데 중요한 역할을 한다는 사실을 밝혀냈다.[13]

이러한 발견 결과들은 Xi Shi의 연구를 통해 보완되고 있는데, 이 연구는 이용자 만족의 측정을 이전의 연구들에서는 일반적으로 하나의 개념으로 측정되었던 정보 제품과 정보 시스템/서비스 둘로 분리하였다.[14] 고객 만족은 또한 Rowena Cullen이 지적하고 있는 것처럼, 미시적 레벨과 거시적 레벨에서 분명하게 나타날 수 있다.[15] Fei Yu는 성과 변인은 반복 이용자들의 만족에만 선행 변인이 된다는 사실을 밝혀냈다. 추가 분석에서는 이용자들의 감정적 만족과 물질적 만족이 이용자 행태, 차후의 도서관 이용이나 도서관 이용 충성도를 결정할 수 있다는 사실을 제시하였다. 따라서 일시적 이용자들의 전반적인 도서관 이용 충성도를 얻어내는 것보다는 오히려 특정 서비스들의 반복 이용자들의 서비스 이용 충성도를 얻어내는 것이 훨씬 더 쉽다.[16]

〈그림 15-1〉은 서비스 품질에 대한 고객의 기대와 지각, 만족, 평가와 그 결과로 얻어지는 전반적인 고객 만족 사이의 상호 작용에 관한 단순화된 모델을 보여주고 있다. 다양한 품질 관련 서베이 도구들은 "품질에 대한 객관적인 측도"를 결정하려고 시도하기보다는 "지각된 품질"을 평가하고 있다.

Reference Librarian, 19, 1988, 225-37; Prudence Dalrymple. Retrieval by Reformulation in Two Library Catalogs: Toward a Cognitive Model of Searching Behavior. *Journal of the American Society for Information Science*, 41, 1990, 272-81.

12) Rachel Applegate. Models of User Satisfaction: Understanding False Positive, *RQ*, 32(4), 1993, 525-39.

13) Rachel Applegate. User Satisfaction with Information Services: A Test of the Disconfirmation - Satisfaction Model with a Library OPAC. Ph. D. dissertation, University of Wisconsin - Madison, 1995.

14) Xi Shi. An Examination of Information User Satisfaction Formation Process. Dissertation Abstracts International. 2000, (UMI No. 3010763); Shi, X. Satisfaction Formation Processes in Library Users: Understanding Multisource Effects. *Journal of Academic Librarianship*, 30 (2), 2003, 121-31.

15) Rowena Cullen. Perspectives on User Satisfaction Surveys. *Library Trends*, 49 (4), 2001, 662-87.

16) Fei Yu. Users' Emotional and Material Satisfaction at the Micro/Macro Levels in an Academic Library. Ph. D. dissertation, University of Pittsburgh, 2006.

고객 만족과 서비스 품질 모델[17)] 그림 15-1

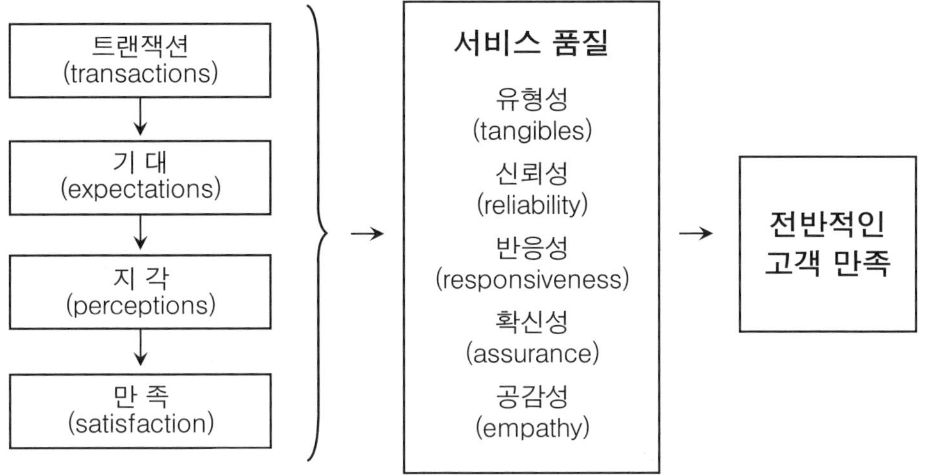

어떤 사람들은 도서관의 가치를 평가하면서 고객 만족과 서비스 품질에 초점을 맞추는 데 대해 반대하고 있다. 예를 들면, John Budd는 그와 같은 전략은 도서관들과 그 서비스들의 교환 가치를 강조하는 결과를 야기하여 결국에는 이용을 도서관의 가치로 신뢰하는 것을 해치게 된다고 주장하고 있다. 요컨대, Budd는 고객 만족에 대해 초점을 맞추는 것은 도서관들이 예산에서 자신들의 몫을 증가시키기 위한 방법이라고 주장하고 있다.[18)]

15.5. 만 족

만족은 기대하고 있는 경험과 관련하여 실제 경험의 결과로 생겨나는 자족감(sense of contentment)이다. 만족 서베이들은 고객에게 도서관 서비스들의 품질과 유용성을 평가해주도록 요청한다. 적절한 방식으로 적용되면, 고객 만족 서베이는 고객들에게 무엇이 문제가 되는지 파악하여 그 정보를

17) Rowena Cullen. Perspectives on User Satisfaction Surveys. *Library Trends*, 49 (4), Spring 2001, 662-86. 의 내용을 일부 수정하였다.

18) John M. Budd. A Critique of Customer and Commodity. *College & Research Libraries*, 58, July 1997, 309-20.

서비스 전달을 개선하기 위해 적용할 수 있도록 해준다. 대부분의 만족 서베이들은 제공되는 서비스의 유효성을 평가하고 자신들의 니즈(needs)가 충족되는 정도를 평가해 주도록 요청한다. 고객 만족은 본질적으로 내부 지향적이며 과거 지향적(성과에 대한 지행 지표(lagging indicator)[19]))이다.[20] 고객 만족을 개선하기 위해서는, 고객의 기대와 실제로 제공되는 서비스 사이에 존재하는 갭들을 시간이 흐르면서 줄여야 한다.

고객 만족을 개선과 추가의 분석 및 사고가 필요한 서비스들에 관한 정보원(情報源)으로서보다는 성적표(report card)로서 접근하는 경우가 너무 많다. George D'Elia와 Sandra Walsh는 이용자 만족 서베이들은 도서관의 성과를 평가하기 위해 유용하지만, 서로 다른 지역 사회들을 대상으로 서비스하는 도서관들의 추정되는 성과 레벨들을 비교하기 위해 사용해서는 안된다고 주장하였다.[21] 그러한 노력으로부터 제기될 도전들을 설명하면서, Sebastian Mundt는 독일의 15개 대학도서관들에 의해 실행된 이용자 만족 합동 서베이에서는 결과들을 통해 "모범 사례"(best practice) 활동들을 확인하게 되는 것으로 나타났으며 도서관들 사이의 구조적 강점과 약점을 밝혀내게 되었다는 사실을 보고하고 있다. 도서관들은 공공이 "승자와 패자"(winners and losers)로 낙인찍는 것을 피하기 위해 그 결과들을 익명으로 유지하기로 결정하였다.[22]

어느 경우에는, 이용자 만족 서베이들이 최종 성과에 대한 간접적인 어세스먼트로 이용되기도 한다.

고객 만족 데이터를 이용하는 것은 어떤 고객 만족 등급들을 실제로 측

---

19) 역자주: 遲行指標: "경기 동향을 나타내는 각종 경제 지표 중에서, 전체로서의 경기 변동보다는 뒤늦게 변화하는 경제 지표"(〈http://100.naver.com/100.nhn?docid=143076〉).

20) Jennifer Cram. Six Impossible Things Before Breakfast: A Multidimensional Approach to Measuring the Value of Libraries. Keynote address to the 3rd Northumbria International Conference on Performance Measurement in Libraries and Information Services, 27-31 August 1999. Available at http://www.alia.org.au/~jcram/six_things.html.

21) George D'Elia and Sandra Walsh. User Satisfaction with Library Service - A Measure of Public Library Performance? *The Library Quarterly*, 53 (2), April 1983, 109-33.

22) Sebastian Mundt. Benchmarking Users Satisfaction in Academic Libraries - A Case Study. *Library and Information Research*, 27 (87), Winter 2003, 29-37.

정하는지에 관한 명확성의 결여 때문에 복잡해지고 있다. 도서관 서비스에 대한 고객의 경험은 다음과 같은 간단한 공식으로 결정된다.

고객 만족 = 성과 − 기대[23)]

고객들은 성과에 대한 지각이 자신들의 기대에 부응하거나 기대를 넘어설 때 즐거워한다(〈그림 15-2〉을 보라). 도서관들은 성과는 물론 고객의 기대에 대해서도 관심을 기울여야 한다. 기대의 범위는 가능한 최악의 것에서 낮은 것, 최소한의 수용 가능한 것, 높은 것, 이상적인 것으로 이어지는 연속체나 계층 구조상에 놓이게 된다.[24)] 도서관에서 고객이 기대하는 것 이하의 서비스를 제공하게 된다면, 유일한 결과는 불만족이다. 홍분이나 기쁨은 아주 만족스런 고객들을 만들어낼 것이다. 왜냐하면 제공되는 서비스 레벨이 전체적으로 예기치 않은 것들이기 때문이다.

고객 만족의 레벨 그림 15-2

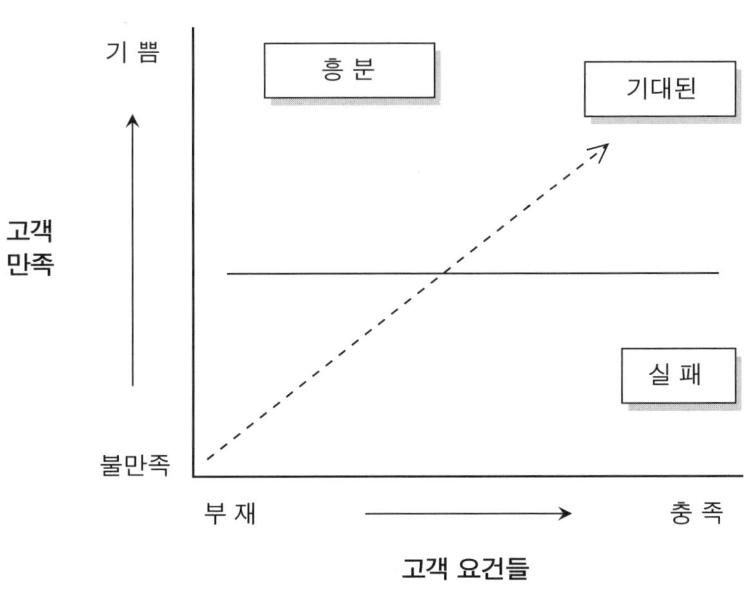

23) Richard L. Lynch and Kelvin F. Cross. *Measure Up! Yardsticks for Continuous Improvement*. London: Basil Blackwell, 1991.

24) Roland T. Rust, Anthony J. Zahorik, and Timothy L. Keiningham. *Return on Quality: Measuring the Financial Impact of Your Company's Quest for Quality*. New York: McGraw-Hill, 1994.

Peter Hernon과 John Whitman이 지적하고 있는 것처럼, 기대들은 다음과 같은 세 개 그룹으로 구분할 수 있다.

- **핵심 기대**(core expectations). 모든 사람들에게 공통되는 것으로 추정되는 서비스의 요소들(예절, 존경, 존엄성 등)
- **학습 기대**(learned expectations). 경험과 세상에 대한 폭넓은 접촉을 통해 개발된다.
- **예상 기대**(anticipated expectations). 현재는 제공되고 있지 않은 서비스의 측면이나 요소.[25)]

15.5.1. 만족 결정 방법

고객 만족도를 결정하기 위해서는 질적 방법이나 양적 방법을 사용할 수 있다(〈표 15-3〉을 보라).

표 15-3 고객 만족 평가 방법

질적 방법	양적 방법
포커스 그룹	서베이
미스터리 쇼퍼	자체 개발 서베이
불 평	표준 서베이

(1) 포커스 그룹

인기 있는 질적 방법의 하나는 각 그룹이 서로 다른 고객 부문을 대표하는 몇몇 포커스 그룹들을 이용하여, 그들에게 도서관과 그 서비스, 참여자들의 도서관 이용 및 그들의 만족 레벨에 대해 논하도록 요청하는 것이다.

포커스 그룹의 이용과 제한점에 대해서는 제4장에서 이미 살펴본 바 있다.

25) Peter Hernon and John R. Whitman. *Delivering Satisfaction and Service Quality*. Chicago: American Library Association, 2001.(역자주: 한국어판: **도서관 · 정보센터의 고객 만족 경영.** 오동근 등 역. 대구: 태일사, 2004).

(2) 미스터리 쇼퍼

또 한 가지 방법인 미스터리 쇼퍼(mystery shopper)의 이용은 도서관이 제공하는 서비스의 품질과 지각된 가치에 대한 어세스먼트를 위한 새로운 차원을 발견하기 위한 기회를 제공해준다. 미스터리 쇼퍼 접근법의 강점은 직원의 태도와 속성, 행태들이 전반적인 고객 만족에 어떻게 영향을 미치는지를 확인한다는 것이다. 미스터리 쇼퍼의 개념은 개인들에게 고객으로서 행동하면서 첫 인상으로부터 구체적인 자원과 서비스에 이르기까지 전체 고객 경험에 대해 평가하고 보고하도록 요청하는 것이다. 특별히 지적해 둘만한 것으로, 약정된 서비스들의 일관성과 신뢰성, 정확성은 물론 직원의 응답성(responsiveness)을 평가할 수 있다.[26] "쇼퍼의" 경험은 각 서비스 트랜잭션 이후에 서베이를 완성하여 문서화한다.[27] 도서관은 쇼핑 경험 설문지를 설계할 수 있으며, 상업적인 쇼핑 회사를 이용하는 비용은 대개 적절하다. 몇몇 학술도서관들은 학생들을 고용하고 훈련시켜 "쇼퍼"의 역할을 하도록 하고 있다.

University of Wollongong 도서관에서는 다소 인위적인 포커스 그룹 상황 이외에 그 서비스들에 관한 더 상세한 질적인 정보를 파악하기 위해 미스터리 쇼퍼들을 이용하였다.[28]

더 일반적으로는, 도서관은 만족도를 나타내주는 수치로 된 응답들을 만들어내게 될 서베이를 이용할 것이다. 이러한 서베이들은 자체적으로 개발될 수도 있으며, 아니면 LibQUAL+와 같은 표준 서베이를 도서관에서 이용할 수 있다.

---

26) G. Deane. Bridging the Value Gap: Getting Past Professional Values to Customer Value in the Public Library. *Public Libraries*, 42 (5), 2003, 315-19.

27) Philip Calvert. It's a Mystery: Mystery Shopping in New Zealand's Public Libraries. *Library Review*, 54 (1), 2005, 24-35.

28) Marjie Jantti. Assessing the Service Needs and Expectations of Customers-No Longer a Mystery. Paper presented at the Library Assessment Conference, Charlottesville, Virginia, September 25-27, 2006.

(3) 불 평

고객 불평들(customer conplaints)은 어느 조직에나 피할 수 없는 인생의 현실일 뿐이다. 고객 서비스 컨설팅 회사에 의해 실행된 리서치에서는 보통의 조직은 96퍼센트의 불행한 고객들의 소리를 듣지 못하게 될 것이라는 사실을 밝혀냈다(모든 불평에 대해, 26명의 사람들은 불평을 하지 않게 될 것이다). 그리고 더 중요한 것으로, 문제점을 가지고 있는 사람들의 13퍼센트는 자신의 경험을 20명 이상의 사람들에게 이야기하게 될 것이다.[29] 이 부정적 구전(negative word-of-mouth) 광고는 도서관을 방문한 적이 없는 어떤 사람들이 가까이 하지 않는 결과를 초래하는 것이다.

불평들에 관한 중요한 포인트는 도서관이 그것들에 관해 무엇을 하는가 하는 것이다. 불평이라는 "문제점"에 대해서는 다음과 같은 두 가지 접근법이 있는 것 같다.

- 불평들은 "실패"를 나타내며 피해야 할 어떤 것이다. 문제점을 처리하고 고객들을 달래는 데 중점을 둔다. 기본적인 근본 원인을 바로잡기 위해 도서관이 아무 것도 하지 않기 때문에 흔히 동일한 문제점과 불평이 재발한다. 이 접근법은 내부 지향적이고, 도서관 중심적인 세계관을 반영하는 것이다.
- 불평들은 "환영"을 받으며 도서관은 불평을 고객의 시각에서 무엇인가를 배울 기회로 이용하며 그 문제점을 야기한 정책들과 교육 훈련을 조사한다. 이 접근법은 외부 지향적이고, 고객 중심적인 세계관을 반영하는 것이다. 도서관은 모든 불평들의 로그를 보관하게 될 것이며, 그것들은 여러 범주로 분류된다. 직원은 고객 불평을 해결하기 위해 즉각적인 해결책을 제공하도록 훈련받는 한편, 고객들이 동일한 문제점들에 반복적으로 부딪치지 않도록 시정 조치들을 취하기 위한 시도로 불평들을 정기적으로 분석한다.

(4) 자체 개발 서베이

만족 서베이들을 도서관 직원이 만들어 실행할 수도 있다. 서베이는 전반적인 만족에 초점을 맞출 수도 있는데, 이것은 전체적인 도서관에 대한 평

29) Robert G. Sines and Eric A. Duckworth. Customer Service in Higher Education. *Journal of Marketing for Higher Education*, 5, 1994, 1-15.

가이다. 아니면 하나 이상의 특정 도서관 서비스들에 대한 만족에 초점을 맞출 수도 있을 것이다. 이 장에서는 전자(前者)에 초점을 맞추고, 특정 도서관 서비스들에 대한 만족에 관해서는 제3부에서 다루고자 한다. 많은 도서관 이용자 서베이들은 인터넷을 통해 입수할 수 있다.[30)]

만족 서베이에 관련된 여러 가지 어려운 점들이 있다. 그것들은 적절한 표본 크기를 확보하고, 표본을 무작위로 하며, 질문들의 어법을 적절하게 하는 것과 같이, 대개 기술적(技術的)인 것이다. 아울러 고객 만족 평가에 부여되는 수치 값들은 상당 부분을 잘못 이해하고, 잘못 사용하며, 잘못 적용하고 있다. 만족 평가들에 대한 부정확하지만, 추정된 선형(線形)의 등간적(等間的) 속성들은 심각한 오해를 야기할 수 있다. 그리고 수치로 된 평균들(averages 또는 means)은 정기적인 성과를 요약하거나 추적하기 위한 신뢰성 있는 방식이 아니다.[31)]

그러나 어떤 서베이에나 관련되는 주요한 기본적인 어려움은 반드시 올바른 질문들을 묻도록 하는 것이다.

잘못된 안전감(false sense of security). 어느 서베이에서나 만족 평가의 분포는 "진정한" 만족을 반영하는 것으로 추정된다. 그러나 대부분의 도서관 고객 만족 서베이에서 응답들의 분포는 비정상적으로 편포되어 있다. 즉 서베이 응답자들의 대부분은 높은 만족 레벨들을 보고하고 있다(〈그림 15-3〉과 〈그림 15-4〉를 보라).[32)] 만족 서베이의 결과들을 심사숙고할 때, 도서관들은 그것들이 애플파이와 모성애와 같이, "좋은 것"으로 간주된다는 사실을 인식해야 한다.[33)] 회사들은 고객들이 자신들의 구매 경험을 완전하게 또는 극단적으로 만족한 것으로 평가했을 때만 고객들의 반복 구매 행동을 확신할 수 있다는 사실을 알게 되었다.[34)] 아마도 도서관을 빈번하게 이용하는

30) 예를 들면, Colorado Library Research Service 웹사이트(〈http://www.lrs.org/usersurveys.asp.〉)를 보라.

31) Timothy Keiningham and Terry Vavra. *The Customer Delight Principle: Exceeding Customers' Expectations for Bottom-Line Success*. New York: McGraw-Hill, 2001.

32) Douglas Badenoch, Christine Reid, Paul Burton, Forbes Gibb, and Charles Oppenheim. The value of Information, in Mary Feeney and Maureen Grieves (Eds.). *The Value and Impact of Information*. London: Bowker Saur, 1994, 9-78.

33) Ruth Applegate. Models of User Satisfaction: Understanding False Positives. *RQ*, 32 (4), 1993, 525-39.

이용자들은 자신들의 도서관 경험을 "완전하거나 극단적으로 만족"한 것으로 평가하는 사람들일 것이다.

그림 15-3 정규 분포

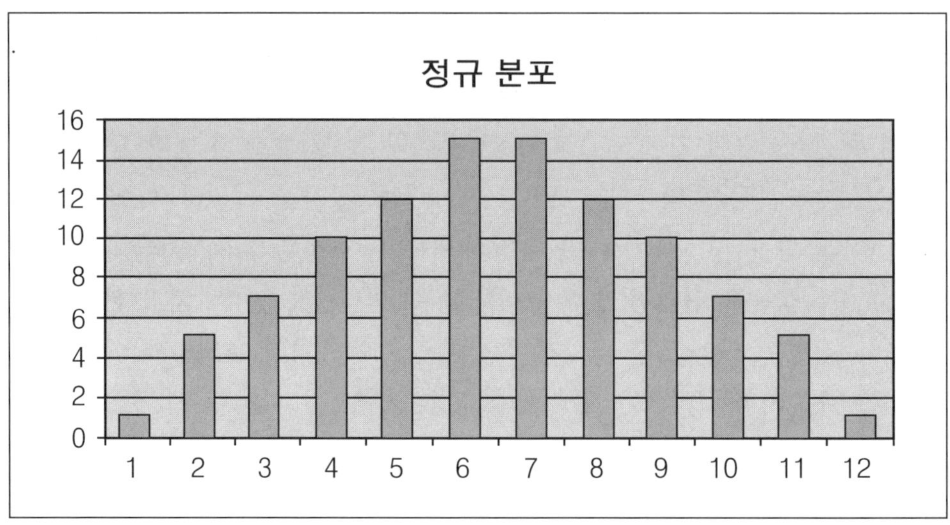

그림 15-4 전형적인 만족 분포

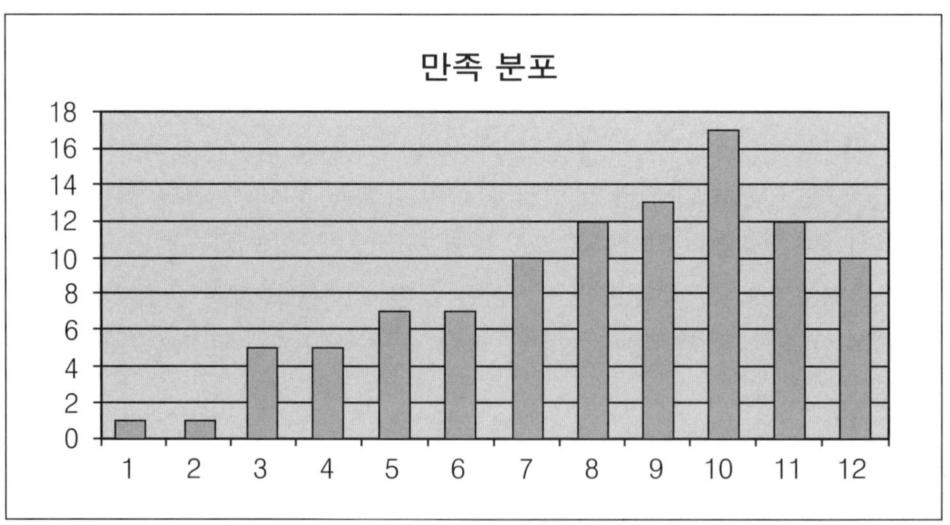

34) Thomas O. Jones and W. Earl Sasser Jr. Why Satisfied Customers Defect. *Harvard Business Review*, November-December 1995, 88-99.

D'Elia와 Walsh는 서비스에 대한 이용자의 기대는 자신이 받아오고 있는 것에 의해 길들여진다는 점에서 이용자 만족의 가치에 의문을 제기하였다.[35] 아울러 만족 서베이의 문제점 중 하나는 개인의 기대들은 변할 수 있다는 사실이다. 어떤 개인은 상당히 개선된 만족 레벨을 제공해주는 대체 제품이나 서비스를 발견할 때까지는 특정 제품이나 서비스에 대해 즐거워할 수도 있을 것이다(그리고 만족 서베이에서 그러한 제품이나 서비스를 아주 높게 평가할 것이다). 그 개인의 과거 제품이나 서비스에 대한 만족은 갑자기 아주 낮아질 것이다.[36]

불일치 이론(disconfirmation theory)은 고객 만족이나 불만족을 예측하기 위한 인기 있는 모델이다. 이 모델에서는 고객들은 마음속에서 자신들의 활동들, 즉 제품의 구입이나 서비스의 이용을 안내해주는 어떤 표준들을 가지고 있다고 주장한다. 한 연구에서는 도서관 이용자 만족을 결정해주는 것은 이용자 니즈(user needs)나 기대 어느 하나가 아니라, 바로 이용자 니즈와 기대의 불일치라는 사실을 밝혀냈다. 이것은 정보 제품에 대한 만족이 시스템이나 서비스에 대한 만족보다 전반적인 만족에 더 중요할 수도 있다는 사실을 암시하고 있다.[37]

자아 도취(self-absorption)**의 방지**. 전형적인 고객 만족 서베이에서는 "우리가 하고 있는 것에 대해 어떻게 생각하세요?"라고 묻는다. 이러한 시각이 도서관이 잘 하고 있다는 태도를 조장하므로, 도서관은 그 이용자들의 실제 니즈를 더 잘 이해하기 위한 기회를 상실하고 있음을 의미할 수도 있을 것이다. 이미 살펴본 것처럼, 광범위한 고객 만족 서베이 응답들은 일반적으로 도서관에 대해 상당히 높을 것이다. 그러나 도서관에서 제공하는 특정 서비스들과 제품들에 대한 이용자의 만족은 어떠한가? 이것은 면밀하고 탐구적인 성격과 도서관을 높이 평가할 때 제기되는 좋은 느낌의 범위를 넘어서서 움직일 수 있는 능력을 필요로 한다.

---

35) George D'Elia and Sandra Walsh. User Satisfaction with Library Service-Measure of Public Library Performance? *Library Quarterly*, 53 (2), 1983, 109-33.

36) John Guaspari. The Hidden Costs of Customer Satisfaction. *Quality Digest*, February 1998, 45-49.

37) Xi Shi, Patricia J. Holahan, and M. Peter Jurkat. Satisfaction Formation Processes in Library Users: Understanding Multisource Effects. *The Journal of Academic Librarianship*, 30 (2), March 2004, 122-31.

상실된 기회(missed opportunities). 아마도 일련의 포커스 그룹들에서, 이용자들에게 **그들이** 어떻게 수행하고 있는지 묻게 되면 동기와 그들이 도서관을 이용하면서 경험하는 욕구 불만들을 밝혀주게 될 것이다. 아마도 도서관이 인식하지 못하고 있는, 제거할 수 있는 접근과 서비스 또는 이용자의 시각에서 고려해본 적이 전혀 없는 접근과 서비스에 대한 실제 장벽이 존재할 것이다.

도서관 이용자들에 대한 한 서베이에서는 만족 레벨은 사람들이 원하는 것을 찾는 데 성공했을 때 아주 높지만(96퍼센트), 그들이 원하는 것을 찾지 못했을 때는 거의 절반으로 떨어진다는 사실을 지적하고 있다.[38] George D'Elia는 도서관 상황에서 이용자 만족의 결정 요인을 확인하고자 시도하면서, 어떤 요인도 존재하지 않는다는 것을 발견하였다. 그는 이용자 인구 통계와 이용자에 의한 도서관의 다양한 이용, 이용한 도서관의 특성들에 대한 이용자의 평가를 조사하였다.[39] 만족은 도서관 서비스에 대한 지각된 가치로서는 중요하지만, 개인이나 지역 사회가 도서관에서 제공하는 서비스로부터 얼마나 혜택을 누리고 있는지를 입증하지는 못하고 있다.

기대에 대한 이해 실패(failing to understand expectations). 고객 만족 서비스가 서비스 제공에 대한 고객 **지각들**에 초점을 맞추고 있는 경우는 아주 많지만, 고객에게 서비스 제공에 대한 고객 **기대들**을 표현할 기회를 제공해주는 경우는 거의 없다. 고객들은 기대를 경험과 비교하기 때문에, 기대를 잘 이해하는 것은 도서관 이용자들의 니즈에 더 잘 서비스하는 데 중요하다.

만족 서베이들에 대한 또 하나의 문제점은 그것들이 제공되는 응답의 표면 아래에 잠복해 있는 것들을 조사하지 못하는 경우가 많으며, 사실상 응답자들은 일반적으로 도서관을 비판하는 데 주저할 수도 있다는 사실이다. 그렇지만, 한 연구에서는 사람들이 특정의 비판들이나 불평들을 제시하거나 그러한 것들에 동의할 의사를 가지고 있는 것으로 나타났다.[40]

---

38) Barry Totterdell and Jean Bird. *The Effective Library: Report of the Hillingdon Project on Public Library Effectiveness*. London: The Library Association, 1976.

39) George D'Elia. User Satisfaction as a Measure of Public Library Performance, in *Library Effectiveness: A State of the Art. Papers from a 1980 ALA Preconference, June 27 & 28,1980, New York, NY*. Chicago: American Library Association, 1980, 64-69.

이용자들이 만족스럽다고 평가하는 레벨의 서비스를 제공하는 것으로는 충분하지 않을 수도 있을 것이다. 사실상 서로 다른 만족 레벨들은 서로 다른 이슈들을 반영할 수도 있으며, 따라서 서로 다른 시정 조치들(corrective actions)을 필요로 한다. 몇몇 리서치 연구들에서는 완전하게 만족한 고객들만이 충성도를 갖게 될 것이라는 사실을 입증하고 있다.[41)]

관점(perspective). 어느 경우에는 정보 서비스의 품질과 적시성, 유용성을 개선하고 시간이 지나면서 이루어지는 고객 만족 서베이들에서 그에 상응하는 개선을 볼 수 있다. 그러나 서비스 레벨의 개선을 입증해주는 객관적인 측도들에도 불구하고, 만족 서베이들(주관적인 측도)에서는 고객 만족 레벨에서 동일하거나 아주 약간 개선이 이루어진 것으로 보고할 수도 있을 것이다. 이것은 투입 측도와 프로세스 측도, 산출 측도는 대개 관리상의 측도들로서 수집되고 보고되는 반면, 고객들의 평가는 그들에게 의미 있는 최종 성과들을 바탕으로 할 수 있기 때문에 그럴 수도 있을 것이다.[42)]

방법론상의 문제점(methodology problems). 서로 다른 수단들(직접 또는 전화 서베이 대 자기 응답 서베이 양식)을 이용하여 수집된 만족 데이터는 비교할 수 없다. 어느 경우에는, 구두 데이터 수집 기법들은 자기 응답 서베이들을 이용하여 수집된 데이터와 비교할 때 만족 평가를 10 내지 12퍼센트 증가시킬 수도 있을 것이다.[43)] 나아가 질문 방법이 만족 레벨에 영향을 미치는 것으로 보인다. 긍정적 형식의 질문("얼마나 만족하시나요?")은 부정적 형식("불만족으로 야기하는 문제점을 경험하셨나요?")보다 만족 레벨들을 더 높게 보고해주는 것 같다.

서베이 점수들은 실제 성과와 연계되지 않는다. 주관적 또는 객관적 측

---

40) Barry Totterdell and Jean Bird. *The Effective Library: Report of the Hillingdon Project on Public Library Effectiveness*. London: The Library Association, 1976.

41) Thomas O. Jones and W. Earl Sasser Jr. Why Satisfied Customers Defect. *Harvard Business Review*, 73, November/December 1995, 88-99.

42) Janet M. Kelly and David Swindell. A Multiple-Indicator Approach to Municipal Service Evaluation: Correlating Performance Measurement and Citizen Satisfaction Across Jurisdictions. *Public Administration Review*, 62 (5), September/October 2002, 610-21.

43) Robert A. Peterson and William R. Wilson. Measuring Customer Satisfaction: Fact and Artifact. *Journal of the Academy of Marketing Science*, 20 (1), Winter 1992, 61-71.

도들에 의해 측정된 대로의 도서관의 실제 성과와 고객 만족 서베이 결과들 간의 관계가 아직 정립되어 있지 않다.

서베이로 인한 피로(survey fatigue). 상당히 많은 사람들은 고객 만족 서베이들에 대해 신경을 쓰지 않는다. 질문도 너무나 많고 서베이도 너무나 많다. 그들의 반응은? 그것들을 버려버린다.

시정 조치를 취하는 방법(how to take corrective action). 일단 서베이의 결과들이 입수되면, 도서관 경영팀과 도서관 직원들은 도서관의 고객 만족 점수들이 올라가도록 개선책들을 마련하는 방법에 대한 어떤 아이디어도 갖지 못하게 된다.

공공 및 대학도서관을 이용할 때 이루어지는 고객 경험들에 대한 분석에서는 전반적인 만족과 도서관에 다시 돌아오고자 하는 의사 둘 모두 사서의 행태(웃음과 환영하는 보디랭귀지를 보여주는 것) 및 참고 답변의 품질과 유의하게 관련되어 있다는 사실을 밝혀냈다.[44] Joan Durrance의 지적은 이러한 발견 결과를 추가로 뒷받침하고 있는데, 그는 전반적인 만족과 도서관 직원의 우호성 간에는 강한 관계가 있음을 발견하였다.[45]

University of Illinois, Urbana-Champaign 도서관에서 이루어진 서베이에서는 직원이 제공하는 서비스들은 부정적인 평가를 받은 반면(기대들이 서비스를 넘어섰다), 물리적 장서 및 전자 장서들은 긍정적인 평가를 받고 있다는 사실(서비스가 기대를 넘어섰다)을 밝혀냈다.[46] Valdosta State University 도서관에서 이루어진 서베이에서는 학생들의 의견이 객관적인 질문보다 훨씬 더 가치가 있고 고객 서비스의 각 영역에 구체적인 통찰력을 제공해준다는 사실을 발견하였다.[47]

---

44) Patricia Dewdney and Catherine S. Ross. Flying a Light Aircraft: Reference Service Evaluation from a User's Viewpoint. *RQ*, 34, Winter 1994, 217-30.

45) Joan C. Durrance. Reference Success: Does the 55 Percent Rule Tell the Whole Story? *Library Journal*, 114, April 15, 1989, 31-36.

46) Karen Schmidt and Sue Searing. UIUC Library: User Survey and Needs Assessment Spring 1998. Summary. Unpublished report by the University of Illinois at Urbana-Champaign Library.

47) Deborah S. Davis and Alan M. Bernstein. From Survey to Service: Using Patron Input to Improve Customer Satisfaction. *Technical Services Quarterly*, 14 (3), 1997, 47-62.

◆ 단일 문항 서베이 질문

단일 문항의 서베이 질문이 실제 고객 행태의 예측 변인의 역할을 할 수 있을 것인가? 비즈니스 세계에서는, 고객 충성도(customer loyalty)가 개인들이 좋다고 느끼는 회사에 대해 시간이 흐르면서 더 많은 것들을 구입하고 더 큰 시장 점유율(share of wallet)을 가져다주는 결과를 낳게 된다. 그리고 충성 고객들은 친구들과 가족, 동료들에게 회사에 대해 좋게 말한다.

예를 들면, Enterprise Rent-a-Car는 고객들이 렌트한 차를 반납할 때 다음과 같은 단일 문항의 질문을 하고 있다.

귀하께서 친구나 동료에게 Enterprise를 추천할 가능성은 얼마나 될까요?

그 결과들은 매일 각 지점별로 총계를 내어 ESQi(Enterprise Service Quality index)를 개발하고 있다. 직원들은 자신의 ESQi 등급들을 바탕으로 보너스를 받는다. 이 회사에서는 높은 ESQi 등급들을 받은 지점과 지점의 지속적인 성장 간에는 강한 관계가 있음을 발견하였다.[48)]

Frederick Reichheld는 단일 문항 서베이 질문의 개념을 많은 다른 회사들로 확장하고, Likert 10점 척도[49)]를 이용하여 NPS(Net Promoter Score)[50)]를 개발하였다. NPS는 가족과 친구들에게 추천하게 될 사람들("추천 고객"(promoters)[51)])의 퍼센티지에서 비추천 고객(detractors)[52)] (회사를 부실하게 평가한 사람들)의 퍼센티지를 뺀 것이다.[53)] 잘 알려진 어떤 회사들은 50퍼센트가 넘는 NPS 점수를 가지고 있는 반면, 어떤 회사들은 5에서 10퍼센트에 이르는 아주 낮은 점수들을 가지고 있다. 여러분의 도서관을 위해 다음과 같은 중요한 질문을 고려해야 할 것이다. "여러분이 소속된 도서관의 NPS 점수는 얼마인가?"

---

48) Frederick F. Reichheld. The One Number You Need to Grow. *Harvard Business Review*, 81(12), December 2003, 46-57.

49) 역자주: 0부터 10까지의 점수를 부여할 수 있도록 하였으므로, 실제로는 11점 척도를 사용한다.

50) 역자주: 순추천 고객 지수라고도 한다(〈http://www.korcham.net/EconNews/External/CRE06102R.asp?seqno=13481〉).

51) 역자주: 10점 또는 9점으로 응답한 사람들

52) 역자주: 6점-0점으로 응답한 사람들

53) Frederick F. Reichheld. *The Ultimate Question: Driving Good Profits and True Growth*. Boston: Harvard Business School Press, 2006.

(5) 우선순위 설정

이용자들에게 기존의 그리고 가능한 도서관 서비스들의 적합성에 관해 묻는 것은 직접적이고 긍정적인 영향을 가질 수 있는 고객 만족 서베이의 또 한 형식이다. 이용자들은 어떤 서비스들이 이용자의 개인적 또는 전문적 삶에 가장 큰 명확한 영향을 미치는지에 대해 도서관이 더 잘 이해하게 될 것이기 때문에, 혜택을 얻게 될 것이다. 도서관은 또한 어떤 서비스들이 가장 중요한지를 확인하고 아울러 각각의 구체적인 서비스 제공에 대해 이용자들이 도서관의 현재 성과들을 어떻게 평가하고 있는지를 이해하게 된다는 점에서 그와 같은 서베이로부터 혜택을 얻을 수 있다.

PAPE(priority and performance evaluation) 서베이를 이용할 때, 이용자에게는 도서관이 각 서비스에 부여해야 하는 우선순위를 표시해주도록 Likert 척도를 사용하여 묻는다.[54] 이어서 이용자에게 그 서비스를 제공할 때의 도서관의 성과를 평가해 주도록 요청한다(표본 PAPE 서베이 도구에 대해서는 〈그림 15-5〉를 보라). 이용자들에게 PAPE 서베이에 참여하도록 요청하는 것 이외에, 도서관의 자금 지원 의사결정자들과 도서관 직원에게 설문지를 완성해 주도록 요청하면 도서관은 이러한 세 개 중요 그룹들의 응답을 비교하고 대조할 수 있게 될 것이다. 그룹들 사이에서 나타나는 차이에 대해서는 추가로 관심을 기울이고 고려해야 할 것이다. 한 PAPE 연구에서는 도서관 직원과 고객들 간에는 일반적으로 일치하는 반면, 도서관 직원 구성원들은 약정된 서비스를 믿음직스럽고 정확하게 수행하는 것이 중요하다는 사실을 과소평가하는 경향이 있다는 사실을 밝혀냈다.[55]

---

54) Marianne Broadbent and Hans Lofgren. Information Delivery: Identifying Priorities, Performance and Value, in *OPAC and Beyond*. Hilton on the Park, Melbourne, Australia, Victorian Association for Library Automation 6th Biennial Conference and Exhibition, 11-13 November 1991, 185-215; Marianne Broadbent. Demonstrating Information Service Value to Your Organization. *Proceedings of the IOLIM Conference*, 16, 1992, 65-83; Marianne Broadbent and Hans Lofgren. *Priorities, Performance and Benefits: An Exploratory Study of Library and Information Units*. Melbourne, Australia: CIRCIT Ltd. and ACLIS, 1991.

55) Susan Edwards and Mairead Browne. Quality in Information Services: Do Users and Librarians Differ in Their Expectations? *Library & Information Science Review*, 17, 1995, 163-82.

표본 PAPE 설문지 그림 15-5

여러분의 견해로는, 다음의 각각에 대해 도서관은 어떤 우선순위를 부여해야 한다고 생각하십니까?

여러분의 평가에 가장 적합한 숫자에 동그라미로 표시해 주세요.

	낮은 우선순위						아주 높은 우선순위	미 정
	<--						-->	
도서관 직원의 활용 및 접근 가능성	1	2	3	4	5	6	7	D
참고 서비스의 활용 가능성	1	2	3	4	5	6	7	D
도서들의 체크아웃	1	2	3	4	5	6	7	D
잡지와 신문의 브라우징 가능성	1	2	3	4	5	6	7	D
도서관 상호 대차 서비스	1	2	3	4	5	6	7	D
온라인 데이터베이스들에 대한 접근	1	2	3	4	5	6	7	D
등등	1	2	3	4	5	6	7	D

여러분의 견해로는, 다음의 각 영역에 대해 도서관이 얼마나 잘 업무를 수행하고 있다고 생각하십니까?

여러분의 평가에 가장 적합한 숫자에 동그라미로 표시해 주세요.

	낮은 우선순위						아주 높은 우선순위	미 정
	<--						-->	
참고 서비스의 활용 가능성	1	2	3	4	5	6	7	D
도서들의 체크아웃	1	2	3	4	5	6	7	D
도서관 직원의 활용 및 접근 가능성	1	2	3	4	5	6	7	D
온라인 데이터베이스들에 대한 접근	1	2	3	4	5	6	7	D
도서관 상호 대차 서비스	1	2	3	4	5	6	7	D
잡지와 신문의 브라우징 가능성	1	2	3	4	5	6	7	D
등등	1	2	3	4	5	6	7	D

주기: 두 번째 섹션의 도서관 서비스의 순서는 서베이의 첫 번째 섹션의 순서와 달라야 한다. 이것은 응답자로 하여금 각각의 도서관 서비스를 주의 깊게 읽고 평가하지 않을 수 없도록 해준다.

〈그림 15-6〉은 PAPE 서베이의 결과들을 보여주는 표본이다. 총 21개 도서관들에 대해 우선순위를 부여하고 평가하였다(알파벳 문자들을 사용하여 확인되고 있다). 처음 14개 서비스에 대해서는, 도서관의 고객들이 부여한 우선순위가 기대되는 서비스 레벨을 제공할 수 있는 도서관의 능력을 넘어서고 있다는 사실(세 개의 경우는 예외)에 유의하라. 또한 낮은 우선순위들을 가지고 있는 서비스에 대해서는, 실제 성과가 단 두 경우에만 기대를 넘어섰다. 그러나 높은 평가를 받고 있는 이 두 서비스에 대해서는 서비스 레벨을 다소 조정하도록 조언할 수도 있을 것이다.

그림 15-6 우선순위와 성과 결과

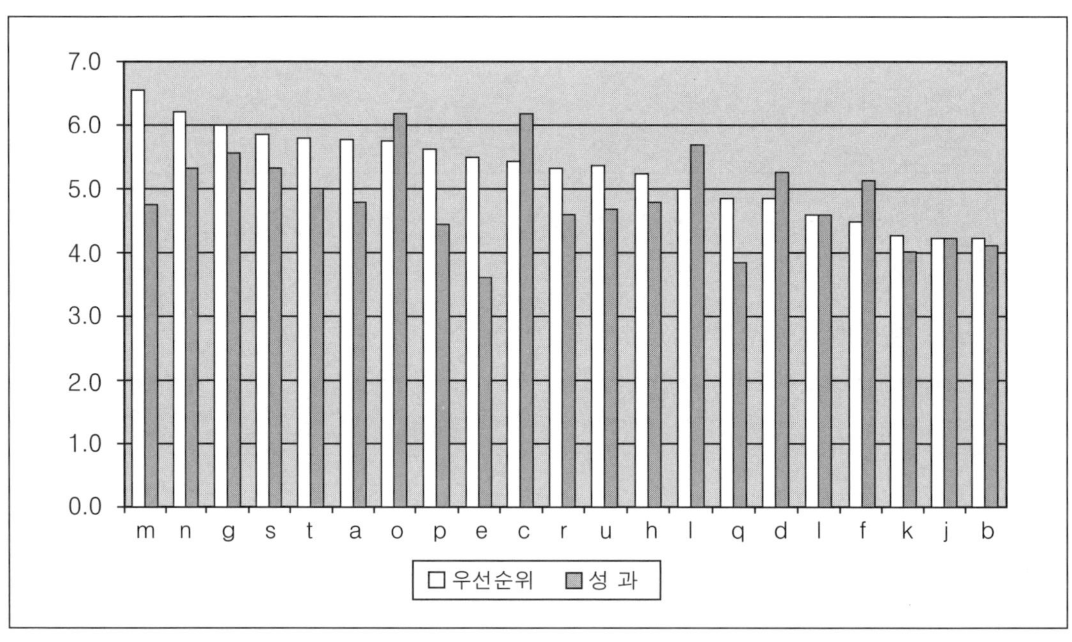

다소 유사한 프레젠테이션 접근법을 사분면 분석(quadrant analysis)이라 한다(〈그림 15-7〉을 보라). 우선순위와 성과 점수들을 도표화하면 도서관의 고객들에게 가장 큰 영향을 미치게 될 개선을 이루기 위해 도서관이 어떤 서비스들에 초점을 맞추어야 하는지를 알 수 있도록 해주게 될 것이다.[56)]

56) Danuta A. Nitecki. Quality Assessment Measures in Libraries. *Advances in Librarianship*, 25, 2001, 133-62.

사분면 분석 실례 그림 15-7

PAPE를 이용하고 있는 도서관들은 그것이 이용자들의 우선순위의 변화를 파악하는 것은 물론 제공되는 서비스들의 개선을 추적하기 위해 매년 운용할 수 있는 유용한 도구라는 사실을 발견하고 있다.

(6) 예산 배정

도서관 상황에서는 자주 이용되지 않지만 이용자 선호도 연구 방법의 하나로 이용자들의 표본에게 가상의 도서관 예산을 일정 범위의 서비스들에 배정하도록 요청하는 방법이 있다. 이용자는 기존 예산에 200,000달러의 추가 예산을 지원받거나 기존 예산에 100,000달러의 추가 예산을 제공받거나 어떤 신규 자금도 지원받지 않는다 ― 이용자는 예산을 증가시키지 않은 채 서비스들의 믹스에 대해 조정을 해야 한다. 도서관은 그 자체의 상황을 반영하여 추가 예산액들을 조정해야 할 것이라는 사실에 유의하라. 즉 도서관이 5백만 달러의 예산을 가지고 있으면, 추가 예산액은 더 높아질 것이다.

1969년에 Jeffrey Raffel과 Robert Shishko는 283명의 MIT 이용자들(서베이에 대한 40퍼센트 응답률)의 응답을 분석하여, 선정된 서비스들의 순위는 각 예산 레벨에서 약간 다양하다는 사실을 밝혀냈다. 이용자들은 주로 자료들의 입수 가능성을 개선하고 복사하는 비용을 줄이는 데 관심을 가지고 있었다.[57] 이용자의 유형에 따라 응답들을 분류했을 때는 약간 다른 결과들이 나타났다. 증가하는 자금 지원을 고려하면, 학부생들은 지정 자료들(reserve materials)에 대한 접근 개선을 원했으며, 대학원생들은 더 많은 신간 도서들과 다른 도서관들의 자료들에 대한 접근 증가에 관심을 가지고 있는 반면, 교원은 학과 도서관들에 대한 선호를 표출하였다.

(7) 표준 서베이

소매 산업에서 개발된 SERVQUAL(Service Quality)이라는 인기 있는 한 서비스 품질 어세스먼트 도구가 도서관용으로 수정되고 있다.[58] SERVQUAL 모델에서, 품질은 "객관적 품질"보다는 오히려 "지각된 품질"로 정의되며, 다음과 같은 다섯 가지 속성들을 이용하여 고객들의 기대들을 성과와 비교한다.

- **유형성**(tangibles). 도서관의 물리적 외형, 도서관 직원 구성원, 장비, 커뮤니케이션 자료(사인, 전단지 등).
- **신뢰성**(reliability). 서비스는 신뢰할 수 있고 일관성이 있는가? 이것은 고객이 평가하고 있는 다섯 가지 속성 중 **가장** 중요한 요인이다.
- **반응성**(responsiveness). 서비스는 얼마나 시의적절한가? 직원 구성원들은 기꺼이 도움을 제공하려는 의사를 가지고 있는가?
- **확신성**(assurance). 직원이 역량과 믿음을 전해주고 있는가? 그들은 학식을 갖추고 있고, 전문적이며, 정중한가?
- **공감성**(empathy). 직원 구성원들은 쾌활한가? 그들은 고객들에게 개별화된 관심을 제공하고 있는가?

---

57) Jeffrey A. Raffel and Robert Shishko. *Systematic Analysis of University Libraries*. Cambridge, MA: MIT Press, 1969.

58) A. Parasuraman, Valarie A. Zeithaml, and Leonard L. Berry. SERVQUAL: A Multiple-Item Scale for Measuring Consumer Perceptions of Service Quality. *Journal of Retailing*, 64, 1988, 12-37; Valarie A. Zeithaml, A. Parasuraman, and Leonard L. Berry, *Delivering Quality Service: Balancing Customer Perceptions and Expectations*. New York: Free Press, 1990; Parasuraman, Valarie A. Zeithaml, and Leonard L. Berry. Reassessment of Expectations as a Comparison Standard in Measuring Service Quality: Implications for Further Research. *Journal of Marketing*, 58 (1), January 1994, 111-24.

더 짧은, 경쟁이 되는 서베이 도구로 SERVPERF(Service Performance)가 있는데, 이것은 전반적인 변량(overall variance)을 예측하는 이슈를 더 잘 다루기 위해 개발되었다.[59)]

SERVQUAL 도구는 마케팅 연구자 팀에 의해 개발된 서비스 갭 모델(gap model of services)을 바탕으로 하고 있다.[60)] 고객 만족은 고객이 받을 것으로 기대하는 서비스와 받는 서비스 간의 갭이나 차이로 여겨지고 있다. 〈그림 15-8〉에서 볼 수 있는 것처럼, SERVQUAL에 의해 수집된 데이터를 이용하여 다섯 개의 서로 다른 갭들을 확인할 수 있다.[61)] **서비스 품질 갭**은 지각된 서비스와 기대된 서비스 간의 차이에서 생겨난다. 그 밖의 갭들은 서비스 품질 갭의 한 원인이 될 가능성이 있다.

서비스 품질 갭 * 그림 15-8

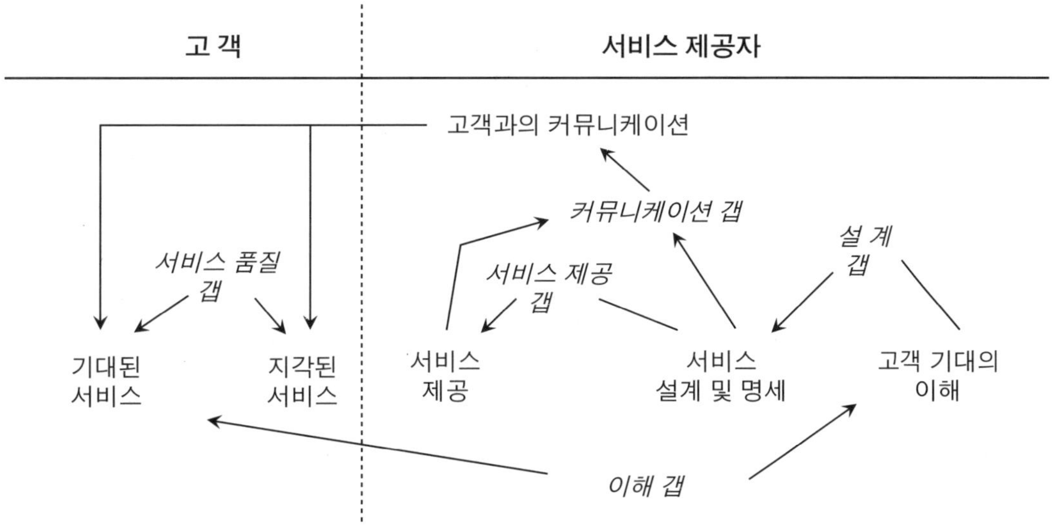

* Mik Wisniewski and Mike Donnelly. Measuring Service Quality in the Public Sector: The Potential for SERVQUAL. *Total Quality Management*, 7 (4), 1996, 357-65.의 내용을 일부 수정하였다.

---

59) Joseph J. Cronin and Steven A. Taylor. SERVPERF versus SERVQUAL: Reconciling Performance-Based and Perceptions Minus Expectations of Service Quality. *Journal of Marketing*, 58 (1), January 1994, 125-31.

60) A. Parasuraman, Leonard Berry, and Valarie A. Zeithaml. A Conceptual Model of Service Quality and Its Implications for Future Research. *Journal of Marketing*, 49 (4), 1985, 41-50.

61) Mik Wisniewski and Mike Donnelly. Measuring Service Quality in the Public Sector: The Potential for SERVQUAL. *Total Quality Management*, 7 (4), 1996, 357-65.

이해 갭(understanding gap)은 고객 서비스 기대들과 고객 기대들에 대한 경영층의 이해 간의 차이 때문에 발생한다. 그와 같은 갭은 고객 니즈(customer needs)에 대한 명확하지 못한 이해나 도서관 내의 부실한 커뮤니케이션 때문에 생겨날 수도 있다.

설계 갭(design gap)은 고객 기대들에 대한 경영층의 이해와 서비스 품질의 설계 및 명세 간의 갭이다. 경영팀은 도서관 직원들에게 수용 가능한 서비스 레벨을 구성하는 것은 무엇인가에 관한 교육 훈련을 제공한다. **제공 갭**(delivery gap)은 서비스 품질의 명세와 제공되는 서비스의 실제 품질간의 갭 때문에 생겨날 것이다.

마지막으로, **커뮤니케이션 갭**은 외부 커뮤니케이션, 다른 유사한 서비스들에 대한 경험을 가지고 있는 고객에 의한 비교 등의 측면에서 이루어지는 실제로 제공되고 있는 것과 약정된 것 간의 갭이다.

SERVQUAL 접근법에 대해서는 몇 가지 비판들이 있는데, 여기에는 근본적인 측정 문제점, 지각을 이용하는 것이 이 특정 척도의 이용보다 더 낫다는 믿음, 척도 개발 방법의 단점, 질문들의 긍정적 어법과 부정적 어법이 둘 모두 존재한다는 점, 조직들 전체에 걸쳐 척도를 사용하는 문제점 등이 포함되어 있다.[62] Michael Roszkowski 등은 SERVQUAL을 겨냥한 비판들에 대한 상세한 개요를 제공하고 있다.[63] 이러한 문제점들은 부분적으로는 데이터가 서비스 인카운터(service encounter) 이후에 수집되며, 서비스 기대들에 관한 질문들이 기억을 바탕으로 할 수도 있고 아니면 실제로 받는 서비스들에 의해 편향될 수도 있기 때문에 발생한다.

---

62) 예를 들면, 다음 자료들을 보라. Tom J. Brown, Gilbert A. Churchill Jr., and J. Paul Peter. Improving the Measurement of Service Quality. *Journal of Retailing*, 66 (1), Spring 1993, 127-39; J. Joseph Cronin Jr. and Stephen A. Taylor. Measuring Service Quality: A Re-examination and Extension. Journal of Marketing, 56 (3), July 1992, 55-68; James M. Carman. Consumer Perceptions of Service Quality: An Assessment of SERVQUAL Dimensions. *Journal of Retailing*, 66 (1), Spring 1990, 33-55; Emin Babakus and Gregory W. Boller. An Empirical Assessment of the SERVQUAL Scale. *Journal of Business Research*, 24 (3), Winter 1994, 253-68; Syed Saad Andaleeb and Amiya K. Basu. Technical Complexity and Consumer Knowledge as Moderators of Service Quality Evaluation in the Automobile Industry. *Journal of Retailing*, 70 (4), Winter 1994, 367-81.

63) Michael J. Roszkowski, John S. Baky, and David B. Jones. So Which Score on the LibQUAL+ Tells Me if Library Users Are Satisfied? *Library & Information Science Research*, 27, 2005, 424-39.

Hebert는 SERVQUAL 도구의 한 버전을 사용하여 도서관 상호 대차 서비스의 품질을 조사하여, 두 개의 서비스 차원, 즉 기술적 품질(technical quality)(고객들이 **무엇**을 받는가에 대한 객관적인 측도)과 기능적 품질(functional quality)(고객들이 서비스를 **어떻게** 받는가에 대한 주관적 측도)이 있다고 주장하고 있다. Hebert는 도서관 상호 대차 성과에 대한 도서관 측도들(충족률(fill rate) 및 처리 시간(turnaround time))과 품질에 대한 고객 지각들 간의 부조화를 발견하였다.[64)]

SERVQUAL의 버전들은 많은 도서관 상황에서 성공적으로 사용되고 있다.[65)] 미국 Pennsylvania 주 Erie 지역의 세 개 학술도서관에 대한 서베이와 회귀 모델(regression models)을 이용한 데이터 분석에서는 세 개 요인, 즉 확신성과 자원, 유형성(도서관의 물리적 상황)이 만족의 약 64퍼센트를 설명해준다는 사실을 보여주었다. 또한 고객 요청들에 대한 직원 응답성(staff responsiveness)은 이용자 만족에 어떤 영향도 미치지 않았다.

LibQUAL+라고 명명된 SERVQUAL의 한 수정본은 2000년 봄 이래로 다수의 ARL(Association of Research Libraries)에 의해 파일럿 테스트(pilot test)가 이루어지고 있다. 처음에는, 도서관 서비스를 평가하기 위해서는 다섯 개 차원, 즉 서비스의 영향력(affect of service), 신뢰성(reliability), 장소로서의 도서관(library as place), 물리적 장서의 제공(provision of physical collections), 정보에 대한 접근(access to information)이 유용한 것으로 확인되었다.[66)] 도구에 대한 광범위한 테스트를 통해, 웹 기반 LibQUAL+는 정교화되고 있

---

64) Francoise Hebert. Service Quality: An Unobtrusive Investigation of Interlibrary Loan in Large Public Libraries in Canada. *Library & Information Science Research*, 16, 1994, 3-21.

65) Syed S. Andaleeb and Patience L. Simmonds. Explaining User Satisfaction with Academic Libraries. *College and Research Libraries*, 59, March 1998, 156-67; Yoshinori Satoh, Haruki Nagata, Paivi Kytomaki, and Sarah Gerrard. *Performance Measurement & Metrics*, 6 (3), 2005, 183-93; Vicki Coleman, Yi (Daniel) Xiao, Linda Bair, and Bill Chollett. Toward a TQM Paradigm: Using SERVQUAL to Measure Library Service Quality. *College & Research Libraries*, 58, May 1997, 237-51; Susan Edwards and Mairead Browne. Quality in Information Services: Do Users and Librarians Differ in Their Expectations? *Library & Information Science Research*, 17, Spring 1995, 163-82.

66) Colleen Cook, Fred Heath, and Bruce Thompson. *LibQUAL+: One Instrument in the New Measures Toolbox*. Available at http://www.arl.org/newsltr/212/libqual.htm1; Colleen Cook and Bruce Thompson. Higher-Order Factor Analytic Perspectives on Users' Perceptions of Library Service Quality. *Library*

으며, 현재는 세 개 차원, 즉 서비스의 영향력, 정보 통제(information control), 장소로서의 도서관에 관한 정보를 제공해주는 22개 서베이 질문들을 포함하고 있다.[67] (22개의 LibQUAL+ 질문들에 대해서는 부록 B를 보라.) 추가의 여덟 개 질문들은 전반적인 만족도와 정보 리터라시, 5개까지의 자체 도서관 질문, 몇몇 인구 통계 질문들을 다루며, 응답자들의 의견을 구하기 위한 개방형 박스가 있다. 어떤 도서관들은 모든 응답자들의 3분의 1이 개방형 의견을 제공하게 될 것이라는 사실을 발견하고 있다.

> LibQUAL+는 지각된 서비스 품질의 차원들을 측정한다. 즉 각 서베이 질문은 더 광범위한 범주의 일부이며 그와 같은 범주들 내의 점수들은 도서관 이용자들의 서비스에 대한 지각에 관한 더 일반적인 정보를 끌어내기 위해 분석된다.[68]

Guidry는 일부의 LibQUAL+ 응답자들은 갭 모델이 바탕을 두고 있는 세 개의 서비스 레벨, 즉 최소 레벨, 요망 레벨, 지각 레벨의 차이를 구별하는 데 어려움을 겪고 있다는 사실을 지적하고 있다. 나아가 Roszkowski 등은 한 도서관의 LibQUAL+ 데이터를 분석하여, "지각된 평가"(perceived ratings)는 "우수성 갭"(superiority gap) 점수들(요망 점수에서 지각 점수를 뺀 값)보다 도서관 성과에 대한 글로벌 측도들(global measures)과 더 높은 상관 관계를 갖는다는 사실을 발견하였다.[69]

LibQUAL+를 이용할 때는, 학부생들과 대학원생, 아카데믹 스태프(academic staff), 도서관 직원 등 서로 다른 그룹들로부터 데이터를 수집할 수 있다. 서베이에서는 응답자들에게 **최소** 레벨(minimum levels)의 서비스

Information Science Research, 22, 2000, 393-404; Colleen Cook and Bruce Thompson. Users' Hierarchical Perspectives on Library Service Quality: A LibQUAL+ Study. *College and Research Libraries*, 62, 2001, 147-53.

67) Yvonna S. Lincoln. Insights into Library Services and Users from Qualitative Research. *Library & Information Science Research*, 24 (1), 2002, 3-16; LibQUAL+ 서베이 도구의 2002년 버전은 다음 자료에서 확인할 수 있다. Colleen Cook, Fred Heath, Bruce Thompson, and Duane Webster. LibQUAL+: Preliminary Results from 2002. *Performance Measurement and Metrics*, 4 (1), 2003, 38-47.

68) Michael J. Roszkowski, John S. Baky, and David B. Jones. So Which Score on the LibQUAL+ Tells Me if Library Users Are Satisfied? *Library & Information Science Research*, 27, 2005, 424-39.

69) A. Parasuraman. Foreword to the Special Issue of *Performance Measurement & Metrics*, 3 (2), 2002, 37-39.

와 **요망** 레벨(desired levels)의 서비스, **실제** 레벨(actual levels)의 서비스를 확인해 주도록 요청한다. 그룹들 간에 나타나는 평가의 차이와 유사성에 대한 분석은 도서관 서비스의 품질을 평가할 때 흥미로운 사실을 밝혀주고 도움이 될 수 있을 것이다. LibQUAL+ 도구는 학술도서관 이외의 곳에서도 이용되고 있다.

몇몇 영국 대학도서관들로부터 얻은 LibQUAL+ 서베이 응답에 대한 분석에서는 학부생들은 더 낮은 응답률을 보여주었지만, 특히 교과목의 과제들을 수행하는 데 필요한 텍스트와 읽기 자료를 얻기 위해 도서관 자원들을 이용할 가능성이 더 높은 것으로 나타났다. 대학원생들은 전자 자원들을 이용할 가능성이 더 높으며, 그들은 도서관의 도서와 저널 장서에 관심을 가지고 있었다.[70] 나아가 서베이 데이터에 대한 분석에서는 400개 미만의 표본들이 사용되었음이 밝혀졌다(400개의 표본은 일반적으로 상당히 정확한 결과를 제공하기 위해 수용할 수 있는 최저치로 간주될 것이다).

LibQUAL+를 비판하는 사람들이 있다. 예를 들면, Xi Shi와 Sarah Levy는 다음과 같은 몇 가지 문제점을 지적하고 있다.[71]

- **개념상의 문제점**. LibQUAL+ 도구는 Parasuraman과 Berry, Zeitheml의 원래의 서비스 품질 리서치에서 제시하고 있는 프레임워크들과 개념상으로 다르다.[72] 또한 테스트되는 구성 개념(constructs)과 기대, 니즈(needs)에 대한 정의들이 혼동을 주고 있다.
- **표본의 문제점**. 많은 캠퍼스에서는, 응답률이 5퍼센트 미만이었다. 이러한 낮은 응답률을 고려할 때, 그 결과로 얻어지는 데이터를 신뢰도를 갖고 사용할 수 있는가? LibQUAL+의 스태프는 표본이 전체 모집단의 인구통계적 패턴을 대표한다고 추정하려면, 10퍼센트의 응답률이 적절하다고 주장하고 있다.

---

70) Claire Creaser. One Size Does Not Fit All: User Surveys in Academic Libraries. *Performance Measurement and Metrics*, 7 (3), 2006, 153-62.

71) Xi Shi and Sarah Levy. A Theory-Guided Approach to Library Services Assessment. *College & Research Libraries*, 66 (3), May 2005, 266-77.

72) A. Parasuraman, Leonard L. Berry, and Valarie A. Zeitheml. A Conceptual Model of Service Quality and Its Implications for Future Research. *Journal of Marketing*, 49, 1985, 41-50; Parasuraman et al. SERQUAL: A Multiple-Item Scale for Measuring Consumer Perceptions of Service Quality. *Journal of Retailing*, 64, 1988, 12-40.

- **데이터 분석의 문제점**. 서비스 품질 지각의 결정 요소들은 기술 통계를 이용할 수 없다.

LibQUAL+에 대한 또 다른 비판에서, William Edgar는 진지하게 고려해야 할 이슈들을 제기해주는 다음과 같은 여덟 개 질문들을 던지고 있다.[73)]

1. 도서관들은 그 이용자들에게 서비스하기 위해 어떻게 운영되고 있는가?
2. 도서관 이용자들에게 제공되는 가치는 무엇인가?
3. 도서관 이용자들은 독립적이 될 수 있는가?
4. 도서관 서비스 제공에 만족하고 있는 도서관 이용자들이 그 서비스의 기초를 이루는 진수(眞髓)의 훌륭한 서비스를 받고 있는 사람들일 가능성이 있는가?
5. 학술도서관의 이용자들도 그 고객인가?
6. 도서관 이용자들은 도서관 유효성에 대해 합법적인 주장들을 가지고 있는 유일한 유권자들인가?
7. 어떤 기준을 바탕으로 학술도서관의 의무들을 분배해야 하는가?
8. 서비스 제공에 대한 이용자들의 지각을 그 서비스의 기초를 이루는 "진수"인 그 현실에 대한 지각과 어떻게 관련지을 것인가?

개인이 도서관을 방문한 후에 갖게 되는 불만족에는 타당한 이유들이 있을 것이다. 예를 들면, 개인은 대답이 불가능한 질문에 대해 응분의 부정적인 답변을 받았다거나, 그 당시에는 답변을 얻지 못하였다거나(더 많은 시간을 활용할 수 있으면 도서관에서 답변할 수 있었겠지만), 답변이 올바른 것이었음에도 불구하고 그 답변에 만족하지 못할 수도 있을 것이다.[74)]

고객 만족에 대한 추가 분석에서는 도서관들은 그 자원들(장서 그리고 전자 자원들에 대한 접근 제공)과 직원의 품행이나 태도에 초점을 맞추어야

---

73) William B. Edgar. Questioning LibQUAL+: Expanding Its Assessment of Academic Library Effectiveness. *portal: Libraries and the Academy*, 6 (4), 2006, 445-65.

74) Roy Knight. The Measurement of Reference Use, in *Output Measurement*. London: Public Libraries Research Group, 1974.

한다는 사실을 제시하고 있다.[75] LibQUAL+ 데이터와 일련의 포커스 그룹으로부터 수집한 정보에 대한 분석에서는 연속간행물은 물론 단행본의 불완전한 타이틀 수에 대한 이용자 불만족을 지적하고 있다.[76] 35개 Association of Academic Health Sciences Libraries에서 수집한 LibQUAL+ 데이터에 대한 다른 분석에서는 전반적인 만족도와 도서관의 보고 구조, 도서관 직원의 규모, 구성원 수 사이에는 어떤 관계도 없는 것으로 나타났다.[77] 그러나 구성원 수 대 직원의 비율은 이용자 만족 평가와 상관 관계가 있었다.

오스트레일리아에서는, 많은 도서관들이 Rodski Research Group에서 개발한 LibQUAL+와 유사한 서베이를 사용하고 있다.[78] 고객 만족 및 품질 어세스먼트 서베이들을 실행하는 것 이외에도, 도서관은 전체 고객 경험을 평가하기 위해 "현장 실사"(walk-through-audit)를 시행할 수도 있다.[79] 이 실사는 경영자들로 하여금 고객의 경험을 단계별로 익히도록 하는 도서관 경영자 팀이 대답해야 하는 다수의 질문들로 이루어진다. 실사 결과는 도서관에 가는 "경험"을 도서관이 변화시키거나 개선시킬 수 있는 영역들을 강조할 수 있다.

15.5.2. 서비스 특성의 정의

도서관과 같은 서비스 제공자들이 직면하는 도전 중의 하나는 어떤 서비스 특성들이 당연히 기대되는지와 어떤 특성들이 고객을 기쁘게 할 것인지에 대한 이해를 얻는 것이다. 일본의 품질 전문가(quality expert)인 Noriaki Kano 박사는 이 프로세스에 도움을 주기 위해 "Kano 모델"을 개발하였다. Kano의

75) Syed S. Andaleeb and Patience L. Simmonds. Explaining User Satisfaction with Academic Libraries. *College and Research Libraries*, 59, March 1998, 156-67

76) Amy E. Knapp. We Asked Them What They Thought, Now What Do We Do? The Use of LibQUAL+ Data to Redesign Public Services at the University of Pittsburgh. *Journal of Library Administration*, 40 (3/4), 2004, 151-71.

77) Douglas J. Joubert and Tamera P. Lee. Empowering Your Institution Through Assessment. *Journal of the Medical Library Association*, 95 (1), January 2007, 46-53.

78) Nicole Clark and Grace Saw. Reading Rodski: User Surveys Revisited. Paper presented at The 25th IATUL Annual Conference, Krakow, Poland, 2004. Available at http://www.library.uq.edu.au/papers/reading_rodski.pdf.

79) Jennifer Rowley. Customer Experience of Libraries. *Library Review*, 43 (6), 1994, 7-17.

모델은 고객 만족의 정도를 예측하는데, 그것은 고객 요구 사항들의 성취 정도에 의존하며, 그 고객들은 서로 다른 유형의 고객 기대들을 가지고 있다.

Kano 모델은 세 가지 요인들을 실행 정도에 관련시키고 있다(〈그림 15-9〉를 보라). 이 세 요인들은 기본 또는 기대되는(당연적) 요인, 정규 또는 기초(더 많은 것이 더 좋은) 요인, 매력(delighter) 또는 잠재(흥분) 요인이다. 고객 만족 정도의 범위는 역겨움에서, 중립을 거쳐, 기쁨까지 다양하다.[80)]

그림 15-9 Kano 모델

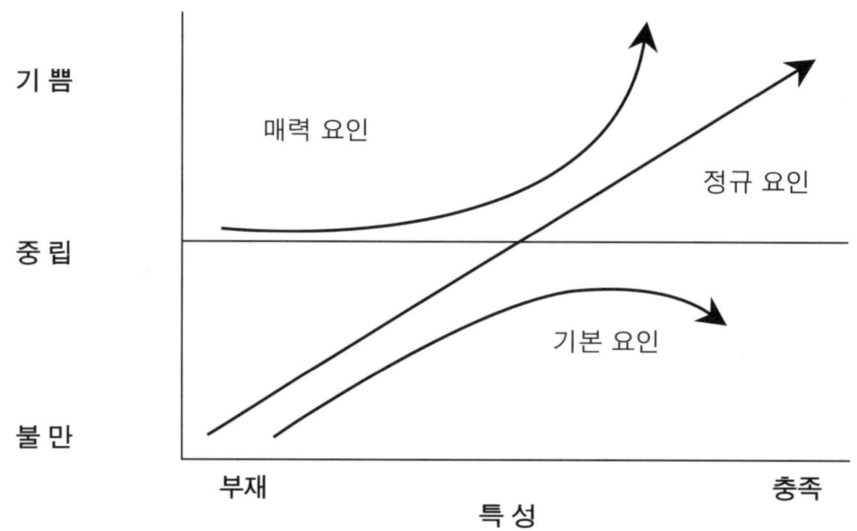

• **기본 요구 사항**(basic requirements). 이것은 고객들에게 너무나도 명백하기 때문에 그것들을 분명하게 설명하지 않는 것들이다. 그것들은 일반적으로 고객에게 너무나도 명백하게 본질적이기 때문에 이러한 요구 사항들을 설명하는 것은 약간 어리석어 보인다. 예를 들면, 여러분이 수화기를 들었을 때 발신음을 듣게 될 것으로 기대하는 것이 그것이다. 만일 여러분이 듣지 못하게 되면, 언짢아진다. 기본 요구 사항들을 제공하는 데 실패하면 그 결과로 고객 불평을 야기하게 될 것이다.

80) 역자주: 개선된 Kano 모델에 대한 한국어로 된 개략적인 설명에 대해서는 다음 자료를 참고하라: 〈http://blog.naver.com/hshklee?Redirect=Log&logNo=70070805964〉

- **정규 요구 사항**(normal requirements). 이것은 고객이 인지하고 있고 쉽게 표현할 수 있는 것들이다. 이러한 니즈들이 충족될 때 고객들은 만족하며, 충족되지 못할 때는 불만족이 발생한다. "표준적인" 요구 사항들 이상의 것들이 제공되면, 추가의 지각된 편익들이 생겨난다.
- **매력 요구 사항**(delighter requirements). 흥분 요구 사항(exciting requirements)이라고도 하며, 이것은 일부 또는 전체 고객들이 인식하지 못할 수도 있는 니즈(needs)이다. 따라서 이것들은 잠재적인 요구 사항(latent requirements)이라고 말하는 경우가 많다. 이러한 것들은 "일상적인" 서비스 또는 제품 특징이나 특색들의 "범위를 넘어서는" 것이다. 제공자가 그와 같은 니즈를 이해하고 그것을 충족시켜 주면, 고객은 기뻐하면서 "열광적인" 반응을 보이게 될 것이다. 이러한 니즈를 충족시키지 못하더라도, 고객들은 그 니즈에 대해 인식하지 못하고 있기 때문에 어떤 고객 반응도 없을 것이다.

도서관은 고객 요구 사항들의 유형을 찾아내기 위해 이용자들을 참여시킴으로써 기존 서비스나 계획중인 서비스를 분석할 수 있다. 이것은 양면적인 질문을 이용하여 이루어진다. 동일한 질문을 다수의 이용자들에게 긍정적인 형식과 부정적인 형식으로 묻는다. 예를 들면 다음과 같다.

- 우리 서비스가 X라는 특징을 갖는다면 여러분은 어떻게 생각하십니까?
- 우리 서비스가 X라는 특징을 갖고 있지 않다면 여러분은 어떻게 생각하십니까?

응답자에게는 이러한 두 개 질문에 대해 다음과 같은 네 가지 선택안을 제시하게 된다.

- 마음에 든다.
- 통상 그런 식이다(특징을 기대하고 있다).
- 개의치 않는다.
- 마음에 들지 않는다.

그러고 나서 그 결과들의 총계를 낸다. 수치가 높은 특징들이나 요구 사항들은 세 개 유형의 고객 요구 사항 중의 하나이다(〈표 15-4〉를 보라). 시간이 흐르면서, 어떤 서비스 특성들은 매력 요인에서 정규 요인으로 그리고 정규 요인에서 기본 요인으로 이동하게 될 것이라는 사실을 기억해야 한다.

표 15-4 Kano 모델 응답표

		부정적인 질문 답변			
긍정적인 질문 답변		마음에 든다	통상적이다	개의치 않는다	마음에 들지 않는다
	마음에 든다		매력 요인	매력 요인	정규 요인
	통상적이다				기본 요인
	개의치 않는다				기본 요인
	마음에 들지 않는다				

도서관은 어떤 특성들이 이용자에게 특히 중요한지를 알아내기 위해 서비스의 모든 특성들과 특징들을 체계적으로 조사하는 데 이 방법론을 이용할 수 있다. 이러한 서비스 특성들은 서비스를 그 구성 단계들과 프로세스들로 세분하기 위한 시스템 분석 접근법을 이용하여 확인할 수도 있다. 이것은 이용자들이 서비스와 상호 작용할 때 그들을 관찰함으로써 보완할 수 있다. 다루어야 할 질문들로는 다음과 같은 것들이 있다.[81]

- 고객들은 서비스에 관해 무엇이 욕구 불만을 생기게 하거나 혼동을 주는 것으로 생각하고 있는가?
- 이용자는 서비스를 이용하면서 어떤 불안을 겪고 있는가?
- 시간이 들어가는 어떤 과업들이나 서비스를 이용할 때 낭비되는 시간이 있는가?
- 어떤 "잘못된" 일들을 이용자가 하고 있는가?

81) Kurt R. Hofmeister, Christi Walters, and John Gongos. Discovering Customer Wow's. *ASQC 50th Annual Quality Conference Proceedings*, May 13-15 1996. Milwaukee, WI: ASQC, 1996, 759-70.

- 무엇 때문에 고객이 서비스를 한번 이용하고는 되돌아오지 않는가?
- 이용자들이 서비스를 이용할 때 경험하고 있는 다른 짜증스런 것들이 있는가?

아울러, 도서관은 포커스 그룹을 이용하여 대출, 참고 서비스 등과 같은 특정 도서관 서비스에 대한 그 밖의 특성들이나 특징들을 확인할 수도 있을 것이다.

15.6. 품질의 구현

도서관이 그 고객들에게 제공하는 서비스들의 품질을 개선하고자 할 경우에, 직원은 변화를 받아들이기 위해 교육 훈련과 격려를 필요로 하게 될 것이다. 도서관은 품질을 개선하기 위해, 필수적인 것은 아니지만 거의 당연히, 그 활동들을 완료하고 서비스를 제공하는 방식을 변화시켜야 한다.

서비스 품질을 받아들이고자 시도하고 있는 도서관은 어느 정도의 저항에 부딪치게 될 것이라는 사실은 놀라울 게 없을 것이다. Peter Hernon 등은 저항에 직면하게 될 가능성이 있는 16가지 이유들을 설명하고 있다.[82] Frankie Wilson과 Stephen Town은 지속적인 개선의 문화를 수용하고자 할 때 몇몇 진화 단계나 레벨들을 거쳐 가게 될 것이라고 밝히고 있다. 그들은 다섯 개 레벨로 이루어진 품질 성숙도 모델(Quality Maturity Model)을 개발하였다.[83]

- **레벨 1 — 초기 레벨**. 품질 관리 프로세스가 임기응변적이며, 성공 여부는 개인적인 노력과 영웅적 행동에 의해 결정된다.
- **레벨 2 — 반복 레벨**. 직원이 약간의 교육 훈련을 받고 있기 때문에 기본적인 품질 관리 프로세스가 설정되며, 경영층에서는 반드시 그 프로세스들을 따르도록 한다.

---

82) Peter Hernon, Danuta A. Nitecki, and Ellen Altman. Service Quality and Customer Satisfaction: An Assessment and Future Directions. *The Journal of Academic Librarianship*, 25 (1), January 1999, 9-17.

83) Frankie Wilson and J. Stephen Town. Benchmarking and Library Quality Maturity. *Performance Measurement and Metrics*, 7 (2), 2006, 75-82.

- **레벨 3 — 정의 레벨**. 품질 프로세스들을 표준화하고 문서화한다. 직원은 교육 훈련을 받으며 자신들의 활동과 책임이 조직의 전략과 어떻게 조화를 이루는지에 대해 이해하게 된다.
- **레벨 4 — 관리 레벨**. 품질 프로세스에 대한 상세한 성과 측도들을 정례적으로 수집하고, 분석하며, 그에 따라 행동한다.
- **레벨 5 — 최적 레벨**. 계속적인 데이터 수집 프로세스들을 통해 지속적인 품질 개선이 가능해지게 되며, 모범 사례들(best practices)을 확인하기 위해 새로운 프로세스에 대한 파일럿 테스트가 이루어지게 된다.

15.7. 요 약

이 장에서는 고객 만족을 평가하기 위한 몇 가지 방법들에 대해 살펴보았다. 이상의 논의를 통해 도출할 수 있는 결론 중 다음과 같은 사실에 유의해야 할 것이다.

- 고객 만족 서베이는 가장 인기 있고 자주 이용되는 어세스먼트 방법이다.
- 둘 이상의 방법을 이용하면 고객 만족에 대한 더 완전한 그림을 제공해주게 된다.
- 사서들은 고객 만족을 증진시키기 위해 서비스들을 다소 조정하고자 노력한다.
- 어떤 기대에 부응할 것인가를 결정하는 것은 서비스 제공에 중요한 함의(含意)를 갖는다.
- 고객들에게 초점을 맞추기 위해 직원은 교육 훈련을 받아야 하며 서비스 품질은 가치 있는 목적이라는 사실을 받아들여야 한다.
- 도서관이 고객 만족 목적을 달성하기 위한 진척 상황을 어떻게 평가할 것인가 하는 것은 중요한 관심사가 된다.

제IV부

도서관의 평가

제16장

광범위한 관점의 평가

16

도서관들은 관심을 가지고 있는 이해관계자들에게 도서관과 그 서비스 전체의 가치에 대한 증거를 어떤 방식으로 제시해야 하는 상황에 직면하는 경우가 많다. 따라서 도서관은 특정 도서관 서비스에 대한 평가의 범위를 넘어서서 도서관이 그 고객들의 삶에 미치는 영향 전체를 평가하고자 시도해야 한다. 그러므로 다음과 같은 분명한 질문들이 제기된다. "도서관은 그 모체 기관이나 전반적인 칼리지 및 대학 환경, 그 지역 사회에 대한 그 도서관의 가치를 어떻게 결정할 수 있는가?"

"도서관이 어떻게 업무를 수행하고 있는가?"라는 질문에 답하고자 노력하는 것은 사실상 도서관이 얼마나 유효성을 갖는지를 측정하는 것이다. 유효성(effectiveness)은 "우리가 과연 **올바른** 일들을 하고 있는가?"라는 질문에 답하고자 노력하는 것이다. 기획 프로세스 동안 도서관은 제공하게 될 서비스의 믹스와 누가 도서관의 일차적인 고객이 될 것인지에 관한 의사 결정을 하게 된다. 전체 도서관에 대한 평가는 도서관이 그 지역 사회(시나 카운티, 대학 캠퍼스, 정부 기관, 회사)에서 얼마나 유효성을 갖는지를 입증하기 위한 시도인 것이다. 그와 같은 평가는 또한 도서관 고객들의 삶과 도서관이 서비스하는 더 광범위한 조직에서 도서관이 갖는 가치를 입증하기 위한 시도가 될 수도 있을 것이다.

도서관에 대한 자금 지원은 인쇄 및 전자 장서들과 건물 및 장비, 그리고 직원의 채용과 유지에 들어가는 지속적인 비용들을 포함한 많은 비용이 소요되는 일이다. 자금을 지원하는 이해관계자들은 도서관에 대한 자금 지원을 통해 얻어지는 편익들에 대해 점차 더 많은 의문을 제기하고 있다. 자주 제기되고 있는 질문들은 다음과 같다.

- 도서관에 대한 투자는 자금의 가치에 상응하는 것인가?
- 도서관 이용으로부터 생겨나는 실증할 수 있는, 유형의 편익들이 존재하는가?
- 도서관은 그 서비스 대상 지역 사회의 니즈(needs)에 부응하고 있는가?

다음의 세 장에서는 도서관들이 그 유효성을 결정하고 도서관의 가치를 정의하기 위해 시도하고 있는 여러 방법들에 대해 살펴보고자 한다. 도서관의 가치를 기술하는 일차적인 수단들은 실적(accomplishments)과 경제적 편익(economic benefits), 그리고 공공도서관의 경우는, 도서관이 고객의 삶에 미치는 사회적 영향(social impacts)의 영역에서 나타나고 있다.

조직 유효성(organizational effectiveness)(때로는 "선"(goodness)이라고도 한다)의 달성하기 힘든 성격 때문에, Lawrence Mohr는 그것을 "경영 리서치의 성배(聖杯)"라고 부르고 있다.[1] 도서관의 선이라는 성배[2]를 추구한 결과로 도서관의 선을 실증하고자 시도하는 연구들이 나타나게 되었다.

재정적 위기는 훨씬 더 나쁜 것 같다. 그러나 여러분은 도서관 성과가 지난주에 도서관의 선(善)에 관한 척도에서 0.5포인트 높아졌다는 사서의 보고를 듣고는 기뻐하게 될 것이다.

— *Michael Buckland* *

도서관과 같은 서비스 조직과 영리 비즈니스의 주된 차이점의 하나는 Peter Drucker에 의하면, 비즈니스는 고객을 만족시킴으로써 자원들을 받는 반면(비즈니스는 그 수익을 "벌어야" 한다), 서비스 조직은 재원(funding

1) Lawrence B. Mohr. *Explaining Organizational Behavior: The Limits and Possibilities of Theory and Research*. San Francisco: Jossey-Bass, 1982.
2) Michael Buckland. *Library Services in Theory and Context*. New York: Pergamon, 1988, 241-44.
* Michael K. Buckland. Concepts of Library Goodness. *Canadian Library Journal*, 39 (2), April 1982, 63-66.

source)으로부터 예산 배정을 받는다.[3] 문제점은 도서관이 얼마나 유효성을 갖는가와 고객이나 이용자가 경험하는 만족 사이에는 거의 직접적인 관계가 없다는 사실이다. 결국 도서관과 같은 예산을 기반으로 하는 기관이 다음 해의 예산 배정 금액으로 그 유효성을 판단하는 경우가 적지 않다. 흔히 "성과"(performance)는 도서관의 예산을 유지시키거나 증액시킬 수 있는 능력을 말한다. Drucker는 도서관과 같은 서비스 조직들은 다음과 같이 해야 한다고 주장하고 있다.

1. "우리의 비즈니스는 무엇이며 무엇이어야 하는가?"라는 질문에 답변해야 한다.
2. 기능과 사명에 대한 정의로부터 명확한 목표들과 목적들을 도출해내야 한다.
3. 그들로 하여금 표적(targets)을 선정하고, 데드라인(deadlines)을 설정하며, 누군가가 결과들에 대한 책무성을 가질 수 있도록 해주는 집중의 우선순위들을 확인해야 한다.
4. 성과의 측정들에 대해 정의해야 한다.
5. 결과들로부터 얻은 피드백을 그 시스템의 일부로 짜 넣어야 한다.
6. 더 이상 유용한 목적이 되지 못하는 목표들을 확인하기 위해 목표들과 결과들에 대한 감사를 수행해야 한다.

Thomas Childers와 Nancy Van House[4]는 제공되는 서비스와 수익 확보 사이의 연관성 결여에 관해 다음과 같이 유사한 관찰을 하고 있다.

- 수익과 산출이 분리되어 있다.
- 비영리 부문 조직에는 공통의 성과 지표(common metric)(기업의 최종 결산 결과)가 없다.
- 의사 결정 프로세스가 도서관보다 더 크다.

3) Peter F. Drucker. Managing the Service Institution. *The Interest*, 33, Fall 1973, 43-60.
4) Thomas Childers and Nancy A. Van House. *What's Good? Describing Your Library's Effectiveness*. Chicago: American Library Association, 1993.

- 도서관은 챔피언도 적도 없다.
- 도서관의 편익들은 상당히 자명한 것이 아니다.

도서관의 선을 평가하는 것과 관련되어 있는 또 하나의 도전은 두 개의 서로 다른 가치들을 바탕으로 하고 있다. 사서들은 전문적이고 경험이 많은 서비스 직원을 활용하여 자원들과 정보에 대한 접근을 제공하는 데 주로 관심을 가지고 있다. 그 자체로, 사서들은 내부적인 초점을 가지며, 스스로 "잘 해내고 있다"고 간주하고, 산출과 영향들을 평가하는 데는 관심이 더 적다. 도서관에 대해 자금을 지원하는 의사결정자들은 외적인 관점을 가지며, 도서관이 효율적이고 효과적으로 운영되도록, 즉 이용자 지역 사회의 니즈(needs)에 부응하도록 보장하기를 원하고 있다.

조직 유효성을 고려할 때 직면하게 되는 세 가지 기본적인 도전은 유효성의 정의와 측정, 결정 요인들이다. 유효성의 정의는 다차원적이 될 것이 아주 분명하다. 왜냐하면 단일의 관점은 어느 조직에도 정당성을 갖지 못할 것이기 때문이다. 그리고 유효성의 정의는 조직의 유형뿐만 아니라 도서관이 제공하고자 하는 서비스와 그러한 서비스들을 제공하기 위해 사용하는 전략들에 따라 다양해질 것이다.

조직 유효성을 평가할 때 나타나는 많은 문제점들이 파악되고 있는데, 그 중 몇 가지를 살펴보면 다음과 같다.

- 유효성 평가에 대한 다양한 접근법들은 조직이 가지고 있는 다양하고 자의적(恣意的)인 모델의 산물이다.
- 유효성은 개인의 가치와 선호도의 산물이며, 따라서 유효성을 평가하기 위한 최선의 기준은 확인할 수 없다.
- 유효성의 구성 개념 공간(construct space)은 정해진 바 없다.
- 유효성의 모든 관련 기준들이 확인되지 않았다.[5]

---

5) Kim S. Cameron and David A. Whetten. *Organizational Effectiveness: A Comparison of Multiple Models*. New York: Academic Press, 1983.

이러한 문제점들을 고려해볼 때, 조직 유효성을 정의하는 것은 어려운 것으로 입증되고 있다. Kim Cameron은 조직들이 그 유효성을 정의하는 경향이 있는 방식들의 네 가지 일반 모델을 확인해주고 있다.[6)]

- **목적 모델**(goal model)이나, **목적 달성 모델**(goal attainment model),[7)] **합리적 시스템 모델**(rational system model)은 유효성을 특정 목적들과 목표들의 성취라는 측면에서 본다. 초점은 생산성과 산출물들에 맞추어져 있다. 목적들을 설정하는 것은 자의적(恣意的)이거나 주관적일 수도 있을 것이다. 도서관이 명확하게 정의된 목적들을 갖고 있지 못하면, 유효성의 기준들을 분명하게 표현할 수 없을 것이며, 따라서 이 모델은 쓸모가 없게 된다. 그러나 도서관이 성과 측도들과 같은 새로운 측도들은 제외하고 기존의 측도들만을 선정할 수도 있기 때문에, 주의를 기울여야 한다.
- **내부 프로세스**(internal process) 또는 **자연적 시스템 모델**(natural system model)은 조직이 목적을 달성하는 것은 물론 그 자체를 사회 단위로서 유지하고자 한다고 간주한다. 조직 건강(organizational health)과 안정성, 내부 프로세스, 목표 달성이 유효성을 측정한다.
- **개방 시스템 모델**(open systems model) 또는 **시스템 자원 모델**(system resource model)은 조직과 그 환경의 상호 의존성에 초점을 맞추고 있다. 조직의 생존과 성장은 외부 그룹들로부터 자원들, 특히 예산 자원을 확보하는 데 좌우된다.
- **복수 이해관계자 모델**(multiple constituencies model) 또는 **참여자 만족 모델**(participant satisfaction model)은 유효성을 다양한 주민들이나 이해관계자들의 니즈(needs)를 충족시켜 주는 정도로 간주하고 있다. 만족시켜야 할 일부 이해관계자들은 필요한 재정 자원(fiscal resources)을 통제(그것은 시스템 자원 모델이다)하지 못할 것이다. 이 관점이 갖는 도전은 각각 유효성에 대한 서로 다른 기준들을 가지고 있는, 서로 다른 이해관계자들의 자주 상충하는 니즈와 바람들을 조정하는 것이다.

---

6) Kim S. Cameron. Domains of Organizational Effectiveness in Colleges and Universities. *Academy of Management Journal*, 24, 1981, 254-47; Kim S. Cameron. A Study of Organizational Effectiveness and Its Predictors. *Management Science*, 32, 1986, 87-112.

7) 역자주: 목표 모델(goal model)이나, 목표 달성 모델(goal attainment model)이라고도 한다.

8) Thomas Childers and Nancy Van House. The Grail of Goodness: The Effective Library. *Library Journal*, 114, October 1, 1989, 44-49; Thomas Childers The Nancy Van House. Dimensions of Library Effectiveness.

이러한 모델들은 Cameron의 모델을 도서관 상황에 적용할 수 있는지의 가능성을 연구하기 위해 다른 사람들이 이용하고 있다.[8] 이러한 모델들이 갖는 중요한 함의(含意) 중의 하나는 어느 한 모델의 선택은 필연적으로 그 모델이 기술해주는 조직의 일부만을 파악하게 될 것이라는 사실이다. 조직의 다른 세그먼트들은 측정에 포함되지 않을 것이며, 따라서 그것은 전체 조직의 성과를 반영하지 못하게 될 것이다.

16.1. 공공도서관 연구

Thomas Childers와 Nancy Van House는 어떤 성과 측도들이 도서관의 유효성을 나타내주는지에 관해 일곱 개 그룹들, 즉 이용자들과 도서관의 친구들, 도서관 위원회 위원, 지역 공무원, 지역 사회 지도자, 도서관 서비스 직원의 인식을 확인한다는 목적을 가지고 도서관 유효성 연구를 실시하였다. 2,500명의 서베이 응답자들에 대한 분석에서는 다음과 같은 여섯 개 항목들이 모든 그룹의 상위 10개 우선순위에 포함된다는 사실을 밝혀냈다. 즉 시간의 편리성, 자료의 범위, 서비스의 범위, 직원의 유용성, 지역 사회에 적합한 서비스, 자료의 품질이 그것이다(〈표 16-1〉을 보라).[9] 물리적 및 가상 서비스들의 믹스에 따른 도서관의 이행(移行)에 맞춰, 서로 다른 이해관계자들의 지각이 어떻게 변화하는지를 밝혀내는 것은 흥미로울 것이다.

모든 그룹에 걸쳐 지표들을 살펴보면 차이점보다는 유사점이 더 많다는 사실을 아주 분명하게 알 수 있다. 그러나 이용자들의 응답을 다른 모든 그룹들의 사람들과 비교하고 대조해보면 흥미롭다. 이용자들의 선호도는 타당한 것 같다. 좋은 도서관은 편리한 시간에 문을 열고, 훌륭한 범위의 자료들과 서비스들을 구비하며, 유용한 직원들을 두고 있는 도서관이다. 도서관 직원은 다른 그룹들과는 선(善)에 대한 다른 기준에 더 높은 중요성을 두고

Library and Information Science Review, 11, 273-301; Nancy Van House and Thomas Childers. Dimensions of Library Effectiveness II: *Library Performance. Library and Information Science Review*, 12, 1990, 131-53.

9) Thomas Childers and Nancy A. Van House. *What's Good? Describing Your Library's Effectiveness.* Chicago: American Library Association, 1993.

각 그룹별 순위로 본 유효성 지표 표 16-1

	지역사회 지도자	지역 공무원	위원회 위원	도서관의 친구들	이용자	도서관 경영자	서비스 담당사서
1	시간의 편리성	시간의 편리성	시간의 편리성	시간의 편리성	시간의 편리성	시간의 편리성	직원의 유용성
2	자료의 범위	자료의 범위	직원의 유용성	자료의 범위	자료의 범위	직원의 유용성	서비스의 범위
3	서비스의 범위	적합한 서비스	적합한 서비스	직원의 유용성	서비스의 범위	자료의 범위	자료의 범위
4	직원의 유용성	서비스의 범위	자료의 범위	서비스의 범위	직원의 유용성	적합한 서비스	시간의 편리성
5	적합한 서비스	직원의 유용성	서비스의 범위	적합한 서비스	자료의 품질	서비스의 범위	적합한 서비스
6	자료의 품질	자료 입수가능성	여론	위치의 편의성	위치의 편의성	유통	유통
7	자료 입수가능성	위치의 편의성	경영자의 역량	자료의 품질	자료 입수가능성	여론	자료의 품질
8	서비스의 주지	자료의 품질	직원의 사기	지역 사회의 복지	무료 서비스	자료의 품질	직원의 사기
9	위치의 편의성	서비스의 주지	자료의 품질	서비스의 주지	적합한 서비스	방문 횟수	서비스의 주지
10	무료 서비스	이용자의 평가	직원의 자질	자료 입수가능성	자료의 최신성	서비스의 주지	직원의 자질
11	지역 사회의 복지	지역 사회의 복지	이용자의 평가	무료 서비스	주차	위치의 편의성	여론
12	이용자의 평가	여론	서비스의 주지	직원의 자질	서비스의 스피드	직원의 자질	방문 횟수
13	서비스의 스피드	방문 횟수	지역 사회의 복지	건물확인의 용이성	도서관 상호 협력	이용자의 평가	위치의 편의성
14	직원의 자질	경영자의 역량	방문 횟수	여론	장애인 접근	주민 당 이용자수	이용자의 평가
15	여론	서비스의 스피드	위치의 편의성	특수 그룹 서비스	서비스의 주지	자료 입수가능성	확장된 자료

있다는 사실에 특별히 유의해야 한다.

각 그룹은 약간 다른 관점을 가지고 있음이 다른 양상으로 드러나고 있는데, 도서관의 가치를 모든 이해관계자들에게 실증하기 위한 일단의 성과 측도들을 만들어내기 위해 노력할 때 도서관은 부분적으로는 반드시 이를 인식해야 한다.

이상에서 살펴본 서베이의 응답들을 이용하여, Childer와 Van House는 유효성의 여덟 개 광범위한 차원, 즉 산출과 투입, 내부 프로세스, 지역 사회의 조화(community fit), 자료에 대한 접근, 물리적 시설, 경영 요소, 서비스 제공, 특수 그룹들에 대한 서비스를 확인하기 위해 통계 기법 요인 분석을 이용하였다. 이 여덟 개의 차원들은 〈표 16-2〉에서 볼 수 있는 것처럼, 앞서 살펴본 네 개 조직 유효성 모델의 하나에 분류할 수 있다.

표 16-2 조직 유효성의 모델과 차원

목적 모델	프로세스 모델	시스템 자원 모델	복수 이해관계자 모델
산출과 투입	내부 프로세스	산출과 투입	지역 사회의 조화
지역 사회의 조화	경영 요소	내부 프로세스	
자료에 대한 접속		물리적 시설	
서비스 제공		경영 요소	
특수 그룹에 대한 서비스			

분명히 목적 모델과 시스템 자원 모델은 도서관의 가치나 유효성을 실증해주는 한 방식으로 사서들에 의해 개발된 성과 측도들의 수적 우세를 가지고 있다. 그러나 사서들과 관심을 가지고 있는 이해관계자들은 다른 관점들이 존재하고 있고 어떤 상황에서는 그것들이 사용하기에 더 적합할 수도 있다는 사실을 인정해야 한다.

도서관 유효성 연구는 뉴질랜드에서 반복되었는데, 서베이 순위와 요인 분석의 결과들은 미국에서 확인된 것들과 유사하였다.[10] 서베이한 대다수 그룹의 사람들은 유효성에 대한 지각은 다차원적이며 도서관의 가치를 이해관계자들에게 커뮤니케이션할 때는 다수의 측도들이 필요하게 될 것이라는 사실을 인정하였다. 그리고 지역 간에는 도서관 유효성에 대한 지각의 차이가 존재하지 않지만, 어느 한 조직 유효성 모델이 다양한 이해관계자들의 지각

10) Rowena J. Cullen and Philip J. Calvert. Further Dimensions of Library Effectiveness: Report of a Parallel New Zealand Study. *Library and Information Science Review,* 15, 1993, 143-64; Philip J. Calvert and Rowena J. Cullen. Further Dimensions of Library Effectiveness II: The Second Stage of the New Zealand Study. *Library and Information Science Review,* 16, 1994, 87-104.

사이에서 우위를 차지하지는 못하고 있다.[11] 좋은 뉴스는 사서들과 이용자, 시의원들은 효과적인 도서관을 구성하는 것은 무엇인가에 대해 비교적 유사한 관점들을 가지고 있다는 사실이다. 그러나 도서관은 사회적 산물이기 때문에, 사서들은 도서관의 "선"에 대한 가능한 측도들을 확인하기 위한 프로세스에 복수 이해관계자들을 참여시켜야 한다는 사실을 인식해야 한다.

500개 지역 사회에서 실시된 1996년의 서베이에서, 도서관장들과 공무원들은 세금의 지원을 받는 서비스들과 비교할 때 도서관과 도서관이 지역사회에 대해 갖는 가치에 대한 지각에서 차이를 보였다. 공무원들 사이에서, 도서관은 지역 도서관이 이상형에 근접한 것으로 판단될 때조차도, "소비된 세금에 비해 더 낮은 수익"을 제공하였다.[12]

Glen Holt는 도전을 극복하고 "위대한 도서관"을 정의하기 위한 다음과 같은 일곱 가지 측정 가능한 기준들을 제시하고 있다.

- 위대한 도서관들은 어느 정도 우수한 서비스를 제공한다.
- 위대한 도서관들은 상당한 자금 지원을 받고 있다.
- 위대한 도서관들은 그 직원들의 교육 훈련과 재교육을 실시한다.
- 위대한 도서관들은 가상 및 현장 그리고 확장 서비스들의 마케팅을 통합한다.
- 위대한 도서관들은 주민 중 가장 약한 사람들은 물론 가장 강한 사람들에게도 서비스한다.
- 위대한 도서관들은 주민들에게 교육과 오락을 제공한다.
- 위대한 도서관들은 충분하고 시의적절한 정보와 서비스들을 제공하기 위해 가상의 도구들을 이용한다.[13]

---

11) Philip J. Calvert and Rowena J. Cullen. Performance Measurement in New Zealand Libraries: A Research Project. *Australasian Library & Information Services,* 5 (1), March 1992, 3-12; Philip J. Calvert and Rowena J. Cullen. The New Zealand Libraries Effectiveness Study and the New Zealand University Libraries Effectiveness Study. *Australian Academic & Research Libraries,* 26 (2), June 1995, 97-106.
12) Leigh Estabrook and Edward Lakner. A Survey of Libraries and Local Government. *Illinois State Library: Special Report Series,* 4, 1997, 54-62.
13) Glen E. Holt. What Makes a Library Great? *Public Library Quarterly*, 24 (2), 2005, 83-89.

16.2. 학술도서관 연구

Kim Cameron은 1970년대 말에서 1980년대까지 실시된 일련의 연구에서, 고등 교육의 조직 유효성을 조사하여 다음과 같은 아홉 가지의 가능한 유효성 차원들이 존재한다고 주장하였다.

- **학생의 교육 만족도**. 그 기관에서 이루어지는 교육 경험에 대한 만족도.
- **학생의 학술적 개발**. 그 기관에서 이루어지는 학생의 학문적 성취, 성장, 진척을 나타낸다.
- **학생의 경력 개발**. 그 기관에서 제공하는 경력 개발과 그 기회.
- **학생의 개인적 개발**. 경력 이외의 그리고 비학술적인 지향성을 갖는 측면들에 초점을 맞추고 있다.
- **교원과 관리자의 고용 만족도**. 기관의 직무에 대한 만족도.
- **교원의 전문적 개발과 자질**. 기관에서 제공하는 전문적 발전을 위한 자극의 양에 초점을 맞추고 있다.
- **시스템의 개방성과 지역 사회 상호 작용**. 외부 환경에 대한 개방성과 상호 작용 및 그에 대한 적응 그리고 서비스.
- **자원의 입수 능력**. 외부 환경으로부터의 입수 능력.
- **조직 건강**(organizational health). 조직 내부 업무와 관행의 선행(benevolence)과 활력, 실행 가능성을 포함한다.[14)]

Cameron은 한 영역의 유효성이 반드시 다른 영역의 유효성과 관련되어 있는 것은 아니라는 사실에 주목하고 있다. 또한 외부 영역의 조직 유효성은 내부 영역의 유효성을 저해할 수도 있다. Cameron은 유효성은 조직의 행태로부터 추론되는 정신적 구성 개념이며 직접 관찰된 어떤 것이 아니라고 주장하고 있다.[15)]

---

14) Kim Cameron. Measuring Organizational Effectiveness in Institutions of Higher Education. *Administrative Science Quarterly*, 23, December 1978, 604-29.

15) Kim Cameron. Domains of Organizational Effectiveness in College and Universities. *Academy of Management Journal*, 24 (1), 1981, 254-47.

효과적인 조직들은 가치 있고 요망되는 최종 성과들을 만들어낸다. 또한 연구에서는 경영 전략들이 구조와 인구 통계, 재정, 그 밖의 요인들보다 더 중요하다는 사실을 제시하고 있다. 사전적인 전략(proactive strategies)을 가지고 있는 칼리지와 대학들 그리고 외부적으로 중점을 두고 있는 경우들이 내부적이고 사후적인 전략(reactive strategies)을 가지고 있는 경우보다 더 성공적이었다.[16] 또한 자원들을 감축하고 있는 고등 교육 기관들은 더 적은 자원들에 대처하기 위한 프로세스가 개방적이고 투명하다는 사실을 고려하면, 풍부한 자원들을 가지고 있는 기관들만큼 효과적일 수 있다.[17]

Childer와 Van House의 작업을 바탕으로 하여, Rowena Cullen과 Philip Calvert는 동일한 네 개 모델을 여섯 개 뉴질랜드 학술 기관의 이해관계자들인 자원 배분 담당자들과 도서관 고위 직원, 아카데믹 스태프(academic staff), 대학원생, 학부생에 대한 서베이에 사용하였다. 서베이 응답자들에게는 Likert 5점 척도를 사용하여 도서관 서비스에 대한 90개 지표들을 평가하도록 요청하였다. 요인 분석을 이용하여 13개 성과 차원들을 도출하였다. 결과들은 각 고객층이 도서관으로부터 기대하는 것의 어떤 유사성과 차이점을 보여주고 있다. 그러나 도서관 경영층은 다양한 기대들에 부응하기 위해 자원들을 배분하는 과업에 직면하고 있다.[18] 이러한 연구들이 갖는 함의(含意)는 도서관 경영팀은 핵심적인 이해관계자들이 도서관에 대해 기대하고 있는 것을 명확하게 이해해야 한다는 사실이다.

Joseph McDonald와 Lynda Micikas는 Kim Cameron의 작업을 수정하여 일곱 개 주(州)의 박사 학위 과정이 없는 기관들의 학술도서관들을 서베이하였다. 응답자들에게는 Likert 7점 척도를 사용하여 도서관 성과에 대한 95개 측도들을 평가하도록 요청하였다. 131개 기관들로부터 받은 서베이 응

---

16) Kim Cameron. A Study of Organizational Effectiveness and Its Predictors. *Management Science*, 32, 1986, 87-112.

17) Kim Cameron and John Smart. Maintaining Effectiveness Amid Downsizing and Decline in Institutions of Higher Education. *Research in Higher Education*, 39 (1), 1998, 654-86.

18) Rowena J. Cullen and Philip J. Calvert. Stakeholder Perceptions of University Library Effectiveness. *The Journal of Academic Librarianship*, 21 (6), November 1995, 438-48; Rowena J. Cullen and Philip J. Calvert. New Zealand University Libraries Effectiveness Project: Dimensions and Concepts of Organizational Effectiveness. *Library and Information Science Research,* 18, 1996, 99-119.

답들(50퍼센트의 응답률)과 384개 서베이들에 대한 분석이 수행되었다. 21개 요인들이 나타났으며, 이것들은 다음과 같은 네 개 주요 영역으로 그룹화되었다.

1. 주요 자원 — 직원 규모와 다양성, 도서관에 대한 칼리지의 지원, 도서관 장서의 적합성
2. 서비스 — 외부 도서관들에 대한 접근 및 이용, 상호 협력 협회, 사서 전문직 서비스
3. 도서관/이해관계자 상호 작용 — 직원 개발, 공동 목적, 공동의·조직 방향, 교원 관계, 도서관의 평가
4. 접근 — 장서의 물리적 조직과 캠퍼스 도서관의 접근/이용[19]

이러한 유형의 분석을 고려하면, 서로 다른 조직들은 고사하고, 동일 기관의 어떤 두 그룹도 동일한 평가를 하지 않을 것이라는 사실에 유의하는 것이 중요하다. Ellen Altman은 McDonald와 Micikas의 책에 대한 서평에서, 이 연구는 교원 질문 설계와 있을 수도 있는 표본 추출 편향, 통계 분석의 문제점들을 포함한 많은 문제점들을 가지고 있다고 주장하였다.[20]

John Crawford 등은 잉글랜드의 15개 학술도서관들에 대한 대규모 연구를 실시하여, 총 4,193건의 완전하게 작성된 서베이를 회수하였다(약 15퍼센트의 응답률). 목적은 학부생과 대학원생, 리서치 스태프, 아카데믹 스태프, 도서관 직원 등 다양한 이해관계자들의 서로 다른 지각들을 확인하기 위한 것이었다. 놀라운 것은 아니지만, 다양한 이해관계자 그룹들은 서로 다른 의제(議題)들을 가지고 있다.[21]

도서관 이해관계자들, 특히 자금을 지원하는 의사결정자들은 다음과 같

---

19) Joseph A. McDonald and Lynda Basney Micikas. *Academic Libraries: The Dimensions of Their Effectiveness*. Westport, CT: Greenwood Press, 1994.

20) Ellen Altman. A Review of Academic Libraries. *The Journal of Academic Librarianship*, 21 (2), March 1995, 128-29.

21) John Crawford, Helen Pickering, and Dorothy McLelland. The Stakeholder Approach to the Construction of Performance Measures. Journal of Library & Information Science, 30 (2), June 1998, 87-112.

은 몇 가지 관점에서 도서관의 성과를 이해하는 데 관심을 가지고 있다.

- 도서관이 달성하고자 노력하고 있는 **목적들**(goals)과 **목표들**(objectives)은 무엇인가? 도서관은 어느 정도 비율의 주민에게 서비스하고 있는가?
- 도서관의 목적들과 목표들을 달성하기 위해 어떤 **진척**(progress)이 이루어지고 있는지를 나타내주는 일단의 측도들이 필요하다. 대부분의 경우에, 이것은 산출 및 최종 성과 측도들의 결합형이 될 것이다.
- **효율성 측도들**(efficiency measures)은 도서관이 효율적으로 운영되고 있으며 도서관은 지역 사회의 납세자들이 제공하는 기금들의 훌륭한 관리인이라는 사실을 실증해준다.
- **추세와 비교**(trends and comparison)는 다른 필적할만한 도서관들과 비교해볼 때 시간이 흐르면서 도서관이 어떻게 수행하고 있는지를 보여준다.

16.3. 도서관의 선(善)

도서관 유효성의 중요한 측면은 핵심적인 이해관계자들에게 도서관을 대변해주는 것이다.

— *Thomas A. Childers and Nancy A. Van House**

분명히 도서관의 선(library goodness)에 대한 어느 한 측도도 만족시켜야 하는 복수 그룹들의 기대를 충족시키지는 못할 것이다. 도서관의 사명과 비전에 대한 명확한 이해와 그에 대한 동의가 없으면, 도서관의 목적들이 실제로 얼마나 훌륭하게 달성되고 있는지에 대한 갈등이 존재할 수도 있을 것이다. 현실은 도서관은 입수할 수 있는 자원들에 의해 상당 부분 통제를 받고 있다는 것이다(그리고 도서관은 이러한 자원들의 배분에 대해 직접적인 통제력을 갖지 못한다). 도구와 자원들을 제공하는 것은 훌륭한 교육 훈련을 받은 직원으로 하여금 효율적인 방식으로 서비스를 제공할 수 있도록 해준다.

---

* Thomas Childers and Nancy A. Van House. *What's Good? Describing Your Library's Effectiveness.* Chicago: American Library Association, 1993.

과거에는 도서관장이 예산 배정을 고수하도록 하는 범위를 넘어서서 도서관에 요구하는 것이 거의 없었다. 그와 같은 환경에서는 개인적인 만족의 범위를 넘어서서 "훌륭하게" 한 것에 대한 격려도 거의 없었고 보상도 거의 존재하지 않았다. 자금을 지원하는 의사결정자들을 포함한 도서관 이해관계자들은 도서관이 제공하는 "지역 사회의 선"(community goodness)의 전통적인 지혜를 역사적으로 수용하는 한편, 이해관계자들은 비용 효율적인 수단들을 이용하여 고객들의 니즈(needs)에 부응하는 품질 높은 도서관 서비스를 도서관이 제공하고 있다는 유형의 증거를 점점 더 많이 요구하고 있다. 결국 책무성(accountability)을 점차 더 많이 요구하고 있는 것이다.

그리고 이러한 요구가 새로운 것은 아니다. 1973년으로 거슬러 올라가면, Orr는 도서관들이 다음과 같은 세 가지 "선"에 대한 질문의 답변을 제공하는 데 초점을 맞추어야 한다고 주장하였다.

- 도서관은 얼마나 훌륭한가? 품질과 능력에 초점이 맞추어져 있다.
- 도서관은 얼마나 훌륭하게 수행하고 있는가? 유익한 이용에 초점이 맞추어져 있다.
- 도서관은 얼마나 훌륭하게 경영되고 있는가?[22)]

그러나 사서들은 다음과 같은 몇 가지 이유 때문에 성과를 보고하는 이 이슈들에 대한 접근 방법을 아는 데 어려움을 겪고 있다.

- **합의의 결여**(lack of consensus). 도서관 전문직은 도서관의 실적들을 보고하기 위해 어떤 성과 측도들을 사용해야 하는지에 관해 하나의 명확한 목소리를 가지고 말하지 못하고 있다.
- **정의의 미비**(lack of definitions). 도서관 전문직은 이미 존재하는 다양한 성과 측도들에 대한 일관성 있는 일단의 정의들을 채택하지 못하고 있다. 그 결과는 두 도서관이 동일한 통계를 보고하지만 실제로는 서비스에 대한 두 가지 서로 다른 관점을 측정하거나 서로 다른 데이터를 수집할 수도 있는 것이다.

---

22) Robert H. Orr. Measuring the Goodness of Library Services: A General Framework for Considering Quantitative Measures. *Journal of Documentation*, 29 (3), September 1973, 314-32.

- **이해의 부족**(lack of understanding). 도서관장과 경영자들은 일관성 있게 적용될 때는 도서관의 업무 개선에 도움이 될 수 있는 성과 측도들의 잠재적인 가치와 유용성에 대해 제대로 이해하지 못하고 있는 경우가 많다. 따라서 이러한 개인들은 전반적으로 평가에 대해 그리고 특별히 개개 이용자와 현지 지역 사회에 영향을 미치는 도서관의 산출물들을 평가하기 위한 시도의 어려움에 대해 애증(愛憎)을 함께 보이고 있다.
- **구조의 부재**(lack of structure). 도서관들이 성과 측도들을 효과적으로 이용하는 것을 저해하는 이유는 몇 가지가 있을 수 있다. 이러한 것들에는 도서관의 문화, 시간과 자원들을 낭비하지 않으려는 바람; 직원이 더 많은 지식을 갖추도록 해야 하는 필요성, 교육 훈련의 필요성 등이 있다.
- **통계의 과다**(statistical overload). 대부분의 도서관들은 엄청나게 많은 성과 측도들을 수집한다. 미국의 경우 주립도서관과 연방 서베이들은 어떤 통계들의 수집을 필수적으로 요구하는 경우가 많지만, 지역 도서관은 "항상" 수집하고 있는 다른 측도들을 계속해서 수집하고 있다. 그 결과 직원은 다른 것들의 수집을 중단하는 결정을 내릴 수 있는 가능성은 고려하지도 않은 채 어떤 "새로운" 성과 측도들을 수집할 가능성 때문에 어쩔 줄 모르게 될 가능성이 더 높다.
- **그것은 어려운 일이다**(it is hard work). Orr가 지적하고 있는 것처럼, 품질과 유익한 이용을 측정하기 위해서는 그 이슈들에 관해 그리고 두 개념들을 어떻게 측정할 것인지에 관해 상당히 많은 사고를 해야 한다. 역사적으로 보면 사서들은 대체물의 역할을 하는 측도들, 즉 각각 장서의 완전성(collection completeness)과 유통(circulation)에 의존하는 경향을 보이고 있다.

결과적으로 도서관 전문직은 다음과 같은 기본적인 질문들에 대해서조차도 답변할 수 없었다.

- 좋은 도서관이란 무엇인가?
- 나쁜 도서관이란 무엇인가?
- 우리는 어떻게 하면 "나쁜 것"에서 "좋은 것"으로 달라질 수 있는가?

16.4. 90퍼센트 도서관

도서관 위원회와 도서관 이해관계자들을 위한 중요한 전략적 기획 의사결정은 "전체 서비스 니즈(needs)의 몇 퍼센트를 우리 도서관에서 가지고 있는 자원들을 통해 부응할 수 있는가?" 하는 것이다. 어느 도서관이나 아주 다양한 관심과 정보 니즈(information needs)를 가지고 있는 이용자 그룹을 맞이하게 될 것이다. 그러나 어느 도서관도 모든 이용자들의 니즈에 부응할 것으로 예상하거나 부응하려는 계획을 세울 수 없을 것이다. 따라서 "어느 레벨의 자원들과 서비스들이 우리 주민의 니즈 중 'X' 퍼센트에 부응하게 될 것인가?" 라는 질문이 생겨나게 된다. 도서관은 나머지 니즈를 다른 어떤 방식으로 처리하게 될 것이다. 도서관에서 선택하는 퍼센트 레벨은 상당 부분이 도서관의 예산 요구를 결정하게 될 것이다.

Charles Bourne은 "도서관 인구가 가지고 있는 니즈의 90퍼센트를 만족시키기 위해 도서관은 무엇을 해야 하는가?" 라고 묻고 있다.[23] 이용자 요구사항들은 다음과 같은 용어들로 설명할 수 있을 것이다.

특정 이용자 인구가 가지고 있는 정보 니즈의 90퍼센트는 다음과 같은 것들에 의해 충족되고 있다.

- ____년 미만의 도서
- ____권의 도서 장서 규모
- ____개 아이템의 미디어 장서 규모
- ____종의 인쇄 저널 장서
- ____년 미만의 인쇄 저널 장서
- ____종의 전자 저널 장서
- ____일 이내에 배달되는 도서관 상호 대차 저널 논문들
- ____분 이내로 대기 시간을 최소화하기 위한 컴퓨터 워크스테이션
- 등등

Bradford와 Zipf의 분산과 도서관에서 나타나는 자료들의 이용 감소율

(rate of obsolescence)을 감안하면, 요망되는 서비스 레벨의 특정 서비스 인구를 위한 장서 규모와 그 밖의 서비스 니즈를 추산할 수 있을 것이다. 도서관은 또한 하나 이상의 서비스들을 이용하지 못하게 하기 위해 준비하고 있을 수도 있는 정책들도 고려해야 한다. 예를 들면, 도서관은 도서관 상호대차에 대해 사용료를 부과하고 있는가? 고객은 베스트셀러를 대출하기 위해 여러 달을 기다려야만 하는가? 도서관은 사용료를 받고 비디오와 DVD의 대출하고 있는가?

16.5. 요 약

도서관의 "선"(goodness)을 입증하는 문제에 대해 사서들은 역사적으로 투입과 프로세스, 산출 측도들을 이용하여 초점을 맞추고 있는데, 이 문제는 이용자의 관점에서 도서관의 유효성을 설정할 수 있도록 하는 것보다는 중요성이 훨씬 더 작다. 유효성을 입증해야 하는 도전은 도서관에서 제공하고 있는 광범위한 서비스뿐만 아니라 전통적인 인쇄 기반 도서관으로부터 인쇄 및 전자 자원의 결합에 대한 접근을 제공하는 방향(하이브리드 도서관)으로 이루어지고 있는 이행(移行) 때문에 더 어려워지고 있다.

아울러 도서관은 도서관의 유용성에 관한 관련 정보를 제공하라는 요구들에 저항하면서 항상 해오던 것을 계속하려는 타성을 극복해야 한다. 역사적으로나 오늘날에나, 일반적으로 받아들여지고 있는 민중의 지혜(folk wisdom)에서는 도서관을 좋은 것으로 간주하고 있다. 그러나 민중의 지혜는 결코 이해관계자들, 특히 시장과 시티 매니저들, 지역의 행정가들, 그리고 도서관의 돈줄을 통제하는 위원회의 위원들에게 도서관의 적합성을 실증하기 위한 대체 수단이 될 수 없다. 결국 유효성을 입증해야 하는 도전은 도서관이 개인의 삶과 지역 사회 자체에서 만들어내는 차이에 초점을 맞출 필요성이 있다는 사실에 바탕을 두어야 한다.

---

23) Charles P. Bourne. Some User Requirements Stated Quantitatively in Terms of the 90 Percent Library, in Allen Kent and Orrin E. Taulbee (Eds.). *Electronic Information Handling*. Washington, DC: Spartan Books, 1965, 93-110.

제17장

실적: 가치 실현의 핵심

17

개인이 도서관을 이용할 때는, 그 사람의 일생에 걸쳐 직접적인 편익들이 발생하게 될 것이다. Richard Orr의 투입—프로세스—산출—최종 성과 평가 모델에 대해서는 제2장에서 다소 상세하게 살펴본 바 있다. 개인은 Orr의 모델의 마지막 범주인 최종 성과(outcomes)에서 도서관 이용의 직접적인 편익을 실적(accomplishment), 즉 최종 성과로 변환하는 것이다.

Tefko Saracevic과 Paul Kantor는 설문지에 응답할 때 사용하는 이용자들의 어휘를 바탕으로 도서관과 정보 서비스들을 이용하여 생겨날 수 있는 가치를 설정하기 위한 프레임워크와 택소노미(taxonomy)를 개발하였다.[1] 개인은 세 가지 잠재적인 이유를 가지고, 즉 (1) 과업이나 프로젝트를 수행하기 위해, (2) 개인적인 이유 때문에, (3) 어떤 대상이나 정보를 얻거나 활동을 수행하기 위해, 도서관이나 정보 서비스를 이용한다고 그들은 제시하고 있다.

그들은 개인이 도서관 서비스와 상호 작용할 때는, 다음과 같은 세 가지 영역의 상호 작용을 고려해야 한다고 주장하고 있다.

---

1) Tefko Saracevic and Paul B. Kantor. Studying the Value of Library and Information Services. Part I. Establishing a Theoretical Framework. *Journal of the American Society of Information Science*, 48 (6), 1997, 527-42; Tefko Saracevic and Paul B. Kantor. Studying the Value of Library and Information Services. Part II. Methodology and Taxonomy. *Journal of the American Society of Information Science,* 48 (6), 1997, 543-63.

- **자원**(resources). 개인의 관점에서 보면, 이 영역에서는 다음과 같은 세 가지 시각을 고려할 수 있을 것이다.
  - **입수 가능성**(availability). 이 전통적인 평가 측도는 고객이 바라는 특정의 자원이나 아이템, 서비스를 도서관이 가지고 있는지의 여부를 평가하고자 시도한다.
  - **접근 가능성**(accessibility). 이 측도는 서비스에 접근할 수 있는 용이성에 초점을 맞추고 있다. 예를 들면, 도서관에 대한 방문이 필요한가? 자원을 온라인으로 입수할 수 있는가?
  - **품질**(quality). 이 측도는 서비스나 자원이 정확하고, 최신성을 가지고 있고, 시의적절하며, 완전한 정도를 평가한다.
- **자원과 서비스의 이용**. 이 영역을 조사할 때, 도서관은 그 고객들에게 다음과 같은 다섯 가지 잠재적인 측도들을 평가해 주도록 요청할 수 있을 것이다.
  - 자원이나 서비스 이용의 **편의성**(convenience) 정도
  - **이용의 용이성**(ease of use). 자원이나 도서관 서비스의 이용이 얼마나 어려운가?
  - 자원이나 도서관 서비스를 이용하면서 혹시 있다면, 어떤 **욕구 불만**(frustration)이 생기는가?
  - 도서관 서비스나 자원을 이용할 때 고객이 얼마나 성공적인가?
  - 어느 한 서비스에서 다른 서비스로 옮겨갈 때 얼마나 많은 **노력**이 필요한가? 예를 들면, 탐색을 수행하여 인용들을 확인하고 나서 원하는 저널 논문들이나 그 밖의 자원들을 검색하는 것이 그것이다.
- **업무와 환경**(operations and environment). 개인에게 도서관과 그 서비스를 평가해 주도록 요청할 수 있는 범주들은 다음과 같은 네 가지가 있다.
  - 도서관의 **정책**과 **절차**는 얼마나 타당하고 명확한가? 그것들은 도서관의 서비스에 대한 접근을 용이하게 해주는가 아니면 장애로 작용하는가?
  - **시설**은 적절한 규모의 것인가? 도서관 자원들의 물리적 배치와 조직은 자원과 서비스들에 대한 접근을 용이하게 해주고 있는가?
  - 도서관 **직원 구성원들**은 유용하고, 효율적이며, 지식을 갖추고 있는가? 조직의 목적들과 목표들에 대한 명확한 이해와 질 높은 서비스를 제공하고자 하는 도서관 직원의 욕망이 존재하는가?

 - **장비**는 신뢰할만하고 사용하기 편리한가? 이용자 지시 사항들이나 지침들은 쉽게 입수할 수 있는가? 도서관의 웹사이트는 이용하기 쉽고 최신성을 유지하고 있는가?

그러나 가장 중요한 것으로, Saracevic과 Kantor는 도서관이나 정보 서비스가 조직에 대해 갖는 결과나 최종 성과, 영향에 초점을 맞추고 있다. "조직"은 지역 사회나 학술 기관, 영리 또는 비영리 기업으로 정의할 수 있다. 도서관을 이용하는 이유를 고려하고, 하나 이상의 도서관 서비스들과의 상호 작용을 하고 나면, 그 효과는 무엇인가? 다음과 같은 여섯 개 범주들이 포함될 것이다.

- **인지적 결과**(cognitive results). 도서관의 이용은 개인의 정신에 영향을 미칠 수 있을 것이다. 이 범주의 의도는 "무엇을 배웠는가?"를 묻는 것이다. 따라서 개인은 다음과 같은 것들을 했을 수도 있을 것이다.
  - 상세한 사항이나 사실들에 대한 기억을 재생했을 수도 있을 것이다.
  - 지식이나 믿음을 입증하거나 강화시켰을 수도 있을 것이다.
  - 새로운 지식을 제공했을 수도 있을 것이다.
  - 관점이나 전망, 시각을 변화시켰을 수도 있을 것이다.
  - 약간 다르거나 별로 관계가 없는 시각(우연한 발견)을 가진 아이디어들을 얻었을 수도 있을 것이다.
  - 어떤 아이디어도 획득하지 못했을 수도 있을 것이다.
- **정서적 결과**(affective results). 도서관과 그 서비스의 이용은 개인에게 영향을 주거나 감정적 영향을 끼칠 수도 있을 것이다. 개인은 다음과 같은 것들을 경험할 수도 있을 것이다.
  - 성취감이나 성공의 느낌, 만족감
  - 자신감과 신뢰성, 신임
  - 안락감과 행복감, 좋은 느낌
  - 실패의 느낌
  - 좌절감(욕구 불만)

• **기대 충족**(meeting expectations). 도서관이나 정보 서비스를 이용할 때, 개인은 다음과 같이 될 수 있을 것이다.

  – 필요로 하거나 추구하거나 기대하던 것을 얻을 수도 있을 것이다.

  – 너무 많은 것을 얻을 수도 있을 것이다.

  – 아무 것도 얻지 못할 수도 있을 것이다.

  – 받은 것에 대한 신뢰를 얻을 수도 있을 것이다.

  – 기대했던 것보다 더 많은 것을 받을 수도 있을 것이다.

  – 받은 것이 기대에 부응하지는 못하더라도 대체 정보원이나 조치를 구할 수도 있을 것이다.

• **실적**(accomplishments)(과업과 관련된). 도서관 이용의 결과로, 개인은 다음과 같은 것들이 가능할 것이다.

  – 더 나은 정보를 가지고 이루어지는 의사 결정을 할 수 있다.

  – 더 높은 품질의 성과를 달성한다.

  – 행동 방침(course of action)을 지시할 수 있다.

  – 다음 단계로 나아간다.

  – 사람들과 그 밖의 정보원(情報源)을 발견한다.

  – 정책과 절차, 계획을 개선한다.

• **시간 측면**(time aspects). 이용자를 위해 도서관이 갖는 몇 가지 진정한 가치는 제공되는 정보가 가능한 몇몇 방식으로 시간을 절약해줄 수도 있다는 사실이다. 개인은 다음과 같이 할 수도 있을 것이다.

  – 서비스 이용의 결과로 시간을 절약할 수도 있을 것이다.

  – 서비스 이용의 결과로 시간을 낭비할 수도 있을 것이다.

  – 서비스를 위해 기다려야 할 수도 있을 것이다.

  – 그 범위가 늦은 것으로부터 신속한 것에 이르기까지 다양한 서비스를 경험할 수도 있을 것이다.

  – 서비스나 자원의 이용 방법을 이해하기 위해 시간이 필요할 수도 있을 것이다.

• **자금 측면**(money aspects). 도서관이나 정보 서비스를 이용하면 어느 경우에는, 분명히 자금을 절약하거나 새로운 수익들을 창출해내는 결과를 가져올

수도 있을 것이다. 개인은 다음과 같은 것들을 제공할 수도 있을 것이다.

- 제공받은 서비스나 정보로부터 얻은 결과들을 돈으로 환산한 추정치
- 서비스의 이용 덕택에 절약된 금액의 추정치
- 서비스 이용 비용의 추정치
- 대체 서비스에 들어갈 수도 있는 것의 추정치
- 서비스를 이용할 수 없거나 이용이 성공적이지 못한 경우에 손실되는 금전 가치의 추정치

대부분의 도서관들은 Saracevic과 Kantor가 개발한 서베이 도구가 너무 길고 반복하기가 어렵다는 사실을 알게 될 것이다. 더 단순화된 프로세스가 대략 유사한 결과들을 가져오게 될 것이다. 처음 세 가지 결과들, 즉 인지적 결과와 정서적 결과, 기대는 대개 어떻게 해서든 뒤에 오는 세 가지 최종 성과들, 즉 실적과 시간, 자금에 영향을 미치는 것으로 변환될 것이라는 사실에 유의해야 한다.

이 장의 주된 초점은 실적에 맞추어져 있다. 전문도서관의 실적들은 다음 장에서 지적하고 있는 것처럼, 시간과 자금에 대한 영향으로 변환된다. 공공도서관의 실적들은 경제적 편익과 사회적 편익으로 변환되는데, 이에 대해서는 그 다음의 두 장에서 더 상세하게 살펴보고자 한다.

학술도서관들의 실적들은 사서들이 캠퍼스 도서관의 최종 성과와 편익들을 실증하고자 노력할 때 그들의 주목을 받기 시작할 것이라는 희망을 가지고 있다. 도서관은 다양한 서비스들과 제품들을 제공하는데, 여기에는 물리적 장서에 대한 접근, 전자 자원들에 대한 접근, 참고 서비스, 교육 프로그램(서지 교육이나 정보 리터라시 교육), 테크놀로지에 대한 접근, 모임이나 스터디를 위한 물리적 공간 등이 포함된다. 광범위한 측면에서 보면, 학술도서관의 영향은 다음과 같은 세 영역에서 나타날 수 있을 것이다.

- 학생의 학습
- 교 육
- 리서치

17.1. 평가 방법

〈표 17-1〉에서 볼 수 있는 것처럼, 다수의 접근법을 학생의 학습과 교육, 리서치에 나타나는 도서관 서비스의 최종 성과나 영향을 평가하기 위해 이용할 수 있다.

표 17-1 학술도서관의 최종 성과 평가

	학생의 학습	교 육	리서치
물리적 장서에 대한 접근	학기말 보고서나 프로젝트의 평가. 도서관 이용자들이 더 좋은 평점을 얻고 있는가? 더 빨리 졸업하는가?	과정 중에 제출된 자료들과 지정된 독서 자료들에 대한 교사들의 어세스먼트	출판된 연구 보고서와 논문, 책, 학회 발표 자료들에 대한 인용 분석 리서치용 장서의 가치
전자 장서에 대한 접근	학기말 보고서나 프로젝트의 평가. 도서관 이용자들이 더 좋은 평점을 얻고 있는가? 더 빨리 졸업하는가?	과정 중에 제출된 자료들과 지정된 독서 자료들에 대한 교사들의 어세스먼트	출판된 연구 보고서와 논문, 책, 학회 발표 자료들에 대한 인용 분석 리서치용 장서의 가치
참고 서비스	학생들에 대한 서비스의 가치	교수들에 대한 서비스의 가치	연구자들에 대한 서비스의 가치
교육 프로그램	학기말 보고서나 프로젝트의 평가. 도서관 이용자들이 더 좋은 평점을 얻고 있는가? 더 빨리 졸업하는가?	교육의 가치에 대한 교원의 어세스먼트 – 더 나은 보고서나 프로젝트?	교육의 가치에 대한 연구자들의 어세스먼트 – 더 나은 리서치, 시간 절약, 최신성 유지에 대한 지원 ?
도서관에 위치한 테크놀로지에 대한 접근	최종 성과들과의 간접적인연계	최종 성과들과의 간접적인 연계	최종 성과들과의 간접적인 연계
도서관의 모임을 위한 공간	최종 성과들과의 간접적인 연계	최종 성과들과의 간접적인 연계	최종 성과들과의 간접적인 연계
도서관의 스터디를 위한 공간	최종 성과들과의 간접적인 연계	최종 성과들과의 간접적인 연계	최종 성과들과의 간접적인 연계

소수의 연구에서는 학술도서관이 학생과 교수, 연구자의 삶에 미치는 영향을 확인하기 위해 시도하고 있다. 이루어진 연구들은 일반적으로 표본 크기가 소규모이며 도서관의 역할을 구별하기 위해 통제 그룹을 이용하지 않았다. 학술 환경에서 이루어지는 어세스먼트의 이슈들에 대한 더 상세한 논의에 대해서는, *Library Assessment in Higher Education*을 참고하라.[2)]

17.2. 학생의 학습에서 수행하는 도서관의 역할

한 연구에서는 학생 특성들과 학부생의 도서관 이용을 조사하여 다섯 개 변인들, 즉 캠퍼스에서 보내는 시간, 수강 학점(credit hour enrollment), 성별(남성), 평균 평점(GPA: grade point average), 전공(academic major)이 도서관 이용에 영향을 준다는 사실을 밝혀냈다.[3)] Ethelene Whitmire의 연구에서도 유사한 결과들을 지적하고 있는데, 그는 학생들이 공부를 더 많이 하면 할수록 도서관을 더 많이 이용한다는 사실을 관찰하였다.[4)] 그러나 상반되는 관점이 한 분석의 결과로 나타났는데, 이 분석에서는 도서관에서 보낸 시간의 양은 학문적 성공과 연관성을 갖지 않는 것으로 밝혀졌으며, 학문적 성취와 서로 다른 도서관 자원과 서비스의 이용 간에는 약한 정(+)의 상관 관계가 관찰되었다.[5)]

도서관 정보 추구 과제들을 이용한 교원에 대한 종단 분석(longitudinal analysis)에서는 그와 같은 과제들은 이직, 외래 교원 대 전임 교원의 이용, 매년 변화하는 개개 교원의 선호도 때문에 가변적이라는 사실을 밝혀냈다.[6)]

---

2) Joseph R. Matthews. *Library Assessment in Higher Educatio*n. Westport, CT: Libraries Unlimited, 2007.
3) Charles B. Harrell. The Use of an Academic Library by University Undergraduates. Ph. D. dissertation, University of North Texas, 1988.
4) Ethelene Whitmire. The Relationship Between Undergraduates' Background Characteristics and College Experiences and Their Academic Library Use. *College & Research Libraries*, 62 (6), November 2001, 528-40.
5) Jennifer Wells. The Influence of Library Usage on Undergraduate Academic Success. Australian *Academic & Research Libraries*, June 1995, 121-28.
6) Rachel Applegate. Faculty Information Assignments: A Longitudinal Examination of Variations in Survey Results. *The Journal of Academic Librarianship*, 32 (4), July 2006, 355-63.

Penn State University에서 이루어진 연구에서는 불과 8퍼센트의 교과목만이 상당한 도서관 이용을 필요로 하는 반면(학생들은 학기말 보고서를 위해 독립적으로 정보를 수집해야 했다), 거의 3분의 2의 교과목은 어떤 도서관 이용도 필요로 하지 않았다.[7]

University of Maryland의 학생들을 대상으로 한 서베이에서는 전문(全文) 자료는 물론 인용 및 초록 데이터베이스들에 대한 원격 접근이 도서관에서 제공하는 가장 중요한 서비스라는 사실을 밝혀냈다.[8] 전자 구독으로 옮겨가는 것이 도서관 자금을 절약할 수 있지만,[9] 어떤 서베이나 다른 어세스먼트 방법들도 도서관에 대해, 이용자들이 왜 특정 자원들을 선택하는지, 또는 도서관에서 제공하는 자원들로부터 어떤 가치 — 이용자에 대한 가치와 기관에 대한 가치 — 가 생길 수 있는지를 아직까지는 밝혀주지 못하고 있다.

연구들에 나타나는 비교적 일관성 있는 발견 결과들을 조사하면, 다음과 같은 결론에 도달할 수 있다.

- 도서관 이용이 학습이나 학술적 성공과 연계되어 있다는 분명한 증거는 존재하지 않는다.
- 전체 학부생의 상당 비율은 도서관에서 어떤 자료들도 빌리지 않는다.
- 소수의 학생들(10 내지 15퍼센트)이 대출 자료의 대다수를 차지하고 있다.
- 지정된 독서 자료들과 교과목 관련 독서 자료들(지정 자료)은 대부분의 학부 도서관들에서 이루어지는 유통의 대다수를 차지하고 있다.
- 대출량은 학문이나 연구 영역별로 다양하다.
- 학부생별 대출은 학년별로 증가한다 – 1학년이 최저이고 4학년이 최고이다.
- 캠퍼스의 소수 교과목들이 대부분의 도서관 이용을 창출하게 될 것이다.

---

7) Linda K. Rambler. Syllabus Study: Key to a Responsive Academic Library. *Journal of Academic Librarianship*, 8, July 1982, 155-59.

8) Kimberly B. Kelley and Gloria J. Orr. Trends in Distant Student Use of Electronic Resources: A Survey. *College & Research Libraries*, 64 (3), 2003, 176-91.

9) Carol H. Montgomery and Donald W. King. Comparing Library and User Related Cost of Print and Electronic Journal Collections: A First Step Towards a Comprehensive Analysis. *D-Lib Magazine*, 8 (10), October 2002. Available at http://dlib.org/dlib/october02/montgomery/lOmontgomery.html.

- 연구들은 학생 능력을 통제하지 못하고 있으며 일반적으로 이용과 성공에 대한 단일 측도에 의존하고 있다.
- 성공에 대한 단일 평가에 의존하는 연구들은 도서관 기술들에 대한 정확한 어세스먼트가 되지 못할 수도 있을 것이다.
- 도서관 이용과 학술적 성취는 기껏해야 약한 상관 관계를 가지고 있다.
- 기본적인 도서관 기술의 개선은 수단이며 목적이 아니지만, 대부분의 서지 교육 평가 활동의 초점은 목적이 되고 있다.
- 서지 교육과 도서관 자원 및 서비스의 이용 증가 간의 연계를 보고하는 연구들은 거의 없다.
- 개선된 정보 리터라시 기술의 가치와 학술 환경에서 이루어지는 성공을 다루고 있는 리서치는 거의 없다.

17.3. 교육에서 수행하는 도서관의 역할

교수들이 교수 자료와 교과 내용(course content)을 제공하는 데 도움을 주기 위해 도서관이 수행하는 역할을 평가하기 위한 리서치는 거의 이루어지지 않고 있다. 교수들은 자신들의 전문 영역에서 최신성을 유지하기 위해 노력하면서 독서에 상당히 많은 시간을 보낸다.

University of California, Berkeley에서 이루어진 연구에서는 교수들은 학생들의 학습을 증진시키고, 일차 자료들(primary sources)을 교육에 통합시키며, 학생들에게 토픽에 대한 맥락을 제공하고, 다른 방식으로는 입수할 수 없는 자료들을 포함시키기 위해 교과 내용에 이미지들과 시각 자료들을 포함시키고 있다는 사실을 밝혀냈다.[10] 교원들은 Google 탐색을 수행하거나 자신들의 디지털 자원들의 자체 컬렉션의 자료들을 포함시킴으로써 디지털 콘텐트를 찾아냈다.

10) Diane Harley. Why Study Users? An Environmental Scan of Use and Users of Digital Resources in Humanities and Social Sciences Undergraduate Education. *First Monday,* 12 (1), January 2007.

17.3. 리서치에서 수행하는 도서관의 역할

연구자들이 도서관의 물리적 및 전자적 자원들로부터 어떻게 가치를 이용하고 얻는지를 알게 되는 것은 도서관이 그 자원들과 서비스들의 가치를 입증하도록 요청받을 때 점점 더 중요하게 될 것이다.

한 연구에서는 캐나다와 영국, 미국의 169개 대학에 걸쳐 출판물 인용수를 조사하였다. 기관 관련 출판물 수와 아카데믹 스태프의 수, 리서치 학생의 수, 도서관의 책 및 저널의 수, 대학 수익의 레벨 간에는 강한 관계가 존재하였다.[11] 그러나 이러한 발견 결과들, 특히 도서관 소장 자료에 관한 것의 가치는 다른 연구들의 증거를 고려하면, 더 이상 유효하지 않다.

예를 들면, 크기는 기본적인 레벨에서 계산하는 것 같다. 즉 대규모 대학들은 다수의 출판물을 생산하며, 그 도서관들은 이러한 자료들과 그 밖의 자료들에 많은 금액의 자금을 들이게 되고 따라서 대규모 장서들을 보유하고 있다. 특히 다른 대학교들과 비교할 때, 기관의 실제 생산성을 결정하는 한 가지 방법은 인용수를 교원이나 전임 연구자들에 의해 산정하는 것이다. ISI(Institute for Scientific Information)의 인용들과 ARL(Association of Research Libraries)에서 산출한 도서관 측도들을 조사하여, John Budd는 출판물 수와 권수, 자료비, 총지출, 전문 직원의 수 간에는 중간 내지 높은 상관 관계가 있음을 발견하였다.[12] James Baughman과 Martha Kieltyka은 유사한 결과들을 지적하고 있다.[13]

Gerstberger와 Allen은 정보에 대한 지각된 접근 가능성과 몇 가지 활용 측도들 간에는 직접적인 관계가 있다는 사실을 발견하였다. 연구자들은 Zipf

---

11) J. P. Rushton, and S. Meltzer. Research Productivity, University Revenue, and Scholarly Impact (Citations) of 169 British, Canadian, and United States Universities. *Scientometrics,* 3, 1981, 275-303.

12) John M. Budd. Faculty Publishing Productivity: An Institutional Analysis and Comparison with Library and Other Measures. *College & Research Libraries*, 56 (6), November 1995, 547-54; John M. Budd. Increases in Faculty Publishing Activity: An Analysis of ARL and ACRL Institutions. *College & Research Libraries*, 60, 1999, 308-15.

13) James C. Baughman and Martha E. Kieltyka. Farewell to Alexandria: Not Yet! *Library Journal*, 124 (5), 1999, 48-49.

의 최소 노력의 법칙(law of least effort)을 따르는 것 같았다. 즉 개인들은 정보를 얻기 위해 최소 노력을 포함하고 있는 선택안을 선택한다.[14] Gerstberger와 Allen 연구의 함의(含意) 가운데 하나는 도서관 자원들의 품질이나 양을 개선하는 것은 정보를 연구자들에게 가져다주는 방식들을 찾아내지 않는 한 낭비가 될 것이라는 사실이다. Victor Rosenberg는 연구자들의 그룹을 연구하여 정보 수집 방법의 일차적인 속성들은 이용의 용이성이라는 사실을 밝혀냈다.[15]

Brinley Franklin은 원격 이용량이 전자 자원들의 관내 이용량보다 때로는 4대 1 정도로, 상당히 더 많다는 사실을 밝혀냈다. 연구자들은 전통적인 인쇄 저널들보다는 전자 자원에 더 많이 의존하며, 이용 패턴들은 학문별로 다양하다.[16]

상업 회사인 Academic Analytics에서는 FSPI(Faculty Scholarly Productivity Index)를 개발하였다. 교원들에 대해서는 세 가지 요인들, 즉 출판된 책과 저널 논문의 수를 포함한 출판물, 지원받은 연방 지원금, 각종 수상 경력을 이용하여 판단한다. 각 교원의 점수는 학과 및 대학 점수로 종합된다. 학술 생산성은 z-스코어(z-score)로 표현되는데, 이것은 값이 평균으로부터 얼마나 떨어져 있고 어느 방향으로 되어 있는지를 밝혀주는 통계적 측도이다. z-스코어를 이용하면 프로그램들의 성과를 여러 학문에 걸쳐 비교할 수 있다.[17]

---

14) G. K. Zipf. *Human Behavior and the Principle of Least Effort.* Cambridge, MA: Addison-Wesley, 1949.

15) Victor Resenberg. Factors Affecting the Preferences of Industrial Personnel for Information Gathering Methods. *Information Storage and Retrieval,* 3, 1967, 119-27.

16) Brinley Franklin and Terry Plum. Successful Web Survey Methodologies for Measuring the Impact of Networked Electronic Services (MINES for Libraries). *IFLA Journal*, 32 (1), 2006, 28-40; Brinley Franklin, Martha Kyrillidou, and Toni Olshen. The Story Behind the Numbers: Measuring the Impact of Networked Electronic Services (MINES) and the Assessment of the Ontario Council of University Libraries' Scholars Portal. Presented at the 6th Northumbria International Conference on Performance Measurement in Libraries and Information Services, Durham, England, August 22-23, 2005.

17) 2004년과 2005년의 FSPI(Faculty Scholarly Productivity Index)에 관한 더 많은 정보를 얻기 위해서는 다음 자료를 보라. Available at http://www.academicanalytics.com/.

17.5. 학교도서관

Keith Curry Lance와 그 동료들은 학교도서관 미디어센터가 학생의 학업 성취(academic achievement)에 미치는 영향을 평가하고자 하는 일련의 연구에 참여하였다. 연구들은 Colorado와 Alaska, Pennsylvania, Oregon, Iowa, New Mexico에서 완료되었다.[18)]

이 연구들에서는 그 밖의 학교 요인들(교사 자격과 경험, 교사-학생 비율, 학생당 지출)과 지역 사회의 조건(성인의 학력(adult educational attainment), 인종 및 민족 관련 인구 통계, 빈곤)과 같은 성취에 대한 경합하는 예측 변인들을 통제하기 위해 다변량 통계 분석(multivariate statistical analysis)을 이용하였다.[19)]

원래의 Colorado 연구에서는 직원과 장서의 측면에서 본 도서관의 규모가 독서 점수의 직접적인 예측 변인인 것으로 나타났다 — 변동의 범위는 5 내지 15퍼센트였다. 대부분의 테스트 점수 변동은 사회경제적 요인들에 의해 설명되었다.

교장들은 학교도서관 프로그램에 강력한 영향을 미친다. 그들은 기꺼이 리스크를 감당하고, 강력한 리더십을 제공하며, 문제 대처 기술을 가지고 있고, 자신들의 기대를 명확하게 커뮤니케이션하는데, 이러한 것들은 교사의 행동 변화를 가져오게 된다.[20)]

이러한 연구들을 종합적으로 조사하면, 다음과 같은 세 가지 주요 발견 결과의 집합을 확인할 수 있다.

---

18) 학교도서관의 가치에 초점을 맞추고 있는 많은 주의 프로젝트들의 리스트에 대해서는 다음 홈페이지를 보라. http://www.lrs.org/impact.asp.

19) Keith Curry Lance and Becky Russell. Scientifically Based Research on School Libraries and Academic Achievement: What Is It? How Much of It Do We Have? How Can We Do It Better? *Knowledge Quest*, 32 (5), May/June 2004, 13-17.

20) Ken Haycock. Research in Teacher-Librarianship and the Institutionalization of Change, in A. Clyde (Ed.). *Sustaining the Vision: A Collection of Articles and Papers on Research in School Librarianship*. San Jose, CA: Hi Willow Research and Publishing, 1996, 13-22.

- **학교 도서관 개발**. 더 높은 레벨의 전문적 충원 및 전체 충원, 더 대규모의 인쇄 및 전자 자원으로 이루어진 장서들, 더 많은 자금 지원은 결과적으로 표준 독서 테스트에서 학생들이 더 잘하는 것으로 나타났다.
- **리더십**. 교장과 자주 만나고, 교원의 모임에 출석하고 참여하며, 표준 및 교육 과정 위원회에서 일하고, 지역 학교 외부의 도서관계 동료들을 만나는 것.
- **협력 활동**. 교사들을 위한 유용한 자료들을 확인하고, 교사들과 상호 협력하여 교육을 기획하며, 교사들을 위한 현직 훈련(in-service training)을 제공하고, 교과 교사들과 함께 뿐만 아니라 독립적으로 학생들을 교육하는 것은 높은 독서 점수와 관련되어 있다.[21]

17.6. 요 약

분명히 도서관계가 도서관의 자원 및 서비스들과 고객 및 학생, 교원, 연구자들의 삶에서 갖는 최종 성과와 영향의 관계를 더 잘 이해할 수 있는 중요한 기회들이 존재하고 있다. 리서치와 어세스먼트 활동들은 도서관의 기여들을 더 잘 이해하기 위한 어떤 독창적인 접근법들을 필요로 할 것이다. 영향을 평가하기 위한 노력은 어느 도서관에서든 전통적인, 도서관 중심적 세계관에서 학습과 교육, 리서치에 대한 도서관의 실제적인 기여와 관련된 더 심층적인 이슈들에 대해 검토하는 방향으로 옮겨가야 한다.

21) Keith Curry Lance. What Research Tells Us About the Importance of School Libraries. *Knowledge Quest*, 31 (1), September/October 2002, supplement, 17-22.

제18장

경제적 영향

18

도서관들은 받고 있는 자금에 대한 타당성을 설명하고 도서관의 이용 정도에 관한 증거를 제시해야 하는 경우가 점점 더 많아지고 있다. 어떤 도서관의 편익을 결정하고자 시도하는 것은 편익의 유형에 관한 정의상의 문제점들로 가득한 도전적인 일이며, 경제적 영향(economic impact)의 중대성을 결정하고자 하는 것도 마찬가지이다. 고려할 수 있는 편익들은 다음과 같은 세 개 범주가 있다.

■ **이용 편익**

- 직접적인 편익
  - 자료를 구입하지 않아도 되면서 생기는 비용 절약(도서, CD, 비디오, 잡지, 신문, 참고 자료, 전자 자원 등)
  - 컴퓨터, 복사기, 오디오 및 비디오 장비, 회의실, 프로그램 등에 대한 무료 또는 저가 접근
  - 정보 검색에 도움을 받기 위한 훈련된 전문직에 대한 접근
  - 해당 지역 사회에서 직무, 물품(소모품) 등에 지출하는 도서관의 경제적 영향
  - 인근 기업체에서 이루어지는 도서관 이용자들의 경제적 지출
- 간접적인 편익
  - 어린이들과 모든 연령의 성인들이 가지고 있는 기술 – 독서 리터라시, 직무 기술, 컴퓨터 기술 – 의 향상

– 교육 프로그램

– 지역 사회 생활 편의 시설로서의 도서관

– 지역 사회 상호 작용

– 민주 사회에 대한 지원

– 사회 복지

■ **비이용 편익**

- 개인이 장래의 어느 시기에 도서관을 이용할 수 있는 선택권(option). 도서관은 지역 사회에서 삶의 질을 증진시켜 주는 기관으로 인정받고 가치를 부여받는다.
- 다른 사람들이 현재와 장래에 이용할 수 있는 선택권. 다른 사람들이 편익을 얻을 수 있도록 개인들이 기꺼이 도서관을 지지하는 것을 나타낸다. 비이용 편익들은 수량화하기가 어려우며 측정되는 경우에는 상당한 논의와 논쟁의 여지가 있다. 따라서 비이용 편익들은 편익들에 대한 더 보수적인 추정치를 산출하기 위해서는 일반적으로 무시된다.

도서관의 총가치(total value)는 이용 가치와 비이용 가치를 합하여 결정된다.

또한 도서관 고객의 시각에서 가치에 대해 생각하는 것이 중요하다. 가치는 고객에 대한 조직적, 업무적, 사회적, 재정적 편익의 측면에서 제품이나 서비스가 갖는 값어치로 간주해야 한다. 모든 도서관 제품 제공물들과 서비스들은 고객의 마음속에 가치와 비용 두 가지를 모두 가지고 있다. 제공물의 비용은 금전적일 수도 있지만, 그것은 또한 도서관 서비스를 이용하기 위해 필요한 시간이나 노력, 장비와 같은 요인들을 포함할 가능성이 높다. 그리고 고객은 도서관 이용에 관련된 가치 및 비용들을 대체안을 이용하는 가치 및 비용과 비교하게 될 것이다.

도서관이 갖는 경제적 편익들을 평가하기 위한 주된 방법은 서베이의 이용을 포함하게 되는데, 서로 다른 유형의 실제 및 잠재 도서관 고객에 대한 몇몇 서베이를 실시하는 경우가 많다. 어느 평가든 몇 가지 중요한 이슈들을 다루어야 한다. 즉 누가 가치를 얻게 되는지, 언제 가치가 발생하는지, 직접적인 편익이 장기적인 가치로 변환되는지, 도서관 이용을 통해 얻어지는 유형의 것들과 무형의 것들을 어떻게 확인하고 수량화할지 하는 것이 그것이다. 최종 결과는 비용-편익 분석(cost-benefit analysis)을 준비하는 것인데, 이것은 도서관의 유용성을 평가하기 위해 총비용과 총편익의 가치를 비교하고자 노력하는 것이다.

도서관의 경제적 가치를 결정하기 위한 시도에서는 다음과 같은 몇 가지 방법들을 사용하고 있다.

- 직접 서베이(direct survey)
- 고객 가치 모델(client value model)
- 조건부 가치 측정법(CVM: contingent valuation method)
- 소비자 잉여(consumer surplus)
- 공식 적용 방식(formula approach)
- 투하 자본 수익률(return on capital investment)
- 경제적 영향 분석(economic impact analysis)
- 자료 포락 분석(DEA: data envelopment analysis)

도서관과 그 서비스들의 가치를 결정하는 것은 일반적으로 서베이를 실행하고 도서관의 고객들에게 자신들의 삶에서 도서관이 갖는 가치에 관한 피드백을 제공해 주도록 요청하는 것을 포함한다. 공공도서관에 대한 가치 결정의 전망은 더 복잡한데, 그에 대해서는 이 장의 후반부에서 살펴보고자 한다.

18.1. 직접 서베이

전문도서관과 그 정보 서비스들이 상위 조직에 대해 갖게 되는 최종 성과나 영향은 세 개 주요 최종 성과 범주들, 즉 실적과 시간, 자금을 이용하여 요약할 수 있을 것이다.

(1) 실 적

실적(accomplishments)은 시간이나 자금 영향에 관련되어 있지 않은 최종 성과나 영향의 범주로 간주할 수 있을 것이다. 나아가 실적들은 Joanne Marshall의 일부 최근 연구들에서 가장 분명하게 설명하고 있는 것처럼, 긍정적인 시각에서는 물론 부정적인 결과를 회피하는 시각에서 볼 수 있을 것이다. 예를 들면, Marshall[1]은 정보 서비스들은 다음과 같은 것들을 회피해 줌으로써 조직에 도움을 줄 수 있다고 주장하고 있다.

- 부실한 비즈니스 의사 결정
- 기관 내 갈등
- 다른 기관과의 갈등

적절한 한 실례에서는 특정 토픽에 관한 불완전한 정보가 의사 결정의 한 구성 요소가 되었을 때 나타나는 부실한 의사 결정 프로세스의 결과를 설명해주고 있다. Johns Hopkins University의 의학 연구자는 특정 화합물의 잠재적인 부작용에 관한 온라인 탐색을 실행하였는데, 그 화합물은 인간에 대한 테스트를 고려하고 있는 중이었다.[2] 연구자는 온라인 데이터베이스를 시작하기에 앞서 이루어지는, 그 도서관에서 발견되는, 출판된 페이퍼 기반 문헌에 대한 철저한 탐색을 실행하지 않았다. 탐색 결과들을 바탕으로, 인간 테스트 실험이 시작되었으며 나중에 자원봉사자 한 사람이 사망하였다. 한동안 Johns Hopkins University의 모든 의학 실험이 중단되었다. 현재는 의학 자료의 탐색이 포괄적이고 철저하게 이루어지도록 보장하기 위해 연구자들은 사서 및 약사와 협력해야 한다.[3]

---

1) Joanne Gard Marshall. *The Impact of the Special Library on Corporate Decision-Making*. Washington, DC: Special Libraries Association, 1993.

2) Collaboration with Librarian Required in Hopkins' Report. *Corporate Library Update*, 10 (13), September 15, 2001, 1. 이 보고서에 관련된 전체 자료들은 다음 홈페이지에서 볼 수 있다. www.hopkins-medicine.org.

3) 개정된 리서치 절차에 관련된 추가 정보는 다음 홈페이지에서 볼 수 있다. http://www.hopkinsmedicine.org/press/2001/august/actionplan.htm.

(2) 시 간

전문도서관과 그 정보 서비스들이 갖는 주된 가치의 하나는 그것이 도서관 고객의 생산성을 상당히 개선시켜 주고, 따라서 상위 조직의 효율성이 개선된다는 사실이다. 그 주된 이유는 정보 전문직의 시간 비용이 다른 전문직들(예를 들면, 의사, 엔지니어, 변호사, 고위 경영자 등)의 비용보다 더 낮기 때문이다. 또한 정보 전문직은 교육 훈련을 받으며, 따라서 정보 자원들을 검색하고, 온라인 탐색을 실행하는 등에서 훨씬 더 효율적이다. 따라서 비용 차이와 더 효율적인 탐색의 결합을 통해 조직의 전문직들이 더 생산적이 되도록 도와주고 궁극적으로는 조직의 비용을 절약해주게 된다.

Texas Instruments의 사서인 Helen Manning은 도서관 이용자들을 서베이하고, 그들에게 도서관 서비스가 자신들의 직무에 미치는 영향과 도서관 서비스의 이용 결과로 절약되는 시간, 사서에 의해 절약되는 시간을 확인해 주도록 요청하였다.[4] 서베이에 대한 낮은 응답률에도 불구하고, Manning은 도서관이 Texas Instruments에 절약해주는 전체 금액은 총 959,000달러에 상당하는 것으로 산출하였다. 186,000달러의 운영 예산을 고려하면, 투자 수익률(ROI: return on investment)은 515퍼센트였으며, 편익-비용 비율(benefit-cost ratio)은 5.15:1이었다.

광범위한 연구에서, Jose-Marie Griffiths와 Don King은 정보 서비스들의 표면상의 가치(apparent value)에 초점을 맞추고 있다. 즉 그들은 필요한 정보를 확인하고, 소재를 파악하며, 주문하고, 수령하며, 이용하기 위해 개인이 필요로 하게 될 시간과 노력을 이러한 과업들을 도서관이 수행하는 경우에 소요되는 시간(그리고 따라서 비용)과 비교하는 데 초점을 맞추고 있다.[5] 전형적인 전문도서관은 전문직 직원 당 연간 525달러에서 1,325달러를 지출하고 있다(2005년 달러). 만일 도서관을 없애고 그에 상응하는 정보를 제공

4) Helen Manning. The Corporate Librarian: Great Return on Investment, in James M. Matarazzo et al. (Eds.). *President's Task Force on the Value of the Information Professional.* Final Report. Preliminary Study. Washington, DC: Special Libraries Association, 1987, 23-34.

5) Jose-Marie Griffiths and Donald W. King. *Special Libraries: Increasing the Information Edge.* Washington, DC: Special Libraries Association, 1993.

하기 위해 다른 정보원(情報源)들을 이용한다면, 조직은 도서관을 위해 지출하는 것보다 훨씬 더 많은 지출을 하게 될 것이다(Griffiths와 King은 3:1의 투자 수익률을 보고하고 있다).

Griffiths와 King이 실시한 연구들의 최종적인 결론은 도서관들은 다른 대체안들이 할 수 있는 것보다 더 나은 정보를, 더 신속하고, 더 낮은 비용으로 제공하고 있다는 것이다. 조직내 전문직들의 니즈(needs)에 부응하는 시의적절하고, 질 높은 정보 서비스를 제공함으로써, 도서관은 이러한 개인들의 자질과 적시성(適時性), 생산성을 증진시키고, 궁극적으로는 상위 기관의 성과를 향상시키는 데 도움을 주게 된다.

Griffiths와 King은 전문직들은 저널 논문과 책, 내부 보고서, 그 밖의 문헌들을 읽는 데 상당한 양의 시간을 들인다고 보고하고 있다(전문직들은 연간 평균 198건의 독서를 하고 있다). 전문직들은 문헌들 — 도서관에서 제공하는 것의 경우도 — 을 입수하고 읽는 데 상당한 양의 시간(연간 평균 288시간)을 들이고 있다. 이러한 독서는 결국 이러한 전문직들로 하여금 특정 작업을 수행하거나, 자신들의 기존 작업을 수정하거나, 비생산적인 작업 라인을 중단시켜야 하는 것을 회피하도록 하는 결과를 가져다 주고 있다.

전문직 직원들은 정보를 입수하고, 검토하며, 분석하는 데 일주일에 평균 9.5시간을 들이고 있다.[6] 이것은 그들이 매주 근무하면서 들어가는 시간의 약 4분의 1로, 직장에서 보내는 시간의 상당 부분을 소모하는 것이다. 이 동일한 전문직들은 도서관에서 정보를 받는 것의 가치를 스스로 문헌들을 입수하는 것과는 대조적으로 추정하고 있다. 평균적으로, 투자 수익률의 범위는 7.8:1에서 14.2:1까지 다양하였다.

Gwen Harris와 Joanne Marshall은 비용-편익 분석을 준비하였는데, 이 분석에서는 다른 정보원들로부터 정보를 찾기 위해 들여야 하는 시간 및 에너지와 비교하여, 도서관의 최신 정보 주지 속보(current awareness bulletin)를 읽음으로써 절약되는 시간(그리고 그에 따른 자금)의 가치를 확인하는

---

6) Mary Corcoran and Anthea Stratigos. *Knowledge Management: It's All About Behavior, Information About Information Briefing*. Burlingame, CA: Outsell, January 2001.

접근법을 이용하여 이러한 속보를 조사하였다. 그들은 편익-비용 비율(benefit-cost ratio)이 9:1에 달한다는 사실을 밝혀냈다.[7] 최신 정보 주지 속보를 읽은 사람들은 자신들이 시간을 절약한다고 느꼈으며, 또한 일들을 수행하는 새로운 방식을 소개받고 있고, 노력의 중복을 피하며, 개인의 생산성을 증진시키고 있다고 생각하고 있었다.

개인의 생산성을 개선시키는 긍정적 영향에는 Marshall이 지적하고 있는 것과 같은 다른 면이 존재한다.[8] 적절한 정보가 없으면, 개인은 자기 시간의 손실(낭비)이나 다른 사람의 시간의 손실을 경험할 수 있다. 시간이나 주목(attention)의 지출은 정보 교환의 통화(currency)가 된다. 활용할 수 있는 풍부한 양의 정보에 관련된 주목의 희소성은 Warren Thorngate에 따르면, 주목 경제(attention economy)를 준비해준다.[9]

지속적으로 증가하는 정보량은 정보라는 밀을 껍질로부터 분리해내기 위해 개발된 기준이 문제가 있을 수 있다는 것을 의미한다. 정보를 추구할 때, 우리는 두 종류의 오류, 즉 위임 오류(error of commission)(거의 또는 전혀 가치가 없는 어떤 것을 읽는 것)와 누락 오류(error of omission)(간과해서는 안 되는 어떤 것을 간과하는 것)를 범할 가능성이 있다. 가치 있는 논문과 보고서 등에서 이루어지는 표본 추출의 비율을 계속적으로 줄여나가는 것은 통찰력을 제공해주고, 문제점을 해결해주며, 리서치를 위한 새로운 방향을 제시해주는 등의 역할을 하게 될 것들을 간과하게 될 수도 있음을 의미한다.

(3) 자 금

도서관과 그 정보 서비스들의 비용 측면들을 확인하기 위한 두 가지 접근법, 즉 정보 서비스의 (1) 상대적 가치(relative value)와 (2) 간접 가치(consequential value)를 확인하는 것을 활용할 수 있다.

---

7) Gwen Harris and Joanne G. Marshall. Building a Model Business Case: Current Awareness Service in a Special Library. *Special Libraries,* 87 (2), Summer 1996, 181-94.

8) Joanne Gard Marshall. *The Impact of the Special Library on Corporate Decision-Making.* Washington, DC: Special Libraries Association, 1993.

9) Warren Thorngate. On Paying Attention, in William J. Baker, Leendert P. Mos, Hans V. Rappard, and Henderikus J. Starn (Eds.). *Recent Trends in Theoretical Psychology.* New York: Springer-Verlag, 1987, 247-63.

상대적 가치 접근법은 도서관 서비스를 제공하는 명목 비용(nominal cost)과 비교하여 대체 정보원들을 이용하기 위한 비용을 확인하고자 노력한다. Griffiths와 King에 따르면, 도서관을 가지고 있지 않은 조직은 평균적으로, 도서관을 가지고 있는 조직에 비해 정보 서비스들을 얻기 위해 다음과 같이 전문직 당 연간 세 배 더 많은 비용이 들어가게 될 것이라고 한다(2005년 달러).

• 도서관을 가지고 있지 않은 조직	$6,588
• 도서관을 가지고 있는 조직	$1,408

이러한 다양한 서베이에서 얻은 정보를 이용하여, Griffiths와 King은 고객을 대신하여 도서관이 특정 도서관 서비스를 수행하는 경우에 그 서비스의 가치를 밝혀낼 수 있었다. 이 추정 가치(estimated value) 접근법은 각 서비스 트랜잭션은 조직을 위해 진정한 "절약"을 가져온다는 가정을 바탕으로 하고 있다. 하지만 분명히 항상 그런 것은 아니다. 그러나 이 접근법은 도서관장이 조직의 경영팀과 도서관의 가치를 논할 때 효과적인 시작점이 될 수 있다.

두 번째 접근법은 도서관과 그 정보 서비스들을 이용하는 것이 갖는 **간접 가치**(consequential value)를 확인하는 것이다. 이 접근법은 도서관 고객(이용자)에게 각 정보 서비스 트랜잭션(또는 트랜잭션들의 표본)의 재정적 영향이 무엇인가를 묻는 것이다. 표본을 사용할 것인지의 여부는 도서관 내의 활동량을 바탕으로 하게 될 것이다(수백 개의 표본 크기가 바람직할 것이다). 상반 관계(trade-off)는 각 정보 트랜잭션의 말미에 또는 표본에 대해서만 고객에게 묻는 것을 포함한다(표본을 이용할 때는 있을 수도 있는 성가신 요인이 줄어들게 된다).

몇몇 도서관들에서는 약 일주일을 기다린 다음 서베이에 응답한 개인에게 전화로 연락을 한다. 세베이 질문들은 반복된다. 어느 경우에는, 개인이 처음에는 간과했던 정보 서비스의 이용을 통해 생겨나게 될 어떤 추가의 편익들에 대해 생각할 수도 있다. 별법(別法)으로, 도서관이나 정보 센터의 유용성에 관한 데이터는 연차 서베이(annual survey)를 이용하여 얻을 수 있을 것이다. 연차 서베이의 단점은 그것이 고객들에게 의존하여 지난 해 동안의 도서관의 영향에 관한 추정을 하도록 하며, 이러한 추정치들은 보수적인 입장에 놓이게 될 가능성이 있다는 사실이다.

일단 재정적인 영향에 관한 데이터가 수집되면, 비용-편익 분석을 준비할 수 있다. 한편으로는 도서관을 이용하여 얻어지는 편익들이 고객들에 의해 확인된다(편익들을 수량화한다). 다른 한편으로는, 도서관 서비스들을 제공하기 위한 비용들은 아주 잘 알려져 있다(조직에 대한 간접비 및 제비용을 확인하기 위해 도서관의 예산을 이용하고 활동 기준 원가 분석(activity based cost analysis)을 준비하면서).[10] 비용-편익 분석을 통해 도서관은 도서관의 투자 수익률(ROI: return on investment)의 추정치를 준비할 수 있다.

Frank Portugal은 비용-편익 분석을 준비할 때는 두 가지 변동이 수반될 수 있다고 주장하고 있다. 첫 번째 접근법은 절약의 형식으로 모든 재정적 편익들의 총계를 내고 결과를 보고한다. 두 번째 접근법은 절약의 형식으로 모든 재정적 편익들의 총계를 내고 아울러 정보 서비스를 이용하는 결과로 발생할 수도 있는 손실들의 추정치도 포함시키는 것이다.

어떤 선택안을 선정하는가에 따라, 비용-편익 비율의 범위는 28:1에서 18.8:1까지 다양해질 것이다. 분명히 양 선택안 모두 서비스의 결과로 실제 배당을 제공하고 있음을 실증하고 있으며, 따라서 도서관을 간접 비용으로 간주해서는 안 된다.

Griffiths와 King은 독서를 통해 얻어지는 정보의 적용을 통해 생겨나는 절약에 대해 연구하였다. 그들은 세 개 산업들에 걸쳐 리서치를 실행하여 편익의 범위가 2.6:1에서 17:1까지 다양하다는 사실을 발견하였다.

그 밖의 연구들에서는 유사한 결과들을 보고하고 있다. Leigh Estabrook는 문헌 배달(document delivery) 연구들에 대한 분석에서, 편익의 범위는 지출되는 매 1달러마다 2달러에서 48달러까지 다양하게 절약된다는 사실을 밝혀냈다.[11] 비용-편익 연구들에 대한 초창기의 리뷰에서, Manning은 약 5:1의 절약 대 비용 비율을 보고하였다.[12] 그리고 Michael Koenig는 비용-

---

10) Alison M. Keyes. The Value of the Special Library: Review and Analysis. *Special Libraries*, 86 (3), Summer 1995, 172-87.

11) Leigh Estabrook. Valuing a Document Delivery System. *Research Quarterly*, 27 (1), Fall 1986, 59-62.

편익 방법론을 리뷰한 논문에서, 2.5:1에서 26:1의 편익 대 비용 범위를 갖는 다수의 연구들을 확인하였다. Koenig는 보수적 접근법을 제시하였는데, 가치 비율을 2:1로 요약하였다.[13]

관련 정보를 확인하고 입수하기 위한 전문직의 시간을 해소해주는 것은 조직에 상당히 유익한 영향을 미칠 수 있다. 아홉 개 기업들에 대한 한 서베이에서는 전문직들이 받은 정보의 가치를 수량화할 수 있다는 사실을 밝혀냈다 — 그 가치의 범위는 사용한 문헌 당 2,500달러에서 15,000달러까지 다양하였다.[14]

자금을 절약하는 것 이외에도, 도서관에서 제공하는 정보는 추가 수익들(기존 제품과 서비스로부터 기존 고객들에 이르는 수익 및 신규 고객들의 유치와 보유를 통한 수익)의 원동력이 되고, 새 제품과 서비스의 개발을 유도하며, 제품/서비스 개발 라이프사이클을 단축시키는 등의 역할을 할 수 있을 것이다.[15] 미국 교통부(Department of Transportation)에서는 좋은 정보는 비용을 줄여주고, 시간을 절약해주며, 의사 결정을 개선시켜 주고, 고객 만족을 높여준다는 사실을 실증해주는 연구를 발표하였다.[16]

적절한 정보에 대한 철저한 탐색을 실행하는 데 실패하게 되면 정보를 알고 있었더라면 지출하지 않았을 자금들의 상당한 지출을 유발할 수 있다. 잉글랜드에서 이루어진 서베이에서는 10 내지 20퍼센트의 리서치가 의도와 관계없이 중복되고 있으며, 이 때문에 1962년 당시에 영국 회사들은 6백만 파운드에서 1천2백만 파운드에 이르는 비용을 지출하고 있는 것으로 추정하였다.[17] 이 서베이에서는 다음과 같은 예들을 밝혀내고 있다.

---

12) Helen Manning. The Corporate Librarian: Great Return on Investment, in *President's Task Force on the Value of the Information Professional*. Washington, DC: Special Libraries Association, 1987.

13) Michael Koening. The Importance of Information Services for Productivity "Under-Recognized" and Under-Invested. *Special Libraries,* 83 (3), Fall 1992, 199-210.

14) Margareta Nelke. Swedish Corporations Value Information. *Information Outlook*, 3 (2), February 1999, 10.

15) 전문도서관의 경제적 가치에 대한 더 상세한 논의에 대해서는 다음 자료를 보라. Joseph R. Matthews. *The Bottom Line: Determining and Communicating the Value of Special Libraries*. Westport, CT: Libraries Unlimited, 2002.

16) Susan C. Dresley and Annalynn Lacombe. *Value of Information and Information Services*. Cambridge, MA: U.S. Department of Transportation, Volpe National Transportation Systems Center, October 1998.

17) John Martyn. Unintentional Duplication of Research. *New Scientist*, 377, 1968, 338.

- 정보의 때늦은 발견을 이전에 알고 있었더라면, 시간이나 자금, 리서치 작업을 절약해주었을 경우(43퍼센트)
- 정보의 때늦은 발견이 실제로, 리서치 계획의 변경을 초래한 경우(25퍼센트)
- 정보의 때늦은 발견이 본의 아니게 다른 작업과 중복되고 있음을 밝혀주는 경우(18퍼센트)
- 정보의 때늦은 발견을 이전에 알고 있었더라면, 다른 리서치 계획을 추진했었을 경우(15퍼센트)

영국 특허청(Patent Office)에 의해 이루어진 더 최근의 연구에서는 이전의 연구 개발 결과들을 조사하는 회사들이 거의 없다는 사실을 밝혀냈다. 나아가 영국 특허청에서는 응용의 약 3분의 1이 이미 특허를 얻고 있었으며 따라서 노력들이 중복되고 있었다는 사실을 발견하였다. 이러한 노력의 중복 때문에 1998년 당시 EU(European Union)에서 한해에 2백억 파운드의 비용을 지출하는 것으로 추정되었다.[18)]

18.2. 고객 가치 모델

Guillaume Van Moorsel은 고객 가치 모델(client value model)을 만들어낼 것을 제안하고 있는데, 이것은 도서관과 그 고객들을 위해 공통의 "가치 어휘"(value vocabulary)를 설정하고, 그렇게 함으로써 도서관 제품 및 서비스 제공물들에 관한 기획 의사 결정을 내리기 위한 토대를 구축해주게 된다.[19)] 각 대체안을 평가하기 위해 이용할 수 있는 대체 제품들이나 서비스 제공물들에 대한 상대적 가치 지표(relative value index)가 만들어지고 있다.

18) Patent Omission Costs 20b. *Professional Engineering*, 11 (11), June 10, 1998, 12.

19) Guillaume Van Moorsel. Client Value Models Providing a Framework for Rational Library Planning (or, Phrasing the Answer in the Form of a Question). *Medical Reference Services Quarterly*, 24 (2), Summer 2005, 25-40.

18.3. 조건부 가치 측정법

공공도서관과 같은 공공재(public goods)의 가치를 평가하기 위한 방법에는 두 가지가 있다. 즉 현시(顯示)된 선호도를 바탕으로 하는 방법(revealed preference method)과 진술된 선호도를 바탕으로 하는 방법이 그것이다. 진술 선호 기법(stated preference method)은 이용 가치 뿐만 아니라 비이용 가치도 파악하게 될 것이다. **조건부 가치 측정법**(CVM: contingent valuation method)은 노벨상을 수상한 바 있는 경제학자 Kenneth Arrow와 Robert Solow에 의해 개발되었는데, 이 방법은 비시장적 재화와 서비스의 가치를 평가하기 위해 서베이를 이용한다. 응답자에게는 서비스와 서비스의 현재의 양과 질, 양이나 질의 예상되는 변화에 대한 설명을 제시해준다. 타당성을 갖도록 하기 위해, 조건부 가치 측정은 이기심의 추구를 넘어서는 가치 측정 동기들을 통합할 수 있어야 하며, 합리성의 가정을 위배해서는 안 된다. 그러고 나서 응답자에게는 자신의 최대 지불 의사액(WTP: willingness to pay)의 측면에서 제안된 변경의 가치를 진술해 주도록 요청한다. 수취 용의액(WTA: willingness to accept) 접근법에서는, 응답자들에게 자신들이 이미 가지고 있는 어떤 것을 포기하기 위해 얼마를 수취할 것인지를 묻게 된다.

조건부 가치 측정법의 강점은 그 직접성에 있다. 조건부 가치 측정은 50건이 넘는 문화 연구에 응용되고 있는데, 여기에는 문화 및 국가 유산과 박물관, 극장, 예술품 및 회화 작품, 도서관 등에 대한 가치 평가가 포함된다.[20] 또 한 연구에서는 이 기법을 서로 다른 맥락에서 적용한 40개가 넘는 나라의 2,000건이 넘는 논문과 연구를 조사하였다.[21]

이상적으로는 두 가지 조건부 가치 측정법, 즉 지불 의사액(WTP)과 수취 용의액(WTA)이 편익에 대한 유사한 추정치들을 제공하게 될 것이다. 그러나 수취 용의액 기법이 일반적으로 최고의 편익 추정치들을 제공하게 될

20) D. Noonan. Contingent *Valuation Studies in the Arts and Culture: An Annotated Bibliography*. Chicago: The Cultural Policy Center at the University of Chicago, 2002. Available at http://culturalpolicy.uchicago.edulpublications.html.

21) Richard T. Carson, Jennifer L. Wright, N. J. Carson, A. Alberini, and Nicholas E. Flores. *A Bibliography of Contingent Value Papers and Studies*. La Jolla, CA: Natural Resource Damage Assessment, 1995.

것이다. 왜냐하면 응답자들은 일반적으로 직접적인 편익들뿐만 아니라 사회적 또는 집단적 편익들(collective benefits)을 포함시키기 때문이다. 지불의사액 접근법은 더 보수적인 추정치를 제공해준다. 왜냐하면 어떤 응답자들은 사회의 다른 어떤 사람들은 서비스를 지지하지 않는다고 하더라도 그에 대한 자금 지원을 할 것이라고 추정하기 때문이다. 즉 "무임 승차자의 문제점" (free rider problem)이 발생하는 것이다. 이하에서는 몇몇 도서관에서 완료된 조건부 가치 측정 연구들에 대해 살펴보고자 한다.

18.3.1. 미국 세인트루이스 공공도서관

St. Louis Public Library에서는 1999년에 IMLS(Institute of Museums and Library Services)의 자금 지원을 받은 프로젝트의 일부로서 비용-편익 비율을 결정하기 위해 두 가지 조건부 가치 측정법을 사용하였다. 첫 번째 접근법에서는 도서관 카드 소지자들의 무작위 표본에게 당시에 존재하고 있던 도서관 서비스를 향유하기 위해 얼마를 조세에서 지불하고자 하는 의사를 가지고 있는지 물었다. 응답자들은 도서관의 예산과 동일한 비율, 즉 1:1의 비율로 지불할 의사를 가지고 있음을 밝히고 있다.[22)]

두 번째 접근법인 수취 용의액 방법에서는 도서관 시스템이 문을 닫고자 한다면 줄어드는 세금 청구서의 측면에서 응답자들이 얼마를 수취하게 될 것인지 물었다. 응답자들은 수취하게 될 평균 금액은 7달러 삭감이 될 것이라고 밝히고 있다. 그러나 응답자들의 88퍼센트는 그 질문에 대한 답변을 거부하고, 도서관은 너무나 가치가 있기 때문에 또는 너무나 중요하기 때문에 폐관을 고려할 수 없으며, 지역 사회와 그 어린이들은 공공도서관을 필요로 한다고 지적하였다. 수취 용의액 방법을 사용한 최종 결과는 편익 대 비용 비율이 7:1이었다. 그러나 이 비율의 이용은 응답자들이 제시한 가치들

22) Glen E. Holt and Donald Elliott. Proving Your Library's Worth: A Test Case. *Library Journal* 123 (18), November 1998, 42-44; Glen E. Holt, Donald Elliott, and Christopher Dussold. A Framework for Evaluating Public Investment in Urban Libraries. *The Bottom Line*, 9 (4), Summer 1996, 4-13; Glen E. Holt, Donald Elliott, and Amonia Moore. Placing a Value on Public Library Services. A St. Louis Case Study. *Public Libraries*, 38 (2), March-April 1999, 98+.

에 대한 낮은 응답률을 놓고 볼 때 신중하게 고려해야 한다.

응답자들의 기대와 공공도서관을 이용하는 이유, 공공도서관의 이전 이용 경험은 도서관 서비스들의 가치에 대한 그들의 어세스먼트의 상당 부분을 결정하게 될 것이다.

18.3.2. 미국 피닉스 공공도서관

2001년에 Phoenix Public Library에서는 도서관 서비스들이 그 시민들에게 주는 편익들을 추정하기 위한 프로젝트에 참여하였다. 도서관 카드 소지자들의 무작위 표본을 이용하여 전화 면담이 실시되었는데, 그들에게는 이미 누리고 있는 도서관 특권들을 향유하기 위해 세금에서 얼마를 지불할 의사가 있는지 물었다. 또한 응답자들에게는 모든 공공도서관들을 폐관하는 대신 얼마의 세금 삭감을 수취할 것인지 물었다.[23)]

아울러 교사들의 표본에 대해 Phoenix Public Library가 존재하지 않는다면 동일한 질의 교육을 제공하기 위해 학교 교육 예산을 얼마나 증액해야 하는지 물었다. 유사하게, 기업들에게는 도서관의 서비스들을 더 이상 이용할 수 없다면, 다시 "전체"가 되도록 하기 위해 기업들은 얼마를 보상해야 하는지 물었다. 총 516명의 개인들을 면담하였다.

지불 의사액(WTP) 접근법에서는 248,044,585달러의 편익을 추정한 반면, 수취 용의액(WTA) 접근법에서는 1,255,099,086달러라는 훨씬 더 많은 추정 편익을 산출하였다. 면담한 가정주부들의 80퍼센트 이상이 수취 용의액 질문에 답변하기를 거부했기 때문에, 이 수치를 사용할 때는 유의해야 한다. 24,470,084달러의 도서관 연간 예산을 고려하면, 지불 의사액 접근법을 이용한 편익 대 비용 비율은 10.1:1이다. 수취 용의액 방법은 51.2:1이라는 훨씬 더 높은 비율을 산출하고 있다.

이 연구에서는 또한 소비자 잉여(consumer surplus) 방법은 물론 자본 자산에 대한 수익률(return to capital assets)을 산출하는 방법을 이용하였는데, 이 방법들에 대해서는 이 장의 뒷부분에서 살펴보고자 한다. 전반적으

23) Donald Elliott. *Cost-Benefit Analysis of Phoenix Public Library*. Phoenix: Phoenix Public Library, April 2001.

로, 이 연구에서는 Phoenix Public Library의 이용자들은 2억5천만 달러에서 4억 달러의 편익을 받는 것으로 나타났다. 도서관 예산의 1달러 당 그 고객들은 10달러가 넘는 편익을 받고 있었다. 그리고 도서관은 대략 1억5천만 달러의 가치를 갖는 물리적 자산들을 보유하고 있는데, 이것은 매년 150퍼센트의 수익률을 제공하고 있다.

18.3.3. 영국 도서관

2004년에 British Library는 국가 경제에 대한 도서관의 기여를 밝혀내기 위해 연구를 의뢰하였다. 이 연구에서는 도서관 이용을 통해 생겨나는 직접적 및 간접적 편익들을 알아내기 위해 조건부 가치 측정법을 이용하였다. 2,000명이 넘는 사람들을 면담하였다. 이 연구에서는 British Library가 매년 받고 있는 공공 기금(public funding) 1파운드 당 4.40파운드가 영국 경제를 위해 산출된다는 사실을 밝혀냈다. 그리고 British Library가 존재하지 않는다면, 영국은 일년에 2억8천만 파운드의 경제적 가치를 상실하게 될 것이다.[24)]

18.3.4. 노르웨이

한 조건부 가치 측정 연구가 999명의 개인에 대한 전화 서베이를 이용하여 노르웨이(Norway) 전역에 걸쳐 실행되었다. 표본은 노르웨이 전체 모집단의 특성들을 반영하였다. 이 연구는 응답자들에게 공공도서관을 이용하기 위한 동기들에 대해 가치 — 직접, 간접, 비이용자 가치 — 를 부여하도록 요청했다는 점에서 독특성을 가지고 있다.

결과들은 직접 이용이 응답자들 사이에서 가장 높은 가치를 가지고 있는 것으로 밝히고 있다(40퍼센트). 때로는 잠재적 이용 가치(potential use

---

24) Spectrum Strategy Consultants and Independent. *Measuring Our Value*. London: The British Library, 2004. Available at http://www.bl.uk/about/valueconf/valuepresentations.html; Caroline Pung, Ann Clarke, and Laurie Patten. Measuring the Economic Impact of the British Library. *New Review of Academic Librarianship*, 10 (1), 2004, 79-102; Gary Warnaby and Jill Fenney. Creating Customer Value in the Not-for-profit Sector: A Case Study of the British Library. *International Journal of Nonprofit Voluntary Sector Marketing*, 10, 2005, 183-95.

value)라고도 불리는, 필요성이 생기면 공공도서관을 이용할 선택권을 갖는 가치가 두 번째 높은 가치였다(20퍼센트). 응답자나 그 가족이 아닌, 지역 사회의 다른 사람들을 위한 이타적 동기 가치와 그들의 공공도서관 이용이 세 번째 높은 가치였다(17퍼센트). 다른 모든 선택권을 이타적 가치에 더하면 비이용 가치들의 총 40퍼센트를 제시하게 된다.[25] 비이용 가치의 중요성은 대다수의 응답자들이 공공도서관의 사회적 편익을 인정하고 가치를 평가하며 직접적인 이기심보다 더 광범위한 시각에서 도서관을 지지하게 될 것이라는 사실을 보여준다. 흥미롭게도, 고학력의 적은 어린이를 둔 가정주부들이 이타적 가치나 비이용 가치에 더 큰 비중을 둘 가능성이 더 높다. 나아가 노르웨이 국민들의 약 94퍼센트는 지역 도서관에 대한 재산권을 가지고 있다는 사실을 지각하고 있다. 또한 수취 용의액(WTA) 방법을 이용했을 때, 비용-편익 비율은 1:4로 보고되었다.[26]

18.3.5. 특정의 도서관 서비스

조건부 가치 측정법은 또한 특정의 도서관 서비스를 평가하기 위해서도 이용되고 있다. 예를 들면, David Harless와 Frank Allen은 고객들이 학술도서관의 참고 서비스에 부여하는 경제적 가치를 추정하기 위해 이 방법을 이용하였다. Virginia Commonwealth University 도서관에서 실시된 이 연구에서는 382명의 학생들과 교원을 서베이하여, 학생들은 참고 데스크에서 제공되는 현행의 시간을 유지하기 위해 학기 당 5.59달러를 지불할 의사를 가지고 있다는 사실을 밝혀냈다. 교원들은 현행의 시간을 유지하기 위해 연간 45.76달러를 지불할 의사가 있다고 밝히고 있다. 참고 서비스 제공 비용을 추정한 후에, 저자들은 편익 대 비용의 비율이 3.5:1이라고 결론짓고 있다.[27]

---

25) Svanhild Aabo and Jon Strand. Public Library Valuation, Nonuse Values, and Altruistic Motiiations. *Library & Information Science Research*, 26, 2004, 351-72. 다음 자료도 보라. Svanhild Aabo and Ragnar Audunson. Rational Choice and Valuation of Public Libraries: Can Economic Models for Evaluating Non-Market Goods Be Applied to Public Libraries? *Journal of Librarianship and Information Science*, 34 (1), March 2002, 5-15; Svanhild Aabo. Valuation of Public Libraries, in Carl Gustav Johannsen and LeifKajberg (Eds.). *New Frontiers in Public library Research*. Lanham, MD: Scarecrow Press, 2005.

26) Svanhild Aabo. Are Public Libraries Worth Their Price? *New Library World*, 106 (11112), 2005, 487-95.

Donald King과 그 동료들은 University of Pittsburgh에서 조건부 가치 측정 방법론을 이용하여, 서베이 응답자들에게 도서관의 저널 장서를 이용할 수 없을 경우에 도서관 장서에서 현재 받고 있는 정보를 입수하기 위해 얼마나 많은 시간과 자금이 들어가게 될 것인지를 물었다. 이 연구에서는 도서관의 저널 장서 — 물리적 장서 및 전자 장서 — 를 이용할 수 없을 경우, 교원은 원하는 논문들을 찾아내기 위한 대체 정보원들을 이용하기 위해 추가로 250,000시간과 약 210만 달러를 들이게 될 것이라는 사실을 밝혀냈다.[28] 추가 분석에서는 대학에 대해 도서관의 저널 장서가 갖는 전체 가치는 1,161만 달러의 순가치에 대해, 343만 달러의 장서 개발 및 유지 비용을 제하고 1,348만 달러라는 사실을 제시하였다. 따라서 편익 대 비용 비율은 4.38:1이다.

18.4. 소비자 잉여

소비자 잉여(consumer surplus)는 소비자들이 재화나 서비스를 얻기 위해 지불해야 하는 것을 초과하여 재화나 서비스에 부여하는 가치를 밝혀내기 위해 경제학자들이 이용되고 있다. 도서관 서비스는 무료이지만, 고객들은 공공도서관을 이용하기 위해 시간과 직접적인 교통비의 형식으로 대가를 지불한다. 도서관을 이용하기 위한 이러한 노력은 고객에 대한 잠재 가격(implicit price)이나 트랜잭션 비용(거래 비용)에 해당한다. 거의 모든 도서관 서비스

27) David W. Harless and Frank R. Allen. Using the Contingent Valuation Method to Measure Patron Benefits of Reference Desk Service in an Academic Library. *College & Research Libraries*, January 1999, 56-69.

28) Donald W. King, Sarah Aerni, Fern Brody, Matt Hebison, and Amy Knapp. *The Use and Outcomes of University Library Print and Electronic Collections*. Pittsburgh: University of Pittsburgh, Sara Fine Institute for Interpersonal Behavior and Technology, April 2004; Donald W. King, Sarah Aerni, Fern Brody, Matt Hebison, and Paul Kohberger. *Comparative Cost of the University of Pittsburgh Electronic and Print Library Collections*. Pittsburgh: University of Pittsburgh, Sara Fine Institute for Interpersonal Behavior and Technology, May 2004. 다음 자료들도 보라. Roger C. Schonfeld, Donald W. King, Ann Okerson, and Eileen Gifford Fenton. Library Periodicals Expenses: Comparison of Non-Subscription Costs of Print and Electronic Formats on a Life-Cycle Basis. *D-Lib Magazine*, 10 (1), January 2004. Available at http://www.dlib.org/dlib/january04/schonfeld/0lschonfeld.html; Donald W. King, Carol Tenopir, Carol Hansen Montgomery, and Sarah E. Aerni. Patterns of Journal Use by Faculty at Three Diverse Universities. *D-Lib Magazine*, 9 (10), October 2003. Available at http://www.dlib.org/dlib/october03Iking/l0king.html.

들에 대한 많은 대체 서비스를 시장에서 이용할 수 있기 때문에, 시장에서 얻게 되는 대체 서비스의 가격과 그 트랜잭션 비용을 밝혀낼 수 있다.

소비자 잉여 서베이를 실행할 때, 응답자들에게는 예를 들면, 도서관에서 빌리는 책의 수와 구입하는 책의 수, 도서관에서 빌릴 수 없었으면 구입했을 추가의 책의 수에 관해 묻는다. 빌린 책의 수와 구입한 책의 수를 비교하면, 도서관 이용자가 대출 특권(borrowing privileges)에 대해 부여하는 가치를 산정할 수 있다. 그와 같은 추정치들은 서베이하는 각 이용자가 이용하는 각 도서관 서비스에 대해서도 산정할 수 있다. 그런 다음 이러한 추정치 전체를 합산하여 돈으로 측정되는 모든 도서관 이용자들에 대한 연간 총 직접 편익들(total direct annual benefits)의 추정치를 제공하게 된다.

소비자 잉여 방법을 이용하여, Phoenix Public Library를 대신하여 실시된 일반 이용자들과 교사, 비즈니스 종사자에 대한 서베이에서는 추정된 총 편익들이 400,724,998달러라는 사실을 밝혀냈다. 그 결과로 보면 편익 대 비용 비율은 16:1이다.

18.4.1. 미국 플로리다 주

Florida의 공공도서관들에 대한 연구에서는, 서베이 참가자들에게 개개 도서관 프로그램들과 서비스들이 자신들에게 갖는 가치를 달러로 환산하여 표시해주도록 요청하였다. 연구팀에서는 각 서비스에 대한 평균 소매 가격을 도출함으로써 전반적인 이용자 편익들을 산출하였다. 그런 다음 각 서비스에 대한 가치를 합산하여 도서관 이용자들이 받는 총편익들을 도출하였다. 조세로 투자된 달러 당 산정된 투자 수익률(ROI: return on investment)은 6.27달러였다.[29)]

Florida 공공도서관들의 경제적 기여와 납세자 투자 수익률에 대한 포괄적인 연구가 2004년에 실행되었다. 이 연구에서는 조건부 가치 측정법과 경

29) Charles McClure, Bruce Fraser, Timothy W. Nelson, and Jane B. Robbins. *Economic Benefits and Impacts from Public Libraries in the State of Florida*. Tallahassee: Florida State University, Information Use Management and Policy Institute, January 2001. Available at http://dlis.dos.state.fl.us/bld/finalreport/.

제적 영향 분석을 둘 모두 이용하였는데, 주 전역에 걸친 성인들에 대한 전화 서베이, 성인들에 대한 관내 이용자 서베이, 도서관들에 대한 사후 추적 서베이(follow-up survey), 학교와 기업 등의 조직들에 대한 서베이를 통해 수집한 데이터를 이용하였다. 이 서베이에서는 레크리에이션 및 오락적인 이유 때문에 자료들을 빌리는 것 이외에도, 성인들은 다음과 같은 세 가지 이유로 공공도서관을 이용한다는 사실을 밝혀냈다.

- **개인이나 가족의 니즈**(needs). 일자리 찾기, 건강 관련 이슈, 소비자 구입 등.
- **교육적 니즈**. 학생, 교사, 홈스쿨링, 평생 학습.
- **업무 관련 목적**. 기업과 학교, 대학, 비영리 조직, 정부 기관, 병원에 대한 기여.

이 연구에서는 2004년에 이루어진 Florida 공공도서관들에 대한 투자는 4억4천9백만 달러였으며 경제적 수익은 29억 달러에 상당하여, 6.54 대 1의 전반적인 투자 수익률을 낸 것으로 밝히고 있다.[30)]

Florida 공공도서관들의 이용 가능성 측면에서 주(州)에 가져다 준 편익은 23억 달러로, 이것은 공공도서관들이 존재하지 않을 경우에 대체안들을 이용하기 위한 총비용으로 측정하였다. Florida 전체 공공도서관들을 위한 연간 예산이 4억4천9백만 달러라는 사실을 고려하면, 그 결과로 나타나는 편익 대 비용 비율은 5.2:1이 된다.

Bruce Fraser 등에 의해 보고된 바 있는, 1,991명의 Florida 공공도서관 고객들에 대한 이전의 서베이에서는 상당수의 응답자들이 도서관은 고객들의 재정적인 행복에 기여하고, 지역의 기업들에게 편익을 제공하며, 지방 및 주 지역 사회의 번영에 기여한다고 느끼고 있다는 사실을 밝혀냈다.[31)] 이 서베이에서는 응답자들에게 지각된 재정적 편익들의 가치를 확인해 주도록 요청하지 않았다는 사실에 유의하라.

---

30) Jose-Marie Griffiths, Donald W. King, and Christinger Tomer. *Taxpayers Return on-Investment(ROI) in Florida Public Libraries. Part I: The Use, Impact and Value of Florida's Public Libraries-Detailed Study Methods and Summary Results*. Tallahassee: Center for Economic Forecasting and Analysis, Florida State University, August 2004; Tim Lynch and Julie Harrington. *Taxpayers Return-on-Investment (ROI) in Florida Public Libraries. Part II: The Economic Impact and Value of Public Libraries in Florida-The REMI Analysis. Tallahassee:* Center for Economic Forecasting and Analysis, Florida State University, August 2004.

18.4.2. 미국 사우스캐롤라이나 주

South Carolina의 공공도서관들이 갖는 경제적 영향을 밝혀내기 위해 2004년에 한 연구가 실행되었다. 이 연구에서는 주의 공공도서관들에 대한 전체 직접적인 경제적 영향(유통과 참고 서비스의 가치만 산출하였다)은 2억2천2백만 달러인 반면, 실제 서비스 제공 비용은 7천7백50만 달러라는 사실을 밝혀냈다. 이 결과에 의하면 편익 대 비용 비율은 2.86:1이다.

직접적인 경제적 영향을 규명하기 위해 서베이에 의존하기보다는, 이 연구팀은 주립 도서관에 보고된 연간 통계들과 일련의 공식들을 이용하였다. 그 공식들에는 다음과 같은 것들이 포함되어 있다.

- **도서**. 아이템 당 10달러 또는 5달러의 하드커버 및 판매용 페이퍼백의 평균 가격의 50퍼센트는 "(어린이용 도서 총대출 + 성인용 도서 총대출)×5달러"가 된다.
- **비도서 자료**. 테이프 카세트와 CD, VHS 카세트의 평균 가격의 25퍼센트는 "(어린이용 비도서 자료 총대출 + 성인용 비도서 자료 총대출)×8.76달러"가 된다.
- **잡지와 신문**. "잡지 및 신문의 평균 구독료(200달러)×유지중인 구독 수"
- **참고 질문들**. 이용자가 답변을 얻는 데 30분을 소비하고, South Carolina의 시간 당 임금의 중앙값은 12달러이며, 참고 트랜잭션 당 6달러의 가치가 있을 것이라는 추정을 사용하였다. 이 결과로 만들어진 공식은 "총 참고 트랜잭션×6달러"이다.
- **자료들의 관내 이용**. 연구팀은 방문자는 도서관에서 평균 30분을 보내는 것으로 추정하고, 각 방문자 당 2.43달러의 보수적인 추정치를 사용하였다. 이 결과로 만들어진 공식은 "자료들의 관내 총 이용×2.43"이다.

공공도서관 지출 — 임금, 용품(소모품), 새로운 자료, 건축 등 — 이 갖는

31) Bruce T. Fraser, Timothy W. Nelson, and Charles R. McClure. Describing the Economic Impacts and Benefits of Florida Public Libraries: Findings and Methodological Applications for Future Work. *Library & Information Science Research*, 24, 2002, 211-33.

간접적인 경제적 영향은 거의 1억2천6백만 달러에 달하였다. 이 간접적인 편익들은 1.62:1의 편익 대 비용 비율을 제공하고 있다. 따라서 전체 직접 및 간접 투자 수익률은 사우스캐롤라이나 공공도서관들이 소비한 매 달러당 4.48달러이며, 따라서 편익 대 비용 비율은 4.48:1이다.[32]

18.4.3. 영국의 공공도서관

입수할 수 있는 통계 데이터를 분석하여, 한 연구팀에서는 영국의 공공도서관들은 제공하기 위해 들어간 비용보다 9천8백만 파운드 더 많은 가치 — 13.6퍼센트의 투자 수익률 — 를 생산해낸다고 결론짓고 있다. 도서의 대출과 공공도서관의 주된 이용은 이용자로 하여금 도서를 구입하거나 또는 너무 비싸서 구입할 수 없었을 책들을 읽기 위해 들어가게 될 비용의 극히 일부로 편익을 얻을 수 있도록 해준다. 그러므로 서로 다른 유형의 사람들은 그 교육이나 부, 연령, 개인적 관심에 따라, 복합적인 교육적, 정보적, 문화적, 레크리에이션적 편익들을 만들어내게 된다.[33]

18.5. 간편법

소비자 잉여 방법을 이용하는 전화 서베이나 페이퍼 서베이의 실행에는 분명히 비용과 시간이 들어가게 된다. 서베이 비용을 발생시키지 않고서도 아주 유사한 결과들을 산출해주게 될 간편법들(shortcut methods)을 이용할 수 있다. 도서관의 각 서비스에 대해 지역 사회나 온라인의 다양한 정보원들을 체크함으로써 대용 가격(substitute price)을 결정한다. 〈표 18-1〉은 그와 같은 분석 결과들을 보여주고 있다. 그런 다음 그 가격들을 각 범주에 대한

---

32) David D. Barron, Robert V. Williams, Stephen Bajjaly, Jennifer Arns, and Steven Wilson. *The Economic Impact of Public Libraries on South Carolina*. Columbia: University of South Carolina, School of Library and Information Science, January 2005. Available at http://www.libsci.sc.edu/SCEIS/home.htm.

33) Anne Morris, Margaret Hawkins, and John Sumsion. *The Economic Value of Public Libraries*. London: Resource: The Council for Museums, Archives and Libraries, 2001. 다음 자료도 보라. Anne Morris, John Sumsion, and Margaret Hawkins. The Economic Value of Public Libraries. *Libri*, 52, 2002, 78-87.

산출 측도(output measure) — 연간 유통, 프로그램 참석, 답변을 제공한 참고 질의 수 등 — 와 곱한다.

〈그림 18-1〉에서 볼 수 있는 것처럼, San Diego Public Library에서는,

표 18-1 대용 마켓 서비스의 가격 산정

서비스	대용 서비스	가격(달러)	정보원
어린이 도서(페이퍼백)	서 점	8.00	*Bowker Annual*
성인용 도서(페이퍼백)	서 점	14.00	*Bowker Annual*
비디오/DVD 필름	대 여	4.00	Blockbuster Video
오디오/음악	구 입	13.00	Wal-mart
잡 지	판매점	3.00	지역 판매점
신 문	판매점	1.00	지역 판매점
인 형	교육용품 가게	15.00	지역 교육용품 가게
참고 및 리서치 서비스	정보 브로커	50.00/시간	정보 브로커
특별 이벤트	문화 센터	9.00	지역 문화 센터
공예 및 활동 프로그램	YMCA	1.00/시간	YMCA
특수 기술/에티켓 훈련	YMCA	1.00/시간	YMCA
컴퓨터 서비스	지역 커피숍	무 료	지역 커피숍
성인 교육	공립학교	무 료	공립학교
가족 또는 부모 프로그램	공립학교	무 료	공립학교
스토리텔링 프로그램	지역 서점	무 료	지역 서점
모임 장소	지역 공립학교	무 료	지역 공립학교
백과사전	CD 구입	75.00	*Encarta*
사전 및 연감	지역 서점	10.00	지역 서점

도서관 서비스는 정말로 얼마나 많은 가치가 있는가? 그림 18-1

공공도서관의 비즈니스는 도서와 정보, 관련 자료들을 San Diego 시의 주민들이 무료로, 이용할 수 있도록 그것들을 수집하는 것이다. 우리 고객들이 2001 회계 연도에 이러한 자료와 서비스들을 구입해야 했었다면, 그들은 최소한 160,207,881달러를 지불했었을 것이다. . .

예를 들면 다음과 같다.

- 6,587,872 아이템들(도서, 시청각 자료 등 포함)이 대출되었다. 20달러의 평균 소매가로 볼 때, 이것들에 **131,757,540달러**의 비용이 소요되었을 것이다.
- 1,617,633건의 도서와 정기간행물, 신문이 도서관에서 이용되었지만 체크아웃 되지 않았다. 도서관 이용자가 10달러의 평균 소매가로 이러한 자료들을 구입해야 했다면 이것들에 **16,176,330달러**가 소요되었을 것이다.
- 1,835,706건의 질문들에 대해 도서관 직원에 의해 직접 또는 전화로 답변이 이루어졌다. 도서관 이용자가 각 질의에 대해 2달러를 지불해야 했다면, 비용은 **3,671,412달러**가 되었을 것이다.
- 308,362명의 개인들이 도서관의 IAC 데이터베이스에서 전자 잡지들과 신문들을 이용하였다. 이용자가 각각 5달러로 이 자료들을 구입하거나 접근에 대한 대가를 지불해야 했다면, 이러한 활동들은 **1,541,810달러**의 가치를 갖게 되었을 것이다.
- 536,974명의 개인들이 도서관 워크스테이션에서 인터넷에 등록하고 이를 이용하였다. 이용자가 가각 10달러의 접근 비용을 지불해야 했다면, 이러한 활동들은 **5,369,740달러**의 가치를 갖게 되었을 것이다.
- 154,017명의 개인들이 4,370개 도서관 프로그램들(영화 및 실내악 시리즈 포함)에 참석하였다. 2.50달러의 입장료로 볼 때 이러한 활동들은 **385,034달러**의 가치를 갖게 되었을 것이다.
- 22,400명의 어린이들과 10대들이 여름 독서 프로그램에 등록하였다. 각자 5달러의 등록비를 지불했었다면, 이것에는 **110,200달러**의 비용이 소요되었을 것이다.
- 618명의 리터라시 및 ESL 튜터들이 43,554시간의 튜터링을 839명의 학습자들에게 제공하였다. 시간 당 25달러로 보면, 이 서비스에는 **1,088,850달러**의 비용이 소요되었을 것이다.
- 227명의 학생들이 도서관의 리터라시 컴퓨터 실습실에서 컴퓨터 자원들을 이용하였다. 시간 당 10달러로 보면, 여기에는 **61,700달러**가 소요되었을 것이다.
- 4,853명의 개인들이 월요일 저녁과 일요일 오후에 열리는 영화 시리즈에 참석하였다. 5달러의 입장료로 볼 때, 이러한 활동들은 **24,285달러**의 가치를 갖게 될 것이다.
- 2,100명의 개인들이 중앙도서관의 실내악 시리즈에 참석하였다. 10달러의 입장료로 볼 때, 이러한 활동들은 **21,000달러**의 가치를 갖게 될 것이다.

이러한 것들은 공공도서관이 2001 회계 연도에 제공된 서비스들의 일부에 불과하다. 그 가치는 더 많은 이용자들에게는 160,207,881달러의 추정치보다 훨씬 더 많았다. 그렇지만 2001 회계 연도의 도서관 서비스 전체는 San Diego 시의 납세자에게 불과 27,675,365달러의 비용이 들었다.

편익들이 비용을 6:1만큼 넘어서는 것으로 결론지었다. Miami-Dade Public Library System에서도 유사한 결과들을 지적하고 있는데, 여기에서도 6:1의 편익 대 비용 비율이 나타났다(〈표 18-2〉를 보라). 이 간편법을 이용하여, 도서관은 그 자체의 편익-비용 비율을 산정할 수 있다. 여러분의 도서관의 편익-비용 비율을 결정하고 커뮤니케이션하는 것은 관심을 가지고 있는 자금 지원 이해당사자들은 물론 지역 사회 시민들에게 중요하다.

표 18-2 Miami-Dade Public Library의 예상 투자 수익률, 1998-1999

자료와 서비스	추정 편익($)
4,751,514건의 도서들과 자료들이 대출되었다. 각각 20달러의 평균 소매가로 추정.	95,030,280
4,614,903건의 도서와 정기간행물, 신문들이 도서관에서 이용되었다. 구입되었다면 각각에 대한 평균 소매가는 10달러로 추정.	46,149,030
5,435,095건의 참고 질문들에 대해 도서관 직원이 직접 답변하였다. 각각의 요금은 질의 당 2달러로 추정.	10,870,190
625,292건의 인터넷 세션들. 세션 접속 당 2달러의 사용료로 추정.	1,250,584
420,581명의 개인들이 8,546개 프로그램 및 전시회에 참석하였다. 2달러의 입장료로 추정.	841,162
19,000명의 어린이들과 10대들이 시장(市長) 주최 여름 독서 프로그램에 참여하였다. 5달러의 등록비로 추정.	95,000
279명의 리터라시 튜터들이 239명의 프로젝트 LEAD 참여자들에게 10,015시간의 일대일 튜터링을 제공하였다. 각각의 요금은 시간 당 25달러로 추정.	250,375
총 편익	154,486,621
납세자들의 투자 공제 (연간 도서관 예산)	-24,645,113
총 투자 수익률	**$129,841,508**
편익 대 비용 비율	**$6.3:$1**

이상에서 산출한 편익-비용 비율의 이용과 관련된 문제점들의 하나는 특정 아이템에 대한 각각의 이용을 이용자를 대신하여 도서관에 의해 이루어지는 신규 구입처럼 다루고 있다는 사실이다. 아울러 도서관 장서의 자료는 몇 년 동안 그곳에 있게 될 것이며 시간이 흐르면서 그 이용 빈도가 줄어들게 될 것이다. 분명히 도서관 장서의 자료는 이용될 때마다 가치를 갖게 될 것이지만, 경제적 관점에서 보면 원래의 구입 가격보다 더 작아지게 될 것이다. 다수의 연구에서는 유통되고 있는(도서관 고객에 의해 이용되는) 아이템에 대한 더 현실적인 가치를 아이템 구입 가격의 퍼센트로서 산정하기 위해 노력하고 있다.

Joseph Newhouse와 A. J. Alexander는 Beverly Hills (CA) Public Library에서 수집된 데이터를 바탕으로 경제적 모델을 만들어냈는데, 이 모델에서는 대출되는 아이템의 가치가 도서의 구입 가격의 10퍼센트라고 제시하고 있다. 46주의 기간 동안 대출 데이터를 분석하여, 저자들은 각 아이템의 대출률, 그 가격, 소장하고 있지 않을 경우에 그 도서를 사게 될 지역 사회의 퍼센트는 물론 자금의 가치에 대한 할인율을 포함시켜 산출하였다. 분석은 개인이 도서관의 아이템을 대출함으로써 "소장"(ownership)의 아주 적은 편익을 얻게 된다는 가정을 바탕으로 하고 있다. 최대 편익은 오랜 기간 동안 빈번하게 발행되는 도서로부터 얻게 된다고 그들은 결론짓고 있다.[34)]

"부가 가치 도서관 방법론"(value added library methodology)(V+LM)이 뉴질랜드에서 개발되었는데, 이것은 서비스 산출물들의 가격을 정하게 될 자발적인 구매자들(willing buyers)과 판매자들을 가진, 가상으로 설정한 상업적인 시장의 가정을 바탕으로 하고 있다. 뉴질랜드 접근법의 결과들은 7.96 뉴질랜드 달러(NZ$)의 평균 도서 대출 가치 또는 평균 도서 구입 가격의 25퍼센트를 이용하는 것이었다.[35)]

V+LM 접근법은 도서관이 가치를 부가하는 것, 최대 가치를 부가하는 활

34) J. P. Newhouse and A. J. Alexander. *An Economic Analysis of Public Library Services*. Santa Monica, CA: Rand Corporation, 1972.

35) Library & Information Association of New Zealand. *Manukau Libraries: Trial of the V+LM Value Added Library Methodology*. Trial Report. New Zealand: LIANZA, October 12, 2000.

동, 예산 배정이 적합한지의 여부, 원칙들과 조치들 간의 비일관성들을 확인하고 수량화하는 것이었다.[36] 도서관 서비스는 다음과 같은 세 개 주요 측도를 이용하여 V+LM 방법론으로 가치를 측정하였다.

- **시장 가격 대용물**(market price proxy). 이것은 자발적 판매자와 자발적 구매자가 존재하는 상상으로 이루어진 상황의 시장 가격을 추산한다.
- **대체 비용**(replacement cost). 이것은 서비스를 대체하기 위해 비용을 지불하게 될 것을 추산한다.
- **기회 비용**(opportunity cost). 이것은 정보 탐색에 더 적은 시간이 소요되는 것으로 추정되는 서비스를 이용하여 얻어지는 가치를 추산한다.

공공도서관과 학술도서관, 전문도서관들이 V+LM 방법론을 이용하고 있다. 예를 들면, 1천2백만 뉴질랜드 달러의 예산을 가지고 있는 Manakau Public Libraries에서는 최소한 1천8백만 뉴질랜드 달러(도서관 연간 예산의 66퍼센트의 수익)의 지역 사회에 대한 수익을 산정하였다.

국립도서관들이 제공하는 편목 레코드들로부터 얻게 되는 편익들을 확인하기 위해 두 건의 연구들이 실시되었다. 캐나다 국립도서관(NLC: National Library of Canada)을 위해 수행된 연구에서는 아이템들에 대한 자체 편목(original cataloging)을 실시하는 대신 NLC 레코드들을 카피 편목(copy cataloging)을 위한 근거로 이용함으로써, 캐나다의 대학도서관들과 대도시 공공도서관들은 총 1,725,000달러를 절약하게 된다는 사실을 밝혀냈다.[37] 뉴질랜드 국립도서관을 위해 수행된 유사한 연구에서는 총 경제적 편익이 1억6천6십만 뉴질랜드 달러에 달한다는 사실을 밝혀냈다.[38]

---

36) Ruth MacEachern. Measuring the Added Value of Library and Information Services: The New Zealand Approach. *IFLA Journal* 27 (4), 2001, 232-37.

37) Jamshid Beheshti. *The Use of NLC MARC Records in Canadian Libraries, Phase 1: University and Large Urban Public Libraries, Final Report, 31 March 2002.* Montreal: McGill University, Graduate School of Library and Information Studies, 2002.

38) McDermott Miller, Ltd. *National Bibliographic Database and National Union Catalogue: Economic Evaluation for the National Library of New Zealand.* 2002. Available at www.natlib.gov.nz/files/EconomicValuationReport.pdf.

18.6. 공식 적용 방식

공공도서관 편익들이 갖는 가치를 밝혀내기 위한 잉글랜드의 프로젝트에서는 자료의 대출이 갖는 가치를 추정하여, 편익들의 가치가 서비스를 제공하는 비용을 약간 넘어서고 있다는 사실을 밝혀냈다. 이 프로젝트에서는 편익들을 추산하기 위한 다음과 같은 단순화된 방정식을 개발하였다.

V = 0.15IP

여기에서 V는 가치(value)이며, I는 도서들의 유통(circulation), P는 도서를 입수하는 데 소요되는 평균 가격(average price)이다.[39] 이 공식은 다음과 같은 속성들을 가지고 있다.

- 입수는 되었지만 대출되지 않는 도서들은 가치를 떨어뜨리게 될 것이다.
- 유통이 더 많으면 많을수록, 가치는 더 높아질 것이다.
- 더 비싼 도서들은 가치에 더 큰 영향을 미친다(이용자가 더 많은 편익을 얻는다).
- 페이퍼백 도서들의 가치는 정확하게 반영된다.
- 하드커버 도서들은 페이퍼백들보다 대출 수명이 더 길다.
- 공식은 이용하기에 간단하다.

이 방법의 단점은 다른 모든 서비스들은 제외하고, 자료의 유통에 대해서만 가치를 평가하고 있다는 사실이다. 다른 도서관 서비스들을 위한 추가의 구성 요소들을 공식에 부가하게 되면 아마도 공식을 더 복잡하게 만들게 될 것이다.

---

39) John Sumsion, Margaret Hawkins, and Anne Morris. Estimating the Economic Value of Library Benefits. *Performance Measurement and Metrics*, 4 (1), 2003, 13-27.

18.7. 투하 자본 수익률

도서관의 연간 편익 대 연간 조세 지원 예산을 비교하면 지출한 조세에 대한 수익의 연간 퍼센트 추정치를 제공해준다. 조세 지원(tax support)은 도서관의 존재를 가능하게 해주고 따라서 도서관의 서비스 제공을 타당하게 해주는 기반이 된다. 공공도서관의 투하 자본 수익률을 밝혀내기 위해서는 도서관의 물리적 자산들에 대한 가치 측정이 필요하다. 이러한 자산들에는 토지와 건물, 가구와 장비, 장서가 포함된다. 그 밖의 자산들은 현재의 대체 비용들로 가치를 산정한다.

Glen Holt와 그 동료들은 몇몇 도서관들에 대해 투하 자본 수익률(return on capital investment)을 산정하였는데,[40] 여기에는 다음과 같은 것들이 포함되어 있다.

- Baltimore County Public Library – 72퍼센트
- Birmingham Public Library – 5퍼센트
- King County Public Library – 94퍼센트
- Phoenix Public Library – 150퍼센트
- St. Louis Public Library – 22퍼센트

18.8. 경제적 영향 분석

경제적 영향 연구들은 지방이나 지역의 경제 상황들을 활동의 존재 대 활동의 부재와 비교한다. 경제적 편익 산정은 활동으로 인한 경제 지표들의 변화를 추정한다.[41] 경제적 영향 분석(economic impact analysis)은 신축

40) Glen E. Holt, Donald S. Elliott, Leslie E. Holt, and Anne Watts. *Public Library Benefits Valuation Study: Final Report to the Institute of Museum and Library Services for National Leadership Grant.* St. Louis, MO: St. Louis Public Library, 2001. 다음 자료도 보라. Donald S. Elliott, Glen E. Holt, Sterling W. Hayden, and Leslie Edmonds Holt. *Measuring Your Library's Value: How to Do a Cost-Benefit Analysis for Your Public Library.* Chicago: ALA Editions, 2006.

도서관 건물에 대한 투자나 도서관 업무들을 수행하기 위한 연간 지출들과 같은 특정 부양책(stimulus)을 밝혀내기 위한 경제적 활동에 대한 기본적인 투입-산출 모델을 이용한다. 이 모델은 트랜잭션들이 경제에서 재화와 서비스들의 생산과 소비에 어떻게 영향을 미치는지를 확인한다. 급여들과 용품(소모품)들에 대한 도서관의 직접적인 소비의 결과로서, 이 모델에서는 지방이나 지역 경제에서 이루어지는 자금의 재순환을 추산한다. 이러한 도서관 지출의 확대는 "승수 효과"[42](multiplier effect)로 알려져 있다.

도서관은 모든 도서관 지출들에 대한 벤더들과 공급자들의 소재들에 관한 데이터를 제공한다. 그런 다음 도서관 고객들의 도서관 방문 결과로 이루어지는 지출의 가치를 밝혀내기 위해 그들에 대한 서베이가 실행된다. 도서관 고객들은 교통과 주차, 음식, 쇼핑, 영화, 박물관, 모텔 등에 자금을 지출할 수도 있을 것이다.

18.8.1. 미국 시애틀 공공도서관

미국 Washington 주 Seattle에 있는 다운타운의 신축 메인 도서관의 개관은 중앙도서관의 방문자 수를 250퍼센트 증가시키는 결과를 가져왔다. 도서관을 방문한 250만 명에 달하는 개인들의 약 30퍼센트(725,000명의 사람들)가 외지(外地) 방문자들로 예상되고 있다. 경제적 영향 분석에서는 이 외지 방문자들이 Seattle 다운타운에서 1천6백만 달러의 새로운 순지출을 하게 될 것이라는 사실을 보여주었다(호텔, 레스토랑, 자동차 임대, 페리 등).[43]

---

41) Glen E. Holt, Donald S. Elliott, and Christopher Dussold. A Framework for Evaluating Public Investment in Urban Libraries. *The Bottom Line,* 9 (4), 1996, 4-13.

42) 역자주: "일정량의 투자 증가가 얼마만큼의 소득 증가를 가져오는가를 밝히는 이론. 새로 투자가 이뤄지면 그것이 유효 수요의 확대로 파급되고 사회 전체로 볼 때 처음 투자 증가분의 몇 배가 되는 소득증가를 가져오게 된다. 이 배율을 승수라 하고 이로 인한 효과를 승수 효과라 한다. 예를 들어, 정부나 기업이 새로운 사업에 투자를 하게 되면 그 일부는 임금으로 지불되고 나머지는 생산재를 구입하는데 들어가 결국 관계자의 소득을 증가시킨다. 또 그 생산재의 생산에 관계하는 사람들의 소득도 늘어나게 된다" (〈http://www.mosf.go.kr/_news/dictionary/dictionary_main.jsp〉).

43) Berk & Associates. *The Seattle Public Library Central Library: Economic Benefits Assessment. The Transformative Power of a Library to Redefine Learning, Community, and Economic Development.* Seattle: Berk & Associates, 2005. Available at http://www.spl.org/default.asp?pageID=branch_central_about&branchID=1.

18.8.2. 미국 피츠버그의 카네기 도서관

2006년에 Pittsburgh의 Carnegie Library에 대한 경제적 영향 분석이 준비되었다. 이 분석에서는 이 도서관이 지출하는 매 달러마다 3달러의 경제적인 편익을 제공한다고 결론짓고 있다. Pittsburgh의 Carnegie Library는 가장 많은 방문이 이루어지고 있는 지역의 자산이다. 이러한 도서관 방문객들은 인근 사업체에서 연간 총 980만 달러에서 1천5백6십만 달러에 달하는 지출을 하고 있다. 도서관은 그 업무들과 리노베이션들을 통해 Allegheny County의 경제적 산출에 900개가 넘는 일자리들과 8천만 달러를 지원하였다. 도서관은 Allegheny County의 모든 주민에게 75달러가 넘는 가치를 갖는 편익들을 제공하고 있다.[44)]

18.8.3. 미국 플로리다 주

Florida 주를 위해 실행된 연구의 일부로서, 공공도서관들이 2004년의 공공 자금과 투자, 소득으로부터 얻어지는 지역 총생산(GRP: gross regional product)과 고용, 실질 가처분 소득(real disposable income)(임금)에 미치는 경제적 영향들을 추산하기 위해 계량경제학적 투입-산출 모델을 이용하였다. 주 전체의 지역 총생산은 주에서 이루어진 공공 자금 지원을 통한 공공도서관 지출의 결과로 40억 달러 증가한 것으로 추산되고 있다. 총 68,700개 일자리들이 지출 증가 덕택에 창출되었으며, 개인 소득은 5백6십만 달러 증가하였다.[45)]

---

44) Carnegie Mellon University. *Carnegie Library of Pittsburgh: Community Impact and Benefits*. Pittsburgh, PA: Carnegie Mellon University, Center for Economic Development, April 2006.

45) Jose-Marie Griffiths, Donald W. King, and Christinger Tomer. *Taxpayers Return on-Investment(ROI) in Florida Public Libraries. Part I: The Use, Impact and Value of Florida's Public Libraries-Detailed Study Methods and Summary Results*. Tallahassee: Center for Economic Forecasting and Analysis, Florida State University, August 2004; Tim Lynch and Julie Harrington. *Taxpayers Return-on-Investment (ROI) in Florida Public Libraries. Part II: The Economic Impact and Value of Public Libraries in Florida-The REMI Analysis. Tallahassee*: Center for Economic Forecasting and Analysis, Florida State University, August 2004.

18.9. 자료 포락 분석

자료 포락 분석(DEA: data envelopment analysis)은 다수의 생산자 또는 자료 포락 분석 문헌의 전문 용어로는 "의사 결정 단위"(decision making unit)를 평가하기 위해 이용하는 통계 기법이다. 도서관은 분석을 위한 의사 결정 단위가 될 수 있다. 각 의사 결정 단위의 생산 프로세스는 일단의 투입(inputs)을 변환하여 일단의 산출(outputs)을 생산해내는 것이다. 자료 포락 분석 기법은 Charnes와 Cooper, Rhodes에 의해 개발되었다.[46]

전형적인 통계적 접근법은 중심 집중 경향 접근법(central tendency approach)이라는 특징을 가지고 있으며, 평균 생산자에 관련되어 있는 생산자들을 평가한다. 반면에 자료 포락 분석은 각 생산자를 "베스트" 생산자들과만 비교한다. 자료 포락 분석은 별도로 된 도서관의 그룹이나 시스템의 모든 분관도서관을 위해 준비할 수도 있을 것이다. 분석에 이용되는 투입들에는 시설의 규모, 장서의 총 자료 수, 직원 구성원들의 수, 주당 개관 시간 등이 있을 것이다. 산출 측도들에는 유통과 답변이 제공된 참고 질의, 프로그램 참석, 게이트 카운트(gate count) 등이 포함된다.

자료 포락 분석은 다음과 같은 세 가지 유형의 평가 정보를 제공해 준다.

- 각 도서관에 대해 단일의 합산 점수가 부여된다. 그런 다음 이러한 일련의 효율성 점수는 하나의 의사 결정 단위를 다른 모든 단위들과 연결시키기 위해 사용할 수 있다.
- 이용되는 투입과 생산되는 산출에 나타나는 지각된 느슨한 사용(낭비)을 확인해준다.
- 모든 다른 단위들과 관련된 각각의 의사 결정 단위에 대해 일단의 가중치를 부여해준다.

---

46) Abraham Charnes, William W. Cooper, and E. Rhodes. Measuring the Efficiency of Decision Making Units. *European Journal of Operations Research*, 2, 1978, 429-44. 다음 자료도 보라. Abraham Charnes, William W. Cooper, Arie Y. Lewin, and Lawrence M. Seiford (Eds.). *Data Envelopment Analysis: Theory, Methodology and Applications*. Norwell, MA: Kluwer Academic Publishers, 1994.

분석의 어떤 투입들과 산출들을 포함시킬 것인지를 선택하는 것은 분명히 아주 중요하다. 대부분의 경우 투입 변인들과 산출 변인들 간의 통계적 관계에 대해 검정하기 위해 상관 관계라고 불리는 통계 기법을 사용한다. 어쨌든 서로 관련되어 있지 않은 변인들을 이용하여 자료 포락 분석을 준비하면 도움이 되는 정보를 만들어내지 못하게 될 것이다. 자료 포락 분석의 강점은 다음과 같은 것들이 있다.

- 복수의 투입 및 산출 모델들을 처리할 수 있다.
- 투입을 산출과 관련시켜 주는 기능적 형식의 가정을 필요로 하지 않는다.
- 생산자를 필적할만한 생산자나 그 결합형과 비교하게 된다.
- 투입과 산출은 서로 다른 단위들 – 달러, 수치 등 – 을 가질 수 있다.
- 도서관을 더 효율적으로 만들기 위해 산출을 증가시키거나 투입을 절약하기 위한 방식들에 대한 통찰력을 얻게 된다.
- 분석을 여러 차례 시행할 수 있는데, 이를 통해 도서관의 업무를 더 잘 이해하기 위한 투입 및 산출 측도들의 믹스를 변화시킬 수 있다.

한 자료 포락 분석에서는 서로 다른 규모를 가진 대학도서관들을 비교하였다. 연구팀에서는 타이완의 24개 대학도서관들에 대한 "서비스 지수"(service index)를 개발하였다. 투입 변인들에는 장서와 인력, 지출, 건물, 제공되는 서비스들에 관한 데이터가 포함되어 있다. 그 결과로 이루어진 분석에서는 서비스 프론티어 커브(service frontier curve)가 만들어졌다(그림 〈18-3〉을 보라).[47]

---

47) Chiang Kao and Ya-Chi Lin. Comparing University Libraries of Different University Size. *Libri*, 49, 1999, 150-58.

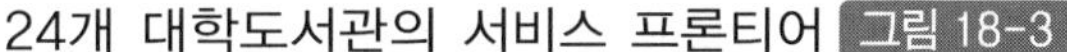

24개 대학도서관의 서비스 프론티어 그림 18-3

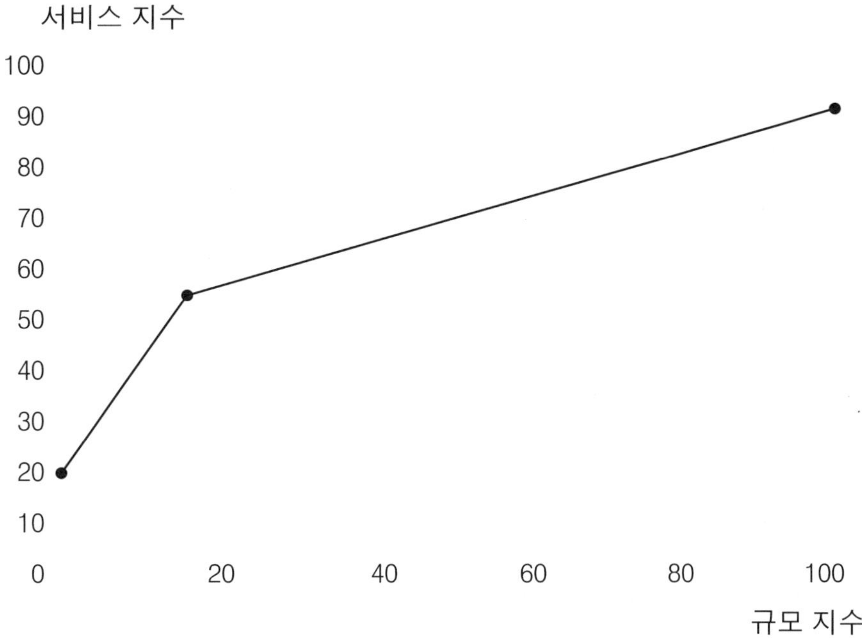

Wonsik Shim과 Paul Kantor는 1994-1995년의 데이터를 이용하여 ARL (Association of Research Libraries)에 대한 자료 포락 분석을 준비하였다. 이 연구에서는 10개 투입 측도들과 5개 산출 측도들을 조사하였다. ARL 도서관들은 공립과 사립의 두 그룹으로 구분하였다. 공공기관들의 약 49퍼센트는 비효율적인 것으로 나타난 반면, 사립 기관들의 경우는 불과 17퍼센트만이 비효율적이었다.[48]

또 한 연구에서는 독일어권 국가들과 영어권 국가들의 118개 대학도서관들을 비교하였다. 10개 도서관들이 아주 효율적인 것으로 평가되었다. 그러나 영어권과 독일어권 도서관들 간이나 소규모와 대규모 도서관들 간에는 어떤 유의한 차이도 나타나지 않았다.[49]

48) Wonsik Shim and Paul B. Kantor. A Novel Economic Approach to the Evaluation of Academic *Research Libraries*. *Proceedings of the American Society for Information Science*, 35, 1998, 400-10.

49) Gerhard Reichmann. Measuring University Library Efficiency Using Data Envelopment Analysis. *Libri*, 54, 2004, 136-46.

Chen은 네 개 투입 변인과 다섯 개 산출 변인을 이용하여 Taipei의 23개 대학도서관들을 평가한 연구를 준비하였는데, 11개 도서관들이 비교적 효율적이라는 사실을 밝혀냈다.[50)]

Hawaii에서는 자료 포락 분석을 적용하여 47개 공공도서관 분관들을 조사하였다. 1995년의 네 개 투입 측도들(장서 규모, 도서관 직원수, 개관일 수, 인건비 이외의 지출들)과 세 개 산출 측도들(유통, 고객 방문, 참고 트랜잭션들)을 분석에 이용하였다. 분관들에 대해 추정된 기술적 효율성 점수의 범위는 0.45에서 1.00까지 다양하였다. 분석된 다수의 추가적인 도서관 특성들 중에서는, 건평(floor space)과 장서 규모만이 도서관 성과에 정(+)의 영향을 미치고 있었다. 즉 더 규모가 큰 도서관들이 더 잘하고 있었다. 분석의 결과들은 비효율적인 도서관들을 개선시키기 위해 이용할 수 있을 것이다.[51)]

18.10. 그 밖의 방법

이 장에서 살펴보지 못한 도서관의 경제적 가치를 밝혀내기 위해 이용할 수 있는 그 밖의 측도들에는 다음과 같은 것들이 있다.

- 공공도서관이 학교와 비영리 조직, 그 밖의 정부 기관과 같은 지역 사회의 다른 조직들에게 제공하는 부차적인 것들
- 도서관이 서비스를 제공하고 따라서 다른 정부 및 비영리 조직은 금전적 자원들을 지출할 필요가 없다는 사실로부터 얻어지는 비용 회피(cost avoidance)[52)]
- 사람들의 선호도를 확인하기 위해 서비스의 어느 한 속성을 다른 모든 속성들과 비교하는 통계적 기법을 이용하는 컨조인트 분석(conjoint analysis)

---

50) Tser-yieth Chen. An Evaluation of the Relative Performance of University Libraries in Taipei. *Library Review*, 46 (3), 1997, 190-201.

51) Khem R. Sharma, PingSun Leung, and Lynn Zane. Performance Measurement of Hawaii State Public Libraries: An Application of Data Envelopment Analysis (DEA). *Agricultural and Resource Economics Review*, 28 (2), October 1999, 190-98.

52) Jennifer Abend and Charles R. McClure. Recent Views on Identifying Impacts from Public Libraries. *Public Library Quarterly*, 17 (3), 1999, 3-29.

- 인과 관계를 조사하기 위해 서로 다른 단계에서 투입되는 다수의 서로 다른 변인들을 가진 일련의 회귀 분석을 이용한 경로 분석(path analysis). Lewis Liu는 경로 분석을 이용하여 공공도서관과 리터라시 레벨, 일인당 국내 총생산(gross domestic product(GDP) per capita)으로 측정한 경제적 생산성 사이의 관계를 조사하였다. Liu는 공공도서관들은 일차적으로 리터라시 프로그램들을 통해 장기적인 경제적 생산성에 기여한다고 결론짓고 있다.[53)]

Urban Libraries Council에 의한 더 최근의 보고서에서는 공공도서관이 지역의 경제 발전에 미치는 공헌들을 요약하고 있다. 이 읽어볼만한 보고서에서는 초기 리터라시(early literacy)와 학교 준비성(school readiness), 노동력 참여(workforce participation)를 구축하기 위한 전략, 중소 기업 지원, 공간의 힘(power of place)의 영역에서 도서관 서비스들의 영향에 대해 논하고 있다.[54)]

18.11. 요 약

이 장에서는 도서관의 경제적 가치를 밝혀내기 위해 이용할 수 있는 다수의 방법들을 제시하였다. 〈표 18-3〉에서 볼 수 있는 것처럼, 다양한 방법들은 비용과 비교하여 광범위한 편익들을 산출해낸다. 좋은 소식은 선정되는 방법에 관계없이, 결과들이 일반적으로 동일한 범위로 분류된다는 사실이다. 즉 전형적인 편익 대 비용 비율의 범위는 4:1에서 6:1에 달한다.

53) Lewis G. Liu. The Contribution of Public Libraries to Countries' Economic Productivity: A Path Analysis. *Library Review*, 53 (9), 2004, 435-41.

54) The Urban Libraries Council. Making Cities Stronger: Public Library Contributions to Local Economic Development. Evanston, IL: The Urban Libraries Council, 2007. vail able at http://www.urbanlibraries.org/fi.les/makin~cities_stronger.pdf.

표 18-3 편익 대 비용 비율

저 자	연도	지불 의사액	수취 용의액	소비자 잉여	직접 서베이 시간 가치
Estabrook	1986				2:1에서 48:1
Manning	1987				5:1
Koenig	1992				2.5:1에서 26:1
Griffiths & King	1994				7.8:1에서 14.2:1
Harris & Marshall	1996				9:1
Holt & Elliot St. Louis Public Library	1999	1:1	7:1		
Elliot Phoenix Public Library	2001	10.1:1	51.2:1	10:1에서 16:1	
Holt et al. Baltimore County	2001			3:1에서 6:1	
Holt et al. Birmingham Public Library	2001			1.3:1에서 2.7:1	
Holt et al. King County Library	2001			5:1에서 10:1	
Griffiths et al. State of Frorida	2004			6.54:1에서 5.2:1	
British Library	2004			4.4:1	
Barron et al. State of South Carolina	2005			4.48:1	

도서관의 경제적 가치를 밝혀내는 것에 관한 그 밖의 관찰들에는 다음과 같은 것들이 있다.

- 도서관 고객들에 대한 직접 서베이(direct survey)는 비용 감축, 시간 절약, 실적 등에서 도서관이 갖는 긍정적인 영향을 밝혀내기 위해 이용할 수 있다. 직접 서베이는 전문도서관 환경에서 가장 흔히 이용하지만, 학술 및 공공도서관들에서도 이용하고 있다.
- 조건부 가치 측정 연구(contingent valuation study)는 필요한 데이터를 수집하기 위해 전화 서베이를 일반적으로 포함하고 있기 때문에 시간이 많이 소요되고 비용이 많이 들어간다. 따라서 이 방법은 대부분의 도서관들이 이용할 수 있는 수단의 범위를 벗어난다.
- 소비자 잉여 방법(consumer surplus method)은 용이하게 조정할 수 있으며, 다수의 도서관들에서 성공적으로 이용하고 있다.
- 간편법(shortcut method)은 도서관이 그 지역 사회에 대해 갖는 가치를 입증하기 위해 도서관에서 용이하게 이용할 수 있다.
- 투하 자본 수익률(return on capital investment)은 대부분의 도서관들을 위해 용이하게 결정할 수 있으며, 발견 결과들을 지역의 이해관계자들로 하여금 공감을 불러일으킬 수도 있을 것이다.
- 경제적 영향 방법(economic impact method)은 지역 도서관이나 도서관들의 그룹이 갖는 직접적인 경제적 편익은 물론 간접적인 경제적 편익을 보여주기 위해 이용할 수 있다.
- 경제적 편익을 추산하기 위해 둘 이상의 방법을 이용하면, 결과들에 대한 신뢰도가 높아질 가능성이 있다.
- 몇몇 연구들은 경제적 편익의 더 보수적인 추정치를 커뮤니케이션하기 위해 직접적인 편익만 보고하기도 한다.
- 선정한 방법에 관계없이, 결과들에 대해서는 도서관의 자금을 지원하는 의사결정자들과 그 고객들에게 분명하고 일관성 있는 커뮤니케이션이 이루어져야 한다.

19 사회적 영향의 평가

도서관의 사회적 영향에 대한 평가는 전적으로 공공도서관에 초점을 맞추게 될 것이다. 대부분의 전문도서관들은 공중(公衆)이 아니라 아주 좁게 정의된 고객에게만 서비스하도록 정의되어 있다. 학교도서관과 학술도서관은 서비스하는 상위 지역 사회에 영향을 미칠 잠재적 가능성이 있다. 그러나 여기에서도 대부분의 이용과 그 편익들은 학술도서관을 이용하는 사람들에게 발생할 것이다.

공공도서관의 사회적 편익에 관련된 문헌의 대부분은 리서치 프로젝트에 대해 보고하는 것보다는 어떤 편익들이 있는가를 주장하는 저자를 포함하고 있다. 이러한 것의 가장 대표적인 예의 하나는 *Dividends: The Value of Public Libraries in Canada*[1]라는 보고서를 만들어낸 바 있는 캐나다의 프로젝트이다. 이 보고서에서는 많은 정보원들을 이용하고 있는데, 공공도서관의 편익은 경제적 편익과 사회적 편익의 두 개 범주로 쉽게 구분할 수 있다고 주장하고 있다(〈표 19-1〉을 보라).

공공도서관들이 사회적 영향을 가지고 있다는 개념은 오래된 것이다. 역사적으로 보면, 공공도서관의 목적은 지역 사회의 주민들을 문학과 수용 가능한 레크리에이션에 노출시켜 줌으로써 민주주의를 보호하고 사회 파괴적인 활동들로부터 행동을 전환시키는 것이었다.[2] "사회적 영향"과 "사회적 편익," "사회적 응집력"(social cohesion), "사회 통합"(social inclusion) 등의 용

1) Leslie Fitch and Jody Warner. Dividends: The Value of Public Libraries in Canada. *The Bottom Line*, 11 (4), 1998, 158-79.

2) Barbara Debono. Assessing the Social Impact of Public Libraries: What the Literature Is Saying. *Australasian Public Libraries and Information Services*, 15 (2), June 2002, 80-95.

표 19-1 공공도서관의 편익

경제적 편익	사회적 편익
정보에 대한 접근은 조직들과 기업들의 성공에 필수적이다.	도서관들은 광범위하게 이용된다.
도서관들은 지역 경제를 뒷받침해준다.	캐나다의 문화를 뒷받침해준다
문화 산업 부문 – 도서 및 정기간행물 사업 – 을 뒷받침해준다.	민주 사회를 뒷받침해준다.
	어린이와 학생들을 뒷받침해준다.
	평생 학습을 뒷받침해준다.
	정보 테크놀로지와 인터넷에 대한 접속을 제공해준다.

어들은 서로 바꾸어 쓰는 경우가 많다. 그러나 이러한 용어들은 모두 "사회적 자본"(social capital)이라는 더 광범위한 개념을 기술해주는 용어들이다.

사회적 자본은 상호 작용의 부산물로서 늘어나게 되는데, 그 결과 이것은 서비스나 기관이 더 광범위한 사회 내의 기능 수행을 증진시키는 의미를 갖는다. 일반적으로, 사회적 자본은 지역 사회 내의 네트워크와 링크를 말한다. 그것은 사회적 소속감과 지역 사회의 웰빙을 강화시켜 주는 지역 사회 활동에 대한 주민들의 상호 협력과 신뢰, 상호 지원, 참여의 수준을 망라한다. 사회적 자본은 개인과 조직, 기업, 정부 사이의 관계로 이루어진다.

사회적 자본은 다음과 같은 세 가지 방식으로 존재하는 것으로 생각할 수 있다.

- **연대적 사회적 자본**[3](bonding social capital)은 사람과 조직 간의 유대(ties)를 말한다.
- **교량적 사회적 자본**[4](bridging social capital)은 유사하지 않은 그룹 전체에 걸친 유대를 말한다.
- **연계적 사회적 자본**[5](linking social capital)은 사회 계층(social strata) 전체에 걸친 참여와 통합을 증진시켜 준다.[6]

공공도서관의 사회적 편익을 확인하기 위한 거의 모든 리서치는 질적 방법을 포함하고 있다. 서베이들은 가끔 이용되고 있는데, 주로 지역 사회와 주에서, 또는 국가 전체에 걸쳐 이루어지는 공공도서관들에 대한 지원 수준을 결정하기 위해 이용되고 있다.

19.1. 질적 방법

지역 사회에서 공공도서관이 갖는 사회적 영향과 편익을 탐구하는 대부분의 연구들은 질적 측도들에 의존하고 있다. 이러한 것들에는 면담과 포커스 그룹, 관찰, 이용자들에게 일지를 관리하도록 요청하는 것 등이 있다.

Barbara Debono는 공공도서관들의 사회적 영향에 대한 리뷰에서, 효과나 경험, 차이를 탐구할 때는 두 가지 접근법, 즉 중립적 최종 성과(neutral outcome)에 중점을 두는 방법과 긍정적 영향(positive impacts)이나 편익에 중점을 두는 방법을 택할 수 있다고 주장하고 있다.[7)]

잉글랜드의 한 분석에서는 새로운 서비스들과 파트너십을 수용하고 지역 사회를 위해 삶을 증진시키는 결과들을 갖는 적극적인 개발을 위한 도구로서 기능을 수행하기 위해, 도서관들은 자료의 대출과 전통적인 도서관 서비스들의 범위를 넘어서서 나아가야 한다고 주장하였다.[8)] Fran Matarasso는 도서관 서비스들의 더 광범위한 가치는 사회적 문제점들을 완화하고 지속 가능한 지역 사회의 토대를 다지는 데 있다고 주장하고 있다.[9)]

---

3) 역자주: 결속 사회적 자본이라고도 한다.
4) 역자주: 가교 사회적 자본, 연결 사회적 자본이라고도 한다.
5) 역자주: 연줄 사회적 자본이라고도 한다.
6) J. Cavaye. *Social Capital: A Commentary on Issues, Understanding and Measurement*. Sydney: PASCAL Observatory, 2002.
7) Barbara Debono. Assessing the Social Impact of Public Libraries: What the Literature Is Saying. *Australasian Public Libraries and Information Services*, 15 (2), June 2002, 80-95.
8) Ronald B. McCabe. *Civic Librarianship: Renewing the Social Mission of the Public Library*. London: Scarecrow Press, 2003.
9) Fran Matarasso. *Learning Development: An Introduction to the Social Impact of Public Libraries*. London: British Library Research and Innovation Centre, 1998.

한 연구에서는 정보 테크놀로지 자원들에 대한 관내(館內) 접근을 제공하는 것이 갖는 영향을 조사하고, 지역 사회는 물론 개인들의 광범위한 활동들 — 구직(求職)에 대한 연구에서 인터넷을 이용한 사회적 네트워크의 구축과 유지에 이르는 — 을 뒷받침하는 데 긍정적인 영향을 미친다는 사실을 발견하였다.[10)]

오스트레일리아 지역 사회에 대한 연구에서는 공공도서관의 경제적 및 사회적 편익들을 조사하였다. 이 연구에서는 도서관은 지역 사회의 핵심적인 사회적 가치, 특히 형평성(equity)과 사회적 정의에 기여하고, 삶의 질에 기여하며, 지역 사회의 상징이자 명물이라는 사실을 밝혀냈다.[11)]

오스트레일리아 Sydney 지역의 10개 공공도서관들에 대한 연구는 여러 날에 걸친 관찰은 물론 이용자 및 비이용자에 대한 서베이 배포를 포함하고 있다. 이 연구에서는 도서관의 자원들을 얻기 위해서뿐만 아니라 사회화를 위한 기회를 얻기 위해서도 도서관에 접근한다는 사실을 발견하였다. 부모들은 일반적으로 도서관을 안전한 장소로 간주하며, 자녀들이 도서관에서 자주 시간을 보낼 수 있도록 기꺼이 허용해주고 있었다. 나이든 이용자들과 도서관을 더 자주 이용하는 이용자들의 경우는 직원과 어울리고자 하는 욕구를 가지고 있다는 사실도 지적되었다.[12)]

Victoria 주의 43개 전체 공공도서관 시스템들을 포함하고 있는 오스트레일리아에서 이루어진 또 하나의 연구에서는 도서관들이 지역 사회에 미치는 기여와 영향에 관한 견해들을 수집하기 위해 설계된 10,000건 이상의 서베이들을 분석하였다. 이 프로젝트에서는 데이터를 수집하기 위해 면담과 포커스 그룹, 온라인 및 전화 서베이 등의 방법들의 결합형을 이용하였다. 이 도서관/건물/지역 사회 프로젝트에서는 지역 사회에 대한 공공도서관의 기여를 다음과 같은 네 개 주요 테마 아래에 보고하고 있다.[13)]

---

10) J. Eve and Peter Brophy. *The Value and Impact of End User IT Services in Public Libraries*. Manchester, England: Centre for Research in Library & Information Management, 2001.

11) S. Briggs, H. Guldberg, and S. Sivaciyan. *Lane Cove Library-A Life: The Social Role and Economic Benefit of Public Libraries*. Sydney: Library Council of NSW, 1996.

12) Eva Cox, Kathleen Swinbourne, Chris Pip, and Suzanne Laing. *A Safe Place to Go: Libraries and Social Capital*. Sydney: State Library of New South Wales, June 2000. Available at http://www.sl.nsw.gov.au/services/public_libraries/docs/safe_place.pdf.

- 사회적 자본의 개발
  - 안락한 환경의 제공
  - 눈에 가장 잘 띄는 자리의 조성
  - 모든 계층의 사람들로부터의 이용자들의 유인
  - 지역 사회에 대한 접근
  - 문화적 차이에 대한 이해
  - 정부와의 연락 관계 구축
  - 지역 사회 전체에 걸친 협력의 진작
- 디지털 격차[14](digital divide)의 극복
  - 테크놀로지에 대한 접근
  - 지역 사회에 편익을 제공하기 위한 테크놀로지의 이용
- 정보에 정통한 지역 사회(informed community) 조성
  - 지역 사회 정보
  - 정부 정보
  - 정보의 세계에 대한 게이트웨이 제공
- 편리하고 쾌적한 학습 장소
  - 정보 기술의 개발
  - 아이디어와 토론의 활성화
  - 취약한 학습자(vulnerable learners)에 대한 지원
  - 학생들에 대한 지원

Candy Hildenbrand는 공공도서관들은 다음과 같은 방법을 통해 여러 방식으로 사회적 자본을 창출해낸다고 주장하고 있다.

---

13) Carol Oxley. *Libraries/Building/Communities. The Vital Contribution of Victoria's Public Libraries-A Research Report for the Library Board of Victoria and the Victorian Public Library Network. Executive Summary; Report One: Setting the Scene; Report Two: Logging the Benefits; Report Three: Bridging the Gaps; Report Four: Showcasing the Best.* Sydney: State Library of Sydney, 2005. Available at http://www.slv.vic.gov.au/about/information/publications/policies_reports/plu_lbc.html

14) 역자주: 정보 격차라고도 하며, "새로운 정보 기술에 접근할 수 있는 능력을 보유한 자와 그렇지 못한 자 사이에 경제적 · 사회적 격차가 심화되는 현상"(〈http://100.naver.com/100.nhn?docid=744081〉)을 말한다.

- 시민들을 함께 모으는 프로그램을 제공해줌으로써 시민 참여(civic engagement)를 권장하는 것 – 장벽의 제거
- 모든 사람들이 접근할 수 있는 자원과 모임 장소를 제공해줌으로써 사회적 응집력(social cohesion)과 통합을 통해 신뢰를 북돋워주는 것 – 커뮤니티의 조성
- 지역의 대화를 촉진하는 것과 지역 정보의 유포 – 연대적 사회적 자본(bonding social capital)의 구축
- 모든 시민들에게 정보를 자유롭게 입수할 수 있도록 해줌으로써 민주주의의 이상을 옹호하는 것 – 정보를 갖춘 성숙한 시민들(informed citizenry)의 양성
- 시민들이 개인과 지역 사회의 문제점들에 대해 함께 작업할 수 있는 공용 공간(public space)의 제공 – 지역 사회 참여의 진작
- 다른 지역 사회 조직들과의 파트너십에 대한 참여 – 교량적 사회적 자본(bridging social capital)의 구축[15]

19.1.1. 사회 감사

잉글랜드에서는, British Library가 공공도서관들의 사회적 및 경제적 영향들을 평가하는 잠재적인 도구로서 사회 감사(social audit)가 갖는 유용성을 조사하기 위한 몇몇 프로젝트들에 재정을 지원하였다.[16] 사회 감사는 조직의 사회적 영향을 그 목적 및 그 이해관계자들의 목적과 관련하여 평가하는 수단이다. 사회 감사를 실행하는 팀은 실제 도서관 이용자 및 잠재적인 도서관 이용자들과 접촉해야 하고 특히 도서관 비이용자들의 니즈(needs)에 초점을 맞추어야 한다.[17]

Rebecca Linley와 Bob Usherwood는 "사회 프로세스 감사"(social process audit)를 이용하고 있는데,[18] 이것은 이해관계자들과의 면담과 포

15) Candy Hillenbrand. Public Libraries as Developers of Social Capital. *APLIS*, 18 (1), March 2005, 4-12.

16) 예를 들면, 다음 자료를 보라. Evelyn Kerslake and Margaret Kinnel. *The Social Impact of Public Libraries: A Literature Review*. British Library Research and Innovation Centre. London: Community Development Foundation, 1997.

17) Rebecca Linley and Bob Usherwood. *New Measures for the New Library: A Social Audit of Public Libraries*. British Library Research & Innovation Centre Report 89. London: British Library Board, 1998.

18) D. H. Blake, W. C. Frederick, and M. S. Myers. *Social Auditing: Evaluating the Impact of Corporate Programmes*. New York: Praeger, 1976.

커스 그룹들의 이용을 통해 정보를 수집한다. 사회 감사를 실행할 때, 평가의 주된 기준은 사회적 욕구(social need)에 대한 정책의 영향인데, 이것은 사회적 욕구를 구성하는 것은 무엇이며 사회적 욕구의 어떤 부분을 충족시키는 데 있어 공공도서관의 책임은 무엇인가에 대한 분명한 문제점을 제기해준다.[19)]

사회 감사의 결과들은 다음과 같은 공공도서관의 정착된 역할들(문화, 교육, 독서와 리터라시, 정보)이 오래 지속될 수 있는 적합성을 가지고 있음을 암시하고 있다.

- 도서관은 문화 생활의 센터이다.
- 도서관 서비스는 성인과 어린이들의 교육적 욕구를 뒷받침해준다.
- 도서관은 어린이들의 독서 기술의 발전을 뒷받침해준다.
- 도서관은 성인 리터라시 과목들을 위한 적합한 "비난받을 수 없는" 장소이다.
- 도서관은 특히 경제적 수단이 제한되어 있는 사람들을 위해 **무료** 독서 자료들을 제공해주는 소스로서 여전히 중요하다.
- 도서관은 정보와 그 밖의 자원들에 대한 공평한 접근을 제공해준다.

공공도서관은 또한 다음과 같은 사회적 및 배려적 역할을 가지고 있다.

- 개인들은 도서관 이용을 통해 새로운 기술과 자신감을 얻는다.
- 도서관은 사람들이 만나고 관심을 공유하는 장소로, 때로는 "사회적 기본틀(social fabric)의 시멘트"라고 기술하기도 한다.
- 도서관은 서로 다른 문화 그룹 사이에서 더 큰 이해를 증진시켜 준다.
- 도서관은 지역 사회의 자부심을 개발하고 유지함으로써 지역의 아이덴티티(identity)를 지속시켜 준다.
- 도서관은 특히 고립되어 있고 취약한 사람들의, 심리적 건강과 웰빙에 유익한 영향을 미친다.

19) Janie Percy-Smith. Auditing Social Needs. *Policy and Politics*, 20 (1), 1992, 29-34.

사회 감사의 발견 결과들은 질적 증거, 흔히 일화적(逸話的) 증거에서 도출되는데, 이것들은 공공도서관이 많은 사람의 삶을 풍요롭게 해준다는 사실을 암시하고 있다. 사회 감사 프로세스의 지지자들은 이 기법을 이용하면 풍요롭게 하는 프로세스를 가시적으로 만들어주게 된다고 주장하고 있다. 이 기법의 반대자들은 감사 결과로 내려지는 결론들을 뒷받침해주는 어떤 객관적이거나 계량적인 성과 측도들도 존재하지 않는다고 지적하고 있다.

19.2. 양적 방법

미국 전역에 걸친 1,004명의 개인들에 대한 전화 서베이가 Marist College Institute for Public Opinion에 의해 2003년에 실행되었다. 이 여론 조사의 결과들은 다음과 같은 사실들을 제시해주고 있다.

- 응답자들의 67퍼센트는 지역 사회에서 공공도서관에 대한 접근을 갖는 것이 **"아주 소중하다"**고 느끼고 있었으며, 다른 27퍼센트는 그것이 "소중하다"고 느끼고 있었다.
- 응답자들의 거의 3분의 2는 공공도서관 서비스들을 뒷받침하기 위한 세금 인상을 지지하게 될 것이다.
- 응답자들은 평균적으로, 연간 49달러를 공공도서관을 위해 추가로 지불할 의사를 갖게 될 것이다.
- 도서관 서비스의 우선순위는 많은 것들 가운데 어린이 프로그램, 저녁 시간 및 주말 개관, 공용 컴퓨터, 숙제 도우미 센터 등이 포함되어 있다.[20]

이 서베이의 결과들에서는 사람들은 자신들이 적극적인 도서관 이용자들이 아닐 수도 있는 경우에도 도서관 서비스 개선을 위한 비용을 지불할 의사가 있음을 시사하고 있다.

Zogby Poll은 2002년에 New York State 주민들을 표본 조사하였다. 그 결과들은 다음과 같은 사실들을 밝혀주고 있다.

---

20) Lee Miringoff. *The Public Library: A National Survey*. Poughkeepsie, NY: The Marist College Institute

- 거의 모든 응답자들은 공공도서관이 그들에게 "중요하다"고 느끼고 있었으며 (95퍼센트), 거의 4분의 3은 도서관이 "아주 중요하다"고 지적하였다(71퍼센트).
- 75퍼센트가 넘는 응답자들은 도서관에 대한 지원을 늘리기 위해 세금을 인상하려는 의사를 갖게 될 것이다.
- 상당한 크기의 다수(89퍼센트)는 주 정부가 지역의 공공도서관들을 위해 더 많은 일들을 하는 것이 중요하다고 느끼고 있었다.[21)]

1,004명의 성인들을 대상으로 Regents Commission이 1999년에 실시한 New York State 서베이에서는 다음과 같은 사실들을 밝혀냈다.

- New York의 공공도서관 이용은 평균보다 더 높다(73퍼센트).
- 지역의 공공도서관은 삶의 질에 아주 중요하다.
- 3분의 2가 조금 넘는 응답자들은 도서관에 대한 재정적 지원을 두 배로 만들게 될 것이다.[22)]

Counting on Results 프로젝트에서는 20개 주 45개 도서관의 5,500명이 넘는 응답자들로부터 받은 서베이 응답들을 분석하였다. 이 프로젝트의 목적은 공공도서관 이용의 최종 성과들에 관해 더 많은 것을 알아보기 위한 것이었다. 그 결과들은 다음과 같은 사실들을 지적하고 있다.

- **일반적인 정보 성과:** 즐거움을 얻기 위한 독서가 가장 대중적인 응답이었으며(74퍼센트), 기술이나 취미, 그 밖의 개인적 관심에 관해 더 많은 것을 배우는 것(56퍼센트), 학교나 직장, 지역 사회 그룹을 위한 정보를 찾는 것(46퍼센트)이 그 뒤를 잇고 있다.
- **지방사 및 계보학 성과:** 응답자들은 가족사를 조사하는 데 진전이 있었으며 (53퍼센트), 새로운 탐색 정보원을 확인하였고(50퍼센트), 문헌이나 레코드를 입수하였다(42퍼센트).

---

for Public Opinion, 2003. 실태 조사 결과에 대한 PowerPoint 프레젠테이션은 다음 자료를 보라. http://midhudson.org/funding/advocacy/Marist_Poll_2003.ppt.

21) 서베이 결과들은 다음 홈페이지를 보라. http://www/nyla.org.

22) 더 많은 정보를 얻기 위해서는 다음 자료를 보라. http://www.nysl.sysed.gov/rcols/finalrpt.htm #Appendixb.

- **장소로서의 도서관(공유 공간) 성과:** 응답자들은 신간 도서나 비디오, 음악 자료에 관해 알게 되었고(67퍼센트), 생각하거나, 읽거나, 쓰거나, 연구할 조용한 공간을 발견하였으며(59퍼센트), 친구나 같이 일하는 사람을 만나고 있었다(30퍼센트).
- **정보 리터라시 성과:** 응답자들은 그들이 찾고 있는 것을 사서에게 도움을 요청하고(51퍼센트), 도서관 목록을 이용하며(49퍼센트), 웹을 탐색하여(43퍼센트) 찾아내고 있었다.
- **비즈니스 및 커리어 정보 성과:** 응답자들은 비즈니스를 탐색하거나 시작하거나 개발하고(36퍼센트), 직무에 관련된 기술들을 계발하고(31퍼센트), 직장/커리어를 탐색하고 있었다(28퍼센트).
- 기본적인 리터라시 성과. 응답자들은 시민으로 성장하고(42퍼센트), 어린이에게 글을 읽어주거나 어린이가 책을 선택하도록 지원하고(36퍼센트), 개인 자산을 더 잘 관리하였다(27퍼센트).[23]

19.3. 요 약

공공도서관이 지역 사회에 미치는 영향이 갖는 사회적 편익은 미국과 영국, 오스트레일리아에서 실행된 연구들에 잘 나타나고 있다. 〈표 19-2〉에서 볼 수 있는 것처럼, 이러한 편익들은 다양한 서로 다른 방식으로 개인들에게 영향을 미칠 수도 있을 것이다.

---

23) Keith Curry Lance, Marcia J. Rodney, Nicolle O. Steffen, Suzanne Kaller, Rochelle Logan, Christie M. Koontz, and Dean K. Jue. *Counting on Results: New Tools for Outcome-Based Evaluation of Public Libraries*. Aurora, CO: Bibliographic Center for Research, 2002. 다음 자료들도 보라. Nicolle O. Steffen, Keith Curry Lance, and Rochelle Logan. Time to Tell the Whole Story: Outcome-Based Evaluation and the Counting on Results Project. *Public Libraries*, 41 (4), July/August 2002, 222-28; Nicolle O. Steffen and Keith Curry Lance. Who's Doing What: Outcome-Based Evaluation and Demographics in the Counting on Results Project. *Public Libraries*, 41 (5), September/October 2002, 271-76, 278-79.

사회적 편익을 기술해주는 용어 표 19-2

영향을 주는 영역	기 술
기본적인 리터라시	개인적 성장, 교육, 삶의 질의 향상, 개인적 개발
비즈니스/커리어	경제적 및 개인적 성장, 경제적 영향, 개인적 개발
정보 리터라시	개인적 기술, 삶의 질의 향상
장소로서의 도서관	공유 공간/지역 사회 정보, 지역 사회 개발, 지역 사회 포커스, 지역 아이덴티티
지방사 및 계보학	지역 문화
건강과 웰빙	개인적인 성장, 삶의 질
사회적 응집력	사회 정책
일반적인 정보	개인적인 성장, 정보에 대한 접근
권한 위임(empowerment)	형평성과 사회 정의, 사회 정책

그러나 공공도서관의 사회적 영향을 평가하고자 할 때는 다음과 같은 것들을 포함한 많은 어려움이 따르게 된다.

- 도서관 주도의 사업들은 지속되는 경우가 많지 않으며, "모범 사례"(best practices)가 공유되지 못하고 있다.
- 도서관의 역할에 대해 더 광범위하게 정의하기 위한 자금 지원의 증액이 거의 나타나지 않고 있다.
- 서로 다른 도서관에서 이루어지고 있는 동일한 활동이 서비스를 받거나 영향을 받는 사람의 수 측면에서 달라질 것이다.
- 가치를 입증하기 위한 도구들을 찾아내어 이용하기가 어렵다.
- 대부분의 사람들에게는 도서관이 자신들의 삶에 미치는 영향을 추산하기가 어렵다.
- 서비스의 이용 가능성과 사회적 영향 간의 인과 관계를 도출해내기가 어렵다.

- 더 광범위한 양상에 대한 몇몇 지역의 연구들로부터 결과들을 추론해내기가 어렵다.
- 몇몇 연구들 전체에 걸쳐 유용한 데이터를 수집하기 위한 적절한 방법을 반복하여 이용할 수 있도록 하기 위해 사회적 영향과 적절한 방법에 대한 조작적 정의(operational definition)에 도달하기가 어렵다.
- 질적 데이터는 수집하기 어렵고 비용이 많이 소요될 수 있으며, 그 결과들을 의심의 눈으로 바라보는 경우가 많다.

제20장

도서관 가치의 커뮤니케이션

20

도서관장과 도서관 위원회의 위원, 도서관 고위 경영팀은 도서관의 가치를 관심을 가지고 있는 이해관계자 및 지역 사회 구성원들과 공유할 기회를 자주 갖게 될 것이다. 대화중이든, 프레젠테이션을 할 때든, 서면으로 커뮤니케이션을 하든, 도서관이 그 업적들을 공유하기 위한 프레임워크를 선정하는 것이 가장 좋다. 사용할 수 있는 프레임워크에는 다음과 같은 것들이 있다.

- 성과 측도(performance measures)
- BSC(balanced scorecard)[1)]
- 성과 측정 프리즘(performance prism)
- 3R

20.1. 성과 측도

성과 측도들의 이용은 그 자체가 목적이 아니라, 업무와 서비스를 개선하고 다양한 이해관계자들에게 도서관이 얼마나 많이 이용되고 있고 도서관이 얼마나 효율적으로 운영되고 있는지를 보고하기 위한 수단이다. 도서관 경영자와 경영팀은 도서관 이해관계자들이 기관을 위해 성공을 정의하는 데

1) 역자주: 균형 성과 기록표, 균형 성과표, 일목 균형 요약표라고도 한다.

도움을 주는 과정을 지원하는 것이 중요하다. 또한 도서관은 모든 사람들을 위한 모든 것이 될 수 없다는 사실을 인정하는 것이 중요하며, 따라서 도서관의 잠재적 이용자들의 특정 부문의 니즈(needs)에 부응하기 위해서는 어떤 서비스를 제공해야 하는지에 초점을 맞추어야 한다. 성공을 정의하는 것은 종착지가 아니라 여행이며, 성공에 대한 정의는 도서관이 그 목적들에 부응하거나 목적들을 넘어서게 됨에 따라 시간이 흐르면서 변화하게 될 것이다.

왜 성과를 측정하는가?
결과들을 측정하지 않으면, 성공과 실패를 구별할 수 없다.
성공 여부를 알 수 없으면, 그에 대한 보상을 할 수 없다.
성공에 대한 보상을 할 수 없으면, 아마도 실패에 대해 보상을 하게 될 것이다.
성공 여부를 알 수 없으면, 성공으로부터 배울 수가 없다.
실패에 대해 인식하지 못하면, 실패를 바로잡을 수 없다.
결과들을 입증할 수 있으면, 대중의 지지를 얻을 수 있을 것이다.

— David Osborne and Ted Gaebler *

다양한 잠재적인 측도들이 계층 구조를 형성하는 것으로 간주할 수 있다(〈그림 20-1〉을 보라). 도서관은 다양한 투입과 프로세스, 산출, 최종 성과 또는 영향 측도들을 활용할 수 있다.[2)]

도서관이 얼마나 효과적인지를 그 고객들에게 커뮤니케이션하는 핵심은 도서관에 관해 어떤 정보를 그들이 알고 싶어 하는지 결정할 때 다양한 이해관계자, 특히 자금을 지원하는 의사결정자들을 적극적으로 참여하도록 하는 것이다. 특히 이러한 개인들에게 도서관에 관한 어떤 질문들의 답변을 듣고 싶어 하는지 묻는 것은 어떤 이슈들과 관점들이 그들에게 개인적으로는 물론 집단적으로 중요한지에 대해 더 잘 이해하는 데 아주 중요하다. 이

* David Osborne and Ted Gaebler. *Reinventing Government: How the Entrepreneurial Spirit is Transforming the Public Sector*. New York: Addison-Wesley, 1992.

2) Cram, Jennifer. Performance Management, Measurement and Reporting in a Time of Information-centred Change. *The Australian Library Journal*, 45 (3), August 1996, 225-38.

러한 것들을 이해를 하게 되면, 가치의 커뮤니케이션에 최대의 영향을 미치게 될 일단의 성과 측도들을 확인할 수 있게 된다.

성과 측도의 계층 구조 그림 20-1

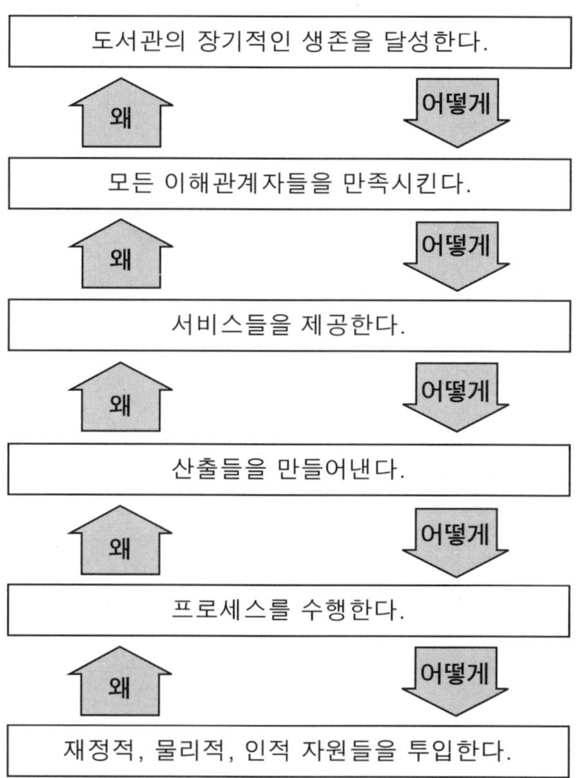

Neil McLean과 Clare Wilde는 원래 Orr가 개발했던 평가 모델을 개정하고 확장하였다(〈그림 20-2〉를 보라).[3] 이 개정된 모델은 도서관이 선정할 수 있는 아주 다양한 측도들을 분명하게 보여주고 있으며, 자료들의 이용을 준비하는 직원이 도서관에서 수행하는 활동(기술적인 프로세스)과 도서관 이용자들과 상호 작용하는 직원이 수행하는 활동(열람 프로세스)을 구분하고 있다. 성과 측도는 구체적인 프로세스나 활동에 대한 양적 기술(記述)에

3) 다음 자료를 일부 수정하였다. Neil McLean and Clare Wilde. Evaluating Library Performance: The Search for Relevance. *Australian Academic & Research Libraries*, 22 (3), September 1991, 201.

불과하며, 그 근본적인 의미를 이해하기 위해서는 어떤 맥락과 분석이 필요하다는 사실을 명심해야 한다.

그림 20-2 성과 측정 프레임워크

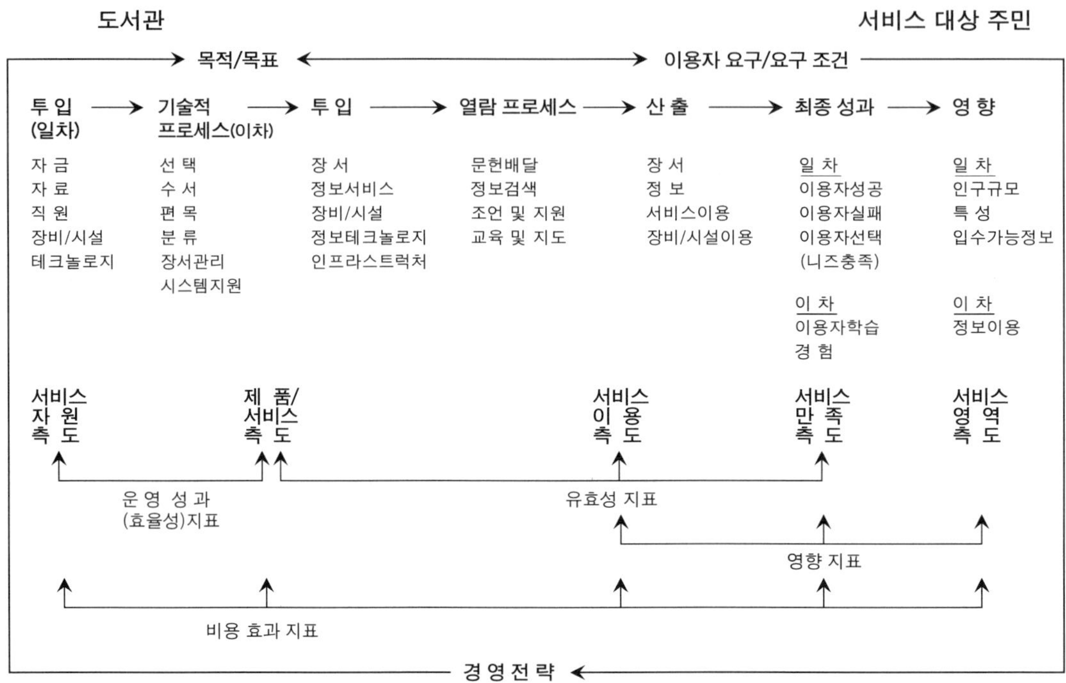

최종적으로 도서관장과 도서관 예산의 성공은 고객들과 상위 조직의 맥락에서 도서관이 갖고 있는 유용성과 가치에 관해, 다양한 이해관계자들, 특히 자금을 지원하는 의사결정자들과 시민 자신들(특히 인상된 추가 세금 부담금에 대한 투표를 요청받고 있는 경우)의 입장에서 이루어지는 정치적 판단이다.

이것은 도서관이 그 고객들의 니즈(needs)에 가장 잘 반응하는 것으로 선정한 서비스를 제공하기 위해 이용하게 될 전략들을 우선 확인함으로써 달성된다. 그런 다음 도서관은 개인들과 상위 조직의 맥락에 도서관이 미치게 되는 기여를 반영해주게 될 투입과 프로세스, 산출, 최종 성과 측도들을 확인해야 한다. 그러나 일단 이러한 것들이 선정되고 나면, 측도들의 수집과 이용에 대해 모든 도서관 직원 구성원들이 명확하게 이해하도록 하는 것이 중요하다. 미래에 대한 도서관의 비전을 달성하기 위해, 각 측도에 대해 목적들을 설정하게 된다(대개는 잠정적인 목적들도 설정된다). 마지막으로, 성과 측도들은 분기별로 모든 직원 구성원들과 이해관계자들에게 수집되고 배포된다. 그러고 나서 측도들의 중요성이 분명해지도록 측도들에 대해 도서관 경영층과 직원의 정기 회의에서 논의한다. 그런 다음에 어떤 시정 조치들이 필요하면, 그러한 조치들에 대해 논의하고 계획할 수 있을 것이다.

또한 도서관이 완전한 통제력을 가지고 있는 활동과 서비스에 대한 성과 측도들을 선정하는 것도 중요하다. 효과적인 성과 측정 시스템은 다음과 같은 속성들을 가지고 있다.

- **목적의 명확성**(clarity of purpose). 측도들을 수집하고 분석하는 오디언스에 대해 명확하게 설명한다. 표적 오디언스(target audience)에 속하는 사람들은 지표들을 쉽게 이해해야 한다.
- **초점**(focus). 선정된 측도들은 도서관의 서비스 목표들을 반영해야 한다.
- **조정**(alignment). 성과 측도들은 도서관의 목적 및 목표와 동조되어야 한다. 너무나 많은 도서관들에서는 너무나 많은 통계들과 성과 측도들을 일상적으로 수집하고 그러고 나서 그것들을 무심코 무시해버린다.
- **균형**(balance). 측도들은 도서관과 그 전반적인 성과에 대한 균형 잡힌 관점을 제시해야 한다. 일부 척도들에는 최종 성과와 이용자 관점이 포함되어야 한다. 측도들은 다음과 같은 성과의 서로 다른 특성들을 기술해준다.
  - **절대적/상대적.** 절대적 측도는 독립적이 될 수 있는 측도이다. 상대적 성과 측도는 다른 "유사한" 도서관들의 동일한 측도들과 비교된다.
  - **프로세스 지향적/기능 지향적.** 프로세스 측도는 예를 들면 편목과 같이, 기능적 활동을 구성하는 다양한 과업과 활동을 검토한다. 기능적 측도는 더 광범위한 관점을 갖는다.
  - **성과 또는 진단적.** 어떤 성과 측도들은 특정 서비스의 실적을 측정하기 위해 설계되는 반면, 어떤 것들은 프로세스나 활동을 개선시키려는 목적을 가지고 그것을 분석하는 데 도움을 주고자 수집된다.
  - **객관적/주관적.** 객관적 측도들은 예를 들면 유통과 같은 구체적인 활동을 반영하는 반면, 주관적 측도는 장서의 적합성과 심도와 같이 교육 훈련을 받은 전문가에 의한, 또는 만족도 서베이와 같이 고객들에 의한, 의

견이나 관찰을 반영한다. 때로는 객관적 데이터를 "경성 측도"(hard measures)라고 하는 한편, 주관적인 데이터를 "연성 측도"(soft measures)라고 부르기도 한다.

- **직접적/간접적**. 직접적 지표는 구체적인 활동(유통)을 측정한다. 간접적 지표는 활동에 대한 추정치(예를 들면 "2.5건의 탐색 = 1사람"과 같이, 온라인 목록 탐색의 수를 온라인 목록을 이용한 사람수를 추산하기 위한 대용물로 이용한다)를 제공한다.
- **선행(先行)/후행(後行)**. 선행 성과 측도(leading performance measure)는 다른 활동이 증가하거나 감소하게 될 어떤 사전 경고를 제공해준다. 후행 측도(lagging measure)는 실제 성과, 예를 들면 유통을 반영한다.
- **사회적/경제적**. 사회적 및 경제적 최종 성과 측도들의 결합형을 이용할 수 있다.

• **정기적 개선**(regular refinement). 성과 지표들은 그것들을 계속적으로 이용하면 도서관에 실제 가치를 제공하도록 보장하기 위해 정기적으로 검토해야 한다. 어떤 경우에는, 새로운 측도를 도입하고 다른 측도를 제외시키게 될 것이다.

• **활력 있는 성과 지표들**(vigorous performance indicator). 각 성과 측도들은 명확하게 정의되어야 하고 적합성을 가져야 한다. 수집되는 데이터는 애매성이 없어야 하고 조작되어서는 안 된다. 웹사이트 히트 수와 같이, 쉽게 입수할 수 있는 통계들은 유용성보다 더 많은 위험성을 갖는 경우가 많다.

성과 측도의 선정과 수집, 공유는 도서관의 모든 이해관계자들에게 도서관이 실제로 얼마나 훌륭하게 업무를 수행하고 있는지 알림으로써 개선된 서비스뿐만 아니라 증가된 책무성(accountability)을 제공하기 위해 설계된다. 이해관계자들에게 보고되는 측도 중에는 투입 측도와 프로세스(효율성) 측도, 산출 측도, 최종 성과 측도 사이에 균형을 유지해야 한다. 도서관에서는 측도들을 여러 범주로 그룹화하는 것을 고려하고자 할 수도 있을 것이다.

예를 들면, 캐나다 Ontario의 Mississauga Public Library의 관장인 Don Mills는 다음과 같은 여덟 개 범주(8B)를 개발하였는데, 이것은 기획을 위해서뿐만 아니라 도서관의 결과들을 그 이해관계자들에게 커뮤니케이션하기 위해서도 이용되고 있다.

- 책(books) – 물리적 및 전자적 자원들
- 벽돌(bricks) – 시설 이슈들
- 바이트(bytes) – 정보 테크놀로지 계획
- 돈(bucks) – 수익 창출(도서관의 친구들, 파트너십, 광고)
- 신체(bodies) – 직원 관련 토픽들
- 교량(bridges) – 파트너십들
- 자랑(boasts) – 마케팅과 촉진, 실적에 대한 기념 행사
- 위원회(board) – 물리적 및 전자적 자원들[4)]

이러한 측도들은 규범적인 것이라기보다는 설명적인 것으로 생각된다. 또한 도서관 이해관계자들이 예를 들면 시장 침투 수치(market penetration figure)가 다른 필적할만한 도서관들보다 더 양호한지, 거의 동일한지, 더 저조한지의 여부를 알 수 있도록, 각 측도들에 대해 어떤 맥락을 제공하는 것이 중요하다. 아울러 사람들이 가능한 추세들에 대한 어떤 아이디어를 가질 수 있도록, 지난 4-5년의 추이에 대한 일단의 성과 측도들에 관한 정보를 제공하는 것이 이해에 도움이 될 수도 있을 것이다. 그래프 형식으로 정보를 프레젠테이션하면 추세를 확인하는 데 도움이 된다.

20.2. BSC

영리 기관과 비영리 기관, 정부 기관에서 점점 더 중요한 역할을 수행하고 있는 가치와 성과의 커뮤니케이션에 대한 접근법의 하나가 BSC(balanced scorecard)를 이용하는 것이다.

회계사들과 연간 보고서들은 좁거나, 회고적이거나, 후행적인 재정적 시각을 제공해주고 따라서 조직의 전반적인 건강성과 성과를 이해하도록 도움

4) E-mail communication from Don Mills, February 5, 2007.

을 주는 데 유용하지 못하다는 1980년대 말의 비판들에 대응하여, Robert Kaplan과 David Norton은 일련의 논문과 저서를 통해 BSC가 더 광범위한 시각을 제공해줄 것이라는 사실을 주장하였다.[5)]

BSC의 개발 프로세스는 선정되는 모든 성과 측도들은 조직이 이미 선정한 전략들과 연계되어 있다는 전제를 바탕으로 하고 있다. BSC는 다음과 같은 네 가지 기본적인 질문들에 대한 답변을 기반으로 하는데, 각 질문은 도서관의 가치에 대한 관점을 정의하고 있다.

- 고객들과 이해관계자들은 도서관을 어떻게 바라보고 있는가?(고객 관점)
- 도서관은 무엇을 탁월하게 해야 하는가?(내부적 관점)
- 도서관은 계속해서 가치를 증진시키고 창조할 수 있는가?(혁신 및 학습 관점)
- 공공도서관은 이해관계자들에게 얼마나 의존하고 있는가?(재정적 관점)

각 관점에 대해 일련의 성과 측도들을 동시에 제공하게 되면 "어느 한 영역의 개선들이 다른 영역의 희생을 통해 달성되었을 수도 있는지의 여부"를 보여 주게 된다. 이 접근법을 이용한다는 것은 도서관이 더 고객 지향적이 되고, 응답 시간들을 단축하며, 장서의 품질을 개선하고, 팀워크에 중점을 두며, 완전히 새로운 서비스들을 함께 개발하는 것과 같은, 경쟁력 있는 의제(議題)(competitive agenda)의 이질적인 요소들을 고려할 수 있다는 것을 의미한다.

네 개 관점에 초점을 맞추고 있는 다양한 성과 지표들을 알게 되면 경영층은 더 광범위한 견해를 가질 수 있게 된다. 도서관은 유통이나 고객 만족, 소설에 대한 지출만을 따로 밀고 나가지 않게 된다. 그보다 BSC는 결합된 조치들(combined actions)이 균등한 세트로 간주되는 성과 지표들에 어떻

---

5) Robert S. Kaplan and David P. Norton. *Strategy Maps: Converting Intangible Assets Into Tangible Outcomes*. Boston: Harvard Business School Press, 2004; Robert S. Kaplan md David P. Norton. *The Strategy-Focused Organization: How Balanced Scorecard Companies Thrive in the New Business Environment*. Boston: Harvard Business School Press, 2001; Robert S. Kaplan and David P. Norton. *The Balanced Scorecard: Translating Strategy Into Action*. Boston: Harvard Business School Press, 1996; Robert S. Kaplan and David P. Norton. The Balanced Scorecard-Measures That Drive Performance. *Harvard Business Review*, January-February 1992, 71-79.

게 반영되고 있는지를 경영팀과 도서관 직원 구성원들이 알 수 있게 해주는 수단을 제공해준다.[6)] 〈그림 20-3〉은 BSC에 대한 개관을 보여주고 있다.

BSC 그림 20-3

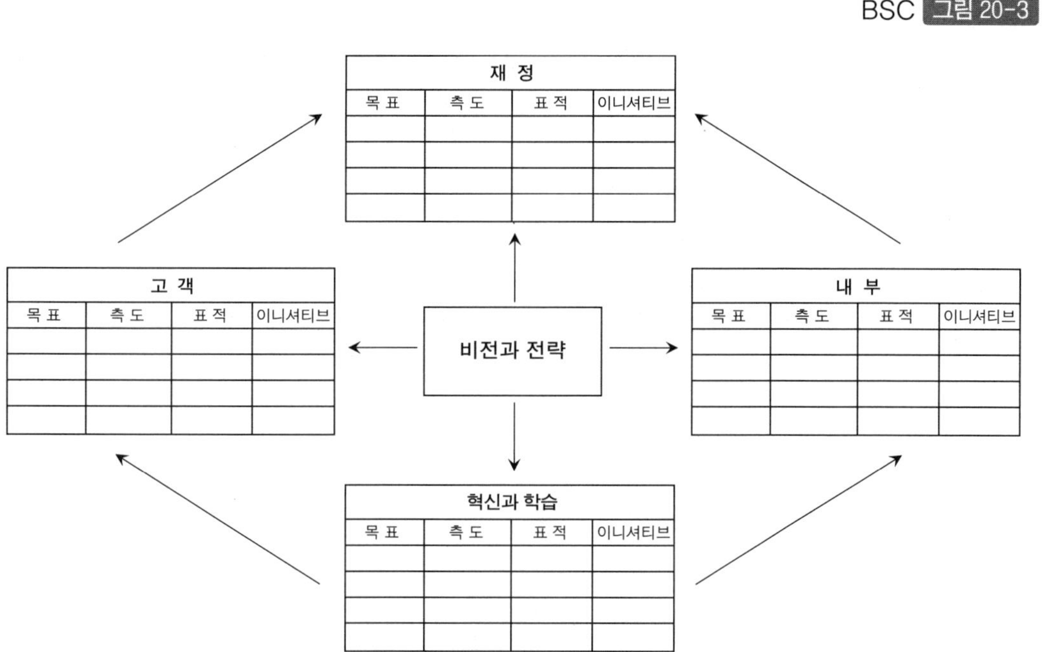

- **고객 관점(이용자들).** 고객의 관심은 네 개 범주, 즉 시간, 품질, 성과 및 서비스, 비용으로 구분되는 경향이 있다. 고객 만족을 포함하여 고객에 초점을 둔 다양한 측도들을 사용할 수 있다(다만 고객 만족 서베이는 도서관 상황에서는 정(+)적으로 편포된 결과들(positively skewed results) 때문에 신중하게 이용해야 한다). 도서관에서 선택하는 전략들은 다음과 같은 두 가지 질문들에 대해 답변하도록 설계해야 한다. "우리의 고객은 누구인가?" "도서관은 그들에게 어떤 가치를 제공하는가?"
- **내부적 관점.** 경영자들은 자신들로 하여금 고객의 니즈(needs)를 만족시킬 수 있도록 해주는 중대한 내부 업무들에 초점을 맞추어야 한다. BSC의 이 부분은 도서관이 탁월성을 발휘해야 하는 프로세스들과 역량들을 검토한다. 생

6) Charles Birch. *Future Success: A Balanced Approach to Measuring and Improving Success in your Organization*. New York: Prentice-Hall, 2000; Mark Graham Brown. *Winning Score: How to Design and Implement Organizational Scorecards*. Portland, OR: Productivity, 2000.

산성 측도 이외에도, 테크놀로지적 능력과 기존 서비스를 개선하거나 새로운 서비스를 소개하기 위한 새로운 아이디어들의 도입을 다룰 수도 있을 것이다.

- **혁신과 학습**. 이것은 새로운 서비스들을 성장시키고, 학습하고, 개발하고, 도입할 수 있는 도서관의 능력을 검토한다. 이것은 기존 인프라스트럭처의 품질, 조직 문화, 도서관 직원 구성원들의 기술의 향상과 같은 측도들에 초점을 맞추고 있다. 이 관점의 측도들은 실제로 다른 관점들을 위한 가능 요인들(enablers)이다. 도서관은 일반적으로 이 관점을 위한 새로운 측도들을 확인하고 만들어내게 될 것이다.
- **재정적(재무적) 관점**. 학술도서관이나 공공도서관, 학교도서관, 비영리 도서관의 영역에서, 수익성(profitability)과 같은 재정적 측도들은 직접적인 적합성이 없다. 그러나 관종(館種)에 관계없이, 도서관은 제공받고 있는 자금을 효과적으로 이용하고 있다는 사실을 입증할 수 있으며, 또한 입증해야 한다.

영리 분야에서 가지고 있는 가정은 혁신적 관점(인프라스트럭처와 직원의 자질을 다루는)이 더 효율적인 업무(내부적 관점)를 만들어주게 될 것이라는 것이다. 직원과 인프라스트럭처, 내부적인 업무의 결합은 고객들에게 더 많은 매력을 주게 될 제품들과 서비스들을 가져오게 될 것이다. 그러면 고객들은 더 많은 제품들과 서비스들을 구매하게 될 것이고, 따라서 더 나은 재정적 결과들(재정적 관점)을 가져오게 될 것이다.

일단 각 관점에 대한 측도들이 확인되면, 궁극적인 표적(target)과 각 표적에 대한 잠정적인 목적들을 선정한다. 도전 가운데 하나는 도서관이 달성하기에는 약간 거리가 있지만 결과들을 산출해내기 위해 사용되고 있는 프로세스들의 현재 성과에 대한 고려를 바탕으로 하고 있는 목적들을 설정하는 것이다. 임의적으로 설정되는 목적들과 표적들은 수집중인 성과 측도들에 대한 두려움과 욕구 불만, 왜곡을 자초한다. 도움이 되는 한 가지 기법은 기존 성과를 밝혀주는 프로세스 차트를 만들어내는 것이다.[7)]

그 결과로 얻어지는 BSC는 선택된 목표들과 측도들을 통해 도서관의 전

7) Larry B. Weinstein and Joseph F. Castellano. Benchmarking and Stretch Targets Are Often Adopted to Support the Balanced Scorecard. But Do They Do What Is Necessary to Make the Scorecard Effective? Using Statistical Process Control Might Be More Effective. *CMA Management*, April 2004, 19-22.

략을 커뮤니케이션하는 데 도움이 되는 프레임워크를 제공함으로써 도서관이 그 비전과 전략들을 변환하는 데 도움을 주게 된다.

전통적인 측정 시스템들은 재정(재무) 기능(finance function)으로부터 비롯되었기 때문에, 성과 측정 시스템은 역사적으로 통제 편향(control bias)을 가지고 있다. 즉 전통적인 성과 측정 시스템들은 직원들이 취하기를 바라는 특정 조치들을 명시하고 나서 직원들이 실제로 그러한 조치들을 취하고 있는지의 여부를 알아보기 위해 측정을 한다. 그러한 방식으로, 회계 시스템들은 행동을 통제하고자 한다.

BSC는 반면에, 통제가 아니라, 전략과 비전을 중심에 둔다. BSC는 목적들을 설정하지만, 사람들은 그러한 목적들을 달성하는 데 도움을 주기 위해 필요한 행동은 무엇이든 채택하고 그에 필요한 조치들도 무엇이든 취하게 될 것이라고 가정한다. 목적은 사명(mission)과 성과 측도 간에 존재하는 갭(gap)을 최소화하는 것이다. 초점은 도서관이 무엇을 달성하고자 하는가에 두어야 하며, 도서관의 비전을 달성하기 위해 실행되고 있는 프로그램들과 이니셔티브에 두어서는 안 된다.

BSC의 강점은 선정된 성과 측도들이 도서관이 받아들이고 있는 전략들을 반영하게 될 측도들이라는 사실, 또는 그러한 측도들이어야 한다는 사실이다. 중요한 단계의 하나는 각 전략이 다른 관점들에 대해 갖는 인과 관계들을 분명하게 확인해주는 전략 체계도(strategy map)를 개발하는 것이다.[8] 전략 체계도는 목표들을 네 개 관점에서 분명하게 설명해주는 도서관의 전략에 대한 한 페이지짜리 그림이다. 따라서 전략 체계도는 도서관이 그 직원 구성원들을 관리하고 그들에게 동기를 부여해줄 수 있는 닻이 된다.

예를 들면, 도서관은 그 온라인 고객들이 이용할 수 있는 서비스들의 품질과 다양성을 개선하여 이러한 서비스들이 도서관을 방문하는 고객들이 받는 것들과 유사해지기를 원할 수도 있을 것이다. 이를 위해서는 일부 직원의 향상된 테크놀로지 기술 수준과 업그레이드된 테크놀로지 인프라스트럭처,

---

8) Robert S. Kaplan and David P. Norton. *Strategy Maps: Converting Intangible Assets into Tangible Outcomes*. Boston: Harvard Business School Press, 2004.

몇몇 서비스들을 제공하기 위한 기존 절차의 변경, 자본 비용(capital expenses)에 대한 더 많은 예산 배정, 교육 훈련 등이 필요하게 될 수도 있을 것이다. 최종 결과는 더 만족한 온라인 고객들이 되기를 바랄 것이다. 도전은? 각 관점에 대한 근본적인 전략을 반영하는 성과 측도들을 선정하는 것이다. 그 결과 일련의 상호 연결된 목적들과 목표들이 각 관점을 통해 흘러가게 될 것이다.

아주 많은 도서관들은 그 연간 이니셔티브들의 중요한 단계 달성에 대한 진척을 측정하게 될 것이다. 이니셔티브들은 도서관이 그 전략적 목표들을 달성하도록 도와주기 위해 존재하게 될 것이다. 전략 및 관련된 성과 측도들은 도서관이 어떤 산출과 최종 성과들을 달성하고자 하는지에 초점을 맞추어야 하며, 어떤 프로그램들과 이니셔티브들이 실행되고 있는지에 초점을 맞추어서는 안 된다.

BSC는 도서관을 위한 성과 측도들을 도서관이 작성하고자 할 때 초점을 가지고 있는 유용한 프레임워크를 제공해준다. 이 시스템은 어떤 단일 측도도 서비스의 모든 중요한 영역들에 관심의 초점을 맞출 수 없다는 사실에 대한 이해를 바탕으로 하고 있다. 또한 선정되는 성과 측도들은 도서관이 가지고 있는 전반적인 목적의 달성을 반영하기 위해 일관성 있게 함께 사용되어야 한다.

20.2.1. 도서관 BSC

Robert Kaplan은 비영리 조직들을 위한 별법(別法)의 BSC를 제시하고 있다(〈그림 20-4〉를 보라).[9]

영리 기업들을 위한 네 개 관점을 가진 원 BSC를 사용하기보다는, 개정된 BSC가 학술도서관과 공공도서관, 정부도서관, 학교도서관, 비영리 도서관에는 더 적합할 수도 있을 것이다. 재편된 구조 외에도, 도서관 BSC는 또 하나의 관점, 즉 **정보 자원**(information resources)을 도입하고 있다(〈그림 20-5〉를 보라). 이러한 정보 자원들은 도서관의 물리적 장서, 도서관이 가입

9) Robert S. Kaplan. Strategic Performance Measurement and Management in Nonprofit Organizations. *Nonprofit Management & Leadership*, 11 (3), Spring 2001, 353-70.

하고 있는 전자 데이터베이스들에 대한 접근, 도서관 상호 대차나 문헌 배달 서비스를 통한 도서관들과 같은 다른 정보원들로부터의 자원들로 구성된다.

비영리 조직용 BSC 그림 20-4

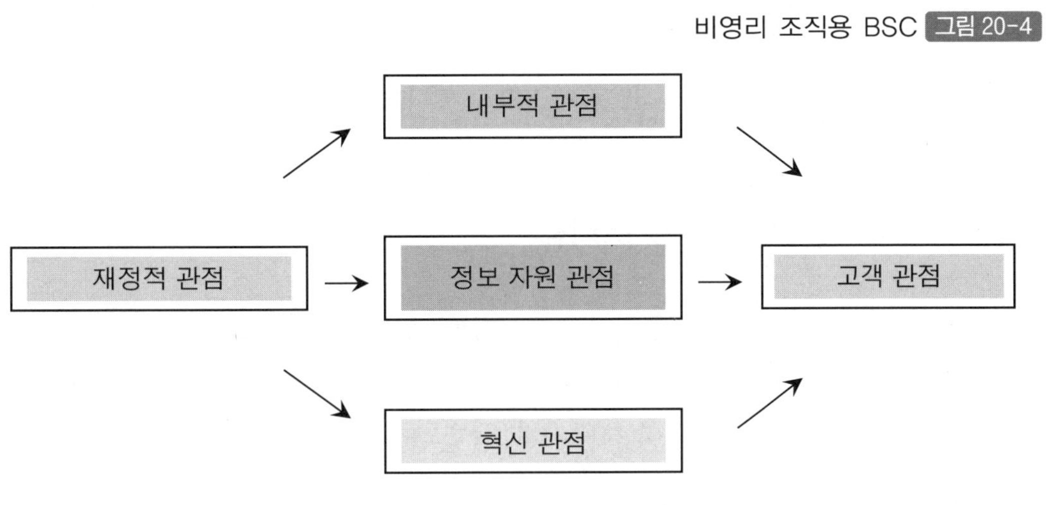

도서관 BSC 그림 20-5

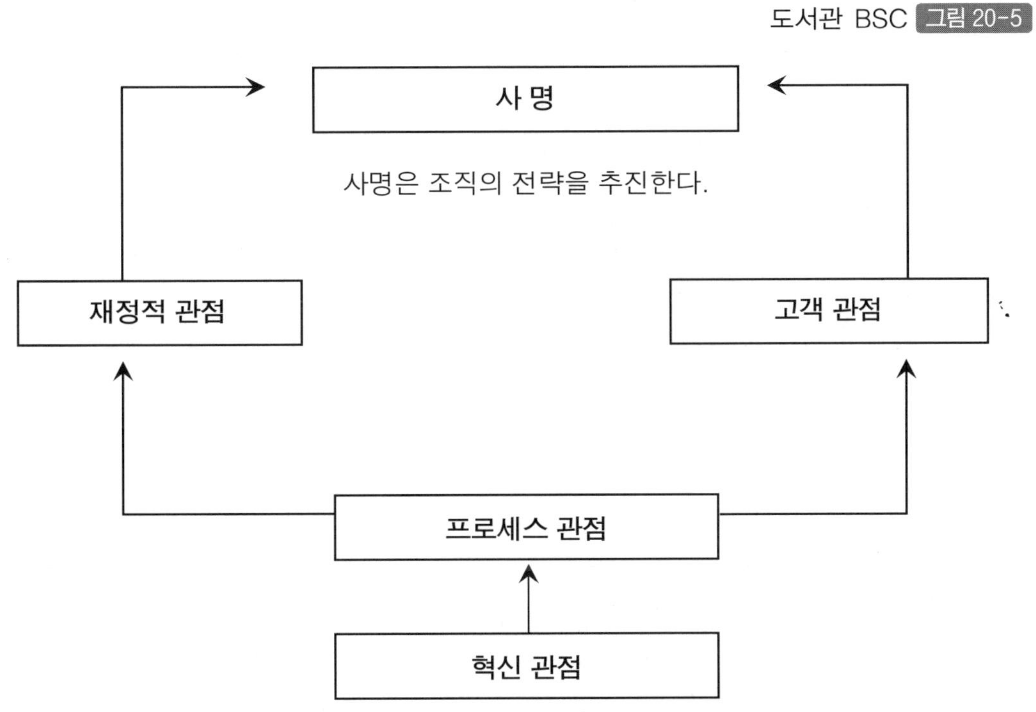

도서관 BSC 모델은 도서관에 제공되는 재정적 자원은 정보 자원들과 직원(내부적 관점을 이용하여 측정되는 다양한 프로세스들과 절차들을 이용하는 사람)을 제공하고 인프라스트럭처를 구축하고 직원의 교육 훈련을 제공하기 위해 이용된다는 사실을 제시하고 있다. 이러한 모든 것들이 결합하여 이용자에게 서비스들을 제공하고 있다(고객 관점).

20.3. 성과 측정 프리즘

BSC와 다소 유사한 것으로, 성과 측정 프리즘(performance prism)은 Andy Neely가 이끄는 팀에 의해 잉글랜드에서 개발되었다. 이것은 성과에 관한 다음과 같은 다섯 개의 상호 관련된 관점들로 이루어져 있다.[10)]

- **이해관계자 만족**(stakeholder satisfaction). 누가 우리의 핵심적인 이해관계자이며, 그들은 무엇을 원하고 필요로 하는가?
- **이해관계자 공헌**(stakeholder contribution). 우리는 우리의 이해관계자들로부터 호혜적 입장에서 무엇을 원하고 필요로 하는가?
- **전략**(strategies). 우리 자신의 요건들을 만족시키면서 이해관계자들의 욕구(wants)와 니즈(needs)를 만족시키기 위해 우리는 어떤 전략들을 설정해야 하는가?
- **프로세스**(processes). 우리의 전략들을 실행할 수 있도록 하기 위해 우리는 어떤 프로세스들을 설정해야 하는가?
- **능력**(capabilities). 우리의 프로세스들을 실행할 수 있도록 하기 위해 우리는 어떤 능력들을 설정해야 하는가?

---

10) Andy Neely, Chris Adams, and Mike Kennerley. *The Performance Prism: The Scorecard for Measuring and Managing Business Success*. London: Prentice Hall, 2002; Andy Neely and Chris Adams. The Performance Prism Perspective. *Journal of Cost Management*, 15 (1), January/February 2001, 7-15; Andy Neely, Chris Adams and Paul Crowe. The Performance prism in Practice. *Measuring Business Excellence*, 5 (2), 2001, 6-12; Andy Neely, John Mills, Ken Platts, Mike Gregory, and Huw Richards. Realizing Strategy Through Measurement. *International Journal of Operations & Production Management*, 14 (3), 1994, 140-52.

이 다섯 가지 관점은 조직의 성과를 고려하기 위한 광범위하고 포괄적인 프레임워크를 제공해준다. 〈그림 20-6〉은 성과 관리에 관한 다섯 개의 기본적인 관점들을 보여주고 있다.

성과 측정 프리즘 그림 20-6

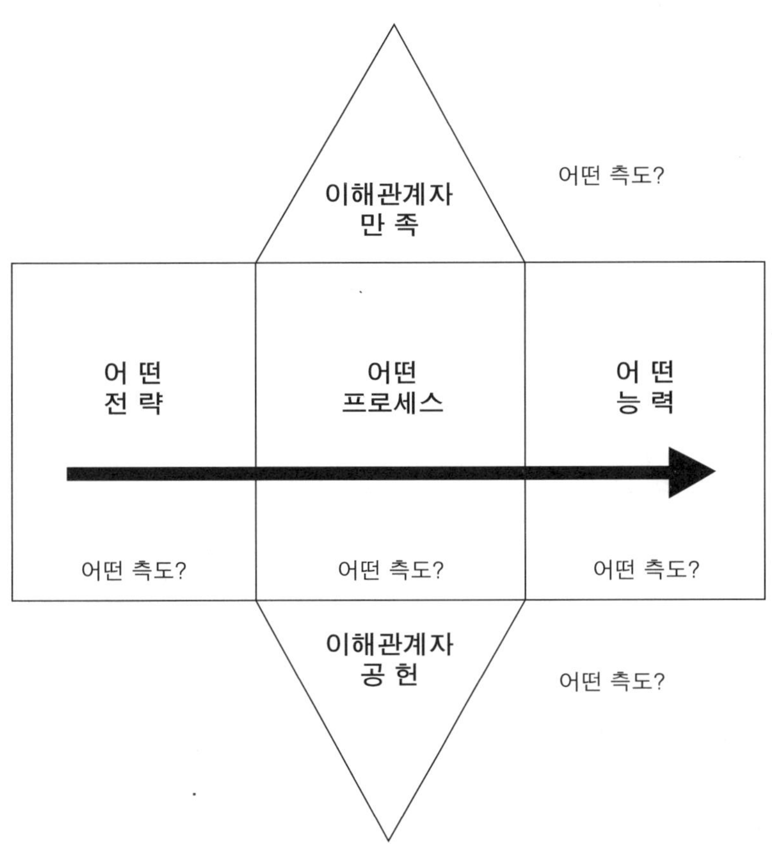

BSC와 비교하면, "이해관계자 만족" 관점의 포함이 더 광범위한 관점을 제공해준다. 이해관계자들에는 자금을 지원하는 의사결정자들과 공급자들, 파트너들은 물론 고객들과 직원들도 포함된다. 또 하나의 특유의 관점은 "전략"의 관점이다. 이 관점은 도서관이 그 비전을 성취하기 위해 어떤 전략들을 선택하는가에 초점을 맞추고 있다.

능력은 사람과 테크놀로지, 인프라스트럭처, 즉 조직으로 하여금 그 프로세스들을 실행할 수 있도록 해주는 관행들을 결합한 것이다. 이 관점에 대한 분명한 질문은 "우리의 프로세스들을 운영하기 위한 핵심적인 능력들은 무엇인가?" 이다.

"이해관계자" 패싯은 다양한 이해관계자들이 예산과 지원, 그 밖의 방식들의 형식으로 공헌을 하는 것만은 아니라는 사실을 인정하고 있다. 예를 들면, 직원들은 좋은 근로 조건과 적절한 급여, 인정을 누리면서 일할 안정된 곳을 찾고 있다. 마찬가지로 조직은 그 직원들이 근무할 때 책임감을 가지고, 제안들을 제시하며, 자신들의 기술을 계발하고, 충성심을 보여주기를 원하고 있다.

이러한 다섯 가지 관점과 연계된 성과 측도들의 선정은 도서관이 그 고객들의 니즈(needs)에 더 잘 부응하기 위해 그 자원들을 관리하는 데 도움을 준다.

20.4. 성과의 3R

또 하나의 잠재적인 가능성을 가지고 있는 경영 관리 도구로 성과의 3R(three Rs of performance)이 있다.[11] 이 도구는 의사 결정을 위한 전략적이고 포괄적인 맥락을 만들어줌으로써 성과 관리에 대한 균형 잡힌 접근법을 제공해준다(〈그림 20-7〉을 보라).

- **자원**(resources). 자원은 들어간 시간과 자금, 에너지의 양은 물론 이용된 자원들의 유형을 말한다. 자원들의 유형에는 자본과 사람, 직원에게 필요한 기술의 유형과 역량, 자원의 물리적 및 공간적 위치가 포함된다. 서비스나 프로그램, 전체 도서관 시스템에 투입된 전체 자원뿐만 아니라 자원의 핵심적인 특성들을 이해하는 것이 중요하다. 투자 수익률(ROI: return on investment)과 순현재가치(NPV: net present value)와 같은 도구들은 재정적인 수익을 최대화함으로써 자원 활용을 최적화하기 위해 개발되었다.

11) Steve Montague. *The Three Rs of Performance: Core Concepts for Planning, Measurement, and Management*. Ottawa: Performance Management Network, 1997.

성과의 3R 그림 20-7

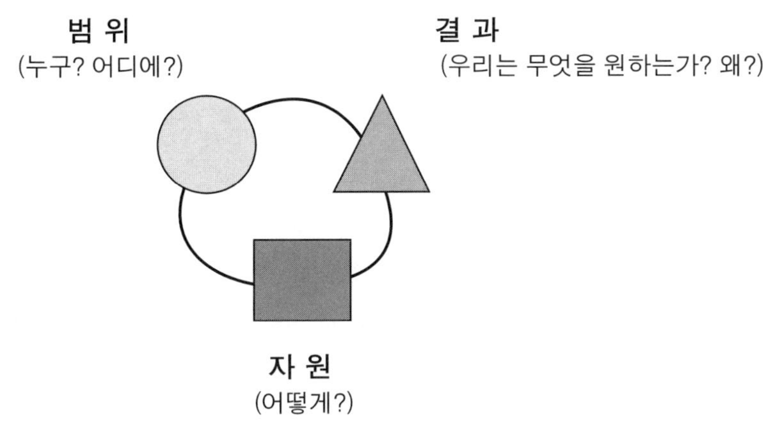

- **범위**(reach). 범위는 이용할 수 있는 자원들이 확산시켜 주는 영향력의 폭과 깊이를 말한다. 물리적(공간적) 범위는 물론 도서관이 도달하고자 하는 고객들의 유형은 일차원이다. 많은 서비스들과 프로그램들의 경우, 도달 목적은 서비스를 받는 고객의 수 및 규모와 관련되어 있다. 전략 전문가인 Michael Porter와 다른 사람들은 시장 점유율(market share)에 초점을 맞추어야 한다는 사실을 강조하고 있다. 경쟁에 대해 점점 더 많은 관심을 갖게 됨에 따라, 시장 점유율은 성공의 중요한 지표가 되고 있다.
- **결과**(results). 결과는 이용한 자원들을 통해 도달된 고객 그룹에 미치는 영향을 말한다. 결과들은 대개 서비스를 받고 있는 개인이나 상위 지역 사회를 위해 요망하는 최종 성과를 달성하는 것을 나타낸다. 흔히 조직은 더 나은 결과들을 얻기 위한 수단으로 서비스 품질에 초점을 맞추게 될 것이다. 결과들이 고객의 관점에서 바람직할 때는 가치가 부가된다. 고객들은 더 높은 만족도를 나타냄으로써 의견을 보여줄 수도 있을 것이다.

〈표 20-1〉에서 볼 수 있는 것과 같은, 성과의 3R을 기반으로 하는 BSC를 이용하면, 도서관은 의사 결정에 내재되어 있는 상반 관계(trade-offs)를 더 잘 이해하고 특정 목적들을 달성하기 위한 진척을 모니터링하는 동안 전략적 계획과 업무적 계획을 수립하기 위한 수단을 제공해줄 수 있다.

표 20-1 포괄적인 3R BSC

성과 영역	지표 / 측도	시스템
자 원	핵심 역량들에 대한 투자 제공 서비스별 비용	원가 회계
범 위	부문별 서비스 대상 고객들 표적 모집단별 서비스 대상 고객들	고객 추적
결 과	서비스 품질 경제적 편익들 사회적 편익들	고객 서베이

핵심 비율: 서비스 대상 고객 당 비용
결과(서비스) 당 비용

자원들과 범위, 결과들은 모두가 서로 연계되어 있기 때문에, 최선의 접근법은 3R의 어느 하나에 초점을 맞추기보다는 오히려 목적과 전략을 선택할 때 그것들 사이에서 최적화하는 것이 되는 것처럼 보일 것이다. 3R을 이용하는 것이 갖는 가치는 조직의 최고 경영팀뿐만 아니라 이해관계자들이 특정 의사 결정과 관련된 상반 관계들을 이해하는 데 3R이 도움을 주게 된다는 사실이다. 놀라운 일은 아니지만, 대부분의 조직들은 자원들에 관한 측도들을 보고하는 데 활동들의 초점을 맞추고 있다.

20.5. 요 약

BSC나 성과 측정 프리즘, 3R과 같은 도구를 이용하는 것이 갖는 가치는 그것이 도서관에 중요한 다양한 이해관계자들과의 커뮤니케이션 프로세스를 용이하게 해준다는 사실이다. 특히 그러한 도구는 도서관장에게 어떤 측도들이 도서관의 자금을 지원하는 의사결정자들에게 가치가 있을 것인지를 결정할 기회를 제공해준다. 더 중요한 것은 그러한 도구가 도서관에서 그 고객들의 니즈(needs)에 가장 효과적으로 서비스하기 위해 사용하게 될 전략들을 확인하는 수단을 제공해준다는 사실이다. 전략들을 선택하고 나면, 도서관은 선정된 전략들과 연계되어 있는, 추적해야 할 일단의 성과 측도들을 선정할 수 있다. 성과 측도들은 고객 만족과 그러한 결과들을 가져온 프로세스들을 추적하게 된다. 따라서 도서관이 성과 측도들을 활용하는 것이 중요하다. 즉 여러분이 측정하는 것이 여러분이 얻는 것이 되는 것이다.[12)]

조직의 성과는 사람과 서비스를 제공하기 위해 그들이 이용하는 프로세스들에 의해 만들어진다. 도서관의 기존 조직 구조가 가지고 있는 가치와 유용성을 세심하게 고려하지 않은 채 새로운 경영 관리 도구를 덧씌우는 것은 BSC를 이용할 때 생길 수 있는 모든 잠재적인 편익들을 얻어내지 못하게 될 것이라는 사실을 의미한다. 더 나쁜 것은 기존의 조직 구조와 도서관 내의 문화가 받아들이고 있는 전통들이 BSC의 실행이 실패하리라는 예상을 제공할 수도 있다는 점이다. 따라서 최종 성과들에 초점을 맞추고 있는 BSC를 실행할 때는 기존의 조직을 변경해야 할 수도 있을 것이다. BSC는 도서관에 관한 개관과 균형을 제공하는 것에 관한 것이지 일차적으로 별도의 성과 측도들을 수집하는 것에 관한 것이 아니라는 사실을 명심하는 것이 중요하다.

전략적 기획 프로세스의 결론에서, 도서관장과 최고 경영팀, 관심을 가지고 있는 이해관계자들은 다음과 같은 질문들에 대해 답변할 수 있어야 한다.

- 도서관의 사명과 비전, 가치는 무엇인가?
- 이 도서관의 비즈니스는 무엇이고, 이 도서관의 전략적 지향성(strategic orientation)은 무엇인가? 또는 도서관의 비전에 도달하기 위해 사용하고 있는 전략들은 무엇인가?
- 서비스를 받고 있는 고객들은 누구이며, 도서관은 어떻게 가치를 부가하고 있는가?
- 도서관은 명성을 얻기 위해 무엇을 알리고 싶어 하는가?
- 도서관의 전략 수립 과정의 성격은 어떠하며, 누가 거기에 참여하고, 전략들은 어디에 문서로 기록되어 있는가?

12) K. Nichols. The Crucial Edge of Reinvention: A Primer on Scoping and Measuring for Organizational Change. *Public Administration Quarterly*, 21 (4), 1997, 405-18.

- 도서관의 주요 성공 요인들(CSF: critical success factor)이나 비즈니스 동인들(business drivers)은 무엇인가?
- 도서관의 서비스들과 제품들은 각 비즈니스 동인들과 어떻게 관련되어 있는가?
- 도서관의 핵심적인 의사결정자들은 누구인가?
- 핵심적인 이해관계자들의 서비스 및 제품 우선순위들은 무엇인가?
- 도서관의 서비스들과 제품들의 성과와 편익들에 대한 핵심적인 이해관계자들의 지각은 어떠한가?
- 도서관에서 사용하고 있는 전략들의 성공을 추적하기 위해 어떤 성과 측도들을 이용하고 있는가?
- 도서관은 문제점들을 해결하기 위해 분석과 통계 기법들을 이용하도록 직원을 훈련시킴으로써 어세스먼트의 문화를 만들어내고자 노력하고 있는가?
- 도서관은 도서관의 가치를 핵심적인 이해관계자들에게 용이하게 커뮤니케이션하기 위해 BSC나 그 밖의 경영 관리 도구의 어떤 형식을 이용하고자 고려하고 있는가?

부록 A: Raward 도서관 유용성 분석 도구

유용성 지수 체크리스트

유용성 지수

웹사이트의 이름은 무엇인가?

웹사이트의 소재는 어디인가?

사이트의 주된 목적은 무엇인가?

유용성 지수는 언제 측정했는가?

체크리스트 질문들

범주 1: 정보 찾기

1.1. 콘텐츠

1.1.1. 사이트는 직원 연락처의 상세한 사항들을 포함하고 있는가?

1.1.2. 서비스들에 대해 명확하게 설명하고 있는가?

1.1.3. 목적 취지문(purpose statement)은 존재하는가?

1.1.4. 사이트는 목록에 대한 인터페이스를 가지고 있는가?

1.2. 색 인

1.2.1. 색인이 포함되어 있는가?

1.2.2. 색인 항목들은 알파벳순으로 되어 있는가?

1.2.3. 두 번째 및 세 번째 항목들이 포함되어 있는가?

1.3. 사이트 맵

1.3.1. 사이트 맵이 포함되어 있는가?

1.3.2. 사이트 맵의 링크는 올바른가?

1.4. 탐색 도구

1.4.1. 사이트의 탐색 도구가 포함되어 있는가?

1.4.2. 예를 들면, "책은 어떻게 빌리나요?" 나 "찾기 쉬웠나요?" 와 같은 토픽을 선택하라.

1.5. 정보의 최신성

1.5.1. 매 페이지마다 최종 갱신 일자가 포함되어 있는가?

1.5.2. 새로운 정보라는 사실이 어떤 방식으로 표시되어 있는가?

1.5.3. "What's New" 페이지가 마련되어 있는가?

1.6. 답변 찾기

1.6.1. 간단한 사실을 선택한다: "이용자는 10분 이내에 그것을 찾아낼 수 있는가?"

1.7. 정보의 권위성

1.7.1. 외부 자원들에 대한 링크들은 신뢰할 수 있는가?

1.7.2. 외부 자원들에 대한 링크들은 적절한가?

1.7.3. 자원들은 최신성을 가지고 있는가?

1.8. 의견 페이지(comment page)

1.8.1. 사이트에 관한 의견들을 제시할 수 있는가?

1.8.2. 피드백을 받을 수 있는가?

1.8.3. 질문들을 할 수 있는가?

1.8.4. 도움을 얻을 수 있는가?

1.9. 페이지에 대한 책임

1.9.1. 페이지에 대해 누가 책임을 가지고 있는지가 분명한가?

1.9.2. 각 페이지마다 전화나 팩스, 우편 주소가 포함되어 있는가?

1.9.3. 이메일과 같은 연락처에 대한 상세한 사항들이 각 페이지마다 포함되어 있는가?

범주 2: 정보 이해하기

2.1. 표 목(무작위로 2페이지를 선택하라)

2.1.1. 표목들은 이용자에게 친숙하게 되어 있는가?

2.1.2. 표목들은 전문 용어를 사용하지 않고 있는가?

2.1.3. 표목들은 이해하기 쉬운가?

2.1.4. 표목들은 간략하고 유용한 정보를 제공해주는 것인가?

2.1.5. 페이지 내의 표목들은 올바르게 표시되어 있는가?

2.1.6. 표목들은 페이지에서 두드러지게 표시되어 있는가?
2.1.7. 최소한 매 페이지마다 하나의 표목이 제시되어 있는가?
2.1.8. 표목 레벨들은 상세 수준에 적합한가?
2.1.9. 과업들이나 정보를 정확하게 반영하고 있는가?
2.1.10. 표목들은 과업에 바탕을 두고 있는가?

2.2. 콘텐트의 조직화

2.2.1. 리스트들의 구조는 병렬적으로 되어 있는가?
2.2.2. 각 단락은 주된 아이디어를 가지고 있는가?
2.2.3. 프레젠테이션은 일반적인 것에서 구체적인 것으로 이루어지고 있는가?
2.2.4. 프레젠테이션은 단순한 것에서 복잡한 것으로 이루어지고 있는가?
2.2.5. 적합하고 필수적인 토픽들에 국한되어 있는가?
2.2.6. 올바른 순차로 되어 있는가?
2.2.7. 절차들은 과업 지향적으로 되어 있는가?

2.3. 텍스트의 스타일

2.3.1. 스타일은 소속 기관에서 요망하는 스타일을 준수하고 있는가?
2.3.2. 능동태와 수동태는 적절하게 사용하고 있는가?
2.3.3. 이인칭은 적절하게 사용하고 있는가?
2.3.4. 현재 시제를 주로 사용하고 있는가?
2.3.5. 읽기 수준은 수용할 수 있는가?
2.3.6. 한 문장으로 된 단락들은 드물게 사용되고 있는가?
2.3.7. 문장들은 간단하지만 지나치게 간결하지는 않은가?
2.3.8. 훑어볼 수 있는 가능성(scannability)은 양호한가?
2.3.9. 텍스트는 간단하고, 간결하며, 명확한가?

2.4. 용어법

2.4.1. 새로운 용어들은 처음 사용할 때 두드러지게 표시하거나 정의하고 있는가?
2.4.2. 용어들은 일관성 있게 사용되고 있는가?
2.4.3. 약어들은 처음 나타날 때 풀어 쓴 단어들을 병기하고 있는가?
2.4.4. 전문 용어들(technical terms)은 오디언스(audience)에게 적합한가?

2.5. 기 법(무작위로 5페이지를 선택하라)

2.5.1. 철자법과 문법, 구두법은 올바른가?

2.5.2. 대문자화와 철자법, 구두법은 올바른가?

2.5.3. 두문자어들(acronyms)은 가능한 한 피하고 있는가?

범주 3: 이용자 과업의 지원

3.1. 트랜잭션 과업

3.1.1. 응답 양식들은 한 페이지보다 더 짧게 되어 있는가?

3.1.2. 양식들은 따라가기가 용이한가?

3.1.3. 인쇄물로 된 그에 상응하는 양식을 이용할 수 있는가?

3.2. 이용자 질문

3.2.1. 사이트에 대한 FAQ(frequently asked questions)가 포함되어 있는가?

3.2.2. 과업 레벨에서 FAQ(frequently asked questions)가 제공되고 있는가?

3.2.3. 과업 레벨에서 도움 화면들(help screens)이 포함되어 있는가?

범주 4: 기술적 정확성의 평가

4.1. 크로스 플랫폼 호환성(cross-platform compatibility): 사이트는 다음의 경우에 동등하게 뷰(view)와 로드(load)가 가능한가?

4.1.1. Internet Explorer에서는?

4.1.2. Netscape에서는?

4.1.3. 윈도우 기반 기계 상에서는?

4.1.4. Macintosh에서는?

4.2. 디스플레이 및 다운로드 속도(무작위로 3페이지를 선택하라)

4.2.1. 홈페이지는 33.6 모뎀을 사용하여 10초 이내에 디스플레이 되는가?

4.2.2. 그렇지 않다면, 지연을 표시해주는 피드백이 있는가?

4.2.3. 각 페이지의 크기는 70k 이하인가?

4.2.4. 그래픽들의 크기는 25k 이하인가?

4.2.5. 그래픽들이 중단되었을 경우에 "alt" 표시가 포함되어 있는가?

4.2.6. 한 페이지에 5개가 넘는 그래픽들이 있을 경우, 그것들은 15k 이하인가?

4.2.7. 시각적인 매력을 가지고 있는가?

4.2.8. 대규모 파일들을 다운로드하기에 앞서 사전 통지가 이루어지고 있는가?

4.2.9. 섬네일 사진들(thumbnail pictures)은 최소한 2.5×5.0cm인가?

4.2.10. 페이지들은 평균 크기의 스크린에 디스플레이 되는가?

4.2.11. 톱 레벨(top level)은 한 스크린에 들어가는가?

4.2.12. 이미지 맵들을 사용하는 경우, 중복된 텍스트 링크들이 제공되고 있는가?

4.3. HTML 포맷(무작위로 2페이지를 선택하라)

4.3.1. 표준 HTML 코드를 사용하고 있는가?

4.3.2. 메타데이터를 사용하고 있는가?

4.3.3. 페이지에는 HTML 오류가 없는가?

4.3.4. 모든 이미지들에는 폭과 높이 속성들이 포함되어 있는가?

4.3.5. 모든 표들에는 폭과 높이 속성들이 포함되어 있는가?

범주 5: 정보의 프레젠테이션

5.1. 소속 기관과의 관계

5.1.1. 도서관으로부터 기관의 홈페이지로 분명한 링크가 이루어지고 있는가?

5.1.2. 기관의 폼페이지로부터 도서관으로 분명한 링크가 이루어지고 있는가?

5.1.3. 도서관 웹페이지는 기관의 홈페이지를 따르고 있는가?

5.2. 장애인의 접근성(disability access)

5.2.1. 페이지는 모든 비텍스트 요소에 대해 텍스트에 상당하는 것을 제공하고 있는가?

5.2.2. 컬러를 가지고 전달되는 정보는 컬러 없이도 이용할 수 있는가?

5.2.3. 문서들은 스타일 시트 없이도 읽을 수 있도록 조직화되어 있는가?

5.3. 링 크

5.3.1. 모든 페이지마다 최소한 하나의 링크가 존재하는가?

5.3.2. 링크들은 오류를 가지고 있지 않은가?

5.4. 내비게이션

5.4.1. 분명한 내비게이션 도구들이 모든 페이지에 포함되어 있는가?

5.4.2. 홈페이지로 되돌아오는 내비게이션이 마련되어 있는가?

5.4.3. 페이지 내에서 위아래로 이동하는 내비게이션이 마련되어 있는가?

5.5. 텍스트 포맷

5.5.1. 사이트 전체에 걸쳐 포맷이 일관성을 가지고 있는가?

5.5.2. 그림과 표들은 올바르게 정렬되어 있는가?

5.5.3. 흰색 여백은 효과적으로 이용되고 있는가?

5.5.4. 정보는 읽기 편한 블록들로 프레젠테이션이 이루어지고 있는가?

5.5.5. 주요 토픽들은 별도 페이지로 시작되고 있는가?

5.5.6. 문장들은 웹 화면 내에서 완결되고 있는가?

5.6. 인 쇄

5.6.1. 모든 텍스트와 그래픽들은 A4 용지에 인쇄되는가?

[이 체크리스트는 총 103개 질문들을 가지고 있다]

유용성 지수의 산정

103×("네" 로 답한 총 답변수)/("아니오" 로 답한 총 답변수)×퍼센트

부록 B: LibQUAL+ 서베이 질문

다음과 같은 표시를 사용하여 다음 설명들을 평가해 주세요(1은 최저값, 9는 최고값).

최소 — 수용할 수 있는 서비스의 **최소** 수준을 나타내는 점수
요망 — 여러분이 **개인적으로 원하는** 서비스의 수준을 나타내는 점수
지각 — 우리 도서관이 현재 제공하고 있다고 여러분이 **믿고 있는** 서비스의 수준을 나타내는 점수

각 설문에 대해, 여러분은 세 칼럼 모두의 설문을 평가하거나 또는 해당 항목을 "해당 없음"(N/A: not applicable)로 확인해야 합니다. "해당 없음"을 선택하면 다른 모든 답변들을 무효로 하게 될 것입니다.

. . .의 경우에

1) 도서관 직원은 이용자에게 자신감을 갖도록 해준다.
2) 자택이나 사무실에서 전자 자원에 접근할 수 있다.
3) 도서관은 연구 및 학습 의욕을 고취시켜 주는 공간이다.
4) 도서관은 이용자 개개인에게 관심을 기울여주고 있다.
5) 도서관 웹사이트는 이용자가 자력(自力)으로 정보를 찾을 수 있도록 만들어져 있다.

. . .의 경우에

6) 도서관 직원은 항상 예의바르고 정중하다.
7) 나에게 필요한 인쇄 자료들이 갖추어져 있다.

8) 개인적인 활동을 위한 조용한 공간이 마련되어 있다.
9) 도서관은 이용자의 질문에 응답하려는 자세를 가지고 있다.
10) 내가 필요로 하는 전자 정보 자원들을 갖추고 있다.

. . .의 경우에

11) 도서관 직원은 이용자의 질문에 답변할 수 있는 지식을 갖추고 있다.
12) 도서관은 쾌적하고 늘 가고 싶은 매력적인 장소이다.
13) 도서관 직원은 이용자를 배려하여 대응하고 있다.
14) 필요한 정보에 용이하게 접근할 수 있는 현대적인 장비를 갖추고 있다.
15) 도서관 직원은 이용자의 요구에 대해 이해하고 있다.

. . .의 경우에

16) 도서관은 이용자가 자신의 힘으로 필요한 것을 찾을 수 있도록 해주는 사용하기 쉬운 접근 도구들을 갖추고 있다.
17) 연구와 학습, 리서치를 위한 소중한 장소이다.
18) 도서관은 이용자를 도와주려고 노력하고 있다.
19) 도서관은 혼자서도 쉽게 정보에 접근할 수 있도록 해주고 있다.
20) 내가 필요로 하는 저널들을 인쇄본이나 전자 저널로 수집하고 있다.

. . .의 경우에

21) 그룹 학습과 공동 연구를 위한 커뮤니티 공간을 갖추고 있다.
22) 이용자가 겪고 있는 도서관 서비스 문제에 대해 신뢰할 수 있는 방식으로 대처하고 있다.

영문 색인

C

D

H

I

J

K

L

M

N

O

P

Q

R

S

T

U

V

W

Y

Z

국문 색인

ㄴ

ㄷ

ㄹ

ㅁ

ㅂ

ㅅ

ㅇ

ㅈ

ㅊ

ㅋ

ㅌ

ㅎ

◈ 역자소개 ◈

오 동 근(吳東根)

- 문학사(영어영문학), 이학사(전자계산학), 경영학사(경영학)
- 중앙대학교대학원 도서관학과 (도서관학석사)
- 경북대학교대학원 경영학과 (경영학석사)
- 중앙대학교대학원 문헌정보학과 (문학박사)
- 행정자치부 외무고등고시(PSAT) 출제위원 및 시험위원 역임
- 중앙인사위원회 사서직공무원 승진시험위원 역임
- 중앙인사위원회 고등고시 출제위원 역임
- 중등교원 신규임용고시(사서교사) 출제위원 역임
- 국립중앙도서관 사서직 채용시험 출제위원 역임
- 국회도서관 사서직 채용시험 출제위원 역임
- 지방공무원 채용시험(사서직 및 기록관리) 출제위원(전국통합, 서울, 대전, 울산, 경기, 충남 등) 역임
- 교육인적자원부 도서관정책자문위원 역임
- 한국문헌정보학회 및 한국정보관리학회 이사 역임
- 한국도서관 · 정보학회 부회장, 편집위원장, 학술위원장, 윤리위원장 역임
- 국립어린이청소년도서관 자문위원 역임
- 현재, 한국도서관협회 분류위원회 위원장
- 현재, 계명대학교 문헌정보학과 교수

<주요 저서 및 역서>

- 문헌분류이론(공역)(구미무역출판부, 1989)
- 도서관문화사(공저)(구미무역출판부, 1991)
- 공공도서관운영론(공역)(구미무역출판부, 1991)
- 서지정보의 상호교류(공역)(아세아문화사, 1993)
- 도서관정보관리편람(공편)(한국도서관협회, 1994)
- 문헌정보학 연구 입문: 의의와 방법(공역편)(계명대학교출판부, 1995)
- 정보사회와 공공도서관(역)(한국도서관협회, 1996)
- 한국십진분류법 제4판(공편)(한국도서관협회, 1996)
- 도서관 · 정보센터경영론(공역)(계명대학교출판부, 1997)
- 학위논문의 작성과 지도(공역)(계명대학교출판부, 1999)
- 도서관인 박봉석의 생애와 사상(엮음)(도서출판 태일사, 2000)
- DDC 연구(저)(도서출판 태일사, 2001)
- 학술정보론(공역)(도서출판 태일사, 2002)
- 주 · 참고문헌 어떻게 작성할 것인가(공저)(도서출판 태일사, 2002)
- 국제표준서지기술법(단행본용 2002년판)(공역편)(도서출판 태일사, 2003)
- 메타데이터의 이해(역) (도서출판 태일사, 2004)
- 도서관 · 정보센터의 고객만족경영(공역)(도서출판 태일사, 2004)
- 영미편목규칙 제2판 핸드북(역)(도서출판 태일사, 2005)
- 영미편목규칙 제2판 간략판 제4판(역)(도서출판 태일사, 2006)
- MARC 21 전거레코드의 이해(역)(도서출판 태일사, 2006)
- DDC 22의 이해(저)(도서출판 태일사, 2006)
- KORMARC의 이해(공저)(도서출판 태일사, 2006)
- 문헌정보학연구의 현황과 과제(역)(도서출판 태일사, 2007)
- 객관식 자료조직론 해설 III: 목록이론 · 서지기술편(편저)(도서출판 태일사, 2008)
- 객관식 자료조직론 해설 IV: 표목 · 목록자동화편(편저)(도서출판 태일사, 2008)
- 객관식 자료조직론 해설 I : 문헌분류편, 제3개정판(편저)(도서출판 태일사, 2009)
- KDC5의 이해(공저)(도서출판 태일사, 2009)
- 공공 도서관 경영론(역)(도서출판 태일사, 2009)
- 객관식 자료조직론 해설 II: 목록조직편(편저)(도서출판 태일사, 2010)
- FRBR의 이해(공역)(도서출판 태일사, 2010)
- 공공도서관 어린이 서비스(공역)(도서출판 태일사, 2010)

도서관 서비스의 평가와 측정

2010년 4월 1일 1쇄 인쇄
2010년 4월 10일 1쇄 발행
역저자 _ 오동근
펴낸이 _ 김선태
발행처 _ 도서출판 태일사
주 소 _ (우) 700-803 대구광역시 중구 남산1동 893
전화 (053)255-3602 / 팩스 (053)255-4374
등 록 _ 1991년 10월 10일 제6-37호

값 32,000 원

 ISBN 978-89-92866-38-5 93020